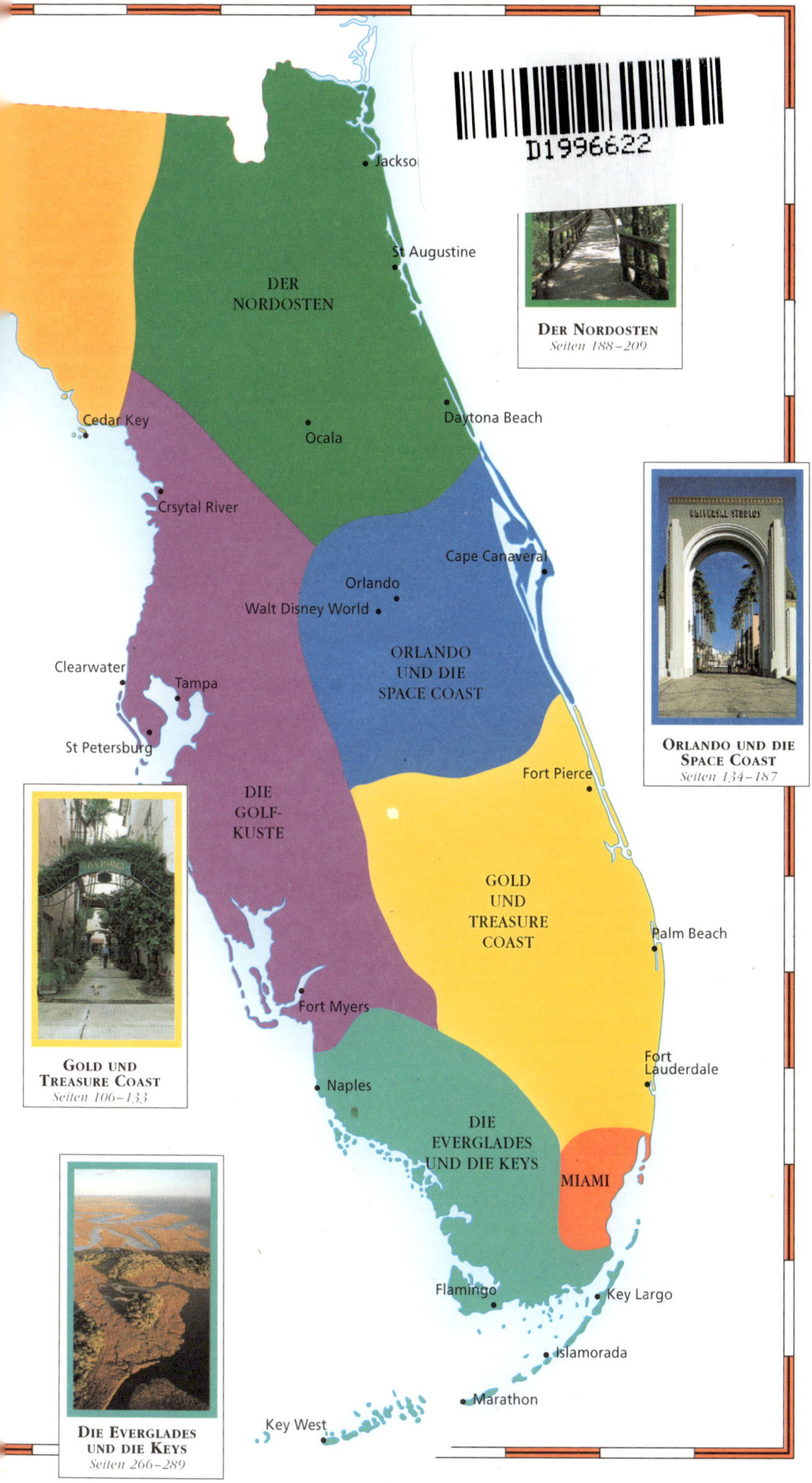

DER NORDOSTEN
Seiten 188–209

ORLANDO UND DIE SPACE COAST
Seiten 134–187

GOLD UND TREASURE COAST
Seiten 106–133

DIE EVERGLADES UND DIE KEYS
Seiten 266–289

VIS à VIS

FLORIDA

VIS à VIS

FLORIDA

DK

DORLING KINDERSLEY

EIN DORLING KINDERSLEY BUCH

TEXTE
Ruth und Eric Bailey, Richard Cawthorne, David Dick, Guy Mansell, Fred Mawer, Emma Stanford, Phyllis Steinberg

FOTOGRAFIE
Max Alexander, Dave King, Stephen Whitehorne, Linda Whitwam

ILLUSTRATIONEN
Richard Bonson, Richard Draper, Chris Orr & Assocs, Pat Thorne, John Woodcock

KARTOGRAFIE
EMS Ltd, East Grinstead (UK)

REDAKTION UND GESTALTUNG
Dorling Kindersley Ltd.

•

Titel der englischen Originalausgabe:
Eyewitness Travel Guide Florida
Zuerst erschienen 1997 in Großbritannien
bei Dorling Kindersley Ltd.

•

Aktualisierte Neuauflage 1999

ÜBERSETZUNG Barbara Rusch, Marion Welp, Pia Arras-Pretzler und Susanne Fütterer für GAIA Text, München
REDAKTION Marion Pausch; Dr. Thomas Pago, Falk-Verlag GmbH, München
SATZ UND PRODUKTION GAIA Text, München
LITHOGRAPHIE Colourscan, Singapur
DRUCK L. Rex Printing Co. Ltd., China

ISBN 3-89480-929-9

2 3 4 5 02 01 00 99

Für Hinweise, Verbesserungsvorschläge und Korrekturen ist der Verlag dankbar. Bitte richten Sie Ihr Schreiben an:
Dorling Kindersley Ltd.
c/o SDK Verlags GmbH
Relenbergstraße 88
70174 Stuttgart

Vorhergehende Seiten: Achterbahn in Busch Gardens bei Tampa

INHALT

Tiffany-Fenster in St Augustine *(siehe S. 199)*

FLORIDA STELLT SICH VOR

MIAMI FÜHRER DURCH DIE STADTTEILE

Rollschuhlaufen – in Florida überall beliebt

Delphine unterhalten das Publikum in Sea World *(siehe S. 164ff)*

Den schneeweißen Sand Floridas genießen

Shrimps – ein Klassiker

Touristen genießen den Sonnenuntergang, Key West *(siehe S. 286)*

Villa Vizcaya, Miami

WIE BENUTZE ICH DIESES BUCH?

DIESER REISEFÜHRER soll Ihren Besuch in Florida zu einem unbeschwerten Erlebnis machen, das durch keinerlei praktische Probleme getrübt wird. Der Abschnitt *Florida stellt sich vor* beschreibt den Staat und zeigt historische Zusammenhänge auf. Im *Führer durch die Stadtteile* und in weiteren sechs Kapiteln werden Sehenswürdigkeiten anhand von Karten, Text und Bild beschrieben. Empfehlenswerte Hotels und Restaurants werden im Kapitel *Zu Gast in Florida* genannt. Die *Grundinformationen* geben praktische Tips für einen angenehmen Aufenthalt.

FÜHRER DURCH DIE STADTTEILE
Miami ist in drei Gebiete unterteilt. Jedes Kapitel beginnt mit einer Auflistung der Hauptsehenswürdigkeiten. Das Kapitel *Abstecher* beschreibt die Sehenswürdigkeiten der Umgebung. Diese sind mit Nummern versehen, die Sie auf den *Detailkarten* und natürlich auch im Text wiederfinden.

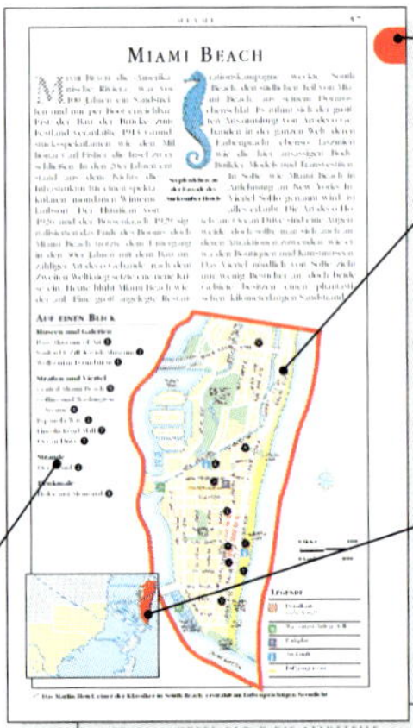

Alle Seiten, die sich auf Miami beziehen, sind an einer roten Farbmarkierung zu erkennen.

1 Stadtteilkarte
Die im Kapitel vorgestellten Sehenswürdigkeiten sind durchnumeriert und sind so im Text und im Kartenteil (siehe S. 96ff) *leicht zu finden.*

Eine Orientierungskarte zeigt die Lage des Stadtteils, in dem man sich befindet.

Sehenswürdigkeiten auf einen Blick führt das Wichtigste auf: Kirchen, Museen und Galerien, historische Gebäude und Parkanlagen.

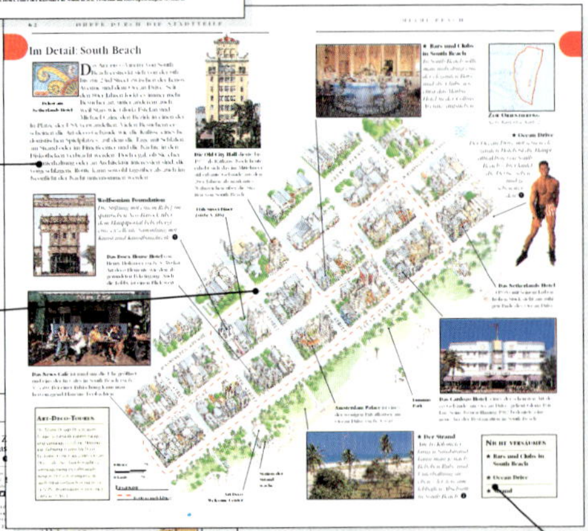

2 Detailkarte
Sie zeigt die Hauptaspekte eines Stadtteils aus der Vogelperspektive.

Die Routenempfehlung ist rot gekennzeichnet.

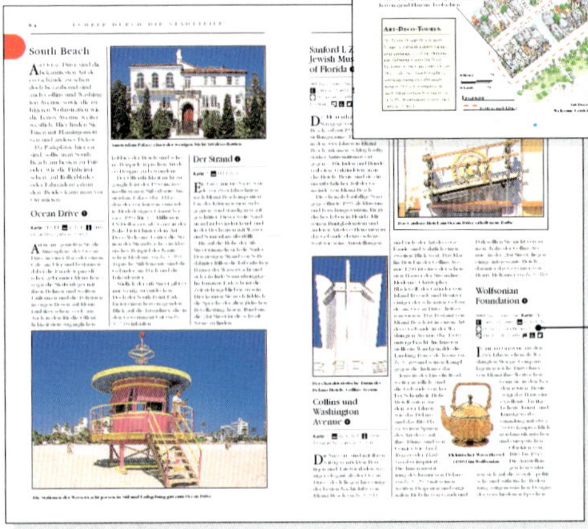

Sterne markieren herausragende Sehenswürdigkeiten, die man nicht versäumen sollte.

3 Detaillierte Informationen
Alle Sehenswürdigkeiten Miamis sind einzeln beschrieben – mit Adresse und praktischen Informationen. Die dabei verwendeten Symbole finden Sie auf der hinteren Umschlagklappe erklärt.

Führer durch Florida

Neben Miami ist Florida in sechs Regionen unterteilt, denen jeweils ein eigenes Kapitel gewidmet ist. Die interessantesten Städte, Dörfer und Sehenswürdigkeiten sind auf einer *Regionalkarte* dargestellt.

1 Einführung
Landschaft, Geschichte, Entwicklung und Charakter jeder Region werden hier beschrieben, und es wird erklärt, welche Sehenswürdigkeiten sie dem Besucher bietet.

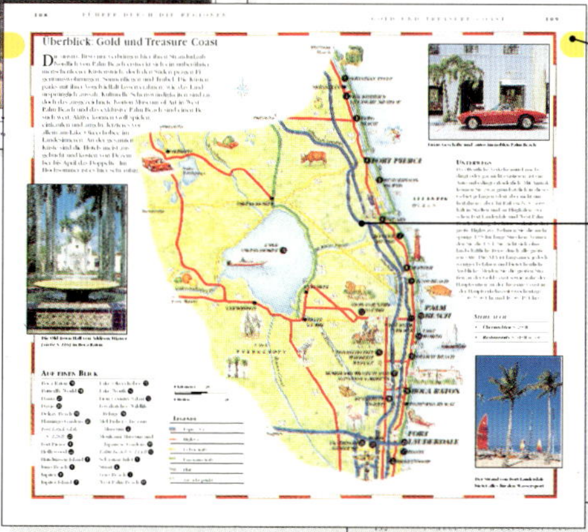

Jede Region Floridas läßt sich anhand der Farbkodierung auf der Umschlaginnenseite leicht auffinden.

2 Regionalkarte
Sie zeigt das Straßennetz und eine illustrierte Übersicht der Region. Alle Sehenswürdigkeiten sind numeriert. Die Karte gibt auch hilfreiche Tips zur Erkundung der Region.

3 Detaillierte Informationen
Alle wichtigen Orte sind einzeln beschrieben. Die Reihenfolge entspricht der Numerierung auf der Regionalkarte. *Unter jedem Ort gibt es informative Details zu bedeutenden Gebäuden und anderen Sehenswürdigkeiten.*

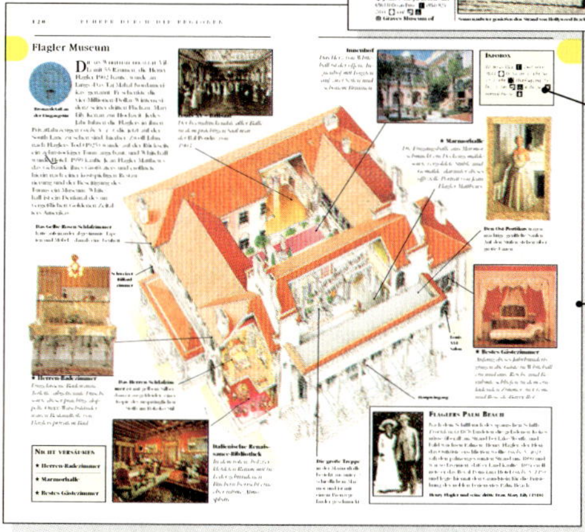

Die Infobox enthält praktische Informationen, die für einen Besuch hilfreich sind.

4 Hauptsehenswürdigkeiten
Ihnen sind zwei oder mehr Seiten gewidmet. Historische Gebäude werden perspektivisch dagestellt, bei Museen und Galerien erleichtern farbkodierte Grundrisse die Orientierung.

Florida stellt sich vor

Florida auf der Karte

FLORIDA IST DER SÜDLICHSTE STAAT der kontinentalen USA. Die Halbinsel erstreckt sich von Norden nach Süden über 690 Kilometer zwischen dem Atlantik und dem Golf von Mexiko in Richtung Karibische See. Der gesamte Staat ist mit 151 714 Quadratkilometern etwa so groß wie England, es leben hier jedoch nur 14 Millionen Menschen. Die relativ kleine Hauptstadt Tallahassee liegt auf dem »Pfannenstiel« (Panhandle), einem schmalen Landstrich im Westen des Staates am Golf von Mexiko. Floridas Tore zur Welt sind Miami und Orlando.

Ein Satellitenfoto von Florida am riesigen Golf von Mexiko

KANADA
Lake Nipigon
Lake Superior
Lake Huron
Lake Michigan
Lake Ontario
Lake Erie
Québec
Montreal
Ottawa
Mirabel
Lester B Pearson
Toronto
MAINE
Logan
Boston
NEW YORK
Buffalo
New York
JFK
MINNESOTA
WISCONSIN
MICHIGAN
Detroit
Milwaukee
Chicago
Chicago-O'Hare
Minneapolis
St Paul
IOWA
Omaha
PENNSYLVANIA
Pittsburgh
Philadelphia
NEW JERSEY
Baltimore
DELAWARE
MARYLAND
WASHINGTON D.C.
Dulles
OHIO
Ohio
ILLINOIS
INDIANA
Indianapolis
Cincinnati
WEST VIRGINIA
VIRGINIA
Kansas City
Lambert-St Louis
St Louis
Missouri
Mississippi
MISSOURI
KENTUCKY
NORTH CAROLINA
Nashville
TENNESSEE
Tennessee
ARKANSAS
Arkansas
Memphis
SOUTH CAROLINA
Atlanta
ALABAMA
Alabama
MISSISSIPPI
GEORGIA
Savannah
ATLANTIK
LOUISIANA
New Orleans
Houston
Orlando
Tampa
FLORIDA
Miami
BAHAMAS
Siehe S. 12f
GOLF VON MEXIKO
Havanna
KUBA
JAMAIKA
Kingston
Mérida
Chetumal
Villahermosa
BELIZE
LEGENDE
Florida
Internationaler Flughafen
Expressway
Eisenbahnlinie
Internationale Grenze
Staatsgrenze
0 Kilometer 400
0 Meilen 200

Straßenkarte Floridas

Von Eichen gesäumte Allee auf dem »Panhandle«

Entfernungstabelle

10 = Entfernung in Meilen
10 = Entfernung in Kilometern

	Miami	Fort Myers	Gainesville	Jacksonville	Key West	Orlando	Palm Beach	Panama City	Pensacola	St Augustine	St Petersburg	Sarasota	Tallahassee
Fort Myers	141 / **227**												
Gainesville	331 / **533**	230 / **370**											
Jacksonville	345 / **555**	285 / **459**	62 / **100**										
Key West	155 / **249**	270 / **434**	474 / **763**	493 / **793**									
Orlando	228 / **367**	153 / **246**	109 / **175**	134 / **216**	371 / **597**								
Palm Beach	64 / **103**	124 / **200**	269 / **433**	274 / **441**	219 / **352**	166 / **267**							
Panama City	555 / **893**	448 / **721**	236 / **380**	260 / **418**	698 / **1123**	334 / **537**	493 / **793**						
Pensacola	649 / **1044**	541 / **871**	330 / **531**	354 / **570**	792 / **1274**	428 / **689**	587 / **944**	103 / **166**					
St Augustine	308 / **496**	251 / **404**	73 / **118**	39 / **63**	461 / **742**	96 / **154**	238 / **383**	293 / **471**	387 / **623**				
St Petersburg	251 / **404**	110 / **177**	143 / **230**	209 / **336**	379 / **610**	105 / **169**	200 / **322**	342 / **550**	435 / **700**	198 / **319**			
Sarasota	214 / **344**	71 / **114**	179 / **288**	240 / **386**	344 / **553**	132 / **212**	174 / **280**	378 / **608**	471 / **758**	228 / **367**	39 / **63**		
Tallahassee	463 / **745**	356 / **573**	144 / **232**	163 / **262**	606 / **975**	242 / **389**	401 / **645**	97 / **156**	191 / **307**	195 / **314**	250 / **402**	286 / **460**	
Tampa	245 / **394**	123 / **198**	128 / **206**	190 / **306**	387 / **623**	85 / **137**	192 / **309**	331 / **533**	425 / **684**	179 / **288**	20 / **32**	53 / **85**	239 / **383**

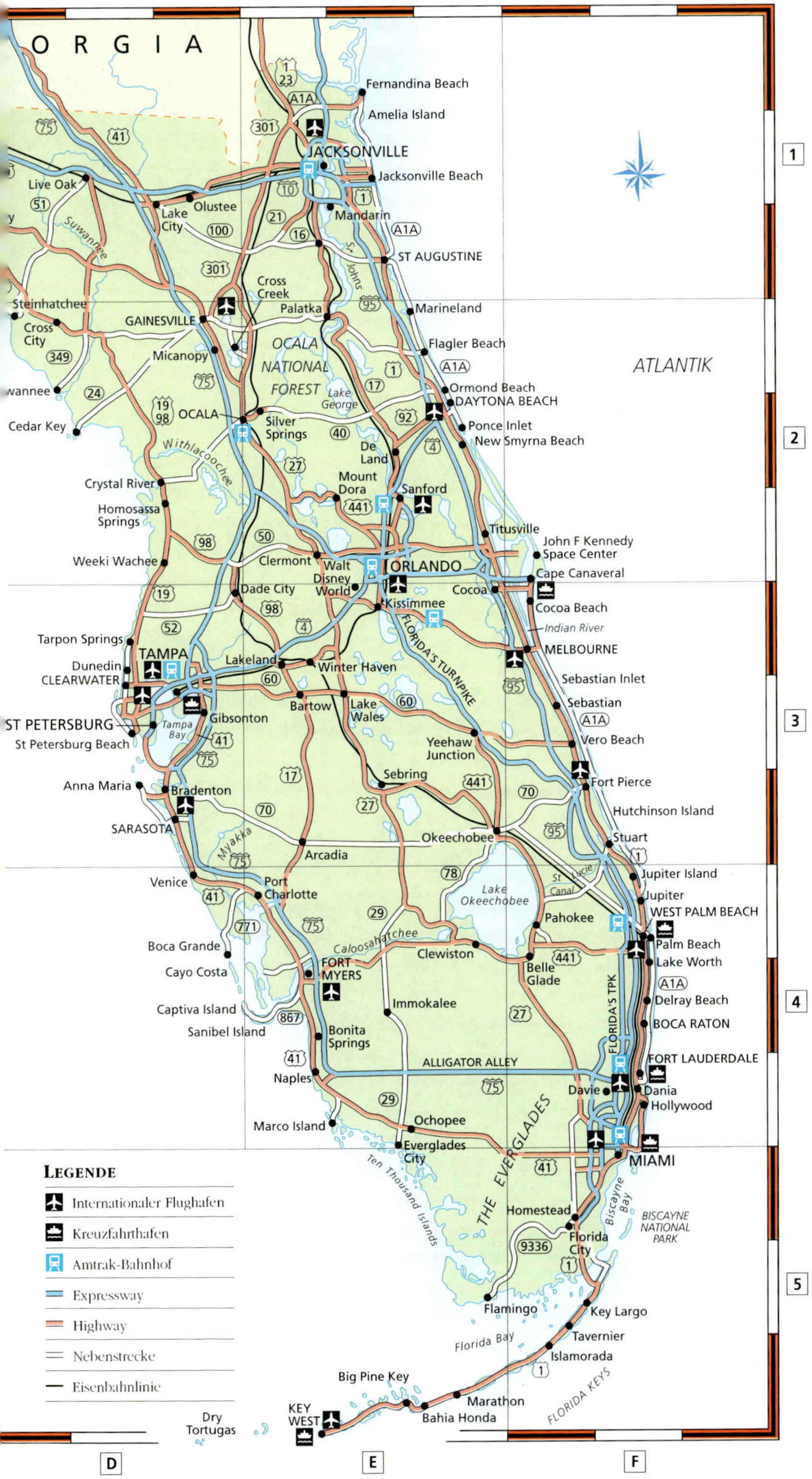
ORGIA
Fernandina Beach
Amelia Island
JACKSONVILLE
Jacksonville Beach
Live Oak
Lake City
Olustee
Suwannee
Mandarin
ST AUGUSTINE
St Johns
Steinhatchee
Cross City
Cross Creek
GAINESVILLE
Palatka
Marineland
Micanopy
OCALA NATIONAL FOREST
Flagler Beach
ATLANTIK
wannee
Lake George
Ormond Beach
DAYTONA BEACH
Cedar Key
OCALA
Silver Springs
Ponce Inlet
New Smyrna Beach
Withlacoochee
De Land
Crystal River
Mount Dora
Sanford
Homosassa Springs
Titusville
John F Kennedy Space Center
Weeki Wachee
Clermont
Walt Disney World
ORLANDO
Cape Canaveral
Dade City
Cocoa
Kissimmee
Cocoa Beach
Indian River
Tarpon Springs
FLORIDA'S TURNPIKE
MELBOURNE
TAMPA
Lakeland
Winter Haven
Dunedin
CLEARWATER
Sebastian Inlet
Bartow
Lake Wales
Sebastian
ST PETERSBURG
Gibsonton
Tampa Bay
St Petersburg Beach
Yeehaw Junction
Vero Beach
Sebring
Fort Pierce
Anna Maria
Bradenton
SARASOTA
Myakka
Hutchinson Island
Okeechobee
Stuart
Arcadia
Jupiter Island
Venice
Port Charlotte
Lake Okeechobee
St Lucie Canal
Jupiter
WEST PALM BEACH
Pahokee
Boca Grande
Caloosahatchee
Clewiston
Palm Beach
Lake Worth
Cayo Costa
FORT MYERS
Belle Glade
Delray Beach
Captiva Island
Immokalee
FLORIDA'S TPK
BOCA RATON
Sanibel Island
Bonita Springs
ALLIGATOR ALLEY
FORT LAUDERDALE
Naples
Davie
Dania
THE EVERGLADES
Hollywood
Marco Island
Ochopee
Everglades City
MIAMI
Ten Thousand Islands
Homestead
Biscayne Bay
BISCAYNE NATIONAL PARK
Florida City
Flamingo
Key Largo
Florida Bay
Tavernier
Islamorada
Big Pine Key
FLORIDA KEYS
KEY WEST
Marathon
Bahia Honda
Dry Tortugas
1
2
3
4
5
D
E
F
LEGENDE
Internationaler Flughafen
Kreuzfahrthafen
Amtrak-Bahnhof
Expressway
Highway
Nebenstrecke
Eisenbahnlinie

Miami

Eigentlich heisst die Metropole, die meist Miami oder Greater Miami (Großraum Miami) genannt wird, Dade County. Zu der 3220 Quadratkilometer großen Region gehören viele Distrikte und einige Städte. Dieses Buch teilt Miami in drei touristisch interessante Bereiche: Miami Beach mit South Beach, die traditionellen städtischen Gebiete Downtown und Little Havana sowie die Vorstädte Coral Gables und Coconut Grove.

Coral Gables: Miamis beliebtestes Wohnviertel erstreckt sich zwischen Kanälen

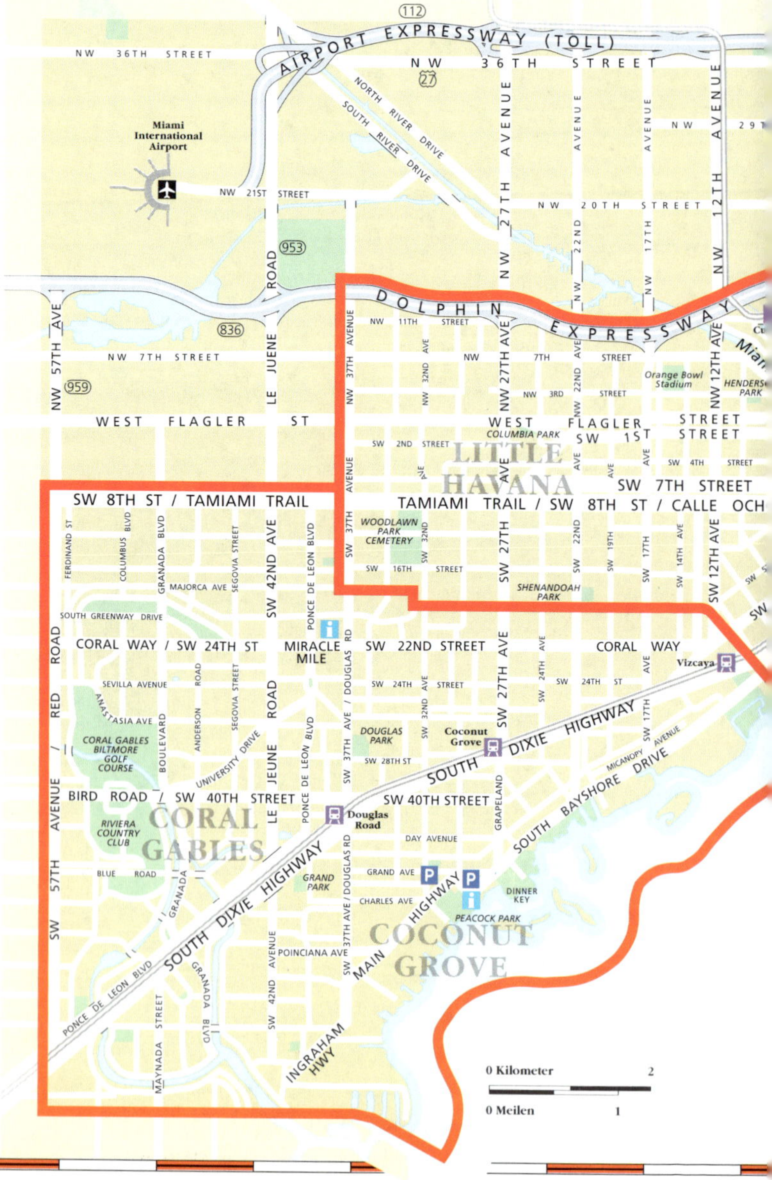

Miami Beach: Blick auf die Stadt, die durch Dämme mit dem Festland verbunden ist

Downtown: Im Geschäftszentrum überragen Wolkenkratzer den Miami River

Legende

- Internationaler Flughafen
- U-Bahn-Station
- Wassertaxi-Anlegestelle
- Parkplatz
- Auskunft
- Expressway
- U-Bahn-Linie

Ein Porträt Floridas

Für die meisten der jährlich über 40 Millionen Touristen Floridas sind Sonne, Sand, Meer und Micky Maus Grund genug für einen Besuch. Der Sunshine State (Sonnenscheinstaat) verdient wahrlich seinen Ruf als perfektes Urlaubsziel für Familien – doch Florida bietet kulturell und landschaftlich viel mehr, als die üblichen Klischeevorstellungen erahnen lassen.

Beach-Buggie, Daytona Beach

Es wäre einfach, sich auf die Küsten mit ihren vielen abwechslungsreichen, weitläufigen Stränden zu beschränken und das Hinterland zu ignorieren. An der Küste kann man unter blauem Himmel entspannen oder die vielfältigen Sportangebote nutzen. Wer aber auf Sonne und Badetuch verzichten kann, wird reichlich belohnt.

Die dichten Wälder, die Berge des Nordens, die Blüten der Bougainvilleen und Azaleen im Frühling strafen das Vorurteil Lügen, daß Floridas Landschaft flach und langweilig sei. Überall im Staat ist es nur ein Katzensprung von der Zivilisation in die Wildnis – so etwa in die Everglades mit ihrer vielfältigen Fauna und Flora, wo Alligatoren und Schlangen lebhaft daran erinnern, wie unwirtlich Florida vor etwa 100 Jahren war. Im Weltvergleich war Florida ein »Spätzünder« (viele »historische Distrikte« stammen aus dem frühen 20. Jahrhundert), doch es kann sich mit St Augustine der ältesten Stadt der USA rühmen. Hier trotzen Gebäude auf wunderbare Weise der Zeit und vermitteln in ihrer Vielfalt eine Ahnung vom Leben im 18. Jahrhundert.

Klimatisch und kulturell ist Florida zweigeteilt und bildet eine Brücke zwischen dem gemäßigten Nord- und dem tropischen Lateinamerika und der Karibik. Im Norden säumen Eichen die Straßen, die Menschen sprechen in dem gedehnten Dialekt

Die naturnahe Wasserlandschaft nahe Flamingo im Everglades-Nationalpark

◁ Typische Szenerie in South Beach, Miami: Leichtbekleidete Rollschuhfahrer sind die Norm

Ein Anwohner genießt das entspannte Fischen nahe Naples Pier am Golf von Mexiko

der Südstaaten, im Süden spenden Palmen in der subtropischen Sonne Schatten, und in Miami wird sowohl Spanisch als auch Englisch gesprochen.

Bevölkerung und Gesellschaft

Florida, der Staat, in dem »jeder von irgendwo anders herkommt«, ist immer ein kulturelles Potpourri gewesen. Die Seminolen, die sich im 17. Jahrhundert hier ansiedelten, waren vor den landhungrigen europäischen Einwanderern auf der Flucht. Sie leben meist in Reservaten und verkaufen in einigen südlichen Regionen an Straßenrändern ihr Kunsthandwerk. Die vielversprechendsten Kandidaten für den Titel »echte Floridianer« sind die Cracker-Farmer, deren Vorfahren sich im frühen 19. Jahrhundert hier ansiedelten. Ihr Name leitet sich möglicherweise von dem Geräusch ab, das Viehpeitschen verursachen oder das beim Schroten des Korns entsteht. Wer sich nur an der Küste aufhält, wird zumeist auf Menschen treffen, deren Wurzeln in den Nordstaaten liegen.

Ein Verkaufsstand mit Kleidung von Seminolen

Nordamerikaner strömen verstärkt seit dem Zweiten Weltkrieg hierher. 1950 stand Floridas Einwohnerzahl an der 20. Stelle in den USA, heute rangiert sie an vierter Stelle. Die größte Zuwanderergruppe sind die Rentner, da Klima und Lebensstil (auch Steuergesetze) das Leben hier reizvoller gestalten. Viele Senioren spielen Golf, gehen fischen oder sind in den topmodernen Einkaufszentren zu finden. Auch wenn superreiche Gemeinden wie Palm Beach noch dem konservativen und statischen Image entsprechen, das mancher von Florida haben mag, ist die Realität doch ganz anders, denn die Zahl der jungen Neuankömmlinge steigt ständig. Für

Miami-Kubaner spielen Domino

sie ist Florida ein Land mit Chancen, in dem man Spaß haben und das gute Leben genießen kann. Sie verwandelten Miamis South Beach mit seinen Art-déco-Gebäuden in eine der US-Trendregionen.

Erfrischung in einem von Floridas beliebten Wasserparks

Auch aus Nicaragua, Haiti und anderen Staaten der Region kommen viele Menschen. Miami hat eine große kubanische Gemeinde. Hier ertönen Salsa- und Merengue-Rhythmen, und zahlreiche überschäumende Feste füllen den Veranstaltungskalender. Die kulturelle Vielseitigkeit schlägt sich auch in der lokalen Küche nieder: Man findet typisch karibische oder andere ethnische Gerichte, aber auch aufregende, neu kreierte kulinarische Köstlichkeiten, die aus dem Zusammenwirken verschiedenster kultureller Einflüsse entstanden.

Orangen sind Floridas saftigste Ernte

Wirtschaft und Tourismus

Im Vergleich mit anderen US-Staaten kann sich Floridas Wirtschaft sehen lassen. Früher lebte der Staat vor allem von der Landwirtschaft, insbesondere vom Anbau von Zitrusfrüchten, Gemüse und Viehzucht. Zitrusfrüchte wachsen hauptsächlich in Zentralflorida, wo sich Plantagen bis zum Horizont erstrecken. Bedeutend ist auch die High-Tech-Industrie. Zudem ist Miami aufgrund seiner geographischen Nähe zu Lateinamerika und der Karibik Drehscheibe des Handels mit diesen Regionen. Floridas mildes Klima zieht auch andere Branchen an: So erscheinen im Frühjahr Baseballteams einschließlich Anhängern zum Training, und die Modeindustrie kommt mit Dutzenden von Models und mit Glanz und Glamour.

Flamingos sind ein beliebtes Fotomotiv

Den Staatssäckel füllt jedoch vor allem der Tourismus. Auch wenn Disney World oberflächlich gesehen die Tourismusindustrie dominiert, so ist doch das Land selbst mit seinen Stränden, der geographischen Nähe zu den Bahamas und der Karibik (die Kreuzschiffahrt boomt) und den Naturschätzen die Hauptattraktion. Nach Jahrzehnten unkontrollierten Wachstums weiß Florida die Bedeutung seines Naturerbes zu schätzen. Weite Landstriche verschwanden unter Fabrikanlagen, Siedlungen und Kohlfeldern, doch alle Beteiligten werden gezwungen, mehr ökologische Verantwortung zu übernehmen. So ist auch der Wasserverbrauch streng überwacht. Floridas Naturschätze, von den Sümpfen bis zu den letzten Panthern, werden heute für die Nachwelt erhalten.

Floridas Landschaften

FLORIDAS LANDSCHAFT ist tiefliegend, der höchste Punkt erreicht gerade 105 Meter über dem Meeresspiegel. Die wenigen Hügel des »Pfannenstiels« gehören zu den schönsten Landesteilen, ansonsten bedecken die Halbinsel vor allem Grasland und Sümpfe, aufgelockert von Wäldern und Tausenden von Seen. Große Teile der Landschaft mußten vor allem der städtischen und landwirtschaftlichen Entwicklung weichen, erst an zweiter Stelle dem Tourismus, der wichtigsten Einnahmequelle des Staats. Dennoch findet man immer noch überwältigende naturbelassene und unbesiedelte Landstriche.

***Feuchtland** besteht vor allem aus baumbestandenen Sümpfen wie diesem Zypressensumpf und Grasmarschen.*

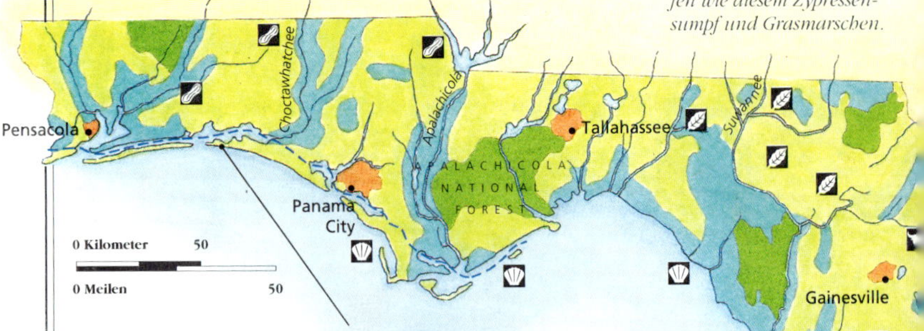

***Sandstrände** (über 1600 km) finden sich an Floridas Küsten. Im Gegensatz zum Korallenstrand der Atlantikseite ist der feine Quarzsand des Pfannenstiels so weiß, daß ihn angeblich skrupellose Händler während des Zweiten Weltkriegs als Zucker verkauften.*

Strandwallinseln, entstanden durch Schwemmsand, finden sich fast überall vor der Küste.

FLORIDAS DOLINEN

Viele der 30 000 Seen und Tümpel entstanden aus Einsturzdolinen. Dieses merkwürdige Phänomen ist vor allem in Nordflorida zu beobachten, wo der Untergrund aus Kalkgestein natürlich erodiert. Die meisten Dolinen entstanden nach und nach, da sich der Boden langsam senkte. Andere hingegen tauchen geradezu spektakulär, oft nach schweren Regenfällen, auf, wenn z. B. eine unterirdische Höhle durch das Gewicht der darüberliegenden Schichten zusammenbricht. Die größte Doline öffnete sich 1981 in Winter Park. Sechs Autos und ein Haus verschwanden in dem 90 Meter breiten Krater. Da man das Auftauchen von Einsturzdolinen nicht vorhersagen kann, schließen viele Hausbesitzer eine Versicherung gegen dieses Phänomen ab.

Arbeiter inspizieren eine Doline in einer Straße

LEGENDE

- Stadtgebiete
- Feuchtgebiete
- Waldgebiete
- Intracoastal Waterway
- Vieh
- Fisch und Meeresfrüchte
- Zitrusfrüchte
- Zuckerrohr
- Tabak
- Erdnüsse

Der Intracoastal Waterway ist ein natürlicher, aber gebaggerter Kanal, dessen wichtigster Abschnitt an der Ostküste die Verlängerung einer Wasserstraße ist, die im Staat Maryland beginnt. Einige Abschnitte der beliebten Bootsstrecke wurden bereits Ende des 19. Jahrhunderts ausgebaggert *(siehe S. 342)*.

Wald, vor allem Kiefernwald, bedeckt 50 Prozent des Landes, doch über die Hälfte ist Nutzwald.

***Vieh** verschifften schon die Spanier von Florida zu den kubanischen Märkten. Heute ist Florida unter den südöstlichen Staaten hinter Kentucky der zweitgrößte Rinderproduzent. Man züchtet vor allem Brahma-Rinder, eine widerstandsfähige, ursprünglich aus Indien stammende Rasse. Die wichtigsten Viehzuchtregionen liegen am Kissimmee River, Kissimmee selbst gilt als die »Viehhauptstadt von Florida«* (siehe S. 177).

***Floridas Zitrusindustrie** produziert über 70 Prozent der in den USA konsumierten Zitrusfrüchte. Orangen werden vor allem für den berühmten Orangensaft verwendet.*

***Zuckerrohr** gedeiht südlich des Lake Okeechobee* (siehe S. 124). *Früher schnitten es karibische Wanderarbeiter mit der Machete, heute sind Anbau und Ernte automatisiert.*

***Ständige Zuwanderung** aus US- und anderen Staaten sowie ein genereller Trend zur Landflucht resultieren unweigerlich in einem Anwachsen der Städte. Die südöstliche Küste von Florida ist fast vollständig bebaut – wie hier an der Gold Coast in Delray Beach, zu beiden Seiten des Intracoastal Waterway gelegen.*

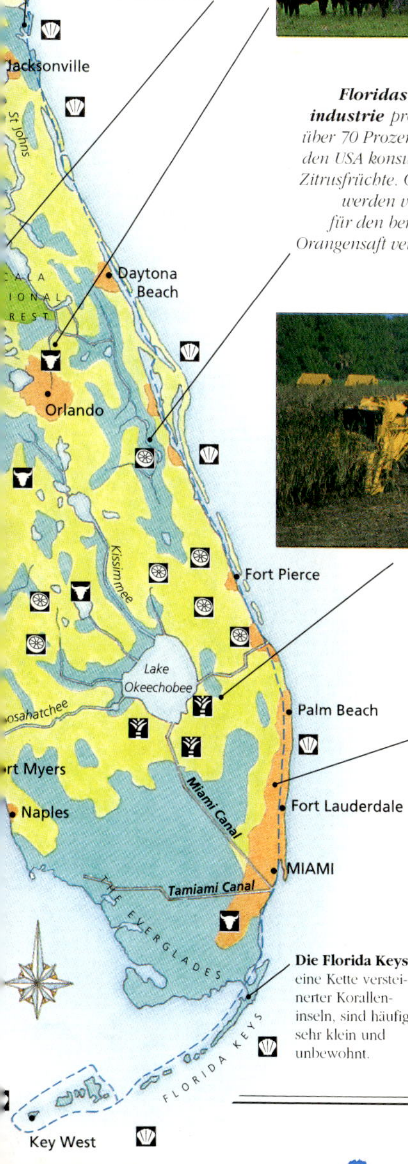

Die Florida Keys, eine Kette versteinerter Koralleninseln, sind häufig sehr klein und unbewohnt.

Flora und Fauna

FLORIDAS VIELFÄLTIGE PFLANZEN- UND TIERWELT profitiert vom Zusammentreffen des milden Nordens mit dem subtropischen Süden. Weitere Faktoren sind Feuchtigkeit, Sandböden, geringe Erhebungen und die Nähe zum Meer. Einige Pflanzen und Tiere können in verschiedenen Habitaten leben, andere nur in einem bestimmten. In Winter, wenn die Zugvögel kommen, ist die Vogelwelt besonders beeindruckend.

Tropischer Hartholzwald *(hammock)* in Südflorida

KÜSTENGEBIETE

An den Küsten leben trotz der oft ungeschützten Lagen zahlreiche Wildtierarten. Außer den Watvögeln bleiben viele Tiere tagsüber verborgen. Manche vergraben sich im Sand, andere, wie Schildkröten, verlassen das Meer nur in der Dunkelheit. Salzmarschen und Lagunen bieten im Schutz von Dünen ein reiches Habitat.

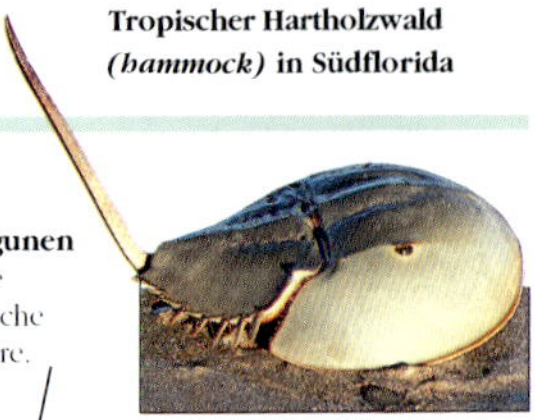

Pfeilschwanzkrebse *kommen üblicherweise im Frühjahr an die Strände, um sich fortzupflanzen.*

Salzwasserlagunen sind fruchtbare Gebiete für Fische und Schalentiere.

Ozean

Die windgebeugten Sträucher auf den Dünen werden von der salzigen Gischt »gestutzt«.

Kalksteinboden

Lehm, Sand und Muschelschalen

Die vom Wind und den Wellen ständig neu geformten Dünen werden durch Pflanzenwurzeln stabilisiert.

Der gefährdete *Weißköpfige Seeadler lebt am Meer und im Inland und hat eine Spannweite von zwei Metern.*

Die Meertraube *wächst vor allem in Südostflorida. Ihr Name stammt von ihren ovalen Früchten, die in Trauben herabhängen.*

KIEFERNWÄLDER

Diese Wälder mit Unterholz aus Pflanzen und Büschen bedecken etwa die Hälfte Floridas, oft liegen in ihnen Sümpfe oder andere Habitate. Sie gedeihen besonders gut nach Waldbränden, und ihre Tiere und Pflanzen haben sich an die schwierigen Lebensbedingungen optimal angepaßt.

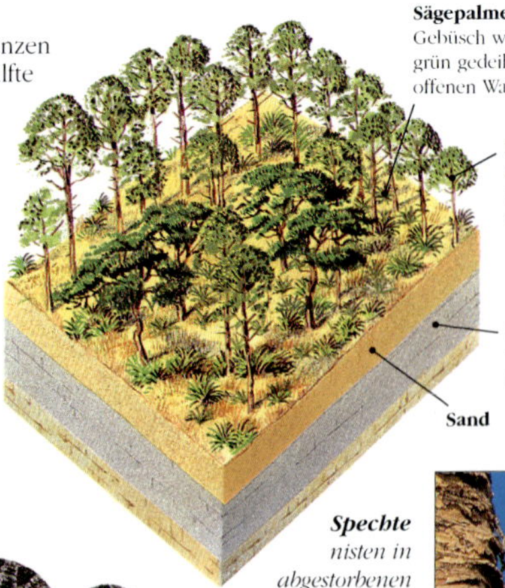

Sägepalmen und Gebüsch wie Immergrün gedeihen im offenen Waldgebiet.

Kiefern dominieren in den Wäldern.

Lehm und Sand

Sand

Weißwedelhirsche *sind Einzelgänger. Die in Florida lebenden sind kleiner als ihre Verwandten in den Nordstaaten.*

Spechte *nisten in abgestorbenen Bäumen und benutzen ihr Nest bisweilen mehrere Jahre lang.*

Klapperschlangen *sind durch ihre Zeichnung hervorragend im Gras oder Gebüsch getarnt.*

SÜSSWASSERSÜMPFE

Viele Sümpfe wurden trockengelegt, um Land für Ackerbau oder Siedlungen zu gewinnen – doch es gibt sie noch. Oft werden sie von Zypressen dominiert, die an die feuchten Bedingungen optimal angepaßt sind, da sie wenig Boden benötigen. Die Zwergzypresse kommt am häufigsten vor, die größere Riesenzypresse ist hingegen selten geworden.

Ibisse *finden Futter in Süßwassermarschen und -sümpfen. Sie nisten in großen Kolonien in Bäumen oder im Riedgras.*

Luchse *sind am kurzen Schwanz, Backenbart und dem gefleckten Fell erkennbar.*

Zypressen formen oft eine Kuppel. Die Bäume am Ufer sind dann niedriger als die im Zentrum.

Sägegras

Zypressenknie sind Wurzeln, die dem Baum Sauerstoff zuführen, damit er auf dem nassen Boden überleben kann.

Diese Eidechsen *sind eigentlich grün, können bei Hitze oder Streß aber dunkelbraun werden.*

Seerosen *sind die schönsten Süßwasser-Blütenpflanzen. Auf den Blättern rasten oft Frösche.*

HARTHOLZWÄLDER

Die Hartholzwälder *(hammocks)* zählen zu den »grünsten« Ökotopen Floridas. Im Gegensatz zu den tropischen Hartholzwäldern in Südflorida werden die Wälder des Nordens von Immergrünen Eichen dominiert. Dazwischen finden sich andere Spezies wie Hickory oder Magnolien.

Spanisches Moos wächst wie alle Luftpflanzen (Epiphyten) auf Wirtsbäumen, ist jedoch kein Schmarotzer.

Wilde Truthähne *erkennt man an ihrem bunten Gefieder und dem »Bart«.*

Magnolien *zählen zu den ältesten Blütenpflanzen. Typisch sind die auffälligen Blüten und die duftende Rinde.*

Hammocks kommen als Bauminseln vor oder als Streifen an Flüssen.

Opossums *sind tolle Kletterer. Sie können sich mit Händen, Füßen und Schwanz festklammern.*

Gürteltiere *sind vor allem nachtaktiv. Bei Gefahr rollen sie sich so zusammen, daß der harte Panzer sie vor Angreifern wie Rotluchsen schützt.*

Hurrikane in Florida

Logo der Hurricane Hunters

Ein Hurrikan ist ein tropischer Wirbelsturm, der eine Geschwindigkeit von mindestens 119 km/h erreicht. Einer von zehn Hurrikanen über dem Nordatlantik kommt nach Florida – durchschnittlich einer in zwei Jahren. Die Hurrikan-Saison geht vom 1. Juni bis zum 30. November, größte Gefahr herrscht von August bis Oktober. Die Saffir-Simpson-Hurrikan-Skala, die die erwarteten Winde und Überschwemmungen mißt, teilt Hurrikane in fünf Stärken ein, wobei Kategorie 5 die schlimmste ist. Dazu gehören Winde mit einer Geschwindigkeit von über 249 km/h. Man benennt die Stürme nach einer festgelegten alphabetischen Namenliste, die alle sechs Jahre rotiert. Ursprünglich wurden nur Frauennamen verwendet, seit 1979 werden Männer- und Frauennamen im Wechsel benutzt.

Mahnmal an den Hurrikan von 1935 *(siehe S. 280)*

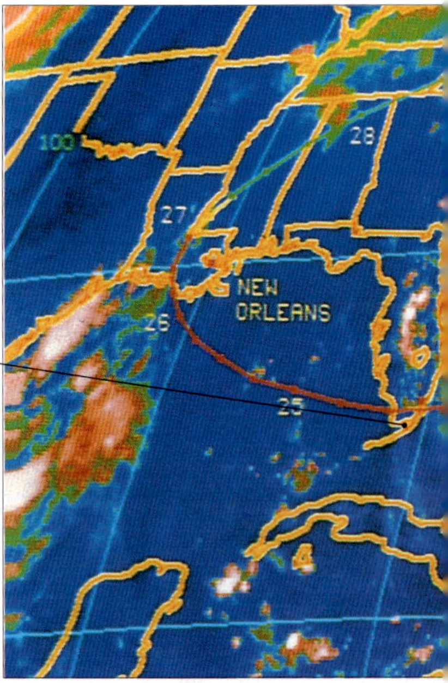

Die Gebiete Floridas, die am wahrscheinlichsten von einem Hurrikan betroffen sind, sind die Südostküste mit den Florida Keys, die Westküste der Everglades und der westliche »Panhandle«.

Das Leben eines Hurrikans

Das Entstehen eines Hurrikans beeinflussen mehrere Faktoren, hauptsächlich Wärme und Wind. Die Sonne erhitzt die Meeresoberfläche, Wasser verdampft, steigt auf und kondensiert zu Gewitterwolken. Diese geraten durch die Erdrotation in eine Wirbelbewegung. Der Hurrikan bewegt sich und kann auf Satellitenfotos *(siehe rechts)* verfolgt werden. Erreicht er Landmasse, verliert er an Kraft, weil er von seiner Energiequelle abgeschnitten ist – dem warmen Ozean.

Ein Boot wurde vom Hurrikan aus dem Wasser und auf Miamis Rickenbacker Causeway geschleudert.

Die Fassade des Wohnhauses wurde durch Hurrikan Andrew abgerissen.

Eine Zeltstadt für über 250 000 Menschen, die durch Hurrikan Andrew obdachlos wurden.

Hurrikan Andrew

Am 24. August 1992 zerstörte Hurrikan Andrew Südflorida. Obwohl er »nur« Kategorie 4 auf der Saffir-Simpson-Skala erreichte (weniger als der Hurrikan, der 1935 die Keys traf), verursachte er Schäden von 25 Milliarden US-Dollar und war somit die teuerste Naturkatastrophe der USA. 15 Personen starben in Florida (23 in den USA) durch die direkten Folgen des Sturms.

Das Auge
Im »Auge« des Sturms ist es völlig ruhig. Sobald es eine Stelle passiert hat, kehrt der Sturm zu seiner alten Stärke zurück.

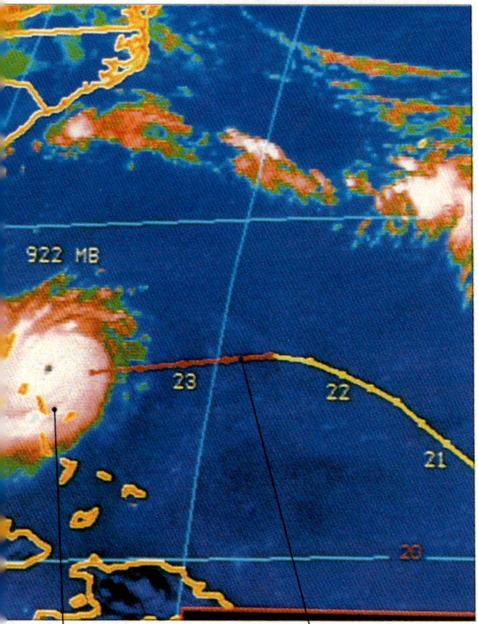

Ein typischer Hurrikan ist 480 km breit und kann bis zu 18,3 km über dem Meer in die Höhe steigen. Er bewegt sich mit einer Geschwindigkeit von 15 bis 70 km/h vorwärts.

Viele Hurrikane, so auch Andrew, entstehen vor Afrika und bewegen sich über den Atlantik nach Westen.

Die Sturmwelle

Die meisten Schäden und Todesfälle verursacht nicht der Sturm selbst, sondern die auf ihn folgende Überflutung. Diese Wasserwand – bis zu 80 Kilometer breit und über sechs Meter hoch – wird von den Winden nahe dem Auge vorwärtsgepeitscht und prallt schließlich an die Küste.

Einen Hurrikan beobachten

Mit Hilfe von Satelliten, Computersimulation und Radar entdeckt das National Hurricane Center in Miami Hurrikane, bevor sie Florida erreichen. Die detailliertesten Informationen liefern jedoch die Hurricane Hunters (Hurrikan-Jäger), die im und um den Sturm herumfliegen und Daten sammeln.

Hurrikan-Schäden können durch Vorsorge minimiert werden: Über Radio und Fernsehen wird die Bevölkerung auf dem laufenden gehalten, und jeder wird dazu angehalten, die Route des Hurrikans auf speziellen Karten zu verfolgen.

Vom Hurrikan gepeitschte Bäume

1 Hurrikan-Alarm
Die Einrichtung einer Hurrikan-Wache ist das erste Anzeichen für einen Hurrikan. Sobald Hurrikan-Warnung gegeben wird, wird der Sturm wahrscheinlich innerhalb von 24 Stunden eintreffen. Während Hurrikan-Warnungen sind die Flughäfen geschlossen.

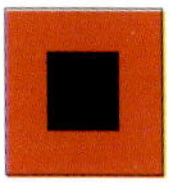

Flagge für Hurrikan-Alarm

2 Evakuierung
Notstandsbeamte fordern über Lokalnachrichten zur Evakuierung auf. Bewohner von Hochhäusern, Wohnwägen und tiefliegenden Gebieten sind besonders gefährdet. Schilder mit dem Hurrikan-Symbol leiten die Menschen auf sicheren Straßen. Das Rote Kreuz beherbergt diejenigen, die nirgendwo hingehen können.

Evakuierungsschilder

3 Entwarnung
Löst sich der Hurrikan auf oder zieht er weiter, wird entwarnt, und die Menschen können nach Hause fahren. Doch ist Vorsicht geboten: Abgerissene Stromleitungen, Überflutungen und Unfälle sind weitere Gefahren.

Wracks und Schätze

TIEF IN DEN GEWÄSSERN FLORIDAS haben sich im Lauf der Jahrhunderte Tausende von Wracks angesammelt. Viele Schiffe sanken bei Stürmen auf See, andere liefen auf die Riffe vor den Keys auf. Von den auf der Karte gezeigten Wracks konnte ein Großteil der Ladung geborgen werden. Spaniens Schiffe ziehen moderne Schatzsucher genauso an wie einst Piraten. Überall in Florida zeigen Museen geborgene Alltags- und Wertgegenstände, die Einblick geben in das damalige Leben und die Reichtümer der Spanier.

Leuchttürme
Seit etwa 1800 leiten Leuchttürme Schiffe, wie dieser bei Jupiter.

Die *Atocha*
Floridas bekanntestes spanisches Wrack sank 1622. Mel Fisher fand es 1985 nach 16jähriger Suche (siehe S. 110). *Zu dem Schatz, der etwa 300 Millionen US-Dollar wert ist, gehören Münzen, Goldbarren und Juwelen.*

Bergung des Schatzes
Das Bergen von Wracks erfordert eine gewisse Genialität. Die Abbildung von 1623 zeigt eine spanische Technik, vor den Keys versunkene Schätze zu bergen.

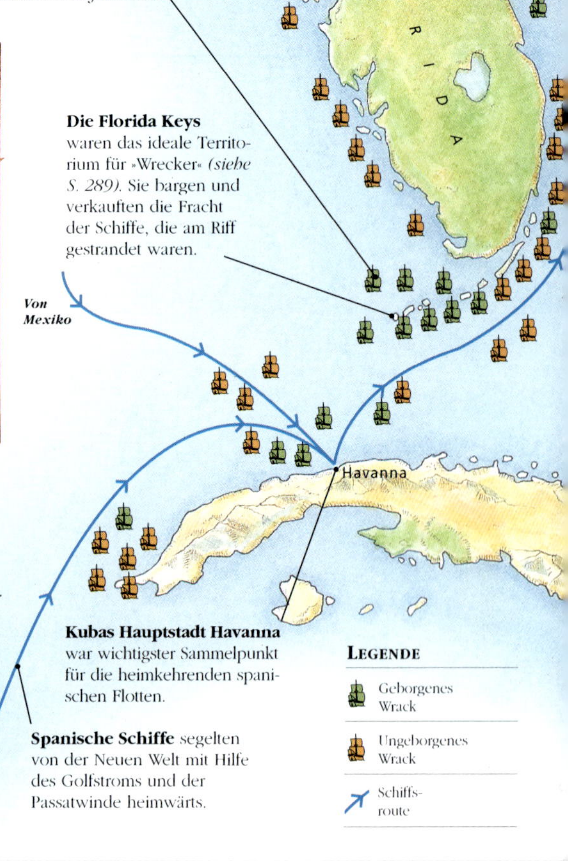

Die Florida Keys waren das ideale Territorium für »Wrecker« *(siehe S. 289)*. Sie bargen und verkauften die Fracht der Schiffe, die am Riff gestrandet waren.

Kubas Hauptstadt Havanna war wichtigster Sammelpunkt für die heimkehrenden spanischen Flotten.

Spanische Schiffe segelten von der Neuen Welt mit Hilfe des Golfstroms und der Passatwinde heimwärts.

Schatzsucher

Nach über 100 Gerichtsterminen konnte Mel Fisher seine Rechte an den Schätzen der *Atocha* wahrnehmen. Laut Gesetz gehören Wracks innerhalb einer fünf Kilometer breiten Küstenzone dem Staat, in dessen Gewässern sie gefunden werden. Wracks, die außerhalb dieser Zone liegen, sind nicht klar definiert. Wer an Land mit Metalldetektoren Münzen findet, kann diese behalten. In Florida benötigt man eine Lizenz, um in der Küstenzone Gegenstände von versunkenen Wracks zu bergen.

Schatzsucher am Strand

Wegweiser zu spanischen Schätzen in Florida

Maritime Museum of the Florida Keys *siehe S. 278*

McLarty Treasure Museum *siehe S. 110*

Mel Fisher's Maritime Museum *siehe S. 288*

Mel Fisher's Treasure Museum *siehe S. 110*

Museum of Man in the Sea *siehe S. 224*

St Lucie County Historical Museum *siehe S. 111*

Eine spanische Schatzflotte, die 1715 *(siehe S. 110)* hier sank, muß noch geborgen werden. Amateure durchforsten die nahe gelegenen Strände nach Münzen, die Stürme anschwemmen könnten.

Spanische Schiffe
Karavellen und Galeonen brachten die Schätze nach Spanien. Die Crew der Schiffe war bis zu 200 Mann stark. Die Kisten mit Gold und Silber lagerten in einem bewachten Raum im Unterdeck.

Blackbeard
Der für seine Grausamkeit berüchtigte Pirat kaperte spanische Schiffe im frühen 18. Jahrhundert und wurde von den Briten 1718 getötet. Um seinen Opfern Angst einzujagen, zündete er Hanfseile an seinem Hut an.

Von Hispaniola und dem nahe gelegenen Tortuga starteten französische und englische Piraten ihre Angriffe auf spanische Schiffe.

Floridas Architektur

FLORIDAS GEBÄUDE reflektieren die Geschichte seiner Besiedlung. Die Pioniere bauten einfache Häuser, im Zeitalter der Eisenbahn stiegen die Ambitionen. Unternehmer, die Einwanderer in den Süden locken wollten, imitierten die Architektur des Nordens. Dies und die schnelle Besiedlung führten dazu, daß Florida nie einen eigenen Architekturstil entwickelte. Dennoch sind merkwürdige und beachtenswerte Werke zu sehen, deren Stil durch die besonderen klimatischen Bedingungen beeinflußt wurde.

Hochhäuser im Geschäftszentrum von Jacksonville

FLORIDAS FRÜHE ARCHITEKTUR

Die Pioniere um 1800 richteten sich beim Hausbau vor allem nach dem Klima und örtlichen Gegebenheiten. Sie versuchten, die natürliche Luftzirkulation zu verbessern, und verwendeten lokale Materialien, meist Holz. Von diesen »Cracker«-Häusern, benannt nach den Cracker-Farmern *(siehe S. 18)*, die sie erbauten und in ihnen lebten, sind nur wenige erhalten. Dennoch übte dieser typische Architekturstil großen Einfluß auf Floridas Baukunst aus.

Die traditionelle Unterkunft der Indianer heißt *chickee*

***Das McMullen-Blockhaus** wurde 1852 fertig. Das typische Cracker-Haus aus Kiefernbalken steht heute im Pinellas County Heritage Village* (siehe S. 238).

DAS GOLDENE ZEITALTER

Ab etwa 1880 kamen mit Eisenbahn und Tourismus Wohlstand und Ideen aus anderen Landesteilen. Man liebäugelte mit dem Neo-Mittelmeerstil, typisches Beispiel hierfür sind Flaglers Ziegelhotels in St Augustine. Holz diente nun verstärkt zur Dekoration – am deutlichsten wird dies in Key West. Viele viktorianische Häuser stehen in Fernandina Beach *(siehe S. 192)* und Mount Dora *(siehe S. 206)*.

Maurischer Turm, Tampa Bay Hotel

***Das McCreary House** in Pensacola (um 1900) im Queen-Anne-Stil zeigt die Verfeinerungen einheimischer Stile in der viktorianischen Periode* (siehe S. 217).

Die kreativen Boom-Jahre

Die bemerkenswertesten Gebäude aus der Zeit von 1920 bis 1950 beschwören Bilder weit entfernter Orte. Jede Neuentwicklung hatte ihr Motto und schuf »Architekturinseln«, deren Stile von maurisch bis Art déco reichten, wie in Miamis South Beach *(siehe S. 58ff)*. Dominant blieb der neo-mediterrane Stil mit Architekten wie Addison Mizner in Palm Beach *(siehe S. 114ff)* und George Merrick in Coral Gables *(siehe S. 78ff)*.

Das Greystone Hotel im Art-déco-Stil, South Beach

Terrakottafliesen erwecken mediterranes Flair.

Verzierungen aus Stein, Terrakotta oder anderen Materialien schmücken Türen und Fenster.

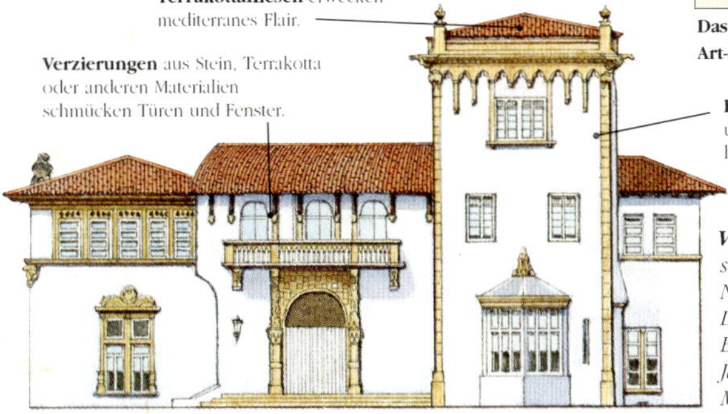

Balkone, Türmchen und unregelmäßige Dachhöhen sind überall zu finden.

Villen in Palm Beach *sind meist im spanischen Neo-Kolonialstil erbaut. Diese am South Ocean Boulevard entwarf Julius Jacob, ein Mitarbeiter Mizners, 1929.*

Nachkriegsarchitektur

Viele bemerkenswerte moderne Gebäude sind Einkaufszentren oder öffentliche Gebäude wie Theater oder Sportstadien, deren Größe meist mehr beeindruckt als ihre Gestaltung. Interessanter sind die neuen Städte Seaside und Disney's Celebration *(siehe S. 150)*, die eine vage Sehnsucht nach dem alten Kleinstadt-Amerika reflektieren und einen Kontrast zur Anonymität der Großstädte bilden.

Van Wezel Performing Arts Hall in Sarasota *(siehe S. 254)*

Große Schiebefenster lassen Sonne und Seewind das Haus erhellen und kühlen.

Seaside, *Teil einer preisgekrönten Stadtplanung auf dem »Panhandle« hat Häuser mit Holzzäunen und anderen pseudo-viktorianischen Elementen* (siehe S. 222).

Eine Veranda im 1. Stock, am besten mit Meeresblick, bietet ein schattiges Ruheplätzchen.

Holz, das typische Baumaterial einheimischer Architektur, wird auch in Seaside bevorzugt eingesetzt.

Neonschilder am International Drive, Orlando

Der Highway

Im 20. Jahrhundert entstanden entlang der Highways einzigartige Gebäude. So findet man neben Drive-in-Banken und ebensolchen Restaurants zu Stein gewordene Eistüten oder Alligatoren. Die auffälligen Bauten mit ihren bunten Neonlichtern dienen als Blickfang für die vorbeirasenden Reisenden und sind phantasievolle Oasen in der Monotonie der Motels und Filialen der Fast-food-Ketten.

Sportveranstaltungen in Florida

FLORIDA BIETET eine Menge an Sportunterhaltung. Die vielfältigsten und zahlreichsten Veranstaltungen finden in Miami *(siehe S. 94)* und im Südosten statt, doch eigentlich laufen im ganzen Staat Wettkämpfe. Das Frühjahr ist für die meisten Sportarten die wichtigste Zeit. Profi-Teams sind in Florida eine relativ junge Erscheinung und daher meist nicht so beliebt wie College-Teams, die über 80 000 enthusiastische Fans in die Arenen locken. Eine Beschreibung des Sportangebots finden Sie auf den Seiten 340ff.

College-Football-Match um den Gator Bowl in Jacksonville

FOOTBALL

FLORIDA HAT MOMENTAN drei Teams in der National Football League (NFL): die Miami Dolphins, die Tampa Bay Buccaneers und die Jacksonville Jaguars. Die Miami Dolphins sind mit fünf Teilnahmen am Super Bowl am erfolgreichsten. Sie gewannen den Super Bowl 1973 als erstes Team in der Geschichte der NFL ohne ein einzige Niederlage. Die Heimspiele finden von September bis Dezember statt *(siehe S. 94)*.

In Florida finden mehr College-Spiele statt als in jedem anderen Staat. Die besten Teams sind die Seminoles aus Tallahassee, die Hurricanes aus Miami und die Gators aus Gainesville.

Rund um Neujahr gibt es zahlreiche wichtige und beliebte College-Spiele. Die drei Publikumsfavoriten sind Citrus Bowl in Orlando, Orange Bowl Classic in Miami und der jährliche Gator Bowl in Jacksonville.

BASEBALL

SEIT DEM ERSTEN WELTKRIEG ist Florida wegen seines warmen Klimas bei den Top-Baseballteams beliebt für das Frühjahrstraining. Sie kehren jedes Jahr an denselben Ort zurück und bringen Millionen Dollar sowie Prestige. Die Städte, deren Regionalliga-Teams sich häufig die Namen der berühmten Besucher borgen, identifizieren sich stark mit ihren Gästen.

Das Training beginnt Ende Februar; im März finden die Freundschaftsspiele der **Grapefruit League** statt. Zu diesen Spielen pilgern ganze Menschenmassen, darunter auch Fans aus anderen Staaten. Terminpläne und Eintrittskarten erhält man im voraus bei den Stadien.

Die 1993 gegründeten Florida Marlins waren das erste professionelle Baseball-Team in Florida, ihnen folgten die Tampa Bay Devil Rays, die im Tropicana Field Stadion in St Petersburg zu Hause sind *(siehe S. 339)*. Die Baseball-Saison dauert von April bis August.

GRAPEFRUIT LEAGUE: WER SPIELT WO?

Atlanta Braves
Walt Disney World.
☎ *(407) 939-2044.*

Baltimore Orioles
Fort Lauderdale.
☎ *(954) 776-1921.*

Boston Red Sox
Fort Myers. ☎ *(941) 334-4700.*

Houston Astros
Kissimmee. ☎ *(407) 933-2520.*

LA Dodgers
Vero Beach. ☎ *(561) 569-6858.*

Minnesota Twins
Fort Myers. ☎ *(800) 338-9467.*

New York Yankees
Tampa. ☎ *(813) 879-2244.*

Philadelphia Phillies
Clearwater. ☎ *(813) 442-8496.*

St Louis Cardinals
Jupiter.
☎ *(561) 775-1818.*

Eine vollständige Liste ist bei der Florida Sports Foundation erhältlich (siehe S. 343).

PFERDERENNEN UND POLO

FLORIDA BESITZT die zweitgrößte Zuchtindustrie für Vollblüter in den USA, deren Zentrum Ocala ist *(siehe S. 208)*. In der Region Miami finden die meisten berühmten Rennen statt, so auch das renommierte Florida Derby im März und der Breeder's

Frühjahrstraining der LA Dodgers bei Vero Beach

Cup im November, beide im Gulfstream Park in Hallandale. Im Frühjahr kann man dem Pferdetraining im Hialeah Park in Miami zusehen *(siehe S. 48)*. Im Winter finden Rennen auch in den Tampa Bay Downs statt.

Polo ist vor allem an der Gold Coast populär. Das wichtigste Turnier ist der Challenge Cup *(siehe S. 122)* im Januar in West Palm Beach. Die Spiele sind außerordentlich spannend. Der Ball wird mit Geschwindigkeiten bis zu 176 km/h geschlagen. Zur Halbzeit nehmen die Zuschauer am traditionellen Stampfen teil, um den aufgewühlten Boden wieder glattzutrampeln.

Pferderennen im renommierten Gulfstream Park

Rodeos

Arcadia ist mit zwei Rodeos im Jahr das Zentrum der Profiwettkämpfe *(siehe S. 261)*. Im Februar und Juli strömen die Zuschauer nach Kissimmee zum Great Silver Spurs Rodeo. Teilnehmer aus den ganzen USA kämpfen um Preisgelder und Spitzenplätze im Broncoreiten oder in anderen Wettbewerben. Amateur-Rodeos finden das ganze Jahr über in Davie *(siehe S. 133)* und in Kissimmee *(siehe S. 177)* statt.

Jai alai

Jai alai ist ein typisches US-Spiel. Es entstand aus dem aus Europa kommenden Pelota *(siehe S. 133)*. Man spielt

Jai alai gilt bei den Fans als ältestes und schnellstes Spiel der Welt

auf einem Spielfeld, das drei Wände umgeben. Die Spieler fangen und werfen den Ball mit einem gekrümmten Korb, der Ball wird bis zu 240 km/h schnell. Die Rückwand, auf die der Ball triff, ist deshalb aus Granit.

Die Spiele bestreiten acht Teams aus einem oder zwei Mitgliedern. Nach dem ersten Punkt treffen die Gewinner auf den nächsten Gegner, so lange, bis ein Team sieben Punkte hat. Normalerweise spielt man 14 Spiele.

Jai alai wird das ganze Jahr in überdachten Stadien, *frontons*, gespielt. Seine Wettmöglichkeiten ziehen viel Publikum an. Jährlich werden Millionen umgesetzt.

Motorsport

Auto- und Mortorradrennen sind in Florida sehr populär. Die Saison beginnt im Februar mit zwei Rennen am Daytona International Speedway *(siehe S. 204)*, einer der schnellsten Rennstrecken der Welt. Das Rolex 24 geht über 24 Stunden, wie sein Vorbild in Le Mans, und das Daytona 500 ist einer der Höhepunkte bei den Stock-Car-Rennen.

Andere große Rennen finden in Hialeah (Miami), Homestead, Pensacola und Sebring (bei Orlando) statt. Die Gatornationals in Gainesville im März sind das wichtigste Dragster-Rennen an der gesamten Atlantikküste. Motorradrennen werden zudem in Daytona abgehalten.

Das Daytona 500 fand erstmals 1959 statt

Basketball

Profi-Basketball ist in Florida recht neu. Orlando Magic und Miami Heat sind die einzigen Teams der Landesliga NBA (National Basketball Association). Die Orlando Magic wurden 1992 berühmt, weil sie den späteren Top-Spieler Shaquille O'Neal verpflichteten. Die Saison geht von Oktober bis April.

Orlando in Aktion

Golf und Tennis

Golfturniere gibt es im Geburtsstaat der Golflegende Jack Nicklaus im Überfluß. Spitzenturniere sind Ende März das Bay Hill Invitational in Orlando und die PGA Tournament Players Championship in Ponte Vedra Beach bei Jacksonville.

Tennis ist ein weiterer Publikumsliebling. Jährlich strömen Tausende zur berühmten Lipton International Players Championship im Crandon Park in Key Biscayne.

Das Jahr in Florida

Mit seinem warmen Klima zieht Florida das ganze Jahr über Besucher an. Das Wetter ist im Norden und Süden sehr unterschiedlich, daher auch die Hauptreisezeiten. In Südflorida (inklusive Orlando) ist von Oktober bis April Hochsaison. Zu dieser Zeit genießen die Besucher den milden Winter und verlassen Florida zumeist vor Beginn des extrem heißen Sommers. Orlandos Freizeitparks ziehen zwar auch im Sommer Familien mit Kindern an, doch zu dieser Zeit tummeln sich die Massen auf dem Panhandle. Dort können in der Hochsaison die Preise doppelt so hoch sein wie sonst. Wann auch immer Sie Florida besuchen, irgendwo können Sie sicherlich an einem Festival teilnehmen *(siehe S. 35)*. Eine Liste der Feiertage erhalten Sie bei den örtlichen Touristeninformationen.

Turnierkämpfer, Sarasota Fair

Frühling

Ende Februar strömen Tausende von College-Studenten aus den ganzen USA während der Frühjahrsferien nach Florida. Sechs Wochen lang sind Floridas Küstenorte mehr oder minder ausgebucht, vor allem Daytona Beach und Panama City Beach.

Aber auch das Baseballtraining *(siehe S. 30)* lockt Besucher an. Im Norden können Sie Ihre Augen an der Pracht der Azaleen- und Hartriegelblüten weiden.

Sonnenhungrige bevölkern in den Frühjahrsferien Daytona Beach

März

Sanibel Shell Fair *(1. Woche)*. Muschelsammler und Künstler kommen nach Sanibel Island *(siehe S. 264f)*, um zu lernen, ihre Schätze zu präsentieren und Preise einzuheimsen.

Florida Strawberry Festival *(1. Woche)*, Plant City bei Tampa. Erdbeerkuchen, Country Music und Tanz.

Calle Ocho in Little Havana – Zentrum beim Carnival Miami

Medieval Fair *(1. Wochenende)*, Sarasota. Zauberer, Kostüme und lebende Schachfiguren beim Mittelalter-Fest.

Motorcycle Races *(Anfang März)*, Daytona Beach *(siehe S. 204f)*. Biker kommen von überall her, auf Oldtimern und modernen Motorrädern.

Carnival Miami *(2. So)*. Neun Tage Party in Miamis Latin District (Latinoviertel; *siehe S. 74f)*.

St Augustine Arts and Crafts Festival *(letztes Wochenende)*. Künstler bieten ihre Werke vor historischer Kulisse an.

Festival of the States *(Ende März–Anfang Apr)*, St Petersburg. Drei Wochen Spaß mit einer Fülle von Umzügen, Bällen, Jazz und Feuerwerken.

April

Antique Boat Festival *(1. Wochenende)*, Mount Dora *(siehe S. 206)*. Historisches Bootsrennen auf dem See und Ausstellungen in der Stadt.

Springtime Tallahassee *(ganzer Monat)*. Eines der größten Festivals im Süden mit ausgefallenen Paraden, Ballonwettfahrten, Kulinaria und Live-Musik.

Ostern *(März/Apr)*. Frühmessen im Castillo de San Marco *(siehe S. 200f)* und Kutschfahrten rund um St Augustine.

Conch Republic Celebration *(Ende Apr–Anfang Mai)*, Key West. Eine Woche lang Party mit Paraden, Tanz und anderen Veranstaltungen zu Ehren der Gründerväter der Stadt.

Mai

Emblem der Conch Republic

SunFest *(1. Woche)*, West Palm Beach. Eine Woche lang Kultur- und Sportveranstaltungen.

Isle of Eight Flags Shrimp Festival *(1. Wochenende)*, Fernandina Beach. Kosten Sie Garnelen und andere Meeresdelikatessen und stöbern Sie nach Kunsthandwerk.

Destin Mayfest *(3. Wochenende)*. Einheimische und Besucher genießen Live-Jazz am Destin Harborwalk.

Sonnenscheindauer
Die Tabelle bezieht sich auf ganz Florida. Die Westküste bei St Petersburg bietet mit durchschnittlich 361 Sonnentagen im Jahr am meisten Sonne, doch blauen Himmel gibt es eigentlich immer und überall. Sogar in den feuchteren Sommermonaten in Südflorida sind die Wolken meist nur kurz zu sehen.

Junge in *Stars and Stripes* bei den Feiern zum 4. Juli

Sommer

Temperaturen und Feuchtigkeit steigen während des Sommers stetig, Erleichterung verschaffen atlantische Brisen und nachmittägliche Gewitter: In Florida ist Hurrikan-Saison *(siehe S. 24f)*. Reisende mit schmalem Geldbeutel profitieren jetzt in der Nebensaison von den absolut günstigsten Preisen im Süden.

Das große Ereignis ist der Unabhängigkeitstag am 4. Juli, der mit Umzügen, Feuerwerk, Grillparties, Picknicks und Abkühlung im Meer gefeiert wird.

Juni

Monticello Watermelon Festival *(ganzer Monat)*, Monticello *(siehe S. 229)*. Die Ernte wird rustikal mit Grillparties und anderen Veranstaltungen gefeiert.
Goombay Festival *(1. Wochenende)*, Coconut Grove, Miami *(siehe S. 82)*. Party à la Bahamas mit Parade, Kulinaria und karibischer Musik.
Fiesta of Five Flags *(Anfang Juni)*, Pensacola. Zwei Wochen lang Festival mit Paraden, Marathonläufen, Fisch-Rodeos und der Aufführung von Tristan de Lunas *Landung am Strand* (1559).
Downtown Venice Street Craft Festival *(Mitte Juni)*. Das ruhige romantische Venice putzt sich für diesen beliebten Kunsthandwerksmarkt heraus.

Juli

America Birthday Bash *(4. Juli)*, Miami. Am Tag Picknicks, Familienspaß und Veranstaltungen, nachts erhellt ein großartiges Feuerwerk die City zur größten Unabhängigkeitsfeier in Südflorida.
Silver Spurs Rodeo *(Anfang Juli)*, Kissimmee *(siehe S. 177)*. Spaß und Staunen beim ältesten Rodeo Floridas (auch im Februar).
Hemingway Days Festival *(Mitte Juli)*, Key West. Eine Woche mit Autorenlesungen, Auszeichnung der besten Kurzgeschichten, Theater und einem Hemingway-Doppelgänger-Wettbewerb.
Florida International Festival *(Ende Juli–Anfang Aug)*, Daytona Beach. Weltberühmtes Musikfestival mit Pop, Jazz und klassischer Musik.

August

Boca Festival Days *(ganzer Monat)*, Boca Raton. Festival mit Kunsthandwerksmesse, Choraufführungen und Wettbewerb im Sandburgenbauen.
Annual Wausau Possum Festival *(1. Sa)*, Wausau. Diese Stadt nördlich von Panama City Beach ehrt das Beuteltier mit Veranstaltungen wie Kletterwettbewerben und Maisbrotbacken, außerdem kann man Opossum-Gerichte probieren.
Carrollwood Twilight Arts and Crafts Festival *(1. Wochenende)*, Tampa. Der Herzschlag der hektischen Stadt verlangsamt sich etwas für diese Kunstveranstaltung.

Bärtige Kandidaten beim Hemingway-Doppelgänger-Wettbewerb

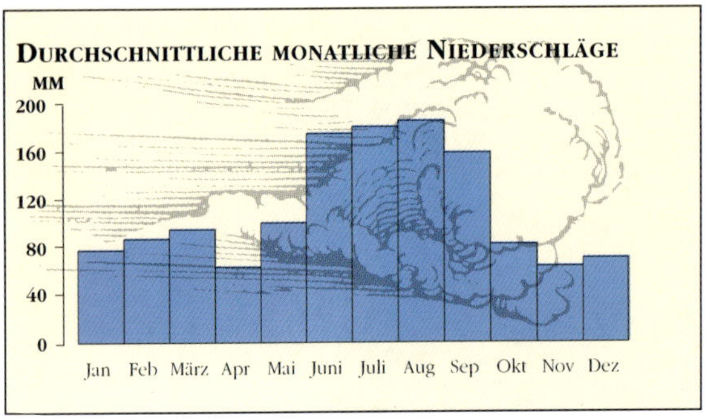

Niederschläge
Die Tabelle bezieht sich auf ganz Florida. Die nord-südliche Klimascheide zeigt z.B., daß der Monat Oktober der trockenste auf dem Panhandle ist, aber der feuchteste in den Keys. Als Faustregel gilt, daß im Sommer der Süden Floridas feuchter ist als im Norden, wo kurze Schauer die Regel sind. Im Winter ist es umgekehrt.

HERBST

Es wird etwas kühler, doch trotz gelegentlicher Stürme ist das Wetter sehr angenehm. Die Herbstmonate sind im allgemeinen ruhig: Strände, Sehenswürdigkeiten und Highways sind nicht mehr sehr stark frequentiert.

Thanksgiving am vierten Donnerstag im November ist der Höhepunkt des Herbstes, wenn sich die Familien bei Truthahn und Kürbiskuchen treffen. Danach leitet der größte Einkaufstag des Jahres die Vorweihnachtszeit ein.

SEPTEMBER

Las Olas Art Fair *(Anfang Sep)*, Fort Lauderdale. Las Olas Boulevard ist das Zentrum dieses Straßenmarkts mit Kunstausstellungen, köstlichem Essen und Musik.

St Augustine's Founding Anniversary *(Sa um den 8.)*. In historischen Kostümen wird die Ankunft der Spanier 1565 nahe der Stelle aufgeführt, an der die ersten Siedler landeten.

Eleganz und Handwerk bei der Fort Lauderdale Boat Show

OKTOBER

Destin Fishing Rodeo *(ganzer Monat)*. Das »glücklichste Fischerdorf der Welt« heißt Angler zu Fischwettbewerben willkommen. An zwei Tagen der ersten Woche findet ein Meeresfrüchte-Festival statt.

Jacksonville Jazz Festival *(Mitte Okt)*. Ungewöhnliche Kombination von Kunst- und Handwerksausstellungen sowie Auftritte von Jazzgrößen (3 Tage).

Boggy Bayou Mullet Festival *(Mitte Okt)*, Valparaiso und Niceville. Lokale Fischspezialitäten, Kunst und Unterhaltung in den beiden Städten nahe Fort Walton Beach.

Fort Lauderdale Boat Show *(Ende Okt)*. Die weltgrößte Bootsmesse im Wasser lockt Jachtfans an verschiedene Orte in der Stadt.

Fantasy-Fest *(letzte Woche)*, Key West. Wilde, einwöchige Halloween-Feier mit Travestieshows, Maskenbällen, Kostümprämierungen und Umzügen.

Johns Pass Seafood Festival *(letztes Wochenende)*, Madeira Beach. Das Festival lockt Meeresfrüchte-Fans nach Johns Pass Village *(siehe S. 238)*.

Guavaween *(letzter Sa)*, Tampa. Die witzige Halloween-Parade nimmt Leben und Geschichte der Stadt auf den Arm, besonders den Versuch, hier Guaven zu züchten.

NOVEMBER

Apalachicola Seafood Festival *(1. Wochenende)*. Segnung der Flotte, Netzknüpfen und Austernessen-Wettbewerbe bei Floridas ältestem und größtem Meeresfrüchte-Festival.

Orange Bowl Festival *(Anfang Nov–Ende Feb)*, Miami. Das Jugendfestival präsentiert über 20 Sport- und Kulturveranstaltungen.

Festival of the Masters *(2. Wochenende)*, Walt Disney World. Künstler zeigen ihre Werke in Downtown Disney *(siehe S. 162)*.

Miami Book Fair International *(Mitte Nov)*. Verleger, Autoren und Bücherwürmer treffen sich in Downtown Miami.

In Kostüm und Maske ausgelassen beim Key-West-Fantasy-Fest

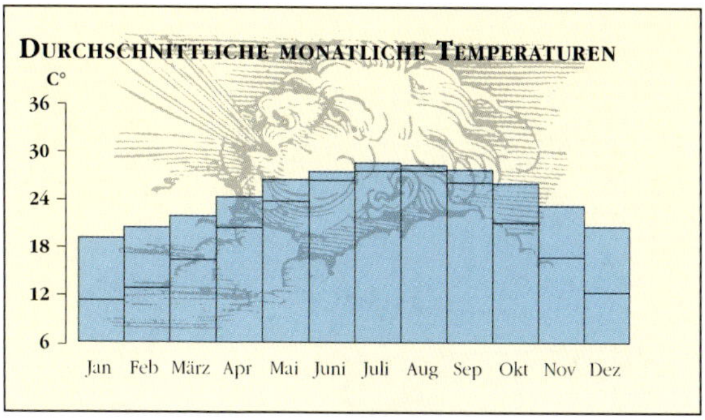

Temperaturen
Die Tabelle bezieht sich auf die Durchschnittstemperaturen in Miami und Jacksonville, wobei die höhere Skala für Miami gilt. Im Norden sind die Abende auch im Winter nur kühl, Schnee ist äußerst selten, doch es ist zu kalt zum Schwimmen. In Südflorida verschlimmert die hohe Luftfeuchtigkeit die Hitze zusätzlich.

WINTER

DIE WINTERMONATE stehen im Zeichen von Weihnachten und Neujahr. Nun kommen die Winterflüchtlinge, auch Berühmtheiten – manche, um zu entspannen, andere, um in Floridas Unterhaltungssaison aufzutreten. Auch Walt Disney World hat Hochsaison, und das Magic Kingdom zeigt sich von seiner buntesten Seite.

DEZEMBER

Winterfest Boat Parade *(Anfang Dez),* Fort Lauderdale. Mit Lichtern erhellte Boote kreuzen in der Nacht auf dem Intracoastal Waterway.
King Orange Jamboree Parade *(31. Dez),* Miami. Riesige Neujahrsfeierlichkeit, die die freche Parade King Mambo Strut in Coconut Grove in der Nacht davor karikiert.

Der Weihnachtsmann auf dem Intracoastal Waterway

JANUAR

Orange Bowl *(Neujahr),* Miami. Fans des College-Football strömen in das gleichnamige Stadion *(siehe S. 95)* zum großen Spiel der Nachsaison.
Greek Epiphany Day *(6. Jan),* Tarpon Springs. Fest in der griechisch-orthodoxen Kathedrale *(siehe S. 237).*

Nachgespielte Piratenlandung beim Gasparilla Festival in Tampa

Art Deco Weekend *(Mitte Jan),* Miami Beach. Umzüge und Tanz zur Musik der 30er Jahre beim Straßenfest im Artdéco-Viertel *(siehe S. 58ff).*

FEBRUAR

Gasparilla Festival *(2. Mo),* Tampa. Party mit Bootsparaden und Kostümen zur Erinnerung an die Piraten, die einst an den Küsten plünderten *(siehe S. 249).*
Speed Weeks *(erste drei Wochen),* Daytona Beach. Rennen mit dem berühmten Daytona 500 am letzten Sonntag *(siehe S. 204f).*
Florida Citrus Festival *(Mitte Feb),* Winter Haven bei Orlando. Volksfest anläßlich der Zitronenernte.
Coconut Grove Arts Festival *(Mitte Feb),* Miami *(siehe S. 82).* Eine der größten Avantgarde-Kunstausstellungen in Florida.
Florida State Fair *(Mitte Feb),* Tampa. Großes Volksfest mit kostümierten Pferdeparaden, berühmten Unterhaltungskünstlern und Alligatorringen.
Miami Film Festival *(Mitte Feb).* Die Film Society of America veranstaltet ein zehntägiges Festival *(siehe S. 337).*
Swamp Cabbage Festival *(letztes Wochenende),* La Belle, östlich von Fort Myers. Rodeos, Tanz und Delikatessen aus dem eßbaren Herz des verehrten Staatsbaums, der Sabalpalme.

FEIERTAGE

Neujahr (1. Jan)
Martin Luther King Day (3. Mo im Jan)
President's Day (3. Mo im Feb)
Memorial Day (letzter Mo im Mai)
Independence Day (Unabhängigkeitstag, 4. Juli)
Labor Day (1. Mo im Sep)
Columbus Day (2. Mo im Okt)
Election Day (1. Di im Nov)
Veterans Day (11. Nov)
Thanksgiving (4. Do im Nov)
Weihnachten (25. Dez)

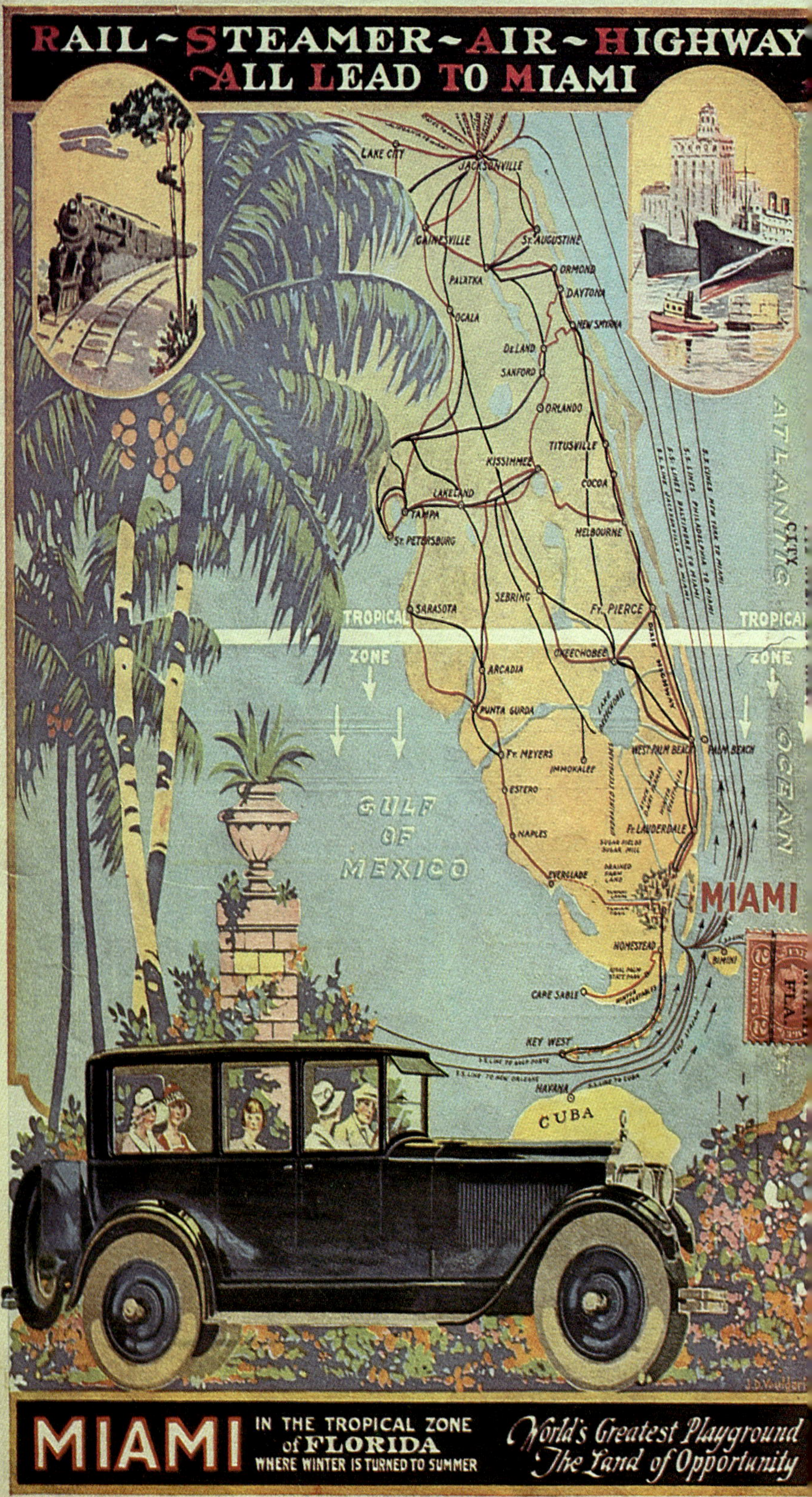
RAIL ~ STEAMER ~ AIR ~ HIGHWAY
ALL LEAD TO MIAMI
LAKE CITY
JACKSONVILLE
GAINESVILLE
ST. AUGUSTINE
PALATKA
ORMOND
DAYTONA
OCALA
NEW SMYRNA
DeLAND
SANFORD
ORLANDO
TITUSVILLE
KISSIMMEE
COCOA
LAKELAND
TAMPA
ST. PETERSBURG
MELBOURNE
SEBRING
SARASOTA
FT. PIERCE
TROPICAL
ZONE
OKEECHOBEE
ARCADIA
PUNTA GORDA
FT. MEYERS
IMMOKALEE
WEST PALM BEACH
PALM BEACH
ESTERO
NAPLES
FT. LAUDERDALE
GULF OF MEXICO
EVERGLADE
MIAMI
HOMESTEAD
BIMINI
CAPE SABLE
KEY WEST
HAVANA
CUBA
ATLANTIC OCEAN
MIAMI
IN THE TROPICAL ZONE
of FLORIDA
WHERE WINTER IS TURNED TO SUMMER
World's Greatest Playground
The Land of Opportunity

Die Geschichte Floridas

Auf den ersten Blick scheint Florida ein wenig geschichtsträchtiger Staat zu sein, doch hinter dieser Fassade kommt eine reiche Geschichte zum Vorschein, die Menschen verschiedenster Nationen und Kulturen formte.

Bis zum 16. Jahrhundert lebte in Florida eine große indigene Bevölkerung mit komplexen religiösen Glaubenssystemen und einer gewachsenen soziopolitischen Organisation. Nachdem Ponce de León »La Florida« 1513 entdeckt hatte, wurde die indianische Bevölkerung rasch durch Kriege und eingeschleppte Krankheiten dezimiert.

Henry Flagler

In den folgenden 250 Jahren war Florida nur ein Außenposten der spanischen Kolonien in der Karibik und ein Zufluchtsort für entflohene Sklaven sowie für die Seminolen *(siehe S. 271)*, die vor den Briten im Norden flohen. Erst nach der Machtübernahme der Briten 1763 blühte Florida auf. Die nächsten 60 Jahre stritten Spanien, Großbritannien und Amerika um Florida. 1821 wurde es amerikanisch. Vergeblich versuchten die Amerikaner 65 Jahre lang, die Seminolen aus Florida zu vertreiben. Dem Seminolenkrieg folgte der Bürgerkrieg, an dessen Ende 1865 der Staat vollkommen ruiniert war. Doch Florida erholte sich schnell. Unternehmer wie Henry Flagler bauten Eisenbahnen und Luxushotels, die wohlhabende Touristen aus dem Norden anlockten.

Der Tourismus blühte Anfang des 20. Jahrhunderts auf und ist seit 1950 Floridas wichtigster Industriezweig.

Mit der Öffnung des Staates expandierte die Landwirtschaft, und Wanderarbeiter kamen in Strömen. Die Rezession der 20er und 30er Jahre bremste die Erfolgskurve des Staates nur kurz, und zwischen 1940 und 1990 versechsfachte sich die Bevölkerung.

Floridas heute große hispanische Gemeinde hat ihre Wurzeln noch in Kuba. Auch wenn die wirtschaftliche Ungleichheit soziale Probleme schuf und die Urbanisierung große Umweltschäden verursacht – Florida boomt.

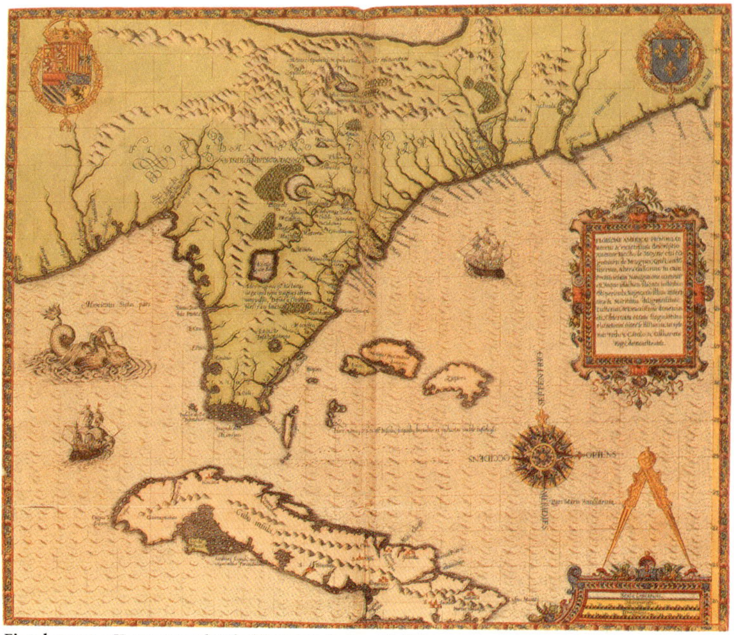

Eine der ersten Karten von Florida (Théodore de Bry, 16. Jh.)

◁ **Frühe Postkarte aus Miami, einem beliebten Urlaubsziel der 20er Jahre**

Floridas Vorgeschichte

Steinwerkzeug

FLORIDA WAR EINST Teil einer vulkanischen Kette, die die karibischen Inseln formte. Die Vulkane erodierten in Jahrmillionen und wurden vom Meer überspült. Als die Landmasse sich schließlich wieder erhob, war Florida mit dem nordamerikanischen Kontinent verbunden.

Die ersten Menschen erreichten Florida nach der letzten Eiszeit. Einige Gruppen gaben ihr Nomadentum auf und siedelten entlang der Flüsse und Küsten. Um 1000 hatten die meisten Gruppen komplexe religiöse und soziopolitische Organisationsformen entwickelt, wovon Tempel- und Grabhügel zeugen.

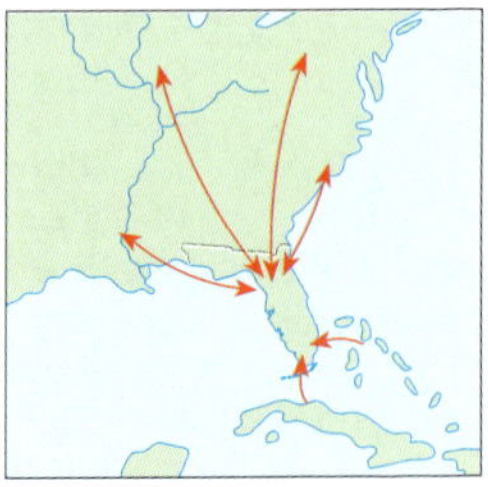

FRÜHE VÖLKERKONTAKTE

Kontaktgebiete

Töpfe wurden oft eingeritzt, um die Gefäßoberfläche zu vergrößern – so war es hitzebeständiger. Die Ritzungen waren oft auch rein ästhetisch motiviert.

Platten aus gehämmertem Kupfer, die sogar von den Großen Seen kamen, wurden zu Haarschmuck verarbeitet.

Bestattungsgefäß

Dieses bemalte Keramikgefäß (etwa 400 bis 600 n.Chr.) diente als Urne. Solche Gefäße wurden reich verziert und stellten oft Tiere dar. Durch Löcher im Gefäß sollte die Seele der Keramik die Seele des Toten begleiten.

FLORIDAS FRÜHE VÖLKER

Landwirtschaft und Grabhügel waren den Timucua wie anderen Ethnien Nordfloridas gemeinsam. Südlichere Gruppen wie die Calusa und Tequesta hinterließen Holzschnitzereien und Abfall, dessen Zusammensetzung vermuten läßt, daß sie sich vor allem von Fisch und Schalentieren ernährten.

FUNDE AUF MARCO ISLAND

Schnitzerei der Calusa

1896 entdeckte man auf Marco Island *(siehe S. 270)* Einzigartiges: Artefakte der Calusa-Kultur aus vergänglichen organischen Materialien waren im Sumpf perfekt erhalten. Außerhalb des schützenden Mangrovenschlamms zerfielen sie sofort. Leider sind nur ein oder zwei dieser Fundstücke, zu denen Zeremoniengegenstände wie Schnitzereien und Masken gehören, übriggeblieben.

Schüssel

Diese Keramikschüssel (ca. 800 n.Chr.) wurde bei Zeremonien benutzt. Die Muster helfen, die Töpfer zu identifizieren.

ZEITSKALA

um 10 000 Erste Produktion von Steinwerkzeugen bei Floridas frühesten Bewohnern

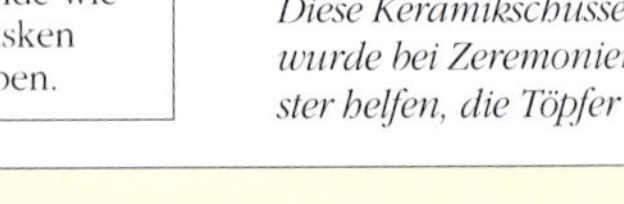

Atlatls *oder Speerschleudern gehörten zur materiellen Kultur um 6000 v. Chr.*

10 000 v.Chr.	9000 v.Chr.	8000 v.Chr.	7000 v.Chr.	6000 v.Chr.	5000 v.Chr.

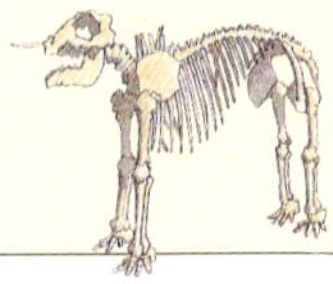

Das eiszeitliche Mastodon lebte einst in Florida

um 7500 Klimaerwärmung. Beginn der Jagd auf kleinere Tiere wie Hirsche und mehr pflanzliche Nahrung

um 5000 Die ersten halbseßhaften Siedlungen entstehen am St Johns River. Sie hinterlassen große Abfallhügel

Timucua-Frau
Die ersten Zeichnungen der Indianer Floridas zeigen, daß sie stark tätowiert waren, geschmückt mit hölzernen Ohrpflöcken und Muscheln und bekleidet mit Tierhäuten und Spanischem Moos.

Tonpfeife
Die frühen Einwohner nahmen bei Zeremonien starken, halluzinogenen Tabak, aufgelöst als Getränk, als Kautabak, oder sie rauchten ihn in Ton- oder Steinpfeifen.

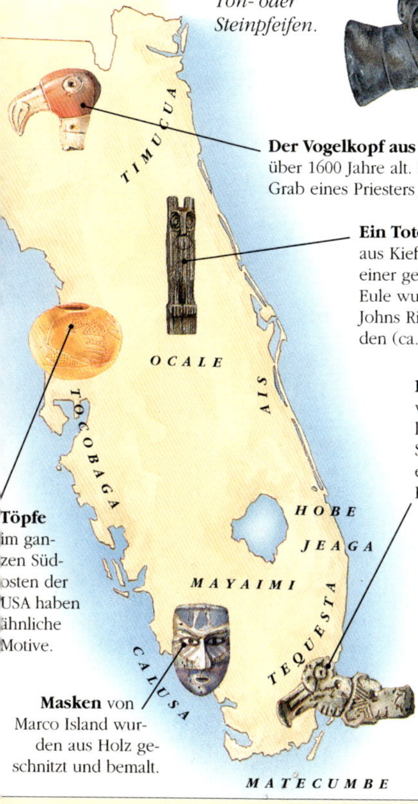

Der Vogelkopf aus Keramik ist über 1600 Jahre alt. Er wurde im Grab eines Priesters gefunden.

Ein Totempfahl aus Kiefernholz mit einer gehörnten Eule wurde im St Johns River gefunden (ca. 1350).

Töpfe im ganzen Südosten der USA haben ähnliche Motive.

Masken von Marco Island wurden aus Holz geschnitzt und bemalt.

Der Muschelanhänger wurde in einem Abfallhügel gefunden. Der Stil der Schnitzerei läßt eine Verbindung mit der Karibik vermuten.

Wegweiser zum prähistorischen Florida

Überall in Florida zeigen Museen prähistorische Funde. Am bemerkenswertesten ist das Natural History Museum in Gainesville *(siehe S. 209)*. Den Tempelhügeln am Crystal River und Fort Walton Beach sind jeweils Museen angeschlossen – besonders Crystal River *(siehe S. 236)* ist einen Besuch wert.

***Der Komplex** am Crystal River besteht aus gut erhaltenen Abfall- und Tempelhügeln.*

Kupferwaren
Die getriebene, kupferne Brustplatte (ca. 1300) wurde in Nordflorida gefunden und ähnelt den in Georgia entdeckten. In Florida gibt es kein Kupfer, daher geht man davon aus, daß Kupferobjekte einst als Prestigeobjekte gehandelt wurden.

um 1000 In Nordflorida verändert sich die Jäger-Sammler-Wirtschaftsform in eine ackerbautreibende. In den seßhaften Gemeinden entstehen komplexe Gesellschaften; die ersten Grabhügel werden errichtet

um 1000 Ausbildung neuer politischer Systeme und religiöser Praktiken, Bau von Tempelhügeln. Verstärkter Kontakt mit ethnischen Gruppen außerhalb des heutigen Florida

4000 v. Chr.	3000 v. Chr.	2000 v. Chr.	1000 v. Chr.	1 n. Chr.	1000

um 3000 Ab jetzt ist Floridas Klima ähnlich dem heutigen

um 2000 Beginn der Töpferei in Florida

Tempelgebäude auf der Spitze eines Grabhügels

um 800 Ältester nachgewiesener Anbau von Mais in Nordflorida

Florida unter Spaniens Zepter

Spanisches Kreuz

Nachdem Juan Ponce de León 1513 zum erstenmal Florida gesichtet hatte, versuchten spanische Konquistadoren erfolglos, das Gebiet zu kolonialisieren und Gold zu finden. 1564 errichteten die Franzosen das erste Fort, das die Spanier aber bald zerstörten. Der Golfstrom trug Spaniens Schiffe mit den Schätzen der anderen Kolonien an der Küste vorbei, so daß »La Florida« zu deren Schutz spanisch bleiben mußte. Die Spanier brachten das Christentum, Pferde und Vieh ins Land. Krankheiten dezimierten ebenso wie die Brutalität der Eroberer die ursprüngliche Bevölkerung. Die Briten, die ihre Kolonien ausdehnen wollten, versuchten im 18. Jahrhundert wiederholt, Spaniens Herrschaft zu brechen.

Routen der Flotte Spaniens

— *Seewege*

Juan Ponce de León
Auf der Suche nach Gold stieß er auf ein Land, das er nach dem Blumenfest (Ostern) Pascua Florida *nannte.*

Ribaults Säule (1562) demonstrierte Frankreichs Anspruch auf Florida *(siehe S. 193).*

Mais war für die Bevölkerung stets das Grundnahrungsmittel.

Floridas erste Siedlung

Der Hugenotte René de Laudonnière gründete 1564 »La Caroline«, die erste erfolgreiche europäische Siedlung in Florida. Der Franzose Le Moyne malte die Indianer, die die Siedler begrüßen.

Fort Mose

Sklaven flohen vor den grausamen Zuständen in British Carolina nach Florida oder in andere spanische Kolonien, die ihnen bestimmte Rechte gewährten. Die Spanier unterstützten die Feinde Großbritanniens, indem sie für die Flüchtlinge 1738 Fort Mose nahe der Garnisonsstadt St Augustine errichteten. Das Fort mit seinen Milizen und Geschäften gilt als Nordamerikas erste unabhängige schwarze Gemeinde.

Schwarzer Uniformierter in den Kolonien

Zeitskala

1513 Ponce de León sichtet Florida. Acht Jahre später versucht er erfolglos, eine spanische Kolonie zu errichten

Hernando de Sotos Unterschrift

ca. 1609 Inca Garcilaso de la Vega veröffentlicht *Eine Geschichte der Eroberung Floridas*

1622 Die spanischen Schiffe *Atocha* und *Santa Margarita* sinken in einem Sturm

1520 | 1540 | 1560 | 1580 | 1600 | 1620

1528 Pánfilo de Narváez landet auf der Suche nach dem sagenhaften El Dorado in der Tampa Bay

1539 Hernando de Soto landet mit 600 Männern in der Tampa Bay, stirbt jedoch drei Jahre später am Mississippi

1566 Die Jesuiten erreichen Florida

1565 Pedro Menéndez de Avilés gründet San Augustín (St Augustine) nach dem Sieg über die Franzosen

Querschnitt der Atocha

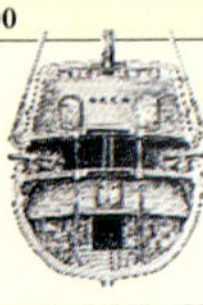

Hernando de Soto
De Soto war der brutalste der Konquistadoren. Seine Goldgier führte zu Massakern an vielen Indianern, nur ein Drittel seines eigenen Gefolges überlebte.

Haarschmuck aus Gold und Silber
Indianische Artefakte aus Edelmetallen nährten den Glauben an ein El Dorado. Doch die Metalle stammten aus Wracks.

René de Laudonnière betrachtet indianische Gaben.

Athore, Häuptling der Timucua, zeigt den französischen Siedlern, wie seine Leute an Ribaults Säule beten.

Wegweiser zum spanischen Florida

In St Petersburg steht das De Soto National Memorial an der Stelle, wo de Soto landete *(siehe S. 253)*. Eine Rekonstruktion von Fort Caroline *(siehe S. 193)* liegt außerhalb von Jacksonville.

Am besten ist das spanische Erbe in St Augustine *(siehe S. 196ff)* und im Castilllo de San Marco *(siehe S. 200f)* zu sehen.

Nuestra Señora de la Leche *ist ein 1565 von de Avilés in St Augustine errichteter Schrein.*

Sir Francis Drake
Spaniens Vormachtstellung in der Neuen Welt störte die Briten. 1586 brannte Francis Drake St Augustine nieder.

Osune-Kodex
Die Handschrift (16. Jh.) zeigt Mitglieder von Tristan de Lunas Florida-Expedition. 1559 zerstörte ein Hurrikan sein Lager an der Pensacola Bay und beendete die Expedition.

1670 Der Vertrag von Madrid legt Spaniens Anspruch auf die Neue Welt fest

Flagge des Piraten Blackbeard

1718 Blackbeard, der die Ostküste Floridas terrorisierte, wird vor North Carolina getötet

1740 In Georgia stationierte Briten belagern das Castillo de San Marcos

1763 Vertrag von Paris: Die Briten erhalten Florida und geben das kurz zuvor eroberte Kuba an Spanien zurück

1640	1660	1680	1700	1720	1740	1760

1687 Die ersten acht Sklaven fliehen von den britischen Plantagen in den Carolinas nach Florida

1693 Die Spanier errichten Pensacola, das fünf Jahre später ständig besiedelt wird

1702 Die Briten zerstören St Augustine

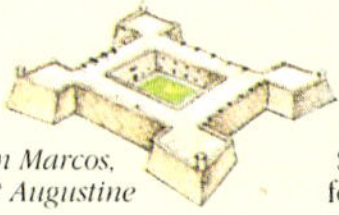

Castillo de San Marcos, St Augustine

1756 Castillo de San Marcos fertiggestellt

Der Kampf um Florida

Leder-
stiefel

DER REICHTUM AN HÄUTEN UND FELLEN sowie die Möglichkeit, das Plantagensystem zu erweitern, zogen die Briten nach Florida. Sie übernahmen 1763 die Macht und teilten die Kolonie. Sie subventionierten Florida und sicherten sich so in der Zeit der Revolution dessen Loyalität. Dennoch fiel Westflorida 1781 an die Spanier; Ostflorida wurde zwei Jahre später zurückgegeben. Sklaven flohen nach Florida und schürten die Feindschaft zwischen Spanien und den Vereinigten Staaten. Als sich die Indianer mit den entflohenen Sklaven verbündeten, marschierten die Vereinigten Staaten in die Kolonie ein. General Andrew Jackson überfiel das Land, besetzte Westflorida und provozierte so den Ersten Seminolenkrieg.

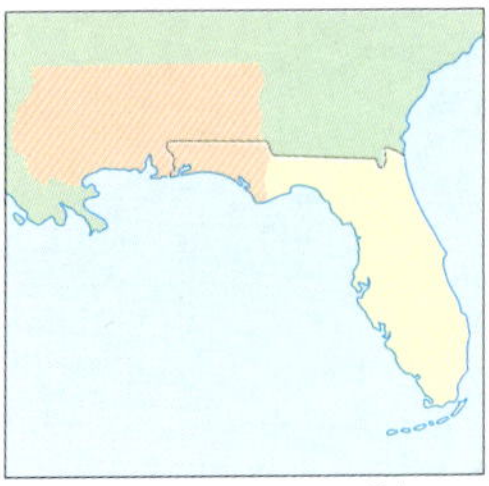

BRITISCH-FLORIDA 1764–83

Ostflorida

Westflorida

Das spanische Kastensystem
Nur wenige Spanierinnen kamen in die Kolonien, so daß Spanier oft schwarze oder indianische Frauen heirateten. Rein spanische Abkömmlinge bildeten die Spitze der Rassenhierarchie.

Fort George war die wichtigste britische Festung bei Pensacola.

Ein Trommler gab den Marschtakt der Soldaten an.

DIE EROBERUNG VON PENSACOLA
Nach einem Monat Belagerung schlug der Spanier Bernardo de Gálvez 1781 die Briten und nahm Pensacola für Spanien ein. Seine Sieg half zweifellos den rebellierenden amerikanischen Kolonien, ihre Unabhängigkeit zu erlangen.

Kohlenpfanne
Die braseros wärmten in den Wintern Nordfloridas. Im Sommer diente ihr Rauch der Moskitobekämpfung.

ZEITSKALA

1776 Die Amerikanische Revolution erschöpft die britischen Reserven; britische Loyalisten verlassen die Kolonie

1783 Im zweiten Vertrag von Paris erkennt Großbritannien Amerikas Unabhängigkeit an. Es gewinnt dafür die Bahamas und Gibraltar, gibt aber Florida an Spanien zurück

1785–1821 Grenzzwischenfälle zwischen Spaniern und Amerikanern

1765 | 1770 | 1775 | 1780 | 1785

Britischer Soldat in der Amerikanischen Revolution

1781 Unter de Gálvez landen die Spanier bei Pensacola und erobern Westflorida

1782 Der US-Kongreß wählt den Seeadler zum Wappentier der neuen Republik

US-Wappen

General Jackson
Dem ehrgeizigen Soldaten Andrew Jackson gelang es schließlich, Florida zu erobern. Daher war er 1821 der ideale Kandidat für das Amt des ersten amerikanischen Gouverneurs Floridas. Er wurde später der siebte Präsident der Vereinigten Staaten.

William Bartrams Illustrationen
1765 wurde William Bartram königlicher Hofbotaniker in Amerika. Er dokumentierte Floridas Flora, aber auch seine indigenen Völker.

Bernardo de Gálvez, der spanische Gouverneur von Louisiana, wurde mit 27 Jahren in der Schlacht um Pensacola verwundet.

Politische Karikatur
Die Karikatur zeigt das Pferd Amerika, das seinen Herren abwirft. Die britischen Loyalisten in Ostflorida verließen nach dem Verlust der Kolonien kurz nach 1783 das Land.

Wegweiser zum Kampf um Florida

Die Kingsley-Plantage *(siehe S. 193)* bei Jacksonville ist das älteste existierende Plantagenhaus Floridas. Den Seville District in Pensacola *(siehe S. 216)* bauten die Briten während der Besatzungszeit. Auch in St Augustine stehen einige Gebäude jener Zeit, darunter das British Government House und das reizende Ximenez-Fatio House aus der zweiten Periode der spanischen Herrschaft.

***Die Kingsley Plantation** ist wunderschön an der Mündung des St Johns River gelegen.*

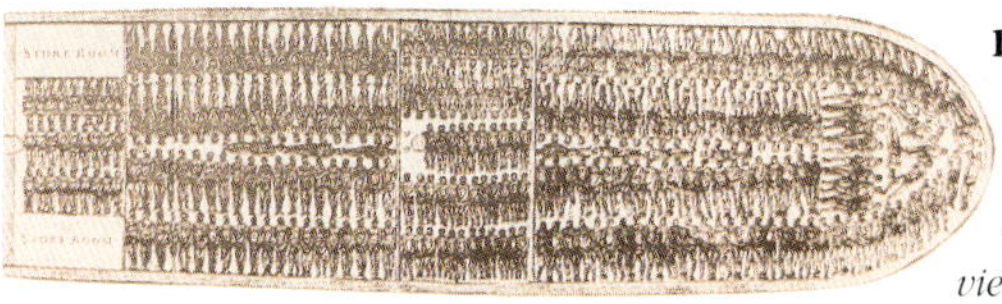

Der Sklavenhandel
Das Plantagensystem gründete auf Sklaven. Sie waren auf der langen Reise von Afrika so unmenschlich untergebracht, daß viele schon an Bord starben.

1795 Spanien tritt Gebiete nördlich des 31. Breitengrades an die USA ab

Flagge der Patrioten Ostfloridas

1800 Spanien überläßt Frankreich ...ianas Gebietsanteile in Westflorida

1803 Die USA kaufen Louisiana, stoßen nach Osten vor und schaffen Floridas heutige Westgrenze. Die USA beanspruchen Westflorida

1808 Der US-Kongreß verabschiedet ein Gesetz gegen den Sklavenhandel, das aber zumeist ignoriert wird

Handfesseln für Sklaven

1812 Patrioten besetzen Amelia Island und fordern die Befreiung Ostfloridas von den Spaniern. Ihr Versuch schlägt fehl, verstärkt jedoch das Zugehörigkeitsgefühl Floridas zu Amerika

1817 Beginn des Ersten Seminolenkriegs

1819 Um eine Schuld von fünf Millionen Dollar an die USA zu begleichen, überläßt Spanien seine Territorien östlich des Mississippi (einschließlich Florida) den USA

1795	1800	1805	1810	1815

Florida vor dem Bürgerkrieg

Pelikan von J J Audubon

SEIT FLORIDA 1821 Teil der USA war, wurde die Besiedlung vorangetrieben, und das Plantagensystem breitete sich auf Nordflorida aus. Da die Siedler gutes Land wollten, begann die Bundesregierung, alle Indianer westlich des Mississippi zu vertreiben. An diesem Konflikt entzündeten sich der Zweite und Dritte Seminolenkrieg. Nachdem Abraham Lincoln, ein Gegner der Sklaverei, 1860 Präsident geworden war, löste sich Florida als dritter Staat von der Union. Florida erlebte im Bürgerkrieg nur wenige Schlachten, sondern diente hauptsächlich als Lieferant von Nahrungsmitteln, vor allem Rindfleisch und Salz.

INDIANERGEBIETE 1823–32

Indianerreservate

Osceola
Der indianische Führer Osceola weigerte sich, mit seinem Volk Florida zu verlassen. 1835 begann er den Zweiten Seminolenkrieg, in dessen Verlauf viele Plantagen zerstört wurden.

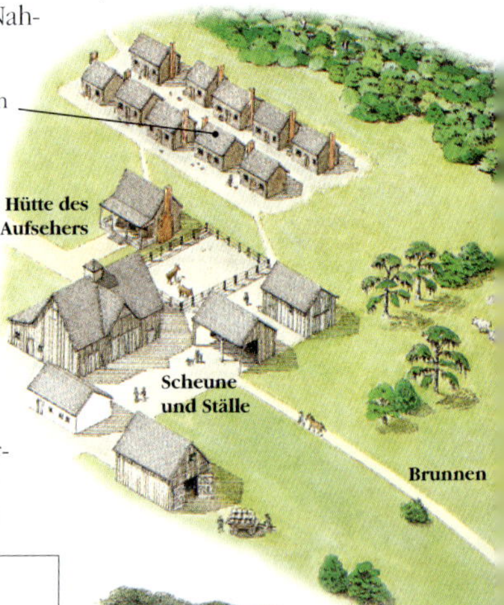

Die Sklaven lebten in Blockhütten, vom Haupthaus entfernt.

ONKEL TOMS HÜTTE

Harriet Beecher Stowe, eine religiöse Nordstaatlerin, verbrachte ihren Lebensabend in Florida. Ihr 1832 veröffentlichter Roman sollte Amerika verändern. *Onkel Toms Hütte* handelt von einem Sklaven, der ein weißes Kind rettet, an einen sadistischen Herren verkauft und zu Tode gepeitscht wird. Der erfolgreiche Roman half, die Sklaverei zu beenden. Präsident Lincoln scherzte, daß Harriet Beecher Stowe »die kleine Frau war, die diesen großen Krieg begann«.

Plakat für *Onkel Toms Hütte*

Baumwolle
Baumwolle war die wichtigste Anbaupflanze auf den Plantagen. Ihre Pflege ist äußerst arbeitsintensiv – besonders hart ist die Ernte der Baumwollflocken.

ZEITSKALA

1821 Jackson wird Gouverneur von Florida

1823 Der Vertrag von Moultrie Creek vertreibt die Seminolen von Nord- nach Zentralflorida

1832 Im Vertrag von Payne's Creek treten 15 Seminolenhäuptlinge ihr Land in Florida an die USA ab und ziehen nach Westen

1835 Beginn des Zweiten Seminolenkriegs

Von Pferden gezogener Zu

1820 | 1825 | 1830 | 1835 | 1840

Osceola weigert sich, den Vertrag von 1832 zu unterschreiben

um 1824 Das indianische Dorf Talasi wird Sitz der neuen Hauptstadt und in Tallahassee umbenannt

1829 General Jackson wird Präsident der USA

1832 Der Naturforscher Audubon besucht Key West

1836 Die Eisenbahn kommt nach Florida

1842 Ende des Zweiten Seminolenkriegs

Raddampfer
Im Seminolen- und Bürgerkrieg wurden Truppen und Versorgungsgüter auf Raddampfern transportiert.

Häuptling Billy Bowlegs
1855 raubten Landvermesser indianisches Land. Häuptling Billy Bowlegs rächte sich und löste so den Dritten Seminolenkrieg aus. 1858 gab er auf, andere Seminolen zogen sich in die Everglades zurück.

Goodwood House demonstriert mit seiner exquisiten Ausstattung seine Bedeutung innerhalb der Gemeinde.

Die Küche lag wegen Brandgefahr etwas abseits.

Leben auf der Plantage

Vorkriegsplantagen, wie die in Goodwood rekonstruierte *(siehe S. 229)*, waren annähernd autark, mit eigenen Gesetzen. Einige verfügten über mehr als 200 Sklaven, die in allen Bereichen eingesetzt wurden.

Wegweiser zum Antebellum-Florida

Die Gamble-Plantage *(siehe S. 252)* veranschaulicht den Lebensstil eines reichen Plantagenbesitzers. Bulow *(siehe S. 202)* und Indian Key *(siehe S. 280)* sind Ruinen von Plantagen, die in den Seminolenkriegen zerstört wurden. Jacksonvilles Museum of Science and Discovery *(siehe S. 194)* zeigt Exponate aus dem Bürgerkrieg wie den Dampfer *Maple Leaf*. East Martello Tower in Key West *(siehe S. 286)*, Fort Zachary *(siehe S. 288)* und Fort Clinch *(siehe S. 192)* sind Festungen aus dem 19. Jahrhundert.

Den East Martello Tower *errichteten die Unionisten zur Verteidigung der Atlantikküste.*

Schlacht von Olustee
1864 besiegten die Konföderierten im Nordosten Streitkräfte der Union, darunter zwei Regimenter Afroamerikaner. Etwa 10 000 Soldaten kämpften sechs Stunden lang, 2000 wurden verletzt, 300 getötet.

1845 Am 4. Juli wird Florida 27. Staat der USA. Das Capitol in Tallahassee wird fertiggestellt

1848 John Gorrie erfindet eine Eismaschine

1855 Beginn des Dritten Seminolenkriegs; drei Jahre später geben 163 Indianer (auch Billy Bowlegs) auf und werden mit Waffengewalt aus Florida vertrieben

1861 Beginn des Bürgerkriegs

1865 Die US-Armee wird in der Schlacht von Natural Bridge geschlagen. Der Bürgerkrieg endet im selben Jahr

1845 | 1850 | 1855 | 1860 | 1865

Floridas erstes Staatssiegel

1852 Harriet Beecher Stowe veröffentlicht *Onkel Toms Hütte*

um 1860 Schottische Kaufleute gründen Dunedin an der Westküste Floridas

Kriegsanleihe der Konföderierten

Das Goldene Zeitalter

Der kubanische Held José Martí

NACH DEM BÜRGERKRIEG war Floridas Wirtschaft ruiniert, doch Klima und geringe Bevölkerungsdichte boten den idealen Boden für Investitionen. Ende des 19. Jahrhunderts drangen die Strecken der Eisenbahnbarone Henry Flagler und Henry Plant zur Ost- und Westküste Floridas vor. Dadurch kamen Touristen, die die Wirtschaft ankurbelten. Die Landwirtschaft führte den Staat durch die wirtschaftliche Depression im ausgehenden 19. Jahrhundert. Viele wurden reich, große Anwesen entstanden. Die Afroamerikaner hatten weniger Erfolg: Die meisten verloren das Wahlrecht, die Macht des Ku-Klux-Klans stieg an, und Rassentrennung war die Regel.

WACHSTUM DER EISENBAHN

— *Eisenbahnlinien bis 1860*

— *Eisenbahnlinien bis 1890*

— *Übersee-Eisenbahnen bis 1912*

Raddampfer-Tourismus

Vor dem Bau der Eisenbahnen erkundeten die Touristen Florida auf Raddampfern, die malerische Flüsse wie den Oklawaha und den St Johns hinauffuhren.

Jacob Summerlin

Nach dem Bürgerkrieg wurde der »König der Cracker« (siehe S. 18) *reich durch den Verkauf von Rindfleisch in das spanische Kuba. Ironischerweise stammten seine Kühe von Tieren, die die Konquistadoren nach Florida gebracht hatten.*

Zigarrenetiketten waren kleine Kunstwerke, die häufig topographische Szenen zeigten. Die Zigarrenindustrie begann Ende des 19. Jahrhunderts.

GRAND HOTELS

Plant und Flagler erbauten opulente Paläste für reiche Touristen, die mit der Bahn vor der Kälte im Norden flohen und die Wintersaison stilvoll in Städten wie Tampa und St Augustine verlebten.

ZEITSKALA

1868 Wahlrecht für alle männlichen, auch schwarzen, amerikanischen Bürger über 21 Jahre

1869 Das erste schwarze Kabinettsmitglied wird Staatssekretär von Florida

1870 Der Ku-Klux-Klan tötet in Jackson County über 100 Afroamerikaner

um 1870 Raddampfer transportieren Touristen und Waren ins Landesinnere von Florida

Zirkusnummer der Ringling Brothers

1870 | 1875 | 1880 | 1885 | 1890

1884 Die Gebrüder Ringling gründen ihren Wanderzirkus

1885 Vincente Ybor verlegt seine Zigarrenindustrie nach Tamp

1886 Flagler beginnt an der Ostküste mit dem Bau der Eisenbahn

1891 José Martí hält in Tampa eine Rede, um die kubanische Unabhängigkeitsbewegung zu unterstützen

1892 Bei den Wahlen sind nur elf Prozent der Afroamerikaner wahlberechtigt

Bahnreise
Einige Wohlhabende hatten Privatwaggons. Henry Flaglers Wagen steht auf seinem früheren Gut in Palm Beach (siehe S. 120).

Wegweiser zum Goldenen Zeitalter

St Augustine *(siehe S. 196ff)* rühmt sich einiger Gebäude von Flagler, einschließlich des Lightner Museums. Das Tampa Bay Hotel ist heute das Henry B Plant Museum *(siehe S. 244)*, und in Fernandina sind einige schöne Gebäude im Steamboat-Stil *(siehe S. 192)* zu sehen. Am Pigeon Key *(siehe S. 282)* steht Flaglers Baucamp für die Übersee-Eisenbahn.

***Das Flagler College** in St Augustine war früher Henry Flaglers Ponce de Leon Hotel.*

anisch-Amerikanischer Krieg
Als Amerika 1898 Kuba im ampf gegen Spanien unterstützte, boomte Florida. Tausende Soldaten wurden nach Tampa, Miami und Key West verlegt. Um en Krieg zu unterstützen, flossen reichlich Staatsgelder nach Florida.

Das Tampa Bay Hotel, von Henry Plant 1891 erbaut, diente bis 1932 als Hotel. Es hatte 511 Zimmer und wurde während des Spanisch-Amerikanischen Kriegs als Offiziersquartier verwendet.

Der Hillsborough River und die nahe gelegene Tampa Bay machten Tampa um 1900 zu einem der drei größten Golfhäfen.

Güldener Schaukelstuhl
Der mit Schnörkeln und Schwänen reich verzierte Schaukelstuhl aus dem Lightner Museum (siehe S. 199) *ist ein Beispiel für die Dekorsucht des 19. Jahrhunderts.*

Die Geburt einer Nation
Bei seiner Aufführung 1915 löste der Film in Florida einen Gewaltausbruch des Ku-Klux-Klans aus.

1895 Die Zitrusblüten erfrieren im »Großen Frost«. Julia Tuttle schickt Flagler einige Orangenblüten nach Palm Beach, um ihn zu überzeugen, die Eisenbahn nach Miami fortzuführen

1905 Die University of Florida in Gainesville wird gegründet

Unterwegs auf dem Sand von Daytona Beach

1918 Beginn der Prohibition in Florida

1895 | 1900 | 1905 | 1910 | 1915

Orangenblüte

1898 Teddy Roosevelt und seine »Rough Riders« rasten auf dem Weg zum Spanisch-Amerikanischen Krieg auf Kuba in Tampa

1903 Alexander Winton stellt mit 109 km/h einen Geschwindigkeitsrekord auf dem harten Sand von Daytona Beach auf

1912 Flagler dampft nach Key West

1915 Baggeraushub verdoppelt die Fläche von Miami Beach

1916 Schädlinge zerstören Floridas Baumwollernte

Boom, Pleite und Aufschwung

Frühes Plakat der Pan Am

FLORIDA ERLEBTE in der ersten Hälfte des 20. Jahrhunderts schnelles Wachstum, aber auch wirtschaftliche Depression. Der Landboom der 20er Jahre brachte Tausende aus dem Norden der USA nach Florida, wegen ihrer Verpflegungsart »Dosentouristen« genannt. 1926, drei Jahre vor dem Zusammenbruch der Wall Street, ruinierte der Niedergang der Immobilienpreise bereits manche Existenz. Der Aufschwung kam durch den Tourismus und staatliche Förderprogramme früher als in den restlichen USA. Viele Arbeitslose aus dem Norden suchten in Florida ihr Glück. Nach dem Zweiten Weltkrieg wuchs der Wohlstand, und in den 50er Jahren schuf die Raumfahrtforschung durch die NASA neue Arbeitsplätze.

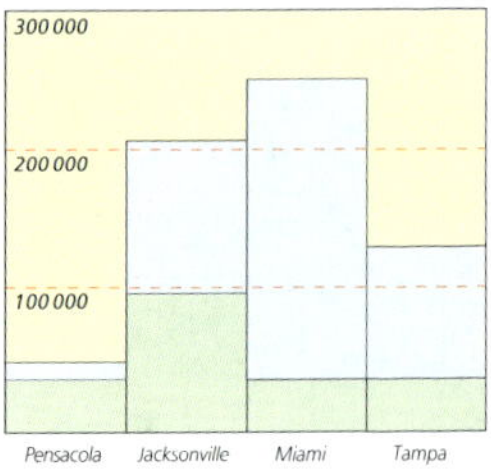

BEVÖLKERUNGSZAHLEN

☐ *1920* ☐ *1950*

Landkauf

Auf der Höhe des Booms wurden 11 600 US-Dollar für einen Hektar Land bezahlt. Viele Nordstaatler stürzten in den Ruin, da sie unwissentlich in Sumpfland investierten.

Der Hurrikan von 1926

Am 18. September zerstörte ein Hurrikan, der so stark war, daß er »krumme Straßen gerade blies«, 5000 Häuser in Florida.

DER »AMERICAN DREAM«

Floridas warme Winter und florierende Wirtschaft zogen Einwanderer aus dem Norden an. Viele kamen als Touristen und ließen sich dann nieder, aber auch Immigranten aus dem Ausland trafen ein. Floridas schnelles urbanes und industrielles Wachstum bot gute Aufstiegschancen – auch junge Leute erreichten einen hohen Lebensstandard.

ZEITSKALA

1928 Der Tamiami Trail zwischen Tampa und Miami wird offiziell eröffnet

1929 Pan American World Airways startet den ersten kommerziellen Flug zwischen Miami und Havanna

1931 Ernest Hemingway erwirbt ein Haus in Key West

1935 Ein Hurrikan zerstört Flaglers Overseas Railroad

1920 | 1925 | 1930 | 1935 | 1940

1926 Einbruch der Landpreise, zwei Banken melden Konkurs an. Ein Hurrikan trifft den Südosten, die Everglades und Miami

1931 Nach der Legalisierung von Wettbüros wird die Rennbahn im Hialeah Park eröffnet

Pferderennen im Hialeah Park

1939 Al Capone genießt seinen Ruhestand auf einem Anwesen auf Palm Island in Miami

»Dosentouristen«
Jeden Winter zog diese neue Art von Touristen in bepackten Autos Richtung Süden. In Wohnwagenparks genossen sie Nahrung aus Dosen und die Sonne Floridas.

Wegweiser zum Aufschwung

Das Wolfsonian Museum *(siehe S. 65)* und die Art-déco-Gebäude in Miami Beach *(siehe S. 56ff)* sind einen Besuch wert, ebenso Mizners Erbe in Palm Beach *(siehe S. 114ff)*. Das Frank Lloyd Wrights College in Lakeland *(siehe S. 252)* ist imposant; bescheiden dagegen Henry Fords Wintersitz in Fort Myers *(siehe S. 262)*.

Miami Beach *hat eine Reihe kürzlich restaurierter Art-déco-Gebäude.*

Zora Neale Hurston
Zora schrieb über das Leben der Schwarzen auf dem Land. 1937 veröffentlichte sie Und ihre Augen schauten Gott.

Roosevelts Plan
Durch Kreditvergaben an Bauern konnte sich Florida von der Wirtschaftskrise erholen. Schriftsteller und Fotografen dokumentieren die Auswirkungen dieser Politik.

Zweiter Weltkrieg
1941–45 wurden in Florida viele tausend Truppen ausgebildet. Der Krieg beeinträchtigte den Tourismus, doch die Wirtschaft profitierte.

Zitronenindustrie
Florida wurde der größte Zitrusproduzent der USA und überstand so die Depression der 30er Jahre.

1942 Im Februar torpedieren deutsche U-Boote einen Tanker vor der Küste Floridas in Sichtweite der Badenden

1945 Am 5. Dezember beginnt mit dem Verschwinden von Flug 19 der Mythos des Bermuda-Dreiecks

1947 Präsident Truman eröffnet den Everglades National Park

Rennwagen beim Daytona 200

1954 Erster Teil der Sunshine-Skyway-Brücke über die Tampa Bay fertig

1958 Die NASA wählt Cape Canaveral zum Standort für das Satelliten- und Raketenprogramm. Der erste Erdsatellit, *Explorer I*, startet in Florida

1959 Lee Perry gewinnt das erste Daytona 200 auf dem Daytona Speedway

1945	1950	1955	1960

Das Logo der NASA

Von den 60er Jahren bis heute

Delphin in einem Freizeitpark

SEIT 1960 FLORIERT FLORIDAS Wirtschaft. Der Tourismus stieg an, und zahllose Hotels entstanden, um den Bedürfnissen der Touristen gerecht zu werden. Freizeitparks wie Walt Disney World, aber auch das Kennedy Space Center mit dem Raumfahrtprogramm der NASA, machten Florida weltberühmt. Durch den Zuzug aus anderen Teilen der USA und dem Ausland stieg die Bevölkerungszahl rapide an. Florida ist heute ein multikultureller Staat. Den Afroamerikanern wurde Hilfe durch die Bürgerrechtsbewegung der 60er Jahre zuteil, heute bestehen Spannungen zwischen ihnen und der spanischen Minderheit, zu der auch die größte kubanische Gemeinde außerhalb Kubas zählt. Die negativen Umweltauswirkungen, eine der größten Sorgen des Staates, führten zu verstärktem Engagement im Umweltschutz.

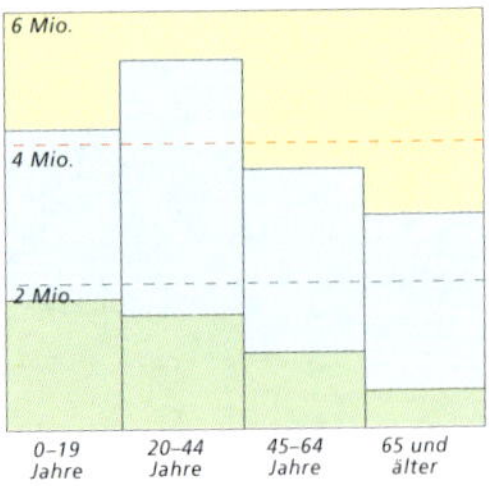

BEVÖLKERUNGSZAHLEN

1960 | 2000

Umweltschutz
Florida unterstützt die Umweltschutzbewegung auch durch den Verkauf spezieller Autokennzeichen. Das Geld fließt in Kampagnen.

Kubas Exodus
Über 300 000 Kubaner flohen seit der Kubanischen Revolution 1959 nach Florida. Die ersten kamen mit »Freiheitsflügen«, spätere Flüchtlinge auf wackligen Flößen.

Martin Luther King
Die Bürgerrechtsbewegung erreichte Florida in den 60er Jahren. Ihr prominentester Anführer, Martin Luther King jun., wurde 1964 auf einem Protestmarsch in St Augustine verhaftet.

SPACE SHUTTLE

Anstelle der Raketen der Apollo-Missionen setzte die NASA ein sehr hitzebeständiges Raumschiff ein, das beim Wiedereintritt in die Erdatmosphäre nicht verglühte. Der erste bemannte Shuttle startete 1981 *(siehe S. 186f)*.

Dampf entsteht durch Fluten der Abschußrampe beim Start.

ZEITSKALA

1961 Alan Shepherd ist der erste Amerikaner im All

1962 Kubakrise

1964 Martin Luther King jun. wird in St Augustine verhaftet und eingesperrt

NASA-Astronaut Alan Shepherd

1965

1967 Orangensaft wird Floridas Nationalgetränk

1969 Apollo 11 startet in Cape Canaveral. Buzz Aldrin und Neil Armstrong sind die ersten Menschen auf dem Mond

1970

1971 Magic Kingdom, Walt Disneys erstes, 700 Millionen US-Dollar teures Unternehmen in Florida, öffnet in Orlando

Aschenputtels Schloß im Magic Kingdom

1973 Dade County wird mit englisch-spanischen Straßenschildern offiziell zweisprachig

1975

1976 Florida als erster US- wieder die T strafe ein

1977 Schneefälle im Januar in Miami

Der externe Tank wird als einziger Teil nicht wiederverwendet.

Beim Start wird der Shuttle mit einer Schubkraft von etwa 3,3 Millionen Kilogramm in den Orbit katapultiert.

Miami Vice
Miami gilt als gewalttätige, kriminelle Stadt. Diesen Ruf untermauerte in den 80er Jahren die TV-Serie Miami Vice.

Einbürgerung
Viele Einwanderer träumen von der US-Staatsbürgerschaft. Bei Massenzeremonien schwören Tausende den Treueeid auf die Nation.

Floridas Senioren
Knapp 20 Prozent der Bevölkerung sind älter als 65 Jahre. Viele Rentner kommen wegen der niedrigen Steuern, des Lebensstils und des Klimas.

Wegweiser zum modernen Florida

Es gibt viel sehenswerte moderne Architektur: die Wolkenkratzer im Zentrum von Miami *(siehe S. 68ff)* und in Jacksonville *(siehe S. 194)* oder das Florida Aquarium in Tampa *(siehe S. 248)*. Nostalgisch angehauchte moderne Architektur ist in Seaside zu besichtigen *(siehe S. 222)*.

Downtown Miami *mit modernen Wolkenkratzern – eine imposante Skyline.*

Karibik-Kreuzfahrten
Der Tourismus ist ein riesiger Industriezweig. Kreuzfahrten mit topmodernen Schiffen werden immer beliebter.

1980 125 000 Kubaner erreichen Florida während der fünfmonatigen, von Castro initiierten Mariel-Verschiffung

1981 Jungfernflug des Space Shuttle

1990 General Noriega, Ex-Staatschef von Panama, wird in Miami wegen Drogendelikten angeklagt

1992 Hurrikan Andrew wütet über Südflorida

Kubanische Flüchtlinge

1980 | 1985 | 1990 | 1995

2 Key West er-
rt sich für eine
he zur Conch-
hel-) Republik

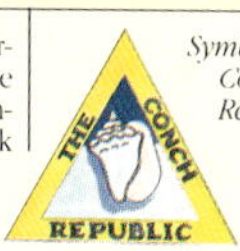

Symbol der Conch-Republik

1986 Bei der Explosion der *Challenger* stirbt die siebenköpfige Besatzung

1993 Bildung einer Einheit zur Sicherheit der Touristen

1994 Neuer Flüchtlingsstrom aus Kuba

1995 Florida feiert seinen 150. Geburtstag

Führer durch die Stadtteile

Miami im Überblick

MIAMI WIRD AUCH MAGIC CITY genannt, weil sich der winzige Handelsposten im Laufe eines Jahrhunderts zu einer 5200 Quadratkilometer großen Stadt mit über zwei Millionen Einwohnern entwickelte. Besucher mögen Miami vor allem wegen South Beach, der schönen Strände und dem überall spürbaren Einfluß aus Lateinamerika und der Karibik. Greater Miami entspricht nicht dem Klischee einer gewalttätigen, drogenverseuchten Stadt, sondern ist sehr familienfreundlich. Dennoch sollten Sie die Tips ab Seite 348 beachten.

***Little Havana**, das ursprüngliche Herz der kubanischen Gemeinde, ist Miamis lebendigstes Viertel. In den quirligen Straßen spielt man Domino oder unterhält sich in den Cafés* (siehe S. 74f).

***Das Biltmore Hotel** ist das Wahrzeichen von Coral Gables, der exklusiven Mini-Stadt, die während des Baubooms der 20er Jahre errichtet wurde. Um das Luxushotel ranken sich Legenden von berühmten Gästen und Mafia-Morden* (siehe S. 78ff).

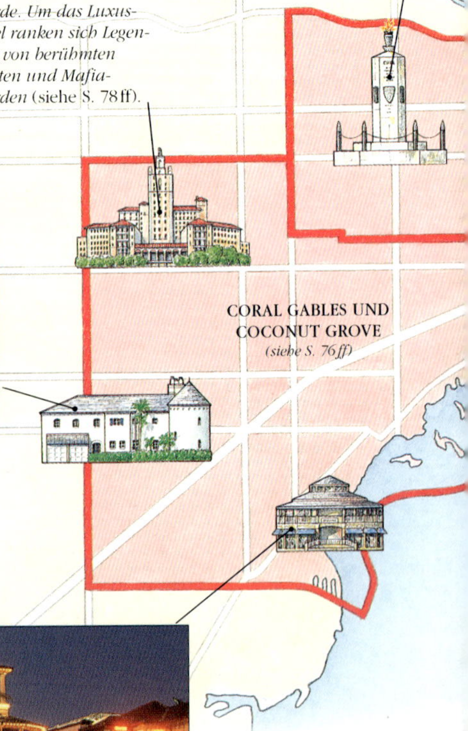

***Die »Internationalen Dörfer«** in den schattigen Straßen von Coral Gables sind Architekturinseln verschiedenster Stile – von französisch bis chinesisch. Miamis hübschesten Vorort kann man auf einer Tour erkunden* (siehe S. 78f).

***Coconut Grove Village**, ein kleines, freundliches Viertel, ist auf Unterhaltung spezialisiert. Bummeln Sie tagsüber durch die Straßen und suchen Sie am Abend die Restaurants und Bars auf* (siehe S. 82).

Downtown Miami *ist das Wirtschaftszentrum der Stadt. Die beeindruckende Architektur der Wolkenkratzer wie des First Union Financial Center und die hispanische Geschäftigkeit sind einen Besuch wert* (siehe S. 70ff).

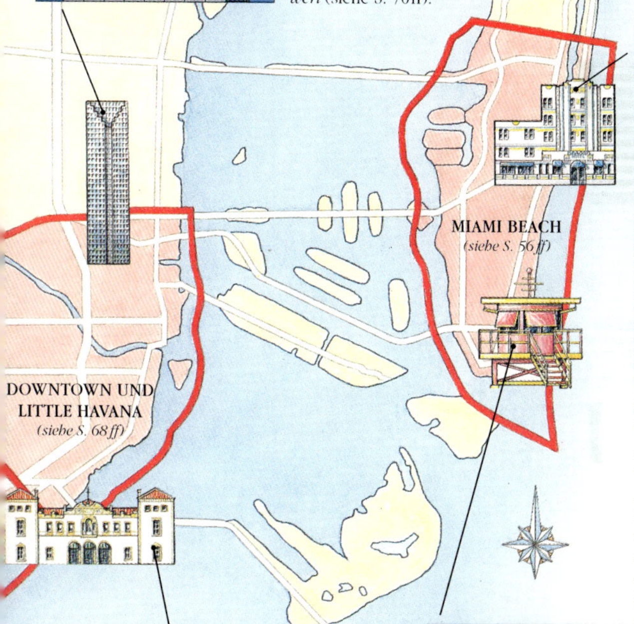

Im Art-déco-Viertel *in South Beach stehen Gebäude aus den 30er Jahren mit in den USA einzigartigen dekorativen Elementen* (siehe S. 58ff).

In South Beach *kann man Strandleben und viele Sportarten beobachten oder selbst daran teilnehmen. Genießen Sie tagsüber die phantastischen Sandstrände* (siehe S. 62ff).

Vizcaya *ist Miamis Top-Attraktion. Die Zimmer des Anwesens in italienischer Architektur sind in verschiedenen Stilrichtungen gestaltet. Die Gärten zieren Statuen und malerische Gebäude wie dieser romantische Teepavillon* (siehe S. 84f).

MARLIN
1200

Miami Beach

Miami Beach, die »Amerikanische Riviera«, war vor 100 Jahren ein Sandstreifen und nur per Boot erreichbar. Erst der Bau der Brücke zum Festland veranlaßte 1913 Grundstücksspekulanten wie den Millionär Carl Fisher, die Insel zu erschließen. In den 20er Jahren entstand aus dem Nichts die Infrastruktur für einen spektakulären, mondänen Winterurlaubsort. Der Hurrikan von 1926 und der Börsenkrach 1929 signalisierten das Ende des Booms, doch Miami Beach trotzte dem Untergang in den 30er Jahren mit dem Bau unzähliger Art-déco-Gebäude; nach dem Zweiten Weltkrieg setzte eine neue Krise ein. Heute blüht Miami Beach wieder auf. Eine großangelegte Restaurationskampagne weckte South Beach, den südlichen Teil von Miami Beach, aus seinem Dornröschenschlaf. Es rühmt sich der größten Ansammlung von Art-déco-Gebäuden in der ganzen Welt, deren Farbenpracht ebenso fasziniert wie die hier ansässigen Body-Builder, Models und Transvestiten. In SoBe, wie South Beach in Anlehnung an New Yorks In-Viertel SoHo genannt wird, ist alles erlaubt. Die Art-déco-Hotels am Ocean Drive sind eine Augenweide, doch sollte man sich auch anderen Attraktionen zuwenden, wie etwa den Boutiquen und Kunstmuseen. Das Viertel nördlich von SoBe zieht nur wenig Besucher an, doch beide Gebiete besitzen einen phantastischen, kilometerlangen Sandstrand.

Seepferdchen an der Fassade des Surfcomber Hotels

Auf einen Blick

Museen und Galerien
- Bass Museum of Art 9
- Sanford L Ziff Jewish Museum 3
- Wolfsonian Foundation 5

Straßen und Viertel
- Central Miami Beach 10
- Collins und Washington Avenue 4
- Española Way 6
- Lincoln Road Mall 7
- Ocean Drive 1

Strände
- Der Strand 2

Denkmale
- Holocaust Memorial 8

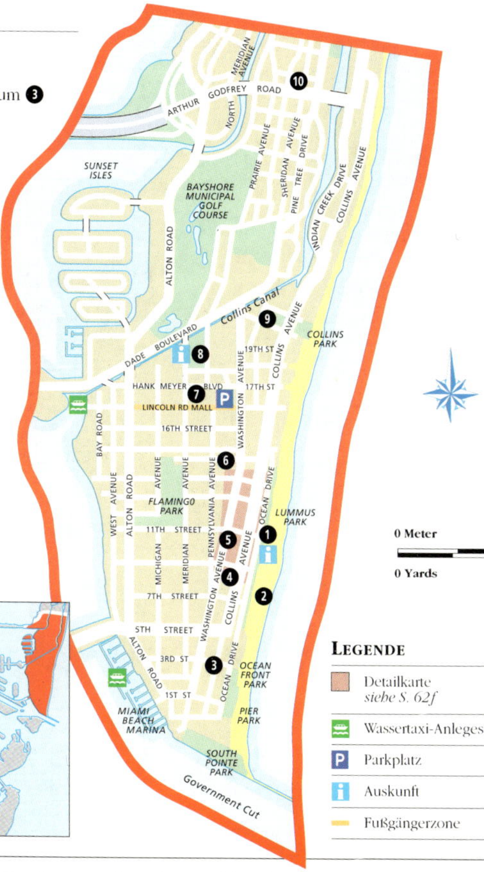

0 Meter 1000
0 Yards 1000

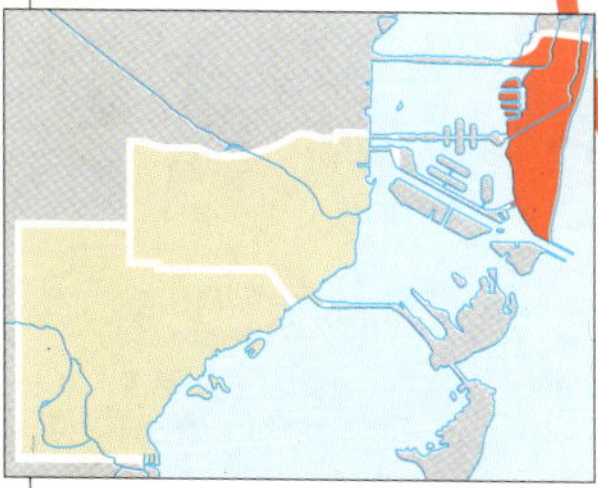

Legende
- Detailkarte *siehe S. 62f*
- Wassertaxi-Anlegestelle
- Parkplatz
- Auskunft
- Fußgängerzone

◁ **Das Marlin Hotel, einer der Klassiker in South Beach, erstrahlt im farbenprächtigen Neonlicht**

Art déco am Ocean Drive

Detail, South Beach

DEN OCEAN DRIVE säumen die schönsten der etwa 800 restaurierten Gebäude des Art-déco-Viertels South Beach. Hier zeigt sich auf prächtige Weise die für Miami typische Interpretation der Art déco, die die Welt in den 20er und 30er Jahren im Sturm eroberte. Floridas unbeschwerte Version dieses Stils wird auch Tropical Deco genannt. Flamingos und Sonnenmotive finden häufig Verwendung, und die Gebäude am Ufer zeigen Elemente, die eher zu einem Ozeandampfer als einem Haus passen würde. Durch die Verwendung preiswerter Materialien gelang es den Architekten, den bescheidenen Hotels ein Fluidum der Eleganz zu vermitteln. Die schönsten Gebäude am Ocean Drive sind hier und auf Seite 60f abgebildet.

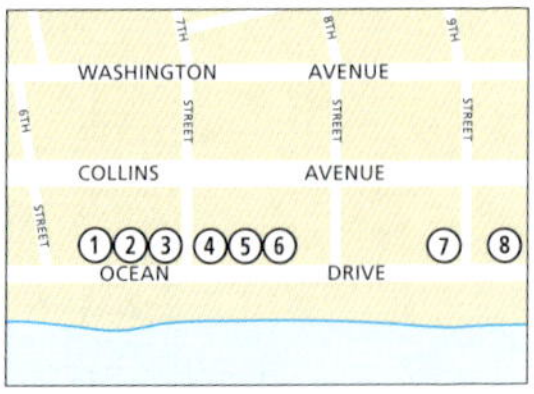

OCEAN DRIVE: 6TH BIS 9TH STREET

Blick den Ocean Drive entlang

Breite Eckfenster sind ein häufiges Bauelement.

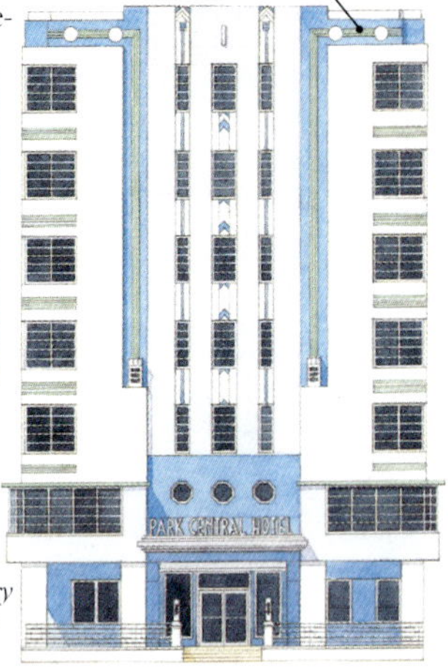

Weiß, Blau und Grün, die Farben der Vegetation und des Meeres, waren in den 30er und 40er Jahren beliebt.

① ***Park Central*** *(1937)*
Das Hotel mit den schönen Fenstern entwarf Henry Hohauser, der berühmteste in Miami tätige Architekt.

Flamingomotiv auf den Glastüren zur Lobby des Beacon.

Geometrische Elemente zeigen den Einfluß des Kubismus.

Reihen von Fenstern lassen Licht und kühle Brisen in die Zimmer.

④ ***Avalon*** *(1941)*
Das Avalon ist ein exzellentes Beispiel der Streamline-Moderne. Typisch sind die fehlenden Verzierungen, die asymmetrische Gestaltung und die Betonung der horizontalen Linien.

⑤ ***Beacon*** *(1936)*
Die traditionelle abstrakte Dekoration oberhalb des Erdgeschosses betont eine zeitgenössische Farbgebung, die ein typisches Beispiel für Leonard Horowitz' »Deco Dazzle« (Dekorbetonung) darstellt (siehe S. 65).

Art déco: Von Paris nach Miami

Der Art-déco-Stil entwickelte sich aus der Exposition Internationale des Arts Décoratifs et Industriels Modernes, die 1925 in Paris stattfand. Art déco kombiniert viele Einflüsse, von Blumenmotiven des Jugendstils über ägyptische Bilder bis zu den geometrischen Elementen des Kubismus. Im Amerika der 30er Jahre reflektieren die Art-déco-Gebäude den Technikglauben mit Elementen des Maschinenzeitalters und Science-fiction-Dekors. Der Stil entwickelte sich zur Streamline-Moderne, die den Ocean Drive dominiert. Doch in South Beach sind viele Stilrichtungen vertreten. Erst die kreative Vermischung klassischer Art déco mit Elementen der Streamline-Moderne und tropischen Motiven macht die Einzigartigkeit der Architektur am Ocean Drive aus.

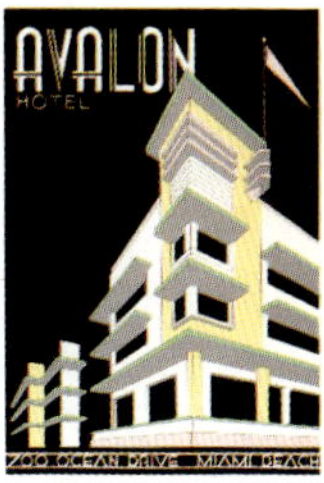

Art-déco-Postkarte vom Avalon Hotel

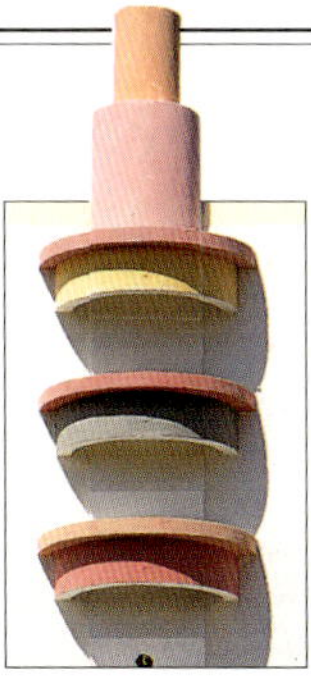

Berkeley Shore in der Collins Avenue hinter dem Ocean Drive zeigt klassische Elemente der Streamline-Moderne wie diese Treppenbrüstung.

Farben täuschen eine Kannelierung vor.

Kreismotive, als Dekoration oder Fenster, sind den Bullaugen von Schiffen nachempfunden.

② ***Imperial*** *(1939)*
Die Gestaltung des Imperial erinnert an das ältere Park Central.

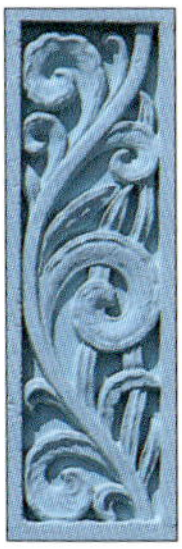

Reliefs tauchen als dekoratives Element überall am Ocean Drive auf.

Die Lobby des Majestic hat glänzende Lifttüren aus Messing.

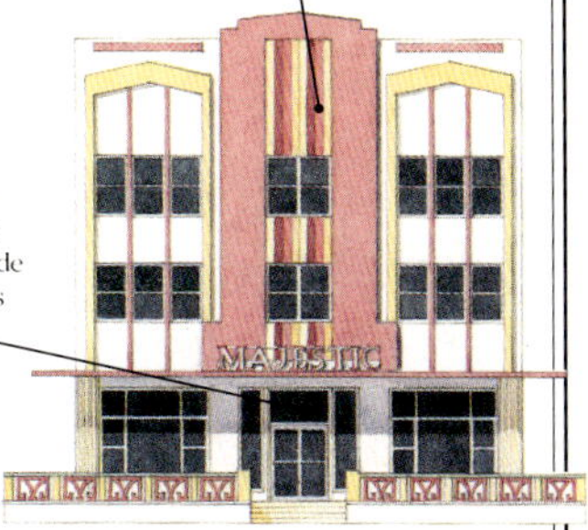

③ ***Majestic*** *(1940)*
Das Hotel stammt von Architekt Albert Anis, der auch die nahe gelegenen Hotels Avalon und Waldorf baute.

Neonlicht wurde für Hotelschilder verwendet, aber auch für besondere Motive, die so auch nachts bewundert werden konnten.

Horizontale Streifen (Stromlinien) sind typisch für die Streamline-Moderne.

»Augenbrauen« über den Fenstern sind der ideale Schutz gegen Miamis unerbittliche Sonne.

Dieser Zierleuchtturm gehört zu den aufsehenerregendsten Beispielen der »Uferarchitektur« am Ocean Drive.

Bullaugen

⑥ ***Colony*** *(1935)*
Mit der berühmten Neonreklame und einem interessanten Wandbild in der Lobby ist dies eines der schönsten Hotels von Henry Hohauser.

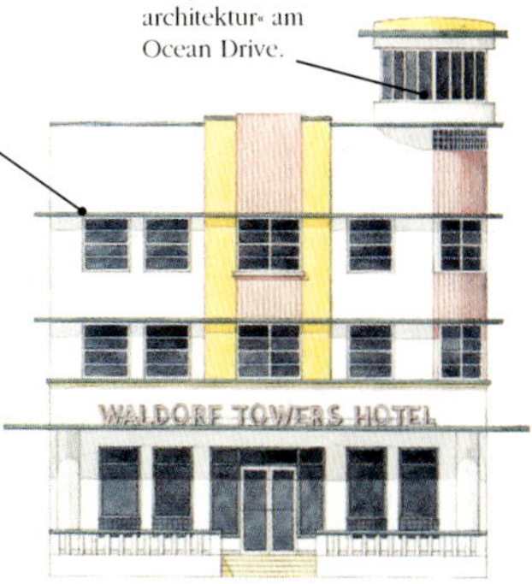

⑦ ***Waldorf Towers*** *(1937)*
Der maritime Einfluß auf die Gestaltung des Waldorf und einiger anderer Hotels prägte den Begriff »Nautische Moderne«.

Art déco am Ocean Drive

In South Beach sind drei große Stilrichtungen der Art déco vertreten: traditioneller Art déco, die eher futuristische Streamline-Moderne und der Mittelmeerstil, der sich aus französischer, italienischer und spanischer Architektur entwickelte. Der Einfluß des Mittelmeerstils kann am Ocean Drive vor allem zwischen der 9th und 13th Street betrachtet werden. Hier finden sich auch einige der klassischen Art-déco-Gebäude in South Beach.

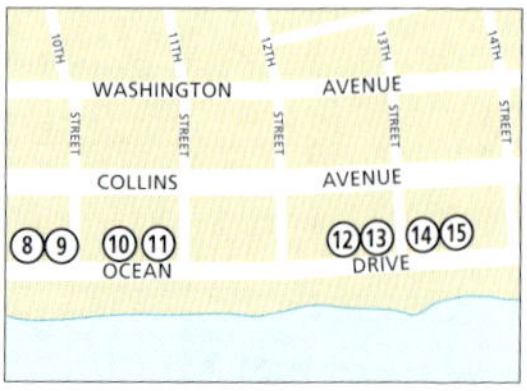

Ocean Drive: 9th bis 13th Street

Bunte »Stromlinien« erzeugen einen Eindruck von Geschwindigkeit und Bewegung.

Der zentrale Turm erinnert sowohl an den Schornstein eines Schiffs als auch an ein Totem.

Geländer am Dachrand imitieren eine Schiffsreling.

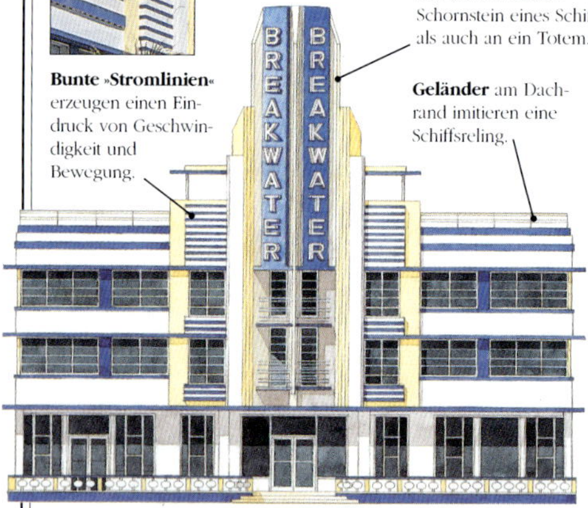

⑧ ***Breakwater*** *(1939)*
Anton Skislewicz baute das Hotel mit Stromlinien und dominantem Zentralturm im Stil der klassischen Streamline-Moderne. Innen ist es mit geätzten Fenstern und Terrazzo-Boden relativ edel ausgestattet.

Fensterbögen und Säulenvorbau erinnern an die Architektur des Mittelmeerraums.

⑨ ***Edison*** *(1935)*
Wie zuvor schon der Architekt des nahe gelegenen Adrian, experimentierte Hohauser (siehe S. 58) *hier mit dem Mittelmeerstil.*

Die Neonreklame des Leslie ist so schlicht wie das ganze Gebäude – im Gegensatz dazu das benachbarte, prächtige Carlyle.

Die typischen Flachdächer werden häufig durch Türme oder vertikale Einbauten aufgelockert.

⑫ ***Leslie*** *(1937)*
Die leuchtendgelbe Bemalung dieses klassischen Art-déco-Hotels ist typisch für die damals bevorzugte Farbgebung am Ocean Drive (siehe S. 64).

Eckfenster

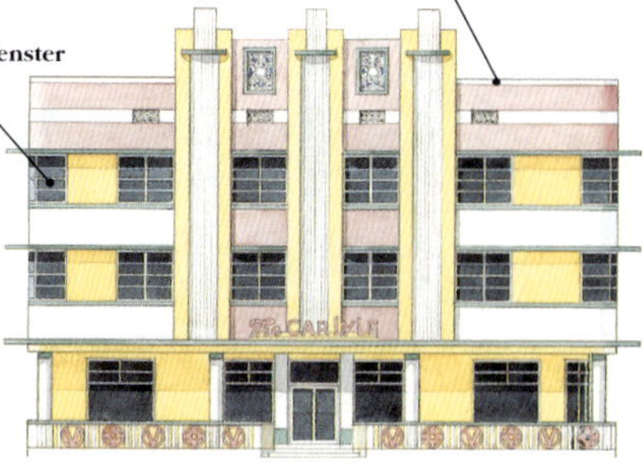

⑬ ***Carlyle*** *(1941)*
Die drei Etagen und vertikalen Säulen des Carlyle bilden eine klassische Art-déco-Komposition. Die meisten Hotels am Ocean Drive haben Erdgeschoß und zwei Obergeschosse, oft »holy three« genannt.

Ein Stucksalamander über dem Vordereingang des Abbey Hotel an der 21. Straße verleiht der Fassade ein buntes und verspieltes Flair.

DIE ERHALTUNG VON SOUTH BEACH

Barbara Capitman (1920–90) rief 1976 die Miami Design Preservation League zur Erhaltung der Art-déco-Architektur in South Beach ins Leben. Damals drohten Hochhäuser einen Großteil des Viertels zu verdrängen. Drei Jahre später wurden 2,5 Quadratkilometer in South Beach als erstes Viertel des 20. Jahrhunderts in das National Register of Historic Places aufgenommen. Im Kampf gegen die Spekulanten wurden in den 80er und 90er Jahren auch Nachtwachen vor gefährdeten Gebäuden eingesetzt.

Barbara Capitman, 1981

Kannelierung ist ein häufiges Stilelement am Ocean Drive.

»Augenbrauen« spenden Schatten.

⑩ ***Clevelander*** *(1938)*
Der Architekt der Top-Adresse in South Beachs Nachtleben, Albert Anis, stattete die Hotelbar mit den klassischen Glasbausteinen aus.

Terrakottaziegel

Stahlbeton ist das am häufigsten verwendete Baumaterial am Ocean Drive. Die Wände sind meist mit Stuck verziert.

Eine Veranda gehört zu den meisten Hotels am Ocean Drive.

⑪ ***Adrian*** *(1934)*
Mit seinen sanften Farben und Reminiszenzen an Mittelmeer-Architektur hebt sich das Adrian von den Nachbargebäuden ab.

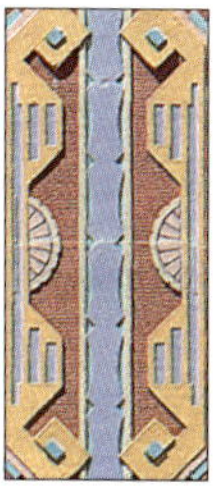

Der Fries erinnert an die abstrakten Dekors der Azteken.

Der Terrazzoboden in der Bar ist aus einer Mischung aus Steinchen und Zement gefertigt. Dieser Ersatz für Marmor schuf Eleganz zu niedrigen Kosten.

Die Ecken sind wunderschön abgerundet.

⑭ ***Cardozo*** *(1939)*
Barbara Capitmans Lieblingshotel ist ein Spätwerk Hohausers. Bei diesem Meisterwerk der Streamline-Moderne wurden traditionelle Art-déco-Elemente durch geschwungene Wände, Stromlinien und andere Kennzeichen der Moderne ersetzt.

⑮ ***Cavalier*** *(1936)*
Mit seinen scharfen Kanten bildet dieses traditionelle Art-déco-Hotel einen intensiven Kontrast zum Cardozo nebenan.

Im Detail: South Beach

Dekor am Netherlands Hotel

DAS ART-DÉCO-VIERTEL von South Beach erstreckt sich von der 6th bis zur 23rd Street zwischen der Lenox Avenue und dem Ocean Drive. Seit den 80er Jahren lockt es immer mehr Besucher an, unter anderem auch, weil Stars wie Gloria Estefan und Michael Caine den Bezirk in einen der In-Plätze der USA verwandelten. Vielen Besuchern erscheinen die Art-déco-Gebäude wie die Kulisse eines hedonistischen Spielplatzes, auf dem die Tage mit Schlafen, am Strand oder im Fitneßcenter und die Nächte in den Diskotheken verbracht werden. Doch egal, ob Sie eher an Unterhaltung oder an Architektur interessiert sind, die vorgeschlagene Route kann sowohl tagsüber als auch im Neonlicht der Nacht unternommen werden.

Die Old City Hall diente bis 1977 als Rathaus. Noch heute erhebt sich das im Mittelmeerstil erbaute Gebäude aus den 20er Jahren als markantes Wahrzeichen über die Straßen von South Beach.

Wolfsonian Foundation
Die Stiftung mit einem Relief im spanischen Neo-Barock über dem Hauptportal beherbergt eine exzellente Sammlung mit Kunst und Kunsthandwerk. 5

11th Street Diner *(siehe S. 316)*

Das Essex House Hotel von Henry Hohauser *(siehe S. 58)* hat Art-déco-Elemente wie den abgerundeten Eckeingang. Auch die Lobby ist einen Blick wert.

Das News Café ist rund um die Uhr geöffnet und eins der In-Cafés in South Beach *(siehe S. 330)*. Bei einer Erfrischung kann man hervorragend Flaneure beobachten.

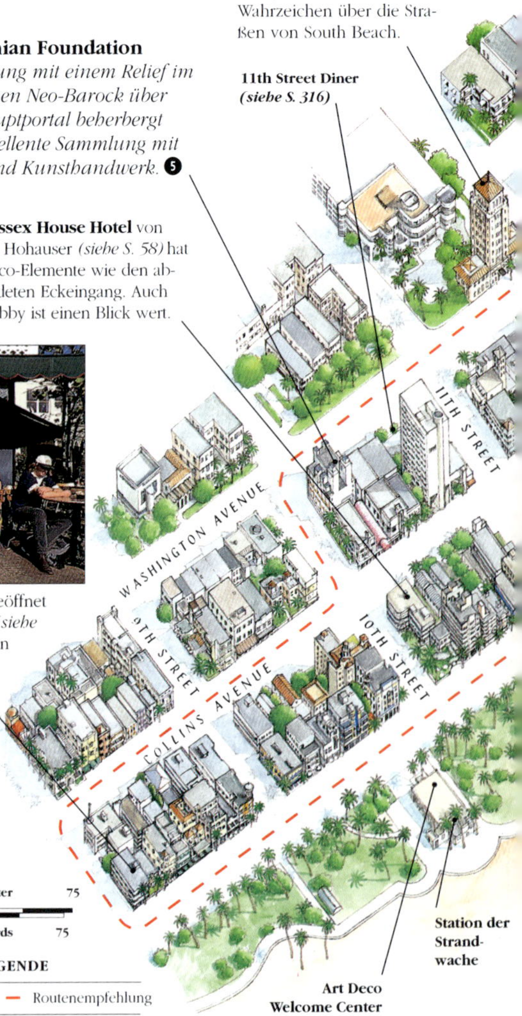

Station der Strandwache

Art Deco Welcome Center

0 Meter 75
0 Yards 75

LEGENDE
Routenempfehlung

ART-DÉCO-TOUREN

*Die Miami Design Preservation League veranstaltet donnerstags und samstags exzellente 90minütige Führungen vom Art Deco Welcome Center aus (1001 Ocean Drive); alle zwei Wochen gibt es sonntags morgens Fahrradführungen. Der Verein organisiert auch Art-déco-Wochenenden (*siehe S. 35*). Informationen im Center, (305) 672 2014.*

★ Bars und Clubs in South Beach
In South Beach sollte man unbedingt eine der eleganten Bars und die Clubs, wie etwa das Marlin Hotel in der Collins Avenue, aufsuchen.

ZUR ORIENTIERUNG
Siehe Kartenteil, Karte 2

★ Ocean Drive
Der Ocean Drive mit seinen eleganten Hotels ist die Hauptattraktion von South Beach – hier lautet die Devise: sehen und gesehen werden! ❶

Das Netherlands Hotel (1935) mit seinem farbenfrohen Stuck steht am ruhigen Ende des Ocean Drive.

Das Cardozo Hotel, eines der schönsten Art-déco-Gebäude am Ocean Drive, gehört Gloria Estefan. Seine Neueröffnung 1982 leitete eine neue Sanierungsphase in South Beach ein.

Lummus Park

Amsterdam Palace ist eines der wenigen Privathäuser am Ocean Drive *(siehe S. 64)*.

★ Der Strand
Am 16 Kilometer langen Sandstrand kann man je nach Belieben Ruhe und Unterhaltung suchen – letztere am lebhaften Abschnitt in South Beach. ❷

NICHT VERSÄUMEN

- ★ Bars und Clubs in South Beach
- ★ Ocean Drive
- ★ Strand

South Beach

Am Ocean Drive sind die bekanntesten Art-déco-Gebäude zu sehen – doch bezaubernd sind auch Collins und Washington Avenue sowie die ruhigeren Wohnstraßen wie die Lenox Avenue weiter westlich. Hier finden Sie Türen mit Flamingomotiven und anderes Dekor.

Da Parkplätze hier rar sind, sollte man South Beach am besten zu Fuß oder, wie die Einheimischen, auf Rollerblades oder Fahrrädern erkunden. Beides kann man vor Ort mieten.

Amsterdam Palace: einer der wenigen Nicht-Art-déco-Bauten

Ocean Drive ❶

Karte 2 F3, F4. *C, H, K.* *1001 Ocean Drive, (305) 672-2014.*

Am besten genießen Sie die Atmosphäre des Ocean Drive in einer Bar oder einem Café am Ufer und bestaunen dabei die Parade topmodischer, gebräunter Menschen – sogar die Straßenfeger mit ihren Helmen und weißen Uniformen und die Polizisten in engen Hosen auf Mountainbikes sehen »cool« aus. Auch in den für die Öffentlichkeit stets zugänglichen Lobbies der Hotels sind schöne Beispiele typischen Art-déco-Designs zu bewundern.

Der Öffentlichkeit nicht zugänglich ist der 1930 im neomediterranen Stil erbaute Amsterdam Palace (Nr. 1114), den der 1997 ermordete Modedesigner Gianni Versace 1993 für 3,7 Millionen US-Dollar erwarb. Ganz in der Nähe bietet hinter dem Art Deco Welcome Center die Station der Strandwache ein klassisches Beispiel der Nautischen Moderne *(siehe S. 59)*. Typische Stilelemente sind die Geländer am Dach und die Bullaugen.

Südlich der 6th Street gibt es nur wenig zu entdecken. Doch der South Point Park bietet einen hervorragenden Blick auf die Luxusliner, die in den Government Cut *(siehe S. 73)* einlaufen.

Der Strand ❷

Karte 2. *FM, L, H, S.*

Ein Grossteil des Sands wurde vor zwei Jahrzehnten nach Miami Beach importiert. Um der Küstenerosion zu begegnen, wird ständig neu aufgeschüttet. Dieser weite Sandstrand ist beeindruckend und in der Hochsaison mit Wasser- und Sonnenfans überfüllt.

Bis auf die Höhe der 5th Street tummeln sich die Surfer. Den riesigen Strand von SoBe dahinter füllen die farbenfrohen Häuser der Wasserwacht und sich räkelnde Sonnenhungrige. Im Lummus Park scheint die Zeit stehengeblieben zu sein: Hier können Sie noch Jiddisch, die Sprache der alten jüdischen Bevölkerung, hören. Rund um die 21st Street ist die schwule Szene zu finden.

Die Stationen der Wasserwacht passen in Stil und Farbgebung gut zum Ocean Drive

Sanford L Ziff Jewish Museum of Florida ❸

301 Washington Ave. **Karte** 2 E4.
(305) 672-5044. *FM, H, W.*
Di–So 10–17 Uhr. *Jüdische Feiertage.*

DAS MUSEUM hat in der ersten Synagoge von Miami Beach, erbaut 1936, seine Ausstellungsräume. Den Juden, die in den 30er Jahren in Miami Beach ankamen, schlug häufig starker Antisemitismus entgegen – »Für Juden und Hunde verboten« verkündeten manche Hotels. Heute sind sie ein unentbehrlicher Teil der Gemeinde von Miami Beach.

Die ehemals baufällige Synagoge öffnete 1995 als Museum und Forschungszentrum für jüdisches Leben in Florida. Mit seinen Buntglasfenstern und anderen Art-déco-Elementen ist das Gebäude ebenso sehenswert wie seine Ausstellungen.

FARBWECHSEL IN SOUTH BEACH

Die Art-déco-Gebäude waren ursprünglich einfarbig, zumeist weiß mit bunten Zierleisten. Da Farbe in den 30er Jahren teuer war, wurden oft nur die Fassaden bunt bemalt. In den 80er Jahren schuf der Designer Leonard Horowitz das »Deco Dazzle« (Dekorbetonung) und tauchte etwa 150 Gebäude in den »Farbtopf«. Puristen kritisierten diese Neuerfindung des Art déco, Anhänger hielten dagegen, daß die Farbgebung die Dekorelemente besser zur Geltung bringe. Heute existieren beide Varianten der Farbgebung nebeneinander.

Das Cardozo Hotel am Ocean Drive erhält neue Farbe

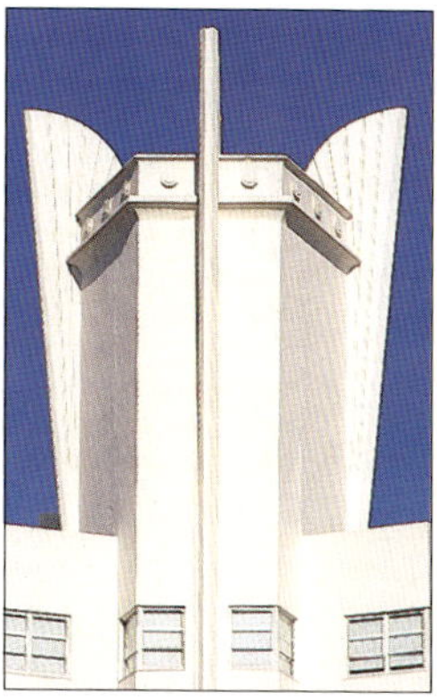

Der charakteristische Turm des Delano Hotels, Collins Avenue

Collins und Washington Avenue ❹

Karte 2. *W, C, H, L.* *1920 Meridian Ave, (305) 672-1270.*

DIE STRASSEN sind mit ihren witzig-verrückten Boutiqen und Tätowierläden weniger elegant als der Ocean Drive, doch liegen hier einige der besten Nachtclubs von Miami Beach *(siehe S. 95)*, und viele der Art-déco-Gebäude sind wahrlich einen zweiten Blick wert. Das Marlin Hotel in der Collins Avenue 1200 ist eines der schönsten Häuser der Streamline-Moderne. Christopher Blackwell, der Gründer von Island Records und Besitzer einiger der schönsten Gebäude am Ocean Drive, ließ es renovieren. Das Postamt von Miami Beach ist in einem Art-déco-Gebäude in der Washington Avenue (Nr. 1300) untergebracht. Im Inneren stellt ein Wandgemälde die Landung Ponce de Leóns *(siehe S. 40)* und seinen Kampf gegen die Indianer dar.

Jenseits der Lincoln Road, weiter nördlich, sind die Gebäude von herber Schönheit. Hohe Hotelbauten aus den 40er Jahren wie das Delano und das Ritz Plaza weisen Spuren des Art déco auf, ihre Türme sind von Comics wie *Buck Rogers* oder *Flash Gordon* inspiriert. Die Innenausstattung des luxuriösen Delano *(siehe S. 297)* mit seinen weißen Draperien und Originalmöbeln von Gaudí und Dalí sollten Sie nicht versäumen. Nahe der Collins Avenue, in der 21st Street, liegen einige interessante Hotels, darunter das Governor von Henry Hohauser *(siehe S. 58)*.

Elektrischer Wasserkessel (1909) im Wolfsonian

Wolfsonian Foundation ❺

1001 Washington Ave. **Karte** 2 E3.
(305) 531-1001. *C, H, K, W.*
Di–Sa 11–18 Uhr, So 12–17 Uhr.
Do frei 18–21 Uhr.

IN DIESEM GEBÄUDE aus den 20er Jahren, ehemals Washington Storage Company, lagerten reiche Einwohner von Miami ihre Wertsachen, wenn sie in den Norden reisten. Heute zeigt das Haus eine exzellente, breitgefächerte Kunst- und Kunstgewerbesammlung mit etwa 70 000 hauptsächlich nordamerikanischen und europäischen Objekten von 1885 bis 1945. Die Ausstellungen konzentrieren sich auf die soziale, politische und ästhetische Bedeutung zeitgenössischen Designs der verschiedenen Epochen.

Española Way, eine baumbestandene Einkaufszeile im mediterranen Stil

Española Way 6

Karte 2 E2. *C, K, H, W.*

Zwischen Washington und Drexel Avenue liegt der Española Way, eine hübsche Enklave im neomediterranen Stil. Die Gebäude aus den 20er Jahren mit verzierten Rundbögen, Kapitellen, Balkonen und lachsfarbenen Stuckfassaden sollen Addison Mizner bei der Gestaltung der Worth Avenue in Palm Beach *(siehe S. 114f)* inspiriert haben.

Española Way sollte als Künstlerkolonie dienen, wurde aber berüchtigter Rotlichtbezirk. Im Lauf der letzten Jahrzehnte nähert er sich mit zahlreichen Boutiquen und extravaganten Kunstgalerien *(siehe S. 93)* wieder seiner ursprünglichen Bestimmung.

Lincoln Road Mall 7

Karte 2 E2. *H, S, C.* **Art Center–South Florida** *(305) 674-8278.*
Mi–Fr 17–22 Uhr, Sa 14–22 Uhr.
Thanksgiving, 25. Dez, 1. Jan.

Nach einer wechselvollen Geschichte hat sich die Lincoln Road Mall gesellschaftlich und kulturell gemausert. Carl Fisher *(siehe S. 57)* sah in ihr in den 20er Jahren die »Fifth Avenue des Südens«, und tatsächlich gehörten ihre Läden zur modischen Crème de la Crème. Vier Jahrzehnte später verwandelte Morris Lapidus, der das Fontainebleau Hotel entwarf, die Straße in eine der ersten Fußgängerzonen, doch auch das verhinderte den Abstieg der Lincoln Road in den 70er Jahren nicht. Die von Lapidus entworfenen, häßlichen Betonpavillons trugen ihren Teil dazu bei.

Der Wiederaufstieg der Straße begann 1984 mit der Einrichtung des Art Center–South Florida. Zwischen Lincoln und Meridian Avenue entstanden drei Ausstellungsareale, etwa ein Dutzend Ateliers und freie Galerien *(siehe S. 93)*. Die hier ausgestellte Kunst hat experimentellen Charakter.

Die Galerien sind zumeist am Abend geöffnet. Dann erwacht die Straße zum Leben, und Theaterbesucher strömen in die restaurierten Art-déco-Theater (Lincoln Theatre und Colony Theatre, *siehe S. 94*). Wer eine Alternative zum Ocean Drive sucht, kann in den modischen Restaurants und Cafés entspannen, wie etwa dem Van Dyke (Nr. 846) – Lincoln Roads Antwort auf das News Café *(siehe S. 62)*. Auch nachts fasziniert das im Stil der Streamline-Moderne erbaute Sterling Building (Nr. 927), wenn seine Glasbausteine einen märchenhaft blauen Glanz annehmen.

Holocaust Memorial 8

1933–45 Meridian Ave. **Karte** 2 E1.
(305) 538-1663. *A, FM, G, L.*
tägl. 9–21 Uhr.

Da in Miami Beach die weltweit größte Gemeinde von Überlebenden des Holocaust wohnt, ist das von Kenneth Treister 1990 fertiggestellte, erschütternde Denkmal von größter Bedeutung. Herzstück ist ein riesiger Arm aus Bronze, der sich hilfesuchend gen Himmel reckt und den Todeskampf eines Menschen darstellen soll. Den Arm mit einer eingemeißelten Häftlingsnummer aus Auschwitz umgeben fast 100 lebensgroße Bronzefiguren, Männer, Frauen und Kinder, in Trauer gebeugt. Um diesen zentralen Platz führt ein Tunnel mit den Namen der europäischen Konzentrationslager, einer illustrierten Geschichte des Holocaust und einer Granitwand mit den Namen Tausender Ermordeter.

Holocaust Memorial

Wein und Essen gibt es im Van Dyke Café in der Lincoln Road Mall

Krönung der Maria (um 1492) von Domenico Ghirlandaio

Bass Museum of Art ❾

2121 Park Ave. **Karte** 2 F1. *(305) 673-7530.* *K, G, L, S.* *Di–Sa 10–17 Uhr (2. u. 4. Mi im Monat 13–21 Uhr), So 13–17 Uhr.* *Feiertage.*

Das Art-déco-Gebäude im Stil der Maya entstand 1930 als Stadtbücherei und Kunstzentrum. 1964 wurde es mit der Kunstsammlung von John und Johanna Bass – vor allem europäische Gemälde, Skulpturen und Textilien aus dem 15. bis 17. Jahrhundert – zu einem Museum.

Es zeigt sowohl Dauer- als auch Wechselausstellungen. Zu den Höhepunkten der Bass-Sammlung zählen einige wenige Werke der Renaissance, Gemälde aus nordeuropäischen Schulen, darunter Bilder von Rubens und Dürer, und riesige flämische Gobelins aus dem 16. Jahrhundert. Unter den modernen Werken befinden sich Lithographien von Fernand Léger und Henri de Toulouse-Lautrec.

Modefotografie in Miami Beach

Dank der einmaligen Kombination von Art-déco-Architektur, Palmen, Strand und Klima ist South Beach ein begehrter Platz für Modefotografen. Etwa 1500 Models leben hier – nicht gezählt Tausende hoffnungsvoller Schönheiten, die in den Bars und am Strand auf ihre Entdeckung warten. Die Saison dauert von Oktober bis März, wenn es in Europa und in Nordamerika zu kalt für Außenaufnahmen ist.

Wenn Sie in SoBe am frühen Morgen spazierengehen, können Sie die Teams mit Regisseuren, Fotografen, Make-up-Spezialisten und deren Assistenten kaum übersehen – und natürlich auch nicht die Models. Der Ocean Drive ist für Aufnahmen geradezu ideal, aber auch in den ruhigeren Nebenstraßen werden Fotos geschossen.

Fotograf, Team und Model bei Aufnahmen in Miami Beach

Central Miami Beach ❿

Karte 2 F1. *G, J, L, S, T, FM, C.* **Lady Lucille Cruise** *(305) 534-7000.*

Der Bereich nördlich der 23rd Street wird auch Central Miami Beach genannt. Apartmenthäuser aus den 50er und 60er Jahren trennen den Atlantik von der geschäftigen Collins Avenue. Von der 23rd bis zur 46th Street verläuft eine Promenade entlang einem schmalen Strand, den hauptsächlich Familien frequentieren.

Auffälligste Sehenswürdigkeit hier ist das **Fontainebleau Hotel** (auch »Fountainblue« genannt). Wenn Sie von der Collins Avenue in Richtung 44th Street fahren, achten Sie auf die Wand rechts: Es ist ein Trompe-l'œil-Bogen mit einer Darstellung des Fontainbleau, das in Wirklichkeit jedoch dahinter liegt.

Das 1954 fertiggestellte Fontainebleau ist die kompromißbereite Annäherung des Architekten Morris Lapidus (1903 geboren) an den Kundenwunsch, ein modernes französisches Gebäude im Château-Stil. Seine Grandesse ist beeindruckend – besonders die Lobby mit den Fliesen von Lapidus und der Pool mit Wasserfall. Das Hotel war in den 60er Jahren Drehort des James-Bond-Films *Goldfinger*.

Vom Fontainebleau aus kann man eine Fahrt auf der *Lady Lucille* zu den Millionärsvillen in Biscayne Bay *(siehe S. 73)* unternehmen. Das Boot fährt erst den Indian Creek mit großartigen Anwesen hinauf, die aber nicht mit denen in der Bay zu vergleichen sind.

Trompe-l'œil-Blick auf das Fontainebleau Hotel, Central Miami Beach

Occidental Plaza Hotel
Occidental Plaza Hotel

Downtown und Little Havana

Messingsiegel, Dade County Courthouse

Als die Erschließung Miamis mit der Ankunft der Florida East Coast Railroad 1896 begann, erstreckte sich die Stadt auf 2,5 Quadratkilometern am Miami River, an der Stelle der heutigen Downtown. Reiche Industrielle aus den Nordstaaten errichteten Banken, andere Institutionen und ihre Winterdomizile an der Brickell Avenue. Hier schlägt heute das Herz von Miamis Finanzviertel, dessen Hochhäuser im Bankenboom der 80er Jahre aus dem Boden schossen. Die futuristischen Wolkenkratzer des Viertels demonstrieren auch nachts im Neonlicht die Stellung der Stadt als Finanz- und Handelszentrum.

Auch nach dem Zweiten Weltkrieg war Miami wenig mehr als ein Urlaubsort. Doch vor allem die ab 1959 aus Kuba kommenden Einwanderer *(siehe S. 50)* verwandelten Miami in eine Metropole. Der kubanische Einfluß ist am besten in Downtown und jenseits des Flusses in Little Havana zu erkennen. Sprache, Gesichter, Schilder und Nahrungsmittel schaffen in beiden Vierteln eine hispanische Atmosphäre.

Downtown und Little Havana bestechen eher durch ihre Atmosphäre als mit Sehenswürdigkeiten. In Downtown beherbergt das Metro-Dade Cultural Center eines der besten historischen Museen Floridas. Die meisten Besucher kommen jedoch wegen des Einkaufs- und Unterhaltungsangebots des Bayside Marketplace, wo auch Bootsfahrten rund um Biscayne Bay starten.

Sehenswürdigkeiten auf einen Blick

Museen und Galerien
Metro-Dade Cultural Center ❷

Historische Gebäude
US Federal Courthouse ❶

Moderne Architektur
Brickell Avenue ❺

Viertel
Little Havana ❻

Shops und Restaurants
Bayside Marketplace ❸

Bootstouren
Biscayne Bay Boat Trips ❹

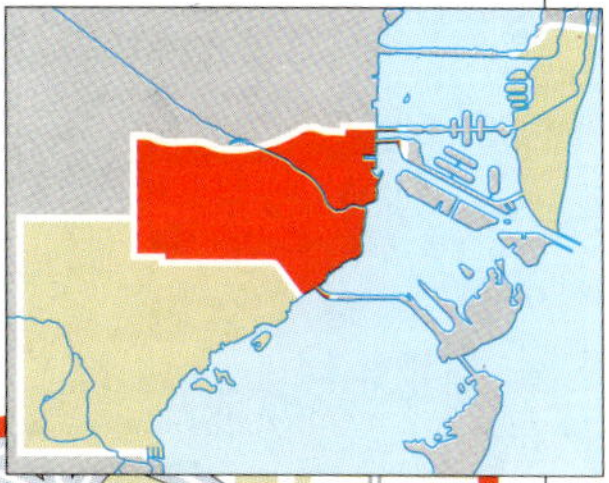

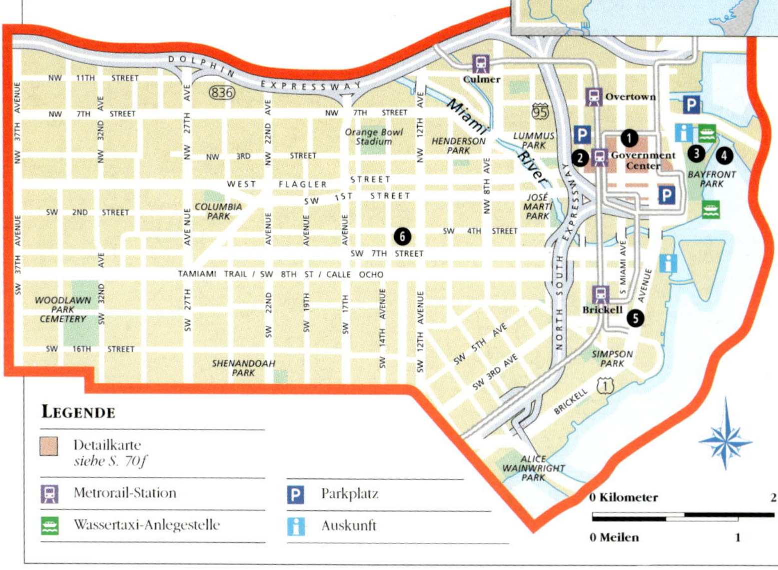

◁ **Das beeindruckende Gebäude der NationsBank ragt in Downtown über den Miami River**

Im Detail: Downtown

Die Skyline von Downtown wirkt zweifellos am besten nachts und aus der Ferne, aber es lohnt sich auch, die Architektur aus der Nähe zu betrachten. Einen phantastischen Blick bietet die Hochbahn Metromover, oder man erkundet die Inneneinrichtungen einiger öffentlicher Gebäude in Downtown.

Das Geschäftsviertel bietet zwischen imposanten Wolkenkratzern preiswerten Schmuck und günstige Elektronik. Seine Cafés offerieren Kaffee aus Kuba, und Straßenverkäufer bieten geschälte Orangen im karibischen Stil feil. In der Flagler Street, der wichtigsten Durchgangsstraße in Downtown, ist das südländische Flair am lebendigsten. Hier sollten Sie sich nur wochentags zu den Bürostunden aufhalten.

Die Skyline von Downtown ist ein Denkmal des Bankenbooms der 80er Jahre. Der MacArthur Causeway bietet einen phantastischen Blick darauf.

US Federal Courthouse
Das großflächige Wandgemälde im Gerichtshof zeigt Miamis Entwicklung von einer Wildnis zur modernen Großstadt. ❶

Das Dade County Courthouse verfügt über eine beeindruckende Lobby. Das Deckenmosaik zeigt die früheste Version von Floridas Staatssiegel – mit Bergen.

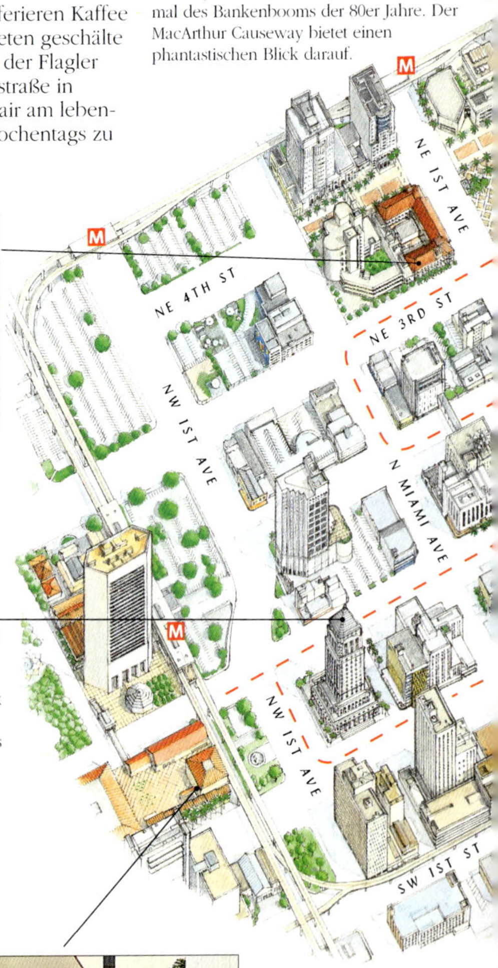

0 Meter 150

0 Yards 150

Legende

– – – Routenempfehlung

★ Metro-Dade Cultural Center
Der große Komplex mit mediterranem Innenhof und Brunnen beherbergt das einzige Museum in Downtown. ❷

Nicht versäumen

- ★ Metro-Dade Cultural Center
- ★ NationsBank Tower

Die Gesu Church gehört zu Miamis ältestem katholischen Pfarrbezirk. Die Kirche (1925) ist vor allem wegen ihrer in München gefertigten Buntglasfenster berühmt.

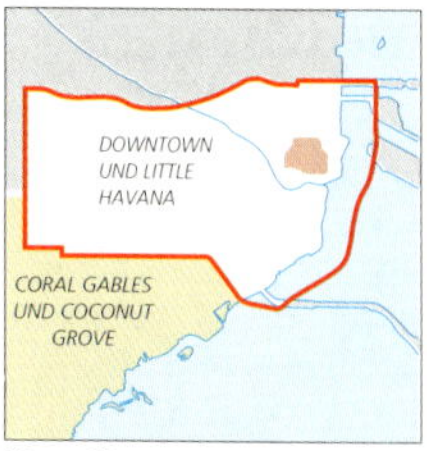

ZUR ORIENTIERUNG
Siehe Kartenteil, Karte 4

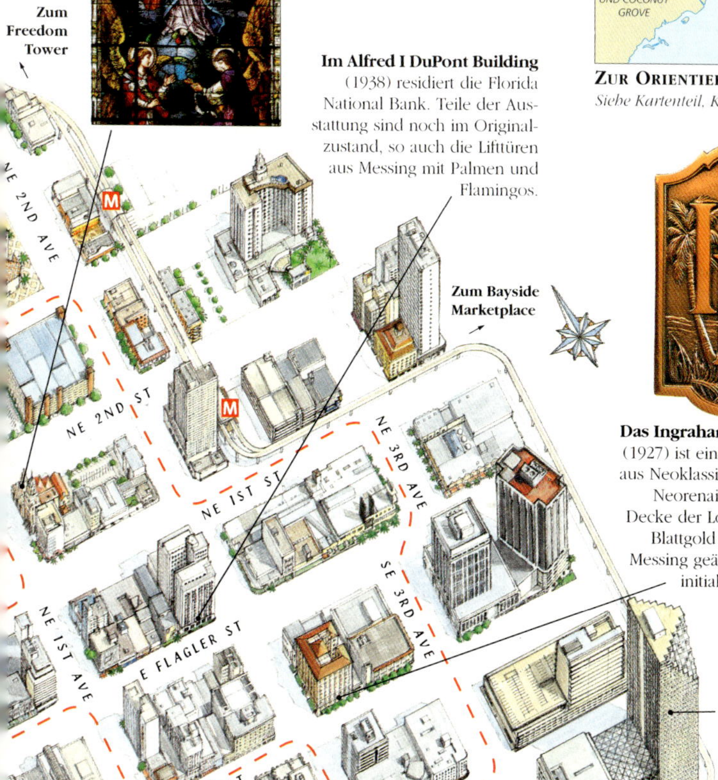

Im Alfred I DuPont Building (1938) residiert die Florida National Bank. Teile der Ausstattung sind noch im Originalzustand, so auch die Lifttüren aus Messing mit Palmen und Flamingos.

Das Ingraham Building (1927) ist eine Mischung aus Neoklassizismus und Neorenaissance. Die Decke der Lobby ist mit Blattgold und den in Messing geätzten Hausinitialen verziert.

★ NationsBank Tower
Der imposanteste Wolkenkratzer ist berühmt wegen seiner Nachtbeleuchtung. Der Bürokomplex von 1983 hieß zuerst Centrust Tower, ist heute aber nach seinem wichtigsten Mieter benannt.

Der 1986 eröffnete Metromover ist eine führerlose Bahn, die im Uhrzeigersinn Downtown umrundet. Während der drei Kilometer langen, zehnminütigen Fahrt gewinnt man einen guten Überblick über das Gebiet.

Downtown

Zwischen modernen Wolkenkratzern erinnern großartige Gebäude des frühen 20. Jahrhunderts an die Jahre des Booms. Neomediterraner und neoklassizistischer Stil waren äußerst populär. Der heute leerstehende Freedom Tower (1925) am Biscayne Boulevard, ein wunderbares Beispiel neoklassizistischer Architektur, ist in Anlehnung an die Giralda in Sevilla gestaltet. Er beherbergte zuerst die heute aufgelösten *Miami News* und in den 60er Jahren Flüchtlinge aus Kuba *(siehe S. 50)* – daher auch der Name »Freiheitsturm«. In Downtown sind ebenso Art-déco-Gebäude, z. B. Burdines Lager in der Flagler Street *(siehe S. 92)*, zu sehen.

Freedom Tower (1925)

US Federal Courthouse ❶

301 N Miami Ave. **Karte** 4 E1. *(305) 536-4548.* *Arena/State Plaza.* *Mo–Fr 8–17 Uhr.* *Feiertage.*

In dem imposanten neoklassizistischen, 1931 fertiggestellten Gebäude fanden einige aufsehenerregende Gerichtsverfahren statt – so etwa 1990 gegen Manuel Noriega, den ehemaligen Präsidenten Panamas. Der Innenhof ist im mediterranen Stil gestaltet. Sehenswert ist vor allem das Wandbild *Das Gesetz leitet Floridas Fortschritt (siehe S. 70)* im ersten Stock, entworfen von Denman Fink, der durch seine Arbeiten in Coral Gables *(siehe S. 80)* berühmt wurde. Bei großen Gerichtsverhandlungen ist die Öffentlichkeit meist nicht zugelassen.

Metro-Dade Cultural Center ❷

101 West Flagler St. **Karte** 4 E1. *(305) 375-3000.* *Government Center.* *21, 77.* *Mo 10–17 Uhr (nur Bibliothek), Di–Fr 10–17 Uhr (Do–21 Uhr), Sa u. So 12–17 Uhr.*

Das 1982 vom amerikanischen Stararchitekten Philip Johnson erbaute Zentrum ist Kunstgalerie, Museum und Bibliothek in einem.

Besucher finden meist das Historical Museum of Southern Florida, das die Geschichte Miamis vor 1945 dokumentiert, am interessantesten. Es informiert unter anderem über die spanische Kolonialisierung und die Kultur der Seminolen; sehr anschaulich sind die alten Fotos der ersten Pioniere und aus den Goldenen Zwanziger Jahren.

Das Miami Art Museum of Dade County liegt auf der anderen Seite der Plaza. Geplant ist hier die Einrichtung einer Dauerausstellung, doch zur Zeit finden nur zeitlich be-

Badeschönheiten im Miami der 20er Jahre im Historical Museum

grenzte, jedoch durchaus sehenswerte Ausstellungen statt, die sich vor allem mit der amerikanischen Kunst nach 1945 auseinandersetzen.

Vor dem Bayside Marketplace drängen sich die Boote in der Miamarina

Bayside Marketplace ❸

401 Biscayne Blvd. **Karte** 4 F1. *(305) 577-3344.* *College/Bayside.* *C, S, 16, 48, 95.* *Mo–Do 10–22 Uhr, Fr u. Sa 10–23 Uhr, So 11–20 Uhr.* *Thanksgiving, 25. Dez.*

Der Bayside Marketplace ist nicht nur der beste Parkplatz, sondern vor allem die populärste Touristenattraktion in Downtown. Der lebhafte Komplex erstreckt sich um die Miamarina, wo unzählige Jachten vor Anker liegen und Bootstouren um die Biscayne Bay starten.

Mit ihren Bars und Restaurants – darunter auch das auffällige Hard Rock Café, durch dessen Dach eine Gitarre ragt *(siehe S. 330)* – eignet sich die Bayside hervorragend zum Ausgehen und Einkaufen. Man kann im Freien speisen und den Musikgruppen, die am Ufer spielen, zuhören.

Der nahe gelegene Bayfront Park ist ein eher ernster Ort. In seiner Mitte erinnert die mit den Wappen von mittel- und südamerikanischen Ländern umgebene Torch of Friendship (Fackel der Freundschaft) an Präsident John F Kennedy. Auf einer Gedenktafel dankt Miamis Gemeinde von Exilkubanern den Vereinigten Staaten, daß sie sich hier niederlassen durften.

Biscayne Bay Bootstouren ❹

Bayside Marketplace. **Karte** 4 F1. Ⓜ *College/Bayside.* 🚌 *C, S, 16, 48, 95.* **Island Queen Cruises** *(305) 379-5119.* **Wassertaxi** *(954) 467-6677.*

Zwischen Downtown und Miami Beach, in der Biscayne Bay, liegen der größte Kreuzfahrthafen der Welt und einige exklusive, private Inselgemeinden. Da man vom MacArthur Causeway nur einen kurzen Blick auf dieses Gebiet werfen kann, bieten die am Bayside Marketplace startenden Bootstouren einen besseren und entspannteren Eindruck dieser Pracht. Die etwa 90minütigen Touren von Island Queen Cruises und anderen Firmen zeigen Schaulustigen die Anwesen der Reichen und Berühmten.

Die Touren führen vorbei am Hafen bei den Inseln Dodge und Lummus, über den jedes Jahr etwa drei Millionen Kreuzfahrtpassagiere abgefertigt werden. Er steuert etwa fünf Milliarden US-Dollar jährlich zur lokalen Wirtschaft bei. Die riesigen Luxusliner bilden einen beeindruckenden Anblick, wenn sie vor Anker liegen, in den Hafen einfahren oder ihn verlassen (meist am Wochenende).

Nahe dem östlichen Ende des MacArthur Causeway liegt die Flotte der US-Küstenpolizei, die mit Hochgeschwindigkeitsbooten Drogenschmuggler und illegale Einwanderer verfolgt. Fisher Island hat keine Brücke zum Festland, ein Kanal trennt es von South Beach. Sein Strand war in den 20er Jahren Treffpunkt der Afroamerikaner. Heute ist die Insel – Ironie der Geschichte – exklusives Wohngebiet, in dem ein Haus etwa 500 000 US-Dollar kostet. Die Tour führt nach Norden um die Inseln Star Island, Palm Island und Hibiscus Island, die Anfang dieses Jahrhunderts künstlich angelegt wurden.

Bootsschild, Biscayne Bay

Villen jeder Stilrichtung verstecken sich hinter üppigem Grün, auch die ehemaligen Häuser von Frank Sinatra und Al Capone sowie die Anwesen von Berühmtheiten wie Gloria Estefan und Julio Iglesias.

Vom Bayside Marketplace aus starten auch nächtliche Bootsfahrten, Ausflüge zum Hochseefischen und Gondelfahrten. Das Wassertaxi verbindet den Bayside Marketplace mit einigen Hotels, auf Bestellung fährt es von der Bayside zur Miami Beach Marina am östlichen Ende des MacArthur Causeway.

Das Atlantis ist das berühmteste Gebäude an der Brickell Avenue

Eine der prächtigen Villen in der Biscayne Bay

Brickell Avenue ❺

Karte 4 E2– E4. Ⓜ *mehrere Stationen.* 🚉 *Metrorail (Brickell).* 🚌 *6, 8, 24, 48, B.* ℹ *701 Brickell Ave, Suite 2700, (800) 283-2707.*

Anfang dieses Jahrhunderts hieß die Brickell Avenue wegen ihrer palastähnlichen Villen »Millionaires' Row«. Heute ist ihr nördlicher Abschnitt Miamis palmenbestandene Entsprechung zu New Yorks Wall Street – internationale Banken residieren in imposanten Gebäuden, deren Glas Häuser und Sonne widerspiegelt. Einige Wohnhäuser weiter südlich, jenseits der Southwest 15th Road, erscheinen zu Beginn jeder Folge von *Miami Vice.* Sie wurden Anfang der 80er Jahre von dem avantgardistischen Architekturbüro Arquitectonica entworfen. Auch wenn sie heute nicht mehr zeitgemäß erscheinen, beeindrucken sie doch.

Am auffälligsten ist das Atlantis (Nr. 2025): Die Fassade hat ein quadratisches Loch mit Palme und Whirlpool. Sein Gegenstück, ein Kubus derselben Größe, steht vor dem Haus. Von Arquitectonica stammen auch Palace (Nr. 1541) und das Imperial (Nr. 1627). Die Paläste der »Architektur für 55 Meilen/Stunde« (sie sind am besten zu bewundern, wenn man im Auto daran vorbeifährt) sind so entworfen, daß man sie aus der Distanz bewundern sollte, auch sind sie der Öffentlichkeit nicht zugänglich.

Little Havana ❻

Karte 3. *11 von Downtown, 8, 24 von Coral Gables.*
El Crédito Cigar Factory 1106 SW 8th St. *(305) 858-4162.* *Mo–Fr 8–18 Uhr, Sa 9–16 Uhr.* *Feiertage.*
Cuban Museum of the Americas 1300 SW 12th Ave. *(305) 858-8006.* *Di–Fr 10–15 Uhr.* *Feiertage.*

Obwohl Kubaner in ganz Miami leben, ist doch Little Havana ihre Heimatgemeinde, seit sie in den 60er Jahren aus Kuba flüchteten *(siehe S. 50)*. Aber auch andere hispanische Gruppen haben sich hier angesiedelt.

Little Havana zeigt sich am lebendigsten in seinen pulsierenden Straßen. Aus jedem Geschäft dringt Salsa-Musik, Plakate künden von der Fortsetzung des Kampfs gegen Castro; *bodegas* bieten kubanische Spezialitäten wie *moros y cristianos (siehe S. 315)*, und alte Männer genießen *café cubano*.

Little Havanas Herz und Wirtschaftsader ist die Southwest 8th Street, besser bekannt als **Calle Ocho**. Ihren lebhaftesten Abschnitt zwischen der 11th und der 17th Avenue sollte man zu Fuß erkunden, andere Sehenswürdigkeiten entdeckt man einfacher mit dem Auto.

Die 1907 in Havanna gegründete und 1968 nach Miami verlegte **El Crédito Cigar Factory**, nahe der Ecke Calle Ocho und 11th Avenue, ist zwar klein, aber »echt«. Hier kann man die Zigarrendreher bei der Arbeit beobachten. Die Blätter wachsen in der Dominikanischen Republik – und zwar aus kubanischen Tabaksamen, den besten der Welt. Einheimische Raucher, vor allem Nicht-Kubaner, kaufen hier ihre Zigarren, die in großer Vielfalt angeboten werden *(siehe S. 93)*.

Südlich der Calle Ocho ist die Southwest 13th Avenue als **Cuban Memorial Boulevard** (kubanischer Boulevard der Erinnerung) bekannt und das nationalistische Zentrum des Viertels. Die ewige Flamme am Denkmal für die Brigade 2506 erinnert an die Kubaner, die 1961 in der von den USA unterstützten Invasion in der Schweinebucht starben. Jedes Jahr versammeln sich hier am 17. April Menschen, um an den Versuch zu erinnern, Castros Regime zu stürzen. Andere Denkmäler sind den Helden Antonio Maceo und José Martí gewidmet, die im 19. Jahrhundert gegen die spanischen Kolonialherren kämpften *(siehe S. 46f)*.

Kellnerin im Versailles

Zwischen der 12th und 17th Avenue ähnelt die Calle Ocho Hollywoods Walk of Fame: In den Gehweg eingelassene Sterne ehren Berühmtheiten.

An der Ecke 14th Avenue spielen kubanische Rentner Domino im **Máximo Gómez Park**, der deshalb auch Domino Park heißt. Die Regeln besagen, daß Spieler wegen Spucken, Schreien oder unflätigem Gerede aus dem Park verbannt werden können.

Die ewige Flamme erinnert an die Invasion in der Schweinebucht

Nördlich der Calle Ocho, an der West Flagler Street und der Southwest 17th Avenue, ist auf der **Plaza de la Cubanidad** eine Bronzekarte Kubas mit José Martís Worten »Palmen sind wartende Geliebte«. Dahinter kennzeichnen Flaggen das Hauptquartier von Alpha 66, Miamis fanatischster Gruppe kubanischer Castro-Gegner. Ihre Anhänger unternehmen Militärübungen in den Everglades – doch die meisten wissen, daß eine bewaffnete Invasion Kubas niemals stattfinden wird.

Das **Cuban Museum of the Americas** südlich der Calle Ocho zeigt in einer Dauerausstellung Arbeiten kubanischer Künstler, richtet aber auch Wechselausstellungen aus, die weitere Aspekte kubanischer Kultur wie Musik oder Religion präsentieren.

Weiter westlich liegt an der Calle Ocho Nr. 3260 der **Woodlawn Cemetery**. Die Friedhofsverwaltung kann Ihnen die Denkmäler für die kubanischen Freiheitskämpfer in Sektion 31 zeigen, die die kubanische und die US-Flagge schmücken. Auf dem Friedhof liegt auch Kubas Diktator der 30er Jahre, Gerardo Machado.

Krönender Abschluß der Tour kann eine Mahlzeit im **Versailles** *(siehe S. 318)* in der Nähe sein, einem beliebten Treffpunkt der kubanischen Gemeinde.

Kubaner beim Domino im Máximo Gómez Park

Miamis kubanische Gemeinde

Der ungewöhnliche Zusammenhalt der kubanischen Gemeinde Miamis resultiert aus der gemeinsamen Leidenschaft für ihre Heimat und der kollektiven Abneigung gegen Fidel Castro und sein Regime. Die Exilanten, wie sie sich selbst häufig nennen, kommen aus unterschiedlichsten sozialen Schichten. Die frühen Immigranten gehörten vor allem der weißen konservativen Oberschicht an, sitzen in den Vorständen einiger der größten Unternehmen Miamis und leben in den eleganten Vororten. Die Marielitos (Bootsflüchtlinge) der 80er Jahre und die späteren Flüchtlinge gehörten meist der Arbeiterklasse an. Manche Kubaner der zweiten Generation, wie Gloria Estefan, machten Karriere und werden »Yucas« genannt, eine Abkürzung für »Young, Up-and-coming Cuban Americans«. Der kubanische Einfluß ist in Miami von Little Havana bis zum elitären Coral Gables überall spürbar – ob in der Küche oder der Präsenz der spanischen Sprache.

Gloria Estefan

Bilder des Alten Kuba
Wandgemälde, wie das des kubanischen Ferienorts Varadero, kennzeichnen die Heimatverbundenheit der Kubaner jeden Alters. Viele hoffen, einmal auf die Insel zurückkehren zu können.

Politisches Engagement
Die Kubaner Miamis verfolgen intensiv die Ereignisse in Kuba. Oft protestieren sie mit Kubas Fahne gegen das Castro-Regime oder die Kubapolitik der US-Regierung.

Salsa-Musik der Kubaner in Miami

Kubanische Kultur in Miami

Die Kubaner brachten ihre Musik, ihre Religion und ihren Lebensstil mit. Offiziell sind sie katholisch, doch viele sind Anhänger von Santería, einer Mischung aus katholischen Elementen und afrikanischen Religionen, die afrikanische Sklaven in der Kolonialzeit nach Kuba brachten.

Ein Stehcafé im kubanischen Stil, in dem man Kaffee, Snacks und Plausch im Freien genießt

Ein Laden für religiöses Zubehör, *botánica*, in Little Havana verkauft Heiligenbilder und mehr

Coral Gables und Coconut Grove

Feuerwehrmann, Salzedo Street

Coral Gables, eine der reichsten Kommunen der USA, ist eine eigene Gemeinde innerhalb Greater Miami. In der City Beautiful, wie sie auch heißt, säumen elegante Häuser von Banyanbäumen und Eichen bestandene Alleen. Viele Grundstücke grenzen an Kanäle, und ihre Besitzer haben eigene Boote. Alle neuen Gebäude müssen den Vorgaben entsprechen, die der Architekt George Merrick formulierte, als er Coral Gables in den 20er Jahren plante *(siehe S. 80)*. Außer Merricks architektonischem Erbe sind hier auch einige der elegantesten Geschäfte Miamis.

Coconut Grove ist Miamis älteste Gemeinde. Ab Mitte des 18. Jahrhunderts lebten hier Wrecker *(siehe S. 289)*, doch das Gebiet lockte nur wenige Menschen an, bis Ralph Munroe in den 80er Jahren des 19. Jahrhunderts *(siehe S. 82)* Freunde überredete, ein Hotel zu eröffnen. Das Personal kam von den Bahamas, die Gäste waren Munroes Freunde. Nur ein Katzensprung trennt die feinen Villen vom verwahrlosten Black Coconut Grove. Restaurants und Geschäfte ziehen viele Besucher an, weshalb Coconut Grove nach South Beach das lebhafteste Viertel Miamis ist.

Sehenswürdigkeiten auf einen Blick

Museen und Galerien
Lowe Art Museum 6
Museum of Science and Space Transit Planetarium 11

Straßen und Viertel
Coconut Grove Village 7
Miracle Mile 1

Historische Gebäude
Barnacle 8
Biltmore Hotel 5
Coral Gables City Hall 2
Coral Gables Merrick House 3
Venetian Pool 4
Vizcaya S. 84f 12

Kirchen
Ermita de la Caridad 10

Jachthäfen
Dinner Key 9

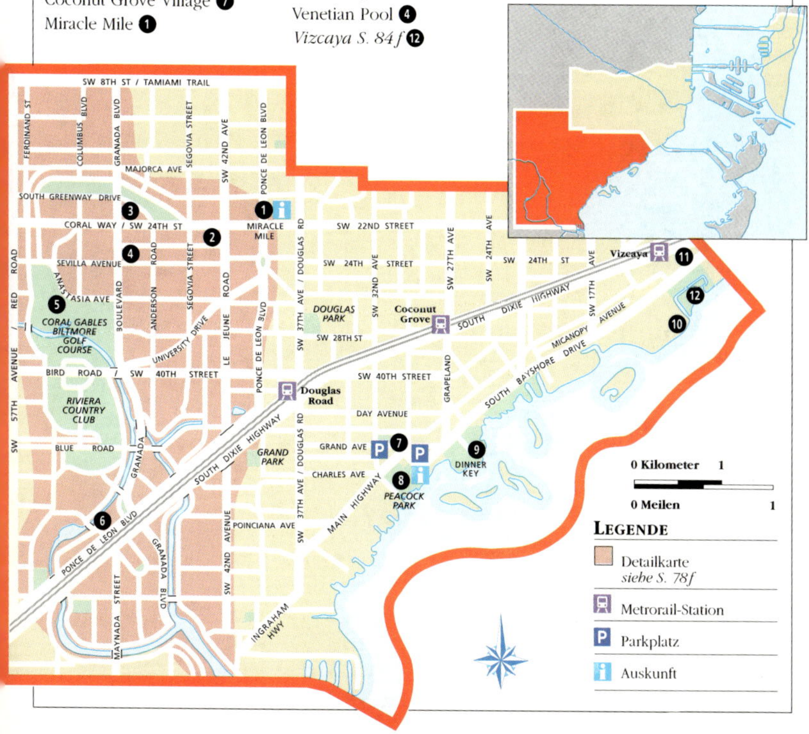

◁ **Der Turm des Biltmore Hotel ist das unverwechselbare Wahrzeichen von Coral Gables**

Rundfahrt durch Coral Gables

Diese Tour führt durch die ruhigen Straßen von Coral Gables zu den wichtigsten Attraktionen der von George Merrick in den 20er Jahren geplanten Stadt *(siehe S. 80f)*, zu bewunderten öffentlichen Gebäuden wie dem Biltmore Hotel, zu zwei der ursprünglich vier Stadttore und sechs der von Merrick entworfenen internationalen »Dörfer«.

Die Sehenswürdigkeiten kann man an einem – recht anstrengenden – Tag ansehen, doch nehmen Sie sich Zeit, denn die Straßenführung ist etwas verwirrend. Die Schilder mit Namen, die Merrick einem Wörterbuch entnahm, sind oft schwer zu finden, da sie auf Steinen im Gras versteckt sind.

Alhambra Water Tower ③
Diesen Prachtbau schuf Denman Fink 1925 (siehe S. 80).

Venetian Pool ⑥ ist ein wunderschönes öffentliches Bad, das mit Bauten im venezianischen Stil verziert ist.

Coral Gables Congregational Church ⑦
Coral Gables' erste Kirche mit dem prächtigen Glockenturm und Portal gestaltete Merrick in spanischem Barock.

Biltmore Hotel ⑧
Eines der beeindruckendsten Hotels des Landes, erstrahlt es nach der Renovierung wieder im Glanz der 20er Jahre.

Das Lowe Art Museum ⑩ beherbergt eine exzellente Sammlung europäischer und indianischer Kunst.

French City Village ⑪
Das französische Dorf gehört zu den sieben internationalen Dörfern, die mediterranes Flair schaffen sollten.

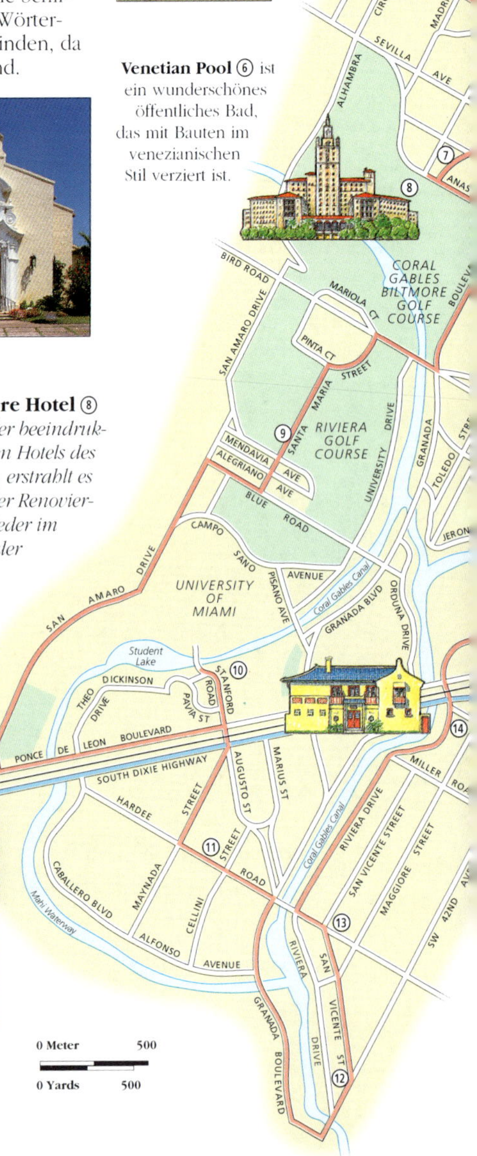

Granada Entrance ① ist die Nachbildung eines Stadttors der spanischen Stadt Granada.

Country Club Prado Entrance ② mit seinen verzierten Pfeilern ist das eleganteste Stadttor.

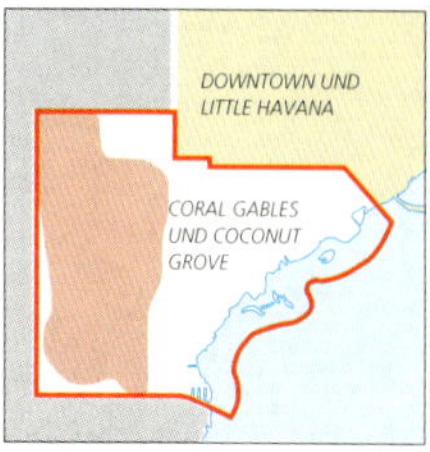

ZUR ORIENTIERUNG

Siehe Kartenteil, Karte 5

Coral Way ④
Eichen und Häuser im spanischen Stil säumen eine der schönsten und ältesten Straßen Coral Gables'

Das Coral Gables Merrick House ⑤ ist heute ein Museum. Hier wohnte einst George Merrick.

Coral Gables' City Hall ⑯ schmücken Wandgemälde aus den 20er und 50er Jahren.

Miracle Mile ⑰
Konservative Brautmodengeschäfte, Boutiquen und Juweliere dominieren die wichtigste Einkaufsstraße.

LEGENDE

- Expressway
- Routenempfehlung
- Metrorail-Linie

ROUTENINFO

Länge: *14 Meilen (23 km).*
Ausgangspunkt: *Optional, idealerweise fährt man gegen den Uhrzeigersinn.*
Rasten: *Bei der Miracle Mile gibt es einige teure Restaurants (siehe S. 80), im Biltmore bekommt man, wenn man einen Tag zuvor reserviert hat, Tee im englischen Stil. Oder Sie erfrischen sich im Venetian Pool.*
Beste Zeit: *Mittwoch und Sonntag wegen der Öffnungszeiten des Coral Gables Merrick House, des Lowe Art Museum und der Biltmore Tours (siehe S. 80 f). Meiden Sie den Berufsverkehr (7–9.30 und 16.30–18.30 Uhr).*

Privatboot auf einem der geruhsamen Kanäle in Coral Gables

WEGWEISER

① Granada Entrance
② Country Club Prado Entrance
③ Alhambra Water Tower
④ Coral Way
⑤ Coral Gables Merrick House
⑥ Venetian Pool
⑦ Coral Gables Congregational Church
⑧ Biltmore Hotel
⑨ Colonial Village
⑩ Lowe Art Museum
⑪ French City Village
⑫ Dutch South African Village
⑬ French Country Village
⑭ Chinese Village
⑮ French Normandy Village
⑯ Coral Gables City Hall
⑰ Miracle Mile

Rundhalle mit Galerien im Colonnade Building an der Miracle Mile

Miracle Mile ❶

Coral Way zwischen Douglas und Le Jeune. **Karte** 5 C1. *Metrorail (Douglas Rd), dann Bus J oder 40.*

Ein Investor taufte 1940 Coral Gables' wichtigste Einkaufsstraße Miracle Mile (Wundermeile). Geht man auf einer Straßenseite hin und auf der anderen zurück, ist das die Meile. Baldachine beschatten etwas manierierte Läden, die entsprechende Kundschaft locken. Hohe Preise und die Konkurrenz der Einkaufszentren ließen die Straße leicht vereinsamen.

George Merrick baute das Colonnade Building (Nr. 169) 1926 als Verkaufszentrum für seine Immobilienfirma. Seine elegante Rundhalle dient als Lobby für das beeindruckende Colonnade Hotel. In Doc Dammers' Saloon *(siehe S. 330)* hängen Fotografien aus Coral Gables' besten Jahren. In der Nähe, Ecke Salzedo Street und Aragon Avenue, stellt am alten Polizei- und Feuerwehrgebäude eine Skulptur zwei Feuerwehrmänner dar.

Coral Gables City Hall ❷

405 Biltmore Way. **Karte** 5 C1. *(305) 446-6800. Metrorail (Douglas Rd). 24. Mo–Fr 8–17 Uhr. Feiertage.*

Das Rathaus von Coral Gables wurde 1928 in dem von Merrick und seinen Kollegen bevorzugten Stil der spanischen Renaissance erbaut. Sogar die halbrunde Fassade schmücken Wappen im spanischen Stil, die George Merricks Onkel Denman Fink entwarf. Er schuf auch das Wandgemälde mit den vier Jahreszeiten in der Kuppel des Glockenturms. Den Winter symbolisiert ein alter Mann, die anderen Jahreszeiten junge Frauen. Über der Treppe veranschaulicht das Wandgemälde aus den 50er Jahren *Meilensteine der Zwanziger Jahre* von John St John die Frühzeit von Coral Gables. Er blies den Rauch unzähliger Zigaretten auf die trocknende Farbe, um das Bild künstlich altern zu lassen.

Wappen an der Coral Gables City Hall

Coral Gables Merrick House ❸

907 Coral Way. **Karte** 5 B1. *(305) 460-5361. 24. Mi u. So 13–16 Uhr.*

Trotz der begrenzten Öffnungszeiten sollten Sie das Haus der Familie Merrick besuchen, um den bescheidenen Hintergrund des Stadtgründers kennenzulernen.

Als Reverend Solomon Merrick 1899 mit seiner Familie von Neuengland nach Florida zog, lebten sie zuerst in einer Holzhütte südlich der sich ausbreitenden Stadt Miami. Später fügten sie Anbauten hinzu und nannten das Haus Coral Gables, da sie den Kalkstein, mit dem sie bauten, irrtümlicherweise aufgrund der darin gefundenen Fossilien für Korallen hielten. Das heutige Museum widmet sich der Familie Merrick und ihrem berühmten Sohn George. Einige Möbelstücke gehörten der Familie, außerdem sind Familienporträts sowie Bilder von George Merricks Mutter und Onkel ausgestellt. Der kleine Garten ist mit tropischen Bäumen und Pflanzen üppig begrünt.

George Merricks Traumstadt

George Merrick träumte vom Bau einer neuen Stadt. Mit Hilfe von Denman Fink als künstlerischem Berater, Frank Button als Landschaftsarchitekten und Phineas Paist als oberstem Architekten beschwor er ein ästhetisches Wunderland herauf. Sein Stil war halb spanisch, halb italienisch, er nannte es »eine Kombination der besten Elemente aus beidem und einem Hauch von Fröhlichkeit, die der Atmosphäre Floridas entspricht«. Aus dem Traum entwickelte sich das größte, etwa 100 Millionen US-Dollar teure Immobilienunternehmen der 20er Jahre. Etwa drei Millionen US-Dollar flossen jährlich allein in Werbung; so zeigten Plakate idyllische Kanäle, die zunächst nur auf dem Reißbrett existierten. Wegen des Hurrikans von 1926 *(siehe S. 48)* und des Börsenkrachs wurde Merricks Stadt zwar nicht fertig, ist aber ein großartiges Zeugnis seiner schöpferischen Kraft.

Porträt George Merricks in seinem Haus

Der Venetian Pool wurde in den 20er Jahren aus einem Korallensteinbruch gestaltet

Venetian Pool ❹

2701 De Soto Blvd. **Karte** 5 B2.
(305) 460-5356. Metrorail (S Miami), dann Bus 72. Mitte Juni–Mitte Aug Mo–Fr 11–19.30 Uhr; Apr–Mai u. Sep–Okt 11–17.30 Uhr; Nov–März 10–16.30 Uhr; das ganze Jahr Sa u. So 10–16.30 Uhr. Sep–Mai Mo, Thanksgiving, 24.–25. Dez, 1. Jan.

Die Behauptung, dies sei das schönste Schwimmbad der Welt, ist nicht aus der Luft gegriffen. Denman Fink und Phineas Paist gestalteten es 1923 aus einem alten Korallensteinbruch. Rosa Stucktürme und Loggien, venezianische Säulen, eine gepflasterte Brücke, Höhlen und Wasserfälle umgeben klares Quellwasser. Das Bad war ursprünglich einer der mondänsten Treffpunkte in Coral Gables. Den historischen Prunk der 20er Jahre können Sie auf Fotografien in der Eingangshalle bewundern.

Biltmore Hotel ❺

1200 Anastasia Ave. **Karte** 5 A2.
(305) 445-1926. Metrorail (S Miami), dann Bus 72. So nachmittags.

Coral Gables' spektakulärstes Gebäude wurde 1926 fertiggestellt. In seinen Glanztagen schliefen hier Berühmtheiten wie Al Capone (der hier eine »Flüsterkneipe« hatte), Judy Garland sowie der Herzog und die Herzogin von Windsor. Die Gäste gingen in den Anlagen (heute ein Golfplatz) auf Fuchsjagd und ließen sich in Gondeln die Kanäle hinaufstaken. Da das Biltmore im Zweiten Weltkrieg als Lazarett diente, wurde auf seinen Marmorböden Linoleum ausgelegt. Bis 1968 war es Veteranenhospital. 1986 wurde es für 55 Millionen US-Dollar renoviert, 1990 meldete es Konkurs an und eröffnete 1992 erneut.

Eine Replik des Turms der Kathedrale in Sevilla, die auch als Vorbild für Miamis Freedom Tower diente *(siehe S. 72)*, reckt sich an der Fassade 96 Meter hoch. Innen gliedern mächtige Säulen die Lobby. Von der hinteren Terrasse kann man den größten Swimmingpool der USA bewundern, an dem Johnny Weissmuller, Star der Tarzan-Filme, Schwimmlehrer war und in dem er in den 30er Jahren seinen Weltrekord aufstellte.

Wöchentliche Führungen beginnen am Empfang.

Pferd, Han-Dynastie, Lowe Art Museum

Lowe Art Museum ❻

1301 Stanford Drive. **Karte** 5 A5.
(305) 284-3535. Metrorail (University). 52, 56, 72. Di–Sa 10–17 Uhr, So 12–17 Uhr, Do 12–19 Uhr. Thanksgiving, 25. Dez, 1. Jan.

Das Museum in der Mitte des Campus der University of Miami wurde 1925 dank einer Fünf-Millionen-Dollar-Spende von George Merrick gegründet. Zu den 8000 Objekten zählen beeindruckende Werke aus Renaissance und Barock sowie eine der besten Sammlungen indianischer Kunst in den USA, darunter exquisite Textilarbeiten und Keramiken. Des weiteren gibt es eine Bandbreite antiker Kunst aus Lateinamerika und Asien, hierbei vor allem aus China. Die Wanderausstellungen beschäftigen sich mit vielfältigen Themen, von präkolumbianischen Keramiken bis zur Fotografie des 20. Jahrhunderts.

Blick von Süden auf das Biltmore Hotel, Coral Gables' Wahrzeichen

Coconut Grove Village ❼

Karte 6 E4, F4. *Metrorail (Coconut Grove).* *42 von Coral Gables, 48 von Downtown.*

Der beliebte Hippie-Treffpunkt der 60er Jahre gibt sich gesetzt. Im Zentrum von Coconut Grove genießen unter altmodischen Straßenlaternen gestylte junge Paare Wein und Essen, die typische Klientel des »Village«. Nur der Schlangenbeschwörer und der Nackenmasseur sowie ein paar New-Age-Läden zeugen noch vom alternativen Lebensstil. Am besten können Sie dieses Viertel nachts oder am Wochenende entdecken.

Das Herz des Village ist die Kreuzung Grand Avenue, McFarlane Avenue und Main Highway mit Johnny Rockets, einer wunderschönen Hamburger-Bar im Stil der 50er Jahre, sowie **CocoWalk**. Das Freiluft-Einkaufszentrum *(siehe S. 92)* ist Coconut Groves geschäftigster Ort. In seinem Innenhof sind Cafés und Souvenirläden, in den oberen Etagen wird häufig Livemusik gespielt. Hier gibt es Familienrestaurants *(siehe S. 318)*, ein Kino und einen Nachtklub.

Östlich lohnt das Einkaufszentrum **Streets of Mayfair** *(siehe S. 92)* einen Besuch – nicht nur wegen seiner spanischen Fliesen, Wasserfälle und Pflanzen, sondern auch wegen der Geschäfte. Die lockere

Das Freiluft-Einkaufszentrum CocoWalk in Coconut Grove Village

Café-Szene ist am besten in den Seitenstraßen der Commodore Plaza und Fuller Street zu erkunden.

Ganz anders ist die Atmosphäre samstags auf dem bunten Bauernmarkt **(Farmers' Market)** von McDonald Street und Grand Avenue. Etwas weiter entfernt stehen an der Grand Avenue die einfacheren Häuser der Gemeinde der Bahamas-Insulaner. Dieses Viertel erwacht vor allem zum Goombay Festival *(siehe S. 33)*, zu anderen Zeiten sollten Sie hier etwas vorsichtig sein.

Ein fünfminütiger Spaziergang auf dem Main Highway Richtung Süden führt durch ein wohlhabendes Viertel mit Palmen, Bougainvilleen und Hibiskus vor schindelgedeckten Villen. In der Devon Road Nr. 3400 liegt die pittoreske, normalerweiser geschlossene **Plymouth Congregational Church** mit efeubedeckter Fassade. Sie wurde 1916 erbaut, sieht aber viel älter aus.

Monroe, Gestalter des Barnacle, 1931 von Lewis Benton gemalt

Barnacle ❽

3485 Main Highway, Coconut Grove. **Karte** 6 E4. *(305) 448-9445.* *42, 48.* *Fr–So 9–16 Uhr.* *Thanksgiving, 25. Dez, 1. Jan.*

Das hinter tropischen Hölzern versteckte Barnacle ist das älteste Haus in Dade County. Ralph Monroe entwarf und bewohnte es. Er lebte von Bootsbau und dem Bergen von Wracks, war Botaniker, Fotograf sowie engagierter Umweltschützer und glaubte fest an das Prinzip eines selbstgenügsamen Lebens.

1891 baute er das Haus zuerst als Bungalow. Das erforderliche Holz stammte von Wracks und wurde so verlegt, daß die Luft zirkulieren konnte (in Zeiten vor der Erfindung der Klimaanlagen ein nicht

Miami: Dichtung und Wahrheit

In den 80er Jahren galt Miami als die Drogen- und Kriminalitätshauptstadt der USA. Ironischerweise basierte die TV-Serie *Miami Vice (siehe S. 51)* auf diesem Ruf und verherrlichte Stadt und Gewalt. Die besten zeitgenössischen Romane über Miami beschreiben seine schäbige Seite. Die zwei bekanntesten Schriftsteller sind Edna Buchanan, die für ihre Reportagen im *Miami Herald* den Pulitzer-Preis erhielt, und Karl Hiaasen, Kolumnist derselben Zeitung. Wie abstrus auch seine Geschichten scheinen mögen (Bauinspektoren, die Voodoo betreiben; Talkgäste, die sich live Schönheitsoperationen unterziehen), er betont doch immer, seine Ideen aus den Nachrichtenseiten des *Herald* zu bekommmen. *Striptease* war sein erster Roman, der verfilmt wurde.

Hiaasens Bestseller

unbedeutender Aspekt). 1908 stockte er das Haus auf und erweiterte das Erdgeschoß, um für seine wachsende Familie Platz zu schaffen.

Im Inneren des einstöckigen Gebäudes kann man die Zimmer mit den alten Familienerbstücken und späteren Anschaffungen wie etwa einem alten Kühlschrank besichtigen. Bei der einstündigen Führung über das Anwesen sieht man auch Monroes schindelgedecktes Bootshaus voller Werkzeuge und Arbeitsbänke sowie die Bahnschiene, mit der Monroe Boote aus der Bay hievte.

Dinner Key ❾

S Bayshore Drive. **Karte** 6 F4. *Metrorail (Coconut Grove).* *48.*

In den 30er Jahren machte Pan American Airways Dinner Key zu einen der lebhaftesten Wasserflughäfen der USA. Hier startete Amelia Earhart 1937 ihren verhängnisvollen Flug um die Welt. In dem glänzenden, im Stil der Streamline-Moderne gehaltenen Abfluggebäude der Fluggesellschaft *(siehe S. 59)* ist die Miami City Hall beheimatet. Die Hangars der Wasserflugzeuge beherbergen heute Boote. Ein Spaziergang durch den renommiertesten Hafen in Miami lohnt sich – dabei darf man ins Träumen geraten.

Detail an der Miami City Hall, Dinner Key

Das Space Transit Planetarium zeigt Stern- und Lasershows

Ermita de la Caridad ❿

3609 S Miami Ave. **Karte** 3 C5. *(305) 854-2404.* *Metrorail (Vizcaya).* *12, 48.* *tägl. 9–21 Uhr.*

Die kegelförmige Kirche, 1966 errichtet, ist Miamis Exil-Kubanern heilig, da sie ihrer Patronin, der heiligen Jungfrau der Wohltätigkeit, gewidmet ist. Ein Wandgemälde über dem Altar (der in Richtung Kuba ausgerichtet ist) illustriert die Geschichte der katholischen Kirche in Kuba und zeigt die Jungfrau und ihren Schrein auf der Insel. (Um die Kirche zu finden, biegen Sie nördlich des Mercy Hospitals ab.)

Museum of Science und Space Transit Planetarium ⓫

3280 S Miami Ave. **Karte** 3 C5. *(305) 854-4247.* *Metrorail (Vizcaya).* *48.* *tägl. 10–18 Uhr.* *Thanksgiving, 25. Dez.*

Kindern ist es meist gleichgültig, daß das Wissenschaftsmuseum renoviert werden müßte – denn es bietet phantastisch unterhaltsame, interaktive Spiele, die die fünf Sinne, Schwerkraft, Dichte und andere Phänomene erklären. Erwachsene interessieren sich eher für die bewegenden Briefe, die Opfer des Hurrikans Andrew 1992 *(siehe S. 24)* schrieben, oder für die Computer, mit denen man im Internet surfen kann.

Mit einem Kombiticket können Sie auch das nahe gelegene Space Transit Planetarium besuchen, in dem täglich beeindruckende Astroshows sowie Freitag- und Samstagabend Lasershows stattfinden.

Die Ermita de la Caridad am Rand der Biscayne Bay zieht viele kubanische Gläubige an

Vizcaya ⓬

Laterne

FLORIDAS PRÄCHTIGSTES WOHNHAUS wurde 1916 als Winterresidenz für den millionenschweren Industriellen James Deering erbaut. Er wollte einen italienischen Landsitz aus dem 16. Jahrhundert nachbilden, der sich im Lauf der Generationen verändert hatte. Das üppig ausgestattete Vizcaya zeigt verschiedenartige Stilrichtungen, von Renaissance bis Neoklassizismus, die Möbel sammelte Deering bei diversen Einkaufstouren in Europa. Der Park kombiniert wunderschön Elemente italienischer und französischer Gartenkunst mit Floridas tropischer Vegetation.

Deering befürchtete stets, daß der Unterhalt von Vizcaya zu teuer würde, und fragte seinen Architekten ständig nach den Kosten. Nachdem das Anwesen nach seinem Tod 1925 nicht mehr tragbar war, kaufte es Dade County 1952 und öffnete es für jedermann.

★ Deerings Bad
Das Bad ist mit Marmorwänden und Silberplatten ausgestaltet. Die Decke mit Baldachin erinnert an ein napoleonisches Kriegszelt.

Seepferdchen-Wetterfahne

Pulcinella
Die englische Statue der Pulcinella (18. Jahrhundert) im Theatergarten ist eine der vielen europäischen Statuen des Anwesens.

Das Eßzimmer erinnert mit den Gobelins und dem Refektoriumstisch (16. Jh.) an eine Banketthalle der Renaissance.

In der östlichen Loggia steht das Modell einer Karavelle, eines der Lieblingsmotive Deerings.

★ Musikzimmer
Das Rokoko-Zimmer, einer der schönsten Räume, wird von einem überwältigenden Kronleuchter aus Glasblumen erhellt.

NICHT VERSÄUMEN

- **★ Musikzimmer**
- **★ Deerings Bad**
- **★ Park**

★ Park
Ein solcher Park ist in Florida eine Rarität. Von der Erhebung aus hat man einen schönen Blick auf den symmetrischen Mittelgarten südlich der Terrasse.

INFOBOX

3251 S Miami Ave. **Karte** 3 C5.
(305) 250-9133. Metrorail (Vizcaya). 48. tägl. 9.30–17 Uhr, Park –17.30 Uhr (letzter Einlaß: 16.30 Uhr). 25 Dez. teilweise.

Cathay-Schlafzimmer
Das von einem luxuriösen Himmelbett dominierte Schlafzimmer ist mit Chinoiserien dekoriert, die vor allem im 18. Jahrhundert in Europa äußerst beliebt waren.

Den Innenhof, früher nicht überdacht, schützt heute ein Glasdach.

Eingang

Das Dach bedecken zylindrische Ziegel von Gebäuden aus Kuba.

Im Wohnzimmer, einer großartigen Renaissance-Halle, steht eine eigens für Vizcaya angefertigte Orgel.

Der Swimmingpool ist von außen sichtbar und durch eine Grotte am Haus zu erreichen.

Deerings Wohnzimmer
An der Decke des neo-klassizistischen Raums prangt ein Seepferdchen – ein immer wiederkehrendes Motiv.

VILLA UND PARK

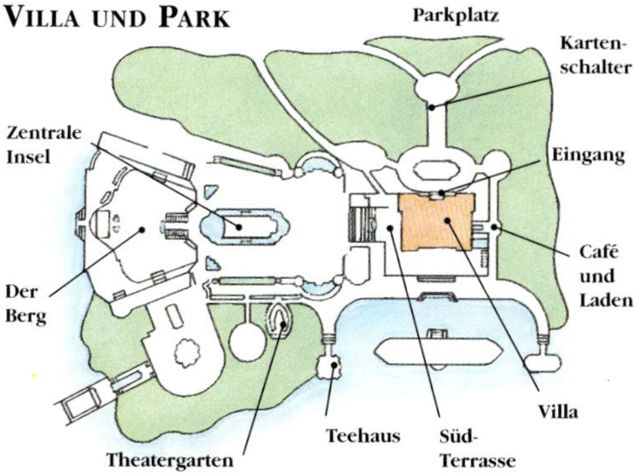

Abstecher

Palmen im Fairchild Tropical Garden

Die Gebiete nördlich von Miami Beach und Downtown und südlich von Coral Gables sind weniger hübsch, warten dafür aber mit Stränden, Familienattraktionen und bizarren Sehenswürdigkeiten auf.

Es heißt, im nördlichen Miami seien Liberty City und Overtown besonders arm und gefährlich. Meiden Sie diese Gebiete und befolgen Sie die Tips zu Ihrer Sicherheit auf Seite 362. Vorsicht ist auch geboten, wenn Sie durch Hialeah fahren oder Opa-Locka und Little Haiti besuchen – es herrscht zwar eine besondere Atmosphäre, doch nur Abenteuerlustige treibt es hierher.

Die öden Vorstädte im Süden Miamis gehen über in kilometerlange Zitruspflanzungen und Baumschulen. Diese Ebene lag 1992 im Epizentrum des Hurrikans Andrew *(siehe S. 24)*, und die Landschaft sieht noch heute etwas verwüstet aus. Viele Sehenswürdigkeiten, zu denen vor allem Zoos und Parks gehören, wurden schwer beschädigt, die meisten inzwischen wieder eröffnet, und viele werden noch immer renoviert.

Sehenswürdigkeiten auf einen Blick

Historische Gebäude
Spanisches Kloster 2
Coral Castle 14

Museen und Galerien
American Police Hall of Fame 5
Weeks Air Museum 11

Parks und Zoos
Charles Deering Estate 10
Fairchild Tropical Garden 8
Miami Metrozoo 12
Miami Seaquarium 6
Monkey Jungle 13
Parrot Jungle 9

Strände
Key Biscayne 7
North Beaches 1

Viertel
Little Haiti 4
Opa-Locka 3

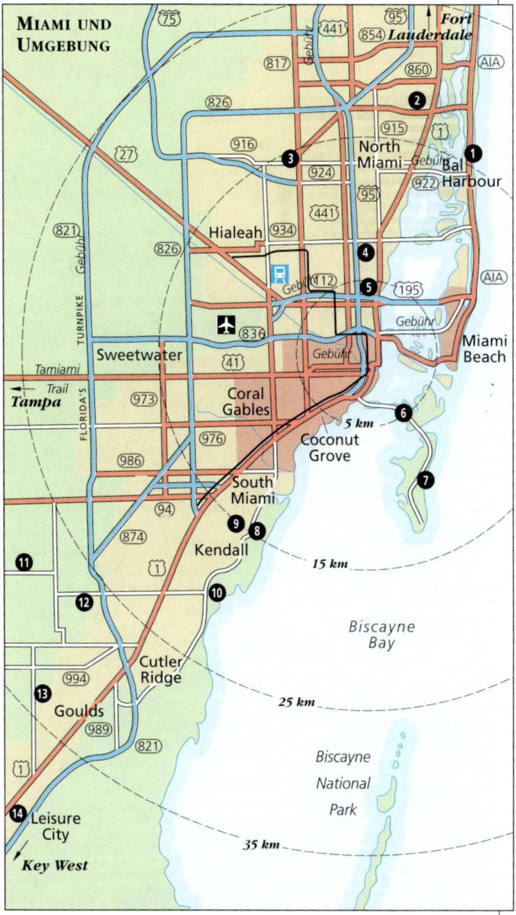

10 Meilen = 16 km

Legende
Hauptsehenswürdigkeit
Stadtgebiet
Expressway
Highway
Nebenstrecke
Eisenbahnlinie
Amtrak-Bahnhof
Flughafen

◁ **Kreuzgang aus dem 12. Jahrhundert im alten spanischen Kloster im nördlichen Miami**

North Beaches ❶

Collins Avenue. 🚌 *K oder S von South Beach oder Downtown.*

Die Inseln nördlich von Miami Beach dominieren wenig einladende, elegante Wohngebiete; unfreundliche Freizeitbereiche erstrecken sich an der seelenlosen Collins Avenue. Pauschaltouristen werden hier einquartiert. Jedoch gibt es hier viele preiswerte Unterkünfte und einen weiten Sandstrand.

Ein friedlicher Sandstreifen trennt Miami Beach zwischen der 79th und der 87th Street von **Surfside**. Die bescheidene Gemeinde ist bei Besuchern aus dem frankophonen Kanada beliebt. An der 96th Street geht sie in **Bal Harbour** über, eine elegante Enklave, bekannt wegen ihrer teuren Hotels und eines der edelsten Einkaufszentren der Gegend *(siehe S. 92)*. Nördlich davon liegt der **Haulover Park** mit Jachthafen und Sanddünen.

Wasserwachtposten am Strand von Haulover Park

Spanisches Kloster ❷

16711 W Dixie Hwy, N Miami Beach. ☎ *(305) 945-1462.* 🚌 *H von South Beach, 3 von Downtown.* ◯ *tägl. 10–16 Uhr, So 12–16 Uhr.* ● *Feiertage.*

Der Kreuzgang des Klosters hat eine ungewöhnliche Geschichte. Ursprünglich von 1133–41 in Spanien erbaut, erwarb ihn 1925 der Zeitungszar William Randolph Hearst. Die einzelnen Steine kamen in 35 000 Kisten. Wegen einer grassierenden Maul- und Klauenseuche wurden diese geöffnet, um das Stroh darin zu prüfen, und die Steine falsch zurückgepackt. In New York lagerten sie dann bis 1952, als man beschloß, »das größte und teuerste Puzzle der Welt« in Florida als Touristenattraktion zusammenzusetzen. Der Kreuzgang in den malerischen Gärten nähert sich dem Original, obschon einige der Steine immer noch nicht identifiziert werden konnten.

Glocke vor der Kapellentür

Die maurische Kuppel der City Hall in Opa-Locka

Opa-Locka 3

Kreuzung NW 27th Ave u. NW 135th St, 10 Meilen (16 km) nordwestl. von Downtown. *E, von Sunny Isles Blvd.*

DAS »BAGDAD von Dade County« entstand nach einer Idee des Fliegers Glenn Curtiss. Inspiriert von den *Märchen aus 1001 Nacht* schuf er seine phantastische Stadt im Boom der 20er Jahre mit über 90 Gebäuden im maurischen Stil *(siehe S. 48f)*.

Heute ist das Viertel heruntergekommen und nur in der Nähe des renovierten Rathauses (City Hall am Opa-Locka und Sharasad Boulevard) sicher. Das Gebäude ganz in Rosa ist mit seinen Minaretten, Kuppeln und Schlüsselloch-Bögen das beste Beispiel für die maurische Architektur. Die Idee des Viertels reflektieren die Namen von Geschäften wie Ali Baba Appliances und Straßen wie Caliph oder Sultan Street.

Little Haiti 4

46th bis 79th Street, östl. von der I-95. *9 oder 10 von Downtown.*

SEIT DEN 80ER JAHREN kommen viele haitianische Flüchtlinge in diesen Teil Miamis. Das arme, aber bunte Viertel ist im Bereich der Hauptstraßen (54th Street und NE 2nd Avenue) relativ sicher.

Auf dem **Caribbean Marketplace** an der NE 2nd Avenue und der 60th Street gibt es Kunsthandwerk zu kaufen, interessanter sind die umliegenden, leuchtendbunt bemalten Geschäfte. Aus einigen dröhnt haitianische Musik; andere, *botánicas*, verkaufen Kräuter und religiöses Zubehör *(siehe S. 75)*, wieder andere bieten Hühnchen und auf »karibische Art« zubereitete Kochbananen.

American Police Hall of Fame 5

3801 Biscayne Blvd. *(305) 573-0070.* *3, 16.* *tägl. 10–17.30 Uhr.* *25. Dez.*

KAUM JEMAND bleibt ungerührt angesichts der riesigen marmornen Ruhmeshalle der amerikanischen Polizei, in der über 5000 Namen von Polizisten, die im Dienst getötet wurden, eingraviert sind. Einige Stücke sind faszinierend, jedoch blutrünstig und geschmacklos. Der weibliche Robo-Cop, Schlagringe und als Lippenstifte oder Regenschirme getarnte Waffen sind langweilig. Man kann sich am elektrischen Stuhl festschnallen lassen oder eine Gaskammer besichtigen, beides eher schwer ertragbare Attraktionen.

Polizeiauto der 30er Jahre, Police Hall of Fame

Miami Seaquarium 6

4400 Rickenbacker Cswy, Virginia Key. *(305) 361-5705.* *B von Brickell Ave.* *tägl. 9.30–18 Uhr.*

HABEN SIE BEREITS Orlandos Sea World *(siehe S. 164ff)* besucht, ist das vergleichsweise bescheidenere Miami Seaquarium nicht so interessant. Dennoch kann man hier wunderbar einen Vor- oder Nachmittag damit verbringen, in den ständig laufenden Shows die Kunststücke der Seelöwen, Killerwale und Delphine zu bewundern. Zu den weiteren besonders für Kinder spannenden Attraktionen zählen Mantas, Haie, ein Mangrovensumpf voller Pelikane und ein Korallenriff-Aquarium.

Key Biscayne 7

7 Meilen (11 km) südöstl. von Downtown. *B.* **Bill Baggs Cape Florida SRA** *(305) 361-5811.* *tägl.*

DER RICKENBACKER Causeway, der das Festland mit Virginia Key und Key Biscayne verbindet, bietet den besten Blick auf Downtown. Key Biscayne hat einige der besten Strände der Stadt. Am beeindruckendsten ist der fünf Kilometer lange, sehr breite Strand im **Crandon Park** in der oberen Hälfte der Insel. Hier kann man unter Palmen picknicken. Am südlichen Ende der Insel verbinden Wege durch die Dünen die Picknickzonen der **Bill Baggs Cape Florida State Recreation Area** mit einem etwas kürzeren Strand. Der Leuchtturm aus dem Jahr 1825 wird gerade restauriert.

Kleine Einkaufszentren und Strandwohnungen säumen zwischen beiden Parks den Crandon Boulevard. Malerischer sind die Häuser am Harbor Drive an der Bucht.

Wandmalereien werben für einen Devotionalienladen *(botánica)*, Little Haiti

Fairchild Tropical Garden 8

10901 Old Cutler Rd. *(305) 667-1651.* *65 von Coconut Grove.* *tägl. 9.30–16.30 Uhr.* *25. Dez.* **Mattheson Hammock Park** *(305) 665-5475.* *tägl. 6 Uhr bis Sonnenuntergang.*

DIESER RIESIGE, wunderschöne botanische Garten, 1938 gegründet, dient auch als eines der wichtigsten botanischen Forschungsinstitute. Um eine Reihe künstlich angelegter Seen wächst mit 550 von 2500 bekannten Spezies eine der weltweit größten Palmensammlungen. Des weiteren gedeihen hier eindrucksvoll viele Zykadazeen, mit Palmen und Farnen verwandte Pflanzen, die ungewöhnlich große rote Zapfen tragen, sowie zahllose andere skurrile Bäume und Pflanzen.

40minütige Führungen per Bahn erklären, wie Pflanzen bei der Herstellung von Medikamenten, Parfüms (wie etwa die Blüten des Ylang-Ylang-Baums in Chanel No. 5) und sogar Golfbällen eingesetzt werden. Sie sollten sich noch weitere zwei Stunden Zeit nehmen, um die Gärten auf eigene Faust zu erkunden.

Der Nachbar dieses Parks, der Mattheson Hammock Park, erholt sich langsam von den Wunden, die ihm Hurrikan Andrew zufügte. Wander- und Radwege führen durch Mangrovensümpfe, doch Hauptattraktion ist der Atoll Pool, ein von Sand und Palmen umgebenes künstliches Salzwasserbecken an der Biscayne Bay.

Parrot Jungle 9

11000 SW 57th Ave. *(305) 666-7834.* *Metrorail (South Miami), dann Bus 57.* *tägl. 9.30–18 Uhr.*

ÜBER 1100 VÖGEL bevölkern den »Papageiendschungel«, einige in Käfigen, andere in Freiheit, und ein paar treten in der beliebten Vogeldressur z. B. als Rollschuhfahrer auf. Ein Weg führt an Tümpeln voller Alligatoren und Schildkröten vorbei.

Ein neuer Park wird gerade auf Watson Island in der Biscayne Bay gebaut.

Charles Deering Estate 10

16701 SW 72nd Ave. *(305) 235-1668.* *tägl. 9–17 Uhr.*

WÄHREND SEIN Bruder James den Luxus in Vizcaya genoß *(siehe S. 84f)*, zog sich Charles Deering zwischen 1916 und 1927 regelmäßig in sein eigenes elegantes Winterdomizil an der Biscayne Bay zurück. Das 162 Hektar große Anwesen, das 1985 vom Staat erworben wurde, beherrscht

Das von Hurrikan Andrew zerstörte Charles Deering Estate

eine Villa im neomediterranen Stil.

Einige Gebäude, so auch das Haupthaus und das Richmond Cottage, ein Gasthaus aus dem 19. Jahrhundert, beschädigte der Hurrikan Andrew schwer. Sie wurden jedoch behutsam restauriert und sind der Öffentlichkeit wieder zugänglich.

Hauptanziehungspunkt ist das riesige Grundstück, das ebenfalls von dem 285 Stundenkilometer schnellen Hurrikan Andrew beschädigt wurde. Hier finden sich Mangroven- und Kiefernwälder, Salzmarschen, der wahrscheinlich größte unberührte Hartholz-Hammock auf dem Festland der USA und eine weitläufige Lagerstätte von Fossilien. Am Wochenende finden interessante Kanuführungen statt.

Die ruhigen, palmengesäumten Seen im Fairchild Tropical Garden

Bengalischer Tiger vor einem Pseudo-Khmer-Tempel, Miami Metrozoo

Weeks Air Museum ⓫

14710 SW 128th St, neben dem Flughafen Tamiami. *(305) 233-5197.* *tägl. 10–17 Uhr.* *Thanksgiving, 25. Dez.*

HURRIKAN ANDREW beschädigte alle Flugzeuge des Museums und schleuderte sogar Bomber bis zu 1,5 Kilometer weit. Doch waren alle Maschinen 1997 wieder gänzlich restauriert. Ein neuer Hangar präsentiert stolz Kampfflugzeuge des Zweiten Weltkriegs vor allem aus Amerika, Deutschland und Rußland, Schleudersitze, Maschinengewehrtürme und vieles mehr.

Eine faszinierende Ausstellung beschäftigt sich mit der nur aus Afroamerikanern bestehenden Fliegerstaffel von 1941. Damals herrschte noch das Vorurteil, Schwarze seien nicht in der Lage, Kampfflugzeuge zu fliegen.

Eine 1997 eröffnete Ausstellung zeigt ein wiederaufgebautes US-Militärcamp aus dem Zweiten Weltkrieg im Südpazifik.

Miami Metrozoo ⓬

12400 SW 152nd St, Perrine. *(305) 251-0400.* *Metrorail (Dadeland North), dann Zoo-Bus.* *tägl. 9.30–17.30 Uhr.*

DER RIESIGE, ausgezeichnete Zoo gilt als einer der besten der USA. Die Tiere leben in großzügigen Gehegen und sind von den Besuchern eher durch Gräben als durch Gitterstäbe getrennt. Besonders sehenswert sind die Gorillas und die weißen bengalischen Tiger. Im Streichelzoo kann man auf Elefanten reiten, in der Wildtiershow die Eleganz von Raubkatzen bewundern.

Am besten orientiert man sich auf einer 20minütigen Fahrt mit der Zoobahn und sucht sich dabei die interessantesten Gehege aus. Oder man fährt bis Station 4 und geht von dort zum Ausgangspunkt zurück. Da Hurrikan Andrew schützendes Laubwerk zerstörte, kann es heiß werden – im Sommer sollte man deshalb in den Morgen- oder Abendstunden kommen.

Monkey Jungle ⓭

14805 SW 216th St, Cutler Ridge. *(305) 235-1611.* *Metrorail (Dadeland South), dann Bus 1, 52 oder Busway Max zur Cutler Ridge Mall, dann Taxi.* *tägl. 9.30–17 Uhr.*

DER »AFFENDSCHUNGEL« wird noch von der Familie betrieben, die ihn 1933 gründete, um die Primaten zu erforschen. Sowohl Aufzucht als auch Forschungsprogramme gehören zu den Aufgaben des Parks. Er ist deshalb so erfolgreich, weil in einem Teil die Besucher hinter Gittern bleiben und die Affen frei herumlaufen. So sieht man über Gittern Makaken turnen oder südamerikanische Affen in Regenwaldgehegen. Andere Primaten wie Gorillas, Orang-Utans, Klammeraffen und Gibbons leben in konventionellen Käfigen.

In regelmäßigen Vorführungen lernt man die vielfältigen Fähigkeiten der Makaken, Schimpansen und anderer Arten kennen.

Die Makaken gehören zu den aktivsten Primaten im Monkey Jungle

Aus dem Fels gehauener Halbmond in Coral Castle

Coral Castle ⓮

28655 S Dixie Hwy, Homestead. *(305) 248-6344.* *Metrorail (Dadeland South), dann Bus Busway Max.* *tägl. 9–18 Uhr.* *25. Dez.*

DIES IST ZWAR kein Schloß, doch eine der interessantesten Sehenswürdigkeiten Miamis. Von 1920 bis 1940 meißelte der Lette Edward Leedskalnin eine Reihe riesiger Skulpturen mit Werkzeugen aus Autoteilen aus dem Korallenfels. Die meisten schuf er im etwa 16 Kilometer entfernten Florida City und brachte sie dann hierher zurück. Einige, wie das Teleskop, reflektieren seine Leidenschaft für Astronomie. Ein herzförmiger Tisch erinnert an ein lettisches Mädchen, das ihn nicht heiraten wollte.

Einkaufen in Miami

Gucci-Logo, Bal Harbour Shops

Miamis Geschäfte spiegeln den Charakter der Stadt wider – ihre Bandbreite reicht von elegant bis witzig und farbenfroh. Das aus mehreren Vierteln zusammengewachsene Miami bietet ausgezeichnete Einkaufsmöglichkeiten. Häufiges Ziel sind die Einkaufszentren, die vor allem Besucher aus Lateinamerika und der Karibik anziehen. Sie sind häufig zugleich Unterhaltungszentren *(siehe S. 332)* und oft bis 23 Uhr geöffnet, wobei die Geschäfte nur zu den üblichen Zeiten öffnen. Coconut Grove oder South Beach bedienen die extravaganten Wünsche einer ganz anderen Klientel und bieten motorisierte Skateboards, Lederkleidung, witzige Souvenirs und dergleichen mehr an. Die meisten Geschäfte in Coconut Grove sind vor allem am Wochenende bis abends geöffnet. Die Läden in South Beach haben ungewöhnliche Geschäftszeiten, manche leben erst ab 11 oder 12 Uhr auf.

Wegweiser zu den Geschäften

In South Beach macht Einkaufen richtig Spaß. In Coconut Grove sind zahlreiche Boutiquen auf ein kleines Gebiet konzentriert, dazu gibt es zwei Einkaufszentren *(siehe S. 82)*. In **CocoWalk** spielen die Schmuck-, Geschenk- und Bekleidungsgeschäfte hinter den Cafés und Restaurants die zweite Geige. In den **Streets of Mayfair** laden die teuren Boutiquen eher nur zum Schaufensterbummel ein.

Bayside Marketplace *(siehe S. 72)* ist unterhaltsam und bietet viele Geschenk- und Bekleidungsläden. Preiswerte Elektronik und Schmuck gibt es in Downtown. Auch das 1898 gegründete Kaufhaus **Burdines** hat ein breitgefächertes Angebot. Im Norden bietet die **Omni International Mall** eine gute Auswahl an Geschäften und ein Kino.

Gesetzt und elegant geben sich die Läden und Galerien der Miracle Mile *(siehe S. 80)* in Coral Gables.

Ausgezeichnet läßt sich in Miamis Einkaufszentren bummeln. Die elitären **Bal Harbour Shops** befinden sich in einem tropischen Garten. Hier geben reiche alte Damen den Ton an, und die uniformierten Sicherheitsbediensteten nennen sich »Bahamian gendarmes« (»Gendarmen von den Bahamas«). **Aventura Mall,** ebenfalls in Nordmiami, ist riesig: Hier finden sich über 200 Läden sowie vier Warenhäuser, darunter auch Macy's.

Typisches Schaufenster einer Boutique in South Beach

Mode und Schmuck

In Miami gibt es einfach alles, von Designermode bis Billigkleidung. In Bal Harbour Shops liegen Juweliere und Modegeschäfte mit berühmten Namen wie Tiffany & Co, Gucci und Cartier neben Läden wie J W Cooper, Spezialist für Westernausrüstung. **Loehmann's Fashion Island** in der nahen Aventura Mall verkauft reduzierte Designerkleidung. Schnäppchen kann man auch in den vielen Billigläden in Downtowns Modeviertel auf der 5th Avenue zwischen 24th und 29th Street machen. Ebenfalls in Downtown ist das **Seybold Building** für reduzierten Goldschmuck, Diamanten und Uhren bekannt.

In South Beachs Lincoln Road und Washington Avenue sind neben seriösen Läden vor allem Lederkleidung und lockere Kleidung zu finden. Die Boutiquen an der Miracle Mile in Coral Gables gehören zur oberen Preisklasse, wie auch der Maßschneider **J Bolado**.

Geschenke & Souvenirs

Im Bayside Marketplace finden Sie sicher etwas – Geschäfte wie **Warner Brothers Studio Store**, **Disney Store** und unzählige Stände mit Espadrilles, Krawatten und vielem mehr sind ideale Ge-

Warner Brothers Studios Store, ein Paradies für Kinder, Bayside Marketplace

Zigarrendreher in der El Crédito Factory

schenkläden. In Coconut Grove kann man nicht nur T-Shirts und Sonnenbrillen kaufen. Hier gibt es viele Spezialgeschäfte – z. B. für orientalisches Handwerk oder Kondome. **Easyriders** bietet eine Riesenauswahl an Harley-Davidson-Zubehör, von Schlüsselringen bis zu Helmen.

Burdines hat keine klassischen Souvenirs, doch ungewöhnliche Artikel wie originale Fundstücke von der *Atocha*, dem von Mel Fisher geborgenen Wrack *(siehe S. 26)*.

South Beach ist ideal für witzige Souvenirs und Geschenke. Das **Art Deco Welcome Center** führt T-Shirts, Plakate und Modelle von Gebäuden am Ocean Drive, einige wenige Art-déco-Antiquitäten und eine reiche Auswahl an Fachbüchern.

Das **Ba-Balú** am Española Way bietet Krüge, Zigarren (die auch im Laden gerollt werden) und andere Souvenirs des kubanischen Miami, wobei nichts davon aus Kuba stammt. Zigarren kauft man jedoch am besten in der **El Crédito Cigar Factory** in Little Havana *(siehe S. 74)*. Hier besorgen sich sowohl Touristen als auch einheimische Geschäftsleute die in der Fabrik handgefertigten Zigarren. Als beste Marke gilt La Gloria Cubana.

Im **Epicure** in South Beach erhält man kulinarische Souvenirs wie Marmeladen und Saucen. Touristen sind jedoch nicht die ausgesprochene Zielgruppe dieses Feinkost-Supermarkts.

Kunstgewerbliches kann man am Wochenende an den Ständen am Española Way kaufen *(siehe S. 66)*, im allgemeinen eignet sich Miami jedoch nicht zum Kauf einheimischen Kunsthandwerks. Im Española Way residieren ein paar avantgardistische Galerien, besser fündig wird man aber zumeist in der Lincoln Road. Hier bieten etwa zwei Dutzend Kunstgalerien, darunter auch das South Florida Art Center *(siehe S. 66)*, zeitgenössische Malerei, Bildhauerei, Keramik und Möbel, z. B. im Pop-art-Stil, an. Die Galerien in Coral Gables hingegen sind eher konservativ.

Art-déco-Hotel aus Keramik

Bücher und Musik

Eine grosse Auswahl lateinamerikanischer Musik bietet **Casino Records** in Little Havana. Noch größer ist das Angebot bei **Revolution Records**, die auch gebrauchte CDs und Kassetten verkaufen.

Books & Books, eine beliebte Buchhandlung in Coral Gables, ist vollgestopft mit Reise- und Kunstliteratur. Bücher über Florida findet man am besten in der Indies-Company-Geschenkboutique im Historical Museum of Southern Florida *(siehe S. 72)*. Die hier angebotenen Bücher behandeln jedes Thema, das mit Florida in Verbindung steht. In den meisten Einkaufszentren gibt es zudem Filialen größerer Buchketten, wie etwa B Dalton's.

Adressen

Einkaufszentren und Kaufhäuser

Aventura Mall
Biscayne Blvd an 197th St.
(305) 935-1110.

Bal Harbour Shops
9700 Collins Ave.
(305) 866-0311.

Bayside Marketplace
401 Biscayne Blvd.
Karte 4 F1.
(305) 577-3344.

Burdines
22 E Flagler St. **Karte** 4 E1.
(305) 577-1500.

CocoWalk
3015 Grand Ave.
Karte 6 E4.
(305) 444-0777.

Omni International Mall
1601 Biscayne Blvd.
(305) 374-6664.

Streets of Mayfair
2911 Grand Ave.
Karte 6 F4.
(305) 448-1700.

Mode und Schmuck

J Bolado
336 Miracle Mile.
Karte 5 C1.
(305) 448-5905.

Loehmann's Fashion Island
18755 Biscayne Blvd.
(305) 932-0520.

Seybold Building
36 NE 1st St.
Karte 4 E1.
(305) 374-7922.

Geschenke & Souvenirs

Art Deco Welcome Center
1001 Ocean Drive.
Karte 2 F3.
(305) 672-2014.

Ba-Balú
500 Española Way.
Karte 2 E2.
(305) 538-0679.

Disney Store
Bayside Marketplace.
Karte 4 F1.
(305) 371-7621.

Easyriders
2996 McFarlane Rd.
Karte 2 E3.
(305) 567-9299.

El Crédito Cigar Factory
1106 SW 8th St. **Karte** 3 B2.
(305) 858-4162.

Epicure
1656 Alton Rd.
Karte 2 D2.
(305) 672-1861.

Warner Brothers Studios Store
Bayside Marketplace.
Karte 4 F1.
(305) 373-2312.

Bücher und Musik

Books & Books
296 Aragon Ave.
Karte 5 C1.
(305) 442-4408.

Casino Records
1210 SW 8th St.
Karte 3 B2.
(305) 856-6888.

Revolution Records
1620a Alton Rd.
Karte 2 D2.
(305) 673-6464.

Unterhaltung in Miami

Die langgestreckten Limousinen vor den heißesten Nachtklubs dokumentieren, daß South Beach einer der Trendplätze auf diesem Planeten ist. So ist die Möglichkeit, einmal wirklich todschick zu feiern, eine der Hauptattraktionen der Stadt. Viele der erstaunlich lässigen Nachtklubs bieten häufig auch gute Livemusik. Wer weder tanzen noch Berühmtheiten bestaunen will, kann unzählige Kultur- und Sportveranstaltungen besuchen. Miami, bisweilen »kulturelle Wüste« genannt, besitzt eine lebhafte Szene im Bereich der darstellenden Kunst, die besonders im Winter, wenn viele weltberühmte Stars sich hier aufhalten, auflebt. Mit etwas Glück können Sie während Ihres Aufenthalts eines der großen, farbenfrohen Festivals erleben *(siehe S. 32ff)*.

Spieler der Miami Dolphins

Am einfachsten können Sie die Eintrittskarten über Ticketmaster *(siehe S. 339)* bestellen oder sie direkt am entsprechenden Veranstaltungsort erwerben.

Information

Die zwei wichtigsten Informationsträger sind die Wochenendbeilage der Freitagsausgabe des *Miami Herald* und die kostenlose, umfassendere *New Times*, die Mittwoch erscheint. Die besten aktuellen Tips gibt Tara Solomon in ihrer Kolumne im *Miami Herald*. Das quirlige schwule Nachtleben in South Beach beschreiben mehrere fast überall kostenlos erhältliche Magazine.

Theater, Show, Tanz

Die grossen Ensembles gastieren im **Dade County Auditorium**, **Jackie Gleason Theater of the Performing Arts** (TOPA) in South Beach und **Gusman Center for the Performing Arts**, einem Kino in Downtown mit phantastischer maurischer Innenausstattung. Die Broadway Series von November bis April im Jackie Gleason Theater führen Miamis Theaterszene an. Gemütlicher ist es im **Coconut Grove Playhouse**, das Off-Broadway-Hits und avantgardistische einheimische Werke aufführt, und im **Actors' Playhouse** in Coral Gables, das sowohl neue Shows als auch alte Favoriten zeigt.

Das anerkannte **Miami City Ballet** tanzt klassische und zeitgenössische Werke – häufig im Jackie Gleason Theater. Bisweilen kann man den Proben der Tänzer im Stammhaus in der Lincoln Road zusehen. In South Beach ist das sehenswerte Ballet Flamenco La Rosa zu Hause, das zum **Performing Arts Network** gehört, einem Zusammenschluß mehrerer Ensembles, die häufig im **Colony Theatre** auftreten.

Miamis meistgelobtes klassisches Orchester ist die New World Symphony von Michael Tilson Thomas. Die Graduierten der renommiertesten Musikhochschulen der USA treten von Oktober bis Mai im **Lincoln Theatre** auf. Die Concert Associaton of Florida *(siehe S. 336)* organisiert die meisten der Spitzenkonzerte in Miami. Achten Sie auch auf die Konzerte der Florida Philharmonic *(siehe S. 336)*.

Im Coconut Grove Playhouse sind auch Shows aus New York zu sehen

Der Hialeah Park ist für Pferderennen und Flamingos berühmt

Zuschauersport

Das Footballteam der Miami Dolphins und die Florida Marlins Baseballer spielen im **Pro Player Stadium**. Die University of Miami's Hurricanes, eines der besten College-Footballteams, locken viele Zuschauer in das **Orange Bowl Stadium**. Die Miami Heat spielen Basketball und die Florida Panthers Eishockey in der **Miami Arena** in Downtown.

Wahres Florida-Flair können Sie beim Jai-alai *(siehe S. 31)* im **Miami Jai Alai Fronton** nahe dem Flughafen schnuppern. Hier und bei den Rennen im **Hialeah Park** wird kräftig gewettet. Auf den Seiten 30f finden Sie mehr Informationen zur Saison.

Livemusik

Die meisten Bars am Ocean Drive bieten Livemusik, meist Latin Jazz, Reggae oder Salsa. Das Normandy Fountatin Café in North Miami Beach

Die Bühnenshow des Club Tropigala im Stil der fünfziger Jahre

(siehe S. 316) ist zum Beispiel ein Mekka für Jazzfreunde. Gute Live-Musik von Rock bis Latin Jazz bringt Miamis ältester Klub, **Tobacco Road**.

Zwei berühmte Latin Varietés bieten Las-Vegas-Extravaganz, schillernde Showgirls und Orchester, dazu tanzen Paare jeden Alters Salsa. Im **Club Tropigala** im Fontainebleau-Hotel kann man hervorragend essen – und tanzen; das **Café Nostalgia** in Little Havanna erinnert mehr an das Kuba der Vergangenheit. In beiden Varietés kann man bis in die Morgenstunden das Tanzbein schwingen.

Nachtklubs

Zwei Gegenden in Greater Miami bieten interessantes Nachtleben: Coconut Grove zum Essen und Trinken und South Beach für lebhaftere Unterhaltung in den Bars am Ocean Drive und in seinen Nebenstraßen; die Nachtklubs öffnen erst nach Mitternacht.

Da ständig neue Klubs öffnen, fragen Sie am besten nach den aktuellen Adressen in SoBe. Beliebt sind das **Bash** von Sean Penn und Mick Hucknall, in dem häufig Prominente verkehren, und **Groove Jet**, wo Models und junge Leute dekorativ posieren oder tanzen. Im **Liquid** tanzt die Schickeria zu House, Funk, Soul und Hip Hop. Die riesige Freiluftdisko **Amnesia** veranstaltet sonntags Tanztee.

Viele Klubs haben eine Schwulennacht oder bezeichnen sich als Schwulenklub, doch normalerweise ist die Szene gemischt. Im ältesten und bekanntesten Gay-Klub Miamis, dem **Warsaw Ballroom**, treten fast jede Nacht in Art-déco-Ambiente strippende Go-go-Tänzer auf. Das **Twist**, mit Terrasse im Key-West-Stil, ist beliebte Schwulenbar und Disko.

Eine der vier Bars des Clevelander am Ocean Drive

Adressen

Theater, Show und Tanz

Actors' Playhouse
280 Miracle Mile.
Karte 5 1C.
(305) 444-9293.

Coconut Grove Playhouse
3500 Main Highway.
Karte 6 E4.
(305) 442-2662.

Colony Theatre
1040 Lincoln Rd.
Karte 2 D2.
(305) 674-1026.

Dade County Auditorium
2901 W Flagler St.
(305) 545-3395.

Gusman Center for the Performing Arts
174 E Flagler St. **Karte** 4 E1.
(305) 372-0925.

Jackie Gleason Theater of the Performing Arts
1700 Washington Ave.
Karte 2 E2.
(305) 673-7300.

Lincoln Theatre
555 Lincoln Rd.
Karte 2 E2.
(305) 673-3330.

Miami City Ballet
905 Lincoln Rd. **Karte** 2 E2.
(305) 532-4880.

Performing Arts Network
555 17th St. **Karte** 2 E2.
(305) 672-0552.

Zuschauersport

Hialeah Park
2200 E 4th Ave, Hialeah.
(305) 885-8000.

Miami Arena
721 NW 1st Ave.
(305) 530-4400.

Miami Jai Alai Fronton
3500 NW 37th Ave.
(305) 633-6400.

Orange Bowl Stadium
1501 NW 3rd St.
Karte 3 1B.
(305) 643-7100.

Pro Player Stadium
2269 NW 199th St.
(305) 620-2578.

Livemusik

Café Nostalgia
2212 SW 8th St.
(305) 541-2631.

Club Tropigala
Fontainebleau Hilton,
4441 Collins Ave.
(305) 672-7469.

Tobacco Road
626 S Miami Ave.
Karte 4. E2.
(305) 374-1198.

Nachtklubs

Amnesia
136 Collins Ave.
Karte 2 E5.
(305) 531-5535.

Bash
655 Washington Ave.
Karte 2 E4.
(305) 538-2274.

Groove Jet
323 23rd St.
Karte 2 F1.
(305) 532-2002.

Liquid
1439 Washington Ave.
Karte 2 F3.
(305) 532-9154.

Twist
1057 Washington Ave.
Karte 2 E3.
(305) 538-9478.

Warsaw Ballroom
1450 Collins Ave.
Karte 2 E3.
(305) 531-4555.

Kartenteil Miami

Hinter allen im Kapitel Miami genannten Sehenswürdigkeiten, Geschäften und Veranstaltungen finden Sie Angaben, die auf diese fünf Kartenseiten verweisen. Die Karte unten zeigt das beschriebene Gebiet, die drei wichtigsten touristischen Gebiete sind rosa. Sowohl die im Text erwähnten Sehenswürdigkeiten als auch praktische Hinweise wie Haltestellen, Touristenbüros und Postämter sind vermerkt; eine vollständige Liste finden Sie in der Legende. Kartenverweise für Hotels *(siehe S. 296ff)*, Restaurants *(siehe S. 316ff)*, Bars und Cafés *(siehe S. 330)* in Miami gibt das Kapitel *Zu Gast in Florida*.

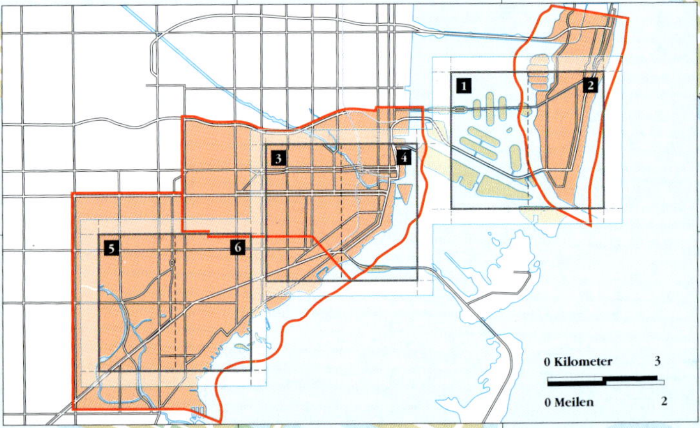

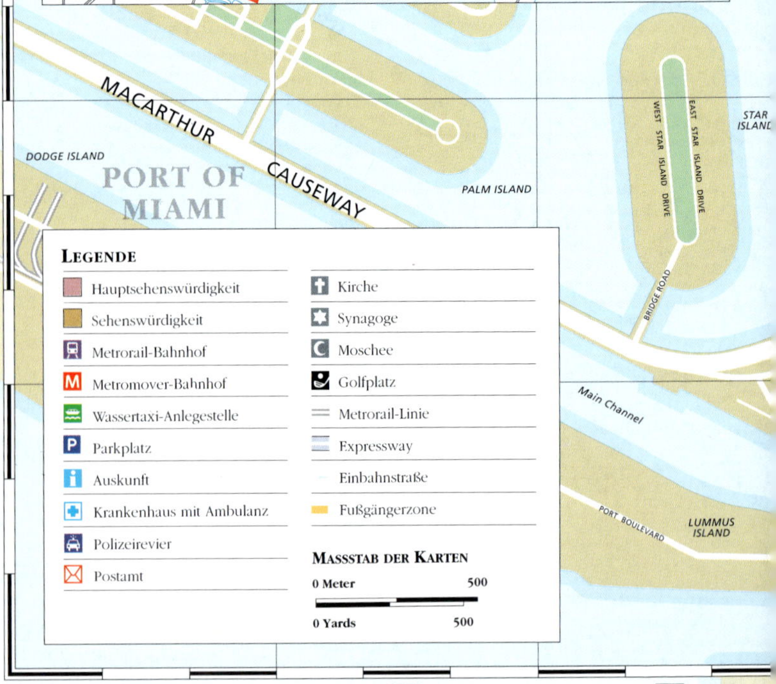

Legende

- Hauptsehenswürdigkeit
- Sehenswürdigkeit
- Metrorail-Bahnhof
- Metromover-Bahnhof
- Wassertaxi-Anlegestelle
- Parkplatz
- Auskunft
- Krankenhaus mit Ambulanz
- Polizeirevier
- Postamt
- Kirche
- Synagoge
- Moschee
- Golfplatz
- Metrorail-Linie
- Expressway
- Einbahnstraße
- Fußgängerzone

Massstab der Karten

0 Meter 500

0 Yards 500

D
E
F
BAYSHORE MUNICIPAL GOLF COURSE
Sunset Lake
Lake Pancoast
ISLAND VIEW PARK
Holocaust Memorial
Miami Beach Convention Center
City Hall
Jackie Gleason Theater
Lincoln Theater
Colony Theater
South Florida Art Center
LINCOLN ROAD MALL
Bass Museum of Art
COLLINS PARK
Delano Hotel
Warsaw Ballroom
FLAMINGO PARK
MEMORIAL FIELD
Miami Beach Post Office
Cardozo Hotel
Marlin Hotel
Amsterdam Palace
Old City Hall
Clevelander Hotel
LUMMUS PARK
Wolfsonian Foundation
Art Deco Welcome Center
News Café
South Shore Hospital
Park Central Hotel
5TH STREET
MIAMI BEACH
US Coast Guard Base
Sanford L Ziff Jewish Museum
Miami Beach Marina
OCEAN FRONT PARK
PIER PARK
Joe's Stone Crab Restaurant
SOUTH POINTE PARK
COLLINS AVENUE
ALTON ROAD
DADE BOULEVARD
WASHINGTON AVENUE
OCEAN DRIVE
1
2
3
4
5

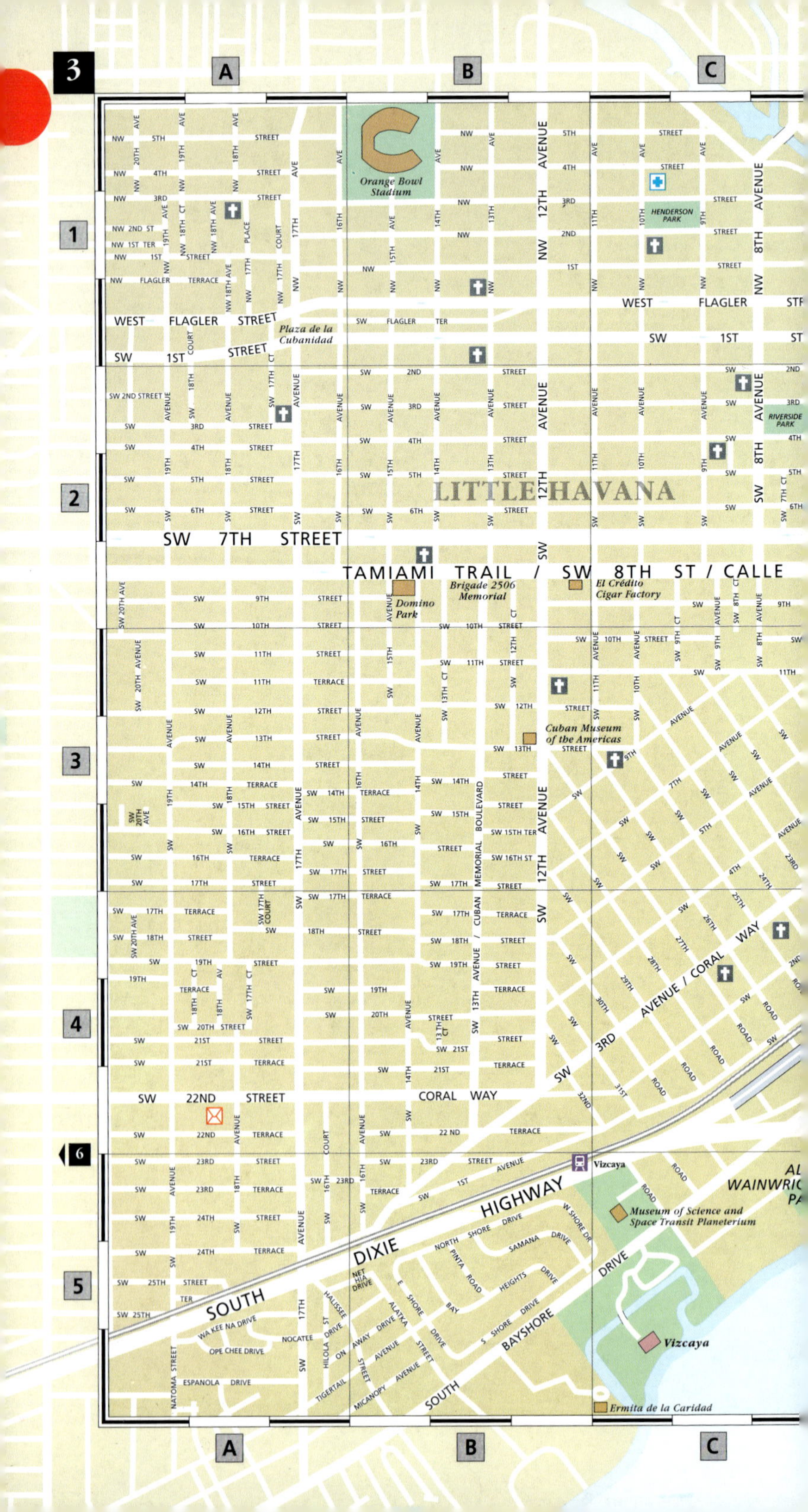
A
B
C
1
2
3
4
5
6
Orange Bowl Stadium
HENDERSON PARK
RIVERSIDE PARK
Plaza de la Cubanidad
LITTLE HAVANA
WEST FLAGLER STREET
SW 1ST STREET
SW 7TH STREET
TAMIAMI TRAIL / SW 8TH ST / CALLE
Domino Park
Brigade 2506 Memorial
El Crédito Cigar Factory
Cuban Museum of the Americas
NW 12TH AVENUE
SW 12TH AVENUE
NW 8TH AVENUE
SW 8TH AVENUE
CUBAN MEMORIAL BOULEVARD
SW 13TH AVENUE
CORAL WAY
SW 3RD AVENUE / CORAL WAY
SW 22ND STREET
SOUTH DIXIE HIGHWAY
SOUTH BAYSHORE DRIVE
Vizcaya
Museum of Science and Space Transit Planeterium
Ermita de la Caridad

4
D
E
F
1
2
3
4
5
Miamarina
Bayside Marketplace
Hard Rock Café
Bayside Amphitheatre
BAYFRONT PARK
College North
Arena/State Plaza
Federal Courthouse
College/ Bayside
Government Center
Metro-Dade Cultural Center
1st Street
Dade County Courthouse
DuPont Building
EAST FLAGLER STREET
Burdines
SW 1ST STREET
SE 1ST ST
Miami Ave
First Union Financial Center
Bayfront
SE 2ND ST
NationsBank Tower
Inter-Continental Hotel
Fort Dallas Park
River Walk
Miami River
LUMMUS PARK
JOSÉ MARTÍ PARK
Brickell Point
5th Street
CLAUGHTON ISLAND
BRICKELL PARK
Greater Miami Convention and Visitor's Center
SW 7TH STREET
8th Street
BRICKELL AVENUE
Brickell
10th Street
SW 13TH STREET
Financial District
SIMPSON PARK
Point View
The Palace
The Imperial
The Atlantis
SOUTH BAYSHORE DRIVE
NORTH-SOUTH EXPRESSWAY
SOUTH MIAMI AVENUE
BISCAYNE BLVD
RICKENBACKER CAUSEWAY (TOLL)

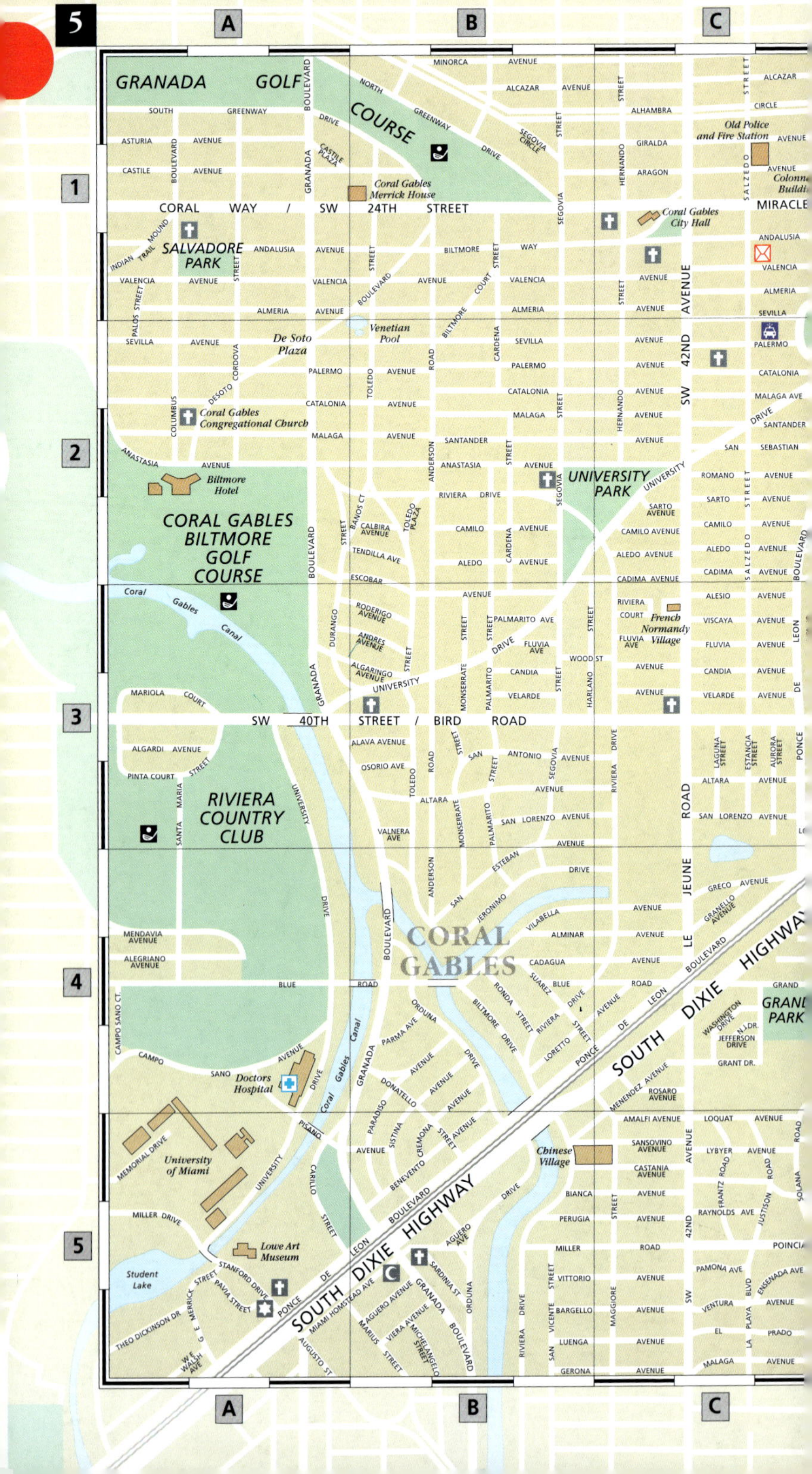
5
A
B
C
1
2
3
4
5
GRANADA GOLF COURSE
Coral Gables Merrick House
Old Police and Fire Station
Colonnade Building
CORAL WAY / SW 24TH STREET
MIRACLE
Coral Gables City Hall
SALVADORE PARK
Venetian Pool
De Soto Plaza
Coral Gables Congregational Church
Biltmore Hotel
UNIVERSITY PARK
CORAL GABLES BILTMORE GOLF COURSE
Coral Gables Canal
French Normandy Village
SW 40TH STREET / BIRD ROAD
RIVIERA COUNTRY CLUB
CORAL GABLES
SW 42ND AVENUE
LE JEUNE ROAD
SOUTH DIXIE HIGHWAY
GRAND PARK
Doctors Hospital
University of Miami
Lowe Art Museum
Student Lake
Chinese Village
PONCE DE LEON BOULEVARD
GRANADA BOULEVARD
UNIVERSITY DRIVE
MINORCA AVENUE
ALCAZAR AVENUE
ALHAMBRA CIRCLE
GIRALDA AVENUE
ARAGON AVENUE
ANDALUSIA AVENUE
VALENCIA AVENUE
ALMERIA AVENUE
SEVILLA AVENUE
PALERMO AVENUE
CATALONIA AVENUE
MALAGA AVENUE
SANTANDER
ANASTASIA AVENUE
RIVIERA DRIVE
CAMILO AVENUE
ALEDO AVENUE
CADIMA AVENUE
MILLER DRIVE
MILLER ROAD
BLUE ROAD

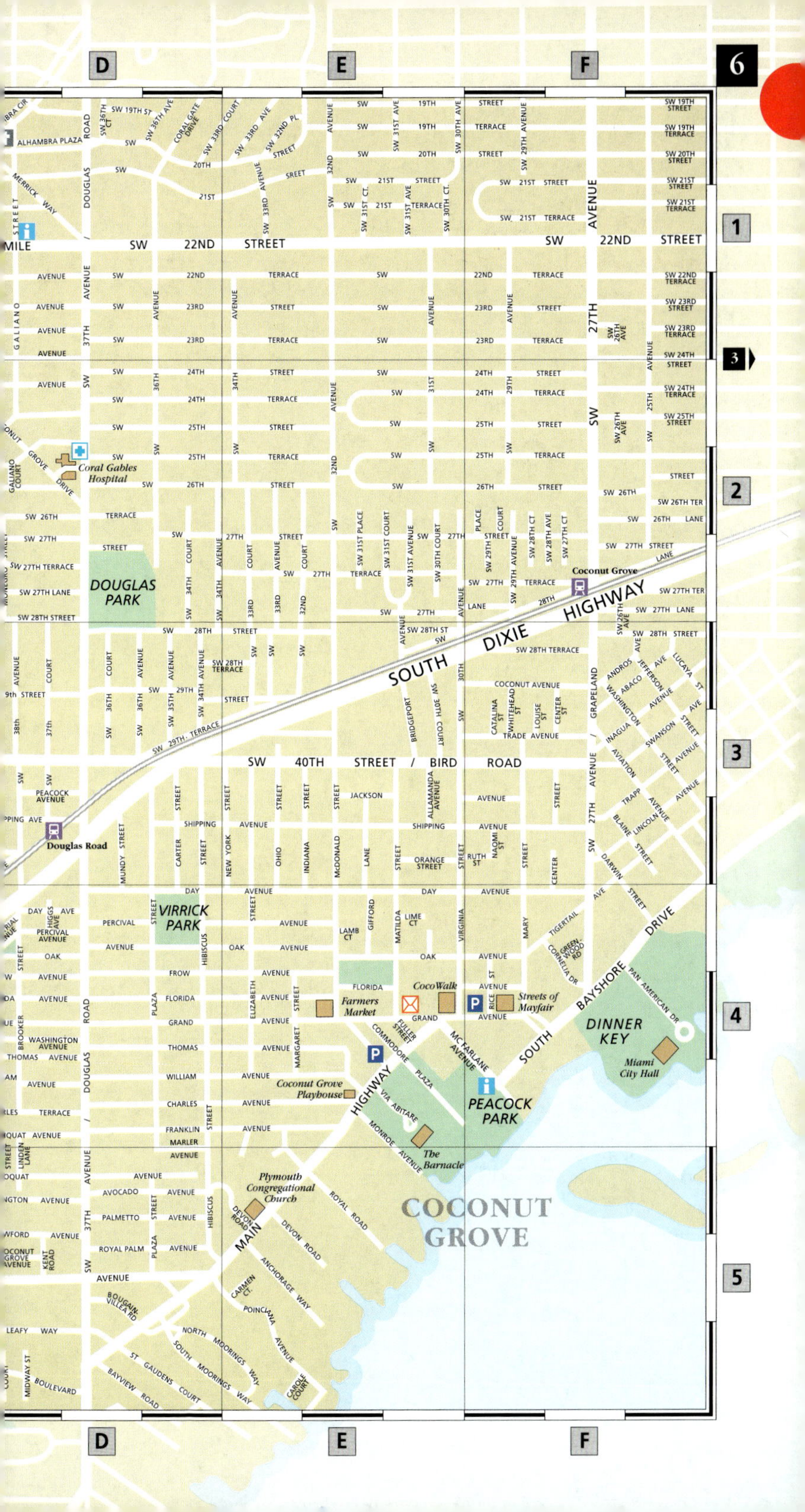

6
D
E
F
1
2
3
4
5
SW 22ND STREET
SW 19TH STREET
SW 20TH STREET
SW 21ST STREET
SW 21ST TERRACE
ALHAMBRA PLAZA
MERRICK WAY
DOUGLAS ROAD
37TH AVENUE
GALIANO
27TH AVENUE
SW 32ND AVENUE
Coral Gables Hospital
GROVE DRIVE
DOUGLAS PARK
SW 28TH STREET
SOUTH DIXIE HIGHWAY
Coconut Grove
Douglas Road
SW 29TH TERRACE
SW 40TH STREET / BIRD ROAD
GRAPELAND
COCONUT AVENUE
TRADE AVENUE
BRIDGEPORT
JACKSON
SHIPPING AVENUE
PEACOCK AVENUE
MUNDY STREET
CARTER STREET
NEW YORK STREET
OHIO STREET
INDIANA STREET
McDONALD STREET
ORANGE STREET
DAY AVENUE
VIRRICK PARK
PERCIVAL AVENUE
OAK AVENUE
FROW AVENUE
FLORIDA AVENUE
GRAND AVENUE
THOMAS AVENUE
WILLIAM AVENUE
CHARLES AVENUE
FRANKLIN AVENUE
MARLER AVENUE
CocoWalk
Farmers Market
Streets of Mayfair
FULLER STREET
COMMODORE PLAZA
McFARLANE AVENUE
SOUTH BAYSHORE DRIVE
PAN AMERICAN DR
DINNER KEY
Miami City Hall
Coconut Grove Playhouse
VIA ABITARE
MONROE AVENUE
PEACOCK PARK
The Barnacle
Plymouth Congregational Church
MAIN HIGHWAY
DEVON ROAD
ROYAL ROAD
ANCHORAGE WAY
POINCIANA AVENUE
NORTH MOORINGS WAY
SOUTH MOORINGS WAY
ST GAUDENS COURT
BAYVIEW ROAD
CAROLE COURT
MIDWAY ST
LEAFY WAY
AVOCADO AVENUE
PALMETTO AVENUE
ROYAL PALM AVENUE
KENT ROAD
COCONUT GROVE

Führer durch die Regionen

Florida im Überblick

AUSSER FÜR WALT DISNEY WORLD ist Florida vor allem für die Vielfalt der Strände bekannt, die wahrlich jeden Anspruch erfüllen. Die meisten Touristenattraktionen, von modernen Museen bis zu historischen Städten, liegen an der Küste. Besonders angenehm ist, daß die Orte im Landesinneren leicht erreichbar sind. Verlassen Sie die ausgetretenen Touristenpfade an der Küste, und entdecken Sie einige der naturnahen Landschaften, um Florida in seiner ganzen Fülle kennenzulernen.

Kanufahren *ist auf dem Panhandle äußerst populär. Dichte Vegetation säumt Flüsse wie den Suwannee* (siehe S. 230)

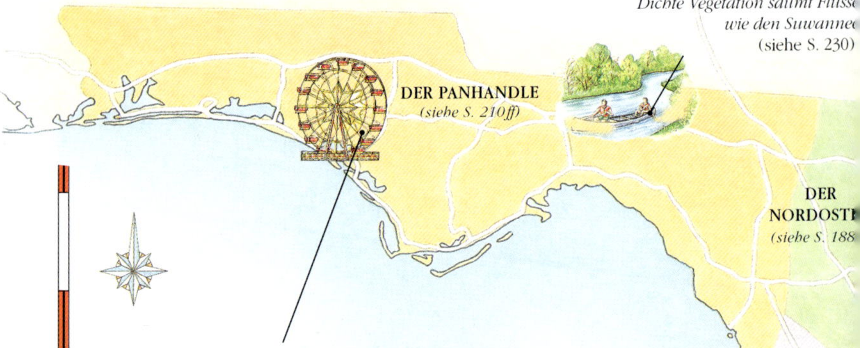

Die Strände *am Panhandle bieten den feinsten Sand Floridas und das warme Wasser des Golfs von Mexiko. Ferienorte wie Panama City Beach sind im Sommer dicht bevölkert* (siehe S. 222f).

Busch Gardens*, eine Kombination aus Wildpark und Rummelplatz, gehört zu den beliebtesten Attraktionen für Familien in der Umgebung von Orlando* (siehe S. 250f).

Das Ringling Museum of Art *besitzt eine der besten Kunstsammlungen Floridas. Im schönen Innenhof stehen Kopien klassischer Statuen wie* Lygia und der Stier (siehe S. 256ff).

Das Castillo de San Marcos *in Floridas ältester Stadt, St Augustine, ist ein spanisches Fort aus dem 17. Jahrhundert. Es überlebte dank seiner Architektur und der vier Meter dicken Mauern* (siehe S. 200f).

Orlandos Freizeitparks *produzieren eine Phantasiewelt, in der eine Vielzahl von Veranstaltungen und Fahrgeschäften locken. Am berühmtesten ist Walt Disney World* (siehe S. 138ff), *aber auch die hier abgebildeten Universal Studios* (siehe S. 168ff) *und Sea World* (siehe S. 164ff) *sind einen Besuch wert.*

Die Gold Coast *säumen unzählige Luxusvillen. In Palm Beach können sie das 20er-Jahre-Haus von Henry Flagler sowie die Villen und Jachten am Intracoastal Waterway* (siehe S. 114ff) *bewundern.*

Der Everglades National Park *zeigt mit Grasebenen, Sümpfen, Mangroven und Tieren das ursprüngliche Florida. Er ist von Miami aus mit dem Auto leicht zu erreichen* (siehe S. 272ff).

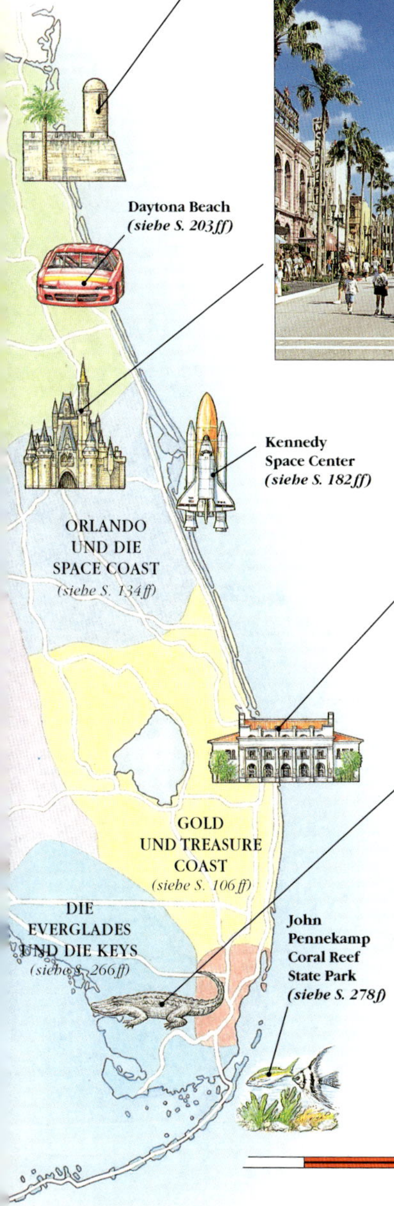

VIA PARIGI

GOLD UND TREASURE COAST

BENANNT NACH DER FRACHT *hier gestrandeter spanischer Galeonen, sind Gold und Treasure Coast (Schatzküste) heute zwei der wohlhabendsten Gebiete Floridas. Einst zog die Wärme im Winter nur die Reichen hierher, heute kommen Millionen von Urlaubern.*

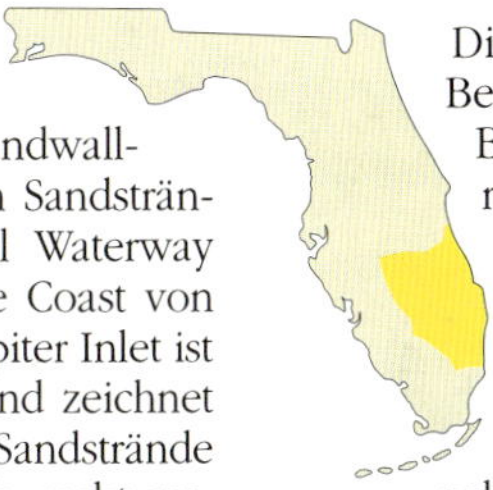

Die meisten Urlaubsorte liegen auf den bleistiftdünnen, vorgelagerten Strandwallinseln zwischen herrlichen Sandstränden und dem Intracoastal Waterway *(siehe S. 28)*. Die Treasure Coast von Sebastian Inlet bis nach Jupiter Inlet ist noch recht ursprünglich und zeichnet sich durch große Weiten, Sandstrände und wohlhabende, jedoch recht unspektakuläre Orte aus.

Die 97 Kilometer lange Gold Coast zwischen Atlantik und Everglades erstreckt sich nördlich von West Palm Beach bis nach Miami. Vor der Erschließung durch Flaglers East Coast Railroad Ende des 19. Jahrhunderts wohnten hier Indianer und eigenwillige weiße Siedler. Heute wird hier bis auf einige Parks und Hunderte von Golfplätzen ohne Unterlaß gebaut.

Die Gold Coast ist in zwei Bezirke unterteilt. Im Palm Beach County genießen reiche Nordstaatler ihr Leben in millionenschweren Häusern sowie bei Krocket und Polo. Die Winterbadeorte Palm Beach und Boca Raton geben einen Eindruck davon, wie reiche Amerikaner ihre Zeit verbringen und ihr Geld ausgeben. Der mit Greater Fort Lauderdale synonyme Bezirk Broward County ist eine riesige Metropole, deren schonungslose Urbanisierung Wasserwege und Strände auflockern. Hierzu gehört auch Fort Lauderdale, einer der Badeorte, die etwas aufgeschlossener als die spießigen Pendants im Palm Beach County sind.

Ausblick vom Jupiter Inlet Lighthouse auf den Atlantik

◁ **Eine der grünen, engen Gassen an der Worth Avenue, der exklusiven Einkaufsstraße von Palm Beach**

Überblick: Gold und Treasure Coast

Die meisten Besucher verbringen hier ihren Strandurlaub. Nördlich von Palm Beach erstreckt sich ein unberührter, menschenleerer Küstenstrich, doch den Süden prägen Eigentumswohnungen, Sonnenliegen und Trubel. Die Küstenparks mit ihrer Vogelvielfalt lassen erahnen, wie das Land ursprünglich aussah. Kulturelle Sehenswürdigkeiten sind rar, doch das ausgezeichnete Norton Museum of Art in West Palm Beach und das exklusive Palm Beach sind einen Besuch wert. Aktive können Golf spielen, einkaufen und angeln, letzteres vor allem am Lake Okeechobee im Landesinneren. An der gesamten Küste sind die Hotels meist ausgebucht und kosten von Dezember bis April das Doppelte. Im Hochsommer ist es hier sehr ruhig.

Die Old Town Hall von Addison Mizner *(siehe S. 116)* in Boca Raton

Sehenswürdigkeiten auf einen Blick

Boca Raton 19
Butterfly World 18
Dania 21
Davie 23
Delray Beach 15
Flamingo Gardens 24
Fort Lauderdale S. 128ff 20
Fort Pierce 4
Hollywood 22
Hutchinson Island 5
Juno Beach 9
Jupiter 8
Jupiter Island 7
Lake Okeechobee 13
Lake Worth 14
Lion Country Safari 12
Loxahatchee Wildlife Refuge 16
Mel Fisher's Treasure Museum 2
Morikami Museum und Japanese Gardens 17
Palm Beach S. 114ff 10
Sebastian Inlet 1
Stuart 6
Vero Beach 3
West Palm Beach 11

Legende

- Expressway
- Highway
- Nebenstrecke
- Panoramastraße
- Fluß
- Aussichtspunkt

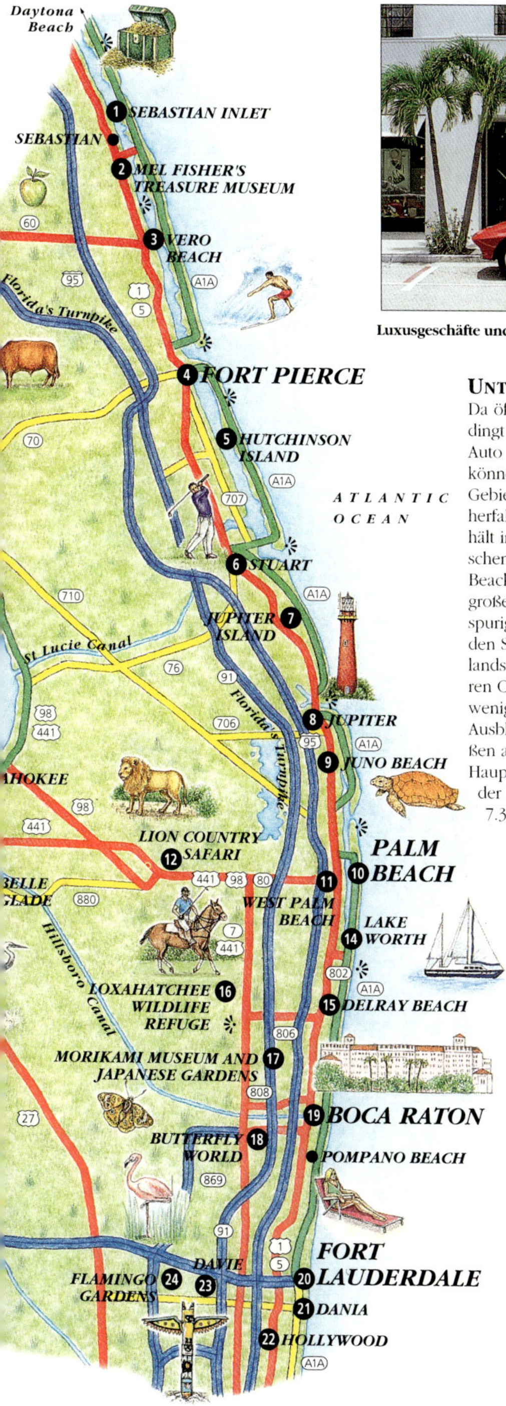

Luxusgeschäfte und -autos im noblen Palm Beach

Unterwegs

Da öffentliche Verkehrsmittel nur bedingt oder gar nicht existieren, ist ein Auto unbedingt erforderlich. Mit Amtrak können Sie zwar grundsätzlich in dieses Gebiet gelangen (dort aber nicht umherfahren), aber Tri-Rail *(siehe S. 360)* hält in Städten und an Flughäfen zwischen Fort Lauderdale und West Palm Beach. Entlang der Küste verlaufen drei große Highways. Nehmen Sie die mehrspurige I-95 für lange Strecken. Vermeiden Sie die US 1: Sie zieht sich ohne landschaftliche Reize durch alle größeren Orte. Die A1A ist langsamer, jedoch weniger befahren und bietet herrliche Ausblicke. Meiden Sie die großen Straßen an der Gold Coast sowie nahe der Hauptzentren an der Treasure Coast in der Hauptverkehrszeit (wochentags 7.30–9.30 Uhr und 16.30–19 Uhr).

Siehe auch

- ***Übernachten*** S. 299ff
- ***Restaurants*** S. 319ff u. S. 330

Der Strand von Fort Lauderdale bietet alles für den Wassersport

Sebastian Inlet ❶

Straßenkarte F3. Indian River Co. *Sebastian.* *700 Main St, (561) 589-5969.*

Bei Sebastian Inlet vermischt sich der Atlantik mit dem Brackwasser des Indian River am Intracoastal Waterway *(siehe S. 21)*, einem Teil der **Sebastian Inlet State Recreation Area**, die mit ihren fünf Kilometer langen Stränden zu den beliebtesten Nationalparks Floridas gehört.

Eine ruhige Bucht an der Nordspitze der Halbinsel eignet sich ideal zum Schwimmen, denn hier fehlen die Wellen, die den südlichen Küstenabschnitt (auf Orchid Island) zu den besten Surfstränden der Ostküste Floridas machen. An Wochenenden finden hier oft Wettkämpfe statt. Man kann auch Surfbretter leihen. Der Park ist für seine reichen Fischgründe bekannt, und in der Mündung der Halbinsel wimmelt es von Fischerbooten. Angler gehen auch zu den beiden in den Atlantik reichenden Hafendämmen und zum klaren Indian River.

An der Südspitze des Parks erzählt das **McLarty Treasure Museum** die Geschichte, die sich um den Untergang einer spanischen Schatzflotte 1715 rankt. Am 31. Juli strandeten elf Galeonen bei einem Orkan auf den Riffen vor der seichten Küste zwischen Sebastian Inlet und Fort Pierce. Sie waren auf dem Rückweg von Havanna nach Spanien und fuhren, beladen mit Beute aus den Kolonien der Neuen Welt, auf dem warmen Golfstrom. Etwa ein Drittel der 2100 Seefahrer starb. Die Überlebenden errichteten an dem Standort des McLarty Treasure Museum ein Lager.

Mit Hilfe der hier ansässigen Ais-Indianer retteten sie etwa 80 Prozent der Ladung. Bis zur Wiederentdeckung eines der Wracks 1928 lag die Flotte hier völlig unbehelligt. Doch seit der erneuten Bergung zu Beginn der 60er Jahre wurden millionenschwere Schätze gehoben. Zu den Ausstellungsstücken gehören neben Gold- und Silbermünzen vor allem Artikel wie Ringe, Knöpfe und Besteck.

Spanisches Silber, McLarty Museum

Sebastian Inlet SRA
9700 S A1A, Melbourne Beach. *(407) 984-4852.* *tägl.*

McLarty Treasure Museum
1380 N Route A1A. *(561) 589-2147.* *tägl.*

Mel Fisher's Treasure Museum ❷

Straßenkarte F3. Indian River Co. 1322 US 1, Sebastian. *(561) 589-9875.* *Sebastian.* *tägl.* *Ostern, Thanksgiving, 25. Dez, 1. Jan.*

Der oft stolz mit Gold und anderen Schätzen porträtierte Mel Fisher sieht eher wie der Sieger in einer Fernsehshow aus als wie jemand, der sich selbst als den »weltweit größten Schatzsucher« bezeichnet.

Mel Fisher, erfolgreicher Unternehmer und Schatzsucher

Das Museum in der Innenstadt von Sebastian zeigt Schätze verschiedener Wracks, darunter aus einer Flotte von 1715 (die seine Mannschaft seit Jahrzehnten aushebt) und aus der *Atocha (siehe S. 26)*. Es gibt atemberaubende Juwelen, einen schweren Goldbarren und Dinge des täglichen Lebens zu sehen. Im Bounty Room kann man spanische *reales* oder Kopien von alten Schmuckstücken kaufen.

Vero Beach ❸

Straßenkarte F3. Indian River Co. *18 000.* *1216 21st St, (561) 567-3491.*

Der Hauptort von Indian River County, Vero Beach, und vor allem seine Ferienkolonie auf Orchid Island, ist besonders bei Gutbetuchten beliebt. Uralte Eichen säumen die Straßen, die Gebäudehöhe ist auf vier Stockwerke beschränkt. In den hübschen Holzhäusern am Ocean Drive befinden sich Galerien, Boutiquen und Antiquitätengeschäfte.

Das **Center for the Arts** im Riverside Park auf Orchid Island zeigt anspruchsvolle Ausstellungen. Bekannt ist die Stadt jedoch vor allem wegen ihrer Strände und der beiden Hotels. Das Driftwood Resort auf der Seeseite von Vero Beach entstand 1935 als Strandhaus. Ein exzentrischer Einheimischer errichtete es aus Treibholz und versah es mit Unmengen von Nippes. Elf Kilometer nördlich am mit

Wellenreiten in Sebastian Inlet an der Gold Coast

Muscheln übersäten Wabasso Beach, einem der besten Sandstrände von Orchid Island, liegt das Vero Beach Resort *(siehe S. 301)*, das erste außerhalb von Orlando errichtete Disney-Hotel. Es zeichnet sich durch gediegene Eleganz aus – doch keine (Micky-)Maus ist zu sehen.

Das **Indian River Citrus Museum** auf dem Festland zeigt alle möglichen Gegenstände aus dem Zitrusfruchtanbau, darunter auch alte Fotografien, Erntegeräte und Warenzeichen.

Center for the Arts
3001 Riverside Park Drive. *(561) 231-0707.* *Thanksgiving, 25. Dez, 1. Jan.*

Indian River Citrus Museum
2140 14th Ave. *(561) 770-2263.* *Di–Fr.* *Feiertage.*

Das aus Treibholz errichtete Driftwood Inn in Vero Beach

Fort Pierce 4

Straßenkarte F3. St Lucie Co. *37 000.* *2300 Virginia Ave, (561) 462-1535.*

Die Stadt, benannt nach einem Militärposten des Zweiten Seminolenkrieges *(siehe S. 44f)*, ist recht unbedeutend. Hauptanziehungspunkt sind zweifellos die vorgelagerten Inseln, die über zwei, den Intracoastal Waterway überspanndende Brücken zu erreichen sind.

Der North Beach Causeway führt nach North Hutchinson Island. An deren Südspitze, in der **Fort Pierce Inlet State Recreation Area**, ist der dünengesäumte Strand bei Surfern besonders beliebt.

Nördlich hiervon ist in einer ehemaligen Ausbildungsschule aus dem Zweiten Weltkrieg das **UDT-SEAL Museum** untergebracht. Von 1943 bis 1946 lernten hier über 3000 Froschmänner der Underwater Demolition Teams der US-Marine, Seeminen und Strandbefestigungen zu entschärfen. In den 60er Jahren wurde die als SEALs (Sea, Air, Land) bekannte Elite-Kampftruppe ausgebildet. Das Museum erläutert die Rolle der Froschmänner im Zweiten Weltkrieg, in Korea, Vietnam und Kuwait. Draußen stehen SEAL-Transportmittel, so auch torpedoartige U-Boote, die jedoch eher Menschen als Bomben und Sprengstoffe beförderten.

Taucher, UDT-SEAL Museum

Auf Jack Island, einer Halbinsel im Indian River etwa 800 Meter entfernt, leben in einem mangrovenübersäten Reservat unzählige Vögel. Ein kurzer Weg führt zu einem Aussichtsturm. Auf dem südlichen Damm, der Fort Pierce mit Hutchinson Island verbindet, zeigt das **St Lucie County Historical Museum** interessante Exponate, darunter Fundstücke aus den Wracks von 1715 im Galleon Room und Nachbildungen eines Seminolen-Lagers und eines Geschäfts vom Anfang dieses Jahrhunderts. Das benachbarte »Cracker«-Haus *(siehe S. 28)* von 1907 wurde 1985 mit allem Drum und Dran hierher transportiert.

Fort Pierce Inlet SRA
905 Shorewinds Drive, N Hutchinson Island. *(561) 468-3985.* *teilweise.*

UDT-SEAL Museum
3300 N Route A1A. *(561) 595-5845.* *Jan–Mai tägl., Mai–Dez Di–So.* *Feiertage.*

St Lucie County Historical Museum
414 Seaway Drive. *(561) 462-1795.* *Di–So.* *Feiertage.*

Ein Etikett von 1937 aus Mittelflorida mit dem Namen Indian River

Zitrusindustrie am Indian River

Die Spanier brachten Zitrusfrüchte im 16. Jahrhundert nach Florida: Jedes Schiff mußte Spanien angeblich mit 100 Zitrussamen für die neuen Kolonien verlassen. Die Bedingungen in Florida waren ideal, besonders am Indian River zwischen Daytona und West Palm Beach, das zum größten Zitrusanbaugebiet Floridas wurde. 1931 gründeten ortsansässige Farmer die Indian River Citrus League, damit Anbauer außerhalb des Gebietes nicht mehr die Bezeichnung »Indian River« verwenden konnten. Hier werden ein Drittel der Zitronenernte Floridas und 75 Prozent der Grapefruiternte produziert. Aus den Orangen wird hauptsächlich Saft gewonnen. Wegen des warmen Klimas, des guten Bodens und des Regens sind die Orangen besonders süß und saftig.

Gilbert's Bar House of Refuge Museum an der Atlantikküste von Hutchinson Island

Hutchinson Island ❺

Straßenkarte F3. St Lucie Co/Martin Co. 5000. *1910 NE Jensen Beach Blvd, (561) 334-3444.*

DIE 32 KILOMETER LANGE Insel besticht vor allem durch ihre atemberaubenden Strände. In ihrem Süden strömen Sonnenanbeter zum Sea Turtle Beach und benachbarten Jensen Beach Park nahe der Kreuzung von 707 und A1A. Stuart Beach, am Damm über den Indian River nach Stuart, ist ebenfalls beliebt.

In seiner Nähe zeigt das 1961 zu Ehren des Tüftlers Sterling Elliott errichtete **Elliott Museum** einige seiner seltsamen Erfindungen. Größerer Raum ist einer Oldtimer-Sammlung gewidmet sowie Zimmer-Rekonstruktionen aus dem 19. und frühen 20. Jahrhundert und lokalhistorischen Exponaten.

Etwa 1,6 Kilometer weiter südlich liegt das **Gilbert's Bar House of Refuge Museum** (1875), eine von zehn Rettungsstationen der Ostküste, die der Lifesaving Service (Vorgänger der amerikanischen Küstenwache) zur Bergung von Schiffbrüchigen errichtete. Die spartanisch eingerichteten Räume in dem bezaubernden Holzhaus zeigen, wie schwer es die ersten Rettungsleute hatten.

Draußen ist die Kopie eines bei Rettungsaktionen eingesetzten »Segelbootes« von 1840 zu sehen. Gegenüber liegt der beste Strand der Insel, **Bathtub Beach**. Das durch ein vorgelagertes Sandsteinriff geschaffene natürliche Bekken ist vor allem bei Familien beliebt.

Elliott Museum
825 NE Ocean Blvd. *(561) 225-1961.* *tägl.* *Ostern, 4. Juli, Thanksgiving, 25. Dez, 1. Jan.*

Gilbert's Bar House of Refuge Museum
301 SO MacArthur Blvd. *(561) 225-1875.* *tägl.* *Ostern, Thanksgiving, 25. Dez, 1. Jan.*

Stuart ❻

Straßenkarte F3. Martin Co. *17000.* *1650 S Kanner Highway, (561) 287-1088.*

VON HUTCHINSON ISLAND führt ein herrlicher Damm über den inselreichen Indian River zum Hauptort von Martin County. Die Stadt inmitten luxuriöser Küstenorte und Golfanlagen hat ein bezaubernd saniertes Stadtzentrum, das die verkehrsreichen Küstenstraßen verschonen. An der Flagler Avenue und der Osceola Street südlich der Roosevelt Bridge gibt es einen kurzen Promenadenweg, eine Reihe hübscher Backstein- und Stuckgebäude aus den 20er Jahren und zahlreiche Kunstgalerien. Abends dringt Livemusik aus den gutbesuchten und stilvoll dekorierten Restaurants und Bars.

Das buntbemalte Riverwalk Café in der St Lucie Street, Stuart

Der Florida-Buscheichelhäher in den Kiefern auf Jupiter Island

Jupiter Island ❼

Straßenkarte F4. Martin Co. *200.* *800 N US 1, (561) 746-7111.*

DIE LANGE, SCHMALE INSEL ist hauptsächlich eine Wohnsiedlung für Wohlhabende, doch es gibt auch ausgezeichnete öffentliche Strände.

Im **Hobe Sound National Wildlife Refuge** im Norden locken ein fünf Kilometer langer Strand, Mangroven und ursprüngliche Dünen. Die andere Hälfte des Reservats, ein mit Sandkiefern bestandener Abschnitt am Intracoastal Waterway, ist ein Paradies für Vögel, darunter der Florida-Buscheichelhäher. An der Kreuzung der US 1 und der A1A gibt es ein Naturzentrum.

Die **Blowing Rocks Preserve** weiter südlich hat einen malerischen Sandstrand. Bei Stürmen sprüht das Wasser durch Löcher in den Kalksteinsteilhängen gen Himmel – daher der Name.

Hobe Sound National Wildlife Refuge
13640 SE Federal Hwy. *(561) 546-6141.* *Strand.* *teilweise.* **Strand** *tägl.* **Reservat** *Mo–Fr.* *Feiertage.*

UMGEBUNG: Lebensräume wie Mangrovensümpfe, Kiefernwälder und ein zypressenbestandener Abschnitt des Loxahatchee River kennzeichnen den **Jonathan Dickinson State Park**, benannt nach einem 1696 in der Nähe gestrandeten Mann. Es gibt Wander- und Reitwege, Kanus werden verliehen und Bootstouren angeboten. Unterwegs sieht man Seekühe, Alligatoren, Fischadler und Reiher.

Jonathan Dickinson State Park
16450 SE Federal Hwy. *(561) 546-2771.* *tägl.* *teilweise.*

Jupiter 8

Straßenkarte F4. Palm Beach Co. *35 000.* *800 N US 1, (561) 746-7111.*

DER WEITLÄUFIGE ORT Jupiter ist vor allem als Heimatort des Schauspielers Burt Reynolds bekannt, und seine nahe gelegene Ranch zieht immer wieder viele Besucher an. Interessanter ist das **Florida History Center and Museum**, das Exponate der Hobe-Indianer und der englischen Siedler zeigt, die sich hier im 18. Jahrhundert niederließen.

Florida History Center and Museum
805 N US 1. *(561) 747-6639.* *Di–So.* *Feiertage.*

Blick vom Jupiter Beach Park auf das Jupiter Inlet Lighthouse

UMGEBUNG: Ganz in der Nähe, auf der Südseite von Jupiter Inlet, zieht der **Jupiter Beach Park** viele Angler und Pelikane an und bietet einen schönen Blick auf das gegenüberliegende **Jupiter Inlet Lighthouse** (1860), den ältesten Leuchtturm des Bezirks. In dem alten Ölhaus ist ein Museum untergebracht. Die größte Touristenattraktion von Jupiter und gleichzeitig typisch amerikanisch ist die **Burt Reynolds' Ranch**, 14,5 Kilometer im Landesinneren gelegen. Das Museum, ein wahrer Schrein des Schauspielers, zeigt Exemplare des Fan-Magazins *The Reynolds Reporter*, Zeitungsausschnitte über Burt, Bilder von Burt mit verschiedenen Präsidenten sowie ihm gewidmete Fotos von Schauspielern. Leider werden die Bustouren über das Gelände der Ranch mit ihren Filmstudios und mit der Kapelle, in der Reynolds getraut wurde, zur Zeit nicht angeboten. Man kann jedoch den Streichelzoo besuchen und zahlreiche Tiere beobachten, darunter Hirsche und Emus. Im Andenkenladen kann man alle Arten von Reynolds-Devotionalien erwerben.

Figur von Burt Reynolds

Jupiter Inlet Lighthouse
Beach Rd an der US 1. *(561) 747-8380.* *So–Mi.* *Feiertage.*

Burt Reynolds' Ranch
16133 Jupiter Farms Rd. *(561) 746-7799.* *tägl. 10–17 Uhr.* *Feiertage.*

Juno Beach 9

Straßenkarte F4. Palm Beach Co. *2700.* *1555 Palm Beach Lakes Blvd, (561) 471-3995.*

DIE NATÜRLICHEN Sandstrände bei Juno Beach, einem kleinen Hochhausort, und der Strand nördlich von Jupiter Inlet gehören zu den weltweit größten Brutstätten der Meeresschildkröten. Im Loggerhead Park zwischen US 1 und A1A stellt das zwar kleine, aber faszinierende **Marinelife Center** Schildpatt und sogar Gläser mit mißgebildeten Jungtieren aus. Lebende, durch Schiffspropeller oder Angelruten verletzte Schildkröten erholen sich in Aquarien. Ein Weg führt durch unberührte Küstenvegetation zu dem Strand, an dem die Schildkröten im Sommer ihre Eier ablegen.

Marinelife Center
14200 US 1. *(561) 627-8280.* *Di–So.* *25. Dez.*

FLORIDAS MEERESSCHILDKRÖTEN

An der Ostküste Floridas liegt das größte Brutgebiet der Meeresschildkröten in den USA. Von Mai bis September kriechen die Weibchen nachts auf den Strand und legen etwa 100 Eier in den Sand. Zwei Monate später schlüpfen die Jungtiere und stürzen nachts zum Meer. Diese Schildkröten, darunter auch die in Florida am häufigsten vorkommende Art, die Karettschildkröte, sind unter anderem bedroht, weil die Jungen wegen der Gebäudelichter die Orientierung verlieren.

Nächtliche Beobachtungstouren sind an der ganzen Küste beliebt. Nähere Auskünfte erhalten Sie bei den örtlichen Handelskammern, so auch in Juno Beach.

Erste Begegnung einer jungen Schildkröte mit dem Meer

Palm Beach ⑩

Uhr bei Tiffany & Co

Palm Beach, buchstäblich wie auch metaphorisch eine Insel, ist seit langem ein Mekka der Reichen Amerikas. Der Pionier Henry Flagler *(siehe S. 121)* gründete diesen Jet-set-Tummelplatz Ende des 19. Jahrhunderts. In den 20er Jahren verhalf der Architekt Addison Mizner *(siehe S. 116)* dem Ort zu weiterem Aufschwung, indem er großzügige Wohnhäuser im spanischen Stil schuf.

Noch in den 60er Jahren war die Stadt im Sommer praktisch tot – selbst die Ampeln wurden abgeschaltet. Heute wird Palm Beach das ganze Jahr über besucht, ist aber immer noch vor allem Winterferienort. In der angeblich reichsten Stadt der USA können Besucher die »oberen Zehntausend« dabei antreffen, wie sie sich in den elegantesten Geschäften und Restaurants des Staates die Zeit vertreiben oder Privatklubs und Wohltätigkeitsbälle besuchen.

Der imposante Eingang zur Via Roma führt in eine kleine Gasse

Die noble Worth Avenue, Einkaufsmekka der Superreichen

Worth Avenue

Worth Avenue bietet einen guten Einblick in das Leben von Palm Beach. Während ihre Arbeitgeber mit einem Armani-Anzug oder einer antiken russischen Ikone liebäugeln, lassen Chauffeure die Klimaanlage in den parkenden Rolls Royce laufen. Die sich über vier berühmte Blökke vom Lake Worth zum Atlantik erstreckende Straße ist die bekannteste Durchgangsstraße der Stadt. Mit dem exklusiven Everglades Club im Westen (1918) kamen auch Worth Avenue und die Architektur Addison Mizners in Mode. Der Klub war das Ergebnis einer Zusammenarbeit zwischen Mizner und Paris Singer, dem Erben des Nähmaschinen-Imperiums, der den Architekten nach Florida eingeladen hatte. Ursprünglich war der Klub als Krankenhaus für Offiziere aus dem Ersten Weltkrieg geplant, wurde aber statt dessen der gesellschaftliche Mittelpunkt der Stadt. Auch heute noch bilden die Loggien und Innenhöfe im spanischen Stil eine Mitgliedern vorbehaltene Enklave.

Gegenüber der eher schlichten Fassade des Klubs liegen die Via Mizner und die Via Parigi mit farbenfrohen Geschäften und Restaurants. Die verkehrsberuhigten Seitenstraßen entwarf Mizner in den 20er Jahren, sie sind die ästhetischen Höhepunkte der Worth Avenue. Inspiriert von spanischen Dörfern, bieten sie Bögen, überdachte Treppenfluchten, Bougainvilleen, Brunnen und hübsche Innenhöfe, überragt vom Büroturm und der Villa, die Mizner für sich entwarf. In der ersten Etage des Turms befand sich ursprünglich das erste Geschäft der Avenue, ein Ausstellungsraum für seine Keramik. Eine Passage verbindet die beiden Gebäude und bildet den Eingang zur Einkaufszone der Via Mizner. Die moderneren Vias jenseits der Worth Avenue im selben Stil faszinieren durch ihr Blumendekor und die Fensterauslagen. Sehenswert sind die Via Roma und die Innenhöfe zwischen Via de Lela und Via Flora.

Brunnen in der Via Mizner

Worth Avenue, 1939 vom Fotografen Bert Morgan aufgenommen

Einkaufen in der Worth Avenue

In der Worth Avenue, dem Wahrzeichen von Palm Beach, und ihren Nebenstraßen warten etwa 250 Boutiquen, Galerien und Antiquitätengeschäfte. Die Geschäftsfassaden im spanischen Stil à la Mizner oder im Art-déco-Stil bilden eine bunte, aber angenehm homogene Mischung. Die kunstvoll gestalteten Schaufenster der berühmtesten Einkaufsstraße Floridas kommen am besten bei nächtlicher Beleuchtung zur Geltung. Einige Auslagen zeigen ironische Symbole des Reichtums wie falschen Kaviar auf Toast oder das lebensgroße Modell eines Butlers. 1979 machte ein Rolls Royce mit einem Planierschild symbolisch den ersten Spatenstich für das Einkausfzentrum The Esplanade am Ostende der Straße. Diese Art der Selbstdarstellung ist typisch für die Worth Avenue.

Halskette von Lindsay Brattan

Die Nobelgeschäfte der Worth Avenue

Die Worth Avenue bietet eine sensationelle Vielfalt prächtiger Geschäfte: unzählige Juweliere, von denen einige auf hochwertige Imitate spezialisiert sind, elegante Prêt-à-porter-Geschäfte, Souvenirläden, Designer-Boutiquen und luxuriöse Kaufhäuser.

***Cartier** bietet eine einzigartige Auswahl an Goldschmuck, Kugelschreibern und natürlich den bekannten Uhren.*

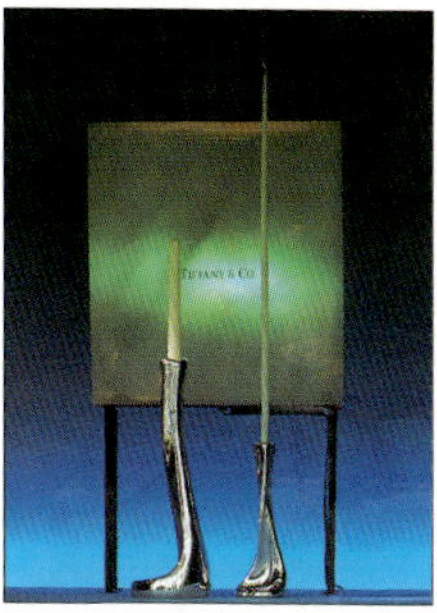

***Tiffany & Co**, eine der berühmtesten Adressen der Straße, verkauft außer Schmuck (darunter exklusive Entwürfe von Paloma Picasso) Tafelgeschirr, Parfüm und Lederartikel.*

***Saks Fifth Avenue** verkauft im Esplanade-Einkaufszentrum auf zwei Etagen Luxusartikel, von Dessous bis Herrenmode.*

***Greenleaf and Crosby**, seit 1896 in Palm Beach, hat eine Art-déco-Fassade.*

***Ungaro's**, eine der Designer-Boutiquen, bietet klassische, elegante und extravagante Damenkleidung. Im Winter wird das Schaufenster jede Woche neu gestaltet.*

***Der Meissen Shop** hat die weltweit größte Kollektion von altem Meißner Porzellan.*

Überblick: Palm Beach

Der Geist und die Phantasie von Addison Mizner prägen das Bild von Palm Beach. Nicht nur die von ihm entworfenen, sondern auch viele andere Gebäude tragen seinen Stempel. Mizners Architektur, die ein Biograph als »eine kostenverachtende Mischung aus spanischer, maurischer, romanischer und gotischer Renaissance« bezeichnete, inspirierte Zeitgenossen wie Marion Wyeth, Maurice Fatio und Howard Major. Auch jüngere Imitationen sind zu finden. Ein wichtiger Zeitvertreib in Palm Beach besteht darin, die luxuriösen Wohnhäuser der Reichen und Berühmten in den noblen Vororten zu bestaunen.

Überblick: Die Stadt

Die Atmosphäre in den Wohnstraßen nördlich der opulenten Worth Avenue ist eher gedämpft. An der Leafy Cocoanut Row sind einige luxuriöse Privathäuser, doch Mizners Einfluß ist in der Parallelstraße South County Road deutlicher – z. B. in der erstklassig restaurierten Town Hall von 1926. In der Nähe liegt der reizende Mizner Memorial Park mit Brunnen und schmalem, palmengesäumtem Pool und Phipps Plaza, ein ruhiger, schattiger Platz mit hübschen Häusern und blumengeschmückten Toren. Mizner entwarf das Korallenhaus Nr. 264 und Howard Major schuf 1939 das Tropenhaus mit chinesischem Einfluß.

Wenn Sie etwas Zeit erübrigen können, lohnt sich ein Spaziergang durch die Straßen westlich der South County Road, in denen Sie eine Mischung aus Häusern im Mizner-Stil und Bungalows aus dem frühen 20. Jahrhundert in schattigen Gärten vorfinden. Im Gegensatz dazu ist der palmengesäumte Royal Palm Way die beeindruckendste Straße dieses Bezirks. Sie führt zur Royal Palm Bridge, von wo aus man einen ausgezeichneten Blick auf die Luxusjachten des Lake Worth hat. Sie zeigen ihre Wirkung vor allem im Dezember, wenn sie für die jährliche Bootsparade mit bunten Lichtern geschmückt sind.

Mizner Memorial Fountain

Wandmalerei in der Bibliothek der Society of the Four Arts

Society of the Four Arts

Four Arts Plaza. *(561) 655-7226.*
Bibliothek und Park *Mitte Apr–Okt Mo–Fr; Nov–Apr Mo–Sa.*
Galerien *Dez–Apr tägl. (So nur nachmittags).* *Feiertage.*

Die 1936 gegründete Gesellschaft umfaßt zwei Bibliotheken, Ausstellungsräume und ein Auditorium für Vorlesungen, Konzerte und Filme.

Galerien und Auditorium waren Teil eines von Mizner entworfenen Privatklubs. Beeindruckend ist die Four Arts Library, die Maurice Fatio im italienischen Stil schuf. Das klassische Wandgemälde in der Loggia stellt Kunst, Musik, Theater und Literatur dar. In dem hübschen Park gibt es einen chinesischen Garten und moderne Bronzeskulpturen.

Via Mizner *(siehe S. 114)*, ein Beispiel für Mizners Arbeit

Mizners spanische Phantasie

Addison Mizner Mitte der 20er Jahre

Addison Mizner (1872–1933) kam 1918 von New York nach Palm Beach, um sich von einem Unfall zu erholen. Der Architekt entwarf schon bald Häuser, die das Gesicht von Florida und vor allem von Palm Beach *(siehe S. 29)* veränderten. Indem er den Stil alter spanischer Gebäude der jeweiligen Lokalität anpaßte, kreierte er einen neuen Stil. Die Hitze Floridas berücksichtigte er mit Loggien und Außentreppen. Die Wände ließ er mit Kondensmilch bedecken und mit Stahlwolle abreiben, um den Eindruck von jahrhundertealtem Schmutz zu erwecken.

Mizner verdankte seine Millionen seinem architektonischen Weitblick und der Fähigkeit, sich dem Milieu seiner zukünftigen Kunden anzupassen. Später richtete er sein Augenmerk auf Boca Raton *(siehe S. 126f)*, doch der Zusammenbruch von Floridas Bauboom Ende der 20er Jahre traf ihn schwer. Am Ende seines Lebens mußten Freunde seine Rechnungen bezahlen.

Hibel Museum of Art

150 Royal Poinciana Plaza. *(561) 833-6870.* *Di–So.* *Thanksgiving, 25. Dez, 1. Jan.*

Typische Arbeiten der 1917 in Boston geborenen und auf Singer Island *(siehe S. 123)* wohnenden Edna Hibel sind idealisierte, kitschige Bilder von Müttern und Kindern aus der ganzen Welt. Sie malt auf Holz, Seide, Kristall und Porzellan.

In dem 1977 von zwei eifrigen Hibel-Sammlern gegründeten Museum sind über 1000 Werke der Künstlerin ausgestellt.

Brittany and Child **(1994) von Edna Hibel (Öl, Gips und Gold auf Seide)**

The Breakers

1 South County Rd. *(561) 655-6611.* *Mi nachmittags.*

Das riesige Gebäude im italienischen Renaissancestil am ältesten Golfplatz Floridas ist bereits das dritte Hotel an diesem Ort: Das erste von 1895 brannte 1903 nieder, das zweite wurde 1925 durch ein vermutlich von einer Lockenschere entfachtes Feuer zerstört. Wie von Zauberhand entstand das jetzige Hotel in einem knappen Jahr, es ist Mittelpunkt des gesellschaftlichen Lebens der Stadt und Schauplatz zahlreicher Galas.

Da auch Nichtgäste willkommen sind, sehen Sie sich ruhig ein Krocket-Spiel an, trinken Sie ein Milchshake in dem altmodischen Café oder werfen Sie einen Blick in die Lobby mit der handbemalten Decke oder in die pompösen Toiletten. Für Interessierte werden wöchentlich Führungen mit dem »Chronisten des Hotels« angeboten.

Südlich des Hotels stehen drei prächtige Holzhäuser aus dem 19. Jahrhundert, Überbleibsel der **Breakers Row**. Diese an der Küste gelegenen »Hütten« wurden ursprünglich während der Wintersaison an reichere Besucher von Palm Beach vermietet.

Auf Gäste wartende Limousinen vor dem Breakers Hotel

Palm Beachs Vororte

Die High-Society von Palm Beach versteckt sich normalerweise hinter hohen Hecken in millionenschweren Häusern. Einige davon bauten Mizner und seine Imitatoren in den 20er Jahren, doch seitdem entstanden Hunderte anderer in allen möglichen Stilrichtungen, vom Neoklassizismus bis zu Art déco.

Gut zu sehen sind die Häuser auf der »Mansion Row«, einem Kamm entlang des South Ocean Boulevard. Die georgianische Residenz am oberen Ende (Nr. 126) gehört Estée Lauder, und die 1919 von Mizner für sich selbst errichtete Nr. 720 bewohnte eine Zeitlang John Lennon. Das großartigste Anwesen von Palm Beach ist Mar-a-Lago (Nr. 1100), acht Blocks weiter, mit 58 Schlaf-, 33 Badezimmern und drei Bunkern. Joseph Urban und Marion Wyeth bauten es 1927, 1985 richtete der Millionär Donald Trump hier einen Privatklub ein (Aufnahmegebühr 50 000 US-Dollar).

Versteckter liegen die Häuser in den nördlichen Vororten. Die North County Road führt durch das größte private Anwesen von Palm Beach (Nr. 513). Nr. 548 soll vor kurzem für 75 Millionen Dollar zu kaufen gewesen sein. Die Nr. 1095 am North Ocean Boulevard war bis 1995 Winterresidenz der Kennedys.

Die Geschwindigkeitsbegrenzung von 40 km/h fördert noch die Neugier. Eine gute Alternative ist Radfahren. Man kann Fahrräder leihen *(siehe S. 119)* und verschiedene Routen erkunden. Am malerischsten ist der fünf Kilometer lange Lake Trail, den die Anwohner auch als Trimmpfad nutzen. Er führt von der Worth Avenue zur Nordspitze der Insel, umrundet Lake Worth und streift die Rückseiten der Wohnhäuser. Sein schönster Abschnitt liegt nördlich der Dunbar Road.

Mar-a-Lago, das extravaganteste Haus in den Vororten von Palm Beach

Fahrt durch Palm Beach

DIESE FAHRT deckt den Bereich zwischen South County und Cocoanut Row ab und somit alle wichtigen Sehenswürdigkeiten im Zentrum von Palm Beach, einschließlich Whitehall, der Residenz Henry Flaglers. Der Abschnitt entlang dem Lake Drive South ist Teil einer malerischen Radtour durch Palm Beach, die am Lake Worth vorbei in die Vororte führt *(siehe S. 117)*. Man kann mit dem Auto fahren oder Teile (oder die ganze Strecke) mit dem Fahrrad, zu Fuß oder mit Rollerblades zurücklegen. So vermeidet man Zusammenstöße mit den diensteifrigen Verkehrspolizisten auf ihren Caddies.

Flagler Museum ①
Flaglers herrlich restauriertes Privatdomizil »Whitehall« wurde 1959 dem Publikum geöffnet und ist mit Original-Mobiliar eingerichtet.

Sea Gull Cottage ②
Dies ist das älteste Gebäude von Palm Beach (1886). Es war Flaglers erste Winterresidenz.

Die Royal Poinciana Chapel ③
baute Flagler 1896 für seine Gäste.

Casa de Leoni ⑤
Die Nr. 450 der Worth Avenue, eines von Mizners schönsten Gebäuden, machte den venezianisch-gotischen Stil modern.

0 Meter 250

0 Yards 250

LEGENDE

Routenempfehlung

Public Beach ⑦
Trotz seines Namens ist der öffentliche Strand der Stadt unspektakulär, aber gebührenfrei.

Die Town Hall ⑧ entstand 1926 und ist ein berühmtes Wahrzeichen der Stadt.

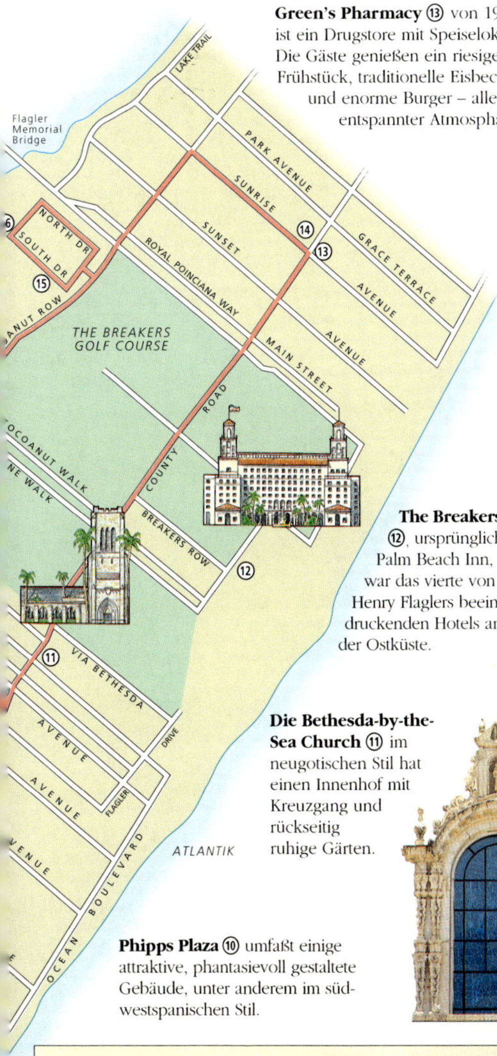

Green's Pharmacy ⑬ von 1937 ist ein Drugstore mit Speiselokal. Die Gäste genießen ein riesiges Frühstück, traditionelle Eisbecher und enorme Burger – alles in entspannter Atmosphäre.

INFOBOX

Straßenkarte F4. Palm Beach Co. *10000. 3 Meilen (5 km) westl. Amtrak und Tri-Rail, 201 S Tamarind Ave, West Palm Beach, (800) 872-7245. 201 S Tamarind Ave, West Palm Beach, (800) 231-2222. 41, 42 von West Palm Beach. 45 Cocoanut Row, (561) 655-3282. Artigras (Feb).*

Old Royal Poinciana Hotel ⑮ *Das luxuriöse Hotel aus Holz mit 2000 Zimmern war einst Winterresidenz der Superreichen. Es brannte 1935 ab. Heute existiert nur noch die Kuppel des Treibhauses.*

The Breakers ⑫, ursprünglich Palm Beach Inn, war das vierte von Henry Flaglers beeindruckenden Hotels an der Ostküste.

Die Bethesda-by-the-Sea Church ⑪ im neugotischen Stil hat einen Innenhof mit Kreuzgang und rückseitig ruhige Gärten.

St Edward's Church ⑭ *Die 1927 fertiggestellte Kirche im spanisch-neugotischen Stil hat einen reichverzierten Barock-Glockenturm und -Eingang.*

Phipps Plaza ⑩ umfaßt einige attraktive, phantasievoll gestaltete Gebäude, unter anderem im südwestspanischen Stil.

ROUTENINFO

***Länge:** 4,5 Meilen (7 km).*
***Ausgangspunkt:** Überall. Folgen Sie der Route am besten im Uhrzeigersinn, da Worth Avenue eine Einbahnstraße (von Osten nach Westen) ist. Am Palm Beach Bicycle Trail Shop, 223 Sunrise Ave, Tel.: (561) 659-4583 (tägl. geöffnet), können Sie starten, wenn Sie Rad oder Rollerblades leihen möchten.*
***Rasten:** Nehmen Sie Quarter (25 Cents) für Parkuhren mit. Es gibt auch kostenlose Parkplätze für eine Stunde, seien Sie jedoch pünktlich zurück.*

Der Brunnen im Memorial Park in Palm Beachs Downtown ⑨

WEGWEISER

① Flagler Museum *(siehe S. 120f)*
② Sea Gull Cottage
③ Royal Poinciana Chapel
④ Society of Four Arts *(siehe S. 116)*
⑤ Casa de Leoni
⑥ Worth Avenue *(siehe S. 114f)*
⑦ Public Beach
⑧ Town Hall *(siehe S. 116)*
⑨ Memorial Park *(siehe S. 116)*
⑩ Phipps Plaza *(siehe S. 116)*
⑪ Bethesda-by-the-Sea Church
⑫ The Breakers *(siehe S. 117)*
⑬ Green's Pharmacy
⑭ St Edward's Church
⑮ Old Royal Poinciana Hotel
⑯ Hibel Museum of Art *(S. 117)*

Flagler Museum

Bronzedetail an der Eingangstür

Die als Whitehall bekannte Villa mit 55 Räumen, die Henry Flagler 1902 baute, wurde anfangs »Das Taj Mahal Nordamerikas« genannt. Er schenkte die Vier-Millionen-Dollar-Winterresidenz seiner dritten Ehefrau, Mary Lily Kenan, zur Hochzeit. Jedes Jahr fuhren die Flaglers in ihren Privatfahrzeugen *(siehe S. 47)*, die jetzt auf der South Lane zu sehen sind, hierher. Zwölf Jahre nach Flaglers Tod (1925) wurde auf der Rückseite ein zehnstöckiger Turm angebaut, und Whitehall wurde Hotel. 1959 kaufte Jean Flagler Matthews das Gebäude ihres Großvaters und eröffnete hierin nach einer kostspieligen Restaurierung und der Beseitigung des Turms ein Museum. Whitehall ist ein Denkmal des unvergeßlichen Goldenen Zeitalters Amerikas.

Louis-XV.-Ballsaal
Der beeindruckendste aller Bälle in dem prächtigen Saal war der Bal Poudré *von 1903.*

Das Gelbe-Rosen-Schlafzimmer hatte aufeinander abgestimmte Tapeten und Möbel – damals eine Neuheit.

Schweizer Billardzimmer

★ Herren-Badezimmer
Eingelassene Badewanne, Toilette, abgetrennte Dusche sowie dieser prächtige doppelte Onyx-Waschständer waren Bestandteile von Flaglers privatem Bad.

Das Herren-Schlafzimmer ist mit gelbem Silberdamast ausgekleidet, einer Kopie des ursprünglichen Stoffs im Rokoko-Stil.

Italienische Renaissance-Bibliothek
In dem roten, holzverkleideten Raum mit in Leder gebundenen Büchern herrscht eine eher intime Atmosphäre.

Nicht versäumen

- ★ Herren-Badezimmer
- ★ Marmorhalle
- ★ Bestes Gästezimmer

Innenhof
Das Herz von Whitehall ist der offene Innenhof mit Loggien auf zwei Seiten und schönem Brunnen.

INFOBOX

Whitehall Way. *(561) 655-2833.* *Di–Sa 10–17 Uhr, So 12–17 Uhr.* *Thanksgiving, 25. Dez, 1. Jan.* *teilweise.* *normalerweise.*

★ Marmorhalle
Die Eingangshalle aus Marmor schmücken ein Deckengemälde sowie vergoldete Stühle und Gemälde, darunter dieses offizielle Porträt von Jean Flagler Matthews.

Den Ost-Portikus tragen mächtige geriffelte Säulen. Auf den Stufen stehen übergroße Urnen.

Louis-XVI-Salon

★ Bestes Gästezimmer
Anfang dieses Jahrhunderts gingen die Gäste in Whitehall ein und aus. Reiche und Berühmte schliefen in dem einladenden Zimmer in Creme und Rose-de-Barry-Rot.

Haupteingang

Die große Treppe in der Marmorhalle besteht aus unterschiedlichem Marmor und ist mit einem Bronzegeländer geschmückt.

FLAGLERS PALM BEACH

Nach dem Schiffbruch des spanischen Schiffs *Providencia* 1878 landeten die geladenen Kokosnüsse überall am Strand bei Lake Worth, und bald wuchsen Palmen. Henry Flagler, der Floridas Ostküste erschließen wollte *(siehe S. 46f)*, sah den palmengesäumten Strand um 1890 und war so fasziniert, daß er Land kaufte. 1894 eröffnete er das Royal Poinciana Hotel *(siehe S. 119)* und legte hiermit den Grundstein für die Entstehung des noblen Ferienortes Palm Beach.

Henry Flagler und seine dritte Frau, Mary Lily (1910)

Hochhäuser an den stillen Gewässern des Lake Worth in West Palm Beach

West Palm Beach ⓫

Straßenkarte F4. Palm Beach Co. *78 000.* *Amtrak u. Tri-Rail.* *1555 Palm Beach Lakes Blvd, (561) 471-3995.*

Ende des 19. Jahrhunderts beschloß Henry Flagler *(siehe S. 121)*, die unansehnlichen Häuser der Arbeiter und Dienstboten auf das Festland, außer Sichtweite der Touristen, umzusiedeln. So entstand West Palm Beach, heute das Wirtschaftszentrum von Palm Beach County.

In den letzten Jahrzehnten gewann die Stadt zwar an Persönlichkeit, spielt aber verglichen mit ihrer imposanteren (erheblich kleineren) Nachbarstadt immer noch die zweite Geige. Die schlanken Hochhäuser der Innenstadt von West Palm Beach locken nur Geschäftsleute an. Nördlich davon liegt das historische, aber ärmliche Nordwest-Viertel. Die Randbezirke der Stadt charakterisieren nichtssagende Wohngebiete und Golfplätze.

Sie sollten in West Palm Beach nicht Ihren gesamten Urlaub verbringen, doch die Stadt liegt sehr schön am malerischen Lake Worth und hat einige lohnenswerte Sehenswürdigkeiten – vor allem das Norton Museum of Art, das die *New York Times* als bestes Museum im Südosten der USA einstufte.

Sport der Könige

Nichts verkörpert die Vorlieben der High-Society von Palm Beach County besser als die Beliebtheit von Polo. Von Dezember bis April ziehen mit Blazern und Strohhüten gekleidete Massen vor allem Samstags nachmittags in die Klubs in West Palm Beach, Boca Raton und Lake Worth, um den hochrangigsten Poloturnieren der Welt beizuwohnen. Die Eintrittskarten sind günstig und lustige Kommentare zu hören. Zuschauer bringen gern ein Champagner-Picknick mit. Informationen über Termine erhalten Sie in den Klubs von West Palm Beach, (561) 793-1113; Boca Raton, (561) 994-1876; oder Lake Worth, (561) 965-2057.

Nahkampf beim Polo, einem beliebten Freizeitspaß an der Gold Coast

South Florida Science Museum

4801 Dreher Trail N. *(561) 832-1988.* *tägl.* *Thanksgiving, 25. Dez.*

Das Wissenschaftsmuseum spricht vor allem Kinder an. Es gibt Ausstellungsstücke zum Anfassen, um den Besuchern Themen wie Licht, Ton, Farbe und das Wetter näherzubringen. Sie können selbst Wolken erschaffen und sogar einen Mini-Tornado spüren. Besonders lohnenswert ist ein Besuch am Freitagabend, wenn man im Planetarium durch ein riesiges Teleskop blicken und sich eine Laser-Show ansehen kann.

Norton Museum of Art

1451 South Olive Ave. *(561) 832-5196.* *tägl. (So nur nachmittags).* *Feiertage.*

Das Museum hat wohl die beste Kunstsammlung Floridas und zeigt zudem erstklassige Wanderausstellungen. Das Museum wurde 1941 mit etwa 100 Bildern von Ralph Norton, einem Stahlmagnaten aus Chicago, gegründet, der sich zwei Jahre zuvor in West Palm Beach niedergelassen hatte. Er und seine Frau hatten einen breitgefächerten Geschmack, den die ausgestellten Kunstwerke widerspiegeln.

Die Sammlung ist in drei Hauptbereiche untergliedert. An erster Stelle sind die französischen Impressionisten und Post-Impressionisten zu nennen, darunter Cézanne, Braque, Picasso, Matisse und

Agonie im Garten von Paul Gauguin (1889)

Gauguin, dessen ergreifendes Bild *Agonie im Garten* das berühmteste Gemälde des Museums ist. Ein weiteres beachtliches Werk aus Nortons beeindruckender Sammlung des 20. Jahrhunderts ist *Night Mist* (1945) von Jackson Pollock. Sie umfaßt auch Werke von Winslow Homer, Georgia O'Keeffe, Edward Hopper und Andy Warhol.

Dritter Schwerpunkt ist eine Reihe von Artefakten aus China, darunter Grabjaden (etwa 1500 v. Chr.) und Keramikfiguren von Tieren und Höflingen aus der Tang-Dynastie (4.–11. Jh.). Außer vielen buddhistischen Schnitzereien gibt es auch moderne Skulpturen von Brancusi, Degas und Rodin zu bewundern.

Ein seltener Florida-Panther im Dreher Park Zoo

Palm Beach Zoo at Dreher Park

1301 Summit Blvd. *(561) 547-9453.* *tägl.* *Thanksgiving.*

Der kleine Zoo ist für Kinder genauso attraktiv wie das Science Museum. Von den etwa 100 Tierarten beeindrucken vor allem der bedrohte Florida-Panther und Riesenschildkröten, die bis zu 200 Jahre alt werden können. Man kann eine rekonstruierte südamerikanische Pampa besuchen, in der Lamas, Nandus und Tapire unter einer Aussichtsplattform grasen, einem Plankenweg durch Buschwerk folgen oder auf einem See voller Pelikane fahren.

UMGEBUNG: Angenehmere Unterkünfte als in West Palm Beach (und wesentlich günstigere als in Palm Beach) gibt es auf der anderen Seite der Bucht in **Singer Island** oder **Palm Beach Shores**, beides ruhige Orte mit ausgezeichnetem breiten Strand, aber auch einigen Hochhäusern.

Bootsfahrten und Angeln sind hier beliebte Freizeitaktivitäten. In Palm Beach Shores kann man Sportfischerboote mieten. Außerdem werden Bootsfahrten auf dem Lake Worth angeboten, auch mit dem Schaufelraddampfer *Star of Palm Beach* *(siehe S. 338)*, der bei Riviera Bridge anlegt.

Im **John D MacArthur Beach State Park** an der Nordspitze von Singer Island schlängelt sich eine Brücke über eine mangrovengesäumte Bucht des Lake Worth zu einem Hammock und einem hübschen Strand. Broschüren des Besucherzentrums weisen auf Pflanzen und Watvögel hin. Im Sommer kann man bei Nachtführungen Meeresschildkröten beobachten *(siehe S. 113)*.

Eine Alternative bietet das Ladenzentrum **The Gardens** drei Kilometer landeinwärts in Palm Beach Gardens. Gehwege und Glasaufzüge verbinden die etwa 200 Geschäfte.

John D MacArthur Beach State Park

A1A, 2 Meilen (3 km) nördl. von Riviera Bridge. *(561) 624-6950.* *tägl.*

The Gardens

3101 PGA Blvd. *(561) 622-2115.* *tägl.* *Ostersonntag, Thanksgiving, 25. Dez.*

Lion Country Safari ⓬

Straßenkarte F4. Palm Beach Co. Southern Blvd W, Loxahatchee. *(561) 793-1084.* *West Palm Beach.* *West Palm Beach.* *tägl.*

DER PARK, 32 KILOMETER landeinwärts von West Palm Beach an der US 441, lockt vor allem die Familien der Region an.

Man kann durch ein 200 Hektar großes Gehege fahren und Löwen, Giraffen, Nashörner und andere Wildtiere aus der Nähe beobachten. (Haben Sie ein Cabrio, können Sie ein Auto mit festem Dach leihen).

Außerdem gibt es eine lockere Mischung aus Zoo und Vergnügungspark. Neben Volieren, Streichelzoo und Affeninseln werden Karussells, Bootsfahrten und ein Park mit Plastik-Dinosauriern geboten.

Alle Bereiche sind an Wochenenden und in den Ferienzeiten sehr stark besucht.

Antilopen im Lion Country Safari

Fischer am frühen Abend auf dem Lake Okeechobee

Lake Okeechobee ⓭

Straßenkarte E4, F4. *Palm Trans Bus nach Pahokee, (561) 233-1166.* *115 E Main St, Pahokee, (561) 924-5579.* **Captain JP Bootstouren** *(561) 924-2100.*

DER OKEECHOBEE, das »Große Wasser« in der Sprache der Seminolen, ist mit 1942 Quadratkilometern der zweitgrößte Süßwassersee der USA. Der »Big O«, wie der See auch genannt wird, ist wegen seines Fischreichtums bekannt. In vielen Jachthäfen gibt es Angler-Shops und Bootsverleiher. Mit drei Jachthäfen und einigen Hotels versorgt **Clewiston** Besucher am besten.

Eine Stadt am Lake Okeechobee preist sich an

Für Nicht-Angler ist der See weniger interessant. Das Ufer bietet zwar eine große Vogelvielfalt, doch schon wegen seiner Größe ist der See nicht sehr malerisch und zudem aufgrund eines Damms, der das Land vor Überflutungen schützt, von der Straße aus nicht zu sehen. Von **Pahokee** ist er gut zu erreichen. Hier kann man die schönsten Sonnenuntergänge sehen und eine fünf- oder sechsstündige Bootstour mit Captain JP Boat Cruises unternehmen.

Das Wohlergehen der eher düsteren Arbeiterorte am Südufer des Sees hängt vom Zucker ab. Die Hälfte des Zuckerrohrs in den USA wird in den Ebenen um Belle Glade und Clewiston (»die süßeste Stadt Amerikas«) angebaut, wo der nährstoffreiche Boden dunkler als Schokolade ist.

Nach Plänen der Bundesregierung sollen 40 500 Hektar der Felder südlich des Lake Okeechobee wieder Sumpfland werden, damit die Everglades mehr und saubereres Wasser erhalten. Dieser Plan stößt bei der Bevölkerung jedoch auf Ablehnung.

Lake Worth ⓮

Straßenkarte F4. Palm Beach Co. *30 000.* *811 Lucerne Ave, (561) 582-4401.*

LAKE WORTH IST EIN einfacher Ferienort mit angenehmem Strandpublikum. Auf dem Festland bestimmen etwa ein Dutzend Antiquitätengeschäfte an Lake und Lucerne Avenue, dem Herzen der ruhigen Innenstadt, das Bild. In einem Art-déco-Kino finden Kunstausstellungen statt, und das **Museum of the City of Lake Worth** ist, wie es einem lokalhistorischen Museum gebührt, vollgepackt mit alten Fotos und Gegenständen des täglichen Lebens, von Toastern bis zu Kameras. Außerdem wird in ausgefallener Form die Kultur einiger Immigranten aus Polen und Finnland gezeigt.

Museum of the City of Lake Worth
414 Lake Ave. *(561) 586-1700.*
Mo–Fr. *Feiertage.*

Delray Beach ⓯

Straßenkarte F4. Palm Beach Co. *50 000.* *Amtrak und Tri-Rail.* *64 SE 5th Ave, (561) 278-0424.* **Ramblin' Rose** *(561) 243-0686.*

DAS GEHOBENE, jedoch nicht versnobte Delray Beach ist der touristenfreundlichste Ort zwischen Palm Beach und Boca Raton. Überall weisen Nationalflaggen auf die Auszeichnung für »bürgerliches Bewußtsein« hin. Der lange, ruhige Strandabschnitt mit direktem Zugang und guter Versorgung ist ausgezeichnet. Zwischen November und April bietet der Flußdampfer *Ramblin' Rose* täglich Fahrten auf dem Intracoastal Waterway an.

Das Zentrum von Delray ist die Atlantic Avenue, eine einladende, palmengesäumte Straße mit netten Cafés, Antiquitätengeschäften und Kunstgalerien, die Laternen nachts in sanftes Licht tauchen. An ihr liegt der Old School Square mit hübschen Gebäuden aus diesem Jahrhundert. Das gemütliche **Cason Cottage** in der Nähe wurde getreu seinem Aussehen zur Zeit der Errichtung 1915 restauriert.

Cason Cottage
5 NE 1st St. *(561) 243-0223.*
Di–Fr. *Feiertage.*

Friedliche Strandszene im Frühjahr bei Delray Beach

Loxahatchee National Wildlife Refuge ⓰

Straßenkarte F4. Palm Beach Co. 10216 Lee Rd. *(561) 734-8303.* *Delray Beach.* *Delray Beach.* **Reservat** *tägl.* *25. Dez.* **Besucherzentrum** *Nov–Apr tägl.; Mai–Okt Mi–So.* *25. Dez.*

DAS 572 QUADRATKILOMETER große Reservat am Nordzipfel der Everglades zeichnet sich durch eine beeindrukkende und vielfältige Fauna aus. Die besten Besuchszeiten sind frühmorgens oder spätabends, vor allem im Winter, wenn Zugvögel aus dem Norden hier rasten.

Wachsamer blauer Reiher im Tierreservat von Loxahatchee

Das Besucherzentrum an der 441 im Osten des Reservats, etwa 16 Kilometer westlich von Delray Beach, bietet umfangreiche Informationen über das Ökosystem der Everglades. Hier beginnen auch zwei Wanderwege. Der Cypress Swamp Boardwalk (800 Meter) führt in eine traumhafte Natur mit Guaven- und Wachsmyrthenbäumen sowie Epiphyten *(siehe S. 276)*. Der längere Marsh Trail passiert Sumpfland, dessen Wasserstand manipuliert wird, um Wat- und Wasservögeln die bestmögliche Umgebung zu sichern. An einem Winterabend bietet sich dem Beobachter ein buntes Schauspiel mit Reihern, Seetauchern, Ibissen, Schlangenhalsvögeln und anderen Arten, Schildkröten und Alligatoren.

Japanisches Schüler-Schlafzimmer im Morikami Museum

Mit einem eigenen Kanu können Sie eine Kanutour unternehmen (9 km). Außerdem werden zahlreiche naturkundliche Führungen angeboten.

Morikami Museum und Japanese Gardens ⓱

Straßenkarte F4. Palm Beach Co. 4000 Morikami Park Rd, *(561) 495-0233.* *Delray Beach.* *Delray Beach.* *Di–So.* *Feiertage.*

DAS EINZIGARTIGE MUSEUM über japanische Kultur liegt auf einem Grundstück, das der Farmer George Morikami zur Verfügung stellte, einer der japanischen Pioniere, die die Yamato-Kolonie (bezeichnet nach dem alten Japan) an der Nordspitze von Boca Raton 1905 gründeten. Mit dem Geld eines Bauunternehmens von Henry Flagler *(siehe S. 120f)* wollten sie Reis, Tee und Seide anbauen. Das Projekt wurde nicht realisiert, und die Kolonie verschwand in den 20er Jahren. Die Yamato-kan-Villa auf einer kleinen Insel in einem See erzählt die Geschichte der Siedler und der japanischen Kultur anhand von Nachbildungen eines Badezimmers, eines modernen japanischen Schüler-Schlafzimmers und Modellen von Restaurants inmitten traditioneller japanischer Gärten und Kiefernwälder.

In einem neuen Gebäude auf der anderen Seeseite sind interessante Ausstellungen über das japanische Leben, ein Café mit gutem japanischem Essen und ein traditionelles Teehaus, in dem einmal im Monat Teezeremonien abgehalten werden, untergebracht. Außerdem finden hier Origami-Workshops statt.

Butterfly World ⓲

Straßenkarte F4. Broward Co. 3600 W Sample Rd, Coconut Creek. *(954) 977-4400.* *Deerfield Beach (Amtrak u. Tri-Rail).* *Pompano Beach.* *tägl. (So nur nachmittags).* *Thanksgiving, 25. Dez.*

IN RIESIGEN, BEGEHBAREN Volieren voll tropischer Blumen schwirren Tausende wunderschöner Schmetterlinge aus der ganzen Welt umher. Da Schmetterlinge Sonnenenergie tanken, sind sie an warmen, sonnigen Tagen besonders aktiv. Entsprechend sollten Sie Ihren Besuch planen. Es gibt auch Kammern mit verpuppten Raupen zu sehen, eine Sammlung fixierter Insekten, darunter Morphofalter mit ihren unglaublich metallischblauen Flügeln, Käfer und Grashüpfer von der Größe einer Erwachsenenhand. Draußen können sie in den ausgedehnten Gärten spazierengehen.

Blauer Morpho in Butterfly World

Boca Raton ⓳

In einer Werbung für Boca Raton war 1925 zu lesen: »Ich bin der größte Ferienort der Welt.« Die von dem Architekten Addison Mizner *(siehe S. 116)* erdachte Stadt wurde zwar nicht zu dessen Lebzeiten vollendet, ist aber heute einer der mondänsten Orte Floridas. Viele Hightech-Betriebe und Computerfirmen arbeiten hier, und Manager bezeichneten den Ort in einer nationalen Untersuchung als attraktivsten Wohnsitz Floridas. Anziehungspunkte sind wohl die Country Clubs, feudalen Einkaufszentren und herrlichen Strandparks, nicht zu vergessen die von Mizner inspirierten Wohnhäuser.

Der Mizner Park, eines der Einkaufszentren von Boca Raton

Überblick: Boca Raton

Nachdem Addison Mizner die Erschließung von Palm Beach begonnen hatte, konzentrierte er sich auf eine verschlafene Gemeinde im Süden. Anstelle seines angestrebten städtebaulichen Meisterwerks waren nur eine Handvoll Gebäude fertig, als Floridas Bauboom 1926 jäh endete *(siehe S. 48)*. Bis Ende der 40er Jahre war Boca, wie der Ort heute oft genannt wird, nur ein kleiner Weiler.

Kern von Mizners Vision war die Luxusherberge Cloister Inn im spanischen Stil, die 1926 fertig wurde und sogar einen Kanal hat, auf dem Gondeln schaukeln. Das Hotel am östlichen Ende der geplanten Hauptstraße, der Camino Real, gehört jetzt zum stark erweiterten und sehr versnobten **Boca Raton Resort and Club** *(siehe S. 299)*, den Fremde nur bei einer Tour besichtigen können, die die Historische Gesellschaft in Boca Raton wöchentlich veranstaltet. Sie hat ihren Sitz in der **Town Hall** an der Palmetto Park Road, in der eine kleine Ausstellung die Geschichte der Stadt erzählt.

Gegenüber liegt der im Stil Mizners gestaltete **Mizner Park**, das vielleicht eindrucksvollste, dem Lebensstil Bocas am ehesten entsprechende Einkaufszentrum der Stadt. Noch stärker erinnert die **Royal Palm Plaza** an Mizner, auch Pink Plaza genannt, deren schicke Boutiquen sich in Innenhöfen verstecken.

Im grünen Bezirk **Old Floresta**, etwa 1,6 Kilometer westlich des Rathauses, erbaute Mizner für seine Unternehmer 29 Häuser im mediterranen Stil. Hier kann man angenehm bummeln.

🏛 Boca Raton Museum of Art

801 W Palmetto Park Rd. ☎ *(561) 392-2500.* ○ *Di–So.* ● *Feiertage.* ♿

Höhepunkt dieses kompakten Kunstmuseums ist die kleine Mayers-Sammlung (Ende 19. bis Anfang 20. Jahrhundert) mit Werken von Modigliani, Léger, Giacometti und Degas sowie Kohlezeichnungen von Picasso und Matisse.

Spiderman-Kunstwerk im Museum of Cartoon Art

🏛 International Museum of Cartoon Art

201 Plaza Real. ☎ *(561) 391-2200.* ○ *Di–So.* ● *25. Dez, 1. Jan.* ♿

Das Comic-Museum ist in einem 1996 eröffneten Gebäude im Mizner Park untergebracht. Die Sammlung entstand 1974 und umfaßt etwa 160 000 Stücke ab dem 18. Jahrhundert und aus der ganzen Welt. Zu sehen sind sowohl politische Cartoons als auch Comic-Helden wie die Peanuts und Spiderman. Außerdem befinden sich hier ein Kino sowie themenbezogene Zentren wie das Laughter Center, das die große Bedeutung des Humors für das Wohlbefinden verdeutlicht.

🏛 Sports Immortals Museum

6830 N Federal Hwy. ☎ *(561) 997-2575.* ○ *tägl., an Wochenenden eingeschränkt.* ● *25. Dez, 1. Jan.* ♿

Zu den 10 000 Exponaten gehören der Baseball-Schläger von Babe Ruth und Boxmäntel von Muhammad Ali. Teu-

Das hübsche, 1927 errichtete Rathaus von Boca, ein Entwurf Mizners

Deerfield Beach, ein ruhiger Badeort bei Boca Raton

erstes Stück ist ein Zigarettenbild (600 000 Dollar): Es wurde schleunigst zurückgezogen, da der abgebildete Baseballspieler jegliche Verbindung mit Tabak von sich wies.

Strände

Nördlich der Bucht von Boca Raton erstreckt sich ein langer, natürlicher, dünengesäumter Strand, der über Strandparks zu erreichen ist. Der **Spanish River Park** im Norden ist mit seinen Picknickplätzen im Schatten von Pinien und Palmen und der Lagune auf dem Intracoastal Waterway der attraktivste. Im **Red Reef Park** führt ein Plankenweg durch die Dünen, in einem künstlichen Riff direkt vor der Küste kann man schnorcheln *(siehe S. 340)*. Die Strände sind recht leer, was an den enormen Parkgebühren liegen mag.

Gumbo Limbo Nature Center

1801 North Ocean Blvd. *(561) 338-1473.* *tägl.* *25. Dez.*

Dieses erstklassige informative Bildungszentrum liegt neben dem Intracoastal im Red Reef Park. Ein Naturpfad windet sich durch Mangrovenwälder und einen tropischen Hammock zu einem Turm, der einen sensationellen Ausblick bietet.

Umgebung: Die Hochhausbebauung setzt sich im Süden entlang der A1A ungehindert fort. Ein Anglerpier und feiner, ruhiger Muschelstrand mit palmengesäumter Promenade machen **Deerfield Beach** zum einladendsten Ort der Region. **Pompano**, acht Kilometer südlich, soll die »größte internationale Schwertfisch-Stadt« sein. Fotos von riesigen Fängen auf dem Pier unterstützen dieses Image.

Infobox

Straßenkarte F4. Palm Beach Co. *67 000.* *Tri-Rail, Yamato Rd, (800) 874-7245; Amtrak, 1300 W Hillsboro Blvd, Deerfield Beach, (800) 872-7245.* *1555 Palm Beach Lakes Blvd, (561) 471-3995.*
Boca Raton Historical Society *Führungen (561) 395-6766.* *Boca Festival (Aug).*

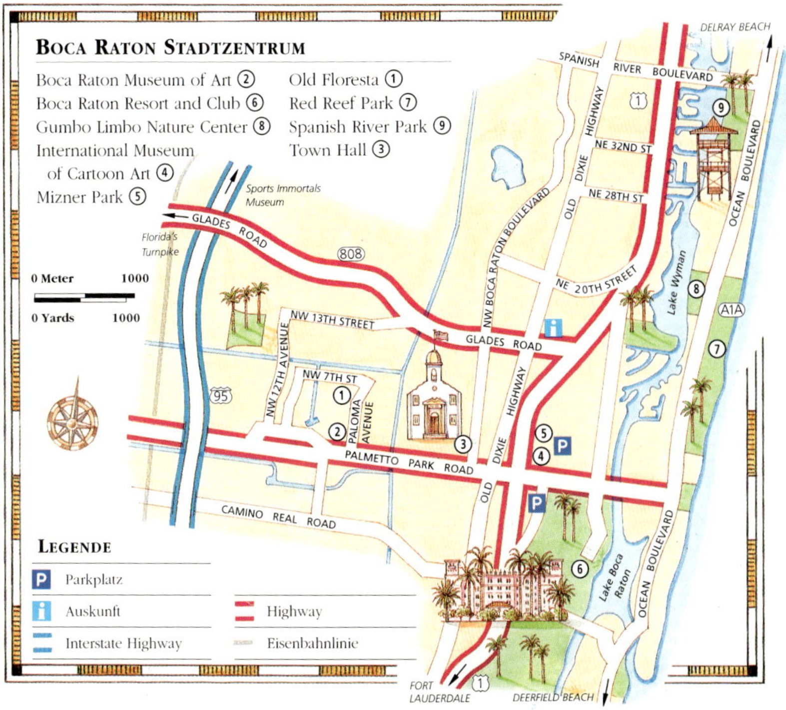

Fort Lauderdale ⓴

Im Zweiten Seminolenkrieg *(siehe S. 44)* gab es in Fort Lauderdale nur drei Forts. 1900 war es ein geschäftiger Handelsplatz am New River, der sich durch die jetzige Metropole windet.

Heutzutage hat Greater Fort Lauderdale viele Gesichter: Es ist ein wichtiges wirtschaftliches und kulturelles Zentrum, beliebter Ferienort und riesiger Jachthafen. Den einzigartigen Charakter der Stadt machen jedoch immer noch ihre Wasserwege *(siehe S. 131)* aus.

Großer Vogel mit Kind **von Appel, Museum of Art**

Überblick: Downtown Fort Lauderdale

Downtown Fort Lauderdale ist mit seinen modernen, schlanken Bürohochhäusern das Geschäftszentrum der Stadt. Der **Riverwalk** (2,4 km) am Nordufer des New River verbindet die meisten historischen Wahrzeichen und kulturellen Einrichtungen. Diese Promenade beginnt beim Stranahan House, das an der Stelle des ersten Handelspostens entstand, und führt durch eine Parklandschaft zum Broward Center for the Performing Arts *(siehe S. 336)*.

In Old Fort Lauderdale an der Southwest 2nd Avenue werden eine Reihe hübscher Gebäude aus der Zeit der Jahrhundertwende von der Historical Society verwaltet, deren Sitz das Fort Lauderdale Historical Museum ist. Das 1907 am Südufer des Flusses errichtete King-Cromartie House wurde 1971 mit einem Lastkahn zum jetzigen Standort transportiert. Die Einrichtung verdeutlicht das einfache Leben der ersten Siedler. Hinter dem Haus steht eine Rekonstruktion der ersten Schule der Stadt (1899).

Die Cafés und Restaurants in den alten Backsteingebäuden an der Southwest 2nd Street sind mittags und am frühen Abend gut besucht.

Auf einer Rundfahrt mit der Straßenbahn kann man das Herz der Stadt erkunden. Sie führt vom Stadtzentrum zum Strand und an allen Hauptsehenswürdigkeiten vorbei.

Fort Lauderdale Historical Museum

219 SW 2nd Ave.
☎ *(954) 463-4431.*
○ *Di–Fr.*
● *4. Juli, 25. Dez, 1. Jan.*

Das 1905 aus Beton errichtete New River Inn in Old Fort Lauderdale beherbergt ein informatives lokalhistorisches Museum, das die Geschichte der Region und das Wachstum der Stadt bis in die 40er Jahre erzählt. Ein kleines Kino zeigt amüsante Stummfilme, die in der Blütezeit (20er Jahre) der Filmindustrie in Südflorida entstanden.

Der am Nordufer des New River verlaufende schattige Riverwalk

Auf einen Blick

Bonnet House ⑦
Broward Center for the Performing Arts ②
Fort Lauderdale Historical Museum ③
Hugh Taylor Birch SRA ⑧
International Swimming Hall of Fame ⑥
Museum of Art ④
Museum of Discovery and Science ①
Stranahan House ⑤

Museum of Art

1 E Las Olas Blvd. (954) 763-6464. *Di–So.* *Feiertage.*

Das Kunstmuseum in einem beeindruckenden postmodernen Gebäude ist wegen seiner großen CoBrA-Sammlung bekannt. »CoBrA« leitet sich von den Anfangsbuchstaben von Kopenhagen, Brüssel und Amsterdam ab, den Hauptstädten der Heimatländer einer Gruppe von Expressionisten, die 1948–51 mit absurden Bildern experimentierten. Die Werke von Karel Appel, Pierre Alechinsky und Asger Jorn, den führenden Repräsentanten der Bewegung, sind vielfältig. Außerdem ist Kunst aus Afrika und dem Südpazifik zu sehen.

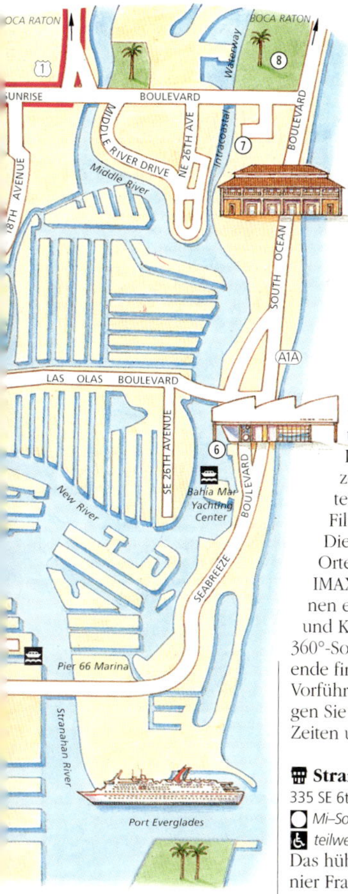

0 Kilometer 1

0 Meilen 1

Legende

Greyhound-Busbahnhof

Bootsanlegestelle

Parkplatz

Highway

Museum of Discovery and Science

401 SW 2nd St. (954) 467-6637. *tägl.* *25. Dez.*

Das meistbesuchte Museum des Staates ist eines der größten und besten seiner Art in Florida. Alle möglichen Kreaturen leben in rekonstruierten »Ökoräumen«. Man kann eine simulierte Fahrt zum Mond machen oder beobachten, wie trainierte Ratten Basketball spielen. Das IMAX-Theater zeigt auf bis zu 18 Meter hohen Leinwänden Filme wie *The Living Sea*. Dies ist einer der wenigen Orte in der Welt, der 3D-IMAX-Filme zeigt, zu denen es besondere Brillen und Kopfhörer für den 360°-Sound gibt. Am Wochenende finden auch abends Vorführungen statt. Erkundigen Sie sich im Museum nach Zeiten und Reservierungen.

Stranahan House

335 SE 6th Ave. (954) 524-4736. *Mi–So.* *Juli–Aug; Feiertage.* *teilweise.*

Das hübsche, von dem Pionier Frank Stranahan 1901 aus Pinien- und Eichenholz errichtete Haus ist das älteste der Stadt. Als Handelsposten, Versammlungsraum, Post und Bank war es das Zentrum von Fort Lauderdale. Mobiliar und Fotografien, die Stranahan beim Handel mit den einheimischen Seminolen *(siehe S. 271)* zeigen, lassen die Vergangenheit aufleben. Die Seminolen schafften Waren wie Alligatorhäute, Otterpelze und Reiherfedern, die damals sehr modern und begehrt waren, von den nahe gelegenen Everglades in ihren Einbaumkanus hierher.

Infobox

Straßenkarte F4. Broward Co. *150 000.* *5 Meilen (8 km) südl.* *200 SW 21st Terrace, (800) 872-7245.* *515 NE 3rd St, (800) 231-2222.* *1850 Eller Drive, (954) 523-3404.* *1850 Eller Drive (954) 765-4466.*
Bahnfahrten *(954) 429-3100.*
Winter Fest Boat Parade (Dez).

Las Olas Boulevard

Der Abschnitt des Las Olas Boulevard zwischen 6th und 11th Avenue ist trotz des starken Verkehrs die malerischste und geschäftigste Straße von Fort Lauderdale. Eine angenehme Mischung aus konventionellen, sportlichen sowie eleganten Boutiquen und Lokalen bietet alles, vom Pelz bis zu moderner Haiti-Kunst.

Abends wimmelt es auf den Bürgersteigen und in den Bars und Restaurants nur so, und Sie können eine Fahrt in der Surrey-Kutsche genießen.

Auf dem Weg zum Strand führt der Boulevard über einige Inseln, die einen guten Einblick in das luxuriösere Fort Lauderdale erlauben *(siehe S. 131)*.

Stranahan House am New River, die älteste Residenz in Broward County

Überblick Fort Lauderdale: Außerhalb von Downtown

SELBST WENN SIE DIE SCHILDER »Willkommen in Fort Lauderdale, der Welthauptstadt des Segelsports« verpassen, erkennen Sie schon bald, worum sich in dieser Stadt alles dreht. Touristen wie Bewohner genießen hier vor allem die attraktiven, gutbesuchten Strände und die Wasserwege, die von dem historischen Ursprung der Stadt, dem New River, abzweigen.

Radfahrer und Fußgänger auf der schattigen Uferpromenade

Der Strand

Bis Mitte der 80er Jahre kamen Tausende von Studenten in den Frühjahrsferien nach Fort Lauderdale, bis die Behörden sie schließlich vergraulten. Heute hat die Stadt wieder ein besseres Image. Der ausgezeichnete Strand ist immer noch der meistbesuchte der Gold Coast, vor allem am Ende des Las Olas Boulevard, wo Rollerblader an einfachen Bars und Souvenirläden entlangfahren – der »Strip« hat schon bessere Zeiten gesehen.

Ansonsten ist Fort Lauderdale eher auf Familien ausgerichtet. Den schönsten Strandabschnitt gibt es im South Beach Park.

Trainingspause am Pool in der Swimming Hall of Fame

International Swimming Hall of Fame

1 Hall of Fame Drive. *(954) 462-6536.* *tägl.*

Das erstaunlich ausführliche Museum präsentiert alles, sei es die Geschichte des Wassersports in Oman oder die Entwicklung der Tauchpositionen. Die seltsamen, amüsanten Stücke reichen von alten, wollenen Badeanzügen zu lustigen Puppen von Stars wie Johnny »Tarzan« Weissmuller, der 57 Schwimmweltrekorde aufstellte. In dem berühmten Schwimmstadion trainieren olympische Hoffnungsträger, wobei sie mit einem riesigen Gummiseil an ein Ende des Pools gebunden sind. Zuschauer können sich das Training ansehen oder auch Wasserwettkämpfe und andere Veranstaltungen.

Bonnet House

900 N Birch Rd. *(954) 563-5393.* *Mi–So.* *Feiertage.* *obligatorisch, Mi–Fr 10–14 Uhr, Sa u. So 12–15 Uhr.*

Das eigenartig eingerichtete Haus am Meer ist das interessanteste Gebäude von Old Fort Lauderdale. In seinem tropischen Garten wuchs einst die Hauben(»Bonnet«)-Wasserlilie – daher der Name. Der Künstler Frederic Bartlett errichtete diese plantagenartige Winterresidenz 1920. Beispiele seiner Arbeit, vor allem Wandgemälde, sind überall zu sehen. Er und seine Frau, Evelyn Lilly, ebenfalls Malerin, waren leidenschaftliche Naturliebhaber. Daher leben Schwäne und Affen auf dem Grundstück, Karusselltiere sind in dem palmenbestandenen Innenhof, das Treibhaus ist voller Orchideen, und es gibt eine Muschelsammlung.

Hugh Taylor Birch State Recreation Area

3109 E Sunrise Blvd. *(954) 564-4521.* *tägl.*

Der Chicagoer Anwalt Hugh Taylor Birch kaufte 1894 die fünf Kilometer große Insel, auf der dieses Grundstück (73 ha) liegt, eine der wenigen naturbelassenen Oasen der Gold Coast. Man kann auf der Lagune Kanu fahren, einem Wanderweg durch einen tropischen Hammock folgen oder auf einem malerischen Rundweg laufen.

Schmuckstände und Neonlichter im Swap Shop of Fort Lauderdale

UMGEBUNG: Swap Shop of Fort Lauderdale, eine amerikanische Version eines orientalischen Basars, bietet auf 30 Hektar Schmuck, Sonnenbrillen und andere Kinkerlitzchen und ist somit ein Paradies für Schnäppchenjäger. Viele der jährlich zwölf Millionen Besucher kommen wegen des Jahrmarkts und des kostenlosen Zirkus mit Clowns und Elefanten. Abends verwandelt sich der Parkplatz in ein riesiges Autokino.

Swap Shop of Fort Lauderdale

3291 W Sunrise Blvd. *(954) 791-7927.* *tägl.*

Die *Jungle Queen*, das berühmteste Dampfboot von Fort Lauderdale

Die Wasserwege

An der Mündung des New River verlaufen Dutzende pfeilgerader, paralleler Kanäle. Das Gebiet ist nach den Halbinseln, die durch den aufgeworfenen Schlamm bei der Ausgrabung der Kanäle in den 20er Jahren entstanden, **The Isles** genannt und die begehrteste Wohngegend der Stadt: Hinter üppigem Grün und luxuriösen Jachten liegen Häuser im Wert von Millionen Dollar, in denen Prominente wie Wayne Huzienga, Besitzer des Blockbuster-Video-Imperiums, und lokaler Base- und Footballmannschaften, wohnen.

Wassertaxi auf dem New River

Die Inseln liegen am Intracoastal Waterway, der auch durch **Port Everglades** führt. Der nicht sehr malerische, aber faszinierende Ort ist nach Miami der weltweit zweitgrößte Kreuzfahrt- und Anlegehafen für Containerschiffe, Öltanker, Zerstörer und U-Boote.

Die rotierende Bar auf dem Turm des Hyatt Regency Pier 66 Hotel an der South East 17th Street bietet den besten Blick auf die Wasserwege. Die Häuser, Jachten und der Hafen sind nur vom Wasser aus gut zu sehen, am besten buchen Sie dafür eine Bootstour. Die ***Jungle Queen***, ein altertümliches Dampfboot, fährt auf dem New River bis zu einem Indianerdorf auf einer Privatinsel. Es gibt Tages- und Abendfahrten mit Varieté und Barbecue.

Eine 90minütige Fahrt mit der ***Carrie B*** startet am Riverwalk, zieht an Wohnhäusern vorbei, durchkreuzt den Hafen und erreicht schließlich die warmen Gewässer eines Kraftwerks mit vielen Seekühen *(siehe S. 236)*.

Wassertaxis, vergleichbar mit Sammeltaxis an Land, fahren den New River nach Downtown und Richtung Norden zum Commercial Boulevard entlang. Rufen Sie etwa zehn Minuten, bevor Sie abgeholt werden wollen, an, und kaufen Sie einen Einzelfahrschein oder ein günstiges Tagesticket. Im Bahia Mar Yachting Center und Pier 66 Marina können Sie Boote zum Selberfahren mieten.

SeaEscape und einige andere Schiffahrtsgesellschaften *(siehe S. 338f)* bieten sowohl Tagestouren zu den Bahamas als auch tagsüber und abends »Fahrten ohne Ziel« an. An Bord dienen vor allem Kasinos und Cabaret-Shows der Unterhaltung.

Nützliche Adressen

Carrie B
Riverwalk an der SE 5th Avenue.
(954) 768-9920.

Jungle Queen
Bahia Mar Yachting Center,
A1A, Fort Lauderdale Beach.
(954) 462-5596.

SeaEscape
Port Everglades Terminal 1.
(954) 925-9700.

Water Taxi
651 Seabreeze Boulevard,
A1A, Fort Lauderdale Beach.
(954) 467-6677.

Blick vom Hyatt Regency Pier 66 Hotel auf die Wasserwege von Fort Lauderdale

Statue aus Bali am Graves Museum in Dania

Dania 21

Straßenkarte F4. Broward Co. 13 000. Hollywood. Hollywood. Dania, (954) 926-2323.

DANIA GEHT NAHTLOS in das Ballungszentrum an der Küste über. Manche Leute kommen nur hierher, um ein Jai-alai-Spiel zu sehen. Die andere Hauptattraktion ist die **John U Lloyd Beach State Recreation Area**, ein Stück ursprünglicher Insel, das einen krassen Kontrast zum nahe gelegenen Port Everglades *(siehe S. 131)* bildet. An der Nordspitze des Parks ziehen Schiffe vorbei, im Süden lädt einer der schönsten piniengesäumten Strände der Gold Coast (3 km) zum Baden ein. Sie können Kanus mieten und den malerischen, mangrovengesäumten Fluß durch den Park entlangfahren.

Das **Graves Museum of Archaeology and Natural History** bietet informative Ausstellungen, die z. B. die Entstehung der Keys erklären, und unterhaltsamere Exponate wie Dinosauriermodelle und Nachbildungen von Schätzen des Tutanchamun.

Nur wenige Blocks weiter im Norden locken etwa 150 Antiquitätengeschäfte. Trotz der ungünstigen Lage entlang der verkehrsreichen US 1 ist das Herumstöbern durchaus unterhaltsam.

John U Lloyd Beach SRA
6503 N Ocean Drive. (954) 923-2833. tägl.

Graves Museum of Archaeology and Natural History
481 S Federal Highway. (954) 925-7770. Di–So. Ostern, Thanksgiving, 25. Dez, 1. Jan

Hollywood 22

Straßenkarte F4. Broward Co. 135 000. Amtrak und Tri-Rail. 330 N Federal Highway, (954) 923-4000.

IN DAS GROSSE, EINFACHE, von einem Kalifornier in den 20er Jahren gegründete Seebad kommen viele der 300 000 Franko-Kanadier, die jeden Winter Greater Fort Lauderdale besuchen. Die gallischen Restaurants und Cafés auf dem Broadwalk an der Küste servieren hervorragende Pommes frites und Crêpes, und die Kunden lesen Zeitungen aus Québec.

Dank dieser schönen Promenade, auf der ein ständiger Strom von Rollerbladern und Radfahrern verkehrt, ist Hollywood eine für Florida ungewöhnlich fußgängerfreundliche Stadt. Entlang der Promenade erstrecken sich kilometerlange, gutgepflegte und beliebte Sandstrände.

Jeden Morgen versammeln sich im Theater Under the Stars überwiegend ältere Besucher für leichte Aerobic-Übungen im Freien und abends zu Open-air-Konzerten.

UMGEBUNG: Im Westen Hollywoods, an der Kreuzung der Routen 7 und 448, liegt die **Seminole Indian Hollywood Reservation**, mit 194 Hektar das kleinste Indianerreservat Floridas.

Es ist so gut wie autonom *(siehe S. 271)* und daher auch von der Tabaksteuer befreit, was die Reklametafeln an der Straße, die günstig Zigaretten anbieten, deutlich machen.

Das **Native Indian Village** ist mit Handwerksständen und Alligatorvorführungen

Sonnenanbeter genießen den Strand von Hollywood

Im Seminole Indian Bingo bei Hollywood sitzt das Geld locker

leider allzu eindeutig auf Touristen ausgerichtet. Interessanter ist das riesige, 24 Stunden geöffnete **Seminole Indian Bingo and Poker Casino** gegenüber. Da in Reservaten Glücksspiele erlaubt sind, spielen etwa 1400 Spieler in der höhlenartigen Bingohalle nicht selten um fünfstellige Summen. Auch wenn Sie nicht spielen, bieten die unendlichen Reihen mit Frauen, umgeben von Sandwiches, Jetons und Karten, einen herrlichen Anblick. Die Spiele beginnen viermal am Tag. Ein besonderes Erlebnis ist der Lightning Room: Hier verlieren Amateure beim Bingo Hunderte von Dollar.

Native Indian Village
3551 N State Rd 7.
(954) 961-4519. *tägl.*
Thanksgiving, 25. Dez.
teilweise.

Seminole Indian Bingo und Poker Casino
4150 N State Rd 7.
(954) 961-3220. *tägl.*
Ostern, 25. Dez.

Davie 23

Straßenkarte F4. Broward Co.
58 000. *Fort Lauderdale.*
Fort Lauderdale. *4185 Davie Rd, (954) 581-0790.*

DAVIE DRÄNGT SICH an Orange Drive und Davie Road, ist von Weiden und Ställen umgeben und gibt sich im Stil des Wilden Westens. Vor den Holzhütten des Rathauses wachsen Kakteen, und an der Rückseite von McDonald's steht eine Wagenburg. Grif's Western Wear, ein Cowboy-Supermarkt an der South West 45th Street Nr. 6211, verkauft Sättel, Cowboyhüte und -stiefel.

Die wahre Atmosphäre der Stadt spüren Sie beim Zureiten der Wildpferde, Bullenreiten und Stierkampf während eines Cowboy-Turniers in der **Davie Rodeo Arena**.

Stetson-Hüte im Grif's Western Wear in Davie

Diese Vorführungen der Cowboys finden normalerweise jeden Mittwochabend ab 19.30 Uhr statt (erkundigen Sie sich jedoch vorher). Außerdem gibt es jeden Monat Profi-Turniere.

Davie Rodeo Arena
6591 Orange Drive. *(954) 797-1163.* *nur für Rodeos.*

Flamingo Gardens 24

Straßenkarte F4. Broward Co. 3750 Flamingo Rd, Davie. *(954) 473-2955.* *Fort Lauderdale.* *Fort Lauderdale.* *tägl.* *Thanksgiving, 25. Dez.*

URSPRÜNGLICH entstanden diese herrlichen Gärten 1927 als Wochenendrefugium für die Wrays, eine Familie von Zitrusfarmern. Das hübsche Haus, eingerichtet im Stil der 30er Jahre, lohnt einen Besuch, vor allem aber die ungewöhnlichen Gärten. Eine Straßenbahn fährt durch Zitronen- und Kumquathaine, Immergrüne Eichen- und Banyanwälder.

In den Gärten leben zahlreiche Vögel, darunter der seltene Weißkopf-Seeadler *(siehe S. 22)* und Flamingos. Viele Enten-, Möwen-, Tauben- und Reiherarten, u.a. der seltsame rosafarbene Löffelreiher *(siehe S. 275)*, bewohnen eine große begehbare Voliere, die in mehrere Lebensräume unterteilt ist.

JAI ALAI – EIN LUSTIGER SPORT

Das seltsame Spiel entstand vor 300 Jahren im Baskenland (Jai alai bedeutet »freudiges Festival« auf baskisch) und kam Anfang des Jahrhunderts über Kuba in die USA. In Florida liegen acht der zehn *frontons*, Arenen, der USA.

Ein Jai-alai-Spiel ist eine günstige Abendunterhaltung (wenn Sie nicht wetten). Die Programme erklären, wie Punkte gezählt werden, und die Wettregeln. Diejenigen, die auf den Sieger wetten, teilen sich den gesamten Einsatz. Die Leute schreien und jubeln lauthals beim Punkten, da viel Geld im Spiel ist. In Dania wird fünfmal pro Woche gepielt. Einzelheiten erfahren Sie unter der Nummer (954) 927-2841. Die Spielregeln sind auf Seite 31 erklärt.

Jai-alai-Spieler in Schlagposition

UNIVERSAL STUDIOS

ORLANDO UND DIE SPACE COAST

DIE AUF FAMILIEN AUSGERICHTETE *Phantasiewelt Orlandos ist mit Achterbahnen, Killerwalvorstellungen und der Maus mit den übergroßen Ohren unbestritten die Welthauptstadt der Freizeitparks und lockt über 34 Millionen Besucher jährlich.*

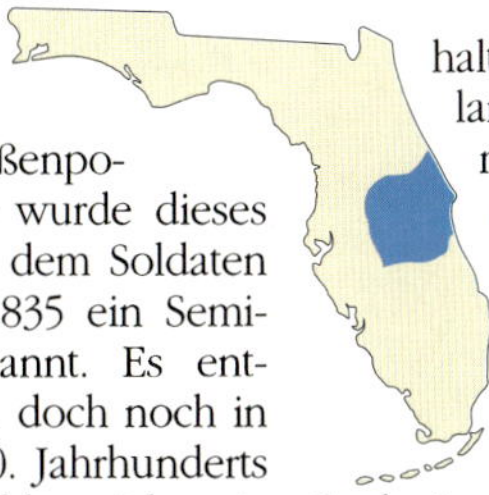

Orlando war während des Seminolenkriegs *(siehe S. 44f)* nur ein Außenposten. Berichten zufolge wurde dieses Fort Gatlin später nach dem Soldaten Orlando Reeves, den 1835 ein Seminolen-Pfeil tötete, benannt. Es entwickelte sich eine Stadt, doch noch in der ersten Hälfte des 20. Jahrhunderts waren Orlando und Nachbarstädte wie Kissimmee nur kleine, verschlafene Orte, die von der Viehzucht und dem Zitrusanbau lebten.

Das sollte sich jedoch in den 60er Jahren ändern. Zunächst schuf das Weltraumprogramm am Cape Canaveral Arbeitsplätze. Später nahm Walt Disney World Formen an: Der erste Themenpark, Magic Kingdom, wurde 1971 eröffnet. Disneys Angaben zufolge sollen seitdem über 500 Millionen Besucher zu dem angeblich weltweit beliebtesten Urlaubsziel gepilgert sein. Der Erfolg hat eine boomende Unterhaltungsindustrie in Greater Orlando hervorgebracht, und immer mehr Attraktionen, Themen-, aber auch Freizeitparks entstehen. Landschaftlich ist die Region, abgesehen von unzähligen Seen, eher eintönig. Lediglich Orlando erhebt sich als Stadt inmitten flacher Ackerflächen. Die auf dem Festland gelegenen Orte an der Space Coast sind recht reizlos. Auf den Inseln gegenüber dem breiten Indian River gibt es jedoch endlos lange Sandstrände (insgesamt 116 Kilometer) und zwei riesige Naturreservate mit einer reichen Vogelwelt. Mittendrin, in erstaunlichem Einklang mit der Natur, liegt das Kennedy Space Center in einer geschützten Sumpflandschaft unter der riesigen Weite des Himmels. Von hier werden die Raketen in dramatischer Inszenierung aus der Erdatmosphäre herauskatapultiert.

Die weitläufige, ursprüngliche Wasserlandschaft von Merritt Island an der Space Coast

◁ **Der imposante Eingang zu den Universal Studios, einem der Themenparks von Orlando**

Überblick: Orlando und die Space Coast

Die grosse Touristenattraktion von Orlando sind die riesigen Themenparks von Walt Disney World, Sea World und Universal Studios. Angeblich gibt es um Orlando, in Walt Disney World, in der Nähe des International Drive und in Kissimmee insgesamt über 80 000 Hotelbetten, also mehr als in ganz New York. Besuchen Sie, wenn Sie etwas mehr Zeit haben, auch Cypress Gardens oder Splendid China: Anderswo wären diese Hauptanziehungspunkte. Nachts können Sie sich in den Rummel an der Church Street Station und auf Disney's Pleasure Island stürzen. Etwas ruhiger geht es in dem eleganten Vorort Winter Park zu.

Zu einem Tagesausflug lädt die nur 80 Kilometer entfernte Space Coast ein. Die Strände reichen von menschenleeren naturbelassenen Sandstränden bis zu dem beliebten Surf-Mekka im lebhaften Cocoa Beach. Viel Spannung bietet außerdem das Kennedy Space Center.

Dressierter Killerwal, ein Star von Sea World

Raketen aus den frühen Tagen der Weltraumforschung im Kennedy Space Center

UNTERWEGS

Für Ausflüge abseits der Themenparks sollten Sie ein Auto mieten. Ein ausgedehntes Netz zweispuriger Straßen erlaubt zügiges, streßfreies Fahren. Von Walt Disney World liegt Orlando eine halbe Stunde nördlich und Cypress Gardens eine Stunde südlich. Sind Sie nur auf Disney-Gelände, gibt Seite 139 weitere Transportmöglichkeiten. Viele Hotels bieten kostenlosen Pendelbusservice zu den Parks. Die Lynx-Busse *(siehe S. 363)* fahren zu den meisten Zielen in Greater Orlando. Die Space Coast liegt eine Stunde östlich von Orlando an der Route 528 (Bee Line Expressway). Wichtigste Nord-Süd-Verbindung an der Küste ist die I-95, die A1A führt auf die Inseln.

SEHENSWÜRDIGKEITEN AUF EINEN BLICK

Bok Tower Gardens 13
Canaveral Seashore und Merritt Island 14
Cocoa 18
Cocoa Beach 19
Cypress Gardens 12
Cypress Island und Lake Toho 9
Fantasy of Flight 11
Gatorland 7
International Drive 6
Kennedy Space Center S. 182ff 15
Kissimmee 8
Orlando 4
Sea World S. 164ff 2
Splendid China 10
Universal Studios S. 168ff 3
US Astronaut Hall of Fame 16
Valiant Air Command Warbird Air Museum 17
Walt Disney World ® Resort S. 138ff 1
Winter Park 5

SIEHE AUCH

• ***Übernachten*** S. 302ff

• ***Restaurants*** S. 321ff u. S. 330

Walt Disney World® Resort ❶

DAS 69 QUADRATKILOMETER grosse Walt Disney World RESORT ist der größte Unterhaltungskomplex der Welt. Hauptanziehungspunkt sind die Themenparks Epcot, Magic Kingdom und Disney-MGM Studios. Unabhängig davon ist es ein Urlaubsziel, das von Hotels bis zu Golfplätzen alles bietet. Da bisher nur weniger als ein Viertel des Geländes erschlossen ist, entsteht jedes Jahr ein neues Wunder: Die größte neue Attraktion ist Disney's Animal Kingdom. Die hermetisch von der realen Welt abgeschlossene Walt Disney World zeichnet sich vor allem durch Erfindungsgeist, Liebe zum Detail und die Audio-Animatronics®-Technik aus, die Tiere und Menschen außerordentlich wirklichkeitsgetreu zum Leben erweckt. Alles läuft wie in einem Uhrwerk ab, und damit nichts die Illusionen überschattet, wird in versteckten Tunnels unter der Erde gearbeitet. Man muß kein Kind sein, um Spaß zu haben: Fast die Hälfte der Besucher kommen ohne Kinder. Zudem ist es das beliebteste Ziel der USA für Flitterwochen.

Mehr Informationen

Seite 163 gibt weitere Informationen zu folgenden Themen:
- *Paßangebote*
- *Hauptbesuchstage*
- *Öffnungszeiten*
- *Zeitplan*
- *Warteschlange*
- *Essen im WDW*
- *Geld*
- *WDW mit Kleinkindern*
- *Mickymaus*
- *Telefonnummern*

Beste Reisezeit

NUR MASOCHISTEN kommen zur Hauptbesuchszeit. Während der amerikanischen Schulferien und vor allem zu Weihnachten, Neujahr, Ostern, am 4. Juli und Thanksgiving können die Themenparks so stark besucht sein, daß man vor den Hauptattraktionen über 90 Minuten warten muß. Der Vorteil liegt zu dieser Zeit jedoch darin, daß die Parks länger geöffnet haben und häufiger Paraden und Feuerwerke stattfinden. Weihnachten, wenn es in Walt Disney World überall glitzert, ist zwar die festlichste, aber auch die überlaufenste Zeit des Jahres.

Von September bis zu den Weihnachtsferien und von Neujahr bis Mitte Februar sind die Parks manchmal herrlich leer. Außerdem sind die Temperaturen wesentlich angenehmer. Andererseits ist zu dieser Zeit weniger los, und möglicherweise werden einige Fahrten wegen Wartungsarbeiten nicht angeboten.

Aufenthaltsdauer

WALT DISNEY WORLD bietet Unterhaltung für mindestens eine Woche, nach der Eröffnung von Disney's Animal Kingdom *(siehe S. 160)* sogar noch länger. Rechnen Sie für Magic Kingdom und Epcot jeweils zwei Tage und einen Tag für die Disney-MGM Studios. Zwischen den einzelnen Parkbesuchen sollten Sie sich einige freie Tage gönnen.

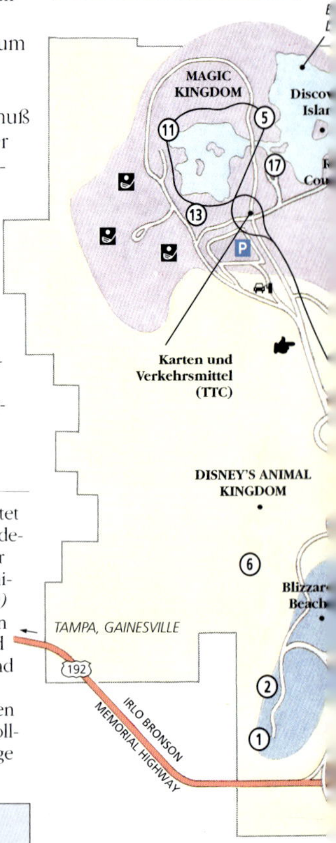

Walt Disney World Resorts

- ① All-Star Music
- ② All-Star Sports
- ③ Beach Club
- ④ Caribbean Beach
- ⑤ Contemporary
- ⑥ Coronado Springs
- ⑦ Disney Institute
- ⑧ Disney's BoardWalk
- ⑨ Dixie Landings
- ⑩ Fort Wilderness
- ⑪ Grand Floridian Beach
- ⑫ Old Key West
- ⑬ Polynesian
- ⑭ Port Orleans
- ⑮ WDW Dolphin
- ⑯ WDW Swan
- ⑰ Wilderness Lodge
- ⑱ Yacht Club

Legende

- Parkplatz
- Tankstelle
- Golfplatz
- Monorail
- Highway
- Interstate Highway
- Nebenstrecke
- Themenpark-Eingang

Karten und Pässe

Das Konzept des Themenparks sieht vor, daß außer dem Eintritt keine zusätzlichen Gebühren für Unterhaltung anfallen. Bei längeren Besuchen sind Tickets für nur einen Tag und einen Park ungünstig. Sinnvoller sind die unterschiedlichen Pässe, die den Inhabern zudem einen größeren Freiraum bieten. Auf Seite 163 finden Sie eine vollständige Liste der Pässe.

An den Eingängen der Themenparks können Sie Eintrittskarten und Pässe kaufen, doch wer sie vorher kauft, spart Zeit. Sie sind im Disney-Geschäft am Flughafen, in den Disney-Resorts, vielen Hotels außerhalb von Disney und bei den Touristen-Informationszentren am International Drive *(siehe S. 176)* erhältlich. Disney-Geschäfte weltweit bieten Reisen inklusive Disney World an.

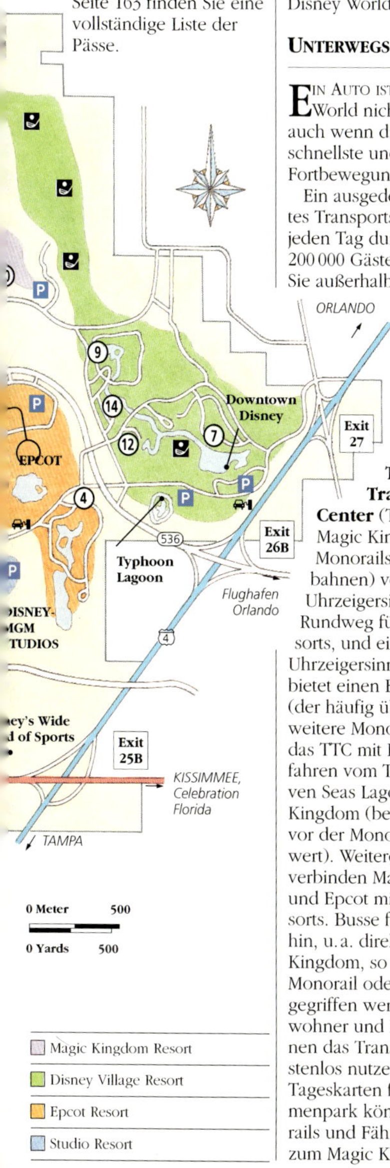

Unterwegs

Ein Auto ist in Walt Disney World nicht erforderlich, auch wenn dies sicherlich das schnellste und bequemste Fortbewegungsmittel ist.

Ein ausgedehntes, effizientes Transportsystem wickelt jeden Tag durchschnittlich 200 000 Gäste ab. Selbst wenn Sie außerhalb von Walt Disney World wohnen, bieten die meisten nahe gelegenen Hotels kostenlosen Pendelservice an. Das Transportzentrum **Ticket and Transportation Center** (TTC) ist mit dem Magic Kingdom über zwei Monorails (Einschienenbahnen) verbunden: Ein im Uhrzeigersinn verlaufender Rundweg führt zu den Resorts, und ein gegen den Uhrzeigersinn verlaufender bietet einen Expreßdienst an (der häufig überfüllt ist). Eine weitere Monorail verbindet das TTC mit Epcot. Fähren fahren vom TTC über die Seven Seas Lagoon zum Magic Kingdom (bei Warteschlangen vor der Monorail empfehlenswert). Weitere Fährdienste verbinden Magic Kingdom und Epcot mit anderen Resorts. Busse fahren überall hin, u. a. direkt zum Magic Kingdom, so daß nicht auf die Monorail oder Fähre zurückgegriffen werden muß. Bewohner und Paßinhaber können das Transportsystem kostenlos nutzen, Inhaber von Tageskarten für einen Themenpark können mit Monorails und Fähren nur vom TTC zum Magic Kingdom fahren.

Parken

Besucher des Magic Kingdom müssen am TTC parken und von dort mit öffentlichen Verkehrsmitteln zum Themenpark fahren; Epcot und Disney-MGM Studios haben eigene Parkplätze.

Für Bewohner der Disney-Resorts ist Parken frei, Nicht-Bewohner müssen nur einmal pro Tag zahlen (egal, wie oft sie den Parkplatz wechseln). Die Parkplätze sind sehr groß, deshalb sollten Sie sich notieren, wo Ihr Auto steht.

Vorteile der Unterkunft im Walt Disney World Resort

Walt Disney World Resort verzeichnet pro Nacht etwa 50 000 Besucher. Die Unterkünfte in den Resorts (Bezeichnung für die Hotel- und Villenanlagen) sowie in Walt Disney World Swan und Dolphin (die unabhängig, aber nach dem Disney-Konzept betrieben werden) haben einen sehr hohen Standard. Doch selbst die günstigsten Plätze sind teurer als viele Hotels außerhalb von Walt Disney World. Folgendes wird für Ihr Geld geboten:

- Nähe zu den Attraktionen und kostenlose Nutzung des Transportsystems; die Magic-Kingdom-Resorts an der Monorail haben die günstigste Lage.
- Früher Eintritt in die Themenparks. Teile des Parks öffnen für Disney-Bewohner bis zu 90 Minuten früher.
- Die Möglichkeit, Pässe zu kaufen, die einen unbegrenzten Zugang zu den Attraktionen bieten. Sie sind zwei bis neun Tage gültig.
- Garantierter Eintritt in die Themenparks, auch wenn diese ausgebucht sind.
- Die Möglichkeit, mit Ihrer Lieblings-Disney-Figur in Ihrem Hotel zu essen.
- Die Lieferung von Einkäufen aus der gesamten Walt Disney World.

Auf Seite 303 f finden Sie ebenfalls eine Liste mit Resort-Empfehlungen. Achten Sie darauf, daß die meisten Hotels in der Nähe des Disney Village Marketplace nur wenige der oben genannten Privilegien bieten.

SURPRISE!
20
YEARS
Walt Disney World

SURPRISE!
20
YEARS
Walt Disney World

Magic Kingdom

Klassiker unter den Disney-Themenparks ist Magic Kingdom, das es in ähnlicher Form auch in Kalifornien, Japan und Frankreich gibt. Angepriesen als der Ort, an dem Träume wahr werden, fühlen sich hier Kinder wie im siebten Himmel und Erwachsene in ihre Kindheit zurückversetzt. Comic-Figuren und nostalgische Visionen über die Welt, besonders Amerika, bestimmen das Bild. Der 40 Hektar große Park mit seinen sieben »Ländern«, die Themen wie den Wilden Westen, Amerika zur Kolonialzeit oder Zukunft verkörpern, besteht aus sieben Mini-Parks. Auf dem gesamten Gelände finden Musikparaden statt. Zudem treten Straßenkünstler wie Dixieland-Bands auf. Die Gäste werden von lebensgroßen Disney-Figuren begrüßt.

Modellfahrer in einer Rakete auf dem Dach des Space Mountain

Erkundung des Parks

Gehen Sie bei einem ganztägigen Besuch eine Stunde vorher zum Transportation and Ticket Center *(siehe S. 139)*. Die Main Street öffnet normalerweise 30 Minuten früher als der übrige Park.

Bei Ankunft erhalten Sie eine ausführliche Broschüre. Die sieben Länder sind übersichtlich um die Central Plaza angeordnet. Die Türme des Cinderella Castle sind eine gute Orientierungshilfe. Die Broschüre und die Informationstafel am Ende der Main Street geben die Zeiten der Shows und Paraden an, letztere auch die Wartezeiten.

Wenn Sie früh kommen, sollten Sie direkt zu den beliebtesten Attraktionen gehen (siehe die Top Ten im Kästchen), bevor sich dort die Warteschlangen bilden. Die Jüngsten möchten vielleicht vor allem Micky und Co sehen: Diese laufen überall im Park herum. Halten Sie sich nicht zu lange in der Main Street auf, da Sie dort auch noch eine Stunde nach der Schließung des Parks einkaufen können. Bleiben Sie bis zum Eintritt der Dunkelheit, da sich Magic Kingdom dann noch magischer gibt.

Am schnellsten sind Sie zu Fuß, doch es gibt auch amüsantere Transportmöglichkeiten. Eine Dampflokomotive hält auf ihrer 20minütigen Rundfahrt an Main Street, in Mickey's Toontown Fair und im Frontierland. Oldtimer tuckern die Main Street entlang, und die Skyway-Seilbahn zwischen Tomorrowland und Fantasyland bietet einen tollen Ausblick, auch wenn man sehr lange warten muß.

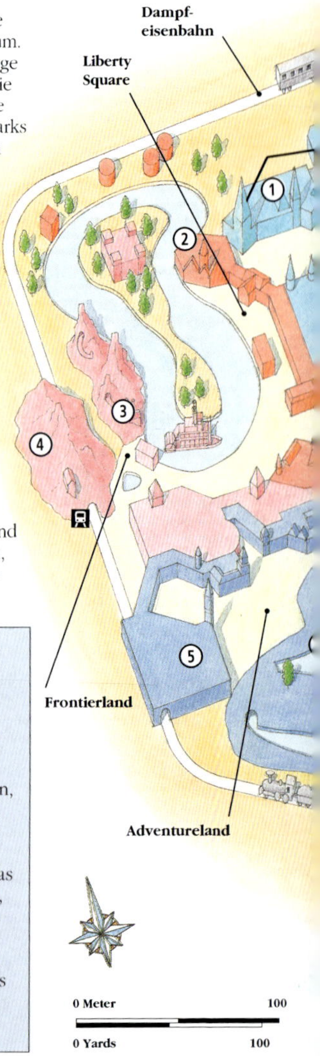

Shows und Paraden

Die Paraden im Magic Kingdom sind einmalig in ihrer Größe, Ausdruckskraft und Perfektion und ein unbedingtes Muß. In der Nachmittagsparade »Remember the Magic« treten unzählige, zum Teil riesengroße Disney-Figuren auf. Spectro-Magic bietet mit etwa 600 000 Mini-Glühbirnen auf Flößen, Elfen, Meerjungfrauen, Seepferden und Straußen Extravaganz am Abend. Diese Parade findet nur statt, wenn der Park lange geöffnet hat. Im Frontierland sind die Paraden meist nicht so überfüllt.

Die beste Show ist das Feuerwerk Fantasy in the Sky, das von Tinker Bell aus dem Märchen *Peter Pan* entfacht wird, wenn er vom Cinderella Castle fliegt. An einigen Abenden im Dezember findet im ganzen Park Mickey's Very Merry Christmas Party mit besonderen Dekorationen und Shows statt. Hierfür benötigen Sie Sondertickets, die Sie im voraus buchen sollten.

◁ **Mickymaus und Freunde vor dem Cinderella Castle**

Main Street, USA

Dies ist die romantische Version einer Hauptstraße und eines Rathausplatzes in einer US-Kleinstadt zu Beginn dieses Jahrhunderts. Baldachine schmücken bunte Geschäfte (in den Fenstern werden wichtige Disney-Angestellte geehrt), und auf den Dächern wehen Nationalflaggen. Altmodische Straßenlaternen und Barbershop-Quartetts runden das Bild ab. Ein Kino zeigt klassische Disney-Zeichentrickfilme. In der Main Street kann man einkaufen und praktische Dinge erledigen.

Adventureland

Üppiges Grün, Trommelschläge, Gebäude im Kolonialstil und kühle Plazas erinnern an Afrika, Polynesien und die Karibik. Hier ist alles Exotische vereint.

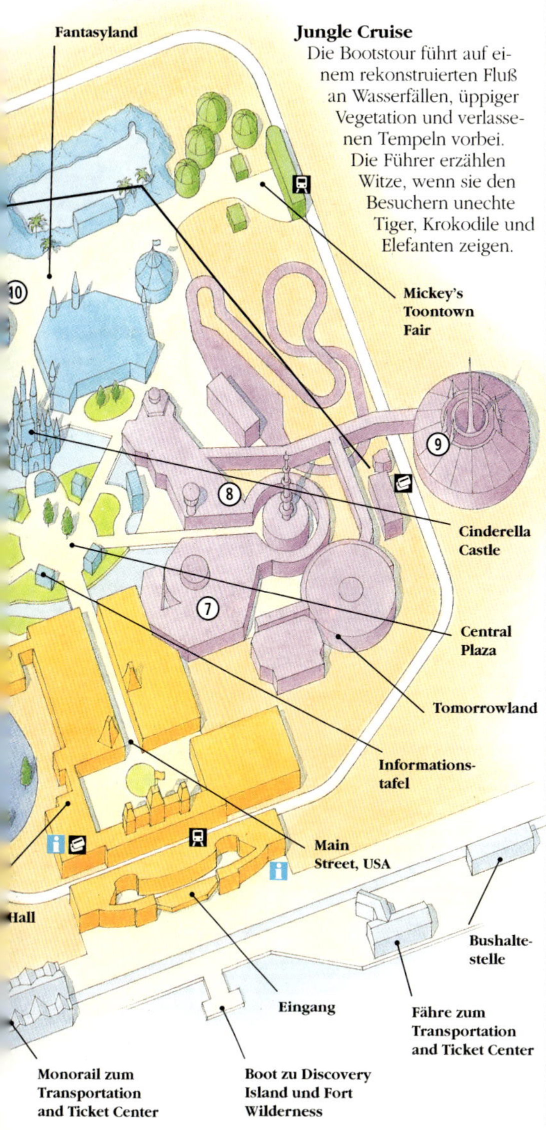

Jungle Cruise
Die Bootstour führt auf einem rekonstruierten Fluß an Wasserfällen, üppiger Vegetation und verlassenen Tempeln vorbei. Die Führer erzählen Witze, wenn sie den Besuchern unechte Tiger, Krokodile und Elefanten zeigen.

Die Top Ten

1. It's A Small World
2. The Haunted Mansion
3. Big Thunder Mountain Railroad
4. Splash Mountain
5. Pirates of the Caribbean
6. Jungle Cruise
7. The Timekeeper
8. ExtraTERRORestrial Alien Encounter
9. Space Mountain
10. Dumbo the Flying Elephant

Pirates of the Caribbean
Die Audio-Animatronics-Technik auf dieser zehnminütigen Fahrt, auf der ein Schloß beschossen wird und Piraten saufend und plündernd durch einen Hafen ziehen, übertrifft alles andere in Walt Disney World. Man kann sogar die dreckigen Füße und behaarten Beine der Piraten sehen.

Tropical Serenade
Der lebhafte Chor aus 200 trällernden, zwitschernden Vögeln war die erste Audio-Animatronics-Attraktion bei der Eröffnung des Disneyland Parks in Kalifornien 1963. Aus heutiger Sicht wirkt die Show recht statisch, ist jedoch auf ihre eigene exzentrische Weise unterhaltsam.

Legende

- Main Street, USA
- Adventureland
- Frontierland
- Liberty Square
- Fantasyland
- Mickey's Toontown Fair
- Tomorrowland
- Peripherie
- Skyway-Seilbahn
- Bahnhaltestellen
- Bank/Geldautomat
- Auskunft

Frontierland

Ein Saloon mit Schwingtüren, ein Grenz-Handelsposten, der Schuhbänder und Sheriff-Abzeichen verkauft, ein Schießstand und Cowboys: Das ist der Wilde Westen Amerikas à la Disney. In der **Diamond Horseshoe Saloon Revue** zeigen Schauspieler rund um die Uhr lebhafte Slapstick-Komödien und Cancan-Tänze in einem schönen Tanzsaloon. Im **Country Bear Jamboree** treten sprechende Hirsche, Büffel, Elchköpfe und eine Truppe liebenswerter, singender Roboter-Bären auf.

Will man den Massen entfliehen, bietet sich eine Floßfahrt zu **Tom Sawyer's Island** an (schließt bei Dämmerung). Das Palisadenfort, die Tunnel, Schwingbrücken, Wasser- und Windmühle sind ein Paradies für Kinder.

Frontierland bietet auch zwei der beliebtesten und nervenaufreibendsten Attraktionen des Parks: Big Thunder Mountain Railroad und Splash Mountain.

Splash Mountain
Angesichts der erschreckenden Talfahrt mit 65 km/h haben viele nicht mehr den Mut, diese wasserfallreiche Fahrt zu unternehmen. Wer sich jedoch nicht abschrecken läßt, macht zunächst einige Mini-Abfahrten, wobei Brer Rabbit und seine Freunde aus dem Walt-Disney-Film *Song of the South* (1946) die ganze Zeit über die Gäste unterhalten.

Einkaufen

Die Geschäfte der Main Street sind auf Disneyana spezialisiert, vom Taschenrechner bis zu Nudeln in Mickymaus-Form. Das Emporium bietet die größte Auswahl an Disney-Kleidung, Teddys, Autogrammbüchern etc. Disneyana Collectibles verkauft Poster, Romane und Trickfilmkunst in limitierter Auflage. Die Geschäfte der anderen Länder bieten auch Disney-fremde Artikel zu den jeweiligen Themen, von Cowboy-Boots im Frontierland zu Milky Way™ im Tomorrowland. Besonders interessant sind die afrikanischen Musikinstrumente und Holzschnitzereien in Traders of Timbuktu (Adventureland) und Heritage House (Liberty Square) mit Kochbüchern mit Rezepten aus dem Bürgerkrieg und Ansteckern der jüngsten Präsidentschaftswahlen.

Big Thunder Mountain Railroad
Diese harmlose, aber unterhaltsame Achterbahnfahrt führt an alten Bergbaugeräten, herunterstürzenden Felsen, Stalaktiten und Stalakmiten, Wasserfällen und einer überfluteten Goldgräberstadt vorbei.

Liberty Square

Bunte Holzhäuser, eine echte große Eiche (Liberty Tree) und die Rekonstruktion eines Bostoner Bethauses spiegeln Elemente der Kolonialzeit wider. Hier ist auch das hübscheste Stück des Parks – das **Liberty Square Riverboat**. Der Raddampfer fährt über die Flüsse Amerikas, an einer Indianersiedlung, der brennenden Blockhütte eines Siedlers und an Hirschen mit zuckenden Ohren vorbei.

The Hall of Presidents
Die für viele Amerikaner sehr bewegende Show setzt das patriotische Thema des Liberty Square fort. Höhepunkt ist der Aufruf aller 42 US-Präsidenten (bis heute), von denen jeder so echt aussieht und sich bewegt, daß man nicht glaubt, Puppen vor sich zu haben.

The Haunted Mansion
Bei dieser Attraktion fehlen selbst Staub und Spinnweben nicht. Die knarrenden Türen, starrenden Statuen, tanzenden Geister und fliegenden Gespenster sind eher amüsant als furchterregend.

Essen und Trinken

Im Magic Kingdom zu essen ist einfach: Viele Restaurants bieten amerikanische Durchschnittsküche, häufig Fast food. Wenn Sie besser essen und Alkohol trinken möchten (im Park verboten), fahren Sie mit der Monorail zu den Restaurants der nahe gelegenen Resorts *(siehe S. 322f)*.

Von den Full-Service-Restaurants hat Liberty Tree Tavern im Kolonialstil den besten Ruf. In der King Stefan's Banquet Hall im Cinderella Castle mit Buntglasfenstern und mittelalterlichen Bannern ist es sehr lebhaft. Für beide ist eine Reservierung beim WDW-DINE oder im Restaurant selbst erforderlich. Das ruhigste Fast-food-Restaurant ist Aunt Polly's auf Tom Sawyer's Island, das aber nur Sandwiches und kaltes Hähnchen serviert. Crystal Palace, ein Treibhaus im viktorianischen Stil an der Central Plaza, bietet Fleisch, Pasta und Salate.

Fantasyland

Dies ist das Herz und die Seele des Magic Kingdom. Sein Wahrzeichen, das beeindruckende Cinderella Castle aus Stahl und Fiberglas, erinnert an deutsche Märchen.

Die meisten Attraktionen sind auf kleinere Kinder ausgerichtet, wie das beliebte Karussell **Dumbo the Flying Elephant** und das alte Karussell von 1917. Drei Fahrten mit ausgeklügelter Audio-Animatronics-Technik basieren auf klassischen Märchen. Die beste ist **Peter Pan's Flight** über London hinweg zum Niemandsland. Vor der Hexe in **Snow White's Adventures** könnten sich kleine Kinder fürchten, und die überirdische Fahrt **Mr Toad's Wild Ride** ist ohne Kenntnisse des Buchs *Der Wind in den Weiden* von Kenneth Grahame recht verwirrend.

Die einzige Show im Fantasyland ist die rührselige **Legend of The Lion King**, bei der handbetriebene Puppen Szenen aus dem Film *König der Löwen* nachspielen.

It's A Small World
Die beste Fahrt im Fantasyland lohnt sich, um die volkstümlichste und schnulzigste Seite von Disney zu erleben. Ein Boot fährt an Puppenchören in stereotypen Szenen aus zig Ländern vorbei, die alle von Harmonie und Frieden auf Erden singen.

Mickey's Toontown Fair

Dieser Teil zieht vor allem, aber nicht nur, Kinder an. Hier sollen Micky und seine Freunde leben. Bei Mickys Haus in Originalgröße sollten Sie draußen auf Mickys Auto sowie Plutos Hundehütte und drinnen auf die Einkaufsliste mit sieben Käsesorten achten. Minnie Maus hat ihr eigenes Haus. Nervenkitzel bietet die Fahrt **Goofy's Barnstormer**, bei der ein Doppeldecker eine Achterbahn entlangfährt.

Eine Live-Pantomime für die Jüngsten präsentiert die verschiedenen Disney-Figuren. Außerdem haben die Kinder die Möglichkeit, in der Hall of Fame ihre Lieblingsfigur zu treffen. In ihrem Ankleidezimmer im Mickey's Hollywood Theatre empfängt die Mickymaus ihre Fans.

Tomorrowland

Statt eine ernsthafte (und leicht überholte) Vision der Zukunft heraufzubeschwören, zeigt Tomorrowland heute mehr Phantasie und Spannung. Obwohl dieser Teil angesichts der metallischgrauen Gebäude optisch weniger anspricht, befinden sich hier doch einige der Hauptattraktionen des Magic Kingdom.

Space Mountain
In der atemberaubendsten Fahrt fliegen Sie in einer Rakete von einer Abschußrampe in den Weltraum, in dem es abgesehen von den blinkenden Sternen so tiefschwarz ist, daß man jegliches Gefühl für Richtung verliert. Die Raketen fliegen nur 45 km/h, scheinen jedoch viel schneller zu sein.

ExtraTERRORestrial Alien Encounter
Hier spielt sich ein wirklicher Horrorfilm ab. Bei der direkten Konfrontation mit einem feindlichen Außerirdischen fährt Ihnen der Schreck in die Glieder, für viele Kinder sind diese Szenen jedoch einfach zu echt.

Walt Disney's Carousel of Progress
Die vier Audio-Animatronics-Darstellungen einer amerikanischen Familie zu verschiedenen Zeiten dieses Jahrhunderts machten die technische Entwicklung im Haushalt deutlich.

The Timekeeper
Die 360°-Circle-Vision-Show, die beste in Walt Disney World, vermittelt durch die Rundum-Projektion der Bilder das Gefühl, Teil der Handlung zu sein. Nach dem Besuch der Dinosaurier steigt Jules Verne (Autor von *In 80 Tagen um die Welt*) bei der Pariser Weltausstellung von 1900 dazu, und Sie fahren gemeinsam in Gegenwart und Zukunft.

Checkliste der Fahrten und Shows

Diese Übersicht soll Ihnen bei der Planung Ihres Besuchs helfen. Die Fahrten und Shows sind pro Land alphabetisch aufgelistet.
(F) Fahrt (S) Show

	Wartezeit 30 Min. und mehr	Dauer weniger als 15 Minuten	Kann Kinetose verursachen	Sehr gruselig	Tolle Audio-Animatronics	Gut für Vorschulkinder	Lehrreich
Jungle Cruise (F)	■	●			■	●	
Pirates of the Caribbean (F)	■	●			■		
Tropical Serenade (F)					■		
Big Thunder Mountain Railroad (F)	■	●	■		■		
Country Bear Jamboree (S)					■	●	
Diamond Horseshoe Saloon Revue (S)							
Splash Mountain (F)	■	●	■		■		
Hall of Presidents (F)					■		■
Haunted Mansion (F)	■	●			■		
Liberty Square Riverboat (F)					■		
Dumbo the Flying Elephant (F)	■	●				●	
It's A Small World (F)	■	●			■	●	
Legend of The Lion King (S)						●	
Mr Toad's Wild Ride (F)	■	●			■	●	
Peter Pan's Flight (F)	■	●			■	●	
Snow White's Adventures (F)	■	●			■	●	
Goofy's Barnstormer (F)	■	●	■			●	
ExtraTERRORestrial Alien Encounter (F)	■	●		●			
The Timekeeper (S)					■	●	■
Space Mountain (F)	■	●	■	●			
Walt Disney's Carousel of Progress (S)					■		■

Epcot

EPCOT IST DIE ABKÜRZUNG von Experimental Prototype Community of Tomorrow (Prototyp einer Versuchsstadt von morgen). Walt Disney hatte eine hypermoderne Stadt für etwa 20000 Einwohner geplant. Statt dessen wurde 1982 der anspruchsvollste Themenpark von Walt Disney World eröffnet, der sich an Erwachsene wendet.

Epcot hat zwei Bereiche. Future World ist eine teils lehrreiche, teils unterhaltsame Würdigung der wissenschaftlichen und technischen Errungenschaften der Menschheit. World Showcase präsentiert die architektonische, kulturelle und kulinarische Vielfalt von elf Ländern. Hier können Sie den Globus umrunden, ohne sich um Jetlag, Visa oder Pässe kümmern zu müssen.

Kopie eines chinesischen Tempels in World Showcase

Erkundung des Parks

EPCOT IST RIESIG – etwa zweieinhalbmal so groß wie Magic Kingdom. Sie sollten zwei Tage hierfür planen. Kalkulieren Sie für jeden der neun Pavillons in Future World und für die sechs Länder mit Attraktionen im World Showcase etwa eine Stunde ein. Für die anderen Länder im World Showcase reicht jeweils eine halbe Stunde aus.

Haben Sie nur einen Tag Zeit, konzentrieren Sie sich auf die Top Ten (Liste gegenüber), werfen Sie einen Blick in alle Länder des World Showcase und besuchen Sie dort eines der Restaurants.

In der Hauptsaison können Sie den größten Andrang vermeiden, wenn Sie alles gut planen. Kommen Sie früh, denn Teile von Future World öffnen etwa 30 Minuten vor dem Park.

Gehen Sie direkt zu den beliebtesten Attraktionen wie Body Wars und Honey, I Shrunk the Audience. Besuchen Sie Spaceship Earth und die Ausstellungen im Pavillon später. World Showcase öffnet etwa eine Stunde nach Future World. Nach dem halben Vormittag sollten Sie Mexiko und Norwegen ansteuern, danach zur Hauptbesuchszeit die anderen Länder. Am späten Nachmittag läßt der Andrang bei den Attraktionen von Future World nach. Die meisten Pavillons dort schließen vor dem World Showcase, wo Sie dann zu Abend essen und sich die IllumiNations Show ansehen können.

Für Erwachsene ist Epcot sehr interessant, nur wenig ist speziell auf Kinder ausgerichtet. Future World ist für Teenager spannend, World Showcase weniger. Denken Sie daran, einen Paß zu kaufen, den die Kinder in jedem Land abstempeln lassen können.

Die Informationstafel zwischen den Innoventions-Gebäuden zeigt die Wartezeiten bei den Attraktionen an. Gehen Sie auch zu den Schaltern des WorldKey Information Satellite, der die aktuellsten Informationen über Epcot herausgibt.

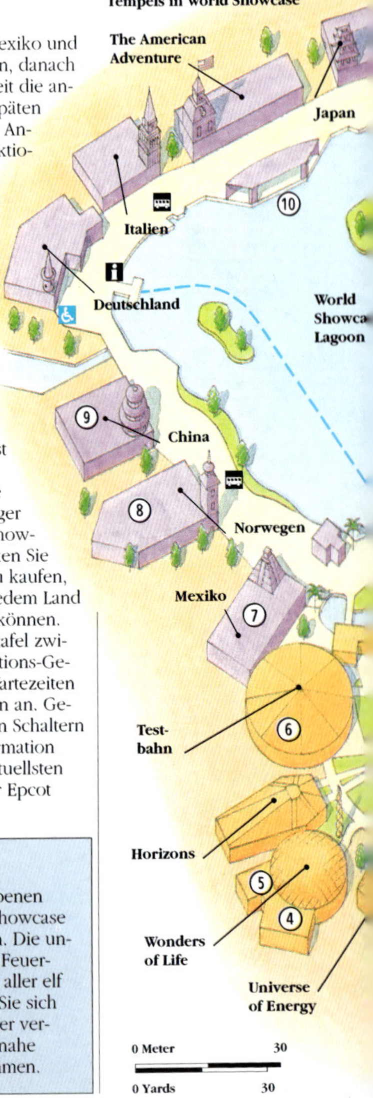

IllumiNations

Diese Show, die jeden Abend zur angegebenen Schließungszeit des Parks bei der World Showcase Lagoon stattfindet, sollten Sie nicht missen. Die unglaublich ausgefallene Licht-Ton-Show mit Lasern, Feuerwerk, Fontänen und einer prächtigen Beleuchtung aller elf Länder begleitet eine patriotische Hymne. Sichern Sie sich rechtzeitig einen guten Platz. Die meisten Zuschauer versammeln sich auf der Future-World-Seite des Sees nahe dem Eingang, um am Ende schneller herauszukommen.

◁ Die unverkennbare Kugel des Spaceship Earth, Mittelpunkt von Future World

Future World

Diese Hälfte des Parks wirkt recht unpersönlich, da sich alle Attraktionen in riesigen abstrakten Pavillons befinden. Jeder einzelne behandelt ein bestimmtes Thema im Leben auf diesem Planeten, wie Energie, Transportwesen, Kommunikation, Umwelt usw. Sie sind das Produkt der kreativen Zusammenarbeit zwischen Walt Disney World und Unternehmen wie General Motors, Exxon, AT&T, Kodak und Nestlé und werden ständig aktualisiert.

In einigen Pavillons gibt es verschiedene Attraktionen zu sehen, während sich andere auf nur eine Fahrt oder Show konzentrieren.

Spaceship Earth

Das imposante Wahrzeichen wird häufig mit einem Golfball verglichen. Die Außenhaut der riesigen Kugel aus Aluminium und Kunststofflegierungen besteht aus 14 000 Dreiecken. Insgesamt wiegt das Gebäude 6800 Tonnen. Bemerkenswert ist, daß das Regenwasser von der Oberfläche des Balls absorbiert und in die World Showcase Lagoon geleitet wird.

In Spaceship Earth führt eine lange, ruhige Zeitreise chronologisch durch die Geschichte der menschlichen Kommunikation mit ausgezeichneten Spezialeffekten und detaillierten Darstellungen, etwa wie Michelangelo die Decke der Sixtinischen Kapelle im Vatikan bemalt.

Innoventions

In den beiden großen Innoventions-Gebäuden gibt es modernes Spielzeug der weltweit besten Hersteller von Sega bis Lego, die jeweils eine Ausstellungsfläche sponserten. Einige Stücke sind bereits erhältlich, andere jedoch noch nicht auf dem Markt.

Im Haus der Zukunft können Sie mit Armband- und Videotelefonen experimentieren, sich mit Hilfe von Kopfhörern in Zeichentrickfilmen bewegen und per Computer eine Fahrt zu weit entfernten Orten unternehmen.

Universe of Energy

Ellen's Energy Crisis heißt eine Show mit integrierter Fahrt, in der die amerikanischen Fernsehkomiker Ellen De Generes und Bill Nye als Erzähler auftreten.

Zwischen lehrreichen, aber recht eintönigen Filmen über Energiequellen geht es durch eine feuchtkalte prähistorische Welt mit Audio-Animatronics-Dinosauriern. Bei den meisten Kindern ist diese Fahrt sehr beliebt, doch kleinere Kinder könnten sich vor den riesigen Dinosauriern fürchten.

Die Top Ten

1. **Honey, I Shrunk the Audience**
2. **The Living Seas**
3. **Spaceship Earth**
4. **Body Wars**
5. **Cranium Command**
6. **Testbahn**
7. **Mexiko**
8. **Maelstrom**
9. **Wonders of China**
10. **IllumiNations**

Legende

- World Showcase
- Future World
- Randgebiet
- Fähre
- Monorail
- Bushaltestelle
- Auskunft
- WorldKey Information Satellite
- Bank/Geldautomat
- Rollstuhlverleih

VON WALT DISNEY ZU WALT DISNEY WORLD

Walt Disney wollte, daß Epcot viel mehr als nur ein Themenpark sei – »eine Stadt von morgen, eine geplante, kontrollierte Gemeinschaft, ein Schaukasten der Industrie und Forschung in Amerika...«. Doch er starb 1966 im Alter von 65 Jahren an Lungenkrebs, und das Projekt wurde aufgegeben. Nach dem Tode seines Bruders änderte Roy Disney den Namen Disney World in Walt Disney World um, »damit die Leute immer wissen, daß dies Walts Traum war«. Zwar wurden Walt Disneys Epcot-Träume nie verwirklicht, doch er löste eine Revolution in der Unterhaltungsindustrie aus.

Disney sah sich als Mensch voller Ideen, nicht als Schauspieler oder Animateur. Seine größte Schöpfung ist wohl Mickymaus (die 1928 zum ersten Mal in *Steamboat Willie* auftrat), doch mit dem 1955 eröffneten Disneyland Park in Kalifornien erfand er das Konzept des Themenparks, wie wir es heute kennen. Er wollte einen Ort für die Familie schaffen, eine Welt der Kindheitserinnerungen, die in einem Land, das sich von der Depression und später vom Zweiten Weltkrieg erholte, riesigen Erfolg hatte.

Aufgrund disneyfremder Entwicklungen unterliegt Disneyland Park finanziellen Beschränkungen. In Florida beging Walt Disney diesen Fehler kein zweites Mal. Nachdem er mitten im Bundesstaat einen Standort gewählt hatte, ließ er 1965 Scheinunternehmen 11 100 Hektar Land für nur fünf Millionen Dollar kaufen. Das Ergebnis ist eine eigenständige Ferienwelt, in der Disney innerhalb der Grenzen von Walt Disney World sozusagen die Regierungsgewalt innehat.

FORTSETZUNG FUTURE WORLD

Wonders of Life

Der vor allem bei Kindern beliebte Pavillon behandelt den menschlichen Körper. Man kann die neuesten Sportgeräte ausprobieren und erfahren, wie man einen Baseball besser schlägt oder gesünder lebt. Der Film **The Making of Me** vermittelt unterhaltsam Fakten über das Leben.

Body Wars ist eine Fahrt durch den Blutkreislauf des Menschen, wobei Ihr Sitz parallel zur Handlung auf dem Bildschirm vibriert. Es gibt Alters-, Größen- und Gesundheitsbeschränkungen sowie Warteschlangen. Manche Besucher bekommen Kinetose.

In **Cranium Command**, der lustigsten Show in Epcot, befinden Sie sich im Gehirn des Jugendlichen Bobby und sehen, wie ein durch Audio-Animatronics betriebener Pilot den typischen Schultag mit Herausforderungen wie Liebe und Hunger erlebt.

Horizons

Hier ist das 21. Jahrhundert Thema. Von Gondeln werfen Sie einen Blick in die Zukunft, wie sie Schriftsteller wie Jules Verne und Science-fiction-Filme voraussahen. Nach einem IMAX-Film fahren Sie weiter ins nächste Jahrhundert, wo mögliche Landschaften der Zukunft, u.a. Kolonien im Weltraum, von per Audio-Animatronics gesteuerten Menschen bewohnt werden.

Testbahn

Dieser Pavillon bietet die aufregendste Fahrt in Epcot, bei der General Motors zeigen, wie sie Fahrzeuge testen.

Testfahrzeuge und -geräte sind zu sehen, Höhepunkt ist jedoch der **Test Track – the Automotive Adventure**, die längste und schnellste Fahrt in Walt Disney World. Sechs-Personen-Fahrzeuge durchlaufen einen Straßentest, bei dem Klötze die Bremsen testen, und einen Umweltkammertest mit arktischer Kälte und glühender Hitze. Beim Hochgeschwindigkeitstest rasen die Wagen um den Pavillon herum.

Wenn Sie wieder zu Atem gekommen sind, können Sie sich interaktive Darbietungen sowie einen Multimedia-Film ansehen, in dem die neuesten GM-Modelle sowie die Autos der Zukunft gezeigt werden.

Journey into Imagination

Erstklassig ist hier der erstaunlich reale 3-D-Film **Honey, I Shrunk the Audience**. Der verrückte Professor aus dem Film *Liebling, ich habe die Kinder geschrumpft* schrumpft das Publikum. Spezialeffekte erwecken den Eindruck, als ob ein riesiger Hund Sie beschnüffelt und Hunderte von Mäusen um Ihre Füße huschen.

Journey into Imagination ist eine unbeschwerte, amüsante Fahrt auf der Suche nach Ideen in Kunst und Wissenschaft, jedoch zu kompliziert und zu lang. Erfolgrei-

CELEBRATION FLORIDA

Celebration entstand als neue Stadt mit alten Werten auf ehemaligem Sumpfgebiet neben Walt Disney World. Disney will in Anlehnung an die romantischen Straßen von Charleston in South Carolina die idyllische Kleinstadtatmosphäre mit freundlichen Nachbarn und Tante-Emma-Läden, an die sich viele Amerikaner mittleren Alters noch gerne erinnern, wiederaufleben lassen.

1996 zogen die ersten der etwa 20 000 Bewohner ein. Die fußgängerfreundlichen Straßen, die nostalgischen Gebäude (von angesehenen Architekten entworfen) und das Krankenhaus, das »Leib und Seele« behandelt, scheinen für Menschen, die vor dem modernen Stadtleben flüchten wollen, wie geschaffen zu sein. Doch Celebration hat strenge Vorschriften: Sichtbare Vorhänge müssen weiß oder cremeweiß sein und Pflanzen an der Straßenseite von Disney genehmigt werden. Doch in gewisser Hinsicht ist Celebration wie jede andere Stadt auch: Die Öffentlichkeit hat freien Zugang und kann sich hier überall umsehen.

cher dagegen ist **The Image Works** mit einer Reihe hochtechnischer, interaktiver Spiele, wie Malen auf einem Computer-Bildschirm oder die Aktivierung eines Orchesters mit einer Handbewegung, die kreatives Geschick erfordern.

The Land

Nahrung und Landwirtschaft sind das Thema von The Land. Hier führen Wissenschaftler alle möglichen Forschungsarbeiten durch. Ein biotechnisches Labor untersucht die Aufrechterhaltung von Leben im Weltraum.

Circle of Life mit Figuren aus dem Film *König der Löwen* ist ein aufrüttelnder, 20minütiger Film mit einer Umweltbotschaft. In dem genialen Musical **Food Rocks** werden Obst, Gemüse und Küchenutensilien zu Popstars wie Pita Gabriel und Neil Moussaka, die bekannte Hits mit auf Nahrung abgestimmten Texten singen.

Die 15minütige Bootsfahrt **Living with the Land** zeigt Vergangenheit, Gegenwart und Zukunft der Landwirtschaft mit unterschiedlichen Landschaften (wie Rekonstruktionen von Regenwald, Prärie und Wüste) und Treibhäusern, in denen Getreide dank spezieller Anbautechniken wächst, etwa Hydrokultur, bei der keine Erde erforderlich ist. Weitere Informationen gibt eine einstündige Tour.

The Land hat die besten Restaurants im World Showcase, darunter ein Restaurant mit Sitzplätzen *(siehe S. 153)*, das mittags sehr gut besucht ist, und eine große Fast-food-Halle.

The Living Seas

Das Tiefseeforschungszentrum Sea Base Alpha, in dem man sich scheinbar wirklich unter Wasser befindet, ist die raffinierteste Attraktion in Future World. In einem riesigen, 60 Meter breiten Aquarium, angeblich dem größten der Welt, mit Riff und etwa 6000 Bewohnern, leben Schildkröten, Haie und Delphine.

In einem Becken können Sie Seekühe aus der Nähe beobachten. Videos zeigen die Ökosysteme des Meeres. Zu den Exponaten gehören ein Röhrchen mit Plankton und Roboterinstrumente für die Unterwasserforschung. Es gibt auch einen Tauchanzug, den Sie betätigen können. Manchmal führen Wissenschaftler und Taucher Unterwasserexperimente durch.

> **DISNEYS AUDIO-ANIMATRONICS®**
>
> Mit diesem einzigartigen System werden dreidimensionale Figuren, vom Menschen bis zur Blume, durch modernste Technik, die Geräusche und Bewegungen aufeinander abstimmt, zum Leben erweckt. Die elektronische und mechanische Ausstattung liegt unter einer Fiberglashülle, die entsprechend dem Zweck bemalt, überzogen oder bekleidet ist. So kann Abraham Lincoln in der Hall of Presidents im Magic Kingdom 15 verschiedene Mienen aufsetzen, und drei Dutzend Figuren in der Show The American Adventure im World Showcase bewegen sich und sprechen bemerkenswert echt. Das 1963 erfundene Audio-Animatronics-System wird von Disneys »Imagineers« – den kreativen Geistern hinter den Themenparks – ständig verbessert.

CHECKLISTE DER FAHRTEN UND SHOWS

Diese Übersicht soll Ihnen bei der Planung Ihres Besuchs helfen. Die Fahrten und Shows sind alphabetisch aufgelistet.

(F) FAHRT (S) SHOW

	WARTEZEIT 30 MIN. UND MEHR	DAUER WENIGER ALS 15 MINUTEN	KANN KINETOSE VERURSACHEN	SEHR GRUSELIG	TOLLE AUDIO-ANIMATRONICS	GUT FÜR VORSCHULKINDER	LEHRREICH
BODY WARS (F)	■	●	■				
CIRCLE OF LIFE (S)							■
CRANIUM COMMAND (S)					■		■
ELLEN'S ENERGY CRISIS (S)					■		■
FOOD ROCKS (S)		●			■	●	
HONEY, I SHRUNK THE AUDIENCE (S)	■						
HORIZONS (F)		●			■		■
LIVING WITH THE LAND (F)	■	●					■
JOURNEY INTO IMAGINATION (F)		●			■		■
SPACESHIP EARTH (F)	■	●			■		■
THE MAKING OF ME (S)		●					■
TEST TRACK (F)	■		■				■
THE AMERICAN ADVENTURE (S)					■		
EL RIO DEL TIEMPO (F)					■		■
IMPRESSIONS DE FRANCE (S)		●					■
MAELSTROM (F)	■	●			■		■
O CANADA! (S)							■
WONDERS OF CHINA (S)							

WORLD SHOWCASE

DIE TEMPEL, KIRCHEN, Rathäuser und Schlösser dieser elf Pavillons oder Länder sind Kopien echter Gebäude oder im Landesstil gestaltet. World Showcase ist aber viel mehr als nur eine Aneinanderreihung architektonischer Stilelemente. In jedem Pavillon verkaufen Bewohner des dargestellten Landes hochwertige, landestypische Produkte und überraschend gute Nationalgerichte.

Zu bestimmten Zeiten (siehe Broschüre) treten Einwohner eines jeden Landes auf den Vorplätzen in Live-Shows auf. Am besten sind die Akrobaten aus China und die Lebenden Statuen aus Italien. Nur wenige Pavillons bieten auch Fahrten an, viele zeigen Filme auf riesigen Leinwänden über Geschichte, Kultur und Landschaften ihres Landes. Einige haben sogar Kunstgalerien, die jedoch wenig beachtet werden.

Doppeldeckerbusse fahren um den See (2 km), zu Fuß ist man gewöhnlich schneller. Fähren fahren auf der World Showcase Lagoon von Kanada nach Marokko sowie von Mexiko nach Deutschland und zurück.

Mexiko

Eine Maya-Pyramide birgt die beachtlichste Innenausstattung des World Showcase. Die Verkaufsstände mit Sombreros, Ponchos und Pappmaché-Tieren *(piñatas)*, das erstklassige Restaurant und die *Mariachi*-Spieler auf der Plaza im Kolonialstil sind in pinkfarbenes Halbdunkel getaucht. Als Krönung brodelt im Hintergrund ein Vulkan.

Die ruhige Bootstour **El Río del Tiempo** (Fluß der Zeit) führt durch Audio-Animatronics- und cineastische Szenen aus Vergangenheit und Gegenwart Mexikos.

Norwegen

Zu den jüngsten Gebäuden im World Showcase gehören Kopien einer alten Wikingerkirche und des Akershus-Schlosses (Festung an Oslos Hafens, 14. Jh.), die an einem Platz mit Kopfsteinpflaster angeordnet sind.

Hier können Sie Trolle, Sweat-Shirts und andere einheimische Produkte kaufen. Hauptattraktion ist **Maelstrom**, eine kurze, aufregende Fahrt in einem Langschiff über die Fjorde, in ein Troll-Land und über die mit Bohrtürmen versehene Nordsee bis zu einem Fischerhafen. Nach der Fahrt wird ein Film über Norwegen gezeigt.

China

Herzstück dieses Pavillons ist eine Kopie des bekannten Wahrzeichens von Peking, des Palasts des Himmlischen Friedens in halber Größe. Die friedliche Atmosphäre kontrastiert mit dem Rummel manch anderer Pavillons.

Der Film **Wonders of China** mit 360° Rundumsicht (parallel auf neun Leinwänden) zeigt die beeindruckendsten, recht unbekannten antiken Stätten und Landschaften Chinas. Während des Films müssen Sie stehen. Auf der weitläufigen Empore des Pavillons wird alles, von chinesischen Lampions und bemalten Schirmen bis zu Teebeuteln, verkauft. Die Restaurants sind leider recht enttäuschend.

Deutschland

Amerikas Deutschlandbild zeigt eine Ansammlung von Gebäuden mit Giebeln und Türmchen um den St. Georgsplatz. Sie basieren auf echten Gebäuden aus ganz Deutschland, darunter eine Markthalle aus Freiburg und eine Burg aus dem Rheintal. Teilen Sie Ihre Zeit so ein, daß Sie das stündliche Glockenspiel auf dem Platz hören können.

Manchmal spielt ein Akkordeonspieler. Geschäfte bieten eigenartige oder raffinierte Souvenirs wie wunderschöne Hummel-Figuren. Zur Abrundung des Deutschlandeindrucks müssen Sie hier unbedingt essen.

Italien

In dem relativ kleinen Pavillon dominiert Venedig: von Gondeln, die an Zuckerstangen in der Lagune vertäut sind, bis zu Kopien eines hohen Glockenturms aus rotem Backstein und des Dogenpalastes (14. Jh.) am Markusplatz. Selbst der falsche Marmor sieht echt aus. Die dahinterliegenden Gebäude sind im Veroneser- und Florentiner-Stil gehalten. Die Neptun-Statue ist die Kopie einer Bernini-Arbeit.

Der Schwerpunkt liegt hier auf der Architektur, doch Sie sollten auch in einem der Restaurants essen oder in den Geschäften stöbern, in denen Sie Pasta, Amaretto und Wein kaufen können.

The American Adventure

Mittelpunkt des World Showcase ist dieser Pavillon, obwohl ihm Liebe zum Detail und der Charme der meisten anderen Pavillons fehlen. Dennoch sind die Amerikaner von **The American Adventure** in einem großen Gebäude im gregorianischen Stil sehr angetan. Ausländer erhalten hier einen interessanten Einblick in die amerikanische

WORLD SHOWCASE: HINTER DEN KULISSEN

Wollen Sie Walt Disney World näher kennenlernen, bieten sich die Touren hinter die Kulissen an, wie z. B. Hidden Treasures (2 Std.), die sich der Architektur und den Traditionen der dargestellten Länder widmen. Gardens of the World erklärt die Entstehung der Gärten im World Showcase. Sie erhalten sogar Tips, wie Sie etwas Disney-Magie mit nach Hause nehmen können. Diese Touren kosten etwa 25 Dollar pro Person. Wenn Sie 160 Dollar und etwas mehr Zeit haben, bietet sich die Tour Backstage Magic an, die alle drei Parks umfaßt. Ein Höhepunkt ist der Besuch des berühmten Tunnelsystems, das dem Magic Kingdom zugrunde liegt. Informationen über alle Disney-Touren erhalten Sie unter der Nummer (407) WDW-TOUR/(407) 939-8687.

Psyche. Die Show ist eine eindeutig patriotische, jedoch zum Nachdenken anregende Reise durch die amerikanische Geschichte. Es sind Filme und ausgezeichnete Audio-Animatronics-Figuren zu sehen, z.B. der Schriftsteller Mark Twain und der große Staatsmann des 18. Jahrhunderts, Benjamin Franklin.

Japan

Dies ist ein schlichter Platz mit traditionellem japanischem Garten, Samurai-Festung und Pagode im Stil eines Tempels in Nara (7. Jh.), dessen Stockwerke die fünf Elemente Erde, Wasser, Feuer, Wind und Himmel verkörpern.

Das Mitsukoshi-Warenhaus, eine Kopie der Zeremonienhalle des Kaiserlichen Palastes in Tokio, verkauft Kimonos, Windspiele und Bonsaibäume. Hier kann man eine Perle aus einer Auster fischen. Einen wahren Eindruck von Japan vermitteln nur die Restaurants.

Marokko

Marokko zeigt sich mit emaillierten Kacheln, schlüsselförmigen Türen, rötlichen Festungsmauern und verschlungenen Gassen einer Medina (Altstadt), in die eine Kopie eines Tores in der Stadt Fez führt. Einheimische Artisten verleihen der Show noch größere Authentizität.

Hier gibt es wunderschönes Kunsthandwerk. Die Gassen der Altstadt führen zu einem geschäftigen Markt mit Läden, die Teppiche, Messingartikel, Lederwaren und Tücher verkaufen. Das Restaurant Marrakesch bietet Bauchtanz und Couscous.

Frankreich

In Frankreich dominiert gallisches Flair, von der Architektur (darunter eine 1:10-Kopie des Eiffelturms, Pariser Belle-Epoque-Häuser und die Hauptstraße eines Bauerndorfes) bis zu den erstklassigen Geschäften (Parfüm, Wein und Baskenmützen). Französische Lebensmittel bieten mehrere Restaurants, eine Pâtisserie verkauft Croissants und Kuchen. Ein ruhiger, mit klassischer Musik untermalter Film mit dem Titel **Impressions de France**, der auf fünf benachbarten Leinwänden gezeigt wird, vermittelt einen Eindruck von den schönsten Landschaften Frankreichs.

Großbritannien

Den Mittelpunkt bildet der Rose and Crown Pub, der landestypische Spezialitäten wie Pasteten aus Cornwall, Fish and Chips und Faßbier – das für den amerikanischen Geschmack jedoch gekühlt ist – bietet. Das Lokal umgeben hübsche Gärten und Gebäude unterschiedlicher Architektur, darunter eine Hampton Court nachempfundene Burg, die Imitation einer Regency-Terrasse und ein reetgedecktes Häuschen (dessen Dach aber aus Kunststoffborsten besteht).

Hier bietet sich ein Bummel durch die Geschäfte an, die alles mögliche, von Tee und Porzellan bis zu Sweatshirts, Krawatten im Schottenmuster, Teddybären und Spielzeugsoldaten, verkaufen.

Kanada

Ein neun Meter hoher Totempfahl, eine Holzhütte, die Kopie des Château Laurier Hotel im viktorianischen Stil aus Ottawa, eine Felsenschlucht und Ziergärten bestimmen diesen sehr weiträumigen, ziemlich ernst wirkenden Pavillon.

Die ganze Vielfalt Kanadas, vor allem die großartige Landschaft, unterstreicht der Circle-Vision-Film **O Canada!** Das Publikum steht in der Mitte des Theaters und dreht sich, um den Film der Reihe nach auf neun Leinwänden zu verfolgen. In den kanadischen Geschäften sind Kunsthandwerk der Indianer und Eskimos sowie verschiedene Spezialitäten, etwa Wein, erhältlich.

Essen und Trinken

Der Besuch eines Restaurants ist in Epcot und im World Showcase ein unbedingtes Muß. Einige neuere Pavillons haben passable Fast-food-Einrichtungen, in den besseren Restaurants (darunter die im folgenden aufgelisteten) müssen Sie reservieren. Sobald Sie wissen, wann Sie Epcot besuchen, sollten Sie möglichst früh unter der Nummer (407) 939-3463 mit Hilfe der Fernsehmonitore des WorldKey Information Satellite *(siehe S. 148)* buchen. Die meisten Restaurants sind mittags und abends geöffnet. Weniger belebt ist es um 11 oder 16 Uhr. Das Mittagessen kostet rund 30 Prozent weniger als das Abendessen. Selbst die feinsten Restaurants servieren Kindermenüs.

In World Showcase zu empfehlen sind:
Mexiko: San Angel Inn ist mit seiner interessanten, günstigen Küche ideal für ein romantisches Abendessen.
Norwegen: Akershus bietet ein reichhaltiges *koldtbord* (Buffet) mit ungewöhnlichen Gerichten in Schloßambiente.
Deutschland: Im Biergarten mit Bierzeltatmosphäre wird ein günstiges, herzhaftes Buffet zu Rumtata-Musik geboten.
Italien: Das anspruchsvolle Restaurant L'Originale Alfredo di Roma ist sehr beliebt und sympathisch chaotisch.
Japan: In den Teppanyaki Dining Rooms sitzt der grillende, rührende Koch in Ihrer Mitte; an der Bar des Tempura Kiku (keine Reservierungen) können Sie Sushi essen.
Frankreich: Es gibt drei erstklassige Restaurants: das renommierte Bistro de Paris (nur abends); Chefs de France, das eleganteste und teuerste Restaurant in Epcot mit angeblich französischen Köchen, und Au Petit Café (keine Reservierungen), das Steaks, Schnecken und Crêpes bietet.

In Future World zu empfehlen sind:
The Land: Der rotierende Garden Grill passiert Rekonstruktionen von Regenwald, Prärie und Wüste, und Disney-Figuren bieten Unterhaltung.
The Living Seas: Das teure Coral Reef bietet Fisch auf dem Teller und im Aquarium des Pavillons.

ROSSROADS
OF THE WORLD
STOP

Disney & Co.

Disney-MGM Studios

Die 1989 eröffneten Disney-MGM Studios sind der dritte und kleinste Themenpark von Walt Disney World und zugleich reale Studios für Film- und Fernsehaufnahmen. Shows und Fahrten basieren auf Filmen von Disney und Metro-Goldwyn-Mayer (deren Rechte Disney gekauft hat), und lehrreiche, zugleich unterhaltsame Shows und Touren geben Besuchern einen Einblick in die Entstehung von Filmen und Fernsehshows. Einige der Attraktionen wechseln jährlich, da jeder neue Disney-Star in eine Show oder Parade integriert wird. Nur auf Touren erfährt man, wie in den Studios, die die Hälfte des Parks ausmachen, gearbeitet wird. Genau wie die Universal Studios sind auch die Disney-MGM Studios hauptsächlich auf Teenager und Erwachsene ausgerichtet, nur etwas nostalgischer und halb so groß.

Mann's Chinesisches Theater

Erkundung des Parks

Besucher der Disney-MGM Studios sollten zwei Dinge beachten: Erstens kann man alles an einem Tag sehen, vor allem, wenn der Park erst spät schließt, und zweitens ist der Park recht klein, und nur wenige Attraktionen sind überfüllt. Die Informationstafel an der Kreuzung Hollywood und Sunset Boulevard informiert über Wartezeiten.

Am besten kommen Sie früh und besuchen möglichst viele der beliebten Fahrten und Shows direkt: siehe Liste der Top Five gegenüber.

Die informativen Touren – Disney-MGM Studios Backlot Tour und The Magic of Disney Animation – bieten sich während der Arbeitszeiten an, weil es dann mehr zu sehen gibt. Höhepunkt am Abend sind die Freilicht-Veranstaltungen und nach Einbruch der Dunkelheit der durch Laser und Neonlichter in ein zauberhaftes Licht gerückte Park.

Die Anordnung der Studios ist recht unübersichtlich. Der Themenpark mit freiem Zutritt ist auf der unteren Kartenhälfte und erstreckt sich über Hollywood und Sunset Boulevard, Echo Lake und New York Street (auch mögliche Drehorte). Die Arbeitsbereiche liegen in der oberen Kartenhälfte in dem als Sound Stages markierten Bereich.

Vor allem im Winter werden in den Sound Stages manchmal Fernsehshows aufgezeichnet. Das Production Information Window an den Drehkreuzen außerhalb des Parks hat Einzelheiten und Eintrittskarten (stets nach dem Motto: Wer zuerst kommt, mahlt zuerst).

Für viele kleine Kinder sind die Spaß-Fahrten in den Studios zu aufregend und die lehrreichen zu lang und zu theoretisch. Sie mögen am liebsten die Voyage of the Little Mermaid sowie die beiden Musicals im Freien, die auf den neuesten Zeichentrickfilmen basieren und auf der New York Street sowie am Sunset Boulevard aufgeführt werden.

Paraden und Feuerwerke

Sie sollten auf keinen Fall die lustige Parade verpassen, die auf den beliebtesten Disney-Filmen basiert (z.B. *Toy Story* oder *101 Dalmatiner*) und täglich zweimal in der Haupt- und einmal in der Nebensaison stattfindet. Genaue Zeiten entnehmen Sie der Broschüre. Das sicherlich beste Feuerwerk in Walt Disney World ist Sorcery in the Sky. Es findet zehn Minuten vor der Schließung statt, wenn der Park bis 21 Uhr und später geöffnet ist. Der Himmel erstrahlt zur Musik aus *Fantasia*, einem der ersten und beliebtesten Zeichentrickfilme von Walt Disney.

◁ **Hollywood Boulevard, Hauptstraße der Disney-MGM Studios**

Hollywood Boulevard

Gebäude mit Neonlichtern in grellen Farben, einige im Art-déco-Stil, andere im phantasievollen orientalischen oder spanischen Stil, versetzen auf der Hauptstraße ins Goldene Zeitalter von Hollywood in den 30er und 40er Jahren, obwohl dies nie dem wahren Hollywood entsprach.

Sogenannte Streetsmosphere Characters (eine lebhafte Gruppe Starlets, Polizisten, Taxifahrer und Reporter) belästigen die Gäste wegen Autogrammen oder jagen einer Exklusivstory hinterher. Die Luft ist erfüllt von der Musik umherziehender Künstler.

Die Geschäfte sollten Sie sich für später aufheben *(siehe S. 158)*. Gehen Sie erst zum Great Movie Ride.

The Great Movie Ride
Den zentralen Platz dominiert eine Reproduktion des Mann's Chinese Theater in Original-Größe mit den Hand- und Fußabdrücken von Prominenten – wie beim echten Theater auf dem echten Hollywood Boulevard. Drinnen findet der unvergleichliche, rasante Great Movie Ride statt.

Auf der Fahrt werden mit Hilfe realistischer Audio-Animatronics-Figuren von Personen wie James Cagney, Clint Eastwood und John Wayne Szenen aus Filmen wie *Casablanca, Du sollst mein Glücksstern sein, Jäger des verlorenen Schatzes, Der Zauberer von Oz* und *Alien* gezeigt. Live-Veranstaltungen (mit echten Menschen) gibt es auch.

Sunset Boulevard

Sunset Boulevard ist, wie Hollywood Boulevard, eine rosarote Darstellung der berühmten Straße Hollywoods in den 40er Jahren. An einer palmengesäumten Straße wurden Theater und Schaufenster (einige sind echt, andere Fassade) mit Disneys typischer Detailgenauigkeit rekonstruiert. Das eine Straßenende beherrscht das Hollywood Tower Hotel.

Im Beverly Sunset Theater gibt Micky Autogramme. Bei einem Besuch des Theater of the Stars tanzen die Teetassen und Kerzen in der seit langem laufenden Show **»Beauty and the Beast« Live on Stage** (*Die Schöne und das Biest*).

The Twilight Zone Tower of Terror™
Das vom Blitz zerstörte, heruntergekommene Hollywood Tower Hotel ist Schauplatz der unheimlichsten Fahrt Orlandos, auf der Sie sich wie in der Fernsehserie *The Twilight Zone* aus den 50er Jahren in einem Fahrstuhl befinden.

Die Fahrstuhltüren geben den Blick auf gespenstische Korridore frei, doch man kann sich nur schwer auf etwas anderes als den Sturz über 13 Stockwerke konzentrieren, dessen Zeitpunkt keiner kennt. Wenn sich Ihre Anspannung in Grenzen hält, können Sie einmalige Spezialeffekte und einen herrlichen Blick über den Park genießen.

Die Top Five

1. **Jim Henson's Muppet™ Vision 3d**
2. **Star Tours**
3. **The Great Movie Ride**
4. **Voyage of The Little Mermaid**
5. **Twilight Zone Tower of Terror™**

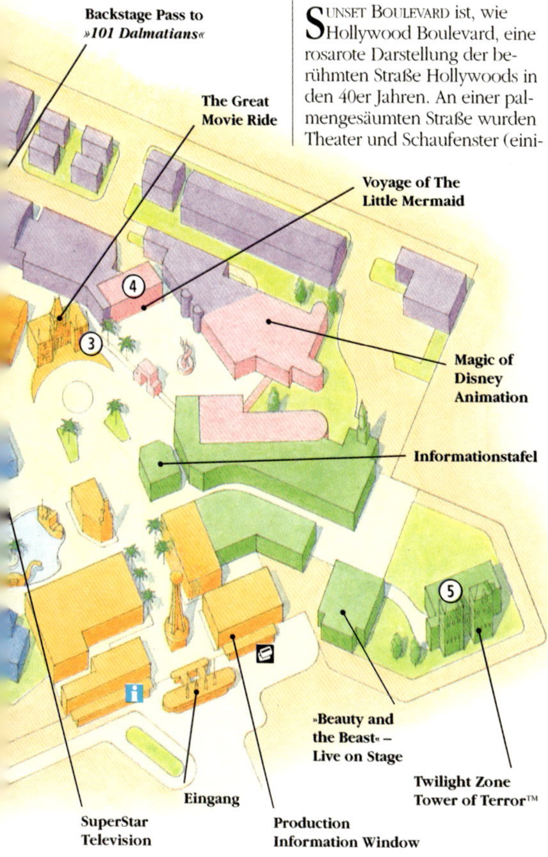

Legende

- Hollywood Boulevard
- Sunset Boulevard
- Animation Courtyard
- Sound Stages
- New York Street
- Echo Lake
- Randgebiete
- Informationszentrum
- Bank/Geldautomat

Animation Courtyard

Im Animation Courtyard können Sie bei der Entwicklung der Audio-Animatronics-Technik von Disney einen Blick hinter die Kulissen werfen.

Magic of Disney Animation
Die faszinierendste Tour der Disney-MGM Studios beginnt mit einer Vorführung der vielen Oscarauszeichnungen und der Original-»Cels«-Zeichnungen, die jeweils ein Bild in einem Zeichentrickfilm darstellen. Nach einem Film, in dem der Schauspieler Robin Williams die Entstehung der Zeichentrickfilme erklärt, geht es in die Arbeitsräume. Die Trickfilmzeichner sitzen hinter einer Fensterscheibe, doch auf Monitoren wird jeder einzelne Schritt erklärt – z.B. die Entstehung der Handlung oder die Verbesserung der Zeichentrickbilder in den Druck- und Farbabteilungen.

Voyage of The Little Mermaid
Die auf dem Zeichentrickfilm *Arielle, die kleine Meerjungfrau* basierende Gesangs- und Tanzshow wird von Zeichentrick-, Audio-Animatronics- und lebenden Figuren aufgeführt. Laser- und Wassereffekte erwecken den Eindruck einer Unterwassergrotte. Kenntnisse über die Handlung des Films sind hilfreich. Die Show ist bei allen Altersklassen beliebt, nur kleine Kinder fürchten sich manchmal vor dem Gewitter.

Sound Stages

Hier kann man einen Blick in den Arbeitsbereich der Studios werfen. Filme mit der Bezeichnung *The Making of...*, die die Entstehung der jüngsten Disney-Filme erklären, sind technisch häufig sehr komplex, aber dennoch faszinierend. Wenn Sie wenig Zeit haben, sollten Sie die Studios Backlot Tour vorziehen.

Backstage Pass to *»101 Dalmatians«*
Zu Beginn dieser 25minütigen Tour über den Film *101 Dalmatiner* können Sie Dalmatinerwelpen mit ihrem Trainer beobachten, später wird die Herstellung und Betätigung der Welpenpuppen gezeigt. Auch sind einige Requisiten des Films zu sehen.

Disney-MGM Studios Backlot Tour
Am beeindruckendsten ist diese halbstündige Tour, wenn gerade ein Film gedreht wird.

Auf einer Bahnfahrt können Sie einen Blick in die Garderoben, Kamera-, Requisiten- und Beleuchtungsräume sowie die Vorstadthäuser werfen, die für Außenaufnahmen von Shows genutzt werden. Jeder wird sich an Catastrophe Canyon erinnern, wo Besucher von Überflutungen und Explosionen bedroht werden.

Der zu Fuß zurückzulegende Abschnitt hat informativen Charakter. Unter Beteiligung des Publikums werden einige Spezialeffekte aus Filmen gezeigt und in einem Becken Kampfszenen auf dem Meer nachgestellt. Sie werfen auch einen Blick in drei Sound Stages, in denen vielleicht eine Fernsehshow, Werbung oder ein Film gedreht werden.

New York Street

In dieser Version von New York sind die Hausstrukturen auf Kunststoff und Fiberglas gemalt und Fassaden mit Trägern gestützt. Wäsche auf der Leine vor einem Reihenhaus, ein chinesischer Waschsalon und das Empire State Building (mit aufgemalter, vergrößernder Perspektive) verleihen dem Big Apple Authentizität. Früher waren die Straßen für Besucher gesperrt, doch heute können Sie hier frei herumlaufen, obwohl noch Filme gedreht werden.

The Hunchback of Notre Dame: A Musical Adventure
Dieses Musical basiert auf Disneys Zeichentrickfilm *Der Glöckner von Notre Dame* von 1996.

Honey, I Shrunk the Kids Movie Set Adventure
Mit kleinen Kindern dürfen Sie diesen phantasievollen Spielplatz mit neun Meter hohen Grashalmen, einer Filmrolle als Rutsche und einer Ameise von der Größe eines Ponys auf keinen Fall missen. Hier können es Kinder stundenlang aushalten. Wegen der geringen Größe sollten Sie möglichst früh kommen.

Jim Henson's Muppet™ Vision 3-D
In diesem sehr unterhaltsamen, dreidimensionalen Slapstick-Film (mit den Muppets) stürzen Posaunen, Autos und

Essen und Trinken

Vor allem wegen der Atmosphäre in dreien der Restaurants in den Disney-MGM Studios lohnt es sich auf alle Fälle, einen Tisch zu reservieren, und zwar unter der Nummer (407) 939-3463/WDW-DINE, beim Dining Reservation Booth an der Kreuzung Hollywood und Sunset Boulevard oder in den Restaurants selbst.

Hollywood Brown Derby (obere Preisklasse) ist eine Kopie des Original Brown Derby in Hollywood, in dem sich die Stars der 30er Jahre trafen. Selbst die Karikaturen von Prominenten an den Wänden und die Spezialitäten des Hauses, wie Cobb Salad und Grapefruit-Kuchen, wurden übernommen. Kinder ziehen das Sci-Fi-Dine-In Theater Restaurant vor, ein Drive-in aus den 50er Jahren, wo die Kunden in Mini-Cadillacs Popcorn und Burger unter Sternenhimmel essen und alte Science-fiction-Filme sehen. Im '50's Prime Time Café servieren mütterliche Kellnerinnen in Küchen der 50er Jahre Hausmannskost wie Hackbraten und Schmorfleisch, während im Fernsehen Sitcoms der damaligen Zeit laufen.

Ohne Reservierung essen Sie am besten in dem im Art-déco-Stil gehaltenen Selbstbedienungscafé Hollywood & Vine, wo Sie die Wahl zwischen Pasta, Salaten, Meeresfrüchten, Rippchen, Steaks und mehr haben.

Felsblöcke von der Leinwand auf Sie herunter. Sie wirken so echt, daß Kindern oft der Atem stockt.

Audio-Animatronics-Figuren und Spezialeffekte wie Kanonenlöcher in den Theaterwänden liefern die vierte Dimension.

Echo Lake

Hier dreht sich alles um drei Shows und eine spannende Fahrt. Kinder sind auch von dem großen, grünen Dinosaurier beeindruckt. Die Shows, die vor allem unterhalten sollen, zeigen einige der in Filmen und Fernsehshows verwendeten Tricks.

Monster Sound Show
In dieser Show treten Zuschauer als Audio- oder »Foley«-Künstler auf – Foley heißt das in Hollywood verwendete Toneffektsystem. Sie untermalen einen kurzen, lustigen Kriminalfilm mit Donner, Blitz und anderen Geräuschen. Dieser wird dann dem Publikum gezeigt. Der Unterhaltungswert hängt von der Geschicklichkeit der Amateure ab.

SoundWorks
In diesem Bereich, der so unterhaltsam wie die Monster Sound Show ist, können Sie in einer Tonkabine erstaunlich realistische Geräusche erleben.

Einkaufen

Neben den üblichen Disney-Souvenirs orientieren sich die Artikel in den Geschäften der Disney-MGM Studios an Filmen. Die besten Läden sind am Hollywood Boulevard und noch eine halbe Stunde nach Schließung des Parks geöffnet. Mickey's of Hollywood ist ein riesiges Warenhaus für allgemeine Disney-Artikel. Das 5 & 10 verkauft erschwingliche Filmsouvenirs wie Klappen, Oscars, Bücher und Poster. Wesentlich teurer ist Sid Cahuenga's One-Of-A-Kind, das seltene Erinnerungsstücke aus Film und Fernsehen wie Fotos mit Autogrammen (z. B. von Boris Karloff und Greta Garbo) oder Kleidungsstücke berühmter Schauspieler offeriert. Im Animation Courtyard in der Animation Gallery werden »Cels« in limitierter Auflage verkauft, die ein noch größeres Loch in Ihre Brieftasche reißen. Hier gibt es auch gute Disney-Poster und Bücher.

SuperStar Television
Einige glückliche Gäste werden in einer Talkshow und in bekannten Sitcoms gefilmt. Das übrige Publikum kann sich zurücklehnen und das Geschick der Auserwählten auf Monitoren amüsiert verfolgen. Spezialeffekte lassen den Eindruck entstehen, als seien die Neulinge tatsächlich mit den echten Schauspielern auf dem Bildschirm.

Wenn Sie gefilmt werden möchten, sollten Sie mindestens eine halbe Stunde vor Beginn anstehen.

Star Tours
Diese sensationelle Fahrt basiert auf den *Star Wars*-Filmen. Ihr Raumschiff, ein Flugsimulator, wie ihn Astronauten für Schulungen benutzen, fährt in die falsche Richtung und trifft auf Meteoren und intergalaktische Angreifer. Da sich Ihr Schiff synchron zur Handlung bewegt, wirkt alles unglaublich echt.

Indiana Jones™ Epic Stunt Spectacular!
Diese Show zeigt Szenen aus den Indiana-Jones-Filmen mit enormem Radau und wagemutigen Kämpfen. Todesmutige Stuntmen springen zwischen den Gebäuden hin und her, um Heckenschützen und plötzlichen Explosionen auszuweichen. Der Stunt-Direktor und echte Stunt-Doubles zeigen, wie einige Action-Szenen gedreht werden. Wenn Sie als Nebendarsteller mitmachen wollen, müssen Sie besonders früh kommen.

Fahrten, Shows und Touren

Die Tabelle soll Ihnen bei der Planung Ihres Besuchs in den Studios helfen. Die Fahrten, Shows und Touren sind pro Gebiet alphabetisch aufgelistet.

(F) Fahrt (S) Show (T) Tour

	Wartezeit 30 Min. und mehr	Dauer weniger als 15 Minuten	Kann Kinetose verursachen	Sehr gruselig	Tolle Audio-Animatronics	Gut für Vorschulkinder	Lehrreich
Great Movie Ride (F)	●				●		●
»Beauty and the Beast« Live on Stage (S)						■	
Twilight Zone Tower of Terror™ (F)	●		●	■			
Magic of Disney Animation (T)							●
Voyage of The Little Mermaid (S)	●				●	■	
Backstage Pass to »101 Dalmatians« (T)	●					■	●
Disney-MGM Studios Backlot Tour (T)	●						●
The Hunchback of Notre Dame (S)						■	
Jim Henson's Muppet™ Vision 3-D (S)	●				●	■	
Indiana Jones™ Epic Stunt Spectacular! (S)							●
Monster Sound Show (S)							●
Star Tours (F)	●	■	●				
SuperStar Television (S)							

Das übrige Walt Disney World® Resort

WALT DISNEY WORLD HAT NOCH VIEL MEHR als nur die Themenparks zu bieten. Bei der letzten Zählung waren es 18 riesige Resorts, ein Campingplatz, drei Wasserparks, nahezu 200 Restaurants, eine Vielzahl an Nachtklubs, ein Naturreservat, ein Einkaufsdorf und ein halbes Dutzend Golfplätze. Außerdem werden auf den Seen Wassersport und Angeltouren angeboten. Wie auch in der übrigen Walt Disney World variieren die Öffnungszeiten je nach Jahreszeit, und Attraktionen im Freien sind vom Wetter abhängig.

Disney's Animal Kingdom

IM FRÜHJAHR 1998 wird mit Disney's Animal Kingdom der größte Themenpark eröffnet. Er ist fünfmal so groß wie Magic Kingdom und bietet atemberaubende Fahrten in Kombination mit vielfältigen, exotischen Landschaften und deren Flora und Fauna – teils echt, teils nachgemacht.

Die drei Bereiche des Parks widmen sich den Themen Realität, Mythos und Aussterben. Im ersten Bereich gehen die Besucher in einer afrikanischen Savanne auf Safari und können Giraffen-, Elefanten- und Zebraherden aus der Nähe sehen. Im Mythosbereich erwachen Drachen, Einhörner und andere Märchenfiguren mit Hilfe von Magie, einer Rahmenhandlung und neuester Audio-Animatronics-Technik zum Leben.

In dem Bereich über ausgestorbene Arten können Sie sehen, wie Tyrannosaurus Rex und andere Dinosaurier leben und sterben.

Eine atemberaubende Abfahrt vom Summit Plummet am Blizzard Beach

Die Wasserparks

NACH EINEM BESUCHSTAG in einem Park laden die drei wunderschön gestalteten und gut überwachten Wasserparks mit Stränden, Pools und Rutschen zur Entspannung ein. Die Eintrittskarte gilt für alle Fahrten. Der Hopper-Paß für einen Tag gewährt Zutritt zu den drei Wasserparks und Discovery Island.

Im Sommer sind die Wasserparks gut besucht, weshalb die Parkplätze mittags oft schließen. Kommen Sie früh, damit Sie bei Fahrten nicht anstehen müssen. Die meisten Parks öffnen um 9 oder 10 Uhr und schließen im Sommer gegen 19 Uhr. Im Winter könnten die Parks wegen Renovierungsarbeiten geschlossen sein. Rufen Sie vorher an.

Blizzard Beach

☎ *(407) 560-3400.*

Thema des neuesten, größten und phantasievollsten Wasserparks ist ein Wintersportort der Alpen. Von den Dächern hängen Eiszapfen, und in den Geschäften sind Skier unerwünscht. Eine Seilbahn fährt zum Gipfel des Mount Gushmore mit schneebedeckter Sprungschanze, von der aus teuflische Abfahrten wie Summit Plummet und Slush Gusher starten. Mit einer Höhe von 37 Metern ist Summit Plummet angeblich die höchste Rutsche der Welt. In der Melt Away Bay mit Sandstrand und großem Wellenbecken sind zwei tolle Kinderspielplätze.

Typhoon Lagoon

☎ *(407) 560-4141.*

Dies ist die Nachbildung eines tropischen Ferienortes nach einem großen Sturm, inklusive gestrandetem Fischerboot.

Neben waghalsigen Fahrten beeindruckt dieser Wasserspielplatz vor allem durch üppige Gärten, einen kreisförmig verlaufenden Fluß, der in Röhren durch Höhlen und einen naturgetreuen Regenwald fließt, und eine riesige Lagune mit Wellen. Sie können wellenreiten und in einem künstlichen Riff neben echten Fischen und harmlosen kleinen Haien schnorcheln.

Hochzeit im Disney-Stil

Walt Disney World steht für Flitterwochen in den USA bereits an erster Stelle und strebt dies jetzt auch für Hochzeiten an. Wenn Sie sich für eine Disney-Hochzeit entscheiden, können Sie in Cinderellas Glaskutsche zum Hochzeitspavillon fahren, wo Sie Alice und Mad Hatter begrüßen. Nach der Hochzeitszeremonie können Sie sich in einer von Mickymaus gefahrenen Limousine zu einem nahe gelegenen Disney-Resort entführen lassen, um sich auf die Flitterwochen vorzubereiten. Es stehen auch noch traditionellere und elegantere Zeremonien zur Auswahl.

Sie können in allen Themenparks und in vielen Resorts heiraten, die meisten bieten Flitterwochen-Pakete an. Am romantischsten ist angeblich das Polynesian Resort.

Spezielle Veranstalter können alles für Sie arrangieren, vom Entwurf des Hochzeitskleides bis zur Junggesellenparty. Die Kosten der Zeremonie liegen zwischen 950 und über 1200 Dollar, je nach Aufwand. Alles andere wird extra berechnet, auch das Hotel (Sie müssen mindestens vier Nächte in Walt Disney World bleiben). Informationen zur Disney-Hochzeit erhalten Sie unter der Nummer (407) 828-3400, zu den Flitterwochen-Paketen unter (407) 827-7200.

River Country

☎ *(407) 824-2760.*

Der älteste Wasserpark in Walt Disney World ist auch der kleinste und, wie alles in und um Fort Wilderness, schlecht zu erreichen. Trotzdem liegt er schön am Bay Lake. Er wurde wie ein Tümpel in einem abgelegenen Wald angelegt und ist mit Seilen und Wasserschluchten versehen.

Im Mittelpunkt steht eine natürliche Bucht, die von Holzbrücken überquert und von Bächen, die wie Wasserfälle von Pinien und Felsen hinabstürzen, gespeist wird. Empfehlenswert ist der Besuch in Verbindung mit Discovery Island, dessen Fähre nur wenige Meter entfernt anlegt.

Fort Wilderness und Discovery Island

Die 285 Hektar Wald im Fort Wilderness sind ein Campingplatz, doch sein Reitstall sowie Fahrrad- und Kanuverleih stehen jedem zur Verfügung.

Fort Wilderness erreichen Sie mit dem Auto, das Sie am Eingang parken müssen, um dann den Bus zu nehmen, oder mit dem Boot von Magic Kingdom aus *(siehe S. 143)*.

Discovery Island ist ein herrliches Naturreservat (4 Hektar) mit über 100 Tierarten. Hierhin führt eine kurze Fahrt mit der Fähre vom Jachthafen in Fort Wilderness oder eine längere Bootstour von Magic Kingdom. Auf einem sich durch dichtes (importiertes) tropisches Blattwerk windenden Pfad können Sie exotische Tiere wie Galápagos-Schildkröten sehen. Viele der Vögel sind in riesigen Volieren untergebracht.

Fort Wilderness und Discovery Island

☎ *(407) 824-3784.*

WDW Resorts

Nicht-Bewohner können in jedem Disney-Resort essen und einkaufen. Die an der Monorail gelegenen Resorts sind von Magic Kingdom und Epcot aus gut zu erreichen und bieten die Möglichkeit, im Laufe des Tages eine Verschnaufpause einzulegen. Abends wird hier gerne gegessen und gefeiert.

Die meisten Resorts haben ein bestimmtes Thema und sind Sehenswürdigkeiten für sich. Das **Polynesian Resort** erinnert mit Kokospalmen und tropischen Pflanzen an eine Insel im Südpazifik, und das **Grand Floridian Resort & Spa** ist eine überzeugende Imitation eines großen Eisenbahnhotels aus dem 19. Jahrhundert. Beide sind in der Nähe des Magic Kingdom und besonders beliebt.

Das 1996 eröffnete **Disney's BoardWalk Resort** bietet nicht nur eigenen Gästen Unterhaltung. Es ist nach einem Küstenort im Stil der 20er Jahre angelegt mit Promenade, Dorfplatz, Geschäften, Restaurants, altmodischen Tanzsälen, Nachtklubs, Hotel und Ferienhäusern *(siehe S. 303f)*.

Disney Institute *(siehe S. 304)* kombiniert Urlaub im Vergnügungspark mit Weiterbildung. Der Hotel- und Campuskomplex ist auf Erwachsene und Familien mit älteren Kindern ausgerichtet und deckt mit seinem Kursangebot 60 verschiedene Themen, von Filmproduktion bis Klettern, ab. Jeder Bewohner von Walt Disney World kann einen Probetag für 50 Dollar mitmachen, an dem er auch die dortigen Unterhaltungs- und Sportanlagen benutzen darf.

Einzelne Disney-Resorts sind in der Hotelliste auf den Seiten 303f, die dortigen Restaurants auf den Seiten 322f beschrieben.

Walt Disney World auf dem Wasser

Stets auf Expansionskurs, beteiligt sich Disney jetzt auch am lukrativen Kreuzfahrtgeschäft. *Disney Magic* und *Disney Wonder*, die 1998 in See stachen, sind das Nonplusultra der Kreuzschiffe und 25 Prozent größer als die durchschnittlichen Ozeandampfer. Die übliche Disney-Vielfalt an Anlagen und Unterhaltung wird auch hier geboten, von Restaurants über Nachtklubs zu Spielshows und Fitneßprogrammen. Jedes Schiff hat ein Deck nur für Kinder.

Die Route führt von Port Canaveral (Florida) nach Nassau (Bahamas) und von dort zu Disneys Privatinsel Castaway Cay. Drei- bis Sieben-Tage-Pakete kosten von 700 bis über 3500 Dollar- Letztere beinhalten gewöhnlich eine halbe Woche Walt Disney World und eine halbe Woche auf See. Informationen und Reservierungen unter (407) 566-7000.

Restaurants

Die besten Disney-Restaurants sind in den Resorts, einige auch bei den Attraktionen. Für die folgende Liste sind Reservierungen nicht erforderlich.

Fort Wilderness: *Trail's End Buffeteria* in der rustikalen Pioneer Hall beim River Country bietet üppige, herzhafte Buffets zu Frühstück, Mittag- und Abendessen (Braten, Pasta, Pizza). *Crockett's Tavern* nebenan serviert abends Rindfleisch, Spare Ribs und gebratene Hähnchen.
Disney Village Marketplace: *Cap'n Jack's* ist für gegarte oder gebackene Knoblauchaustern und Garnelen bekannt. Einheimische Küche, darunter Meeresfrüchte, bietet auch das teurere *Fulton's Crabhouse* in einem vierstöckigen Schiff. Kosten Sie die gebratenen Austern und den Krabbenkuchen.
Pleasure Island: *Planet Hollywood*, ein riesiges Restaurant in einer pinkfarbenen Neonkugel am Eingang zur Pleasure Island, ist optisch das beeindruckendste Restaurant der Planet-Hollywood-Kette. Markant sind die laute Musik, die Video-Bildschirme, Filmsouvenirs und die von der Decke hängenden Schiffe, Autos und Flugzeuge. Der *Portobello Yacht Club* offeriert frische Nudeln, erstklassige Pizzen und andere Spezialitäten der Küche Norditaliens. *Fireworks Factory*, ähnlich teuer, bietet explosive Cocktails an der Bar, großartige Barbecue-Gerichte, geräucherte Spezialitäten, herzhafte Steaks und frische Meeresfrüchte.

Sportliche Aktivitäten

In Fort Wilderness, Disney Village Marketplace und allen Resorts an einem See können Sie Wassermotorräder und Boote ausleihen. Auf Seven Seas Lagoon und Bay Lake ist Wasserski möglich. Auch Angeltrips sind angeboten. Die Sport- und Fitneßanlagen sind nur Bewohnern zugänglich.

Walt Disney World, auch »Magic Linkdom« genannt, hat sechs Golfplätze, von denen fünf erstklassig sind. Reservierungen werden empfohlen.

Motorradfans sehen sich auf dem Walt Disney World Speedway südlich des Magic Kingdom Rennen an.

Golfreservierungen
(407) 824 2270.

Disney's Wide World of Sports
(407) 363-6600.
Der riesige Sportkomplex (80 ha) von Walt Disney World wurde 1997 eröffnet. Hier sind über 30 Sportarten geboten, von Basketball und Football bis zu Sumo-Ringen. Er hat eigene Football-Felder und ein Baseball-Stadion mit 7500 Plätzen, die sowohl für Profi-Wettkämpfe als auch für Trainingsprogramme benutzt werden. Die Harlem Globetrotters und die Baseball-Mannschaft Atlanta Braves trainieren hier jetzt. Es gibt auch einen Leichtathletikkomplex, einen Golf-Übungsplatz und zwölf Tennisplätze.

WDW am Abend

Nach Schliessung der Parks sollten Sie neben der Entspannung in den Resorts auch Disneys abendliches Unterhaltungsangebot oder eine Dinner-Show in Betracht ziehen.

Downtown Disney
(407) 828-3058.
Downtown Disney hat drei Bereiche: Pleasure Island, Disney Village Marketplace und Disney's West Side.

Pleasure Island ist genau das Richtige für Nachtklubbesucher, aber auch wegen der Größe und des Rummels sehenswert. Das große Klubangebot bietet alle Musikrichtungen. Es gibt eine Disko mit Musik aus den 70er Jahren und einen Szene-Klub (ab 21 Jahren) mit einer rotierenden Tanzfläche. Comedy Warehouse ist ein äußerst beliebter Stegreif-Comedy-Klub. Im exzentrischen Adventures Club werden die ausgefallenen Utensilien an den Wänden manchmal zum Leben erweckt. Bei der »Silvesterfeier an jedem Abend« finden ein Feuerwerk und eine rauschende Party im Freien statt. Planen Sie für Pleasure Island einen ganzen Abend ein. Die Eintrittskarte gewährt Ihnen Zutritt zu allen Klubs.

Disney Village Marketplace ist ein hübsches Einkaufszentrum, für das Sie Ihre Zeit nicht tagsüber opfern sollten, denn man kann abends schön bummeln. Den Marktplatz an einem See schmücken kunstvoll beschnittene Bäume und Brunnen (in denen Kinder gerne spielen). Es gibt über ein Dutzend Geschäfte, darunter The World of Disney, das größte Warenhaus in Walt Disney World mit Disney-Artikeln – und das heißt schon was.

Die jüngste Errungenschaft in Downtown Disney ist **Disney's West Side**. Zu den Attraktionen zählen das House of Blues mit Live-Blues und -Jazz, Bongo's Cuban Café, ein von Gloria Estefan gegründetes Restaurant mit Klub, ein Kino mit 24 Leinwänden und ein Zirkus, in dem der berühmte Cirque du Soleil auftritt.

Dinnershows
(407) 939-3463.
Nur wegen dieser Shows sollten Sie die Parks nicht früher verlassen, auch wenn sie lustig sind. Einen Platz in der Hoop-Dee-Doo Musical Revue, einer Western-Komödie in der Pioneer Hall von Fort Wilderness, müssen Sie drei Monate im voraus buchen. Einfacher ist es, in die Polynesian Luau's South Seas im Polynesian Resort zu kommen. Beide Shows können Sie zwei Jahre im voraus buchen.

Electrical Water Pageant
Jeden Abend findet vor den Hotels an der Seven Seas Lagoon und im Bay Lake ein recht unbekannter, jedoch bezaubernder Umzug mit einer Reihe beleuchteter Meereswesen auf einer Bootsflotte statt. Er beginnt vor dem Polynesian Resort um 21 Uhr und endet etwa eine Stunde später im Contemporary Resort.

Tips für Walt Disney World

Passangebote

Sie können Tagestickets für einen Park kaufen. Bleiben Sie länger als drei Tage, nehmen Sie einen der folgenden Pässe, aufgeführt in der Reihenfolge ihrer Kosten:
Four-Day Value Pass: gilt einen Tag pro Themenpark sowie zusätzlich einen zweiten Tag für einen Park an einem der vier Tage.
Four-Day Park-Hopper Pass: gewährt unbegrenzten Zutritt zu den Themenparks an allen vier Tagen.
Five-Day World-Hopper Pass: bietet unbegrenzten Zutritt zu den Themenparks an allen fünf Tagen, zu Pleasure Island und den Wasserparks innerhalb von sieben Tagen nach der ersten Benutzung der Karte. Diese Karte ist ideal, wenn Sie eine Woche bleiben.
Annual Pass: Für häufige Besuche geeignet. Nicht genutzte Tage bleiben gültig.

Nach der Eröffnung von Disney's Animal Kingdom gibt es eventuell neue Pässe.

Kinder gelten ab zehn Jahren als Erwachsene. Drei- bis Neunjährige erhalten 20 Prozent Rabatt, unter drei Jahren ist der Eintritt frei.

Hauptbesuchstage

Laut Disney ist jeder Park an bestimmten Tagen überlaufen, doch die Besucherzahl hängt auch davon ab, wann die Parks früheren Eintritt bieten. Die Tage mit den meisten Besuchern sind:
Magic Kingdom: Montag, Donnerstag und Samstag.
Epcot: Dienstag, Freitag und Samstag.
Disney-MGM Studios: Mittwoch und Sonntag.

Öffnungszeiten

In den Hauptbesuchszeiten sind die Themenparks länger offen, meist von 9 bis 22/23 Uhr oder Mitternacht. In ruhigeren Zeiten schließen sie früher, um 18/19/20 Uhr. Rufen Sie vorher an.

Die Parks öffnen mindestens eine halbe Stunde vor der offiziellen Öffnungszeit. Die Attraktionen schließen zur angegebenen Zeit, doch viele Geschäfte sind länger auf.

Der ideale Zeitplan

Um den grössten Andrang und Hitze zu vermeiden:
• Kommen Sie früh und besuchen Sie unverzüglich die beliebtesten Attraktionen.
• Rasten Sie mittags, wenn es am heißesten ist und die Parks am vollsten sind.
• Kehren Sie am kühlen Abend zu den Paraden und Feuerwerken in die Parks zurück.

Warteschlangen

Morgens und abends sind die Schlangen am kürzesten. Auch zu den Parade- und Essenszeiten.
• Schlangen vor den Fahrten bewegen sich langsam, aber Shows können auf einmal 1000 Zuschauer einlassen. Die meisten laufen ständig, so daß man selten lange bis zur nächsten Show wartet.
• Normalerweise geben Schilder die Wartezeit an. Fragen Sie bei Zweifeln ein »Ensemblemitglied«.

Essen in WDW

Für jedes Full-Service-Restaurant in Walt Disney World sollten Sie reservieren, vor allem in den Themenparks und Epcot. Unabhängig davon, ob Sie in einem Resort wohnen, können Sie 60 Tage im voraus buchen. Es werden auch Tische für Reservierungen am selben Tag zurückgehalten. Buchen Sie morgens so früh wie möglich. Restaurantempfehlungen erhalten Sie auf den Seiten 322f.

Geld

Alle Einkäufe, außer Fast food, können Sie mit Mastercard, American Express und VISA-Kreditkarte zahlen.

WDW mit Kleinkindern

Wenn Sie mit Kindern im Vorschulalter kommen:
• Besuchen Sie hauptsächlich Magic Kingdom.
• Bedenken Sie, daß Walt Disney World körperlich und emotional für kleine Kinder anstrengend sein kann. Sie sollten Ihren Zeitplan darauf abstimmen.
• Mieten Sie einen Sportwagen *(stroller)*, erhältlich in allen Parks. Herumlaufen macht kleine Beine müde.
• Erklären Sie den Kindern, daß für einige Top-Attraktionen in den Themenparks eine Mindestgröße festgelegt ist, normalerweise 1,25 Meter.
• Durch ein sogenanntes Ablösesystem können Eltern je eine Fahrt machen, während das andere Kind betreut wird – ohne zweimal anzustehen.

Mickymaus

Der aufregendste Moment für viele Kleine ist das Treffen mit Micky, Minnie, Donald und anderen Disney-Figuren. Sie sind in allen Themenparks zu sehen, und es lohnt sich, ein Autogrammheft zu kaufen, um sie darin unterschreiben zu lassen.

Etwas entspanntere Treffen bieten einige Restaurants, in denen Disney-Figuren als Unterhalter auftreten (gewöhnlich zur Frühstückszeit). Jeder Themenpark und viele Resorts bieten zudem »Essen mit den Figuren« an. Wollen sie jedoch mit Micky essen, müssen Sie rechtzeitig reservieren.

Telefonnummern

Allgemeine Information
(407) 824-4321. Oder Brief an Guest Letters Dept, PO Box 10040, Lake Buena Vista, FL 32830-0040.
Information zur Unterkunft und Reservierung
(407) 934-7639/(407) W-DISNEY.
Restaurantreservierung und »Essen mit Figuren«
(407) 939-3463/(407) WDW-DINE.

Sea World ❷

IM HINBLICK AUF Größe und Perfektion kann es der beliebteste Aqua-Zoo der Welt, der 1973 öffnete, mit jedem anderen Themenpark Orlandos aufnehmen. Zwar wirbt der Park vor allem für sein Engagement in den Bereichen Bildung, Forschung und Naturschutz, bietet aber dennoch auch Unterhaltung. Sea Worlds Antwort auf Disney Worlds Maus mit den großen Ohren ist Shamu, ein liebenswerter Killerwal, und dessen Show. In ganztägig geöffneten Becken können Sie Meerestiere berühren oder füttern. Den lehrreichen Aspekt vermitteln interaktive Ausstellungen sowie ein kenntnisreiches und engagiertes Personal.

Penguin Encounter
Hunderte schwimmender, sich putzender oder herumstehender Pinguine unterhalten die Besucher.

Manatees: The Last Generation?
Diese Ausstellung zeigt die bemerkenswerte Seekuh aus der Nähe und erklärt, warum diese Tierart gefährdet ist.

★ Key West Dolphin Fest
Große Tümmler und falsche Killerwale (oder Pseudorcas) vollbringen erstaunliche Leistungen, z. B. Sprünge über ein hohes Seil.

Key West at Sea World
Hier soll die Atmosphäre von Key West eingefangen werden, und Besucher können Delphine und Stachelrochen berühren.

NICHT VERSÄUMEN

- ★ Key West Dolphin Fest
- ★ Shamu: World Focus
- ★ Wild Arctic

★ Shamu: World Focus
In der besten Show in Sea World sind spannende Kunststücke des beliebten Killerwals Shamu und Videovorführungen zu sehen.

INFOBOX

Straßenkarte E2. Orange Co. 7007 Sea World Drive, Kreuzung I-4 und Bee Line Expressway. *(407) 351-3600.* *8, 42 von Orlando.* *tägl. mindestens 9–19 Uhr; Sommer –22 Uhr, Ferienzeit: längere Öffnungszeiten.*

★ Wild Arctic
Eine simulierte Helikopterfahrt zeigt einen realistischen arktischen Lebensraum.

Baywatch at Sea World
Die auf der beliebten Fernsehserie Baywatch *basierende Show präsentiert Akrobatik auf Wassermotorrädern, -skiern und Booten.*

DIE ERNSTE SEITE VON SEA WORLD

Das Motto des gemeinnützigen Sea World Research Institute lautet: Forschung, Rettung, Rehabilitation. Sea World rettete in Florida Tausenden von Walen, Delphinen, Schildkröten und Seekühen das Leben. Die Tiere werden gepflegt und, falls notwendig, in dem Rehabilitationszentrum des Parks operiert. Nach ausreichender Erholung kehren sie wieder in die Natur zurück. Sea World bietet drei günstige und beliebte Touren über seine Arbeit an. Bei der Tour The Sharks! werfen Sie z.B. einen Blick hinter die Kulissen von Terrors of the Deep. Fragen Sie im Besucherzentrum am Parkeingang.

Eine in Sea World gepflegte Schildkröte

Überblick: Sea World

Sonnenbadende Seelöwen auf den Felsen im Pacific Point Preserve

Für Shows und Attraktionen sollten Sie insgesamt acht Stunden einplanen. Während der Ferienzeit, wenn der Park erst um 23 Uhr schließt, können Sie auch erst mittags kommen und haben am Ende des Tages trotzdem alles gesehen. Eckpfeiler Ihrer Planung sollten Baywatch at Sea World sowie bestimmte Live-Shows mit Tieren sein. Die großen Shows finden mindestens zwei- bis dreimal täglich statt. Bei Ihrer Ankunft erhalten Sie ein Programm und eine Karte. Shows ohne lebende Tiere sollten Sie erst am Schluß besuchen, da sie weniger beeindruckend sind.

Erkundung des Parks

Gewöhnlich ist Sea World nicht so überfüllt wie andere Themenparks von Orlando, und Sie müssen nur selten lange warten. Die Stadien sind so groß, daß die Sitzplatzsuche kein Problem ist, doch um einen guten Platz zu bekommen, sollten Sie 15 Minuten vor Beginn da sein. Vorsicht: In den vordersten Reihen werden Sie naß. Suchen Sie sich zu Spitzenzeiten rechtzeitig einen Platz für die Show Hotel Clyde and Seamore (im kleinsten Stadion), und sehen Sie sich Wild Arctic und Terrors of the Deep früh oder während der Shamu- bzw. Wasserski-Show an.

Kindern bleibt ein Treffen mit den Darstellern, die die Rollen von Shamu und der Crew spielen – ein Killerwal in Begleitung von Pinguin, Pelikan, Delphin und Otter – unvergeßlich.

Die sechsminütige Fahrt auf den Sky Tower (122 Meter) gibt einen guten Überblick über den Park und seine Umgebung im Radius von 40 Kilometern.

Wenden Sie sich bei Problemen an das Besucherzentrum am Ausgang.

Attraktionen

Key West at Sea World umfaßt drei akribisch gestaltete Lebensräume im Freien. In zweien können Sie die Meerestiere füttern und streicheln. Im Dolphin Cove, einem Wellenbecken, das an einen Strand in der Karibik erinnert, können Sie Große Tümmler unter Wasser sehen, streicheln oder füttern. Auch die herrlichen Stachelrochen, von denen es in der Stingray Lagoon etwa 200 gibt, lassen sich streicheln, was angenehmer ist, als man vermutet. Im Turtle Point sind gerettete Karett- und andere Schildkröten untergebracht, die zu sehr verletzt sind, um in der freien Natur zu leben.

Shamu, das Maskottchen des Parks

Pacific Point Preserve ist die Rekonstruktion der zerklüfteten Nordpazifikküste durch ein großes Felsenbecken. Hier können Sie beobachten, wie Gemeine Seehunde, südamerikanische Bärenrobben und kalifornische Seelöwen auf den Felsen faulenzen oder elegant durchs Wasser gleiten. Die übrigen Tiere in Sea World befinden sich größtenteils hinter Glas. **Manatees: The Last Generation?** bietet einen herrlichen Blick unter Wasser auf die kleinen Köpfe und aufgeblasenen Körper dieser großen Pflanzenfresser *(siehe S. 236)*. Die Ausstellung ist sehr lehrreich und beinhaltet eine Filmvorführung.

Im lebhafteren **Penguin Encounter** führt ein Rollband an einer Eislandschaft vorbei, in der eine große Kolonie mit Königs- und sonstigen Pinguinen ihren Watschelgang und elegante Schwimmtechnik präsentiert. Die täppischen Lunde sind ebenfalls herrlich.

Terrors of the Deep, die angeblich größte Sammlung gefährdeter Meerestiere, ist sehr beliebt. Muränen, Barrakudas und andere Fische bilden den Anfang, danach folgen Haie, deren Zahnreihen sich in unmittelbarer Nähe Ihres Kopfes befinden, wenn Sie das Aquarium durch einen Acryltunnel durchqueren.

Im Dolphin Cove kann jeder die Dephine berühren und füttern

Shamu: Close Up! im Shamu-Stadion ist eine Forschungs- und Aufzuchtstation, die das Verhalten der Killerwale, von denen bereits zehn im Park geboren sind, erforscht.

Wild Arctic ist die spannendste Attraktion des Parks. Auf der ersten Hälfte (die Ängstliche auslassen können) wird mittels High-Tech ein atemberaubender Helikopterflug durch Schneestürme und Lawinen simuliert. Danach erreichen Sie Base Station Wild Arctic an einem 150 Jahre alten Expeditionsschiff, das mit Forschungsgeräten, Lebensmitteln und Kojen ausgestattet ist. Die Aufmerksamkeit richtet sich jedoch vor allem auf die spannenden Mätzchen der Polarbären, Walrosse und Belugawale, von denen Sie nur durch eine Glasscheibe getrennt sind.

Shows

Wenn plötzlich ein Killerwal mit einem Trainer von Sea World auf der Nase aus dem Wasser springt, liegt unbeschreibliche Spannung in der Luft. In **Shamu: World Focus** gibt es neben solchen Stunts eine riesige Videoleinwand mit Nahaufnahmen von der Vorführung und Hintergrundinformationen über die Tiere. Während der Show führen die Killerwale auch ein erstaunliches Wasserballett auf. In Wirklichkeit gibt es fünf Shamus, die sich abwechseln, sowie ein Shamu-Baby.

Zwei erwachsene Killerwale mit Baby-Shamu in Shamu: World Focus

Die Geschwindigkeit und Agilität der Großen Tümmler und falschen Killerwale im **Key West Dolphin Fest** ist beachtlich. Während der Show spielen die Säugetiere sowohl mit ihrem Trainer als auch mit Zuschauern. Höhepunkt sind jedoch die synchronen Sprünge der Delphine über ein hohes Seil.

In der Slapstick-Show **Hotel Clyde and Seamore** im Seelöwen- und Otter-Stadion treten zwei Seelöwen auf (Clyde und Seamore), die einen Hotelmanager spielen. Zusammen mit einem Otter und einem Walroß ahmen sie menschliche Bewegungen, Geräusche und Gefühle auf sehr witzige Weise nach – sie können sogar ängstlich oder arrogant aussehen.

Die beste Show ohne Tiere ist **Baywatch at Sea World**, die zwar weniger extravagant als Cypress Gardens ist *(siehe S. 179)*, aber auch Stunts mit Rennbooten, Wassermotorrädern und Wasserskifahrern bietet, darunter eine Wasserski-Pyramide. Drum herum findet viel Klamauk statt, wobei Rettungsschwimmer des Los Angeles County im Stil der Fernsehserie *Baywatch* in lächerliche Rettungsaktionen verwickelt werden.

Stunt zwischen fahrenden Rennbooten im Baywatch at Sea World

In **Mermaids, Myths and Monsters**, der Show, die das Unterhaltungsprogramm jeden Abend beschließt, werden phantastische Bilder von mythischen Wesen auf die nebligen Leinwände des aus dem See aufsteigenden Wassers projiziert. Die Laser- und Feuerwerkvorführungen sind weniger spektakulär.

Golden Dragons Acrobats kombinieren herrlich inszenierte Jonglier- und Balanceszenen mit orientalischen Tanz- und Comedyeinlagen, untermalt durch ausgezeichnete Lasereffekte. Neueste Errungenschaft ist die **Mickey Finn Show**, eine Dixieland-Comedy-Show, bei der das Publikum mit einbezogen wird.

Essen, Trinken und Einkaufen

Bimini Bay Café liegt am See und ist das einzige Full-Service-Restaurant des Parks. Hier gibt es Steaks, gegrillten Fisch und Meeresfrüchte. Die Fast-food-Restaurants The Smokehouse Chicken & Ribs und Waterfront Sandwich Grill haben Fenster mit Seeblick. Die besten Sandwiches serviert der Deli im Anheuser-Busch Hospitality Center. Mit den Fingern kann man im Key West essen. Unterhaltung während des Essens bietet die polynesische Luau-Dinner-Show. Sie ist nicht so gut wie andere Dinner-Shows, Reservierungen sind trotzdem erforderlich. Plüschtiere und Shamu-Erinnerungsstücke verkauft Shamu's Emporium, Coconut Traders in Key West at Sea World Artikel aus Key West und Lebensmittel aus Florida.

Stars aus Sea World als Kuscheltiere

Universal Studios ❸

Wie in den Universal Studios in Hollywood und den Disney-MGM Studios *(siehe S. 156ff)* werden auch hier Film- und Fernsehproduktionen gedreht. Doch in dem 1990 eröffneten Themenpark haben die Besucher meist keinen Zutritt zu den Produktionsorten. Detailliert rekonstruierte Straßen aus Hollywood, New York und San Francisco dienen gleichzeitig als Drehorte und Hintergrund. Die Besucher kommen jedoch meist wegen der atemberaubenden Fahrten und unterhaltsamen, informativen Shows, die die Produktion von Filmen erklären. Die Attraktionen sind mehr auf Erwachsene und Teenager als auf Kinder ausgerichtet. Universal ist größer und peppiger als die Disney-MGM Studios. Sie sollten, wenn möglich, beide besuchen.

Universal Studios Globe
Der riesige Globus ist das Wahrzeichen der Universal Studios, der größten Film- und Fernsehstudios in den USA nach Hollywood.

Alfred Hitchcock: The Art of Making Movies
Die beste, teils unterhaltsame, teils informative Show erzählt einiges über die Tricks des Meisterregisseurs.

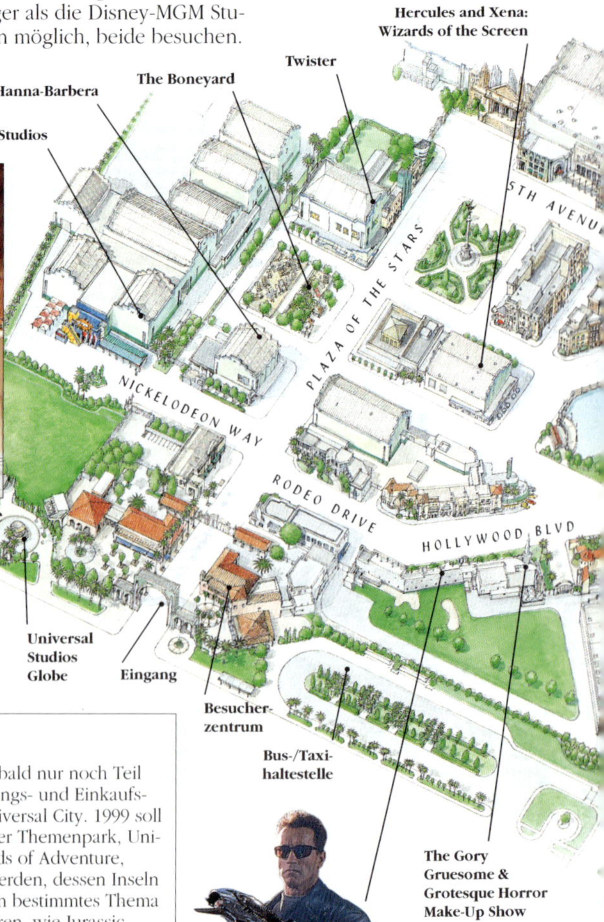

★ Terminator 2 3D
Die neueste Attraktion des Parks versetzt Sie mit modernster 3-D-Technik in einen Film mit Arnold Schwarzenegger.

Universal City

Universal Studios sind bald nur noch Teil des riesigen Unterhaltungs- und Einkaufskomplexes Universal City. 1999 soll hier ein zweiter Themenpark, Universal's Islands of Adventure, eröffnet werden, dessen Inseln sich auf ein bestimmtes Thema konzentrieren, wie Jurassic Park, Spiderman und Popeye. In der Stadt gibt es auch ein Movie-Megaplex-Kino mit 5000 Plätzen, Themen-Hotels und Sportanlagen an den Wasserwegen.

Olivia, eine Figur des neuen Parks

★ Kongfrontation
In einer New Yorker Hochbahn ist Ihnen plötzlich King Kong auf den Fersen. Diese Fahrt macht viel Spaß und ist nicht so furchterregend wie einige andere.

INFOBOX

Straßenkarte E2. Orange Co. 1000 Universal Studios Plaza, Ausfahrt 29 oder 30B von I-4. *(407) 363-8000. 21, 37, 40 von Orlando. tägl. mindestens 9–18 Uhr; Sommer und Feiertage längere Öffnungszeiten.*

★ Earthquake – The Big One
Hier erfahren Sie einiges über Spezialeffekte in der Fotografie und sind Statist in dem Film Erdbeben.

Beetlejuice's Graveyard Revue ist eine lebhafte Bühnenshow mit ausgezeichneten Spezialeffekten.

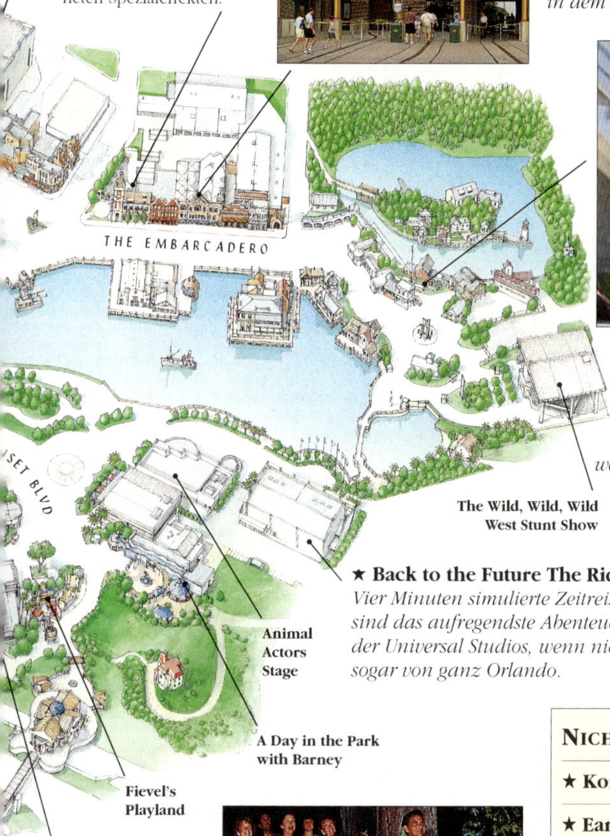

Jaws
Sie können im Maul eines Hais posieren oder in einem Boot fahren, das vom weißen Hai gejagt wird.

The Wild, Wild, Wild West Stunt Show

★ Back to the Future The Ride
Vier Minuten simulierte Zeitreise sind das aufregendste Abenteuer der Universal Studios, wenn nicht sogar von ganz Orlando.

Animal Actors Stage

0 Meter 25
0 Yards 25

A Day in the Park with Barney

Fievel's Playland

★ ET Adventure
Dies ist die beste Fahrt für die ganze Familie: ein Fahrrad-Abenteuer in der Luft, bei dem Sie Dutzende von ETs treffen.

NICHT VERSÄUMEN

- **★ Kongfrontation**
- **★ Earthquake – The Big One**
- **★ Back to the Future The Ride**
- **★ ET Adventure**
- **★ Terminator 2 3D**

Überblick: Universal Studios

Um hier alles zu sehen, sollten Sie etwa 14 Stunden veranschlagen. Wenn der Park lange geöffnet hat, ist ein Tag gerade ausreichend. Schließt der Park früh – der einzige Nachteil eines Besuchs der Studios in der Nebensaison –, benötigen Sie sicher zwei Tage. Kaufen Sie zunächst eine Tageskarte. Sollten Sie beschließen zurückzukommen, sparen Sie durch eine Verlängerung auf zwei Tage erhebliche Kosten ein. Gehen Sie vor dem Verlassen des Parks zum Besucherzentrum. Wenn weniger los ist, können Sie Ihre Karte abends häufig gegen eine andere für den nächsten Tag kostenlos einlösen.

Live-Aufnahmen

Es gibt zwar keine Garantie dafür, daß Sie Live-Aufnahmen sehen, aber eine kleine Chance, daß auf dem Backlot (im Themenpark) Kameras fahren.

Wahrscheinlicher ist die Möglichkeit, bei der Aufnahme einer Fernsehshow im Publikum zu sitzen, vor allem von September bis Dezember. Dies gilt insbesondere für Kindersendungen im Nickelodeon.

Rufen Sie wegen des Produktionsplans die Nummer (407) 363-8500 an. An dem Stand nahe den Guest Services werden die Eintrittskarten für Shows nach dem Motto »Wer zuerst kommt, mahlt zuerst« verkauft (am Aufnahmetag). Sie sollten direkt nach Betreten des Parks dort hingehen.

Tafel, die den Drehplan zeigt

Fievel's Playland ist bei den jüngsten Besuchern besonders beliebt

Erkundung des Parks

Die Hauptbesuchszeiten des Jahres in den Universal Studios entsprechen denen von Walt Disney World *(siehe S. 138)*. Wochenenden sind meist ruhiger als die Wochen. Doch bei Universal muß man längere Wartezeiten einkalkulieren: bis zu zwei Stunden für die besten Fahrten. Deshalb sollten Sie zu Spitzenzeiten früh kommen (die Tore öffnen bis zu einer Stunde vor dem offiziellen Einlaß) und die beliebten Fahrten *(siehe S. 169)* so früh wie möglich machen. Die vor dem Massenandrang nicht geschafften Fahrten bieten sich kurz vor Schließung des Parks an. Bei großem Andrang sind die Wartezeiten auf einer Tafel gegenüber von Mel's Drive-In auf dem Hollywood Boulevard angegeben.

Shows haben meist kürzere Wartezeiten. Einzelheiten über Zeiten finden Sie auf der Karte, die Sie beim Betreten des Parks erhalten.

Kommen Sie in der Hauptsaison 15 Minuten früher, damit Sie sicher einen Platz bekommen. Bei den ständig stattfindenden Shows warten Sie nur selten länger als die Dauer einer Show. Schlangen vor Fahrten in der Nähe großer Shows nehmen nach dem Ende der Vorstellung erheblich zu.

Die meisten Fahrten sind für Kleinkinder nicht geeignet. Einige, außer ET Adventure, haben sogar Größenbeschränkungen. Für die Jüngsten besonders gut geeignet sind A Day in the Park with Barney, Fievel's Playland und die Nickelodeon Studios.

Bei starkem Andrang bietet sich die vierstündige VIP-Tour an. Sie gewährt bei sechs Attraktionen vorrangig Eintritt und zeigen Backlot sowie einige Sound Stages. Buchen Sie vorher telefonisch.

Eingang

Der Eingangsbereich zum Park ist so gestaltet, daß er wie der Frontlot der Hollywood-Filmstudios in den 40er Jahren aussieht. Die Drehplan-Anzeigetafel bei den Drehkreuzen mit Einzelheiten über die Shows ist jedoch real. Hier befinden sich auch die beiden Wahrzeichen des Parks: der grandiose Eingangsbogen und links daneben der beeindruckende Universal Studios Globe.

Direkt hinter dem Eingang liegt die palmengesäumte Plaza of the Stars mit mehreren Geschäften *(siehe S. 173)*. Gehen Sie jedoch erst direkt zu den Hauptattraktionen, bevor die Warteschlangen am längsten sind.

Der beeindruckende Eingangsbogen zu den Universal Studios

New Yorks Fifth Street, gesäumt von beeindruckenden Gebäudekopien

Production Central

Abgesehen von The Boneyard, einem Lager mit interessanten Filmrequisiten wie einem Kinderwagen aus *Familie Feuerstein* und Plastik-Zierbäumen aus *Edward mit den Scherenhänden* ist dieser Bereich uninteressant. Karten zeigen die wichtigsten Sound Stages, die jedoch nur Teilnehmern einer VIP-Tour vorbehalten sind.

Namensgeber der einzigen, sehr lustigen Fahrt in der Production Central, **The FUNtastic World of Hanna-Barbera**, sind die Väter berühmter Zeichentrickfiguren wie die Feuersteins, Yogi Bär und Scooby Doo. Die Fahrt jagt Dick Dastardly und anderen direkt in die Zeichentrickfilme hinterher, wobei sich Ihr Sitz parallel zur Handlung auf der Leinwand bewegt.

Es gibt zwei informative Shows. **Alfred Hitchcock: The Art of Making Movies** beginnt mit einer Collage seiner 53 Filme, darunter 3-D-Ausschnitte aus *Bei Anruf Mord* und *Die Vögel*. Verschiedene Tricks werden verraten, z.B. wie die berühmte Duschszene in *Psycho* mit Hilfe bestimmter Kamerawinkel gedreht wurde.

Hercules and Xena: Wizards of the Screen zeigt, wie die Fernsehshows *Xena: Warrior Princess* und *Hercules: The Legendary Journeys* entstehen. In einer Live-Handlung können Sie mit Hilfe von Spezialeffekten gegen Götter und andere mythische Wesen kämpfen.

Die **Nickelodeon Studios Tour** besucht das Produktionszentrum von Nickelodeon, einem sehr beliebten amerikanischen Fernsehsender nur für junge Leute. Bei der auch für Kinder interessanten Tour können Sie einen Blick in mehrere Sound Stages werfen (ohne Garantie, daß dort gedreht wird). Sie endet mit Partyspielen im Game Lab. Kinder mögen den Slime Geyser vor den Studios, der etwa alle zehn Minuten einen Schwall grünen Schleims ausstößt.

Slime Geyser vor den Nickelodeon Studios

New York

In diesem Bereich gibt es über 60 Fassaden. Einige sind Reproduktionen wirklicher Gebäude, andere nur auf der Leinwand erschienen. Ausschnitte aus dem Guggenheim Museum und der New York Public Library vermitteln auf geschickte Weise die Illusion von Tiefe und Distanz. Das berühmte Kaufhaus Macy's ist ebenso vertreten wie Louie's Italian Restaurant, Schauplatz einer Schlägerei in dem Film *Der Pate*. Die Fassaden, Kaufhäuser und das Kopfsteinpflaster wurden durch sogenanntes »Distressing« auf alt getrimmt. Hinter der Fassade der Pennsylvania Station (die in *Der Fremde im Zug* erscheint) wartet New Yorks Hauptattraktion, **Kongfrontation**. Die Bahnfahrt führt über den East River. Unter Ihnen liegen die Straßen des Manhattans der 70er Jahre, die King Kong zerstörte. Schon bald ergreift die größte von einem Computer gesteuerte Figur – mit einer Armspannweite von 15 Metern – die Bahn, schleudert Helikopter herum und hüllt Sie in ihren Atem. Die meisten Passagiere finden die Fahrt eher lustig als beängstigend.

Twister, seit 1998 in Betrieb, konfrontiert die Besucher in einem riesigen Komplex, in dem ein simulierter Tornado wütet, mit der zerstörerischen Gewalt der Natur. Sie erleben die erschreckende Kraft der Elemente sechs Meter von dem fünf Stockwerke hohen Windgebläse entfernt.

Treffen mit Stars

Schauspieler in herrlichen Kostümen gehen die Straßen entlang und verkörpern Figuren wie die Ghostbusters, Jake und Elwood aus *Blues Brothers*, Frankenstein, Familie Feuerstein und Legenden wie Marilyn Monroe und die Marx Brothers. Oft versammeln sie sich im Frontlot.

Eine Stunde vor Öffnung des Parks können Sie mit den Stars bei einem Character Breakfast frühstücken, täglich in der Hauptsaison und zweimal wöchentlich in der Nebensaison. Reservieren Sie unter der Nummer (407) 354-6339.

Schauspielerin als Star: Marilyn Monroe

Hollywood

Hollywood Boulevard und Rodeo Drive sind die attraktivsten Straßen der Studios. Unter Mißachtung der tatsächlichen Geografie zollen diese Drehorte dem Goldenen Zeitalter Hollywoods von den 20er bis zu den 50er Jahren Tribut, und zwar mit den berühmten Nachtklubs Ciro's und Mocambo, dem luxuriösen Beverly Wilshire Hotel, dem Schönheitssalon Max Factor und dem Filmpalast Pantages Theater. Im Restaurant Brown Derby (geformt wie ein Hut) traf sich einst die Glimmerwelt des Films. Universals eigene Version ist ein lustiges Hutgeschäft. Schwab's Pharmacy, in die viele kamen, um für den Film entdeckt zu werden, lebt als altmodische Eisdiele wieder neu auf. Im Hollywood Walk of Fame sind wie auf dem wirklichen Hollywood Boulevard Namen in den Bürgersteig eingraviert.

Die Gory, Gruesome & Grotesque Horror Make-Up Show

Hauptattraktion in Hollywood ist **Terminator 2 3D**, eine Fahrt mit modernster 3-D-Filmtechnik, Robotern und explosiven Live-Stunts, bei der das Publikum in die Handlung der Filme an die Seite Arnold Schwarzeneggers katapultiert wird. In einer typischen Szene, die Film und Live-Aktion miteinander kombiniert, stürzt eine Harley Davidson »Fat Boy« durch die Leinwand auf die Bühne.

The Gory, Gruesome & Grotesque Horror Make-Up Show ist die lustigste Attraktion, mit teilweise sehr informativem Hintergrund. Sie zeigt Szenen aus Filmen wie *Der Exorzist*, *Die Fliege* und *American Werwolf in London*.

Hollywood Boulevard, ein gutes Beispiel für die Drehorte des Parks

Danach werden mit Hilfe von blutigen, vollautomatischen Masken Spezialeffekte demonstriert.

Expo Center

Die Architektur des Expo Center basiert auf den Olympischen Spielen 1984 in Los Angeles und der Expo '86 in Vancouver. Fahrten und Shows stehen im Mittelpunkt.

Die beliebteste Fahrt von Universal und die aufregendste von Orlando ist **Back to the Future The Ride**. Achten Sie vorher auf die Warnhinweise. Kenntnisse über die Reihe *Zurück in die Zukunft* sind nicht erforderlich, um die Zeitreise in einem Sportwagen genießen zu können. Die Bewegungen des Autos passen sich der Handlung auf der Rundumleinwand an, so daß der Eindruck entsteht, wirklich über einen Fluß flüssiger Lava zu springen, Eisfelder zu überwinden oder in das Maul eines Dinosauriers zu fliegen.

Das auf Steven Spielbergs Film basierende, bezaubernde **ET Adventure** sollte jeder mitmachen. Ein fliegendes Fahrrad befördert Sie zu ETs Heimatplaneten, über eine glitzernde Stadt und in eine mit ET-Doppelgängern bewohnte Welt.

In der Show **Animal Actors Stage** spielen Tier-Doppelgänger die Rolle von Hundestars wie Lassie und Beethoven und zeigen, wie sie für die Filme trainieren. Auch Stinktier, Katze, Pferd, Schimpanse und Vögel zeigen Tricks.

Die Musical-Show **A Day in the Park with Barney**, arrangiert in einem Zauberpark, zielt nur auf Kinder ab. Star ist der liebenswerte Tyrannosaurus Rex Barney, der Held von *Barney & Friends*, einer beliebten amerikanischen Fernsehshow für Vorschulkinder.

Fievel's Playland wurde durch die Zeichentrickfilme *Feivel der Mauswanderer* und *Feivel in Amerika* inspiriert. Feivel ist eine Maus, der die Utensilien auf einem Spielplatz, wie Cowboyhut, Stiefel, Brille und Teetasse, riesengroß erscheinen.

Back to the Future The Ride – die aufregendste Fahrt bei Universal

San Francisco/Amity

Die Hälfte des Geländes ist San Francisco, vor allem Fisherman's Wharf, gewidmet. So ist Chez Alcatraz eine Snack-Bar, die wie der Kartenkiosk für Touren zur Alcatraz-Insel aussieht.

Anziehungspunkt von San Francisco ist **Earthquake – The Big One**, eine Fahrt mit Informationscharakter. Sie erklärt anhand genauer Modelle, wie Erdbeben simuliert und Schauspieler in dramatische Handlungen kopiert werden. Eine U-Bahn-Fahrt in dem Film *Erdbeben* simuliert ein Erbeben von der Stärke 8,3 auf der Richter-Skala, bei dem eine Flutwelle herabstürzt, ein Öltanker zerbricht und Züge zusammenstoßen. Nach der Fahrt wird alles wiederhergerichtet.

Nicht ganz so beeindruckend ist die **Beetlejuice's Graveyard Revue**. In dieser Rock-and-Roll-Show, die auf der Horror-Komödie *Beetlejuice* von 1988 basiert, treten Stars wie Dracula und Frankenstein auf.

Amity, die andere Hälfte des Parkbereichs, beruht auf einem fiktionalen Dorf in Neuengland. 1975 wurde hier der Film *Der weiße Hai* gedreht, in dem ein Killerhai einen Ferienort terrorisiert. Mit Hummern dekorierte Hütten geben mit einem Strandpromenaden-Rummelplatz wie im Film *Big* den Ton an. An einem Galgen hängt ein Haikiefer, in den Besucher für Fotos ihren Kopf stecken können. Die Fahrt **Jaws** beginnt als ruhige Segeltour im Amity-Hafen, doch bald erscheint die typische Rückenflosse, und der große weiße Hai stürzt sich immer wieder auf das Boot, während er mit erschreckender, aber realistischer Geschwindigkeit durchs Wasser zieht. An einer Stelle ist das Boot sogar von einem Flammenmeer umgeben. Am Ende der strapaziösen, lustigen und nassen sechs Minuten gibt es noch zwei Stunt-Shows. **The Wild, Wild, Wild West Stunt Show** bietet Slapstick mit vielen falschen Faustschlägen und Hechtsprüngen. Im Finale geht der ganze Schauplatz in die Luft, doch insgesamt wird die Show ihrem Titel nicht gerecht.

Zeichen von Beetlejuice's

Dynamite Nights Stuntacular ist anspruchsvoller. Einmal täglich führen Fahrer auf der Lagune kurz vor Schließung des Parks waghalsige Kunststücke in rasenden Motorbooten vor. Höhepunkt ist ein 18-Meter-Sprung eines Bootes durch eine dreigeschossige Feuerwand. Die Show ist zweifelsohne spektakulär, ein Problem stellt nur die Sicht dar. Die besten (und begehrtesten) Plätze befinden sich längs der Lagune, weshalb Sie früh kommen sollten.

Essen, trinken und einkaufen

Das Essen in den Universal Studios ist meist gut. Hier befindet sich auch das weltweit größte Hard Rock Café. Im auf Fischgerichte spezialisierten Lombard's Landing und im Studio Stars Restaurant, das kalifornische und italienische Gerichte sowie ein reichhaltiges Büffet bietet, sind Reservierungen ratsam. Gutes Fast food und Shakes serviert Mel's Drive-In. Dieses herrliche Restaurant aus den 50er Jahren entstammt direkt dem Film *American Graffiti* von 1973.

Kaufen Sie erst zum Schluß ein, da die Geschäfte im Frontlot noch nach Schließung des Parks geöffnet sind. Der Universal Studios Store verkauft Oscar-Imitationen, Topflappen mit dem Universal-Emblem, On-Location-Fotos von Filmstars für Hunderte von Dollars. Die meisten Attraktionen haben ihr eigenes Geschäft. Im Hitchcock's 3-D Theater können Sie Seife aus Bates Motel kaufen.

Glitzernde Cadillacs vor Mel's Drive-In

Die Dynamite Nights Stuntacular, die The Lagoon jeden Abend erleuchtet

Downtown Orlando wird vom Sun Trust Center beherrscht

Orlando 4

Straßenkarte E2. Orange Co. *170 000.* *75 S Ivanhoe Blvd, (407) 425-1234.*

Bis in die 50er Jahre war Orlando nur eine verschlafene Provinzstadt. Doch dies änderte sich durch die Nähe zum Cape Canaveral und die Themenparks gewaltig.

Das aufstrebende Geschäftsviertel in Downtown Orlando, dominiert von gläsernen Wolkenkratzern, ist nur nachts wirklich verlockend, wenn Touristen und Einheimische zur Church Street Station strömen sowie in die Bars und Restaurants an Church Street und Orange Avenue, Orlandos Hauptstraße.

Tagsüber kann man in dem Park drei Blocks östlich der Orange Avenue schön am **Lake Eola** spazieren. Dies ist einer der wenigen Plätze, die einen Eindruck von Orlandos (relativ) früher Geschichte vermitteln. Oberhalb des Sees bieten einige Holzhäuser der ersten weißen Siedler der Stadt Bed & Breakfast an.

Brunnen mitten im Rosengarten von Harry P Leu Gardens

Wer einen etwas seriöseren Gegenpol zu den Themenparks sucht, sollte sich in die ruhigeren Wohnbezirke nördlich der Innenstadt begeben, in denen es einige Parks und Museen zu sehen gibt. Ist Ihre Zeit knapp bemessen, dann besuchen Sie auf jeden Fall Winter Park.

Loch Haven Park

N Mills Avenue an Rollins St.
Orlando Museum of Art *(407) 896-4231.* *Di–So.* *Feiertage.*
Der Park drei Kilometer nördlich von Downtown ist, abgesehen von drei kleinen Museen, recht unbedeutend. Das Orlando Museum of Art, das angesehenste, beherbergt drei Dauerausstellungen: eindrucksvolle präkolumbianische Artefakte, darunter Tierfiguren aus Nazca in Peru, afrikanische Kunst und amerikanische Gemälde aus dem 19. und 20. Jahrhundert. Auch finden hier große internationale Ausstellungen statt.

Harry P Leu Gardens

1920 N Forest Ave. *(407) 246-2620.* *tägl.* *25. Dez.*
In dem 20 Hektar großen Park laden friedliche Gärten zum Spazieren. Einige Bereiche, wie der größte Rosengarten Floridas, sind recht konventionell gestaltet, in anderen wachsen alte Wälder mit Immergrünen Eichen, Ahornbäumen und kahlen, mit spanischem Moos bewachsenen Zypressen. Im Winter entfalten die Kamelien eine blühende Pracht. Weniger interessant ist das **Leu House** (20. Jh.) mit den Gärten, das ein einheimischer Geschäftsmann, Harry P Leu, der Stadt 1961 schenkte – wohl aus Steuergründen.

Maitland Art Center

231 W Packwood Ave, 6 Meilen (9 km) N von Downtown. *(407) 539-2181.* *tägl.* *Feiertage.*
Das in den 30er Jahren von dem Künstler André Smith als Winterhaus für Künstlerfreunde gestaltete Kunstzentrum in dem grünen Vorort Maitland beherbergt Studios und Wohnräume. Die herrlichen Gebäude mit Innenhöfen und Gärten zieren Motive der Maya und Azteken. Die Studios werden immer noch benutzt. Eine Galerie zeigt Wanderausstellungen zeitgenössischer amerikanischer Künstler.

Von den Azteken inspiriertes Dekor, Maitland Art Center

Church Street Station

129 W Church St. *(407) 422-2434.* *tägl.* *Eine Karte für alle Shows.*
Der Unterhaltungskomplex entstand in den 70er Jahren in einem Gebiet mit heruntergekommenen Hotels und Geschäften und zieht heute unzählige Nachtschwärmer an. Besuchermagnet sind drei Shows, die von 19 Uhr bis nach Mitternacht dauern. Jede spielt in einer anderen Ära mit dem entsprechenden Mobiliar. In **Rosie O'Grady's Good Time Emporium** mit geätzten Glasspiegeln aus britischen Pubs spielt eine Dixieland-Band. Cancan-Tänzerinnen tanzen auf den Theken, und fesche Barkeeper stim-

men in die Lieder ein. Das dreigeschossige **Cheyenne Saloon and Opera House** *(siehe S. 330)* erinnert mit den Barkeepern mit Stetson, der Country-und-Western-Band an den Wilden Westen. In dem viktorianischen Palast des **Orchid Garden Ballroom** wird Rock 'n' Roll von den 50er bis zu den 90er Jahren gespielt. Eine einzige Eintrittskarte gewährt Zutritt zu allen Live-Shows.

Der übrige Komplex ist kostenlos, inklusive der Akrobaten und Jongleure auf der Straße. Es gibt den Tanzklub **Phineas Phogg's** mit Heißluftballon-Dekor (ab 21 Jahren), und 50 Geschäfte im **Exchange Shopping Emporium** bieten alles, vom Hut bis zu gotischen Statuen. Buffalo Trading Co ganz in der Nähe hat einen ausgezeichneten Bestand an Westernkleidung.

Lili Marlene's *(siehe S. 321)* mit einem Tisch, der einst Al Capone gehörte, ist das beste Restaurant vor Ort.

Teil des Tiffany-Fensters *Four Seasons*

Winter Park ❺

Straßenkarte E2. Orange Co. *25 000.* *150 N New York Ave, (407) 644-8281.* **Bootstour** *(407) 644-4056.*

Die feinste Gegend von Greater Orlando entstand um 1880, als wohlhabende Nordstaatler hier mit dem Bau ihrer Winterresidenzen begannen. Aus den erstklassigen Geschäften und Cafés an der Park Avenue strömt der Duft von teurem Parfüm und Kaffee, und weiter die Straße hinauf spielen Mitglieder des Country Club ganz in Weiß Krocket. Das **Charles Hosmer Morse Museum of American Art** am Nordende der Straße beherbergt die wahrscheinlich weltweit schönste Sammlung von Louis Comfort Tiffany (1848–1933). Ein neuer Komplex widmet sich seiner Jugendstilwerke: Schmuck, Tischlampen und eine Vielzahl an Fenstern, darunter *The Four Seasons* von 1899.

Straßenunterhaltung an der Church Street Station

Hauptportal der Knowles Memorial Chapel, Rollins College

Wie bei all seinen Fenstern wurden auch hier Glas, Goldblatt, Email, Farbe, Blei und Kupfer auf beeindruckende Weise miteinander verschmolzen. Die Galerien zeigen auch Werke anderer zeitgenössischer Künstler, wie Frank Lloyd Wright.

Am südlichen Ende der Park Avenue thront das renommierte **Rollins College** mit Gebäuden im spanischen Stil aus den 30er Jahren auf dem hübschen Campus. Ein Relief am Haupteingang der Knowles Memorial Chapel zeigt ein Treffen zwischen den Seminolen und den spanischen Eroberern. Das **Cornell Fine Arts Museum** birgt über 6000 Kunstwerke, auch eine Sammlung italienischer Renaissance-Gemälde.

Die **Scenic Boat Tour** zeigt, wo die wohlhabenden Bewohner von Winter Park leben. Zwischen zehn und 16 Uhr fahren die Boote stündlich vom Ostende des Morse Boulevard ab und tuckern über die Seen und Kanäle, die mit Hibiskus, Bambus und Papaya überhangen sind. Herrliche Immergrüne Eichen und Zypressen sowie beeindruckende Wohnhäuser mit Parkanlagen umgeben die Seen.

Charles Hosmer Morse Museum of American Art
445 Park Ave N. *(407) 645-5311.* *Di–So.* *Feiertage.*

Cornell Fine Arts Museum
1000 Holt Ave. *(407) 646-2526.* *Di–So.* *Feiertage.*

Eine der ruhigeren Fahrten im Wet 'n Wild am International Drive

International Drive 6

Straßenkarte E2. Orange Co. *Orlando.* *Orlando.* *Gala Center, 8723 S International Drive, (407) 363-5872.*

DER INTERNATIONAL DRIVE, nur einen Steinwurf von Walt Disney World entfernt und flankiert von Universal Studios und Sea World, existiert einzig und allein wegen der Themenparks. »I Drive«, wie er im Volksmund heißt, ist ein fünf Kilometer langer Streifen von Restaurants, Hotels, Geschäften und Theatern. Tagsüber, wenn die Themenparks voll sind, ist I Drive völlig leer, doch nach Einbruch der Dunkelheit locken Neonlichter und die lange geöffneten Geschäfte. Größte und beliebteste Attraktion des I Drive ist **Wet 'n Wild**. Der angeblich erste Wasserpark der Welt (1977) ist im Gegensatz zu den Disney-Wasserparks *(siehe S. 160f)* nicht besonders schön angelegt. Atemberaubend sind jedoch seine Fahrten wie Bomb Bay und Der Stuka, erschreckend rasante Abfahrten über fast vertikale Hänge. Mehr Geschicklichkeit erfordern Wasserskifahren auf Knien oder der bockige Robo Surfer.

Zwar gibt es auch einen Wasserspielplatz für Kinder und einige ruhigere Fahrten, doch Familien mit Kindern sind in den Disney-Wasserparks besser aufgehoben. Im Sommer hat Wet 'n Wild bis 23 Uhr geöffnet und bietet abends Eintrittskarten zum halben Preis an.

Die andere Attraktion ist **Ripley's Believe It or Not!** mit absurden Gegenständen, Illusionen und Filmmaterial über seltsame Meisterwerke. Es gehört zu einer internationalen Kette von Museen, die auf der Weltausstellung in Chicago 1933 durch das sogenannte Odditorium entstanden, eine Schöpfung des amerikanischen Zeichners Robert Ripley, der auf der ganzen Welt Verrücktes und Wunderbares suchte. Sie können das Gebäude nicht übersehen – es scheint in einen der berüchtigten Doliten *(siehe S. 20)* zu fallen. Innen erwarten Sie Exponate wie ein Rolls Royce aus 1 016 711 Streichhölzern, eine Mona Lisa aus Toastscheiben, ein dreibeiniger Mann, ein zweiköpfiges Kätzchen und ein Mann, der durch seine Augen raucht.

Das Einkaufszentrum **The Mercado** in der Nähe ist im spanischen Stil errichtet und bietet schöne Innenhöfe und Brunnen, etwa 50 Geschenkläden, Restaurants und abends kostenlose Unterhaltung. Zwei Blocks vom Einkaufszentrum entfernt hat das ausgezeichnete Official Visitor Information Center von Orlando Coupons für viele Attraktionen, Hotels und Restaurants in Orlando, die Geld sparen helfen *(siehe S. 346)*.

Wet 'n Wild
6200 International Drive. *(407) 351-3200.* *tägl.*

Ripley's Believe It or Not!
8201 International Drive. *(407) 363-4418.* *tägl.*

The Mercado
8445 S International Drive. *(407) 345-9337.* *tägl.* *25. Dez.*

Gatorland 7

Straßenkarte E3. Orange Co. 14501 S Orange Blossom Trail, Kissimmee. *(800) 393-5297.* *Kissimmee.* *Kissimmee.* *tägl.*

DIE RIESIGE FARM züchtet seit den 50er Jahren Alligatoren wegen ihrer Häute und ihres Fleischs. In den Gehegen, Teichen und Pflegestationen leben Tausende von Alligatoren aller Größen, von Jungtieren, die auf einer Handfläche Platz haben, bis zu vier Meter großen Monstern. Am besten zu beobachten sind sie vom Plankenweg und vom Turm aus, wenn sie sich in dem seichten Zypressensumpf aalen. Die anderen Attraktionen von Gatorland sind eher unnatürlich: Tiere in Käfigen,

Im Gatorland zu kaufen

Das unverkennbar sinkende Haus von Ripley's Believe It or Not!

Das Alligatormaul ist das Wahrzeichen am Eingang von Gatorland

eine Alligator-Kampfshow und ein Gator Jumparoo, in dem sie aus dem Wasser springen, um nach Hühnerfleisch zu schnappen. Zudem gibt es Vorführungen mit Giftschlangen aus Florida.

Im Restaurant können Sie »Gator Nuggets« kosten oder eine Dose Alligatorsuppe als Souvenir kaufen.

Eines der ausgefallenen Geschäfte in der Old Town von Kissimmee

Kissimmee ❽

Straßenkarte E3. Osceola Co. *35 000.* *1925 E Irlo Bronson Memorial Hwy, (407) 847-5000.*

ANFANG DIESES JAHRHUNDERTS liefen die Rinder in diesem Zentrum der Viehwirtschaft noch frei herum. Heute kann man sie meist nur noch zweimal im Jahr beim Rodeo in der Silver Spurs Arena von Kissimme *(siehe S. 31)* oder bei den Rodeos jeden Freitag abend in der **Kissimmee Arena** sehen.

In der Sprache der Calusa *(siehe S. 38f)* bedeutet Kissimmee »Himmel auf Erden«, die meisten Besucher kommen jedoch wegen der Nähe zu Walt Disney World. Billige Motels liegen an der verkehrsreichen US192 zwischen Kettenrestaurants und Reklametafeln, die Einkaufszentren und Dinnershows, die Hauptattraktion von Kissimmee am Abend, anpreisen.

Nach einem Tag im Themenpark bietet sich vielleicht eher die **Old Town** an. In dieser neuen Fußgängerzone mit Gebäuden der Jahrhundertwende bieten ausgefallene Geschäfte psychologische Schriften, Tattoos, irisches Leinen, Kerzen und mehr an. Außerdem finden Sie ein bescheidenes Geisterhaus und einen kleinen, antiquierten Rummelplatz.

Das **Flying Tigers Warbird Restoration Museum** am Flughafen von Kissimmee ist ebenfalls recht ungewöhnlich. Viele Veteranen besuchen die hier sorgfältig reparierten Flugzeuge aus dem Zweiten Weltkrieg. Gegen eine kleine Gebühr erfahren Sie bei einer Führung durch den Hangar mehr Details über die Rekonstruktion der Flugzeuge. Für den Flug in einem Doppeldecker von 1934 müssen Sie jedoch eine beachtliche Summe ausgeben.

Kissimmee Arena
1010 Suhls Lane. *(407) 933-0020.* *zu Shows.*

Flying Tigers Warbird Restoration Museum
231 Hoagland Blvd. *(407) 933-1942.* *tägl.* *25. Dez.*

DINNERSHOWS

Die Dinnershows *(siehe S. 337)* bieten turbulenten Familienspaß (falls Sie nach Schließung der Parks noch Energie haben). In Orlando gibt es am I Drive bzw. in der Nähe der US192 bei Kissimmee etwa ein Dutzend, die beiden Disney-Shows nicht mitgezählt *(siehe S. 162)*. Der Eintritt kostet 30–35 Dollar für Erwachsene, 20 Dollar für Kinder. Mit Coupons aus dem Orlando Visitor Center erhalten Sie Ermäßigung. Zu den besten zählen:

American Gladiators: Stars der Fernsehshow nehmen live an Sportwettkämpfen teil.
(800) 228-8534.

Arabian Nights: eine lustige Pferdenummer in einer riesigen Innenarena.
(407) 239-9223.

Colossal Studios Pirate's Dinner Adventure: eine aufwendige Show um ein Piratenschiff mit Bootsrennen, Akrobatik und einer Studio-Tour im Vorfeld.
(407) 248-0590.

King Henry's Feast: Spiele in einer Rekonstruktion des Bankettsaals von König Heinrich VIII.
(407) 351-5151.

Medieval Times: Kämpfende Ritter stehen im Mittelpunkt dieser bunten, spannenden Show.
(407) 396-1518.

Wild Bill's Wild West Dinner Extravaganza: Indianer und Cancan-Tänze in einem Palisadenfort.

Ein Star von Wild Bill's Wild West Dinner Extravaganza

Cypress Island und Lake Toho ❾

Straßenkarte E3. Osceola Co. 3 Meilen (5 km) südl. von Kissimmee. *Kissimmee.* *Kissimmee.* *vom Big-Toho-Jachthafen, Lakeshore Blvd, Downtown Kissimmee.* *tägl. 8–17 Uhr.* *Thanksgiving, 25. Dez.* *(407) 973-4549.* *teilweise, Reservierung erforderlich.*

DER IM QUELLGEBIET der Everglades gelegene Lake Tohopekaliga – von den Einheimischen Toho genannt – ist für seinen Artenreichtum bekannt. Die Insel im Zentrum war früher eine Seminolen-Siedlung, später Rinderfarm. Ein Großteil ist nun ein nicht zugängliches Reservat für exotische Tiere wie Emus und Lamas. In der Nähe des Sees nisten einige Adlerpaare, und es gibt auch hier zahlreiche Reiher. Sportfischen (mit kundigem Führer) ist möglich; beliebt sind die Bootstouren über den See.

Splendid China ❿

Straßenkarte E3. Osceola Co. 3000 Splendid China Blvd, Kissimmee. *(407) 396-7111.* *Kissimmee.* *Kissimmee.* *tägl.*

IN DEM THEMENPARK für Ewachsene mit kulturellem Schwerpunkt herrscht eine himmlische Ruhe, einigen ist er vielleicht zu friedlich. Der 30 Hektar große und 100 Millionen Dollar teure Park wurde 1993 nach einem Vorbild in Shenzhen, China, errichtet. Ein ausführlicher Besuch dauert etwa einen halben Tag.

Hier gibt es keine Überraschungseffekte oder spannenden Fahrten, statt dessen Miniaturausgaben der berühmtesten Wahrzeichen Chinas, die zu Fuß oder per Bahn zu erreichen sind. Jedes schmücken Hunderte von Spielzeugfiguren und -tieren. Von der chinesischen Mauer wurde ein Kilometer aus 6,5 Millionen Steinen rekonstruiert und eine elf Meter hohe Version der 72 Meter großen Buddha-Statue in Leshan. Viele der in den 70er Jahren in China entdeckten 8000 Terrakotta-Krieger erscheinen hier im Verhältnis 1:3, für die Verbotene Stadt wurde ein Verhältnis von 1:15 zugrunde gelegt.

Terrakotta-Krieger in Splendid China

Als Abwechslung zu den 55 Modellen können Sie sich traditionelle chinesische Künste ansehen wie Kampfsport oder die Imitation von Vogelgezwitscher. Besonders unterhaltsam sind die Chongqing-Akrobaten.

Suzhou Gardens am Eingang zum Park ist eine Rekonstruktion der Stadt Suzhou im Osten Chinas in der Größe, wie sie vor 700 Jahren aussah. Die Fachwerkgebäude und Pagoden sind mit den damaligen Techniken ohne Muttern und Schrauben hergestellt. Erstklassige Geschäfte bieten Bonsaibäume und chinesischen Tee. Die Küche im Suzhou Pearl Restaurant ist, wie in vielen anderen Restaurants des Parks, sehr gut.

Amateurpilot in simuliertem Kampf bei Fantasy of Flight

Fantasy of Flight ⓫

Straßenkarte E3. Polk Co. 1400 Broadway Blvd SE, Polk City. *(941) 984-3500.* *Winter Haven.* *Winter Haven.* *tägl.*

LAUT FANTASY OF FLIGHT werden hier, verglichen mit anderen Attraktionen Floridas, wirkliche Sensationen geboten. Begehbare Ausstellungsstücke versetzen Sie in eine B-17 Flying Fortress aus dem Zweiten Weltkrieg während eines Bombardements und in Gräben während eines Luftangriffs im Ersten Weltkrieg.

Für ein paar Dollar extra erleben Sie in einem Kampfflugzeugsimulator aus dem Zweiten Weltkrieg einen Nahkampf über dem Pazifik. Im Cockpit erhalten Sie Anweisungen vor dem Flug und Mitteilungen vom Kontrollturm über Start, Landung und feindliche Flugzeuge. In einem Hangar mit alten Flugzeugen stehen das erste vielgenutze Flugzeug der

Die auf übersichtliche Maße reduzierte Verbotene Stadt Pekings im Splendid China

USA – die Ford Tri-Motor von 1929, die in dem Film *Indiana Jones und der Tempel des Todes* eingesetzt wurde – und die Roadair 1, eine Kombination aus Flugzeug und Auto, die 1959 nur einmal flog.

Cypress Gardens ⓬

Straßenkarte E3. Polk Co. 2641 South Lake Summit Drive, Winter Haven. *(941) 324-2111.* *Winter Haven.* *Winter Haven.* *tägl.*

Cypress Gardens war der erste Themenpark Floridas (1936) und begeistert das Publikum mit der ungewöhnlichen Kombination aus Blumen und Wasserski. Dank der 8000 Pflanzenarten ist der Park an einem zypressengesäumten See zweifellos ein romantisches Blumenparadies und vor allem bei der älteren Generation beliebt.

Wasserski-Pyramide, Höhepunkt der Show in Cypress Gardens

Etwa ein Drittel des Geländes bedeckt ein üppiger botanischer Garten. Zu den gut beschilderten Pflanzen zählen eine 1600 Jahre alte Zypresse, Epiphyten *(siehe S. 276)*, eine sehr seltene zweiköpfige Palme und ein riesiger Banyanbaum. Sie können den Park zu Fuß oder mit der Botanical Boat Cruise erkunden, die ab und zu anhält, damit die Besucher die »Southern Belles« fotografieren können, junge Frauen in aufwendigen Kleidern, die neben einer Lagune mit Lilien, einem herabstürzenden Wasserfall oder der neoklassizistischen »Love Chapel« posieren.

»Southern Bells« verleihen den Cypress Gardens Farbe

In anderen Bereichen des Parks beeindrucken üppige Blumenarrangements. Im November blühen etwa zweieinhalb Millionen Chrysanthemen und in den darauffolgenden Monaten Unmengen von Weihnachtssternen.

Fast das ganze Jahr über kann man ausgezeichnete Formbäume sehen, die zum Spring Flower Festival Vögel, Schmetterlinge, Fische und einen Osterhasen darstellen, zur Victorian Garden Party im Sommer eine Kutsche mit Pferd, ein Dampfschiff, ein Karussell und elegant gekleidete Damen und Herren. In den plantagenartigen Parks bilden sie »arbeitende« Gärtner in den Rosen-, Kräuter-, Obst- und Gemüsebeeten.

Nach eigener Einschätzung ist Cypress Gardens das Wasserski-Zentrum der Welt. Die Vorführungen, ursprünglich Revuen, die während des Zweiten Weltkrieges für die in diesem Gebiet stationierten Soldaten aufgeführt wurden, finden mindestens dreimal täglich statt. So jagen Wasserski-Artisten barfuß über den See oder vollführen Sprünge und Saltos von Rampen herunter. Höhepunkt der Show ist eine der Schwerkraft trotzende Pyramide aus zehn oder mehr Skifahrern.

Wenn Sie sich einen ganzen Tag für den Park freigenommen haben, haben Sie auch Zeit für das Schmetterlingshaus und für eine Fahrt auf den hydraulikbetriebenen Aussichtsturm. Außerdem gibt es noch Reptilien, exotische Vögel und einen russischen Zirkus zu sehen.

Bok Tower Gardens ⓭

Straßenkarte E3. Polk Co. 1151 Tower Blvd, Lake Wales. *(941) 676-9412.* *Winter Haven.* *Lake Wales.* *tägl.*

Edward W Bok kam 1870 im Alter von sechs Jahren aus Holland in die USA und wurde ein einflußreicher Verleger. Kurz vor seinem Tod 1930 öffnete er den wunderschön bewaldeten Park (52 ha) der Öffentlichkeit »als Dank für seinen Erfolg, den er ihr schuldet«.

Er liegt am höchsten Punkt der Halbinsel Florida – 91 Meter über dem Meeresspiegel. Das Zentrum bildet der drei Stockwerke hohe Singing Tower mit dem Grab von Bok. Sie können den Turm nicht besteigen, sollten sich jedoch das 45minütige Glockenspiel um 15 Uhr anhören.

Der Singing Tower aus rosafarbenem Marmor, Bok Tower Gardens

Canaveral National Seashore und Merritt Island ⓮

Straßenkarte F2. Brevard Co.
🚌 *Titusville.*

In diesen benachbarten Reservaten gibt es eine beachtliche Vielfalt an Tierarten und dank des gemäßigten sowie subtropischen Klimas zahlreiche Habitate, darunter Salzwasserbuchten, Sümpfe, Pinienhaine und Hammocks. Man kann Alligatoren und gefährdete Tierarten wie Seekühe sehen, beherrschend ist jedoch die Vogelwelt.

Viele Besucher gehen direkt zum Strand. Zum **Canaveral National Seashore** gehört eine Strandwallinsel mit dem größten naturbelassenen Strand Floridas – ein herrlicher, 39 Kilometer langer Sandstrand. Apollo Beach im Norden ist von der A1A und Playalinda Beach im Süden von der Route 402 zu erreichen. Dazwischen gibt es keine Straßenverbindungen. Die Strände eignen sich zum Sonnenbaden, Schwimmen hingegen kann gefährlich sein, und es gibt keine Rettungsschwimmer.

Hinter dem Apollo Beach errichteten Timucua-Indianer zwischen 800 und 1400 einen zwölf Meter hohen Muschelhügel. Ein Plankenweg führt zu seiner Spitze, die einen herrlichen Blick über die Mosquito Lagoon mit ihren Tausenden von Mangroveninseln bietet. Von der Route 402 nach Playalinda Beach hat man ebenfalls einen herrlichen Blick – auf die Abschußrampen des Kennedy Space Center, die aus der Wasserebene herausragen. Diese Straße kreuzt auch das 570 Quadratkilometer große **Merritt Island National Wildlife Refuge**, das größtenteils im Kennedy Space Center liegt und deshalb unzugänglich ist. Doch auch das Gebiet nördlich davon hat viel zu bieten.

Die beste Möglichkeit, die einheimische Tierwelt aus erster Hand zu erleben, bietet der zehn Kilometer lange Black Point Wildlife Drive. Eine ausgezeichnete Broschüre, die zu Beginn der Route an der Kreuzung der Straßen 402 und 406 erhältlich ist, erklärt, wie die Moskitopopulationen durch Schutzwälle kontrolliert werden (im Sommer sollten Sie stets Insektenspray dabeihaben). Auf halber Strecke können Sie sich Ihre Beine auf dem acht Kilometer langen Cruickshank Trail vertreten, der in der Nähe beginnt und zu einem Aussichtsturm führt.

Das östlich an der Route 402 in Richtung Playalinda gelegene Merritt Island Visitor Information Center erklärt auf beeindruckende Weise die Habitate und die Tierwelt des Reservats. 1,5 Kilometer weiter östlich führen auf dem Oak Hammock und dem Palm Hammock Trail Plankenwege durch Sumpfgebiet.

Alligator in freier Natur

Vögel der Space Coast

Die herrliche, vielfältige Vogelwelt der Space Coast kann man am besten frühmorgens oder kurz vor Einbruch der Dunkelheit beobachten. Vor allem zwischen November und März wimmelt es in den Sümpfen und Lagunen von Zugenten und Stelzvögeln, denn bis zu 100 000 ziehen aus dem kälteren Norden hierher.

Kanadischer Kranich

Brauner Pelikan

Seeschwalbe

Schwarzer Scherenschnabel

Blick vom Black Point Drive, Merritt Island National Wildlife Refuge

Canaveral National Seashore
Route A1A, 20 Meilen (32 km) nördl. von Titusville an der Route 402, 10 Meilen (16 km) östl. von Titusville. ☎ *(407) 267-1110.* ○ *tägl.* ● *bei Raketenstarts.*

Merritt Island National Wildlife Refuge
Route 406, 4 Meilen (6,5 km) östl. von Titusville. ☎ *(407) 861-0667.* ○ *tägl.* ● *bei Raketenstarts.*

Kennedy Space Center ⓯

Siehe S. 182 ff.

US Astronaut Hall of Fame ⓰

Straßenkarte E2. Brevard Co. Kreuzung von Route 405 und US 1. *(407) 269-6100.* *Titusville.* *tägl.* *25. Dez.*

Die lehrreiche wie auch unterhaltsame Ruhmeshalle ehrt die ersten Astronauten der USA und zeigt viele persönliche Gegenstände. Ein Pseudo-Shuttle-Orbiter in Originalgröße dient als Kino, in dem die Reise einer Raumfähre ins All gezeigt wird. Benutzer eines Flugsimulators können dieselben Kräfte wie Fighter-Piloten erleben.

Das US Space Camp bietet Kurse für die Jüngsten an, in denen z. B. die Schwerelosigkeit getestet wird.

***Tico Belle*, Vorzeigestück im Warbird Air Museum**

Valiant Air Command Warbird Air Museum ⓱

Straßenkarte E2. Brevard Co. 6600 Tico Road, Titusville. *(407) 268-1941.* *Titusville.* *tägl.* *Thanksgiving, 25. Dez, 1. Jan.*

In einem Hangar sind liebevoll restaurierte Militärflugzeuge aus dem Zweiten Weltkrieg und später zu sehen. Prunkstück ist eine funktionierende Douglas C-47, die *Tico Belle*. Bevor das Flugzeug offizielles Transportmittel der dänischen Königsfamilie wurde, tat es im Zweiten Weltkrieg Dienst.

Jedes Jahr im März zeigt eine Flugshow Nahkampfdemonstrationen.

Porcher House im historischen Bezirk von Cocoa

Cocoa ⓲

Straßenkarte E3. Brevard Co. *18 000.* *Cocoa Beach, (407) 459-2200.*

Cocoa ist der attraktivste Ort des Festlandes an der Space Coast. Wo die Route 520 den Indian River bei Cocoa Beach überquert, liegt der als Cocoa Village bekannte historische Bezirk mit Gebäuden, die um 1880 entstanden (einige beherbergen einfache Boutiquen), Gaslaternen und Kopfsteinpflaster.

In der Delannoy Avenue am östlichen Ende steht das Classical Revival Porcher House, das 1916 ein angesehener Zitrusplantagenbesitzer aus Coquina-Stein *(siehe S. 201)* erbaute. Die Inneneinrichtung ist unspektakulär, achten Sie jedoch auf die in den Säulengang eingravierten Karo-, Herz-, Pik- und Kreuzsymbole: Ms. Porcher war eine begeisterte Bridge-Spielerin.

Cocoa Beach ⓳

Straßenkarte F3. Brevard Co. *13 000.* *Cocoa.* *400 Fortenberry Rd, (407) 459-2200.*

Der unspektakuläre Ferienort bezeichnet sich selbst als das Surfzentrum der Ostküste. Surf-Parties, Bikini-Wahlen und Bier-Wettkämpfe geben auf dem Pier den Ton an. Motels, Kettenrestaurants und Kneipen prägen das Bild der Hauptdurchgangsstraße.

Der **Ron Jon Surf Shop** stellt jedoch alle in den Schatten. Der Neon-Palast hat Surfbretter in rauhen Mengen (Verkauf und Verleih) und eine riesige Auswahl an T-Shirts. Vor den blinkenden Türmen stellen Skulpturen verrückte Strandsportler dar.

Ron Jon Surf Shop
4151 N Atlantic Ave. *(407) 799-8820.* *tägl. 24 Stunden.*

Der Ron Jon Surf Shop in Cocoa Beach hat für Surfer und Strandbegeisterte alles zu bieten

Kennedy Space Center ⓯

Kennedy Space Center auf Merritt Island, von Orlando nur eine Stunde Fahrt entfernt, ist der einzige Ort der westlichen Hemisphäre, von dem Menschen ins All geschossen werden. Mit dem Start der Apollo 11 im Juli 1969 begann Präsident J F Kennedys Traum von der Landung auf dem Mond wahr zu werden. Die bemannten Raumfähren *(siehe S. 186f)* der NASA (National Aeronautics and Space Administration) starten regelmäßig von einer der Rampen. Das vor kurzem modernisierte Space Center, das sich im Hinblick auf Größe und Engagement durchaus mit den Themenparks Orlandos messen kann, möchte sowohl informieren als auch unterhalten.

NASA-Zeichen

★ Apollo/Saturn V Center
Eine Saturn-V-Rakete, wie sie auch bei Apollo-Missionen eingesetzt wird, ist die Hauptattraktion. In einem rekonstruierten Kontrollzentrum kann man einen simulierten Start erleben (siehe S. 185).

Astronauten
Als Astronauten verkleidetes Personal bietet ideale Fotomöglichkeiten mit Kindern.

★ Rocket Garden
Jede der hochaufragenden Raketen spiegelt eine andere Periode in der Geschichte der Raumfahrt wider. Zudem gibt es ein Mondmodul, wie es auch bei Apollo-Missionen verwendet wird.

Die Gallery of Spaceflight zeigt Raumfahrzeuge und Ausrüstungen.

Children's Play Dome

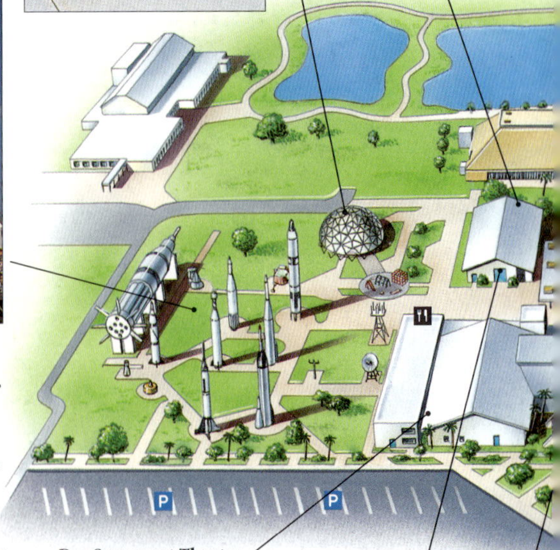

Das Spaceport Theater zeigt Filme über den Mars und die Rettung der Apollo 13.

Mission zum Mars

Eingang

Nicht versäumen

- ★ **Apollo/Saturn V Center**
- ★ **Rocket Garden**
- ★ **Bustouren**
- ★ **IMAX-Filme**

Visitor Center

Das Visitor Center öffnete 1966, um den zahlreichen Besuchern gerecht zu werden, und veranstaltete ursprünglich Bustouren. Heute befindet sich hier ein weitläufiges Museum mit zahlreichen Restaurants und Souvenirgeschäften. Zugang erhalten Sie über die US 405 von Titusville und die Route 3 von Cocoa.

★ Bustouren
Bustouren fahren die Abschußrampen des Zentrums an, vorbei am Vehicle Assembly Building und der Kriechspur, auf der der Shuttle zum Start langsam in Position gebracht wird.

INFOBOX

Straßenkarte F2. Brevard Co. an der Route 405, 6 Meilen (9,5 km) östl. von Titusville. ☎ *(407) 452-2121.* 🚌 *Titusville.* ◯ *tägl. 9 Uhr bis Sonnenuntergang.* ● *25. Dez. Das Zentrum ist gelegentlich wegen Arbeiten geschlossen.*
nur für IMAX-Filme und Bustouren. ♿ *alle Ausstellungen; Rollstühle gibt es am Spaceport Central.* *Bustouren und Führungen möglich.*

★ IMAX-Filme
Das Galaxy Center zeigt in riesigen IMAX-Kinos Filme über Satelliten und Allausflüge. Aufnahmen von den Shuttle-Missionen bieten eindrucksvolle Blicke auf die Erde (siehe S. 184).

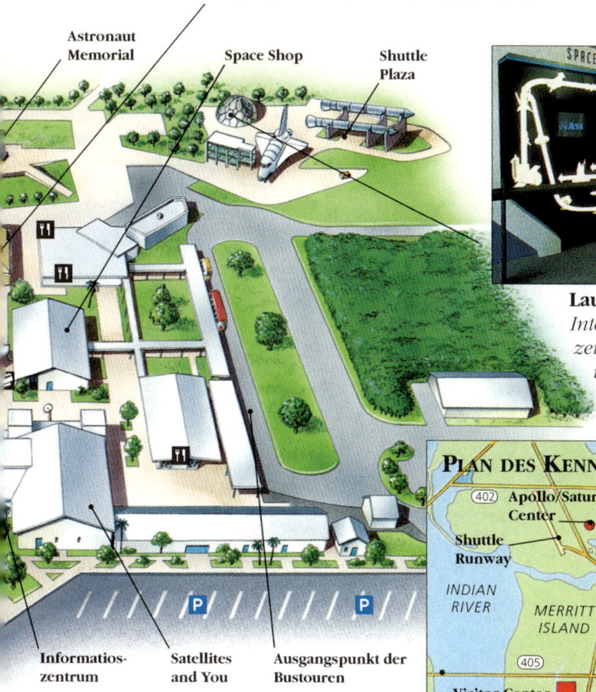

Launch Status Center
Interaktive Ausstellungen zeigen die Prozesse vor und während des Starts sowie beim Flug.

0 Meter 25

0 Yards 25

LEGENDE

- P Parkplatz
- Geldautomat
- Restaurant

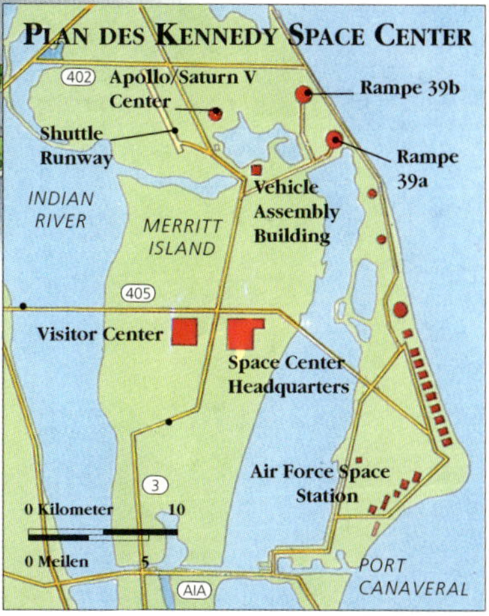

Überblick: Kennedy Space Center

SIE SOLLTEN IHRE ZEIT für das Visitor Center und den Rest der 340 Quadratkilometer großen Anlage, die zwei separate Bustouren erkunden, gleichmäßig aufteilen. Neben den ausgezeichneten IMAX-Filmen im Visitor Center ist das Apollo/Saturn V Center ein unbedingtes Muß. Insgesamt müssen Sie einen ganzen Tag einplanen. Sollten Sie weniger Zeit haben, streichen Sie die Tour zur Cape Canaveral Air Station, die sich auf die frühen Missionen konzentriert und weniger interessant ist – vor allem für Kinder. Mit Ausnahme der IMAX-Filme und der Bustouren, für die Sie direkt nach der Ankunft Karten kaufen sollten, ist im Space Center alles kostenlos.

Eine überirdische Fotomöglichkeit im Lunar Surface Theater

VISITOR CENTER

JEDER WILL HIER ZUERST in das **Galaxy Center**, dessen IMAX-Kinos drei imposante Filme auf fünf Stockwerke hohen Leinwänden zeigen.

Herausragend ist der Film *Destiny in Space*, den der Hauptdarsteller aus *Star Trek*, Leonard Nimoy, kommentiert. Er zeigt Filmmaterial aus neun Space-Shuttle-Flügen, darunter den Start des Hubble-Teleskops 1990 und die darauffolgende Reparatur 1993. Beeindruckend sind auch die Ansichten von Erde, Mars und Venus. Der zweite Film, *Dream is Alive*, vermittelt mit Hilfe von Filmmaterial, das bei Weltraummissionen in Flugkörpern aufgenommen wurde, eine Insider-Sicht. Walter Cronkite berichtet über die Ereignisse und täglichen Abläufe im Weltraum. Der dritte Film, *L5: First City in Space*, kreiert durch die Kombination von echtem Filmmaterial mit 3-D-Computergrafiken eine Phantasiestadt im Weltraum. Höhepunkte des Films sind ein Flug am Mars vorbei und die Landung auf einem Kometen.

Das Modell eines der Raumfahrzeuge, die für die International Space Station entworfen wurden, vermittelt einen Eindruck der neuesten NASA-Technik. Kinder interessieren sich wahrscheinlich mehr für die neuesten Forschungsroboter in **Mission to Mars**. Die Ausstellung präsentiert auch Modelle der in den 70er Jahren zum Mars geschickten Wikinger-Raumsonden, die den Weg für die 1995 gestartete Mars-Pathfinder-Raumsonde und die geplante erste bemannte Expedition zum Mars ebneten.

Auf der Shuttle Plaza können Sie den **Explorer**, eine Kopie des Space Shuttle, aus der Nähe sehen, aber nicht betreten. Im **Launch Status Center** sind Flughardware und Raketentreiber ausgestellt. Shows behandeln weltraumbezogene Themen. Der nahe gelegene »Space Mirror« verfolgt den Lauf der Sonne durch Reflektionen von Licht, das auf Namen fällt, die im **Astronaut Memorial** eingraviert sind. Hier wird der 16 Astronauten gedacht, die von Apollo 1 bis zum Space Shuttle Challenger bei der Weltraumforschung starben.

Haben Sie nur wenig Zeit, können Sie den 45minütigen Film **Satellites and You** über die Bedeutung der Satellitentechnik auslassen.

Der *Explorer*, eine Kopie des Space Shuttle in Originalgröße

ZEITSKALA DER WELTRAUMFORSCHNG

1958 Der erste amerikanische Satellit, *Explorer 1*, startet (31. Jan)

1962 John Glenn umkreist die Erde im *Mercury*-Raumfahrzeug

1969 Neil Armstrong und Buzz Aldrin (*Apollo 11*) spazieren auf dem Mond (24. Juli)

1966 Erstes Andocken im All der *Gemini 8* (16. März)

Buzz Aldrin

1977 Der Space Shuttle *Enterprise* wird an Bord einer Boeing 747 getestet (18. F

1955 | 1960 | 1965 | 1970 | 1975

1961 Am 5. Mai ist Alan Shepherd der erste Amerikaner im All. Kennedy verspricht der Nation die Mondlandung

John Glenn

1968 *Apollo 8* umkreist den Mond (24. Dez)

1965 Edward White ist der erste Amerikaner, der im All umhergeht (3. Juni)

1975 Die amerikanische *Apollo* und russische *Soyuz* docken im All an (17. Juli)

Bustouren

Vom Visitor Center führen regelmäßig zwei unterschiedliche Bustouren in zwei Stunden zu den wichtigsten Komplexen des Zentrums.

Die Tour zur Cape Canaveral Air Station lohnt sich nur für Besucher, die sich für die Geschichte der Raumtechnik interessieren. Die Station wurde in den 40er Jahren für Raketentests errichtet. Später gelangten von hier die ersten Raketen ins All. In den 60er Jahren zog die amerikanische Raumfahrtbehörde zu einem größeren Standort auf Merritt Island um, doch es gibt immer noch eine Satellitenabschußanlage. Ein Museum und Raketenpark zeigen die glorreiche Vergangenheit der Gemini- und Mercury-Projekte.

Interessanter, vor allem vor einem Start, ist die Tour zum Launch Complex 39, wo die NASA den Space Shuttle baut und abschießt. Erste Haltestelle ist das riesige Vehicle Assembly Building, in dem Shuttles entstehen. Mit einem Volumen von über 3,5 Millionen Kubikmetern ist es eines der größten Gebäude der Welt. Ebenso imposant sind die riesigen Transporter von der Größe eines halben Fußballfeldes, die den Shuttle auf dem Crawlerway (5 km) mit 1,6 km/h zur Abschußrampe transportieren. Der Bus hält kurz für einen Blick auf die Rampen (ohne Shuttle uninteressant) und fährt dann zum Launch Control Center, wo die letzten Tests vor dem Start stattfinden. Letzte Haltestelle ist das Apollo/Saturn V Center.

Das imposante Vehicle Assembly Building im Space Center

Raketen an der Cape Canaveral Air Station

Apollo/Saturn V Center

Der 1996 eröffnete Komplex ehrt das Project Apollo, das Weltraumprogramm, das den ersten Menschen zum Mond brachte.

Zunächst gibt es Hintergrundinformationen über den Wettlauf zwischen den USA und der Sowjetunion, der in den 60er Jahren zur Entstehung der Saturn V, der leistungsstärksten Rakete ihrer Zeit, führte. Dann geht es in das Firing Room Theater mit einer Rekonstruktion des Kontrollzentrums, von dem aus Apollo 8, die erste bemannte Fahrt zum Mond, 1968 startete. Ein großer Teil der Ausstellung ist original, es gibt sogar Aufzeichnungen aus dem Logbuch über die Probeflüge. Eine Film-Show vermittelt den eindrucksvollen Augenblick des Starts der Apollo 8, bei dem das ganze Auditorium durch die Stärke des Abschusses vibriert.

Vor dem Theater liegt eine der nur noch drei bestehenden Saturn-V-Raketen auf der Seite. Das 110 Meter lange Monster ist in einzelne Abschnitte untergliedert.

Das Lunar Surface Theater widmet sich der ersten Mondlandung und erinnert an die letzten nervenaufreibenden Phasen des Abschusses der Apollo 11 im Juli 1969. Höhepunkt ist das Filmmaterial über die ersten Schritte von Buzz Aldrin und Neil Armstrong auf dem Mond.

Für das Apollo/Saturn V Center, seine Geschäfte und Cafés sollten Sie drei Stunden einplanen.

1981 *Columbia* t der erste Shuttle im l (12. Apr)

1983 Die erste Amerikanerin fliegt an Bord des Space Shuttle *Challenger* ins All (18. Juni)

1988 Erster Abschuß eines Shuttle, *Discovery*, nach der *Challenger*-Katastrophe (29. Sep)

Atlantis-Mir-Abzeichen (Juni 1995)

1980 | 1985 | 1990 | 1995

Space Shuttle Columbia

1984 Die erste Amerikanerin, Kathryn Sullivan, geht im All umher (11. Okt)

1986 Die *Challenger* explodiert, die Mannschaft stirbt (28. Jan)

1990 Start des Hubble-Teleskops (24. Apr)

1995 Die *Atlantis* dockt an der russischen Raumstation *Mir* an (29. Juni)

1996 Der *Mars Pathfinder* startet zum Mars, um Daten zu sammeln (4. Dez)

Der Space Shuttle

Zeichen der Shuttle-Mission

Ende der 70er Jahre waren die Kosten für die Entsendung von Astronauten ins All für das amerikanische Weltraumbudget nicht mehr tragbar. Die Apollo-Missionen kosteten Milliarden Dollar, dabei kehrte höchstens ein verschmortes Steuermodul zur Erde zurück. Wiederverwendbare Raumfahrzeuge mußten her, die mehrere Jahre benutzt werden können und nach der Produktion primär Wartungskosten verursachen. Die Antwort hierauf war Space Shuttle *Columbia*, der am 12. April 1981 ins All startete *(siehe S. 50f)*. Dank der großen Beladungskapazität kann der Shuttle verschiedenste Satelliten und Sonden ins All transportieren. Außerdem befördert er Material für den Bau der International Space Station.

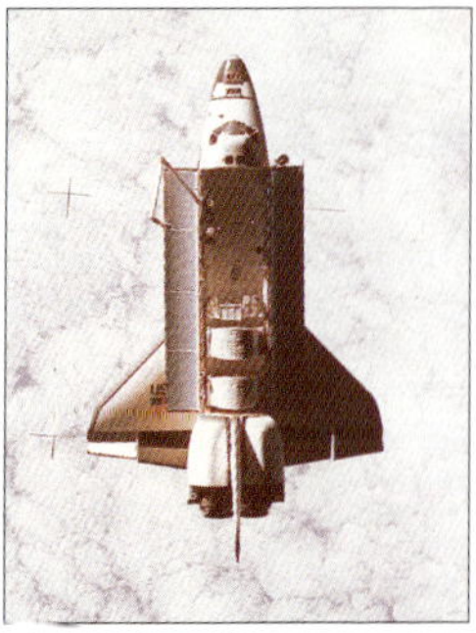

Shuttle im All
Im Orbit werden die Ladetüren des Shuttle geöffnet. Das Hubble-Teleskop war eine der Nutzlasten.

Besatzungsraum
Der Besatzungsraum des Shuttle ist komplexer als der eines Flugzeugs. Das Launch Status Center (siehe S. 183) *gewährt Einblick in die Navigation.*

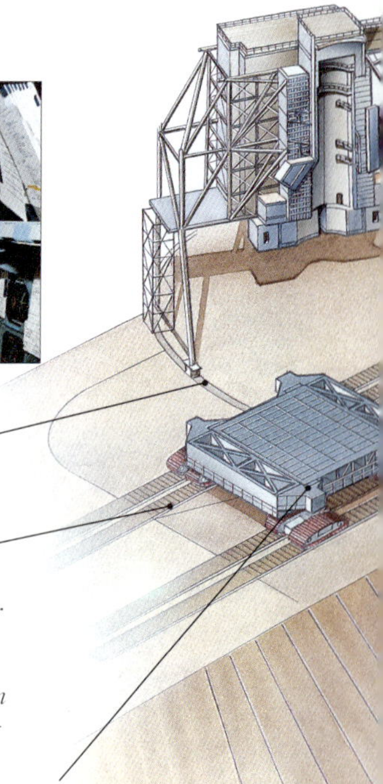

Auf Gleisen wird der Turm vor dem Abschuß entfernt.

Crawlerway
Die 30 Meter breite, zweigleisige Kriechspur ist so konstruiert, daß sie dem Gewicht des Shuttle und der riesigen Kettenfahrzeuge standhält. Unter der Steinoberfläche befinden sich eine Asphaltschicht und ein zwei Meter tiefes Schotterbett.

Das Fahrzeug bringt den Shuttle zur Rampe.

Shuttle-Zyklus

Der Space Shuttle hat drei Hauptbestandteile: den großen Orbiter (mit drei Motoren), einen Außentank für Flüssigwasser und -sauerstoff und zwei zusätzliche Feststoffraketen, die beim Abschuß für zusätzlichen Antrieb sorgen. Der Shuttle erreicht den Orbit stufenweise.

1 Vor dem Start
Außentank und Feststoffraketen werden im Vehicle Assembly Building an den Orbiter montiert und zur Abschußrampe gefahren.

2 Abschuß
Nach einem letzter Check hebt der Shuttle mit Hilfe d drei Motoren und Feststoffraketen ab

Die Shuttle-Starts

Der Jungfernfahrt des Shuttle 1981 folgten die Missionen der *Columbia, Challenger, Discovery, Atlantis* und *Endeavour.* Die Explosion der *Challenger* 1986 kurz nach ihrem Start beeinträchtigte das Programm zwar erheblich, doch mittlerweile finden wieder bis zu acht Starts pro Jahr statt. Um diese im Space Center sehen zu können, müssen Sie sich gut drei Monate vorher bei der NASA um einen zusätzlichen Autopaß bewerben. Außerhalb des Zentrums gibt es erstklassige, kostenlose Aussichtspunkte an der US 1 bei Titusville und an der A1A bei Cocoa Beach und am Cape Canaveral.

Shuttle verläßt den Turm

Shuttle-Landung
Nachdem der Shuttle die Atmosphäre erreicht hat, gleitet er mit abgeschalteten Motoren zurück zum Space Center. Er landet mit 360 km/h auf dem Rollfeld.

Plan der Abschussrampe

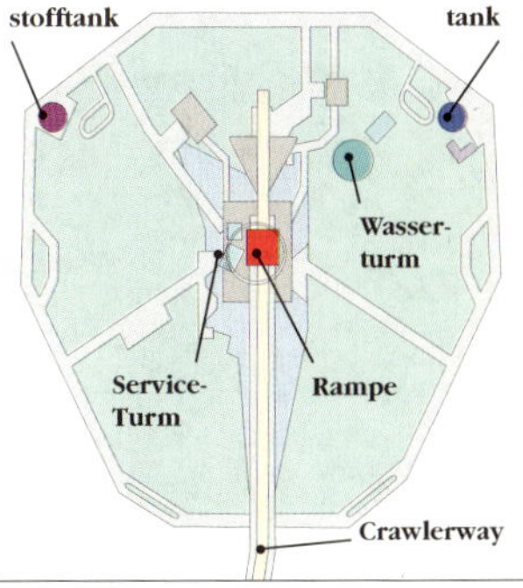

Start des Shuttle

Die Abschußrampe besteht aus 56 000 Kubikmetern verstärktem Beton, die sechs Stahlsockel stützen. Der Flammengraben wird bei der Zündung der Motoren mit Kühlwasser überflutet, was eine riesige Dampfwolke ergibt.

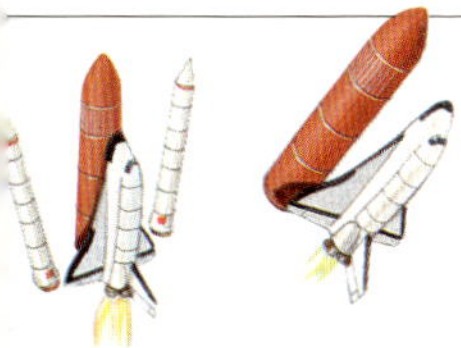

3 Trennung
Nach zwei Minuten fallen die Raketen ab und schweben am Fallschirm zur Erde. Nach acht Minuten setzt sich der Außentank ab.

4 Weltraumarbeiten
Mit Hilfe der eigenen Motoren manövriert sich der Shuttle ins All und nimmt seine Arbeiten auf. Die Mission in einer Höhe von 185–1100 Kilometern dauert sieben bis 18 Tage.

5 Wiedereintritt
Der Shuttle tritt rückwärts in die Atmosphäre ein. Mit der Nase nach vorn erreicht er die Stratosphäre. Fallschirme bringen ihn zum Stehen.

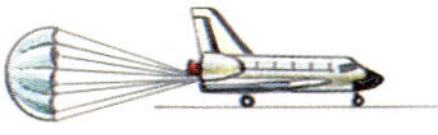

DER NORDOSTEN

DER CHARME DES NORDOSTENS IST, *verglichen mit dem Glimmer Miamis oder dem Nervenkitzel Orlandos, diskreter. Nicht weit von den Interstate Highways entfernt erinnern Fischerdörfer, Plantagen und malerische Städte an das Florida vergangener Zeiten. Phantastische Strände locken Sonnenanbeter an, und St Augustine ist die älteste europäische Siedlung der USA.*

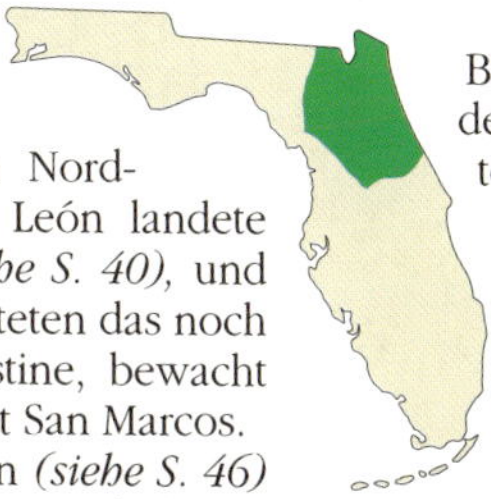

Floridas geschriebene Geschichte beginnt an der First Coast im Nordosten. Juan Ponce de León landete hier erstmals 1513 *(siehe S. 40)*, und spanische Siedler errichteten das noch gut erhaltene St Augustine, bewacht von dem mächtigen Fort San Marcos.

Mit den Dampfschiffen *(siehe S. 46)* kamen im 19. Jahrhundert auch die ersten Pioniere und Touristen. Damals war Jacksonville das Tor Floridas, und Dampfer verkehrten auf dem St Johns River und dessen Nebenflüssen. In den 80er Jahren des 19. Jahrhunderts erreichte die Eisenbahn die Ostküste, woraufhin wohlhabende Besucher in die Luxushotels von St Augustine und Ormond Beach strömten. Auf der Suche nach Sonne zogen einige im Winter auch noch weiter nach Süden.

Breite Sandstrände säumen den beliebten Ferienort Daytona, ein Synonym für Autorennen, seit Männer wie Henry Ford und Louis Chevrolet in ihren Winterurlauben am Strand Autorennen veranstalteten. In Daytona verbringen viele Studenten ihre Frühjahrsferien.

Weiter im Landesinneren erstreckt sich westlich von St Johns der Ocala National Forest. Danach werden die Wälder immer lichter und gehen schließlich in das hügelige Weideland der Milliarden Dollar schweren Vollblutpferdezucht des Marion County über. Die bezaubernden Provinzstädte und Dörfer wie Micanopy blieben vom 20. Jahrhundert praktisch unberührt.

Das prächtige Lightner Museum im ehemaligen noblen Alcazar Hotel von St Augustine

◁ **Plankenweg durch den Blue Spring State Park am mächtigen St Johns River**

Überblick: Der Nordosten

Die stark befahrene First Coast streckt sich über 193 Kilometer an der Atlantikküste aus und führt an Stränden, Badeorten, Dünen und einem Sumpfgebiet vorbei, das bei Vogelbeobachtern sehr beliebt ist. Unter den Badeorten ist vom biederen Fernandina Beach bis zum sprudelnden Daytona Beach alles vertreten. Zwischen diesen beiden Extremen liegt die historische Stadt St Augustine. Im Landesinneren kann man im Ocala National Forest wandern, Bootstouren unternehmen oder an natürlichen Seen angeln. Kristallklare Quellen eignen sich ideal zum Schnorcheln und Tauchen. Viele viktorianische Häuser bieten Bed & Breakfast, eine willkommene Abwechslung zu den eher unpersönlichen Hotels.

Auf einen Blick

Blue Spring State Park 15
Bulow Plantation State Historic Site 10
Daytona Beach 12
Daytona International Speedway 13
Fernandina Beach 1
Fort Caroline National Memorial 4
Gainesville 23
Jacksonville S. 194f 5
Jacksonville Beaches 6
Kingsley Plantation 3
Little Talbot Island 2
Marineland Ocean Resort 8
Marjorie Kinnan Rawlings State Historic Site 21
Micanopy 22
Mount Dora 17
Ocala 20
Ocala National Forest 18
Ormond Beach 11
Ponce de Leon Inlet Lighthouse 14
St Augustine S. 196ff 7
Sanford 16
Silver Springs 19
Washington Oaks State Gardens 9

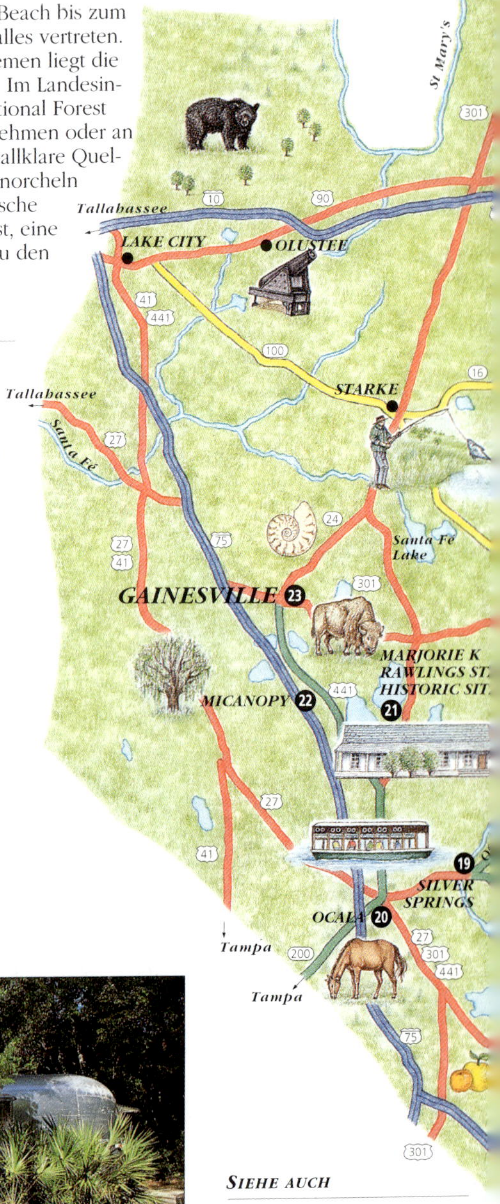

Alter amerikanischer Wohnwagen im Ocala National Forest

Siehe auch

- ***Übernachten*** S. 305f
- ***Restaurants*** S. 323f u. S. 331

Blick über den Intracoastal Waterway auf St Augustine

UNTERWEGS

Jacksonville, der Verkehrsknotenpunkt der Region, liegt an der Kreuzung der I-10 vom Panhandle und den großen Nord-Süd-Achsen I-95 und US 1. Für Rundreisen bietet sich die malerische A1A entlang der Küste an. Um Jacksonville zu umgehen, können Sie die Mayport-Fähre über die Mündung des St Johns River nehmen. Mehrere Ost-West-Strecken, die den St Johns bei Palatka oder südlich des Lake George überqueren, verbinden Küste und I-75.

Jacksonville und Daytona Beach haben internationale Flughäfen. In Jacksonville halten Amtrak-Züge, die dann landeinwärts nach Ocala und Sanford fahren – Endhaltestelle des Autoreisezugs *(siehe S. 360)* –, doch jenseits der großen Städte ist ein Auto unbedingt erforderlich.

Beech Street Grill mit chinesischen Chippendale-Motiven in Fernandina

Fernandina Beach ❶

Straßenkarte E1. Nassau Co. 10 000. *Jacksonville.* *Jacksonville.* *102 Centre St, (904) 261-3248.*

Die Stadt Fernandina Beach auf Amelia Island an der Grenze zu Georgia war bis zu Beginn des 19. Jahrhunderts ein Piratennest. Der strategisch günstige Hafen zog viele fremde Armeen und Abenteurer an, deren unterschiedliche Nationalitäten Amelia Island den Spitznamen »Insel der acht Flaggen« einbrachte. Heute ist Fernandina als viktorianischer Badeort und Floridas wichtigste Quelle für die süßen Atlantik-Krabben bekannt, von denen jedes Jahr über 900 000 Kilogramm gefangen werden.

Die ursprüngliche spanische Siedlung entstand bei Old Fernandina, einem ruhigen Provinznest nördlich der heutigen Stadt. Um 1850 zog die Stadt Richtung Süden zur östlichen Endstation der Eisenbahn. Der Umzug und aufkommender Tourismus um 1870 *(siehe S. 46f)* lösten einen Bauboom aus, durch den das vielbewunderte Herz des heutigen Fernandina, der 50 Blocks umfassende **Historic District**, entstand.

Erinnerungen an das »Goldene Zeitalter« Fernandinas erweckt vor allem der Silk Stocking District, der über die Hälfte des Historic District ausmacht und seinen Namen dem Reichtum der früheren Bewohner verdankt. Kapitäne und Holzbarone bauten ihre Domizile in unterschiedlichen Stilrichtungen: Häuser im Queen-Anne-Stil mit Türmchen stehen neben italienischen Niederlassungen und Beispielen von chinesischem Chippendale, wie dem Beech Street Grill *(siehe S. 323)*.

Abends laufen die Krabbenkutter in den Hafen ein. Eine Statue am Ende der Centre Street in der Innenstadt, wo einst Geschäfte Schiffsbedarf anboten, ist der Flotte gewidmet. In den Ziegelbauten sind jetzt Antiquitätengeschäfte und Souvenirgeschäfte. An der mit handgeschnitzten Karyatiden geschmückten Mahagonybar im Palace Saloon (1878) wird noch Pirate's Punch serviert. Das Florida House Inn *(siehe S. 323)* von 1857 an der 3rd Street ist das älteste Touristenhotel Floridas.

Die Atlantikküste bei Fernandina Beach auf Amelia Island

Das **Amelia Island Museum of History** etwas weiter südlich ist im früheren Gefängnis untergebracht. Fremdenführer lassen die Geschichte auferstehen – von der Zeit der indianischen Bewohner bis in dieses Jahrhundert. Exponate und archäologische Funde illustrieren die 90minütige Tour. Auch Stadtführungen sind möglich (vorher buchen).

Amelia Island Museum of History

233 S 3rd St. *(904) 261-7378.* *Mo–Sa.* *Feiertage.* *obligatorisch; tägl. zwei Führungen.*

Umgebung: Im 2. Jahrhundert v. Chr. wohnten auf der 21 Kilometer langen und an der breitesten Stelle drei Kilometer breiten **Amelia Island** die Timucua. Die reichen Fischgründe und weitläufigen Jagdgebiete könnten etwa 30 000 Indianer ernährt haben, von denen jedoch nur wenige Funde erhalten sind. Man kann immer noch ausgezeichnet angeln, es gibt fünf Golfplätze und die in Florida seltene Möglichkeit, am Strand zu reiten. Die herrlichen Sandstrände säumen teilweise zwölf Meter hohe Dünen.

Peg Leg in Fernandina Beach

An der Nordspitze der Insel bietet der **Fort Clinch State Park** (453 ha) Wanderwege, Strände, Campingplätze und ein Fort, das im 19. Jahrhundert zum Schutze des Cumberland Sound an der Mündung des St Mary's River entstand. Der Bau des unregelmäßigen, fünfeckigen Backsteinforts mit massiven Erdwällen, 1,5 Meter dicken Mauern und Kanonen aus dem Bürgerkrieg dauerte von 1847 bis etwa 1860.

Die Parkwächter tragen Uniformen aus dem Bürgerkrieg. Am ersten Wochenende jeden Monats werden sie von Freiwilligen bei ihren Inszenierungen über das Leben in der Garnison unterstützt. Samstags finden Touren bei Kerzenlicht statt.

Fort Clinch State Park

2601 Atlantic Ave. *(904) 277-7274.* *tägl.* *teilweise.*

Little Talbot Island State Park ❷

Straßenkarte E1. Duval Co. 12157 Heckscher Drive, Jacksonville. *(904) 251-2320. Jacksonville. Jacksonville. tägl. teilweise.*

EIN GROSSTEIL von Amelia Island sowie der Nachbarinseln Big Talbot, Little Talbot und Fort George im Süden ist unerschlossen und ein Paradies für Tiere.

Im Little Talbot Island State Park gibt es einen guten Familien-Campingplatz, Wanderwege durch Hammocks, Sümpfe und reiche Fischgründe. Hier leben Otter, Sumpfhasen, Winkerkrabben, Reiher und Lachmöwen, in den Wäldern Rotluchse, in den Küstengewässern Seekühe. Im Sommer legen Schildkröten ihre Eier am Strand ab *(siehe S. 113)*, und im Herbst bringen Wale hier vor der Küste ihre Jungen zur Welt.

Blick in das Sumpfgelände auf Little Talbot Island

Kingsley Plantation ❸

Straßenkarte E1. Duval Co. 11676 Palmetto Ave, Fort George. *(904) 251-3537. Jacksonville. Jacksonville. tägl. 25. Dez.*

AUF DER KINGSLEY PLANTATION im Timucuan Ecological and Historic Preserve befindet sich das älteste Plantagenhaus Floridas. 1798 an der Nordspitze von Fort George Island errichtet, bekam es seinen Namen von Zephaniah Kingsley, der hier 1814 einzog. Er kaufte insgesamt 12950 Hektar Land zwischen Lake George beim Ocala National Forest und St Mary's River im Norden. Ursprünglich umfaßte das Gebiet vier große Plantagen. Allein auf der Kingsley Plantation arbeiteten 100 Sklaven im Baumwoll-, Zuckerrohr- und Maisanbau.

Ruinen von Sklavenhütten auf der Kingsley Plantation

Für die damalige Zeit war Kingsley recht liberal. Er unterstützte die Sklaverei, gewährte seinen Sklaven jedoch gewisse Freiheiten. Er heiratete eine freie Sklavin, Anna Jai, mit der er bis 1839 in dem schindelgedeckten Plantagenhaus lebte *(siehe S. 43)*.

Das recht einfache Haus, damals als »ein sehr hübsches Wohnhaus« bezeichnet, ist renoviert und jetzt Besucherzentrum. Von einem Ausblick auf dem Dach, dem »Witwengang«, kann man die umliegenden Felder betrachten. Beim Haus liegen Scheune und Küchenhaus, bekannt ist die Plantage jedoch vor allem wegen der 23 Sklavenhütten in den Wäldern beim Eingangstor. Diese aus haltbarem Tabby *(siehe S. 282)* errichteten, einfachen Unterkünfte überdauerten die Zeiten. Eine wurde renoviert.

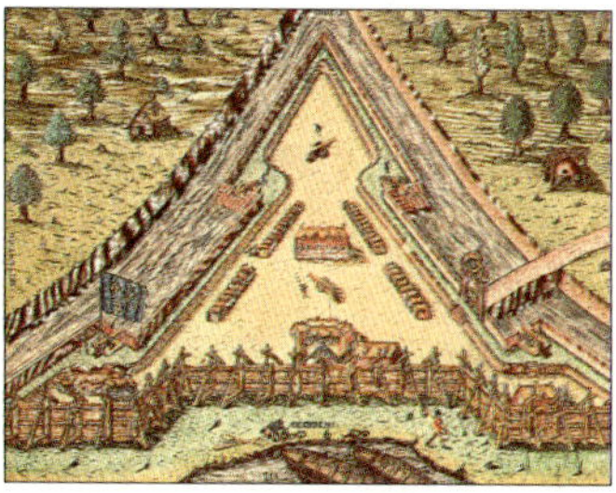

Fort Caroline von Théodore de Bry (1564)

Fort Caroline National Memorial ❹

Straßenkarte E1. Duval Co. 12713 Fort Caroline Rd, Jacksonville. *(904) 641-7155. Jacksonville. Jacksonville. tägl. 25. Dez.*

DER EIGENTLICHE STANDORT von Fort Caroline wurde beim Ausbaggern des St Johns River um 1880 weggespült. Das Fort Caroline National Memorial, eine Rekonstruktion der Festung aus dem 16. Jahrhundert, zeigt den Stil der ersten europäischen Forts in der Neuen Welt. Tafeln erklären die brutale Geschichte der Zitadelle, die kurz nach der Ankunft französischer Siedler im Juni 1564 begann.

Drei französische Schiffe mit 300 Männern segelten den St Johns hinauf, bauten acht Kilometer landeinwärts ein Lager und meldeten Anspruch auf Nordamerika an. René de Goulaine de Laudonnière war ihr Anführer, und die Timucua-Indianer halfen, das dreieckige Holzfort zu bauen, das sie zu Ehren von König Charles IX von Frankreich *(siehe S. 40)* La Caroline nannten. Ein Jahr später brachte Jean Ribault Verstärkung. Aber die Spanier besetzten das Fort und machten die Ansprüche der Franzosen zunichte. In dem Park gibt es eine Kopie der von Ribault errichteten Steinsäule und Wanderwege.

Die Skyline aus Glas und Stahl dominiert das Nordufer von Jacksonville

Jacksonville ❺

Straßenkarte E1. Duval Co. 1 000 000. 3 Independent Drive, (904) 798-9148.

Jacksonville, Zentrum der First Coast in Florida, wurde 1822 gegründet. Nach General Jackson *(siehe S. 43)* benannt, erlebte die Stadt Anfang des 19. Jahrhunderts einen Boom als Hafen und Eisenbahnendstation. Ebenso lukrative Geschäfte bestimmen heute den beeindruckenden Handelsbezirk in Downtown, den Sie vom Skyway (ASE) aus sehen können *(siehe S. 363)*.

Durch die flächenmäßig größte Stadt Floridas fließt der St Johns River, an dessen Ufern sich Fußgängerzonen erstrecken, die Wassertaxis verbinden *(siehe S. 363)*. Andere Sehenswürdigkeiten liegen um die Stadt herum.

Der Einkaufs- und Restaurantkomplex **Jacksonville Landing** liegt am Nordufer des St Johns, im Süden verbindet die etwa zwei Kilometer lange Promenade **Riverwalk** das Jacksonville Historic Center mit dem Museum of Science and History.

Das berühmte Cummer Museum of Art befindet sich in Riverside am gegenüberliegenden Ufer. Den großen Wohnbezirk mit vielen schönen Häusern im bis in die 20er Jahre beliebten Revival-Stil erkundet man am besten mit dem Auto.

Museum of Science and History

1025 Museum Circle Drive. *(904) 396-7062.* *tägl.*

Im ständig expandierenden Museum bieten ausgezeichnete Ausstellungen einen guten Einblick in die Stadtgeschichte. Die 12 000 Jahre alte Kultur der Timucua-Indianer *(siehe S. 38 f)* und deren Vorgänger verdeutlichen Werkzeuge, Pfeilspitzen, Töpferwaren und andere archäologische Funde.

Es gibt Abteilungen über die Ökologie und Geschichte des St Johns und der *Maple Leaf*, eines 1864 gesunkenen

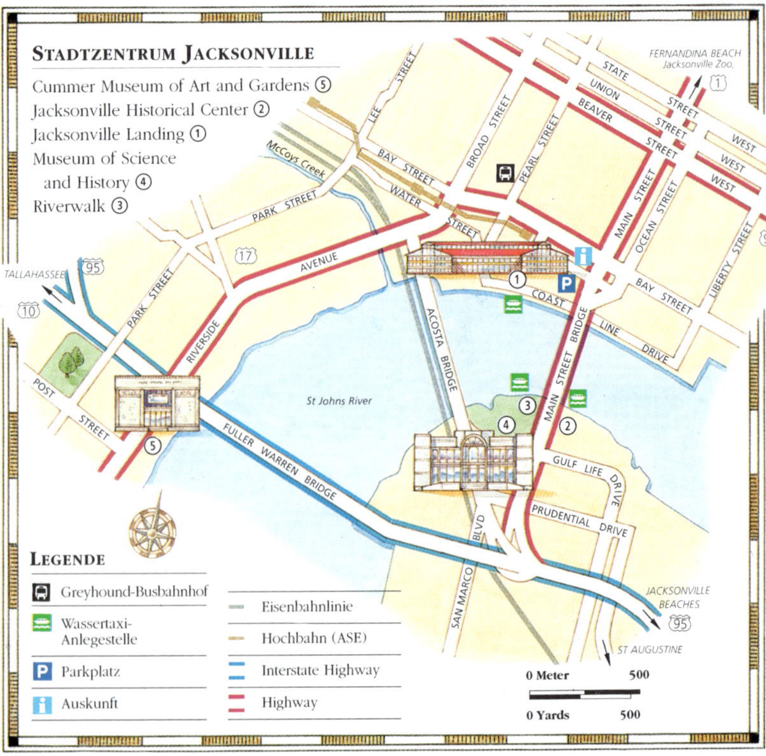

Dampfschiffs aus dem Bürgerkrieg, eine Menge interessanter Haushaltsgeräte und das Alexander Brest Planetarium, in dem moderne 3-D-Lasershows stattfinden.

Jacksonville Historical Center

Southbank Riverwalk. *(904) 398-4301.* *tägl.* *Thanksgiving, 25. Dez, 1. Jan.*

Das kleine Museum Jacksonville Historical Center am Fuße der Main Street Bridge zeigt anhand von Informationstafeln, Artefakten, alten Fotos und Videomaterial die Stadtgeschichte auf. Eine Abteilung erinnert an die Stummfilmära, als die Stadt Filmmetropole im Winter war und ein dicklicher Filmvorführer aus Georgia namens Oliver Hardy 1913 seinen Filmdurchbruch hatte.

Seltene weiße Nashörner im Jacksonville Zoo

Jacksonville Zoo

8605 Zoo Parkway. *(904) 757-4462.* *tägl.* *Thanksgiving, 25. Dez.*

Der 1914 eröffnete Zoo liegt nördlich der Stadt an der I-95. Veraltete Käfige wurden durch natürliche Lebensräume ersetzt, in denen etwa 600 Tiere, von Ameisenbären bis Zebras, leben. Im afrikanischen Buschland streifen Löwen, Elefanten und Kudus umher, winzige Weißwedelhirsche, afrikanische Krokodile und Stachelschweine sind entlang des Okavango Trail zu sehen. Sehenswert sind auch Voliere, Streichelzoo und ein typisches Feuchtbiotop.

Einen Überblick bietet eine 15minütige Fahrt mit einer Miniaturbahn.

Cummer Museum of Art and Gardens

829 Riverside Ave. *(904) 356-6857.* *Di–So.* *Thanksgiving, 25. Dez, 1. Jan.*

Das ausgezeichnete Museum in einem herrlichen Park am St Johns River präsentiert in zwölf Galerien eine umfangreiche Sammlung, die von klassischen und präkolumbianischen Skulpturen und Keramiken über Renaissance-Gemälde bis zur Wark-Sammlung mit frühem Meißner Porzellan reicht.

Weitere Stücke sind die *Grablegung Christi* (ca. 1605) von Rubens und eine Sammlung japanischer Exponate. Es gibt auch Werke amerikanischer Impressionisten sowie Bilder von Künstlern des 19. und 20. Jahrhunderts wie John James Audubon.

Jacksonvilles Strände 6

Straßenkarte E1. Duval Co, St Johns Co. *Jacksonville.* *Jacksonville.* *BH1, BH2, BH3.* *110 Beach Blvd, Jacksonville Beach* *(904) 249-3868.*

Etwa 19 Kilometer östlich von Downtown Jacksonville erstrecken sich auf 45 Kilometern ein halbes Dutzend Strände entlang der Atlantikküste, die die A1A verbindet. Im Süden ist der Ponte Vedra Beach wegen seines Sportangebots, vor allem Golf, bekannt. Jacksonville Beach ist der überlaufenste und lauteste Strand. **Adventure Landing** bietet hier ganzjährig Unterhaltung. Neptune Beach und Atlantic Beach im Norden sind ruhiger und familienfreundlich.

Badefreuden in den Süßwasserseen des Kathryn Abbey Hanna Park

Bei weitem am schönsten ist der **Kathryn Abbey Hanna Park** mit naturbelassenem, weißen Sandstrand (2,5 km), Waldwanderwegen, Angel- und Bademöglichkeiten im Süßwassersee und Campinganlagen. Er liegt südlich von **Mayport**, einem der ältesten Fischerdörfer der USA, das noch eine Krabbenkutterflotte hat. Die St-Johns-Fähre *(siehe S. 191)* verbindet die Stadt mit dem Nordufer des gewaltigen St Johns River.

Adventure Landing

1944 Beach Blvd. *(904) 246-4386.* *tägl.*

Kathryn Abbey Hanna Park

500 Wonderwood Drive. *(904) 249-4700.* *tägl.*

Krabbenkutter in den malerischen Docks von Maryport am St Johns

Im Detail: St Augustine ❼

AMERIKAS ÄLTESTE VON EUROPÄERN besiedelte Stadt gründete Pedro Menéndez de Avilés *(siehe S. 40)* 1565 am Festtag der hl. Augustina. 1702 brannte die Stadt nieder, wurde jedoch im Schutz des imposanten Castillo de San Marcos bald wiederaufgebaut. Viele der malerischen, engen, mit hübschen Steingebäuden gesäumten Gassen der Altstadt stammen aus dieser frühen Zeit.

Henry Flagler *(siehe S. 121)* verbrachte 1883 in St Augustine seine Flitterwochen und war von dem Ort so angetan, daß er im folgenden Jahr zurückkam und das Ponce de Leon Hotel errichtete, jetzt Flagler College. Schon bald strömten Besucher in Scharen herbei, und St Augustine ist bis heute bei Touristen beliebt.

★ Flagler College
Kacheln und andere spanische Elemente charakterisieren die Architektur des Flagler College.

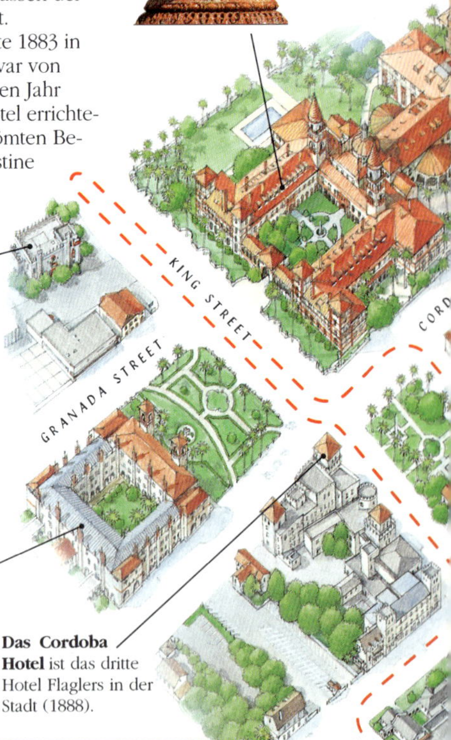

Zorayda Castle
Das Haus enthält u.a. diesen 2300 Jahre alten ägyptischen Teppich mit einer heiligen Katze.

★ Lightner Museum
Cleopatra *(um 1890) von Romanelli ist eines der Exponate aus dem Goldenen Zeitalter Floridas.*

Das Cordoba Hotel ist das dritte Hotel Flaglers in der Stadt (1888).

Oldest Store Museum
Der rekonstruierte Laden aus dem 19. Jahrhundert verkauft Lebensmittel, Küchenartikel und Haushaltswaren.

★ Ximenez-Fatio House
Das Privathaus (1797) bekam später eine zweite Etage mit einer Außenveranda. Um 1850 wurde es in ein Gasthaus umgewandelt.

NICHT VERSÄUMEN

- **★ Flagler College**
- **★ Lightner Museum**
- **★ Ximenez-Fatio House**

Plaza de la Constitution
Herz der spanischen Niederlassung ist dieser baumbestandene Platz mit Government House und Basilica-Kathedrale.

INFOBOX

Straßenkarte E1. St Johns Co. *16 000. 100 Malaga St, (904) 829-6401. 10 Castillo Drive, (904) 825-1000. Arts & Crafts Spring Festival (Wochenende um Palmsonntag).*

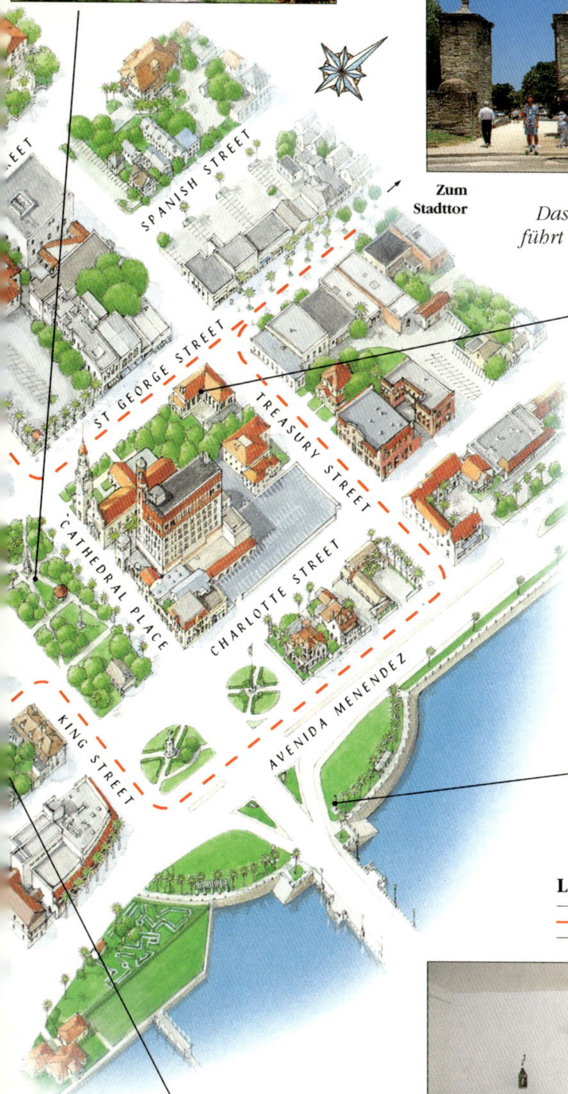

Stadttor
Das Stadttor (18. Jahrhundert) führt über die historische George Street zur Altstadt.

Das Peña-Peck House (um 1740) ist das schönste Haus der Stadt aus der ersten Spanischen Periode.

Bridge of Lions
Marmorlöwen bewachen die Brücke über die Matanzas Bay von 1926.

0 Meter 50
0 Yards 50

LEGENDE

– – – Routenempfehlung

Spanish Military Hospital
Die Rekonstruktion eines Lazaretts spiegelt das karge Leben der spanischen Siedler Ende des 18. Jahrhunderts wider.

Überblick: St Augustine

DAS ÜBERSICHTLICHE HISTORISCHE ZENTRUM von St Augustine ist leicht zu Fuß zu erkunden. So kann man den geschäftigen Hauptstraßen entkommen und in die schattigen Seitenstraßen flüchten, in Innenhöfe spähen und ruhige Ecken entdecken, in denen Katzen ein Sonnenbad nehmen und alte Immergrüne Eichen im graugrünen Schleier von spanischem Moos harren. An der Avenida Menendez, nördlich der Bridge of Lions, beginnen die beliebten Kutschfahrten. Die Fahrer des »Sightseeing Train« erklären die wichtigsten Sehenswürdigkeiten anhand geschichtlicher Anekdoten.

St George Street, die Hauptstraße des historischen Viertels

Tour durch St Augustine

An der Hauptstraße der Altstadt, der verkehrsberuhigten St George Street, liegen viele Geschäfte und wichtige Sehenswürdigkeiten, auch das ausgezeichnete Spanish Quarter Museum. Zwei Blocks von der Küste entfernt führt die Straße vom alten Stadttor zur Plaza de la Constitution. In der südlich von diesem Platz abgehenden, gepflasterten Aviles Street stehen ebenfalls einige interessante Häuser im Kolonialstil.

In der King Street westlich des Platzes sind Lightner Museum und Flagler College in Hotels untergebracht, die Henry Flagler *(siehe S. 46f)* zur Blütezeit von St Augustine Ende des 19. Jahrhunderts erbaute.

The Oldest Wooden Schoolhouse

14 St George St. *(904) 824-0192.*
tägl. *25. Dez.*

Das lange vor 1788 errichtete Gebäude ist angeblich das älteste Schulhaus Amerikas. Holznägel und gußeiserne Bolzen halten die Wände aus Zypressen- und Zedernholz zusammen. Zudem umgibt das Haus eine massive Kette, die es bei Sturm auf dem Boden halten soll.

Spanish Quarter Village

33 St George St. *(904) 825-6830.*
tägl. *25. Dez.*

Das unterhaltsame und informative Museum verdeutlicht den einfachen Lebensstil der Garnisonsstadt Mitte des 18. Jahrhunderts. Die sieben rekonstruierten Gebäude stehen auf einer mit Zitronenbäumen und Gemüsegärten bepflanzten, grasbewachsenen Anlage.

Personal in historischen Kostümen erklärt den Zweck einiger Haushaltsartikel in den spartanisch eingerichteten Häusern, und Handwerksvorführungen demonstrieren die schwierigen Arbeitsbedingungen, unter denen Grundartikel wie Kleidung hergestellt wurden. Besonders interessant ist die Schmiede. Ein Gasthof bietet mundgeblasenes Glas, Tonkrüge und Fässer mit kubanischem Rum sowie Spiele wie Domino und Würfel an.

Schmied bei der Arbeit im Spanish Quarter Museum

Peña-Peck House

143 St George St. *(904) 829-5064.*
tägl.

Das anmutig restaurierte Haus entstand um 1740 für den königlichen Schatzmeister Juan de Peña. 1837 wurde es Wohnung und Büro von Dr. Seth Peck. Die Pecks lebten hier fast 100 Jahre lang. Das Haus ist im Stil um 1850 eingerichtet, und viele der ausgestellten Gegenstände sind Erbstücke der Familie.

Government House Museum

48 King St. *(904) 825-5033.*
tägl. *25. Dez.*

Das Haus an der Plaza de la Constitution schmücken Loggien im spanischen Stil, die von einem Gemälde (17. Jh.) des ursprünglichen Gebäudes kopiert wurden. Innen stellt ein kleines Stadtmuseum archäologische und koloniale Artefakte aus, darunter von spanischen Beuteschiffen gerettete Silber- und Goldmünzen.

Das im 18. Jahrhundert errichtete Oldest Wooden Schoolhouse

Spanish Military Hospital

3 Aviles St. (904) 825-6808.
tägl. *25. Dez.*

Apotheke, einfache Feldbetten-Station, eine Liste mit erstaunlich patientenfreundlichen Krankenhausvorschriften, Operationsbesteck und blutbefleckte Berichte über ärztliche Praktiken geben einen seltenen Einblick in die Pflege der Soldaten Ende des 18. Jahrhunderts.

Oldest Store Museum

4 Artillery Lane. (904) 829-9729.
tägl. *25. Dez.*

Das einer Gemischtwarenhandlung von 1900 nachempfundene nostalgische Museum zeigt eine Fülle alter Haushaltsgegenstände und Lebensmittel. Zu den 100 000 Artikeln gehören Kastenkameras, Kautabak und sonderbare Apfelschäler.

Ximenez-Fatio House

20 Aviles St. (904) 829-3575.
Okt–Aug Do–Mo. *Thanksgiving, 25. Dez.* *teilweise.*

Das schöne Haus entstand 1797 als Domizil eines spanischen Händlers. Heute ist das von der National Society of Colonial Dames geführte Museum eine Rekonstruktion einer vornehmen Pension um 1830, als Invalide, Stadtplaner und Abenteurer nach Florida kamen, um den harten Wintern im Norden zu entkommen. Mit Hilfe von antikem Mobiliar wurde jeder Raum wie für einen bestimmten Bewohner gestaltet.

Oldest House

14 St Francis St. (904) 824-2872.
tägl. *25. Dez.*

Eine gute Dokumentation machte es möglich, die Geschichte des Hauses über fast 300 Jahre zu verfolgen. Der Ort war erstmals um 1600 besiedelt, doch das jetzige Gebäude ist erst durch den englischen Angriff von 1702 dokumentiert *(siehe S. 41)*.

Die Coquina-Mauern *(siehe S. 201)* waren Teil des ursprünglich eingeschossigen Hauses des spanischen Artilleriesoldaten Tomás González,

Gonzalez Room, benannt nach dem ersten Bewohner des Oldest House

der hier mit seiner Familie lebte. Unter englischer Besatzung (1763–83) kam eine zweite Etage hinzu. Später gab es weitere Ergänzungen. Alle Zimmer sind restauriert und im Stil der verschiedenen Zeiten eingerichtet.

Lightner Museum

75 King St. (904) 824-2874.
tägl. *25. Dez.*

Das im spanisch-maurischen Stil von Henry Flagler errichtete Alcazar Hotel eignet sich gut als Museum des Goldenen Zeitalters Floridas. Den Standort wählte der Chicagoer Verleger Otto C Lightner, der seine umfangreichen Sammlungen viktorianischer Werke der schönen und dekorativen Künste nach St Augustine verlegte, bevor er 1948 das Museum eröffnete. Auf elegante Art werden auf drei Etagen ausgezeichnete Glasarbeiten (u.a. von Louis Tiffany), Möbelstücke, Skulpturen, Gemälde, Musikinstrumente und Spielsachen ausgestellt. Im ehemaligen Hallenbad im Untergeschoß sind jetzt Antiquitäten angeboten.

Tiffany-Buntglasfenster

Flagler College

King St bei Cordova St. (904) 829-6481. *tägl.*

Bei seiner Eröffnung 1888 wurde Flaglers Ponce de Leon Hotel als das »weltweit beste Hotel« angepriesen. Eine nette Statue von Flagler begrüßt die Besucher im heutigen College, doch nur der Speisesaal und das marmorverkleidete Foyer in der Rotunde sind der Öffentlichkeit zugänglich. Motive, die Spanien und Florida symbolisieren, schmücken hier eine vergoldete Stuckkuppel: Herausragend sind die goldene Maske des Sonnengottes der Timucua *(siehe S. 38f)* und das Lamm, das die spanische Ritterschaft symbolisiert. In den Sommerferien können Sie das Flagler-Zimmer mit seinen seltsamen, phantastischen Gemälden (um 1887) besichtigen.

Zorayda Castle

83 King St. (904) 824-3097.
tägl. *25. Dez.*

Das ehemalige Wohnhaus ist die Kopie im Maßstab 1:10 eines Teils der Alhambra in Granada. Das Gebäude von 1883 mit 40 Fenstern unterschiedlicher Größe, Farbe und Form beherbergt orientalische Kuriositäten, darunter eine persische Tränenvase, die die Tränen von Weinenden bei Hochzeiten und Beerdigungen auffing. Die Menge der Tränen galt als Maßstab für das Ansehen der Familie.

Maurisches Flechtwerk und arabische Motive am Zorayda Castle

Castillo de San Marcos

Obwohl St Augustine dem Schutz spanischer Flotten auf ihrem Weg zurück nach Europa diente, bestanden seine Vorläufer nur aus Holz. Erst nach mehreren Piratenangriffen und Überfällen von Sir Francis Drake *(siehe S. 41)* errichteten die Spanier eine Festung aus Stein.

Nach 23 Jahren war Castillo de San Marcos fertig, das größte und besterhaltene spanische Fort Amerikas. Es besteht aus Coquina-Kalkstein und ist mit seinen Außenbefestigungen und bis zu sechs Meter dicken Mauern ein Musterbeispiel für die militärische Architektur des 17. Jahrhunderts.

Nach der Übernahme Floridas durch die Amerikaner 1821 hieß es vorübergehend Fort Marion. Im 19. Jahrhundert diente es hauptsächlich als Militärgefängnis und Lager.

Mörser
Die großen schweren Projektile der oft üppig dekorierten Waffen mit dem königlichen Wappen hatten einen gekrümmten Flugverlauf, so daß sie Hindernisse beseitigen und auf Schiffen landen konnten.

Die Plaza de Armas umgeben Kammern, in denen Lebensmittel und Waffen aufbewahrt wurden.

★ Guard Rooms
Die spanischen Soldaten wohnten nicht hier. Während des Wachdienstes (meist 24 Stunden) kochten, aßen und verbargen sie sich in den Gewölben.

Der Graben, der das ganze Fort umgab, führte meist kein Wasser. Während der Besatzungen war dort Vieh untergebracht.

★ Glacis und Covered Way
Jenseits des Grabens schützte ein ummauerter Bereich, der »covered way«, die auf den Feind schießenden Soldaten. Der »glacis«, ein Hang die Mauer hinauf, wies Kanonenfeuer ab.

Die Vorschanze schützte den Eingang vor feindlichen Angriffen.

Die innere Zugbrücke und das Fallgitter aus eisenbeschlagenen Pinienbalken waren die letzte Verteidigung des Forts.

Coquina

Das sedimentäre Kalkgestein aus Millionen zusammengepreßter Muscheln und Korallen hatte, mit Wasser vollgesogen, die Konsistenz von hartem Käse und konnte gut abgebaut werden. Trocken war es hart, konnte aber den Aufprall einer Kanonenkugel auffangen, ohne zu brechen. Während der Besatzung von 1740 gruben sich die Projektile der Engländer in die Coquina-Mauern des Forts ein und wurden laut Legende wieder ausgegraben und zurückgefeuert.

Die dicken Coquina-Mauern des Pulverlagers

Infobox

1 Castillo Drive, St Augustine. ☎ *(904) 829-6506.* ◯ *tägl. 8.45–17.15 Uhr (letzter Einlaß 16.45 Uhr).* ● *25. Dez.* ♿ *teilweise.* *vorher anrufen.*

Wachturm
Auf diesem Turm an der nordöstlichen Bastion wurde Tag und Nacht nach feindlichen Schiffen Ausschau gehalten.

★ Kanonendeck
Von hier konnten Kanonen fünf Kilometer entfernte Ziele treffen. Strategisches Postieren ermöglichte Kreuzfeuer.

Der Kugelofen, den die Armee 1844 errichtete, erhitzte die Kanonenkugeln. Die rotglühende Kugel konnte feindliche Schiffe in Brand setzen.

La Necessaria
Unter der Rampe, die zum Kanonendeck führt, lag der »Notdurft«-Raum, ein Abwasser-System mit Gezeitenspülung.

Nicht versäumen

- ★ **Guard Rooms**
- ★ **Glacis und Covered Way**
- ★ **Kanonendeck**

Marineland Ocean Resort 8

Straßenkarte E2. Flagler Co. 9507 Ocean Shore Blvd, Marineland. *(904) 471-1111.* *St Augustine.* *tägl.* *25. Dez.*

DAS ÄLTESTE OZEANARIUM Floridas entstand Ende der 30er Jahre als Filmgelände und ist beliebte Attraktion und Erholungsort zugleich. Es gibt Seelöwen- und Delphin-Shows, und man kann Tauchern beim Füttern von Haien und Muränen zusehen.

»The Wonders of the Spring« zeigt einen der artesischen Brunnen Floridas *(siehe S. 206)*, und in den »Secrets of the Reef« wimmelt es von exotischen Fischen. Der halbstündige 3-D-Film *Sea Dream* läuft den ganzen Tag über: Zähnefletschende Bewohner der Tiefe scheinen hier direkt aus der Leinwand herauszuschwimmen.

Der Marineland-Komplex (1938), eine Mischung aus alt und neu

Washington Oaks State Gardens 9

Straßenkarte E2. Flagler Co. 6400 N Ocean Shore Blvd, 2 Meilen (3 km) S von Marineland. *(904) 446-6780.* *St Augustine.* *tägl.*

UNTER DEM SCHATTIGEN Laubdach von Eichen und Palmen entstand auf 162 Hektar ehemaligen Plantagenlands ein herrlicher Park mit Hortensien, Azaleen, üppigem Farn und Rosengarten. Wanderwege führen durch einen Hammock zum Matanzas River. Auf der anderen Seite der A1A führt ein Plankenweg zum Strand mit Coquina-Findlingen *(siehe S. 201)* und Gezeitenbecken, die im Laufe der Zeit aus dem weichen Gestein erodierten.

Überreste der Zuckermühle (19. Jh.) auf der Bulow Plantation

Bulow Plantation Ruins State Historic Site 10

Straßenkarte E2. Flagler Co. Old Kings Rd, 3 Meilen (5 km) südl. der SR 100. *(904) 517-2084.* *Daytona Beach.* *tägl.*

IN DER NÄHE von Flagler Beach sind die Ruinen dieser Plantage aus dem 19. Jahrhundert in einem dichten Wald versteckt. Früher wuchs hier Zuckerrohr. Major Charles Bulow kaufte das 1890 Hektar große Gelände am Fluß 1821. Seine Sklaven rodeten es zur Hälfte und pflanzten Reis, Baumwolle und Zuckerrohr an. Nach den Indianer-Angriffen im Seminolenkrieg *(siehe S. 44f)* wurde die als Bulowville bekannte Plantage aufgegeben.

Kanutouren auf dem Bulow Creek erkunden das Gelände. Am Flußufer wachen die Fundamente des Herrenhauses. Ein zehnminütiger Waldweg führt von hier zu einer Lichtung, auf der die Ruinen der alten Zuckermühle zu sehen sind. Sie ähneln den mysteriösen Überresten eines südamerikanischen Tempels aus längst vergangenen Zeiten.

Ormond Beach 11

Straßenkarte E2. Volusia Co. *50 000.* *Daytona Beach.* *126 E Orange Ave, Daytona Beach (904) 255-0415.*

DIES WAR EINE DER ERSTEN Winterresidenzen an Flaglers Eisenbahnlinie *(siehe S. 46f)*. Im nicht mehr existenten Ormond Hotel wohnten auch John D Rockefeller und Henry Ford.

Gegenüber dem Hotel erwarb Rockefeller 1918 ein Haus, weil angeblich ein anderer Gast weniger zahlte als er. Trotz seines immensen Reichtums war der Chef von

Das Rockefeller-Zimmer in The Casements, Ormond Beach

Standard Oil sehr knickerig. Seine Wintervilla, **The Casements**, wurde renoviert und beherbergt heute Museum und Kulturzentrum mit Erinnerungsstücken der Rockefeller-Ära, darunter der Strandkorb des großen Mannes mit verglasten Bullaugen. Es gibt auch ein im Stil der Zeit eingerichtetes Zimmer und eine recht zusammengewürfelte Ausstellung ungarischer Volkskunst.

Nur wenige Meter von The Casements liegt in einem kleinen bezaubernden Tropenpark das **Ormond Memorial Art Museum**. Schattige Wege winden sich um Lilienteiche, in denen Schildkröten leben, umgeben von Bambus und tropischen Pflanzen. In dem Museum werden häufig Wanderausstellungen überwiegend zeitgenössischer Künstler Floridas gezeigt.

Old-Flagler-Lok, Ormond Beach

The Casements

25 Riverside Drive. *(904) 676-3216.* *Mo–Sa.* *Feiertage.*

Ormond Memorial Art Museum

78 E Granada Blvd. *(904) 676-3347.* *tägl.* *Feiertage.*

Daytona Beach ⓬

Straßenkarte E2. Volusia Co. *64 000.* *126 E Orange Ave, (904) 255-0415.*

Südlich von Ormond Beach erstreckt sich der laute und ausgelassene Ferienort Daytona Beach, in den jedes Jahr, trotz des Widerstandes vor Ort, 200 000 Studenten zum Spring Break *(siehe S. 32)* einfallen. Der berühmte Strand (37 km) ist einer der wenigen Floridas, auf dem Autos fahren dürfen, Überbleibsel aus jenen Tagen, als Rennsportfans am Strand Wettkämpfe veranstalteten *(siehe S. 205)*.

Daytona ist immer noch ein Mekka für Motorsportbegeisterte. Massen strömen zur Rennstrecke *(siehe S. 204)*, im Februar zu den Speedweeks und zu den Motorcycle Weeks im März und Oktober.

Jenseits des Halifax River liegt Downtown Daytona, auch »Mainland« genannt. Der Rummel findet hauptsächlich auf der mit Hotelbunkern gesäumten Seeseite statt. Am nostalgischen Boardwalk gibt es Konzerte im Musikpavillon, Arkaden, Go-Karts, Zuckerwatte und Fast-food. Oberhalb des Ocean Pier fährt der Sessellift, unten am Strand sind Wasserskier, Surfbretter, Buggies und Strandfahrräder zu leihen. Im restaurierten Innenstadtbezirk jenseits des Halifax River zeigt das **Halifax Historical Society Museum** in einem imposanten Bankgebäude von 1910 mit Stützpfeilern und Wandgemälden ein Modell des Boardwalk von ca. 1938 mit Palmen, einem Riesenrad und Miniaturfiguren.

Im ausgezeichneten **Museum of Arts and Sciences** westlich der Innenstadt ist ein breites Spektrum an Gegenständen zu sehen. Die prähistorische Abteilung über Florida dominiert ein vier Meter großes Skelett eines Riesenfaultiers. Arts in America zeigt Werke von 1640 bis 1920. Außerdem gibt es kubanische und afrikanische Sammlungen sowie ein Planetarium.

Der 1907 für James N Gamble von Procter & Gamble errichtete Gamble Place untersteht ebenfalls der Leitung des Museums. Diese abgelegene Jagdhütte im Cracker-Stil befindet sich auf einer Klippe oberhalb des Spruce Creek und ist von offenen Veranden umgeben. Das Mobiliar entspricht dem Stil der Zeit. Führungen veranstaltet das Museum nur nach Vereinbarung. Sie zeigen auch eine exakte Kopie des Snow White House aus Disneyland, das 1938 für die Urenkel von Gamble gebaut wurde.

J Whiting Stocks *Miss Perkins* (um 1840), Museum of Arts and Sciences

Halifax Historical Society Museum

252 S Beach St. *(904) 255-6976.* *Di–Sa.* *Feiertage.*

Museum of Arts and Sciences

1040 Museum Blvd. *(904) 255-0285.* *Di–So.* *Feiertage.*

Gamble Place *Mi u. Sa.* *obligatorisch.*

Autos auf dem festgefahrenen Sandstrand von Daytona Beach

Daytona International Speedway ⓭

Straßenkarte E2. Volusia Co. 1801 W International Speedway Blvd. *(904) 254-2700.* *Daytona.* 9 *vom Busbahnhof 209 Bethune Blvd.* *tägl.* *25. Dez.*

DAYTONAS »World Center of Racing«, der Daytona International Speedway, zieht jedes Jahr Tausende von Fans und Besuchern aus der ganzen Welt an. An acht großen Rennwochenenden jährlich finden 110 000 Zuschauer an der Bahn Platz. Im Angebot sind das NASCAR-Treffen (National Association for Stock Car Auto Racing) – Daytona 500 ist das berühmteste Rennen –, Sportwagen-, Motorrad- und Go-Kart-Rennen. Das Begleitprogramm bietet wohltätige »bike-a-thons«, Oldtimer-Rennen, Superbike-Spektakel und Autotests für die Industrie.

Die Eintrittskarten zum Daytona 500 sind bereits ein Jahr im voraus ausverkauft, Besucher können das Ereignis jedoch im DAYTONA USA, der Rennsportattraktion Nr. 1, im Besucherzentrum nacherleben. Ein Film über die Abläufe hinter den Kulissen und spektakuläre Kameraaufnahmen im Auto, die in einem der jüngsten Daytona 500 gefilmt wurden, werden hier geboten. Neueste Computertechnik läßt Besucher ihre eigenen Stock-Cars testen, an einem simulierten Boxenstop teilnehmen oder ihr Können als Rennkommentator beweisen. An den Tagen ohne Rennen finden halbstündige Bahnfahrten entlang der Speedway-Strecke statt.

Daytona 500, jeden Februar auf dem Daytona International Speedway

Rote Corvette von 1953 im Klassix Auto Museum

UMGEBUNG: In dem nahe gelegenen **Klassix Auto Museum** ist ab 1953 aufwärts aus jedem Jahr eine Corvette ausgestellt. Außerdem werden Stock-Cars, Oldtimer und Erinnerungsstücke von Rennen gezeigt.

Klassix Auto Museum

2909 W International Speedway Blvd. *(904) 252-3800.* *tägl.*

Ponce de Leon Inlet Lighthouse ⓮

Straßenkarte E2. Volusia Co. 4931 S Peninsula Drive. *(904) 761-1821.* *tägl.* *25. Dez.*

DER BEEINDRUCKENDE, 53 Meter hohe Leuchtturm aus rotem Backstein (1887) bewacht den Eingang zu einer gefährlichen Mündung an der Spitze der Daytona-Halbinsel. Das Leuchtsignal ist 30 Kilometer weit zu sehen. Das windumtoste Aussichtsdeck, über eine Wendeltreppe mit 203 Stufen zu erreichen, bietet einen weiten Ausblick. Eines der Leuchtturmwärtergebäude wurde entsprechend seinem Aussehen um 1890 restauriert, in einem anderen ist das Museum of the Sea, in einem dritten beeindruckt eine fünf Meter hohe Fresnel-Linse.

Der Leuchtturm am Ponce de Leon Inlet südlich von Daytona Beach

Geburtsort der Geschwindigkeit

Die Liebesbeziehung zwischen Daytona und dem Auto begann 1903 mit den ersten Rennen auf dem Sandstrand von Ormond Beach, dem offziellen »Geburtsort der Geschwindigkeit«. Damals stellte Alexander Winton einen Geschwindigkeitsrekord an Land von 109 km/h auf. Die Rennen waren außerordentlich beliebt und gut besucht. Reiche Motorbegeisterte trafen sich in Henry Flaglers Ormond Hotel *(siehe S. 202)*, so auch Harvey Firestone und Henry Ford. Die Rennen wurden bis 1935, als Malcolm Campbell den letzten Weltrekord am Strand fuhr, fortgesetzt. 1936 fuhren in Ormond Beach die ersten Stock-Cars, und 1937 fand das erste Daytona 200 für Motorräder statt. Wegen Bauarbeiten mußte die Rennstrecke 1948 verlegt werden. 1959 öffnete der Daytona International Speedway. Danach wurden am Strand keine Rennen mehr veranstaltet.

Harley-Davidson (1936)

Rennen am Strand

1902 stellte ein Gast des Ormond Hotel fest, wie leicht sein Auto auf dem harten Sandstrand fuhr. Er veranstaltete die ersten Rennen, die in den folgenden 32 Jahren fortgesetzt wurden.

***Ransom E Olds'* Pirate** *fuhr als erstes Auto 1902 in Ormond Beach ein Rennen. Im ersten offiziellen Rennen trat 1903 Olds gegen Alexander Winton und Oscar Hedstrom auf dem Motorrad an. Winton gewann in dem Auto* Bullet No 1.

***Mit dem* Bluebird Streamliner** *fuhr Malcolm Campbell 1935 in Ormond Beach einen neuen Weltrekord. Das von einem Rolls-Royce-Motor angetriebene Auto erreichte eine Geschwindigkeit von 444 km/h.*

Das »World Center of Racing«

1953 erkannte Bill France, Teilnehmer am ersten Stock-Car-Rennen, daß das Wachstum von Daytona Beach den Strandrennen ein Ende setzen würde. Er schlug den Bau des Daytona International Speedway vor, heute weltweit eine der führenden Rennstrecken.

***Lee Petty** gewann das erste Daytona 500 auf dem Daytona International Speedway 1959 und schlug seinen Gegner Johnny Beauchamp um nur 50 Zentimeter. An dem Wettkampf über 800 Kilometer waren 59 Autos und 41 000 Zuschauer beteiligt.*

***Go-Karts** sehen eher wie Spielzeug aus, doch die Karts in Daytona erreichen Geschwindigkeiten von über 130 km/h.*

Blue Spring State Park ⑮

Straßenkarte E2. Volusia Co. 2100 W French Ave, Orange City. *(904) 775-3663.* *tägl.*

EINER DER GRÖSSTEN und bedeutendsten artesischen Brunnen spendet täglich 450 Millionen Liter Wasser. Dank einer konstanten Temperatur von 20° C ist der Park ein beliebtes Winterquartier für Seekühe *(siehe S. 236)*, die zwischen November und März aus dem St Johns River kommen. Sie sind von den erhöhten Plankenwegen des Parks aus zu beobachten.

In dem türkisfarbenen Wasser können Sie schnorcheln und tauchen, auf dem St Johns Kanu fahren. Zweistündige Bootstouren bringen Sie zu Hontoon Island.

Das **Thursby House** wurde Ende des 19. Jahrhunderts auf einem der alten Muschelschalenhügel des Parks errichtet.

UMGEBUNG: Zum bewaldeten **Hontoon Island State Park**, etwa drei Kilometer weiter nördlich gelegen, fährt eine kostenlose Fähre von Hontoon Landing aus. Hier gibt es einen Aussichtsturm (24 m), Camping- und Picknickplätze sowie einen Naturlehrpfad. Kanus und Angelskiffs kann man leihen.

1955 wurde hier ein seltener Eulen-Totempfahl der Timucua-Indianer aus Holz gefunden *(siehe S. 38f)*.

Hontoon Island State Park
2309 River Ridge Rd, De Land.
(904) 736-5309. *tägl.*

FLORIDAS SPRUDELNDE QUELLEN

Der Großteil der 320 bekannten Quellen Floridas befindet sich im Norden des Bundesstaates und ist meist artesischen Ursprungs, d.h., das Wasser wird von unterirdischen Gerinnen (Wasser enthaltende Felslager) häufig durch tiefe Spalten nach oben gedrückt. Quellen mit einer Ausschüttung von über drei Kubikmeter pro Sekunde gelten als sehr ergiebig.

Das vom Fels gefilterte Wasser ist klar und manchmal salz- und mineralhaltig. Auch wegen ihrer Schönheit kommen Besucher hierher, um Erholung für Geist und Körper zu suchen.

Seit den 30er Jahren kommen Badegäste nach Juniper Springs im Ocala National Forest

Sanford ⑯

Straßenkarte E2. Seminole Co. *35 000.* *400 E 1st St, (407) 322-2212.* *mit Autoreisezug.* *Lynx-Busse von Orlando* (siehe S. 363).

DAS IN DEN SEMINOLENKRIEGEN *(siehe S. 43ff)* errichtete Fort Mellon war die erste Siedlung am Lake Monroe. 1870 entstand in der Nähe Sanford. Dank der Schaufelraddampfer, die später auch abenteuerlustige Touristen *(siehe S. 46)* brachten, wurde es zu einem wichtigen Binnenhafen.

Die Innenstadt entstand um 1880, in der Blütezeit der Dampfschiffära. In einigen der restaurierten Gebäude aus rotem Ziegelstein (selten in Florida) sind Antiquitätengeschäfte. Der Bezirk ist zu Fuß in wenigen Stunden erkundet. Die meisten Besucher kommen heute mit dem Autoreisezug *(siehe S. 360)*, nicht über den Fluß. Kurze Vergnügungsfahrten sind aber noch möglich.

Schild von Sanford

Mount Dora ⑰

Straßenkarte E2. Lake Co. *8000.* *Sanford.* *341 Alexander St, (352) 383-2165.*

DIE STADT INMITTEN der Zitrushaine des Lake County ist einer der schönsten viktorianischen Orte Floridas. Ihren Namen verdankt sie der recht hohen Lage (56 Meter) und dem See, der sie umgibt. Ursprünglich hieß die Stadt Royellou nach Roy, Ella und Louis, den Kindern des ersten Postmeisters.

Die hübschen, mit Bäumen gesäumten Straßen von Mount Dora liegen auf einer Klippe oberhalb des Seeufers. In der Handelskammer ist eine Karte über eine historische Route (5 km) erhältlich. Sie beinhaltet eine landschaftlich schöne Strecke durch ruhige Gegenden mit schindelgedeckten Häusern (19. Jh.) sowie die restaurierte historische Innenstadt mit Geschäften und Antiquitätenläden.

Das Donnelly House an der Donnelly Street, jetzt eine Freimaurerloge, ist mit seinen Türmchen und der Kuppel ein Paradebeispiel für die dekorative Steamboat-Architektur. In

Spielende Kinder vor dem Thursby House, Blue Spring State Park

Schindeldächer und Verzierungen am Donnelly House, Mount Dora

der Nähe zeigt das Royellou Museum in der alten Feuerwache, dem späteren Gefängnis, die Stadtgeschichte auf. Lake Dora bietet Angeln und Wassersport.

Royellou Museum
450 Royellou Lane. (352) 383-0006. *Do–So.* *Thanksgiving, 25. Dez, 1. Jan.* *teilweise.*

Ocala National Forest 18

Straßenkarte E2. Lake Co/Marion Co. *tägl.* *Campingplatz u. Badeplätze.* **Besucherzentrum** *10863 E Hwy 40, (352) 625-7470.* **Juniper Springs Kanuverleih** *(352) 625-2808.*

ZWISCHEN OCALA und St Johns River erstreckt sich der größte Sandpinienwald der Welt. Flüsse und Wanderwegen durchziehen das 148 000 Hektar große Gebiet, eines der letzten Rückzugsgebiete des bedrohten Schwarzbären und Heimat vieler anderer Tiere wie Hirsche, Otter und Vögel, darunter Weißkopfseeadler, Fischadler, nichtheimische wilde Truthähne und viele Reiherarten.

Die Wanderwege sind unterschiedlich lang, von Plankenwegen und Rundwegen unter 1,5 Kilometern bis zu einem 106 Kilometer langen Abschnitt des bundesweiten National Scenic Trail *(siehe S. 343)*. In vielen Seen werden Barsche geangelt. Zudem gibt es Bade-, Picknick- und Campingplätze in Gebieten wie Salt Springs, Alexander Springs und Fore Lake.

Überall gibt es Kanus zu leihen. Die von der Juniper Springs Recreation Area ausgehende, elf Kilometer lange Kanutour den Juniper Creek hinunter ist eine der schönsten Floridas. Sie sollten im voraus buchen. Am Salt Springs Trail kann man sehr gut Stelzvögel beobachten, und auf dem Lake Dorr versammeln sich Holzenten mit ihren farbenfrohen Gesichtern.

Im Hauptbesucherzentrum im Westen des Waldes sowie in den kleineren Zentren bei Salt Springs und Lake Dorr, jeweils an der Route 19, erhalten Sie nähere Informationen.

Silver Springs 19

Straßenkarte E2. Marion Co. 5656 E Silver Springs Blvd. *(352) 236-2121.* *tägl.* *teilweise.*

SEIT 1878 KANN MAN mit Glasbodenbooten die natürlichen Wunder der größten artesischen Quelle der Erde entdecken.

Neben dieser Hauptattraktion bietet die älteste kommerzielle Touristenattraktion heute auch zahlreiche Familienaktivitäten, wie Jeep-Safaris und »Jungle Cruises« durch den Busch Floridas, in dem die ersten Tarzan-Filme mit Johnny Weissmuller gedreht wurden. Das direkt neben den Quellen gelegene Wild Waters ist ein Erlebnisbad für Familien.

UMGEBUNG: In dem ruhigeren, drei Kilomter östlich gelegenen **Silver River State Park** führt eine schöne, 15minütige Wanderung durch einen Hammock und ein Zypressen-Sumpfgebiet zu einem Badeplatz an einer Krümmung des kristallklaren Flusses.

Silver River State Park
7165 NE 7th St, Ocala. *(352) 236-1827.* *tägl.*

Die Jungle Cruise, eine der vielen Attraktionen von Silver Springs

***Junge Schäferin* (1868) von Bougereau im Appleton Museum**

Ocala ⓴

Straßenkarte D2. Marion Co. 65 000. *Chamber of Commerce, 110 E Silver Springs Blvd, (352) 629-8051.*

OCALA, VERWALTUNGSSITZ von Marion County und Zentrum der Vollblut-Pferdezucht in Florida, umgibt hügeliges, mit kilometerlangen weißen Holzzäunen begrenztes Weideland. Das mit kalkhaltigem Quellwasser *(siehe S. 206)* angereicherte Gras der Gegend und das kalziumhaltige Weideland tragen zu den leichten, starken Knochen der Meisterschaftspferde bei. Florida brachte bereits 37 Champions hervor, auch fünf Gewinner des Kentucky Derby.

Viele der über 400 Vollblut-Gestüte und spezialisierten Zuchtzentren in der Nähe von Ocala können kostenlos besucht werden. Auf den Farmen können Sie Araber, Paso Finos und Zwergponies sehen. In der Handelskammer von Ocala erhalten Sie aktuelle Informationen über Farmbesuche.

Sehenswert in diesem Gebiet ist auch das **Appleton Museum of Art** östlich von Ocala. Das 1984 von dem Industriellen und Pferdezüchter Arthur I Appleton aus italienischem Marmor errichtete Museum zeigt Kunstwerke aus aller Welt, darunter präkolumbianische und europäische Antiquitäten, orientalische und afrikanische Stücke sowie Meißner-Porzellan. Ein Schwerpunkt ist die europäische Kunst des 19. Jahrhunderts.

Appleton Museum of Art
4333 E Silver Springs Blvd. *(352) 236-7100.* *Di–So* *Feiertage.*

Marjorie Kinnan Rawlings State Historic Site ㉑

Straßenkarte D2. Alachua Co. S CR 325, Cross Creek. *(352) 466-3672.* *Ocala.* *Gelände tägl.; Haus Do–So.* *Aug–Sep.*

DIE AUTORIN Marjorie Kinnan Rawlings kam 1928 in den kleinen Ort Cross Creek, den sie später liebevoll als »Biegung in einer Landstraße« beschrieb. Ihr verschachteltes Farmhaus in einem Zitrushain, vor dem Hühner picken und Enten vom Orange Lake heraufwatscheln, ist nahezu unverändert.

Die Schriftstellerin wohnte hier in den 30er Jahren und kam bis zu ihrem Tode 1953 immer wieder zu Besuch. Personen und Landschaften dieser Gegend bestimmen ihren autobiographischen Roman *Cross Creek* (1942), und *The Yearling* (1938) über einen Jungen und seinen Pfau, mit dem sie den Pulitzer-Preis gewann, ist von der Buschlandschaft im Süden inspiriert.

Führungen auf dem Gelände zeigen die um 1880 im Cracker-Stil erbaute Heimstätte, die phantasievoll restauriert wurde und Original-Mobiliar der Rawlings enthält: Bücherregale mit Schriften zeitgenössischer Autoren wie John Steinbeck und Ernest Hemingway, ein geheimes Likörfach, eine Schreibmaschine und einen Sonnenhut auf der Veranda. Alles erweckt den Eindruck, als ob die Besitzerin nur kurz im Garten sei.

Stocksammlung im Herlong Inn

Die Veranda, auf der die Autorin Marjorie Kinnan Rawlings schrieb

Micanopy ㉒

Straßenkarte D2. Alachua Co. 650. *30 East University Ave, Gainesville, (352) 374-5260.*

DIE ZWEITÄLTESTE Niederlassung von Weißen (1821) war ursprünglich ein Handelsposten namens Wanton auf Indianergebiet. 1826 wurde das hübsche Dorf nach einem Indianerhäuptling in Micanopy umbenannt und ist jetzt ein Paradies für Regisseure und Antiquitätenliebhaber. An der mit Immergrünen Eichen, die spanisches Moos überwuchert, gesäumten Hauptstraße, Cholokka Boulevard, stehen viktorianische Häuser und historische Geschäfte mit Backsteinfront, die Antiquitäten und Kunsthandwerk verkaufen. Das imposanteste Gebäude in Micanopy ist **Herlong Mansion** mit vier korinthischen Säulen. Im 19. Jahrhundert von einem Holzbaron errichtet, bietet es heute Bed & Breakfast *(siehe S. 306)*.

Der 1825 angelegte malerische Friedhof von Micanopy liegt jenseits der Seminary Road in Richtung I-75. Diese Oase der Ruhe mit schattenspendenden Immergrünen Eichen und imposanten Zedern bedeckt ein Teppich aus samtenem Moos.

Flechtenüberzogene Grabsteine auf dem Friedhof von Micanopy

UMGEBUNG: Im 17. Jahrhundert befand sich eine der größten und erfolgreichsten spanischen Rinderfarmen Floridas nördlich des heutigen Micanopy. Einst grasten Rinder, Pferde und Schweine auf dem üppigen Grün des **Payne's Prairie State Preserve**, wo heute eine kleine Herde amerikanischer Bisons sowie über 200 Arten einheimischer Vögel und Zugvögel zu sehen sind.

Der **Gainesville-Hawthorne State Trail** (17 km) folgt einer ehemaligen Eisenbahnlinie durch das Reservat und ist bei Wanderern, Reitern und Radfahrern beliebt.

Paynes Prairie State Preserve
US441, 1 Meile (0,5 km) nördl. v. Micanopy. *(352) 466-3397.* *tägl.*

Gainesville ㉓

Straßenkarte D2. Alachua Co. *97 000.* *300 East University Avenue, (352) 334-7100.*

DIE UNIVERSITÄTSSTADT Gainesville, kulturelle Hauptstadt im nördlichen Zentralflorida und Heimat der Football-Mannschaft Gators bietet eine angenehme Mischung aus Bürgern und Studenten. In der restaurierten historischen Innenstadt beherbergen Backsteingebäude (1820 bis 1920) Cafés und Restaurants. Auf dem großen Campus stehen zahlreiche Verbindungshäuser und zwei wichtige Museen.

Für das ausgezeichnete **Florida Museum of Natural History** sollten Sie viel Zeit einplanen. Neben dem naturwissenschaftlichen Teil mit über zehn Millionen Fossilienarten gibt es erstklassige Schmetterlings- und Muschelsammlungen. Zudem sind die verschiedenen Landschaftsformen Floridas und eine lehrreiche anthropologische Reise durch die Geschichte des Bundesstaates bis ins 19. Jahrhundert zu sehen. Das **Samuel P Harn Museum of Art**, ebenfalls auf dem Campus, ist eines der größten Universitäts-Kunstmuseen des Landes. Die beachtliche Sammlung von Objekten besticht durch asiatische Keramik, afrikanische Zeremonienobjekte, japanische Holzschnitte und europäische sowie amerikanische Gemälde.

Gainesvilles »Limo«

Florida Museum of Natural History
Hull Rd an der SW 34th St. *(352) 392-1721.* *tägl.* *25. Dez.*

Samuel P Harn Museum of Art
Hull Road (von der SW 34th St). *(352) 392-9826.* *Di–So.* *Feiertage.*

UMGEBUNG: Die **Kanapaha Botanical Gardens** südwestlich der Stadt sind besonders von Juni bis September lohnenswert, doch auch im Frühling blühen unzählige Azaleen. Ein Wanderweg führt um das abfallende Gelände (25 ha), dessen Schönheit zum erstenmal der Botaniker William Bartram *(siehe S. 43)* zu Beginn des 19. Jahrhunderts entdeckte. Die Pfade führen durch weinumrankte Bögen und Bambushaine. Weitere herausragende Bereiche sind ein Wüstengarten, ein Sumpfpark an einem See und ein bunter Kolibrigarten.

Kanapaha Botanical Gardens
4700 SW 58th Drive (von der Route 24). *(352) 372-4981.* *Fr–Mi* *25. Dez.*

Riesige Amazonas-Wasserlilien, Spätsommer-Höhepunkt in den Kanapaha Botanical Gardens

Monroe St

DER PANHANDLE

JE WEITER MAN NACH NORDEN *fährt, um so südlicher wird es, sagt man in Florida. Tatsächlich stehen Geschichte und Lebensart des »Pfannenstiels« den Südstaaten der USA weit näher als den Küstengebieten. Abgesehen von Geographie und Geschichte unterscheidet sich dieser faszinierende Teil auch in Klima und Zeit – der Panhandle ist eine Stunde hinterher.*

Die Besiedlung Floridas durch die Spanier, die zu Kämpfen zwischen den Kolonialmächten führte, begann im Norden. 1559 wurde in der Nähe des heutigen Pensacola noch vor St Augustine eine Siedlung errichtet, die nach einem Hurrikan verlassen wurde. Später wiederaufgebaut, mußte sie ihren Rang als wichtigste Siedlung der Region um 1820 an Tallahassee abtreten *(siehe S. 44)*. Tallahassees Lage ist ein Kompromiß. In der Mitte zwischen St Augustine und Pensacola gelegen, sollen sich hier die berittenen Boten der beiden Siedlungen begegnet sein. Heute präsentiert sich Tallahassee als würdevolle Hauptstadt mit eleganter Architektur und Kleinstadtatmosphäre. Holz- und Baumwollhandel bescherten der Region Phasen des Reichtums, doch durch den Eisenbahnbau in anderen Teilen Floridas fand sich der Panhandle bald auf einem Nebengleis. Touristisch wurde der Norden erst kürzlich erschlossen, obwohl die weißen Sandstrände ihresgleichen suchen.

Die nördliche Küste Floridas erfreut sich bei Gästen aus den Südstaaten zunehmender Beliebtheit, während Touristen aus Europa sie meist noch übersehen. Am Ostende des Panhandle (»Big Bend«) finden sich unter den Ferienorten auch malerische historische Küstenorte wie Cedar Key – ein gemütliches Fischerdorf, das an das alte Key West erinnert. Landeinwärts stellen Parks mit Wäldern, Quellen und befahrbaren Flüssen die Hauptattraktion dar.

Einer der vielen schönen Strände des Panhandle (hier bei Pensacola)

◁ Das alte Regierungsgebäude von Tallahassee im Schatten des neuen

Überblick: Der Panhandle

Wer Urlaub am »Pfannenstiel« macht, fährt meist geradewegs zu den berühmten Stränden zwischen Pensacola und Panama City Beach. Fort Walton Beach und Destin, ideale Urlaubsziele für die ganze Familie, bieten eine breite Auswahl an Hotels und Freizeitangeboten von Wassersport über Hochseefischen bis zu Golf und Tennis. Dennoch verdient auch der Rest des »Pfannenstiels« Beachtung. Von den Ferienorten an der Küste kann man bequem Ausflüge in das Landesinnere mit seinen Hügeln und Wäldern unternehmen, um den Massen zu entkommen. Der Blackwater und der Suwannee River eignen sich hervorragend zum Kanufahren, während man in der Nähe von Tallahassee auf eine der hübschesten Landschaften Floridas mit einsamen Alleen trifft.

Quietwater Beach bei Pensacola auf Santa Rosa Island

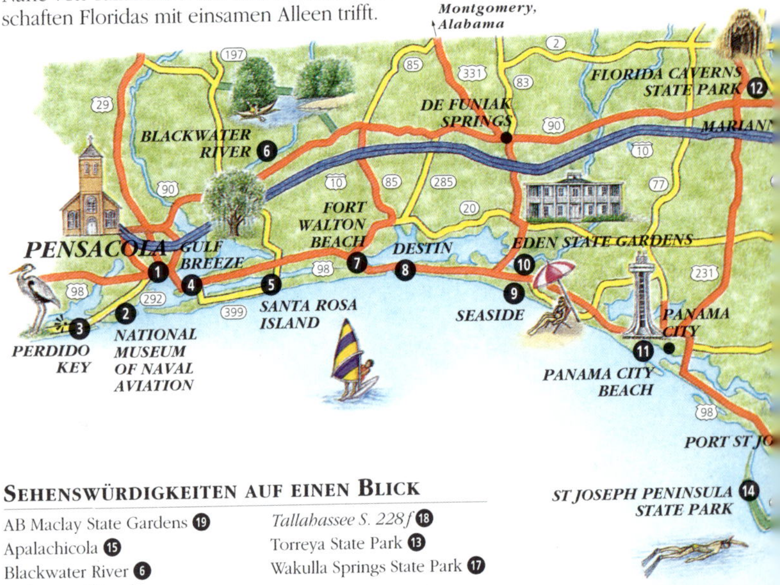

Sehenswürdigkeiten auf einen Blick

AB Maclay State Gardens 19
Apalachicola 15
Blackwater River 6
Cedar Key 24
Destin 8
Eden State Gardens 10
Florida Caverns State Park 12
Fort Walton Beach 7
Gulf Breeze 4
Monticello 20
National Museum of Naval Aviation S. 218 f 2
Panama City Beach 11
Pensacola S. 214 ff 1
Perdido Key 3
St George, St Vincent und Dog Islands 16
St Joseph Peninsula State Park 14
Santa Rosa Island 5
Seaside 9
Steinhatchee 23
Suwannee River State Park 22
Tallahassee S. 228 f 18
Torreya State Park 13
Wakulla Springs State Park 17

Ausflug:
Cotton Trail S. 230 f 21

Im Plantagenstil: Gebäude in den Eden State Gardens

Unterwegs

Obwohl die Amtrak-Schnellzüge das Gebiet parallel zur I-10 bedienen, braucht man für den »Pfannenstiel« unbedingt ein Auto. Es gibt zwei Routen: die schnelle, aber eintönige I-10 von Pensacola nach Tallahassee und weiter zum Atlantik und die US 98, die von Pensacola bis zum »Big Bend« parallel zur Küste verläuft und dann an die Hauptverbindung zwischen Nord und Süd, den Highway US 19, anschließt. Auf den Landstraßen herrscht wenig Verkehr. Achten Sie aber auf versteckte Ausfahrten.

Beliebtes Urlaubsziel: der Hafen von Destin

Siehe auch

- ***Übernachten*** S. 306 ff
- ***Restaurants*** S. 325 f u. S. 331

Legende

- Interstate Highway
- Highway
- Nebenstrecke
- Landschaftlich schöne Strecke
- Fluß
- Aussichtspunkt

Auch Pelikane genießen die Ruhe von Apalachicola

Im Detail: Pensacola ❶

PENSACOLA wurde 1559 von spanischen Siedlern unter der Führung von Tristan de Luna *(siehe S. 41)* gegründet. Diese Siedlung bestand zwei Jahre, bevor sie von einem Hurrikan zerstört wurde. Die Spanier kamen zurück, doch Pensacola wechselte ständig den Besitzer: Innerhalb von 300 Jahren wehten hier die Flaggen der Spanier, Franzosen, Engländer, Konföderierten und schließlich der Vereinigten Staaten. Der Großteil des Zentrums stammt aus der Zeit des Aufschwungs nach 1880. Man findet hier Gebäude verschiedenster Stilrichtungen: malerische Häuschen aus der Kolonialzeit und klassizistische Gebäude aus der Blütezeit des Holzhandels im späten 19. Jahrhundert. Die vorgeschlagene Route konzentriert sich auf das Historic Pensacola Village *(siehe S. 216)*.

Lavalle House
Mit einfachem Grundriß und bunten Farben war dieses kleine Haus auf den Geschmack seiner französisch-kreolischen Bewohner zugeschnitten.

Das Civil War Soldiers Museum
widmet sich mit Exponaten der Sanitäter, alten Waffen und zeitgenössischen Zeugnissen der Schlacht von Gettysburg dem Leben der Soldaten.

Das Museum of Industry mit Schiffsausrüster und rekonstruierter Sägemühle widmet sich der Zeit des Holz- und Seehandels.

★ T T Wentworth Museum
Eine breitgefächerte und ungewöhnliche Sammlung, darunter auch dieses Bett von 1870.

Pensacola Museum of Art
In den 50er Jahren wurde das alte Stadtgefängnis (1908) in ein Museum umgewandelt. Unter den Exponaten findet sich diese Landschaft von William Nell.

Die Fundamente eines britischen Offiziersgebäudes wurden auf diesem Parkplatz entdeckt. Sie sind Teil des Colonial Archaeological Trail *(siehe S. 216)*.

Steamboat House
Das Haus in der Form eines Dampfschiffs mit zwei »Decks« als Veranda stammt aus der Blütezeit der Dampfschiffe im 19. Jahrhundert (siehe S. 46).

INFOBOX

Straßenkarte A1. Escambia Co. 360 000. 5 Meilen (8 km) nördl. 980 E Heinburg St, (850) 433-4966. 505 W Burgess Rd, (850) 476-4800. 1401 E Gregory St, (850) 434-1234. Fiesta of Five Flags (Juni).

★ Seville Square
Im Schatten von Eichen und Magnolien liegt dieser Platz im Zentrum des Seville District, den die Briten um 1770 angelegt hatten.

Fountain Square heißt nach dem Brunnen mit Darstellungen lokaler Sehenswürdigkeiten.

0 Meter 200
0 Yards 200

Dorr House, die letzte griechisch-klassizistische Villa im Westen Floridas.

LEGENDE

– – – Routenempfehlung

★ Museum of Commerce
Eine Druckerei ist nur eine der vielen Attraktionen dieses Museums, das geschickt in Form einer spätviktorianischen Straße präsentiert wird.

NICHT VERSÄUMEN

★ TT Wentworth Museum

★ Seville Square

★ Museum of Commerce

Überblick: Pensacola

Die historischen Viertel von Pensacola stellen die Hauptanziehungspunkte der Stadt dar. An erster Stelle steht das alte Zentrum, das Historic Pensacola Village um die hübsche Zaragoza Street. Im North Hill Preservation District weiter nördlich trifft man auf historische Gebäude, die von Kaufleuten, reichen Ärzten und Anwälten zur Zeit des Holzbooms errichtet wurden. Die lebhafte Geschäftsstraße Palafox Street mit ihren typischen Gebäuden von 1900–1920 verbindet die beiden Viertel.

Das Zentrum von Pensacola wird durch zwei Brücken mit dem vorgelagerten Ferienort Pensacola Beach verbunden *(siehe S. 222)*. Trotz der Sehenswürdigkeiten in Pensacola wohnen die Gäste eher in Hotels am Strand, der sich vom Hurrikan Opal 1995 bereits erholt hat.

Pensacola Museum of Art: Kunst hinter offenen Gittern

Fremdenführer in Kostümen aus dem 19. Jahrhundert

Historic Pensacola Village

Tivoli House, 205 E Zaragoza St. *(850) 595-5985.* *Mo–Sa* *Feiertage.*

Die Museen und historischen Gebäude im ältesten Viertel der Stadt befinden sich im Seville District. Bei einem gemütlichen Spaziergang durch die Gassen können Sie sich ins 19. Jahrhundert zurückversetzen lassen.

Genauere Einblicke gewinnen Sie bei einer der Führungen, die zweimal täglich am Tivoli House in der Zaragoza Street beginnen. In der Hochsaison versetzen Sie die Kostüme der Führer in die Vergangenheit. Die Route umfaßt das einfache französisch-kreolische Lavalle House (1805) und das edle Dorr House (1871). Die restlichen Gebäude werden nicht besichtigt, stehen Besuchern jedoch offen. Mit einem Ticket können Sie an der Führung teilnehmen und innerhalb von zwei Tagen sämtliche Gebäude besichtigen. Das Ticket gilt auch für das Museum of Industry und das Museum of Commerce. Das Museum of Industry in einem Handelshaus aus dem 19. Jahrhundert behandelt Ziegelherstellung, Fischerei, Transportwesen und Holzhandel und vermittelt einen lebhaften Eindruck von den Anfängen Pensacolas.

Das Museum of Commerce in der Zaragoza Street ist als viktorianische Straße mit einer Druckerei samt funktionierender Druckerpresse, einer Apotheke, einem Sattler und einem nostalgischen Musikladen aufgebaut.

Den schattigen Seville Square dominiert die Old Christ Church (1832), die älteste Kirche Floridas, die noch an der Originalstelle steht. Sie wird derzeit renoviert.

TT Wentworth Florida State Museum

330 Jefferson St. *(850) 595-5990.* *Mo–Sa* *Feiertage.*

Das Museum befindet sich im ehemaligen Rathaus der Stadt, einem imposanten Gebäude im spanischen Neorenaissancestil. Unter den Exponaten finden sich Stücke aus dem Westen Floridas und Kuriositäten aus aller Welt: von präkolumbianischen Pfeilspitzen über Schrumpfköpfe bis zu einer Telefonvermittlung aus den 30er Jahren und Cola-Flaschen.

Gut durchdachte historische Schautafeln und Diaschauen illustrieren die Stationen des Pensacola Colonial Archaeological Trail mit Befestigungsanlagen aus der Zeit zwischen 1752 und 1821. Es gibt dazu auch eine Broschüre, in der die Stationen erklärt werden.

Das Ticket für Historic Pensacola Village gilt auch für das T T Wentworth Museum.

Pensacola Museum of Art

407 S Jefferson St. *(850) 432-6247.* *Di–Sa* *4. Juli, Thanksgiving, 25. Dez., 1. Jan.*

In den weißgekalkten Zellen des alten Stadtgefängnisses sitzen nun die Exponate des Pensacola Museum of Art hinter Original-Eisengittern. Die reichhaltige Sammlung wird in immer wechselnden Ausstellungen präsentiert: präkolumbianische Keramiken, satiniertes Glas aus dem 19. Jahrhundert und Pop-art von Roy Liechtenstein.

Spanische Neorenaissance: das T T Wentworth Museum

Civil War Soldiers Museum

108 S Palafox Place. *(904) 469-1900.* *Mo–Sa* *Thanksgiving, 25. Dez, 1. Jan.*

Dieses Museum beschäftigt sich mit Helden und Manövern des amerikanischen Bürgerkriegs *(siehe S. 44f)* und will sowohl Experten als auch interessierte Laien ansprechen (wenn der Schwerpunkt auch eher auf ersteren liegt).

Untermalt von Musik verdeutlichen zeitgenössische Bewaffnung, Uniformen und Feldausrüstung verschiedene Aspekte dieses Krieges, den man hier und in anderen Südstaaten noch als Akt nördlicher Aggression sieht. Unter den Exponaten finden sich der Barschrank eines Offiziers, Feldstecher und eine schaurige Sanitätsabteilung.

North Hill Preservation District

Dieses historische Viertel (ca. zehn Blöcke ab Wright Street nördlich von Pensacola Historic Village) zeichnet sich durch elegante Häuser der Jahrhundertwende aus, die auf dem Gebiet der britischen und spanischen Forts errichtet wurden. Noch heute findet man in den schattigen Gärten zuweilen Kanonenkugeln. Alle Häuser stehen in Privatbesitz. Eines der schönsten: McCreary House mit Veranda *(siehe S. 28)* in der North Baylen Street in der Nähe der Kreuzung mit der De Soto Street.

McCreary House im North Hill Preservation District

Endlose, unberührte Sandstrände: Johnson Beach auf Perdido Key

National Museum of Naval Aviation ❷

Siehe S. 218f

Perdido Key ❸

Straßenkarte A1. Escambia Co. Route 292, 12 Meilen (19 km) westl. von Pensacola. *Pensacola.* *Pensacola.* *1401 E Gregory St, Pensacola, (850) 434-1234.*

Nur 30 Autominuten südwestlich von Pensacola liegen die unberührten Strände von Perdido Key, die regelmäßig unter den Top 20 der USA rangieren. Das Angebot umfaßt Bars, Restaurants, Wassersport, Fischen und Tauchen, Sie können aber auch einfach Sonne tanken und schwimmen.

Der Westen der Insel ist nur zu Fuß erreichbar. Die Straße hört bei der **Johnson Beach Day Use Area** auf, östlich der Brücke vom Festland, von wo ein Plankenweg zum Hauptstrand führt. Die Sandstrände erstrecken sich auf Golf- und Buchtseite zehn Kilometer lang, Wachstation und sanitäre Einrichtungen sind vorhanden.

Am Festland gegenüber hat die **Big Lagoon State Recreation Area** sowohl Sandstrände als auch marschige Abschnitte zu bieten, in denen man Vögel beobachten und wandern kann. Vom Aussichtsturm hat man einen herrlichen Blick auf die Küste.

Johnson Beach Day Use Area

Johnson Beach Rd, ab Route 292. *(850) 492-7278.* *tägl.* *25. Dez.*

Big Lagoon SRA

12301 Gulf Beach Highway. *(850) 492-1595.* *tägl.*

Der Holzboom

Im 19. Jahrhundert spielte die rege Nachfrage nach Holz, Teer und Terpentin für den Schiffsbau eine wichtige Rolle für die Entwicklung Nordfloridas. Die riesigen Immergrünen Eichen waren wegen ihrer Resistenz gegen Krankheiten und der hohen Wasserbeständigkeit in den Werften besonders beliebt. Florierende Städte wie Cedar Key *(siehe S. 231)* entstanden. Die Einnahmen aus dem Holzboom flossen in elegante Häuser, wie zum Beispiel das Eden Mansion *(siehe S. 223)* in Pensacola.

Um 1930 war ein Großteil der Hartholzwälder abgerodet. Andere Bau- und Heizmaterialien hatten Holz zudem langsam verdrängt. Die Sägemühlen mußten schließen, Tausende wurden arbeitslos.

Harte und schwere Arbeit: Holzarbeiter im 19. Jahrhundert

National Museum of Naval Aviation ❷

Beechcraft GB-2-Logo

Das riesige Museum steht inmitten der Landebahnen und Hangars des ältesten Zentrums der US-Marineflieger (1914). Mit über 150 Flugzeugen und Raumfähren, Modellen und themenbezogener Kunst wird die Entwicklung von Luft- und Raumfahrt dokumentiert: von den ersten Doppeldeckern bis zu den modernsten Raketen. Selbst wer dem Thema nur wenig abgewinnen kann, wird Spaß an einem Flug mit den Blue Angels im IMAX-Kino oder einem Test in den Training-Cockpits haben. Ehemalige Piloten beantworten Ihre Fragen am Informationsschalter und geben ihr Wissen auch in den Führungen weiter.

★ Blue Angels
Vier Blue Angels A-4 Skyhawks sind in einer Karo-Formation an der Decke des siebenstöckigen Glasatriums angebracht.

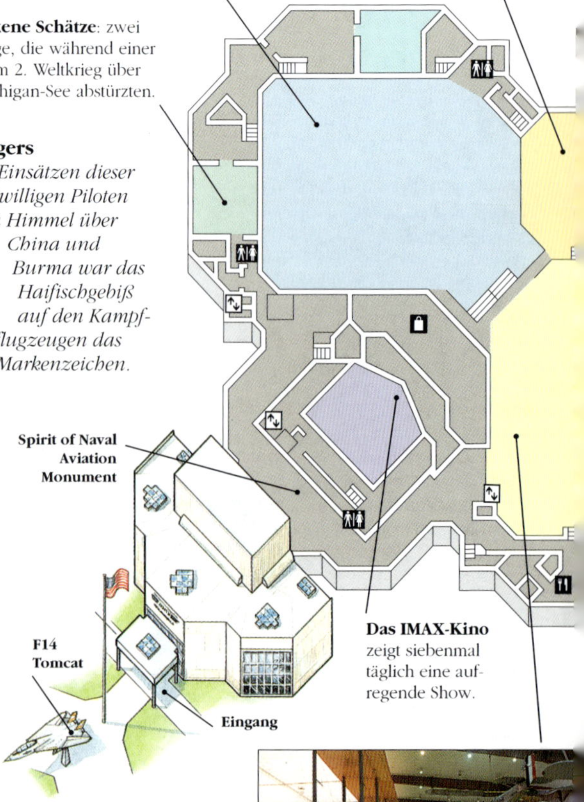

Das USS Cabot Flight Deck: Rekonstruktion eines Flugzeugträgerdecks mit den berühmtesten Jagdflugzeugen aus dem Zweiten Weltkrieg.

Versunkene Schätze: zwei Flugzeuge, die während einer Übung im 2. Weltkrieg über dem Michigan-See abstürzten.

Flying Tigers
Bei den Einsätzen dieser freiwilligen Piloten am Himmel über China und Burma war das Haifischgebiß auf den Kampfflugzeugen das Markenzeichen.

Das IMAX-Kino zeigt siebenmal täglich eine aufregende Show.

Kurzführer

Das Museum erstreckt sich über zwei »Decks«, deren beide Flügel von einem Atrium verbunden werden. Der Westflügel ist fast ausschließlich dem Zweiten Weltkrieg gewidmet, während der Südflügel eher allgemein gehalten ist. Weitere Flugzeuge findet man auf dem Rasen rund um das Gebäude.

Nicht versäumen

- **★ Blue Angels**
- **★ Flugsimulator**

Doppeldecker
Die Abteilung mit den ältesten Modellen bietet Trainingsflugzeuge aus dem Ersten Weltkrieg und Doppeldecker.

K 47

Amerikas Flugzeuge der Serie »K« flogen im Zweiten Weltkrieg Patrouilleneinsätze über dem Meer.

INFOBOX

Straßenkarte 1A. 1750 Radford Blvd, Pensacola. *(850) 453-2389.* *Pensacola.* *Pensacola.* *9–17 Uhr, täglich.* *Thanksgiving, 25. Dez, 1. Jan.*

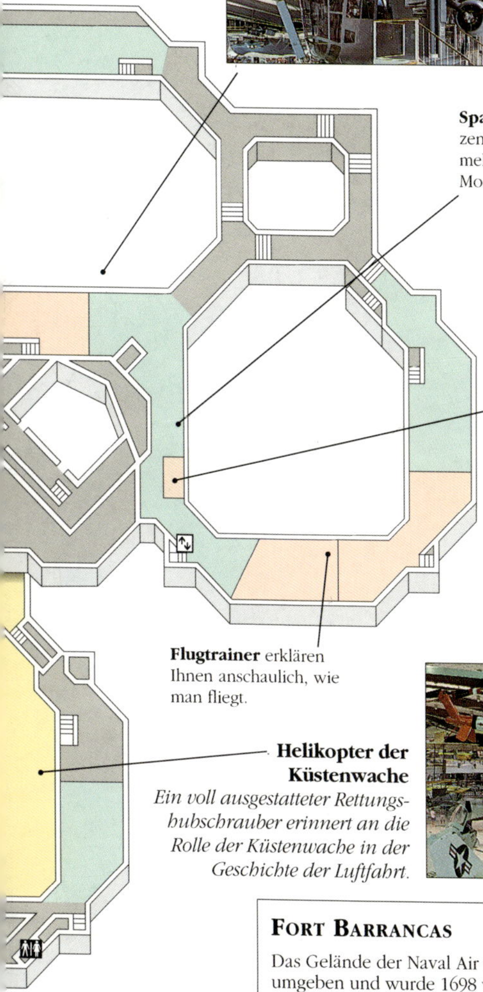

Space Capsule Display: Kommandozentrale eines Raumlabors, daneben mehrere Tonnen Ausrüstung sowie Mondgestein.

★ Flugsimulator

Dieser moderne Flugsimulator ist eines der über 100 interaktiven Exponate, an denen die Komplexität der Raum- und Luftfahrt mit ihren Wundern gezeigt wird.

Flugtrainer erklären Ihnen anschaulich, wie man fliegt.

Helikopter der Küstenwache

Ein voll ausgestatteter Rettungshubschrauber erinnert an die Rolle der Küstenwache in der Geschichte der Luftfahrt.

LEGENDE ZUM GRUNDRISS:

- 2. WK/ Koreakrieg
- Frühe Modelle
- Moderne Flugzeuge
- Kino
- Interaktive Exponate
- Ausstellung
- Kunstgalerie
- Keine Ausstellungsfläche

FORT BARRANCAS

Das Gelände der Naval Air Station ist auf drei Seiten von Wasser umgeben und wurde 1698 von den Spaniern befestigt. Die Originalwälle wurden auf den Steilhängen (spanisch *barrancas*) über der Pensacola Bay errichtet und 1781 von einem Fort ersetzt, das um 1840 von der US Army erheblich erweitert wurde. Die spanischen und amerikanischen Reste sind hinter eindrucksvollen Verteidigungswällen versteckt und durch einen Tunnel verbunden. Vom nahe gelegenen Museum gibt es auch Führungen dorthin.

Blick auf die Wälle rund um Fort Barrancas

Gulf Breeze ❹

Straßenkarte A1. Santa Rosa Co.
6300. *Pensacola.*
Pensacola. *1170 Gulf Breeze Parkway, (850) 932-7888.*

DIE FLORIERENDE Stadt Gulf Breeze liegt am Westende des Hügelzuges, der sich weiter gegen Süden zur Pensacola Bay ausdehnt. Östlich der Stadt erstrecken sich große Wälder, früher Teil des riesigen Waldgebietes im Süden, dessen Holz um 1820 zum Schiffsbau verwendet wurde *(siehe S. 217)*.

Naval Live Oaks Reservation, etwas abseits der US 98, war ursprünglich eine staatliche Holzfarm und setzt sich heute für den Schutz der Wälder ein. Für Besucher gibt es Pfade durch 500 Hektar Eichenwald, Sandhügel und Sümpfe – wahre Vogelparadiese. Ein Informationszentrum versorgt den Besucher mit Wissenswertem über die lokale Flora und Fauna und verfügt auch über einige historisch interessante Ausstellungsstücke.

Der **Zoo** 16 Kilometer östlich von Gulf Breeze ist mit über 700 Tierarten ein beliebtes Ziel für Familien. Sie haben die Wahl zwischen einer Zugfahrt mit der Safari Line durch zwölf Hektar Land an grasenden Tieren vorbei, Elefant Ellies Show oder einem Spaziergang durch den Botanischen Garten. Von einer Plattform haben Sie sogar Gelegenheit, einer Giraffe tief in die Augen zu schauen.

Mit der Safari Line durch den Zoo (Gulf Breeze)

Naval Live Oaks Reservation
1801 Gulf Breeze Parkway. *(850) 934-2600.* *tägl.* *25. Dez.*

The Zoo
5701 Gulf Breeze Parkway. *(850) 932-2229.* *tägl.* *Thanksgiving, 25. Dez.*

Naturlehrpfad (Naval Live Oaks Reservation)

Santa Rosa Island ❺

Straßenkarte A1. Escambia Co, Okaloosa Co, Santa Rosa Co.
Pensacola. *Pensacola oder Fort Walton Beach.* *8543 Navarre Parkway, Navarre, (850) 939-2691.*

DER LANGE, dünne Sandstreifen von Santa Rosa erstreckt sich von der Pensacola Bay bis Fort Walton Beach über eine Länge von 70 Kilometern. **Fort Pickens** an der Westspitze ist das größte der vier amerikanischen Forts, die im frühen 19. Jahrhundert zur Verteidigung der Pensacola Bay erbaut wurden.

Von 1886–88 wurde hier Apachenhäuptling Geronimo gefangengehalten, und Menschen strömten von überall her, um ihn zu sehen. Vermutlich hatten die Behörden gegen diesen Besucheransturm nichts einzuwenden. Das Fort wurde von der US Army bis 1947 verwendet. Heute können Besucher die geschichtsträchtigen Mauern erkunden. Es gibt auch ein kleines Museum.

Santa Rosa hat einige weiße Sandstrände vorzuweisen. Beliebt sind Pensacola Beach und Navarre Beach, beide mit einem Fischersteg und einem breiten Wassersportangebot. Zwischen den beiden Stränden liegt ein schöner, einsamer Abschnitt, wo man sich abseits der Massen erholen kann. In der Nähe von Fort Pickens im Westen gibt es einen Campingplatz.

Fort Pickens
1400 Fort Pickens Rd (Route 399).
(850) 934-2621. *tägl.*

Plankenweg zum Pensacola Beach auf Santa Rosa Island

Blackwater River ❻

Straßenkarte A1. Santa Rosa Co.
Pensacola. *Pensacola.* *5247 Stewart St, Milton, (850) 623-2339.*

DER FLUSS entspringt in Alabama und fließt 95 Kilometer nach Süden in den Golf von Mexiko. Einer der saubersten Sandbettflüsse der Welt, schlängelt er sich in malerischen Mäandern durch die Wälder und bildet dabei Abschnürungen, natürliche Dämme und Sandstrände.

Hauptattraktion ist die Kanuroute: Die 50 Kilometer am Blackwater River zählen zu den schönsten der USA. In Milton, dem selbsternannten Kanuzentrum Floridas, gibt es mehrere Anbieter für Kanu- und Kajaktouren. Das Angebot reicht von halbtägigen Paddelversuchen bis zu Drei-Tages-Marathons, bei denen man sich auch an den Sweetwater

Herrliche Kanuroute: der Blackwater River

und den Juniper Creek im Norden wagen kann.

Im kleinen **Blackwater River State Park** am Ende der Kanuroute kann man baden, picknicken oder auch das Flußsystem entlang der Nature-Trail-Route verfolgen, die sich etwa 1,5 Kilometer lang durch Wälder mit Eichen, Hickory, Magnolien und Ahorn schlängelt und in einer Reihe kleiner Seen mündet.

Blackwater River State Park
Ab US 90, 15 Meilen (24 km) nordöstl. von Milton. *(850) 983-5363.*
tägl.

Fort Walton Beach 7

Straßenkarte A1. Okaloosa Co.
22 000. *Crestview.*
34 Miracle Strip Parkway SE, (850) 244-8191.

Fort Walton Beach liegt am westlichen Ende der »Smaragdküste«, die sich 40 Kilometer bis über Destin hinaus erstreckt. Die U 98 mit zahlreichen Tauchläden und Häfen verläuft an der Küste und verbindet Fort Walton mit Santa Rosa Island. Okaloosa Island, wie es von den Einheimischen bezeichnet wird, zieht die meisten Besucher an.

Im kristallklaren Wasser läßt es sich wunderbar schwimmen und fischen. Hier liegen Sie auch für Wassersport genau richtig.

Temple Mound Museum: Keramik

Auch in der geschützten Choctawhatchee Bay im Norden können Sie schwimmen oder Ihr Geschick fürs Segeln testen. Außerdem bieten die Häfen verschiedenste Bootstouren an. Wer lieber an Land bleibt, hat die Wahl zwischen einem Dutzend Golfplätzen.

Delphine und Seelöwen sind die Stars der Shows im **Gulfarium**. Durch die Glaswände der Aquarien kann man Haie, Rochen und riesige Meeresschildkröten beobachten. Daneben gibt es auch Gehege für Seehunde, Otter, Alligatoren und exotische Vögel.

Im Stadtzentrum gibt es außer dem informativen **Indian Temple Mound Museum** nicht viel zu sehen. Das Museum befindet sich neben einem Grabhügel, der von den Indianern *(siehe S. 38f)* um 1400 für Zeremonien und Bestattungen errichtet worden war. Im Museum werden Funde aus diesem Hügel und anderen indianischen Kultstätten gezeigt und 10 000 Jahre menschlicher Besiedlung im Gebiet um die Choctawhatchee Bay nachvollzogen.

Bei Shalimar, fünf Kilometer nördlich, befindet sich der größte Luftwaffenstützpunkt der Welt, die Eglin Air Force Base. Im **US Air Force Armament Museum** sind Flugzeuge, Raketen und Bomben ab dem Zweiten Weltkrieg ausgestellt. Zu sehen sind ein SR-71-»Black-bird«-Spionage-Flieger sowie antike Seiten- und modernste Laserwaffen. Führungen durch das 1865 Quadratkilometer große Gelände können im voraus organisiert werden.

Gulfarium
1010 Miracle Strip Parkway. *(850) 243-9046.* *tägl.*

Indian Temple Mound Museum
139 Miracle Strip Parkway. *(850) 833-9595.* *im Sommer tägl., im Winter So geschl.* *Feiertage.*

US Air Force Armament Museum
100 Museum Drive (Route 85).
(850) 882-4062. *tägl.*
Thanksgiving, 25. Dez, 1. Jan.

Ford Walton Beach: Strand mit weißem, feinen Sand am Golf von Mexiko

Destin 8

Straßenkarte A1. Okaloosa Co. *10 000.* *Fort Walton Beach.* *1021 Highway 98 E, (850) 837-6241.*

DIE SCHMALE STADT zwischen dem Golf von Mexiko und der Choctawhatchee Bay verläuft entlang der Küstenstraße US 98. 1845 als Fischercamp gegründet, entwickelte sich Destin zum »wohlhabendsten Fischerdorf der USA«. Hochseefischen stellt die Attraktion schlechthin dar,

Ein Fischer und sein Fang im Hafen von Destin

und im Hafen wimmelt es nur so von ankommenden und abfahrenden Charterbooten. Die Gewässer um Destin sind dank eines 30-Meter-Abbruchs nur 16 Kilometer von der Küste entfernt sehr fischreich. Mit Glück erwischt man dort sogar einen Silberkönig oder Fächerfisch. Wettkämpfe und Veranstaltungen auf diesem Gebiet finden oft statt. Berühmt ist das Fishing Rodeo, das den ganzen Oktober dauert, auch das Seafood Festival Anfang Oktober lockt alljährlich viele Besucher an.

Interessant ist auch der Markt für Meeresfrüchte beim Destin Seafood Festival Anfang Oktober. Alle Arten von Muscheln, Shrimps und Krabben werden dort alljährlich angeboten.

Mit herrlichen Stränden und dem klaren Wasser der Emerald Coast ist Destin auch ein beliebter Ferienort, an dem man gut tauchen oder schnorcheln kann.

Destin Seafood Festival
Destin (Anfang Okt.)

Typisch Seaside: Holzhaus mit Turm

Seaside 9

Straßenkarte B1. Walton Co. *200.* *(850) 231-4224.*

ALS ROBERT DAVIS Mitte der 80er Jahre beschloß, den Tourismus hier anzukurbeln, hatte er die Badeorte seiner Kindheit vor Augen. Dabei stellte er sich einen nostalgischen Ferienort mit den traditionellen Holzhäusern Floridas mit Veranda, steilem Dach und weißem Zaun vor. Überladene Details, Türmchen und Erkerchen lassen

Die Strände des Panhandle

ZWISCHEN PERDIDO KEY und Panama City Beach liegen einige der schönsten Strände Floridas. Auf den breiten, geschwungenen Stränden wird man vom Sand – 90 Prozent Quarzsand, der von den Appalachen herabgeschwemmt wird – fast geblendet. Im Juni und im Juli sind die Strände sehr voll, doch das Wasser im Golf ist auch im November noch angenehm warm. Das Angebot reicht von ruhigen Stränden bis zu quirligen Urlaubsorten, und auch das Tauch- und Wassersportangebot ist gut.

Pensacola Beach ③ mit kilometerlangem Sandstrand wird von Läden, Hotels und Bars gesäumt. Am Wochenende ist hier viel los *(siehe S. 220).*

Perdido Key ①
Einige Strände auf Perdido Key sind mit dem Auto nicht erreichbar und deshalb angenehm ruhig *(siehe S. 217).*

Navarre Beach ④ ist einer der ruhigeren Strände der Insel. Gut ausgestattet, mit einem Pier zum Fischen *(siehe S. 220).*

Quietwater Beach ② auf Santa Rosa Island ist zwar nicht der beste Strand am Panhandle, aber von Pensacola nur einen Sprung entfernt.

0 Kilometer 15

0 Meilen 10

heute den Originalstil aber kaum noch erkennen.

Der Charme der pastellfarbigen, neoviktorianischen Häuser erinnert an Disney World und ist eine kurze Pause wert, wenn Sie an der US 98 daran vorbeikommen. Auch der Strand hier ist keineswegs zu verachten.

Umgebung: Nur 1,5 Kilometer westlich von Seaside hat die **Grayton Beach State Recreation Area** einiges zu bieten: Dieser herrliche Strand am Panhandle findet sich regelmäßig ganz vorne in den Hitlisten der US-Strände.

Doch nicht nur der breite Strand mit seinem herrlichen, weißen Quarzsand lockt – man kann hier auch fischen, Boot fahren, wandern und campen. Während des Sommers werden Ranger-Programme für die ganze Familie angeboten.

Grayton Beach SRA
County Rd 30A , ab US 98, 1 Meile (1,5 km) westl. von Seaside. *(904) 231-4210.* *tägl.*

Eden State Gardens: Statue in üppigem Grün

Eden State Gardens und Mansion ⑩

Straßenkarte B1. Walton Co. Point Washington. *(850) 231-4214.* *Fort Walton Beach.* **Gärten** *tägl.* **Haus** *Di–Mo.*

Holzbaron William H. Wesley baute sich 1897 dieses herrliche Haus am Ufer des Choctawhatchee River. Die hohen Räume des noblen zweistöckigen Gebäudes, im Stil der Zeit vor dem Sezessionskrieg nachempfunden, sind mit Originalmöbeln ausgestattet. Die Gärten stehen dem Haus mit Kamelien, Azaleen, Magnolien und Immergrünen Eichen in nichts nach. Am Flußufer, wo sich einst das Sägewerk befand, stehen heute Picknicktische. Ganze Bäume schwammen von den Wäldern im Landesinneren hierher, wo sie bearbeitet wurden. Danach wurden die Stämme mit Kähnen auf dem Intracoastal Waterway nach Pensacola gebracht.

Santa Rosa Beach ⑦
Der unberührte Sandstrand geht in Dünen und Marschland mit reicher Fauna und Vogelwelt über.

Panama City Beach ⑨
Ferienwohnungen, Hotels und Freizeitparks säumen Panama City Beach. Tauchen und Wassersport sind hier sehr beliebt.

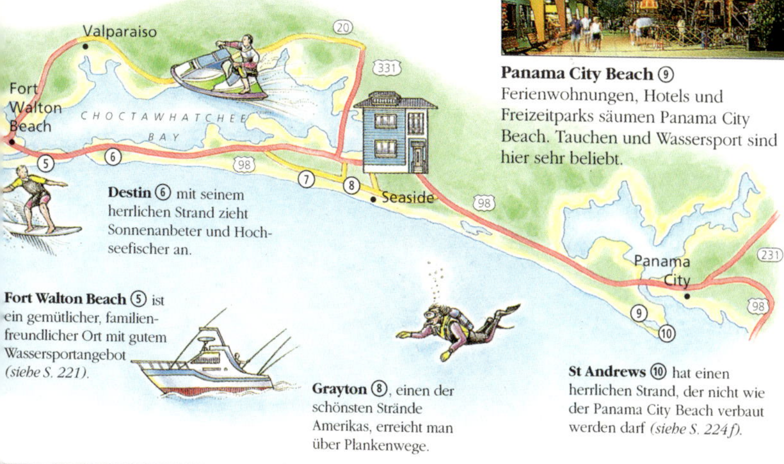

Destin ⑥ mit seinem herrlichen Strand zieht Sonnenanbeter und Hochseefischer an.

Fort Walton Beach ⑤ ist ein gemütlicher, familienfreundlicher Ort mit gutem Wassersportangebot *(siehe S. 221).*

Grayton ⑧, einen der schönsten Strände Amerikas, erreicht man über Plankenwege.

St Andrews ⑩ hat einen herrlichen Strand, der nicht wie der Panama City Beach verbaut werden darf *(siehe S. 224f).*

Panama City Beach, der quirligste Ferienort des Panhandle

Panama City Beach ⓫

Straßenkarte B1. Bay Co. 6000. 12015 Front Beach Rd, (850) 233-5070. **Captain Anderson's** (904) 234-3435. **Treasure Island Marina** (850) 234-8944.

Panama City Beach mit seinem 43 Kilometer langen »Miracle Strip« voller Hotels, Freizeitparks und Geschäfte vor gleißendem Quarzsandstrand ist der quirligste, größte und beliebteste Ferienort am Panhandle. In den Semesterferien *(siehe S. 32)* zieht er Horden junger Leute an, im Sommer beherrschen Familien das Bild. Das Sportangebot ist ausgezeichnet.

Panama City Beach, die »Schiffswrackhauptstadt«, ist als eine der besten Tauchziele am Golf von Mexiko bekannt. Neben natürlichen Korallenriffen gibt es mehr als 50 künstliche Tauchgärten mit Bootswracks. Tauchschulen bieten Scuba-Diving, Schnorchelausflüge und Unterricht an. Wer es gemütlicher mag, füttert von Captain Anderson's und Treasure Island Marina aus Delphine oder bucht eine Rundfahrt in einem Glasbodenboot.

Gulf World

15412 Front Beach Rd. (850) 234-5271. Feb–Okt tägl. Thanksgiving, 25. Dez–1. Jan.

Shows mit Delphinen und Seelöwen sind die Hauptattraktion dieses Wasserparks. Aquarien und das begehbare Haifischbecken befinden sich in einem üppigen tropischen Garten mit einem Trupp fröhlicher Papageien.

Museum of Man in the Sea

17314 Panama City Beach Parkway. (850) 235-4101. tägl. Thanksgiving, 25. Dez, 1. Jan.

Dieses etwas hausbackene Museum gewährt lehrreiche Einblicke in die Geschichte des Tauchens und der Wasserrettung. Unter dem Wust von Exponaten findet man alte Taucherhelme, aber auch Schätze der versunkenen spanischen Galeone *Atocha* *(siehe S. 26)* und jede Menge Unterseeboote. Bestes Stück ist die *Moby Dick*, ein Walrettungsboot, das als Killerwal bemalt ist.

ZooWorld

9008 Front Beach Rd. (850) 230-1243. tägl. 25. Dez.

Der Zoo beherbergt über 350 Tiere, darunter Bären, Großkatzen, Alligatoren, Kamele, Giraffen und Orang-Utans, und betreut mehr als 15 gefährdete Tierarten.

Der Streichelzoo Gentle Jungle Petting Zoo bietet Ihnen jede Menge Gelegenheit, Tiere hautnah zu erleben, und ist besonders bei Kindern sehr beliebt.

Unterhaltsamer Bewohner von Zoo World: ein Orang-Utan

Shipwreck Island Water Park

12000 Front Beach Rd. (850) 234-0368. Apr–Mai Sa u. So, Juni–Aug tägl.

In diesem Wasserpark gleich neben dem Miracle Strip Amusement Park wird Ihnen und Ihren Kindern ein Tag sicher nicht lang. Die 490 Meter lange Wasserrutsche rangiert bei jung und alt ganz oben, doch auch für Abenteuerlustige ist gesorgt: auf der Speed Slide mit 55 km/h, dem Rapid River oder der 110 Meter langen White Water Tube. Für die Kleinsten gibt es langsame Rutschen und einen Swimmingpool, für alle einen Wellenpool und Plätze zum Sonnenbaden.

Wasserspaß im Shipwreck Island Water Park

Miracle Strip Amusement Park

12 000 Front Beach Rd. (850) 234-5810. März–Juni Fr u. Sa; Juni–Aug tägl.

Auch bei Nacht werden in Panama City Beach die Rollläden nicht heruntergelassen. Neben jeder Menge Bars und Discos ist der Miracle Strip Amusement Park die Krönung mit einer Weltklasse-600-Meter-Achterbahn, einem Riesenrad und vielen anderen Höhepunkten.

Umgebung: Nur 5 Kilometer südöstlich bietet die **St Andrews State Recreation Area** einen willkommenen Ausgleich zu Panama City Beach, obwohl es im Sommer auch hier voll werden kann. Der

Die Terpentindestillerie in der St Andrews State Recreation Area

herrliche weiße Sandstrand des Reservats wurde 1995 bester Strand der USA. Hier kann man gut schwimmen, um die Felsen sollte man unbedingt schnorcheln. Im Marschland und in den Lagunen hinter den Dünen leben Alligatoren und verschiedenste Watvögel.

Unweit vom Fischerpier hat man eine Terpentindestillerie nachgebaut, wie es sie zur Jahrhundertwende *(siehe S. 217)* in Florida überall gab. In der Nähe beginnt ein Wanderpfad.

St Andrews SRA
4415 Thomas Drive. *(850) 233-5140.* *tägl.*

Florida Caverns State Park ⓬

Straßenkarte B1. Jackson Co. 3345 Caverns Rd, ab Route 166, 3 Meilen (5 km) nördl. von Marianna. *Marianna.* *(850) 482-9598.* *tägl.*

Der Kalkstein, der die Oberfläche der Halbinsel Florida bestimmt, tritt in dem Höhlensystem, das vom Chipola River entwässert wird, nackt zutage. Das Regenwasser, das in Jahrtausenden durch das weiche Kalkgestein sickerte, bildet eine atemberaubende Höhlenlandschaft mit glitzernden Stalagtiten, Stalagmiten und Tropfsteinsäulen. Ziehen Sie sich warm an, die Temperatur liegt dort zwischen 16 und 19° C.

Im Park kann man auch wandern und reiten, der Chipola River bietet sich zum Schwimmen und Fischen an. Eine 84 Kilometer lange Kanuroute windet sich durch die hohen Kalkklippen nach Süden zum Dead Lake, etwas westlich vom Apalachicola National Forest *(siehe S. 226).*

Torreya State Park ⓭

Straßenkarte C1. Liberty Co. Route CR 1641, 13 Meilen (21 km) nördl. von Bristol. *Blountstown.* *(850) 643-2674.* *tägl.* *begrenzt.*

Etwas abseits der üblichen Touristenrouten Floridas liegt der Torreya State Park, der sehr wohl einen Abstecher wert ist. Seinen Namen erhielt der Park von einer Eibenart, die hier früher sehr stark vertreten war. Er liegt an einer reich bewaldeten Flußschlinge. Die hohen Steilufer, von denen die Konföderierten im Sezessionskrieg die gegnerischen Kanonenboote beschossen, zählen zu den wenigen natürlichen Aussichtspunkten Floridas.

Das schöne neoklassizistische **Gregory House** (19. Jh.) steht in 45 Meter Höhe auf dem Steilufer. Es wurde 1935 von seinem ursprünglichen Platz weiter flußabwärts hierher versetzt und restauriert. Das Innere ist mit Originalmöbeln aus der Zeit ausgestattet.

Zum Fluß und wieder zurück braucht man 25 Minuten, oder man folgt dem elf Kilometer langen Weeping Ridge Trail. Beide Routen führen durch Wald, wo man Vögel, Rotwild, Biber und eine seltene Schildkrötenart beobachten kann, deren Panzer eine landkartenartige Zeichnung aufweist.

St Joseph Peninsula State Park ⓮

Straßenkarte B1. Gulf Co. Route 30E. *Blountstown.* *(850) 227-1327.* *tägl.* *ganzjährig.*

Wer Ruhe und Erholung sucht, ist mit dem unverdorbenen Park an der Spitze der Landzunge, die nördlich vom Cape San Blas in die St Josephs Bay reicht, sehr gut beraten. Man kann hier herrlich schwimmen, schnorcheln und fischen. Vogelliebhaber sollten ihren Feldstecher griffbereit haben, denn hier herrscht ein besonderer Artenreichtum: Über 200 Vogelarten wurden registriert. Man kann in Hütten mit Blick auf die Bucht übernachten, es gibt aber auch einen einfachen Campingplatz.

Den Strand werden Sie höchstens für einen Ausflug in die Palmen- und Nadelwälder verlassen, wo Sie auf Rotwild, Waschbären, Luchse und sogar Kojoten treffen können.

Das bewaldete Ufer des Apalachicola River im Torreya State Park

Restaurierte Häuser in der Water Street (Apalachicola)

Apalachicola ⓯

Straßenkarte B1. Franklin Co. 2 700. *Tallahassee.* *99 Market Street, (850) 653-9419.*

Die 1823 gegründete Stadt erlebte in den ersten hundert Jahren ihrer Existenz als Zollstation am Ufer des gleichnamigen Flusses ihre Blütezeit. Mit dem Baumwollhandel nahm die Stadt einen Aufschwung, später kamen Holzhändler und Schwammtaucher hier zu großem Reichtum. Die Nadel- und Hartholzwälder des Apalachicola National Forest reichen 19 Kilometer nördlich von Apalachicola bis zur Stadtgrenze von Tallahassee.

Nach dem Ende des Holzbooms in den 20er Jahren wandte sich die Stadt Fisch- und Austernfang in der Mündung des Apalachicola River zu. Austern- und Fischerboote liegen noch immer hier am Kai, der mit Kühlhäusern und alten Baumwollagerhallen aus Ziegeln gesäumt ist. In der Water Street kann man in mehreren Läden frische Austern kaufen.

Die schachbrettartig angelegte Altstadt hat viele nette Gebäude aus der Zeit des Baumwollbooms aufzuweisen. Im Stadtplan der Handelskammer wird auch auf private Schätze wie das neoklassizistische Raney House (1838) hingewiesen.

Im **John Gorrie State Museum**, benannt nach dem berühmtesten Sohn der Stadt, steht ein Modell seiner Eismaschine. Ursprünglich zur Kühlung der Säle für Gelbfieberpatienten gedacht, legte Dr. Gorries Erfindung den Grundstein für die Entwicklung von Kühlschränken und -anlagen.

John Gorrie State Museum

46 6th Street (Gorrie Square). *(850) 653-9347.* *Do–Mo.* *Thanksgiving, 25. Dez, 1. Jan.*

St Vincent, St George und Dog Islands ⓰

Straßenkarte B2, C2, C1. Franklin Co. *Tallahassee.* *99 Market St, Apalachicola, (850) 653-9419.* **Jeannie's Journeys** *(850) 927-3259.*

Die Reihe dieser der Küste vorgelagerten Inseln trennt die Apalachicola Bay vom Golf von Mexiko. Das touristisch gut erschlossene St George mit einer stets wachsenden Zahl von Ferienwohnungen und Gästen ist durch eine Brücke mit Apalachicola verbunden. 14 Kilometer Dünen am Ostende sind jedoch im **St George Island State Park** geschützt. Der Großteil der Strände befindet sich auf der Seite zum Golf von Mexiko.

Das **St Vincent National Wildlife Refuge** im Westen ist unbewohnt und nur von St George aus erreichbar. Jeannie's Journeys am East Gorey Drive bieten Bootsfahrten an. Auf St Vincent können Sie im Frühling Fischadler beobachten, im Sommer Seeschildkröten und im Winter Zugvögel.

Fischen in der Brandung: Beliebt auf St George Island

Dog Island im Osten erreicht man per Boot von Carrabelle am Festland. Dort gibt es eine kleine Gaststätte, große Dünen und einen herrlichen Strand zum Muschelsammeln.

St George Island State Park

(850) 927-2111. *tägl.*

St Vincent National Wildlife Refuge

(850) 653-8808. *tägl.*

Spaß im Bad von Wakulla Springs

Wakulla Springs State Park ⓱

Straßenkarte C1. Wakulla Co. 550. Wakulla Park Drive, Wakulla Springs. *(850) 922-3633.* *Tallahassee.* *tägl.*

Als eine der größten Süßwasserquellen der Welt werden hier 2,6 Millionen Liter pro Minute in das große Becken gepumpt, das die Hauptattraktion des Parks darstellt.

Im kristallklaren Wasser kann man schwimmen, schnorcheln oder mit einem der Glasbodenboote fahren. Bei einem Ausflug auf dem Wakulla River hat man gute Chancen, Alligatoren, Fischadler oder Watvögel zu sehen. Es gibt mehrere Waldwanderwege sowie das Hotel Wakulla Springs Lodge im spanischen Stil.

Schalentiere satt: Die Apalachicola Bay

Eine Krabbe

Die Apalachicola Bay zählt zu den begünstigsten Mündungssystemen der Welt. Durch das nährstoffreiche Wasser des Apalachicola River gedeiht hier eine Vielzahl von Wassertieren. Das warme, seichte Wasser der Salzsümpfe zwischen der Apalachicola Bay und Cedar Key *(siehe S. 231)* bietet ebenso günstige Bedingungen, so daß Fischfang entlang der gesamten Küste Tradition hat.

Austern, Krabben, Garnelen (auch Shrimps genannt) und andere Krustentiere, aber auch Fisch sind ein wichtiger Wirtschaftsfaktor: 15 Millionen Dollar werden pro Jahr umgesetzt. Am berühmtesten sind die Austern, die 90 Prozent des Gesamtvolumens der USA ausmachen. Sie gedeihen in der Bucht sehr gut und erreichen die Handelsgröße von acht Zentimetern nach weniger als zwei Jahren.

Mit den »tongs«, einem scherenartigen Gerät, werden die Austern aus dem Wasser geholt.

Der »Culler« sortiert die Austern nach Größe und wirft die kleinen zurück ins Meer.

Austernfischer in der Apalachicola Bay

Austernfischen

Die Austernfischer – nach ihren Fangscheren »tongers« genannt – verwenden kleine Holzboote und fischen in öffentlichen Gewässern. Austern kann man das ganze Jahr über fischen, doch üblicherweise herrscht im Sommer Flaute, wenn die Fischer andere Wassertiere fangen.

Am besten auf Eis: frische Austern

***Weiße, braune und rosa Shrimps** werden in Küstennähe von kleinen Booten aus gefangen, auf hoher See am Golf von Mexiko verwendet man größere Schiffe, die auch eine Woche oder länger wegbleiben können. In den Läden werden sie dann sortiert und verkauft.*

***Frische Meeresfrüchte** gibt es in Apalachicola das ganze Jahr über. Am ersten Wochenende im November treffen sich Fisch- und Muschelfans zum jährlichen Florida Seafood Festival.*

***Krabben** mit harten und weichen Panzern (»peelers«) fängt man in Köder-Drahtfallen, die von kleinen Booten ausgelegt und eingesammelt werden. Die Krabben kommen bei warmem Wetter, manchmal schon im Februar.*

Tallahassee ⓲

Das Zentrum des »anderen Florida« liegt nur 23 Kilometer von der Grenze zu Georgia entfernt, inmitten von Hügeln und Alleen: herrschaftlich, gastfreundlich, kompromißlos den Südstaaten verbunden. Die abgelegene ehemalige Indianersiedlung und Franziskanermissionsstation bot sich 1824 nicht unbedingt zur Gründung von Floridas Hauptstadt *(siehe S. 211)* an, doch während der Zeit der großen Plantagen und nachdem Florida 1845 in die Vereinigten Staaten aufgenommen wurde, nahm die Stadt einen enormen Aufschwung. Die eleganten Häuser von Politikern, Plantagenbesitzern und Geschäftsleuten bieten auch heute noch einen erfreulichen Anblick.

INFOBOX

Straßenkarte C1. Leon Co. *137 000. 8 Meilen (13 km) südl. 918 Railroad Avenue, (800) 872-7245. 112 W Tennessee Street, (850) 222-4240. New Capitol Building (1. Stock), Duval Street, (850) 413-9200, (800) 628-2866. Springtime Tallahassee (März–Apr).*

Überblick: Tallahassee

Die Altstadt mit den schönen Häusern aus dem 19. Jahrhundert zentriert sich um die Park Avenue und die Calhoun Street – ruhige, schattige Straßen mit alten Eichen und Magnolienbäumen. Das Brokaw-McDougall House an der Meridian Street ist ein schönes Beispiel amerikanischen Klassizismus. Ähnliche Einflüsse spürt man am Haus The Columns (1839) in der Duval Street. In diesem ältesten Gebäude der Stadt befindet sich heute die Handelskammer, wo es auch Stadtpläne gibt. Das Capitol liegt mitten im Stadtzentrum von Tallahassee. Das ehrwürdige Old Capitol wurde liebevoll restauriert, so daß die weiße Kuppel und die gestreiften Markisen im Glanz von 1902 erstrahlen. Innen können der Raum des Obersten Gerichts, der Saal für Kabinettssitzungen und der Senat besichtigt werden. Das Old Capitol steht heute im Schatten des dahinter aufragenden New Capitol mit seinen 22 Etagen. Der herrliche Blick über Tallahassee von ganz oben versöhnt mit der etwas düsteren Architektur der 70er Jahre.

Im Senat des Old Capitol: Schnitzerei

Knott House Museum

301 East Park Ave. *(850) 922-2459. Mi–Sa. Thanksgiving, 25. Dez, 1. Jan.*

Ungewöhnlich an diesem Haus ist, daß es 1843 von einem freien Schwarzen erbaut wurde – 20 Jahre vor Abschaffung der Sklaverei in Florida. Seinen Namen hat dieses herrlich restaurierte viktorianische Gebäude allerdings von den Knotts, die 1928 hier einzogen und das Haus völlig neu einrichteten. Im Inneren erinnert viel an die ehemaligen Besitzer – die Ge-

dichte, die Luella Knott über ihre Lieblingsmöbel schrieb und daran befestigte, sind noch immer an ihrem Platz.

Museum of Florida History

500 S Bronough St. *(850) 488-1484. tägl. Thanksgiving, 25. Dez.*

Dieses Museum behandelt 12 000 Jahre Geschichte. Lichtschauen zeigen Szenen aus der paläo-indianischen Kultur, Gürteltiere und ein Mastodonskelett aus Wakulla Springs *(siehe S. 226)*. Die verschiedenen Exponate und übersichtlichen Schautafeln geben einen guten Überblick von der Kolonisierung Floridas bis zu den »Dosentouristen« der 20er Jahre *(siehe S. 49)*.

Plankenweg im Museum of History and Natural Science

UMGEBUNG: Fünf Kilometer südwestlich der Stadt führt die Bradford Road zum **Tallahassee Museum of History and Natural Science**, das besonders Kinder begeistert. Zentrales Element ist die Big Bend Farm, wo das Farmleben des 19. Jahrhunderts mit Schauspielern in Originalkostümen, Ziegen und Gänsen inmitten von authentischen, um 1880 entstandenen Gebäuden höchst lebendig in die Gegenwart geholt wird. Eine weitere Attraktion ist Bellevue, ein kleines Plantagenhaus von 1830. In den Wäldern am Lake Bradford leben Schwarzbären und Luchse, während Alligatoren unter den Seerosen und in den Sumpfgebieten lauern.

Die **Goodwood Plantation** am Nordostende von Tallahassee zählte im 19. Jahrhundert zu den führenden Baumwoll- und Maisproduzenten *(siehe S. 44f)*. Im Haupthaus, das um 1830 erbaut wurde, ist noch viel original erhalten, darunter eine Mahagoni-Treppe und Marmorkamine aus Europa. Die Gebäude standen jahrelang verwaist, werden derzeit aber restauriert. Das Grundstück und einige Nebengebäude sind bereits zugänglich.

Am schönsten im Frühling: A B Maclay State Gardens bei Tallahassee

Tallahassee Museum of History and Natural Science

3945 Museum Drive. *(850) 576-1636. tägl. Thanksgiving, 24.–25. Dez, 1. Jan.*

Goodwood Plantation

1600 Miccosukee Rd. *(850) 877-4202. Mo–Fr (nur Gärten und Pavillons).*

A B Maclay State Gardens ⑲

Straßenkarte C1. 3540 Thomasville Rd, Leon Co. *(850) 487-4556. Tallahassee. Tallahassee. tägl.*

DIESE HERRLICHEN GÄRTEN etwa sechs Kilometer nördlich von Tallahassee wurden ursprünglich um Killearn, das Winterhaus des New Yorker Finanziers Alfred B Maclay, angelegt. Mehr als 200 Pflanzenarten findet man in den schön gestalteten Gärten rund um den Lake Hall, die sogar im Winter sehenswert sind, wenn die Kamelien und Azaleen in voller Blüte stehen (Januar bis April). Besucher können schwimmen, fischen, Boot fahren oder dem Waldwanderpfad des Big Pine Nature Trail folgen.

Monticello ⑳

Straßenkarte C1. Jefferson Co. *2800. Tallahassee. Tallahassee. 420 W Washington St, (850) 997-5552.*

DAS 1827 GEGRÜNDETE Monticello (sprich »Montisello«) ist nach der Heimat Präsident Jeffersons in Virginia benannt. Im Herzen von Floridas Baumwollanbaugebiet gelegen, florierte die Stadt und förderte den Bau eleganter Häuser. Einige von ihnen sind heute Gästehäuser, die sich als Stützpunkt für Ausflüge in die Umgebung von Tallahassee gut eignen.

Im Zentrum der Stadt liegt das imposante Rathaus an der US 90. Die Altstadt liegt im Norden, wo Sie auf Alleen und eine Vielzahl alter Gebäude stoßen, angefangen von Häusern, die um 1850 vor dem Sezessionskrieg erbaut wurden, bis hin zu Queen-Anne-Häusern mit Holzverzierung und neugotischen Elementen.

Ende Juni findet jährlich das Watermelon Festival statt, eine Art Erntedankfest mit Festzügen, Tanz, Rodeos und dem traditionellen Wassermelonenkerne-Spuckwettbewerb.

Schlichte presbyterianische Kirche in Monticello

Suwannee River State Park ㉒

Straßenkarte D2. Suwannee Co. 13 Meilen (21 km) nordwestl. von Live Oak. *Live Oak.* *(904) 362-2746.* *tägl.*

Der Suwannee River, der es durch Stephen C Fosters Lied *Old Folks at Home* (1851) zu einiger Berühmtheit gebracht hat, entspringt in Georgia. Von dort hat er noch 425 Kilometer bis zum Golf von Mexiko.

Der Suwannee River State Park lockt mit einigen der schönsten Kanu-Routen Floridas. Der Fluß fließt gemächlich dahin, am flachen Ufer wachsen Eichen, Magnolien, Zypressen und Hickory. Im Kanu haben Sie gute Chancen, wilde Tiere zu beobachten, wie zum Beispiel Reiher, Bläßhühner, Falken und Schildkröten. Die Kanus kann man im Park mieten, es gibt einen Steg und einen schattigen Campingplatz.

Sonne und Wasser genießen: Suwannee River State Park

Steinhatchee ㉓

Straßenkarte D2. Taylor Co. *1 000.* *Chiefland.* *428 N Jefferson, (904) 584-5366.*

Die alte, verschlafene Fischerstadt zieht sich vor der Mündung des Steinhatchee River am Ufer entlang. Um das Flair des Ortes zu genießen, ignorieren Sie die Wohnwagenparks und schlendern zwischen den Fischercamps, Köderläden und den Booten an den Zypressenholzdocks umher. Hier fängt man vor allem Forellen, manchmal Krabben.

Etwa 42 Kilometer nordwestlich von Steinhatchee liegt **Keaton Beach**, ein beliebter Ferienort, umgeben von Wald und Sumpfland.

Cedar Key ㉔

Straßenkarte D2. Levy Co. *750.* *Chiefland.* *2nd Street, (352) 543-5600.*

Am Ende der Inselkette, die in den Golf von Mexiko hineinreicht und durch Brücken verbunden ist, liegt das malerische viktorianische Fischerdorf Cedar Key. Im 19. Jahrhundert nahm der Ort als Endstation der ersten Eisenbahn, die durch ganz Florida ging, und durch den Holzboom einen großen Auf-

Cotton Trail Tour ㉑

In den 20er und 30er Jahren des 19. Jahrhunderts galt die Gegend um Tallahassee als wichtigstes Baumwollanbaugebiet Floridas. Quietschende Pferdewagen zogen von den entlegenen Plantagen zum Markt in der Hauptstadt. Heute durchziehen diese alten Straßen die letzten ländlichen Ecken Floridas.

Die Cotton Trail Tour folgt der alten Route, gesäumt von Bäumen, vorbei an Kuhweiden und Pferdekoppeln. Sie dauert 3,5 Stunden, kann aber auch auf dem Weg zwischen Tallahassee und Monticello mitgenommen werden *(siehe S. 229)*.

Bradley's Country Store ④
Dieser seit 1927 bestehende Laden ist berühmt für seine selbstgemachten Würste und wird noch immer von den Bradleys geführt.

Old Pisgah United Methodist Church ③
Diese schlichte klassizistische Kirche wurde 1858 erbaut und ist das älteste Methodistengebäude in Leon County.

Miccosukee Road ②
Diese Allee war ein Indianerpfad und wurde um 1850 von 30 Plantagen benutzt.

Goodwood Plantation ①
Auf der ehemaligen Plantage *(siehe S. 229)* steht noch das um 1840 erbaute Haus – inmitten alter Eichen.

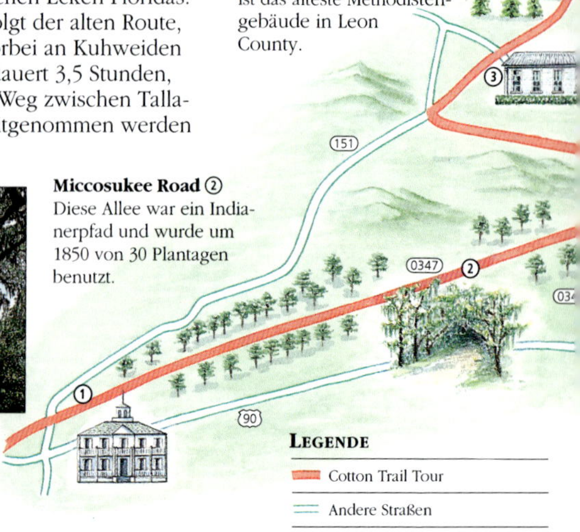

schwung. Innerhalb kurzer Zeit waren die Zedern, die dem Ort ihren Namen gaben, abgeholzt. Einige der alten Warenhäuser existieren als Läden und Restaurants weiter, doch im allgemeinen ist Cedar Key heute angenehm ruhig.

Von den Docks laufen Boote zu verschiedenen Zielen aus: zum Beispiel zum National Wildlife Refuge vor der Küste oder zu Touren entlang der Salzmarschküste, wo man Vögel beobachten kann.

Eine Alternative zu den Bootsfahrten bietet das **Cedar Key Historical Society Museum**, in dem versteinerte Tapirzähne, indianische Keramikscherben und Krabbenfallen zu sehen sind. Hier ist auch ein Plan mit den Sehenswürdigkeiten der Stadt erhältlich.

Cedar Key Historical Society Museum

Ecke D und 2nd Street. *(352) 543-5549.* *tägl.* *Thanksgiving, 25. Dez, 1. Jan.*

Umgebung: 50 Kilometer nördlich von Cedar Key befindet sich der **Manatee Springs State Park**, wo in einem azurblauen See eine Quelle in einer Tiefe von mehr als neun Metern in einer Unterwasserhöhle entspringt. Das glasklare, sprudelnde Quellwasser speist den Suwannee River und ist bei Tauchern und Schnorchlern sehr beliebt. Seekühe, die dem Park ihren Namen gaben und gelegentlich hier überwintern, sieht man eher selten, dafür Dutzende von Schildkröten, Fischen, Silberreiher und die allgegenwärtigen Adler. Im Park kann man schwimmen, ein Kanu mieten, Bootsfahrten unternehmen oder wandern, wobei Sie mit einigem Glück ein Gürteltier aufstöbern können.

Manatee Springs State Park

Route 320, 6 Meilen (10 km) westl. von Chiefland. *(352) 493-6072.* *tägl.*

Windgebeutelte Hütte auf Pfählen vor der Küste von Cedar Key

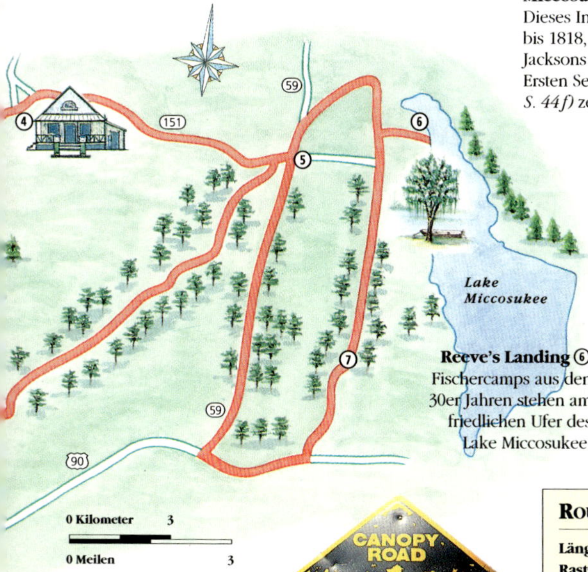

Miccosukee ⑤
Dieses Indianerdorf bestand bis 1818, als es von Andrew Jacksons Armee während des Ersten Seminolenkrieges *(siehe S. 44f)* zerstört wurde.

Reeve's Landing ⑥
Fischercamps aus den 30er Jahren stehen am friedlichen Ufer des Lake Miccosukee.

Magnolia Road ⑦
Eine der letzten nichtasphaltierten Alleen. Sie führte einst zum Baumwollhafen Magnolia, von wo die Schiffe nach New York ausliefen

Routeninfo

Länge: 80 km

Rastsen: Entlang der Route gibt es keine Restaurants, nehmen Sie also selbst etwas mit oder versorgen Sie sich bei Bradley's Country Store und picknicken Sie am Lake Miccosukee.

Die Golfküste

Die meisten Besucher *verbinden die Golfküste mit herrlichen Stränden am warmen, ruhigen Golf von Mexiko und den dazugehörigen Ferienorten. Wenn Sie sich aber aufraffen und den Sand aus Ihren Sandalen schütteln, können Sie sich in einige der interessantesten Städte Floridas aufmachen oder in völlig unberührte Wildnis vorstoßen.*

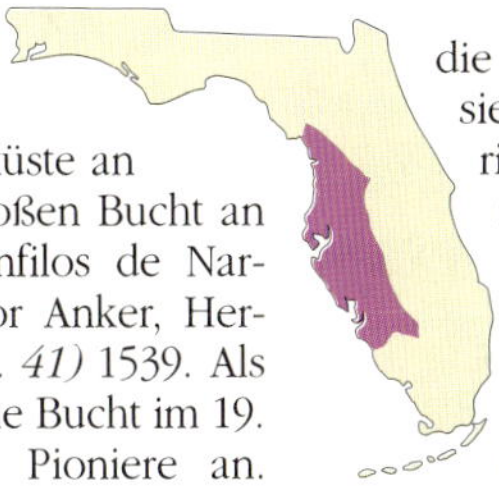

Schon seit den Spaniern konzentriert sich das Leben an der Golfküste an der Tampa Bay, der großen Bucht an Floridas Westküste. Pánfilos de Narváez ging hier 1528 vor Anker, Hernando de Soto *(siehe S. 41)* 1539. Als natürlicher Hafen zog die Bucht im 19. Jahrhundert zahlreiche Pioniere an. Das günstige Klima bewog sogar den einen oder anderen dazu, hier Zucker anzubauen: Gamble Plantation bei Bradenton ist die südlichste Plantage der USA *(siehe S. 252)*.

Nach dem Bürgerkrieg wurde die Golfküste wichtiges Handelszentrum für den karibischen Raum. Zu verdanken war dies unter anderem der Eisenbahn von Henry Plant, die um 1880 von Virginia verlegt worden war. So florierte die Region um Tampa zu dieser Zeit wie nie mehr danach. Pioniere aus aller Welt strömten hierher: von den griechischen Schwammtauchern, die sich in Tarpon Springs ansiedelten, bis zu reichen Amerikanern wie dem Zirkuskönig John Ringling, dessen herrliches Haus im italienischen Stil mit seiner Sammlung europäischer Kunst die Hauptattraktion von Sarasota darstellt.

Wie Flagler im Osten Floridas *(siehe S. 46f)* lockte Henry Plant reiche Reisende aus dem Norden mit sommerlichem Winterwetter hierher. Die vielzitierten 361 Sonnentage pro Jahr ziehen noch heute zahlreiche Urlauber an die großzügig verteilten Strände. Um St Petersburg und Clearwater geht es hoch her, doch diesen internationalen Ferienorten kann man leicht entkommen. Unweit davon findet man malerische Weiler, ideale Flüsse zum Kanufahren und Sümpfe oder Wälder, in denen die Tiere noch ungestört leben können.

Bedeutendste Stadt an der Golfküste: Tampa mit seinen Wolkenkratzern

◁ **Auf einem Plankenweg zu erreichen: der breite Strand von Sand Key bei Clearwater Beach**

Überblick: Die Golfküste

NUR EINIGE BUCHTEN unterbrechen die scheinbar endlosen Strände der Golfküste, deren Reiz man sich nur schwer entziehen kann. Zudem kann man hier seinen Strandurlaub ganz leicht mit etwas Sightseeing aufpeppen. Sämtliche Sehenwürdigkeiten im Landesinneren sind leicht zu erreichen, so daß sich die Golfküste mit ihrer großen Auswahl an Hotels – von urigen Gästehäusern bis zu Luxusanlagen – als Basis geradezu anbietet. Gleich in der Nähe: St Petersburg mit einigen der besten Museen Floridas, Tampa mit dem Florida Aquarium, Sarasota, die Busch Gardens, aber auch lokale Attraktionen wie die größte Konzentration von Frank-Lloyd-Wright-Gebäuden im Florida Southern College oder die schrägschöne Meerjungfraushow von Weeki Wachee Spring.

Die gleißende Dachlandschaft des alten Tampa Bay Hotel *(siehe S. 244)*

SIEHE AUCH

- ***Übernachten*** S. 308–310
- ***Restaurants*** S. 326 f u. S. 331

Zum Entdecken: die unberührte Landschaft des Myakka River State Park

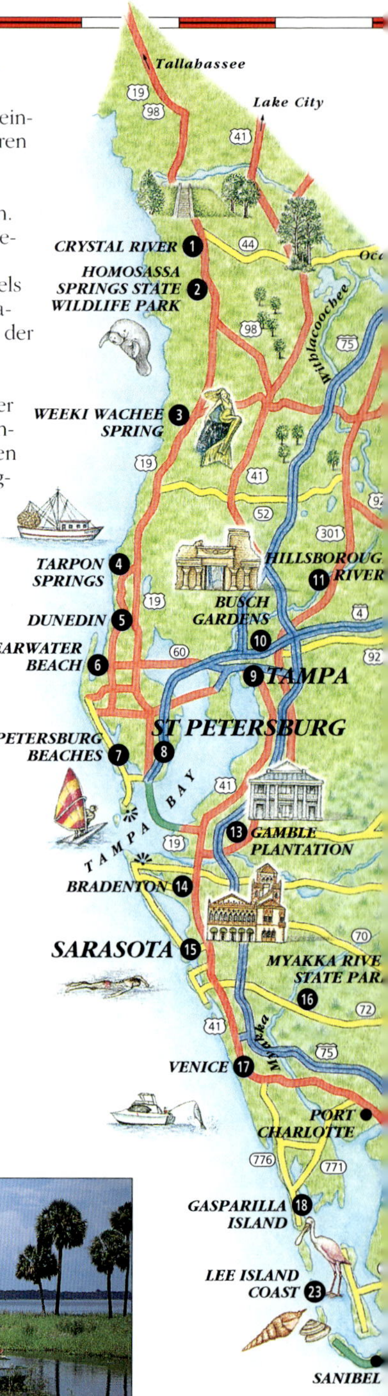

Unterwegs

Die Region ist für Autos gut erschlossen. Die US 19 verläuft entlang der Küste nördlich der Tampa Bay, die Bucht überquert man auf der herrlichen Sunshine Skyway Bridge. Die US 41 verbindet Tampa mit der Region südlich der Stadt. Wem es nur auf Geschwindigkeit ankommt, der fährt auf der I-75 etwas weiter im Landesinneren. Wie überall in Florida hat man es ohne Auto recht schwer. Greyhound-Busse bedienen die größeren Städte, Amtrak-Züge gehen nur bis Tampa, doch die Thruway-Busse *(siehe S. 360)* fahren von Tampa weiter nach St Petersburg und nach Süden bis Fort Myers.

Clearwater Beach bei Sonnenuntergang

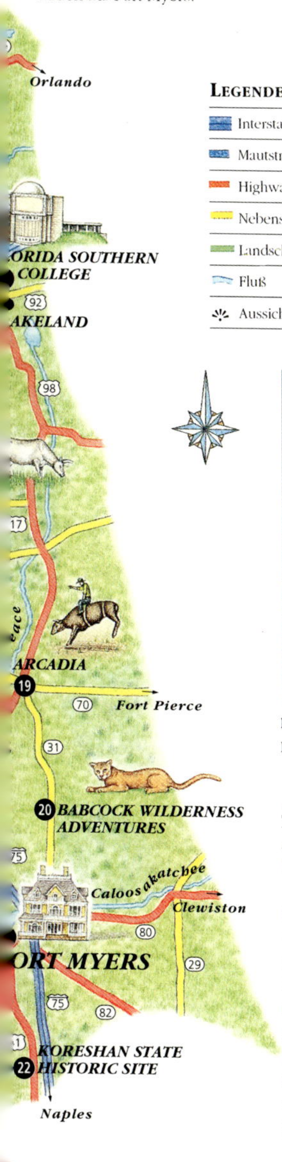

LEGENDE:

- Interstate Highway
- Mautstraße
- Highway
- Nebenstrecke
- Landschaftlich schöne Strecke
- Fluß
- Aussichtspunkt

0 Kilometer 30

0 Meilen 25

Bekannte Sehenswürdigkeit: der altmodische Pier auf Anna Maria Island westlich von Bradenton

SEHENSWÜRDIGKEITEN AUF EINEN BLICK

Arcadia 19
Babcock Wilderness Adventures 20
Bradenton 14
Busch Gardens S. 250 f 10
Clearwater Beach 6
Crystal River 1
Dunedin 5
Florida Southern College 12
Fort Myers 21
Gamble Plantation 13
Gasparilla Island 18
Hillsborough River 11
Homosassa Springs State Wildlife Park 2
Koreshan State Historic Site 22
Lee Island Coast 23
Myakka River State Park 16
St Petersburg S. 240 ff 8
St Petersburg Beaches 7
Sarasota S. 254 ff 15
Tampa S. 244 ff 9
Tarpon Springs 4
Venice 17
Weeki Wachee Spring 3

Crystal River ❶

Straßenkarte D2. Citrus Co. *5000.* *28 NW US 19, (352) 795-3149.*

Es gibt mindestens zwei gute Gründe, Crystal River einen Besuch abzustatten: Im Winter zwischen Januar und März sind es die Seekühe, die sich in großen Herden (bis zu 300 Tiere) in den warmen Quellen tummeln. Das **Crystal River National Wildlife Refuge** mit den Quellen und Buchten der nahe gelegenen Kings Bay wurde zum Schutz dieser Tiere geschaffen. Auf Bootstouren sind die Tiere im kristallklaren Wasser gut zu sehen (Touren sollte man im voraus buchen).

Der **Crystal River State Archaeological Site** hingegen kann man das ganze Jahr über besuchen. Dieser Komplex mit sieben indianischen Siedlungshügeln liegt drei Kilometer westlich der Stadt und hat eine 1600 Jahre alte Siedlungsgeschichte (200 v.Chr. bis 1400 n.Chr.). Er zählt zu den ältesten durchgehend bewohnten Gebieten Floridas. Geschätzte 7500 Indianer pilgerten jährlich über große Distanzen zu ihren Zeremonien hierher. Ausgrabungen von 400 der etwa 1000 Gräber ergaben, daß die lokalen Stämme auch Handelsbeziehungen mit Stämmen aus Nordflorida unterhielten.

Von der Aussichtsplattform hat man einen guten Blick über das gesamte Gelände. Direkt darunter befindet sich der Hügel mit dem Hauptheiligtum (600 n.Chr.). Unweit davon flankieren zwei Zeremoniensteine (Stelen, 440 n.Chr.) zwei der insgesamt drei Grabhügel. Der Stil ist charakteristisch für präkolumbianische Kulturen Mesoamerikas, doch Beweise für eine Verbindung mit Crystal River gibt es bis heute nicht. Im Westen befindet sich ein großes Siedlungsgebiet mit zwei versteckten Hügeln *(siehe S. 38)*. Im Informationszentrum können Sie ein Modell des Geländes sowie Keramiken bewundern.

Keramik, Crystal River

Crystal River National Wildlife Refuge
1502 SE Kings Bay Drive. *(352) 563-2088.* *Mo–Fr.*

Crystal River State Archaeological Site
3400 N Museum Point. *(352) 795-3817.* *tägl.*

Floridas Seekühe

Es dauert in Florida nicht lange, bis Sie von den Seekühen (engl. *manatees*) hören, die vom Aussterben bedroht sind. Schätzungen zufolge gibt es in den USA noch etwa 2500 Tiere, die zum Großteil Florida und das warme Wasser dort vorziehen. Bis zu Beginn des 20. Jahrhunderts wurden die Tiere wegen ihres Fleisches oder aus Sport gejagt. Heute sind sie durch die Zerstörung ihres Lebensraums bedroht.

Die Seekühe werden bis zu drei Meter lang, sind aber trotz ihrer Größe freundlich. Sie leben in seichten Gewässern in Küstennähe, Flüssen und Quellen und verbringen fünf Stunden täglich mit essen. Ihre Lieblingsspeise ist Seegras.

Seekühe kommen im Salz- und Süßwasser vor

Homosassa Springs State Wildlife Park ❷

Straßenkarte D2. Citrus Co. 4150 South Suncoast Blvd, Homosassa. *Crystal River.* *(352) 628-2311.* *tägl.*

In diesem Naturpark mit seiner schwimmenden Beobachtungsstation kann man Seekühe wie kaum sonst aus allernächster Nähe betrachten.

Hier werden auch verletzte Tiere – meist Verletzungen durch Bootsmotoren – behandelt, bevor man sie wieder freiläßt. Im Pool befinden sich oft bis zu sechs Tiere, und im Winter kommen die Seekühe bis zum Zaun des Parks: Wie in Crystal Springs genießen die Tiere hier im Winter das warme Quellwasser.

Weeki Wachee Spring ❸

Straßenkarte D2. Hernando Co. Kreuzung US 19 u. SR 50. *(352) 596-2062.* *Brooksville.* *tägl.*

Dieser traditionsreiche Themenpark wurde auf einer der größten Süßwasserquellen Floridas errichtet. In den 40er Jahren ließ der ehemalige Navy-Froschmann Newton Perry Schwimmerinnen als Meerjungfrauen in Unterwassershows auftreten. Fünf Meter unter

Weeki Wachee Spring: Meerjungfrau im Einsatz

Wasser wurde ein Theater mit strategisch angeordneten Luftröhren gebaut. Heute gibt es regelmäßig Aufführungen unterschiedlicher Geschichten.

Weitere Attraktionen: der Buccaneer Bay Wasserpark, ein Kinderzoo und eine Flußfahrt durch die Wildnis.

Tarpon Springs ❹

Straßenkarte D3. Pinellas Co.
20 000. Clearwater. 11 E Orange St, (813) 937-6109.

DIESE MUNTERE STADT ist als Zentrum griechischer Kultur allgemein bekannt – ein Vermächtnis der griechischen Fischer, die in den 20er Jahren von den reichen Schwammvorkommen angelockt wurden. So werden Sie auf griechische Restaurants, eine Athens Street, einen Poseidon-Souvenirladen oder auf eine Parthenon-Bäckerei stoßen.

An den Docks am Dodecanese Boulevard geht es heute wieder hoch her – die lokalen Schwammbestände konnten sich nach dem Schwammsterben in den 40er Jahren erholen. Die Schwammtaucher der Stadt organisieren Bootsfahrten, auf denen auch ein Tauchgang in traditioneller Ausrüstung demonstriert wird.

Sehenswert am Dodecanese Boulevard ist auch das **Spongeorama**, eine Mischung aus Museum und Einkaufszentrum. Ebenfalls beliebt: Sponge Exchange, ein moderner Komplex mit Boutiquen, Galerien und Cafés. Drei Kilometer südlich erhebt sich die

Schwämme müssen vor dem Verkauf geputzt werden

Wanderpfad durch die Wälder auf Caladesi Island

griechisch-orthodoxe Kirche St Nicholas (1943), das eindrucksvollste Zeugnis des griechischen Erbes von Tarpon Springs. Die neobyzantinische Kirche mit original griechischem Marmor ist der Hagia Sophia in Istanbul nachempfunden. In der Kathedrale werden die Feierlichkeiten zum wichtigsten Fest von Tarpon Springs eröffnet: dem Dreikönigsfest *(siehe S. 35)*.

Spongeorama
510 Dodecanese Blvd. *(813) 943-9509. tägl.*

St Nicholas Greek Orthodox Cathedral
36 N Pinellas Ave bei Orange St.
(813) 937-3540. tägl.

Dunedin ❺

Straßenkarte D3. Pinellas Co.
36 000. Clearwater. 301 Main St, (813) 733-3197.

DUNEDIN wurde von dem Schotten John L Branch gegründet. Er eröffnete hier 1870 einen Laden, der die Schiffe auf dem Weg nach Key West versorgte. Schiffe und Eisenbahn brachten Handel und Wohlstand mit sich, der auch Branchs Landsleute überzeugte. Die schottischen Wurzeln des Ortes zeigen sich in den jährlichen Highland Games Ende März oder Anfang April.

Die renovierten Gebäude im Viertel um die Main Street verbreiten authentische Jahrhundertwende-Kleinstadtatmosphäre. Das **Historical Museum** im ehemaligen Bahnhof von Dunedin verfügt über eine schöne Sammlung von Exponaten und Fotografien vom Beginn der Stadt. Die Railroad Avenue unweit davon ist heute Teil des Pinellas Trail, einem asphaltierten Wander- und Radweg, der 76 Kilometer entlang der alten Eisenbahnroute von Tarpon Springs bis St Petersburg verläuft.

Historical Museum
349 Main St. *(813) 736-1176.*
Di–Sa. Feiertage.

UMGEBUNG: Fünf Kilometer nördlich von Dunedin führt ein Damm zur **Honeymoon Island State Recreation Area**. Dort können Sie schwimmen und fischen, doch ist diese Insel aus Rücksicht auf die dort brütenden Fischadler größtenteils nicht erschlossen. Hier legt auch die Fähre zum noch verlockenderen **Caladesi Island State Park** ab, den man auch von Clearwater Beach aus *(siehe S. 238)* erreicht.

Der fünf Kilometer lange, zum Golf von Mexiko gelegene Strand auf Caladesi wurde 1995 zum zweitbesten der USA gewählt. Er wird von Dünen gesäumt, die in Nadel-, Zypressen- und Mangrovenwälder übergehen, durch die ein fünf Kilometer langer Wanderpfad führt. Karten sind im Informationszentrum erhältlich.

Honeymoon Island SRA
Route 586, 3 Meilen (5 km) nordwestl. von Dunedin. *(813) 469-5942. tägl. begrenzt.*

Caladesi Island State Park
1 Causeway Blvd. *(813) 469-5918. tägl. begrenzt.*

Im McMullen-Blockhaus in Pinellas County Heritage Village

Clearwater Beach 6

Straßenkarte D3. Pinellas Co. *20 000. Clearwater. Bus ab Cleveland St. 1130 Cleveland St, Clearwater, (813) 461-0011.*

MIT DEM QUIRLIGEN Clearwater Beach beginnen die Urlaubsorte, die sich bis Tampa Bay aneinanderreihen. Das Bild prägen Hotels und Bars mit meist europäischen Touristen. Clearwater Beach hingegen konnte sich einen eigenen Charakter bewahren. Wem die Küste zu teuer ist, der kann in die günstigeren Hotels am Intracoastal Waterway ausweichen.

Der breite Sandstrand ist beeindruckend, das Wassersportangebot ausgezeichnet. Am Hafen gibt es Bootstouren aller Art: Tauchexpeditionen, Sportfischen, Kreuzfahrten am Golf.

UMGEBUNG: Sand Key gegenüber von Clearwater Pass verläuft 19 Kilometer nach Süden. **Sand Key Park** an der Spitze hat einen schönen, palmengesäumten Strand (rangiert unter den Top 20 der USA), wo es etwas gemütlicher als im quirligen Clearwater Beach ist.

Unweit des noblen Wohnviertels Belleair mit einem Hotel von Henry Plant *(siehe S. 46f)*, elf Kilometer südlich, befindet sich das beliebte **Suncoast Seabird Sanctuary** (ein Indianerheiligtum), wo bis zu 500 verwundete Vögel gepflegt werden. Pelikane, Eulen, Reiherarten und andere Spezies sind zu sehen, während Leiter Ralph Heath und seine Helfer durch die Gehege führen.

Kreischeule im Suncoast Sanctuary

Pinellas County Heritage Village ist den zwölf Kilometer weiten Abstecher ins Landesinnere nach Largo südöstlich von Clearwater Beach wert. Das Dorf besteht aus 16 historischen Gebäuden, die aus verschiedenen Gegenden stammen. Highlights: das McMullen-Blockhaus *(siehe S. 28)* und das Seven Gables Home (1907), das Einblicke in das Leben einer reichen viktorianischen Familie gibt. Im Museum werden Fertigkeiten aus der Pionierzeit Floridas gezeigt, zum Beispiel Spinnen oder Weben.

Suncoast Seabird Sanctuary
18328 Gulf Blvd, Indian Shores.
(813) 391-6211. tägl.

Pinellas County Heritage Village
11909 125th Street N. *(813) 582-2123. Di–So. Feiertage.*

St Petersburg Beaches 7

Straßenkarte D3. Pinellas Co. *Tampa. St Petersburg. zahlreiche Linien von St Petersburg. St Pete Beach Chamber of Commerce, 6990 Gulf Blvd, (813) 360-6957.*

SÜDLICH VON CLEARWATER beginnen die St Petersburg Beaches. Bis Madeira Beach bieten sie einen eher enttäuschenden Anblick. Wenn Sie die größeren Orte meiden wollen und auf der Suche nach gemütlicher Atmosphäre sind, sind Sie in **Madeira Beach** richtig. Das nachgebaute Fischerdorf Johns Pass Village ganz in der Nähe hat eine Auswahl origineller Restaurants und Läden. Es gibt einen Pier, wo Fischerboote und andere Wassergefährte anlegen.

Weiter südlich prägen monotone Hotelketten Treasure Island. **St Pete Beach** (St Petersburg wurde offiziell zu St Pete abgekürzt, weil man allgemein der Ansicht war, daß dieser Name eher nach Sonne, Spaß und Meer klingt) schließt daran an und hat einen sieben Kilometer langen Strand mit quirliger Szene. Am Südende thront das aus den 20er Jahren stammende Don CeSar Resort *(siehe S. 309)*, dessen illustre Gästeliste typisch für die Hotels dieser Zeit ist.

Am südlichen Ende kann man in **Pass-a-Grille** nach den überfüllten Stränden von St Pete Frischluft tanken. Der verschlafene Ort an der Küstenstraße hat einige nette Jahrhundertwendehäuser und unberührte Strände zu bieten. Warnung am Rande: viel Kleingeld für die Parkuhren mitnehmen!

Extravagant: Don CeSar Resort in St Pete Beach

Strände an der Golfküste

Nur zwei Autostunden von Orlando entfernt und mit durchschnittlich 361 Sonnentagen pro Jahr zieht der Abschnitt zwischen St Petersburg und Clearwater Horden von Touristen aus Europa an. Die Holiday Isles oder Pinellas Coast (beide Namen sind üblich) umfassen 45 Kilometer herrlicher Strände. Wegen der hohen Qualität von Sand und Wasser, geringer Verschmutzung und niedriger Kriminalität tauchen die Strände regelmäßig in den Toplisten der US-Strände auf. Die Strände von Sarasota im Süden sind von gleicher Qualität und eher bei Einheimischen als bei Touristen aus Europa beliebt. Allgemein erwartet Sie eine gemütlichere Atmosphäre als an der Ostküste.

Clearwater Beach ①
Besonders beliebt bei jungen Leuten; gute Basis für Tagesausflüge nach Tampa, St Petersburg und Orlando.

Sand Key Park ② ist beliebt bei Familien.

Indian Rocks Beach ③ mit moderaten Wellen eignet sich gut für Surfanfänger.

Madeira Beach ④ hat herrliche Dünen; hier laden Fischer ihre Fänge von Johns Pass aus.

St Pete Beach ⑤ ist das Szene-Zentrum der Golfküste mit exzellentem Wassersportangebot.

Pass-a-Grille ⑥ mit schönem Strand, schönen Sonnenuntergängen und, mit Glück, Blick auf spielende Tümmler.

Fort de Soto Park ⑦ hat drei herrliche Strände, die unter den Top ten der USA rangieren. Mit Gratisparkplätzen und einem guten Campingplatz *(siehe S. 253)*.

Anna Maria Island ⑧ wirkt karibisch und hat schöne Strände *(siehe S. 253)*.

Longboat Key ⑨ bietet über 16 Kilometer hellen Sandstrand, von dem aus man seine Angel auswerfen kann *(siehe S. 255)*.

Lido Key ⑩
Lido Key mit pulsierender Nachtklub-Szene *(siehe S. 225)* ist die quirligste Insel vor Sarasota.

Siesta Key ⑪ hat herrliche Strände und ein gutes Wassersportangebot. Familienfreundlich *(siehe S. 255)*.

St Petersburg ❽

Die Stadt mit den breiten Avenues entstand im 19. Jahrhundert zur Zeit der Landspekulationen. Als der Farmer John Williams 1875 hier Land kaufte, träumte er davon, eine große Stadt zu gründen. Der adelige Exilrusse Peter Demens versorgte die Stadt bald mit einem Eisenbahnanschluß und einem Namen – als Erinnerung an seine Geburtsstadt.

»St Pete« war vor allem wegen seiner älteren Bewohner bekannt. Doch die Zeiten ändern sich, und die Stadt gibt sich heute jung-dynamisch. Umfassende Renovierungsarbeiten an der Seeseite gaben dem Zentrum neuen Auftrieb, und St Petersburgs Ruf als lebendiges Kulturzentrum wird durch das prestigeträchtige Salvador Dali Museum *(siehe S. 242f)* untermauert.

Eines der Wahrzeichen von St Petersburg: The Pier

Überblick: St Petersburg

Das allgegenwärtige Wahrzeichen der Stadt ist **The Pier**. Die unverwechselbare, kopfstehende Pyramide mit zahlreichen Läden, Restaurants, Disko, Aquarium und Aussichtsplattform zieht Besucher auf ihrem Weg ins Stadtzentrum magisch an. Der Shuttle-Service vom Pier zum Museum »Great Explorations« hält an allen wichtigen Sehenswürdigkeiten der Route.

Vom Pier nach Norden ragt aus der Skyline das **Renaissance Vinoy Resort** *(siehe S. 309)* heraus, das als Vinoy Hotel in den 20er Jahren gebaut und seitdem modernisiert wurde. Vom Meer etwas abseits steht das massige **Tropicana Field**, das zweite Wahrzeichen. Hier finden Großveranstaltungen wie Rockkonzerte oder Sportereignisse *(siehe S. 339)* statt.

St Petersburg Museum of History

335 2nd Avenue NE. ☎ *(813) 894-1052.* ○ *tägl.* ● *Thanksgiving, 25. Dez, 1. Jan.*

Hier wird die Geschichte der Stadt von prähistorischer Zeit bis in die Gegenwart nachgezeichnet: mit Mastodonknochen, Fossilien, Keramiken oder einer lustigen Spiegelgalerie, in der sich Besucher in viktorianischen Kostümen wiederfinden.

In einem eigenen Pavillon steht das Wasserflugzeug *The Benoist*, das auf den Status der Stadt als Geburtsort des kommerziellen Flugverkehrs hinweist. In diesem Flugzeug überquerte 1914 der erste zahlende Passagier die Tampa Bay.

Mohn: **Eines von Georgia O'Keeffes berühmten Blumenbildern im Museum of Fine Arts**

Museum of Fine Arts

255 Beach Drive NE. *(813) 896-2667.* *Di–So.* *Thanksgiving, 25. Dez, 1. Jan.*

Das Kunstmuseum in dem modernen, neoklassizistischen Gebäude über der Bucht ist für seine umfangreiche Sammlung europäischer, amerikanischer, präkolumbianischer und asiatischer Werke bekannt. Unter den Impressionisten sind *Waldlichtung* (1877) von Cézanne und Monets Klassiker *Parlament im Nebel – London* (1904) zu nennen. Weitere Werke: der farbenfrohe *Mohn* von Georgia O'Keeffe, *Die Lektüre* (1888) von Berthe Morisot und Auguste Rodins *Anrufung* (1886) im Skulpturengarten.

Eine Auswahl der größten Fotosammlung im Südosten der USA aus der Jahrhundertwende rundet das Bild ab.

Florida International Museum

100 2nd Street N. *(813) 821-1448.* *tägl.* *25. Dez.*

Zwei Blocks vom Pier landeinwärts ist dieses Museum im ehemaligen Maas Brothers Department Store aus den 50er Jahren untergebracht. Die Fassade läßt nicht erkennen, daß sich dahinter hervorragende Ausstellungsräume befinden. Es gibt im Museum keine ständige Sammlung, doch jährlich mehrere große Ausstellungen mit Exponaten von Weltrang. Das Museum wurde 1995 mit den »Zarenschätzen« aus dem Kreml eröffnet. Am besten vorher erkundigen, was auf dem Programm steht.

Great Explorations

1120 4th Street S. *(813) 821-8885.* *tägl.* *Thanksgiving, 25. Dez, 1. Jan.*

Geschichte, Wissenschaft und Gesundheit sind die Themen der sechs Bereiche dieses »Museums zum Anfassen«: für Kinder gedacht, doch auch für Erwachsene faszinierend.

Zu den Highlights des Museums zählen beispielsweise der »Body Shop«, in dem Besucher ihre Kraft und Flexibilität an einer Kletterwand oder im »Think Tank« mit Knobeleien und Denkspielen testen können. Im »Touch Tunnel« werden Ihre Reaktionen in einem 27 Meter langen, stockdunklen Labyrinth auf die Probe gestellt.

Sunken Gardens

1825 4th Street N. *(813) 896-3187.* *tägl.*

Tausende tropischer Pflanzen und Blumen wuchern in dem Garten, der drei Meter unter der vorbeiführenden Straße liegt. Hier befand sich eine wassergefüllte Doline *(siehe S. 20)* – heute hält man den Boden mit Rohren trocken.

Schlendern Sie vorbei an Bougainvilleen und Hibiskus, und besuchen Sie den Orchideengarten. Es gibt auch Vogel- und Alligatorenshows und ein großes Vogelhaus voller Papageien und Aras.

Üppige tropische Gewächse in den Sunken Gardens

Die Sunshine Skyway Bridge überspannt die Mündung der Tampa Bay

INFOBOX

Straßenkarte D3. Pinellas Co. *265 000.* *St Petersburg/Clearwater Itnl. Airport, 10 Meilen (16 km) nördl. von Downtown.* *180 9th St North, (813) 898-1496; auch Amtrak Thruway Bus nach Pinellas Square Mall, Pinellas Park, (800) 872-7245.* *100 2nd Ave N, (813) 821-4715.* *Festival of the States (März/April).*

UMGEBUNG: Der **Fort De Soto Park** südlich von St Petersburg in der Boca Ciega Bay besteht aus fünf Inseln. Der Park bietet schöne Ausblicke auf die Sunshine Skyway Bridge und herrliche Strände, besonders an der Süd- und Westküste. Die üppige Insel ist voller Vögel und besonders bei Campern beliebt.

Für Geschichts-Fans empfiehlt sich die Hauptinsel Mullet Key, wo massive Geschützstellungen hinter hohen Betonmauern an das Fort de Soto erinnern. Das Fort wurde im Spanisch-Amerikanischen Krieg *(siehe S. 47)* begonnen, jedoch nie fertiggestellt.

Fort De Soto Park

Pinellas Bayway, ab Route 682, 9 Meilen (14 km) südl. von St Petersburg. *(813) 866-2484.* *tägl.*

Salvador Dalí Museum

Auch wenn es ein weiter Weg bis in Salvador Dalís (1904–89) Heimat Spanien sein mag, besitzt dieses Museum in Florida doch die umfassendste Sammlung von Dalí-Werken aus den Jahren 1914–70. Es wurde 1982 eröffnet, 40 Jahre nach der ersten Begegnung des jungen Dalí mit Reynolds Morse, einem Geschäftsmann aus Ohio, der daraufhin Dalís Kunst zu sammeln begann. Das Museum besitzt 95 Originalölbilder, über 100 Malereien und Zeichnungen sowie 1300 Grafiken, Skulpturen und andere Objekte. Die Exponate umfassen ein breites Spektrum: von frühen figurativen Malereien über die ersten surrealistischen Experimente bis hin zu den großen Kompositionen in der Masterworks Gallery.

Masterworks Gallery
Das Herz des Museums ist der Raum mit sechs von Dalís 18 großen Kompositionen, wie zum Beispiel dem Halluzinogenen Torero *aus den Jahren 69/70.*

Lebendes Stilleben
Das Bild aus dem Jahr 1956 zählt zu Dalís Experimenten mit mathematischen Rastern und DNA-Spiralen als Kompositionsgrundlage.

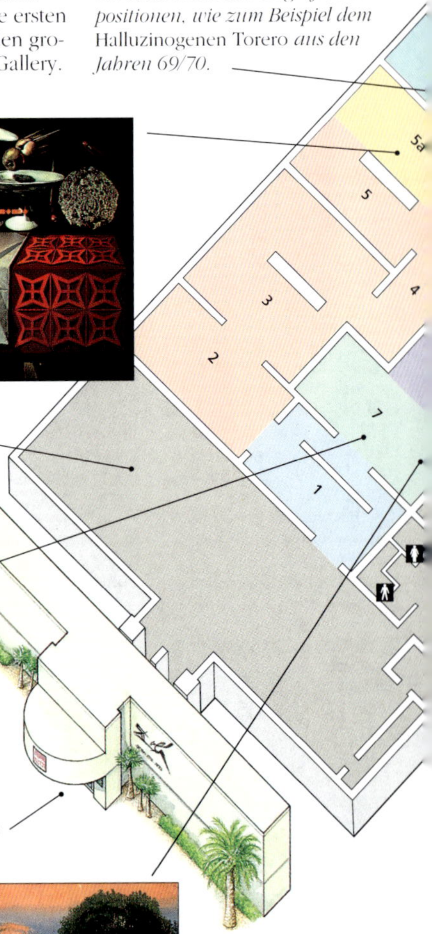

★ Das Kranke Kind
Als Dalí 1914 dieses Bild malte, war er erst zehn Jahre alt. Dieses frühe Beispiel seines Genies ist das älteste Bild im Museum.

Nicht versäumen

- **★ Das Kranke Kind**
- **★ Die Entdeckung Amerikas**
- **★ Spinne am Abend … Hoffnung**

Cadaques
In diesem Bild von 1917 mit dem Schatten vom Berg Pani über Dalís Elternhaus und anderen Häusern in der Bucht spürt man den Einfluß des Impressionismus.

Don Quixote und Sancho Pansa
Eine der über 1000 Zeichnungen und Illustrationen aus Dalís klassischer Periode. Exponate des Museums werden immer wieder verliehen.

INFOBOX

1000 3rd St S, St Petersburg. *(813) 823-3767. 4, 32, oder Touristenbus von The Pier. Mo–Sa, 9.30–17.30 Uhr; Do bis 20 Uhr; So 12–17.30 Uhr Thanksgiving, 25. Dez.*

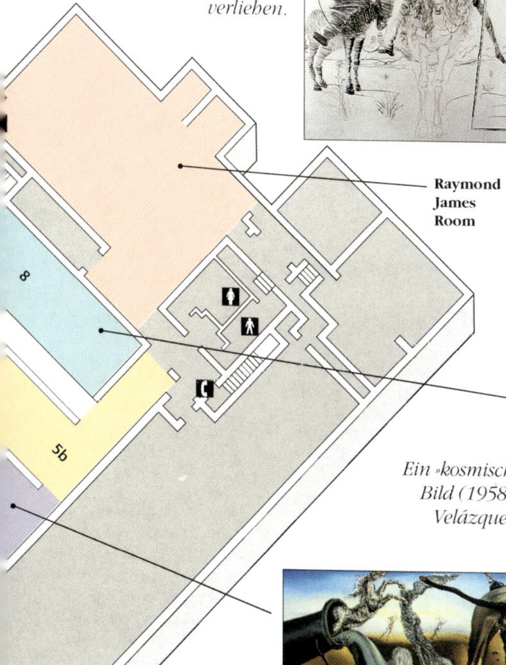

★ Die Entdeckung Amerikas
Ein »kosmischer Traum« inspirierte Dalí zu diesem Bild (1958–59), eine Hommage an den Spanier Velázquez und eine Vision der Mondlandung.

★ Spinne am Abend … Hoffnung
Mit diesem bizarren Werk (1940) wurde der Grundstein der Sammlung gelegt. Es zeigt eine Spinne, die über das verzerrte Gesicht eines Geigers kriecht.

LEGENDE ZUM GRUNDRISS

- Einführung
- Frühe Werke (1914–28)
- Surrealismus (1929–40)
- Klassische Periode (1943–89)
- Meisterwerke (1948–70)
- Wechselausstellungen
- Keine Ausstellungsfläche

KURZFÜHRER
Die Sammlung ist chronologisch in fünf Galerien mit einem Einführungsraum unterteilt. Wanderausstellungen mit weiteren Werken Dalís befinden sich meist im Raymond James Room.

DALÍS REISE NACH ST PETERSBURG

Reynolds Morse und seine Verlobte Eleanor waren seit ihrer ersten Begegnung mit Dalís Kunst von ihm fasziniert. Zwei Jahre später kauften sie ihr erstes Bild *(Spinne am Abend … Hoffnung)* und lernten bald auch Dalí und Gala kennen, mit denen sie eine lebenslange Freundschaft verbinden sollte. Während der nächsten 40 Jahre häufte Morse die größte Dalí-Privatsammlung der Welt an. Nach langer Suche wählte Morse diesen Platz für das Dalí-Museum aus, weil er ihn an Dalís Heimat Cadaques erinnerte. Die Sammlung wurde von Morse für etwa fünf Millionen Dollar gekauft und ist heute über 350 Millionen Dollar wert.

Tampa ❾

Vase, Museum of Art

TAMPA WÄCHST so schnell wie nur wenige Städte Floridas. Alte Häuser mußten Hochhäusern Platz machen, doch stößt man noch auf Spuren der bewegten Geschichte – besonders im ehemaligen kubanischen Zigarrenzentrum Ybor City *(siehe S. 246f)* und in einigen Gebäuden im Zentrum. Die Spanier landeten hier 1539, doch blieb Tampa eine Kleinstadt, bis Henry Plant *(siehe S. 46f)* im 19. Jahrhundert die Eisenbahn bis hierher verlängerte. Hauptattraktion sind die Busch Gardens *(siehe S. 250f)*, doch das edle Aquarium im neuen Garrison Seaport Center zieht mehr und mehr Besucher an.

Blick auf Tampa mit der Universität im Vordergrund

Überblick: Stadtzentrum

Tampas kompaktes Zentrum kann man leicht zu Fuß erforschen. Wichtigste Straße ist die teilweise verkehrsberuhigte Franklin Street, an der Sie das historische Tampa Theatre und verschiedene Kunstobjekte sehen, auf die Tampa zu Recht stolz ist.

Die Stadt an der Mündung des Hillborough River kann man auch vom Wasser aus betrachten: vom alten Raddampfer *Starlite Princess (siehe S. 339)* oder von der Tampa Town Ferry, die regelmäßig in der Nähe des Aquariums ablegt und Sie für zehn Dollar nach einer Stunde wieder absetzt. Wassertaxis fahren ähnliche Routen: vorbei an den wichtigsten Sehenswürdigkeiten wie dem alten Tampa Bay Hotel oder dem Museum of Art.

Für weitere Aussichten gibt es den »Peoplemover«, der Sie gratis vom Hyatt Regency Hotel an der Franklin Street über das Wasser nach Harbour Island bringt.

Henry B Plant Museum

401 W Kennedy Blvd. *(813) 254-1891.* *Di–So.* *Thanksgiving, 25. Dez, 1. Jan.*

Das luxuriöse Tampa Bay Hotel mit dem Henry B Plant Museum ist die berühmteste Sehenswürdigkeit der Stadt, dessen maurische Türme von überall zu sehen sind.

Henry Plant gab das Gebäude 1891 als Hotel für reiche Passagiere seiner neuen Eisenbahn in Auftrag. Allein der Bau verschlang drei Millionen Dollar, und 500 000 Dollar wurden für die Einrichtung ausgegeben. Das Hotel erwies sich als weniger erfolgreich als gehofft und war nach Plants Tod 1899 dem Verfall preisgegeben. Die Stadt erwarb das Gebäude 1905, ab 1933 gehörte es zur Universität. Südflügel und Erdgeschoß wurden original belassen und sind heute Museum.

Die Einrichtung und Exponate des Museums stammen zu 90 Prozent noch aus dem Hotel. Inmitten von Wedgwood-Porzellan, venezianischen Spiegeln und französischen Möbeln fühlt man sich in die gute alte Zeit versetzt. Wer nur um das Gebäude herumspazieren möchte, um dessen Größe zu ermessen, kann dies gerne tun: Es steht heute auf dem Universitätsgelände.

Tampa Museum of Art

600 N Ashley Drive. *(813) 274-8130.* *tägl.* *Ostern, Thanksgiving, 25. Dez, 1. Jan.*

Das Museum genießt einen guten Ruf wegen der Vielfalt seiner Exponate: Zu sehen ist klassisch-griechische, römische und etruskische bis hin zu amerikanischer Kunst des 20. Jahrhunderts. Die Sammlung ist sehr umfassend, so daß immer nur Teile ausgestellt werden. Aus der Antike gibt es herrliche Keramiken. Der Skulpturengarten im Freien wurde erst kürzlich angelegt, und es gibt eine Galerie mit Werken lokaler Künstler.

Jeden zweiten Sonntag im Monat veranstaltet das Museum gratis Rundgänge zu den Skulpturen und Kunstwerken der Stadt.

Glanz vergangener Zeiten: das Henry B Plant Museum

Ellis Wilsons *Blumenverkäufer* im Museum of African-American Art

Museum of African-American Art

1305 N Florida Ave. *(813) 272-2466.* *Di–Sa.* *Feiertage.*

Dieses kleine Museum besitzt eine der bedeutendsten Sammlungen afrikanisch-amerikanischer Kunst der USA und deckt einen Zeitraum von 1800 bis heute ab. Die Exponate umfassen verschiedene Techniken, es gibt Malereien, Skulpturen und Zeichnungen. Zu den Highlights zählen *Negro Boy* (1941, Öl auf Pappe) von Hale Woodruff, *Blumenverkäufer* (1945, Öl auf Leinwand) von Ellis Wilson, und *Krieg* (1955), eine Lithographie von Romare Bearden.

Zu besichtigen ist auch traditionelle afrikanische Kunst, zum Großteil westafrikanische Plastiken.

Tampa Theatre

711 Franklin St. *(813) 274-8981.* *tägl.* *25. Dez.* *vorher anrufen.*

Zu seiner Zeit war das Tampa Theatre das modernste Kino der USA. Es wurde 1926 vom Architekten John Eberson in einer Mischung lokaler Elemente mit Anklängen an die Mittelmeerländer entworfen. Das Resultat bezeichnete der Historiker Ben Hall als »andalusisches Bonbon«.

Um die Illusion von freiem Raum zu erzielen, stattete Eberson die Decke mit einem Sternenhimmel aus Lämpchen aus. Von Nebelmaschinen wurden künstliche Wolken produziert, und Lichteffekte sollten die aufgehende Sonne simulieren. Außerdem gibt es viele griechische und römische Skulpturen.

Der einfachste Weg, das schön restaurierte Kino zu besichtigen, ist der Besuch einer Vorstellung *(siehe S. 339)*. Hier finden zum Beispiel regelmäßig Filmfestivals statt.

Führungen mit einem 20minütigen Film über das Kino und einem kleinen Konzert auf der alten Kino-Orgel mit ihren 1000 Pfeifen gibt es nur zweimal pro Monat.

> **INFOBOX**
>
> **Straßenkarte** D3. Hillsborough Co. *289 000.* *5 Meilen (8 km) nordw.* *601 Nebraska Ave, (800) 872-7245.* *610 Polk St, (800) 231-2222.* *Channelside Drive, (813) 272-0555.* *HARTline Busse, (813) 254-4278.* *Tampa Town Ferry und Wassertaxi, (813) 223-1522.* *400 N Tampa St, (813) 223-2752.* *Gasparilla Festival (Anfang Feb).*

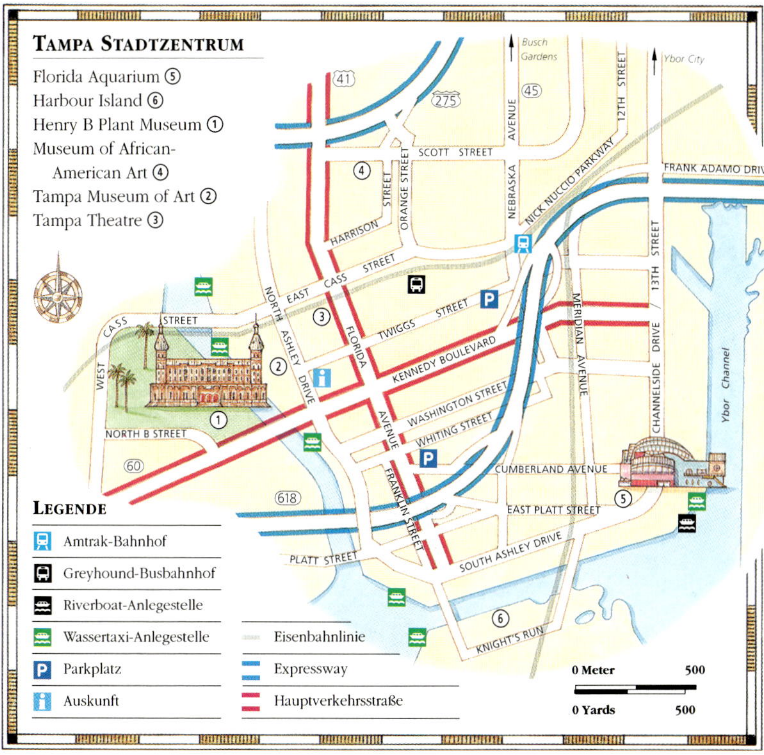

Im Detail: Ybor City

Der Kubaner Don Vicente Martinez Ybor verlegte 1886 seine Zigarrenfabrik von Key West nach Tampa, wohin ihm schließlich etwa 20 000 Arbeiter – meist Kubaner und Spanier – folgten. Man spürt hier noch das Erbe des Zigarrenbooms der Jahrhundertwende. Die spanisch angehauchte Hauptstraße, die 7th Avenue, hat sich seit damals nur wenig verändert. Das Leben geht heute jedoch einen anderen Gang: An der Stelle der alten Zigarrenfabriken und Arbeiterhütten befinden sich heute Läden, Restaurants und Klubs. Tagsüber ist es hier ruhig, doch nachts erwacht Ybor City zum Leben.

★ Ybor Square
Die drei riesigen Ziegelgebäude von Ybors Zigarrenfabrik – einst die größte der Welt – sind heute ein Einkaufszentrum, wo Sie originelle Antiquitäten, Kunsthandwerk und Geschenke kaufen können.

Café Creole and Oyster Bar
Hier kann man sehr gut essen. Besonders gut schmeckt es im Freien im Innenhof. An Wochenenden wird Jazz gespielt.

The Pleasuredome: eine Tapas-Bar und drei Tanzsäle, in denen von Jazz bis Diskomusik alles gespielt wird.

Masquerade at the Ritz, einer der besten Nachtklubs in einem herrlichen alten Kino (1917).

José Martí Park
Die Statue erinnert an José Martí, der Ybor City mehrmals besuchte, um Leute für Kubas Freiheitskampf (siehe S. 47) *zu mobilisieren.*

Nicht versäumen

★ **Ybor Square**

★ **Haus eines Zigarrenarbeiters**

0 Meter 100

0 Yards 100

Legende

– – – Routenempfehlung

★ Haus eines Zigarrenarbeiters
»La Casita« beim Ybor City State Museum, eingerichtet wie die Häuser der Arbeiter der Zigarrenfabriken, ist ein Beispiel für »Shotgun«-Häuser (siehe S. 287), *die um 1900 für Immigranten gebaut wurden.*

INFOBOX

3 Meilen (5 km) östl. Downtown. *Tampa-Ybor-Bus von Grand Central und Plant Ave.* *1800 E 9th Avenue, (813) 248-3712.* **Ybor Square** *(813) 247-4497.* *tägl. (So nur nachm.).* **Ybor City State Museum** *(813) 247-6323.* *Di–Sa.*

Das Ybor City State Museum in einer ehemaligen Bäckerei verfolgt die Geschichte der Stadt und organisiert Spaziergänge durch das Viertel. Mit einem kleinen Ziergarten.

Little Sicily: italienische Spezialitäten für einen Snack zwischendurch.

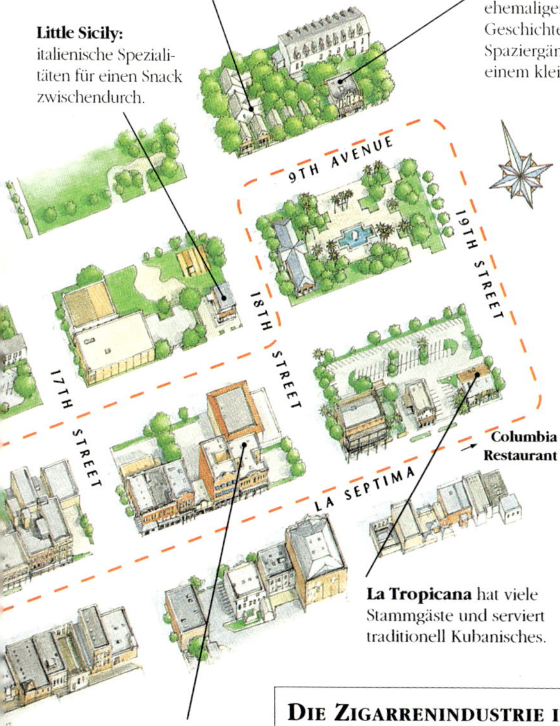

Columbia Restaurant
Das älteste Restaurant Floridas nimmt einen ganzen Block in der 7th Avenue ein. Mit spanischer Küche und Flamenco bei Touristen sehr beliebt (siehe S. 327).

La Tropicana hat viele Stammgäste und serviert traditionell Kubanisches.

El Sol Cigars
Ybors ältester Laden (1929) und noch immer ein guter Tip, auch wenn die Zigarren nicht mehr handgerollt werden.

DIE ZIGARRENINDUSTRIE IN TAMPA

Mit einem Hafen, den regelmäßig Schiffe mit Tabak aus Kuba anliefen, war Tampa ein idealer Standort. Nachdem Ybor seine Fabrik hierher verlegt hatte, taten es ihm andere gleich. Um 1900 wurden in Ybor City über 111 Millionen Zigarren produziert. Jedes Stück war handgerollt. Den Arbeitern wurde dabei zur Unterhaltung oft vorgelesen. Diese Zeiten sind seit der Mechanisierung und der steigenden Beliebtheit der Zigaretten vorbei. Zwar werden noch immer Zigarren produziert (meist mit Tabak aus Honduras), doch wenige stellen wie die Tampa Rico Company am Ybor Square handgerollte Zigarren her.

Arbeiter in der Ybor City Zigarrenfabrik, 1929

Zwischen Riffen und exotischen Fischen: Taucher im Florida Aquarium

Florida Aquarium

701 Channelside Drive. *(813) 273-4000.* *tägl.* *Thanksgiving, 25. Dez.*

Keine Kosten scheute man bei diesem gigantischen 84-Millionen-Dollar-Aquarium, das 1995 eröffnet wurde. Direkt am Wasser gelegen, ist es mit seiner blauen, muschelförmigen Kuppel nicht zu übersehen. In dieser hochmodernen Interpretation eines Aquariums können Sie außer Fischen aller Art auch aus nächster Nähe Alligatorenbabys, Vögel, Otter und viele andere Tiere in artgerechter Haltung bestaunen.

Das Konzept des Florida Aquarium besteht darin, den Besucher sämtliche Stationen auf dem Weg eines Wassertropfens von der unterirdischen Quelle bis zu seinem Ziel im Meer nachvollziehen zu lassen.

Die Lebensräume dieser Stationen werden in Galerien vorgestellt. Die Florida Coral Reefs Gallery beispielsweise entführt den Besucher unter Wasser in ein Korallenriff mit farbenprächtigen tropischen Fischen. Es gibt auch Tonbänder mit Kommentaren von Experten auszuleihen, und in »hands-on-labs« können Sie sich mit speziellen Projekten und Aufgaben »befassen«, bei denen Ihnen Biologen und Botaniker gerne helfen.

Hyde Park

Hyde Park auf der anderen Seite des Flusses, südwestlich vom Zentrum am Bayshore Boulevard gelegen, ist geschichtlich sehr interessant. Das Viertel aus dem 19. Jahrhundert ist eine faszinierende Mixtur von Stilen, vom Kolonialstil bis zur Neogotik. Die ruhigen Wohnstraßen erforscht man am besten mit dem Auto. Im Old Hyde Park Village mit exklusiven Läden und Restaurants in der Nähe der Snow Avenue werden Sie wahrscheinlich gerne aussteigen. Manchmal spielen hier auch Straßenmusikanten.

Open-air-Konzert im Old Hyde Park Village

Museum of Science and Industry

4801 E Fowler Ave. *(813) 987-6100.* *tägl.*

Dieses exzellente Museum (allgemein als MOSI bezeichnet) prägt mit seiner charakteristischen Form die Skyline Tampas. In der Jugendstilkuppel ist ein IMAX-Kino untergebracht.

Im Museum gibt es jede Menge interaktive Spielereien. In Amazing You können Sie erforschen, wie der menschliche Körper funktioniert, im Hurrikan-Raum einen Sturm entstehen lassen. Das Challenger Learning Center wurde im Gedenken an die Crew dieses Raumschiffs *(siehe S. 185)* eingerichtet, mit nachgebauter Raumstation und einem Kontrollraum. In der Focus Gallery sind Wanderausstellungen zu sehen.

Im Saunders Planetarium des MOSI finden regelmäßig Vorführungen statt. An allen Freitag- und Samstagabenden werden, sofern es das Wetter zuläßt, auf dem Parkplatz Teleskope aufgestellt, mit denen die Besucher den nächtlichen Sternenhimmel beobachten können.

Lowry Park Zoo

7530 N Blvd. *(813) 932-0245.* *tägl.* *Thanksgiving, 25. Dez.*

Der zehn Kilometer nördlich des Stadtzentrums gelegene Zoo zählt zu den besten der USA. Besonders interessant ist das Manatee-Center, das ständig bis zu 20 Seekühe betreut und einen Pool für kranke Tiere hat. Mehr über die gefährdeten Seekühe erfahren Sie, wenn Sie an einem speziellen Programm teilnehmen, bei dem Sie den Zoo nach Zooschluß erforschen können und die Nacht bei den Seekühen verbringen.

Ebenfalls sehenswert: das Florida Wildlife Center mit für Florida typischen Tieren wie Alligatoren oder dem Florida Panther. Des weiteren: Affen in der Primate World, Sumatra Tiger und das seltene Indische Nashorn in der Asian Domain,

Blickfang: die Kuppel des Museum of Science and Industry

Die Legende von Gaspar

Der legendäre Pirat José Gaspar überfiel im 19. Jahrhundert Schiffe und Orte zwischen Tampa und Fort Myers. Seinen Stützpunkt hatte er auf den Inseln der Lee Island Coast *(siehe S. 264f)*, deren heutige Namen wie Gasparilla oder Captiva noch an ihn erinnern. Auf Captiva soll er die Frauen gefangengehalten haben, die er entführt hatte. Angeblich wurde er schließlich von einem amerikanischen Kriegsschiff in die Enge getrieben, worauf er sich lieber mit Ankerketten ertränkte, statt sich gefangennehmen zu lassen.

Tampa fiel Gaspar mehrere Male zum Opfer und begeht nun jeden Februar ein Gasparilla Festival *(siehe S. 35)*. Höhepunkt des Festes ist der Piratenüberfall vom einzigen fahrtüchtigen Piratenschiff der Welt mit Hunderten von »Bösewichtern«.

Tampa: »Piraten« beim einem Gasparilla-Festival in den 50er Jahren

Sumatra Tiger in der Asian Domain im Lowry Park Zoo

freifliegende Vögel im Aviarium. Es gibt auch ein Kindermuseum, einen Vergnügungspark und einen netten Picknickplatz.

Busch Gardens ❿

Siehe S. 250 f.

Hillsborough River ⓫

Straßenkarte D3. Hillsborough Co. *Tampa.* *Tampa.*

Der Hillsborough River fließt durch das Gebiet im Nordosten nach Tampa und stellt eine willkommene Abwechslung zur Hektik der Stadt dar. Beide Ufer sind mit dichten Wäldern mit Immergrünen Eichen, Magnolien und Mangroven bewachsen, von denen einst große Gebiete Floridas bedeckt waren.

Am unmittelbarsten erleben Sie den Hillsborough River auf einer Kanutour. **Canoe Escape** organisiert Touren auf einem Abschnitt, der etwa 15 Autominuten von Tampa entfernt liegt. Trotz dieser Nähe zur Stadt ist das Gebiet überraschend unberührt, und mit Glück sehen Sie eines der zahlreichen hier lebenden Wildtiere wie Reiher, Alligatoren, Schildkröten oder Otter. Die Tour ist für Anfänger besonders gut geeignet. Sie können zwischen drei Routen wählen, die etwa acht Kilometer lang sind und für die Sie zwei Stunden paddeln müssen. Dabei haben Sie genügend Zeit, die Natur zu genießen. Es werden auch Tagestouren angeboten.

Ein Abschnitt des Flusses ist Naturschutzgebiet – auch den **Hillsborough River State Park** erforschen Sie am besten mit den Kanu. Es gibt auch Wanderwege, und Sie können fischen oder schwimmen. Auf dem Gebiet befindet sich auch ein beliebter, ganzjährig geöffneter Campingplatz, zudem gibt es zahlreiche Picknickplätze.

Der 1936 eröffnete Hillsborough River State Park zählt zu den ältesten Floridas, unter anderem wegen der historischen Bedeutung von Fort Foster, das während des Zweiten Seminolen-Kriegs *(siehe S. 44)* errichtet wurde, um eine Brücke am Zusammenfluß des Hillsborough River und des Blackwater Creek zu sichern. Fort und Brücke wurden rekonstruiert, und jeden März wird eine Schlacht nachgestellt. An Wochenenden und Feiertagen fahren Busse vom Parkeingang dorthin.

Canoe Escape
9335 E Fowler Ave, Thonotosassa, 12 Meilen (19 km) nordöstl. von Tampa. *(813) 986-2067.* *tägl.* *Thanksgiving, 24. u. 25. Dez.*

Hillsborough River State Park
15402 US 301, 12 Meilen (19 km) nordöstl. von Tampa. *(813) 987-6771.* *tägl.*

Gebäude des nachgebauten Fort Foster im Hillsborough River State Park

Busch Gardens ⑩

Die Mischung aus Vergnügungspark und einem der besten Zoos der USA macht die Busch Gardens zu einem einzigartigen Erlebnis. Um Afrikas Flair aus der Kolonialzeit einzufangen, werden hier über 3000 Tiere gehalten: Giraffen, Büffel und Zebras bewegen sich frei auf der Zoo-Serengeti. Elefanten, Gorillas und Königstiger leben in eigenen Reservaten. Im Timbuktu's Dolphin Theater laufen die beliebten Delphin-Shows, in der World of Birds gibt es Aras, Kakadus und Raubvögel zu sehen. Wenn auch Tiere die Hauptattraktion darstellen, haben doch auch die Achterbahnen ihre Fans. Neueste Errungenschaft der Busch Gardens sind die Akbar's Adventure Tours in einem riesigen Fahrzeug-Simulator.

Congo River Rapids
Stromschnellen, Geysire, Wasserfälle und eine dunkle Höhle erwarten Sie auf diesem Fluß.

★ Kumba
Ein echter Nervenkitzel: die größte und schnellste Achterbahn Floridas in den Busch Gardens. Hier stürzen Sie 43 Meter tief – mit mehr als 100 km/h.

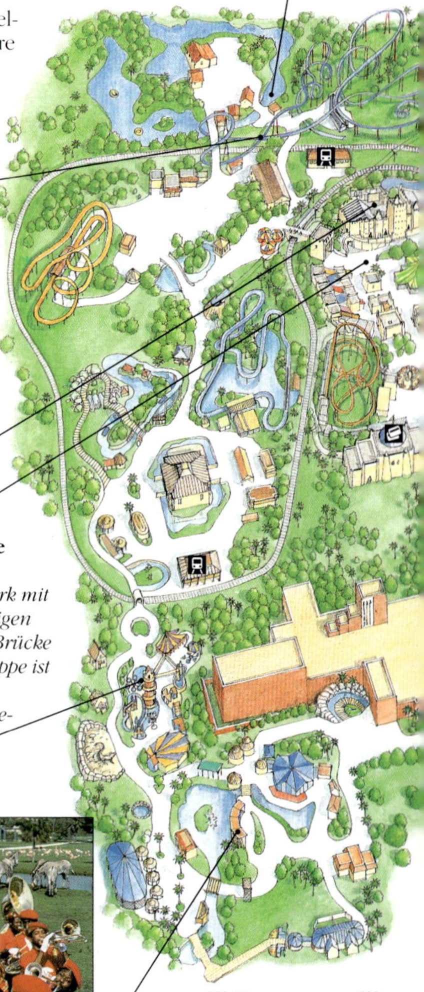

Dolphin Theater

Timbuktu

Land of the Dragons
Der Kinderpark mit einem dreistöckigen Baumhaus mit Brücke und Wendeltreppe ist auf die kleinen Besucher zugeschnitten.

World of Birds

0 Meter 100

0 Yards 100

Legende

Haltestelle

Geldautomat

Mystic Sheiks of Morocco
Die Band der Mystic Sheiks *spielt den ganzen Tag an verschiedenen Orten auf dem Gelände.*

Nicht versäumen

- **★ Kumba**
- **★ Edge of Africa**
- **★ Egypt**

★ Edge of Africa
Im südlichen Winkel der Zoo-Serengeti können Sie auf einer Safari Löwen, Nashörner, Hyänen und andere Tiere Afrikas ganz aus der Nähe betrachten.

INFOBOX

Straßenkarte 3D. Busch Boulevard, Tampa. *(813) 987 5082. Tampa. Tampa. 5, 14 u. 18 von Marion St, Downtown Tampa. tägl. 9.30–18.00 Uhr, verlängerte Öffnungszeiten im Sommer.*

Serengeti Plain

★ Egypt
Eine Attraktion neben Tutanchamuns Grab, Museum und Basar: die abenteuerlichen Akbar's Adventure Tours.

Ein Zug fährt alle wichtigen Teile des Parks an.

Eine Einschienenbahn durchquert die Serengeti.

Eingang

Besucherzentrum

Hollywood Live on Ice
Die Traumfabrik ist Thema dieses 35minütigen Eisspektakels, in dem die Geschichte des Films von den ersten Stummfilmen bis zu den heutigen Kassenschlagern von Sängern und Eisläufern in Szene gesetzt wird.

Myombe Reserve
In diesem, einem Regenwald nachempfundenen Gehege leben sechs Tieflandgorillas und sieben Schimpansen – beides bedrohte Arten.

Florida Southern College ⓬

Straßenkarte E3. Polk Co. 111 Lake Hollingsworth Drive, Lakeland. *(941) 680-4110.* *Lakeland.* *Lakeland.* *Mo–Fr.* *4. Juli, Thanksgiving, 25. Dez, 1. Jan.*
Besucherzentrum *Di–Sa, So (nur nachm.).*

DAS ABGELEGENE COLLEGE stellt die größte Ansammlung von Frank-Lloyd-Wright-Gebäuden dar. Erstaunlicherweise ließ sich der vielleicht bedeutendste Architekt der Moderne darauf ein, den Campus in Lakeland lediglich zu gestalten, um seine Ideen verwirklichen zu können – bezahlt würde er, sofern man Geldgeber finden würde.

Licht und Raum: die Annie Pfeiffer Chapel von Wright

Mit seinem »Kind der Sonne« begann Wright, bereits bekannt als Begründer der Organischen Architektur, 1938. Um Gebäude mit ihrer natürlichen Umgebung verschmelzen zu lassen, setzte er Glas ein, um das Sonnenlicht ins Innere zu integrieren. Von den 18 geplanten Gebäuden waren bei seinem Tod 1959 erst sieben fertig. Fünf weitere folgten später.

An der Annie Pfeiffer Chapel wird Wrights Konzept besonders deutlich. Buntes Glas unterbricht die Monotonie der Mauern, anstelle des traditionellen Turms steht ein spektakulärer Aufsatz. Wright nannte das Gebäude »Schmuckschatulle«.

Der Campus wirkt hell und offen, wie Wright es geplant hatte. Die Gebäude werden durch überdachte Gänge, die zwei Kilometer langen »Esplanaden«, miteinander verbunden, deren Licht- und Schatteneffekte und unterschiedliche Höhen auch optische Übergänge schaffen.

Der Campus ist immer zugänglich, in die Gebäude kann man jedoch nur wochentags. Im Thad Buckner Building mit seinen Lichtgaden befindet sich jetzt ein Informationszentrum mit Zeichnungen und Möbeln des Architekten und Fotos vom Bau des College.

Südstaaten pur: Gamble Mansion

Gamble Plantation ⓭

Straßenkarte D3. Manatee Co. 3708 Patten Ave, Ellenton. *(941) 723-4536.* *Tampa.* *Bradenton.* *Do–Mo.* *Thanksgiving, 25. Dez, 1. Jan.* *begrenzt.*

DAS EINZIGE HAUS Südfloridas aus der Zeit vor dem Bürgerkrieg steht etwas deplaziert hinter einem Lattenzaun an der Straße nach Bradenton.

Es wurde 1845–50 von Major Robert Gamble erbaut, dem Besitzer einer der erfolgreichsten Zuckerplantagen am Manatee River, wo nach dem Zweiten Seminolen-Krieg *(siehe S. 44)* viele Plantagen entstanden. An der Stelle der Sklavenhütten befindet sich

FLORIDA SOUTHERN COLLEGE

Annie Pfeiffer Chapel ⑥
Benjamin Fine Building ②
Emile Watson Building ①
J Edgar Wall Waterdome ③
Lucius Pond Ordway Building ⑨
Polk County Science Buildings ⑧
Raulerson Building ④
Thad Buckner Building ⑤
William Danforth Chapel ⑦

LEGENDE

Esplanaden
Parkplatz
Auskunft

0 Meter 100
0 Yards 100

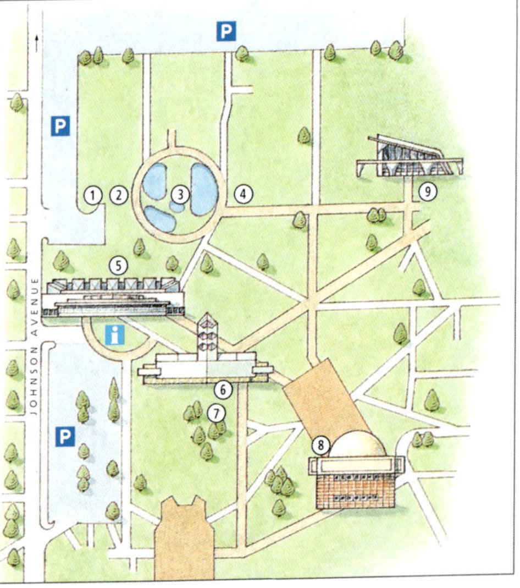

heute eine Schule. Vom über 1400 Hektar großen Grundbesitz ist nur wenig übrig, doch die Einrichtung des Hauses und der Garten mit moosbewachsenen Bäumen sind Südstaatenromantik pur.

Weniger romantisch präsentiert sich Gambles Leben im kleinen Museum im Informationszentrum. Er geriet in finanzielle Schwierigkeiten und mußte das Haus verkaufen, um seine Schulden zu begleichen. Unter den Exponaten findet sich auch das Dokument über den Verkauf der Plantage im Jahr 1856: Das Land und 191 Sklaven brachten 190 000 Dollar.

Bradenton ⓮

Straßenkarte D3. Manatee Co. 48 000. einschl. Amtrak Thruway Bus. 5030 Highway 301 N, (941) 729-7040.

Bradenton, die Hauptstadt von Manatee County, ist wegen der Nick Bollettieri Tennis Academy *(siehe S. 343)* bekannt, wo vielversprechende Tennistalente wie Andre Agassi oder Pete Sampras zu Weltstars aufgebaut wurden.

Gedenkstein für Entdecker De Soto

Bevor Sie sich zu den schönen Stränden aufmachen, gibt es noch einiges für Sie zu sehen. Der **Manatee Village Historical Park** zum Beispiel erzählt mit einer Sammlung restaurierter Häuser die Geschichte von Floridas Besiedlung vor hundert Jahren. Ob Bootshaus, Kramladen oder Haus eines der ersten Siedler – sie alle sind original eingerichtet und sehen aus wie damals.

Das **South Florida Museum** mit dem Thema »Von der Steinzeit in den Weltraum« ist unterhaltsam und lehrreich zugleich. Zu sehen sind Diaschauen mit Dinosauriern, Häuser der spanischen Siedler aus dem 16. Jahrhundert in Originalgröße oder frühe Autos. Im Bishop Planetarium gibt es Lasershows, das Parker Aquarium bietet einen Einblick in Floridas Unterwasserwelt.

So kochten die ersten Siedler: Küche im Manatee Village Historical Park

Manatee Village Historical Park

604 15th St E. *(941) 749-7165.*
Mo–Fr (Sept–Juni So nachm.).
Feiertage

South Florida Museum

201 10th St W. *(941) 746-4131.*
tägl. *Thanksgiving, 25. Dez, 1. Jan.*

Umgebung: Acht Kilometer westlich vom Zentrum Bradentons erinnert das **De Soto National Memorial** an die Landung Hernando de Sotos *(siehe S. 40f)* von 1539. Auf der Suche nach Gold stieß er mit 600 Männern in vier Jahren 6500 Kilometer in den Südosten der USA vor und entdeckte den Mississippi. De Soto und die Hälfte seiner Armee starben auf dem glücklosen Treck. Ein Denkmal erinnert an die gescheiterte Expedition. Hier beginnt auch der De Soto Trail, der einem Teil ihrer Route folgt. Im Park wurde auch De Sotos Basislager nachgebaut. In der Hochsaison versetzen kostümierte spanische Konquistadoren den Besucher in den Alltag der damaligen Zeit. Im Informationszentrum sind Waffen aus dem 16. Jahrhundert zu sehen, und ein Wanderpfad (1 km) führt durch das Dikkicht der Mangrovenwälder.

Zwei Brücken verbinden Bradenton mit **Anna Maria Island**, deren Sandstrände mit schönen Dünen größtenteils nicht erschlossen sind. Die Wellen sind aber hoch genug, um einige Surfer anzuziehen. Feriensiedlungen entstanden um die drei Hauptorte Santa Maria im Norden, Holmes Beach in der Mitte und Bradenton Beach im Süden. Der Anna Maria Pier im Norden mit einem kleinen Restaurant, einer Snackbar und einem Laden am Ende zum Meer hin wurde 1910 erbaut.

De Soto National Memorial

75th Street NW. *(941) 792-0458.*
tägl. *Thanksgiving, 25. Dez, 1. Jan.*

Unberührte Strände: Sonnenuntergang auf Anna Maria Island

Sarasota ⓯

Hibiskus in den Selby Gardens

DIE STADT gilt als Floridas kulturelles Zentrum, was unter anderem John Ringling *(siehe S. 255)* zu verdanken ist. Wie viele andere einflußreiche Persönlichkeiten um die Jahrhundertwende fühlte auch er sich von der aufstrebenden Region angezogen, in die er viel Geld investierte. Man stößt überall auf seine Spuren, besonders natürlich in seinem Haus und der Kunstsammlung, der Hauptattraktion der Stadt *(siehe S. 256ff)*. Als weiteres Plus gilt die Tatsache, daß die hübsche Stadt am Meer unter den exzentrischen Städten Floridas die gemäßigste ist. Entweder mischen Sie sich unter die wohlhabenden und konservativen Bewohner beim Shopping, oder Sie genießen das Meer. Ein guter Tip sind die vom Zentrum nicht weit entfernten Strandwallinseln mit ihren schönen Stränden.

Überblick: Sarasota

Das netteste Viertel des Stadtzentrums erstreckt sich um die Palm Avenue und die Main Street, hinter deren restaurierten Fassaden aus dem 20. Jahrhundert Antiquitätenläden, Bars und Restaurants warten. Läden und Restaurants dominieren auch den Sarasota Quay, wo Sie im Jachthafen Bootsfahrten buchen können.

Die Seeseite im Norden wird von der auffälligen Wezel Performing Arts Hall *(siehe S. 29)* beherrscht. Das 1970 eröffnete rosa-lila Gebäude ist einen Besuch wert, einerseits, um die geschwungene, muschelartige Linienführung zu bestaunen, aber auch, um ein Konzert oder eine Broadway-Show zu genießen *(siehe S. 339)*.

Museum of Cars and Music of Yesterday

5500 N Tamiami Trail. *(941) 355-6228.* *tägl.*

Dieses Museum ist ein liebenswertes Sammelsurium mit 120 Oldtimern und über 1000 Musikautomaten, Orgeln und musikalischen Spielereien. Herzstück sind die gut erhaltenen Oldtimer mit einem Packard-Cabrio (Modell 120, 1954), einem Rolls Royce Silver Wraith (1955) und einem De Lorean (1981), die von enthusiastischen Experten präsentiert werden. Die Great Music Hall mit Klavieren, Phonographen und einem Musiksessel (spielt, wenn Sie sich darauf setzen) kann nur mit Führung besichtigt werden.

Beim jungen Publikum beliebt ist die Abteilung mit alten Spielautomaten, die alle noch funktionieren.

Karussellorgel von 1890 im Museum

Sarasota Jungle Gardens: Flamingos gehören dazu

Sarasota Jungle Gardens

3701 Bayshore Rd. *(941) 355-5305.* *tägl.* *25. Dez.*

Die ehemalige Bananenplantage (4 ha) war ursprünglich als botanischer Garten konzipiert. Heute wachsen hier tropische Pflanzen, Bäume und Blumen aus aller Welt, Palmwälder, Hibiskusgärten, Farne, Rosen, Gardenien und Bougainvilleen. Besonders beliebt ist die Flamingolagune.

Im Mittelpunkt weiterer Sehenswürdigkeiten wie dem Kinderzoo und dem Schmetterlingsmuseum stehen Information und Konservierung, doch die Shows mit exotischen Vögeln wie Aras und Kakadus wollen nur Unterhaltung bieten: Hier fahren die Vögel mit Rädern und Rollschuhen.

Marie Selby Botanical Gardens

811 S Palm Ave. *(941) 366-5730.* *tägl.* *25. Dez.*

Man muß kein Hobbygärtner sein, um dem Anwesen der reichen Familie Selby etwas abzugewinnen. Marie Selby plante es in den 20er Jahren als Zuflucht vor der modernen Welt. Die Anlage erhebt sich über der Bucht von Sarasota inmitten von Lorbeer und viel Grün. Noch heute sieht man den Bambus, den Marie als Sichtschutz gegen die Wolkenkratzer pflanzte.

In den Gärten wachsen mehr als 20 000 tropische Pflanzen, sie sind besonders für ihre Orchideen und Epiphyten *(siehe S. 276)* berühmt. Einzelne Teile sind bestimmten Arten gewidmet, von tropischen Früchten und Kräutern

Das Christy Payne House in den Marie Selby Botanical Gardens

bis zu farbenprächtigen Hibiskussträuchern. Dschungelgewächse sind im Tropical Display House zu bewundern.

Außer dem Haus der Selbys, in dem heute ein Laden untergebracht ist, können Besucher auch das wesentlich schönere Christy Payne House besichtigen, das früher auf dem Nachbargrundstück stand.

St Armands Circle

Der elegante Komplex mit Läden und Restaurants auf St Armands Key ist eine Schöpfung Ringlings. Er kaufte die Insel 1917 mit dem abenteuerlichen Plan, darauf ein rundes Einkaufszentrum mit Gärten und klassischen Statuen zu bauen. Das Projekt überlebte nur bis zur Depression, wurde in den 50er Jahren jedoch aufgegriffen. Es entspricht heute Ringlings Plan: mit schattigen Straßen, ausgehend von einem Zentrum wie Speichen eines Rades.

St Armands Circle liegt günstig zwischen Downtown und Strand und zieht rund um die Uhr zahlreiche Besucher an. Die meisten Läden sind teuer, doch die Straßenkünstler bieten für jeden Geschmack das Richtige.

Mote Marine Aquarium

1600 Ken Thompson Parkway. *(941) 388-2451.* *tägl.* *25. Dez.*

Das Aquarium liegt auf City Island zwischen dem Lido und den Longboat Keys. Von dort hat man einen schönen Blick auf die Skyline von Sarasota, doch wirklich interessant wird es im Inneren. Besonders beliebt sind das Haifischbecken mit Unterwasserfenstern für eine gute Sicht und das »Streichelbecken«, wo Sie die Tiere anfassen können: von seltsamen Krabben bis zu Wellhornschnecken und Stachelrochen. Einheimische Fische und Pflanzen sind in über 30 weiteren Aquarien untergebracht, und es gibt auch eine interessante Abteilung über die Flüsse und Buchten der Umgebung.

Broschüren geben detaillierte Informationen, und das Personal erklärt Ihnen, wie das Aquarium mit seinen Labors zusammenarbeitet, die sich mit Haien und Umweltverschmutzung befassen.

Faszinierend für Kinder: Tropische Fische im Mote Marine Aquarium

Pelican Man's Bird Sanctuary

1708 Ken Thompson Parkway. *(941) 388-4444.* *tägl.* *Feiertage.*

Die Vogelstation auf City Island pflegt jährlich über 5000 verletzte Vögel in einem Vogelhospital. Die meisten Vögel werden danach wieder in die Wildnis entlassen. Kann sich ein Vogel nicht mehr selbst ernähren, behält man ihn. Diese Vögel können in ihren Gehegen besichtigt werden.

»Pelikanmann« Dale Shields hat sich sein Wissen über Vögel selbst angeeignet und freut sich, Fragen neugieriger Besucher zu beantworten.

Infobox

Straßenkarte D3. Sarasota Co. *58 000.* *2 Meilen (3 km) nördl.* *575 N Washington Blvd, (941) 955-5735; auch Amtrak Thruway Bus, (800) 872-7245.* *655 N Tamiami Trail, (941) 957-1877.* *Circus Festival (Jan).*

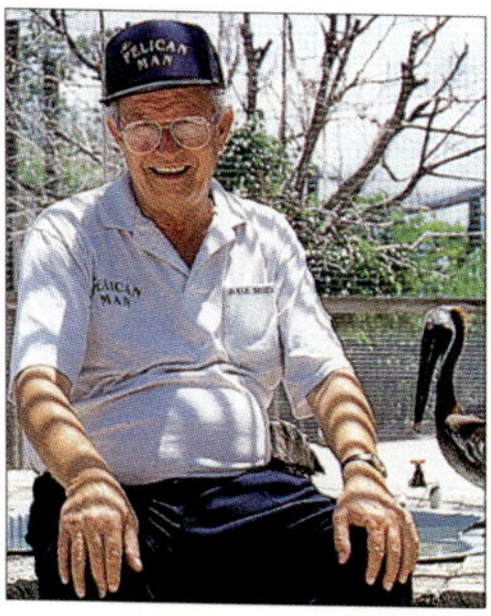

Der »Pelikanmann« Dale Shields mit seinen Vögeln

Sarasota Beaches

Die Strandwallinseln Longboat Key, Lido Key und Siesta Key sind wegen ihrer herrlichen Sandstrände auf der Golfseite äußerst beliebt *(siehe S. 239)*. Die Inseln sind stellenweise recht verbaut, mit teilweise langen Siedlungen mit Apartmenthäusern. Es gibt aber auch ruhigere Plätze. Der Strand im South Lido Park auf Lido Key ist unter der Woche wenig frequentiert und hat einen schönen Wanderweg.

Das Wohngebiet auf Siesta Key um ein Netz von Kanälen befindet sich im Norden der Insel. Der breite Strand in der Nähe ist immer voll. Ruhiger geht es am Turtle Beach zu, bei dem sich auch der einzige Campingplatz der Insel befindet. Longboat Key ist für seine Golfplätze bekannt. Auf allen Inseln gibt es ein hervorragendes Wassersportangebot.

South Lido Park Beach mit Blick auf Siesta Key

Ringling Museum of Art

Majolika-krug

JOHN RINGLING aus Ohio begann als Zirkusdirektor und brachte es mit seinen phänomenalen Erfolgen *(siehe S. 258)* zum Multimillionär. Sein Geld legte er zum Teil in europäischer Kunst an, die er auf seinen zahlreichen Europareisen sammelte. Als er in seinen Wintersitz nach Sarasota zog, ließ er für seine umfangreiche Kollektion ein Museum bauen. Er und seine Frau Mable hatten eine besondere Schwäche für Italien, und ihre herrlichen italienischen Barockgemälde stellen das Herz der Sammlung dar. Ihr Besitz mit der palastartigen Ca' d'Zan *(siehe S. 258f)* wurde nach John Ringlings Tod 1936 dem Staat übergeben.

Skulpturen
Eine der Kopien klassischer Skulpturen, die im Innenhof verstreut sind.

Westgalerien
Im Anbau aus den 60er Jahren finden Wechselausstellungen mit meist moderner Kunst – Fotografie, Malerei, Skulpturen – statt. Am Eingang zu den Galerien stehen John Chamberlains Car Parts.

Kurzführer

Die Räume reihen sich um einen Skulpturengarten, dessen Ende von den Westgalerien und dem Asolo Theater dominiert wird. Man beginnt rechts vom Eingang und folgt den chronologisch geordneten Räumen gegen den Uhrzeigersinn. Vertreten sind Werke von spätmittelalterlicher europäischer Malerei bis zur amerikanischen Kunst aus dem 18. Jahrhundert. Der Schwerpunkt liegt auf italienischen Werken des 16. und 17. Jahrhunderts. Moderne Kunst und Sonderausstellungen befinden sich in den Westgalerien.

★ Astor Rooms
Die eleganten Möbel aus dem 19. Jahrhundert stammen aus New York. Unter den Exponaten finden sich herrliche Majolika-Gefäße (frühes 16. Jh.).

Museumsplan

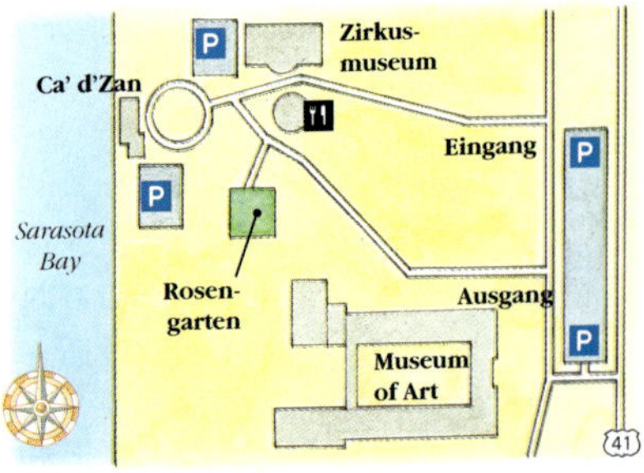

Nicht versäumen

- ★ Astor Rooms
- ★ Innenhof
- ★ Rubensgalerie

★ Innenhof

91 antike Säulen verschiedenen Stils umgeben den Innenhof. Einige von ihnen stammen aus dem 11. Jahrhundert.

Infobox

5401 Bay Shore Road, Sarasota. *(941) 359-5700. 2, ab Ecke 1st St und Lemon St, Downtown.* **Haus, Galerien und Zirkusmuseum** *tägl. 10–17.30 Uhr. Thanksgiving, 25. Dez, 1. Jan. nur 1. Stock der Ca' d'Zan.*

Das Asolo Theater (18. Jh.) wurde 1947 aus einem Schloß bei Venedig hierhergebracht.

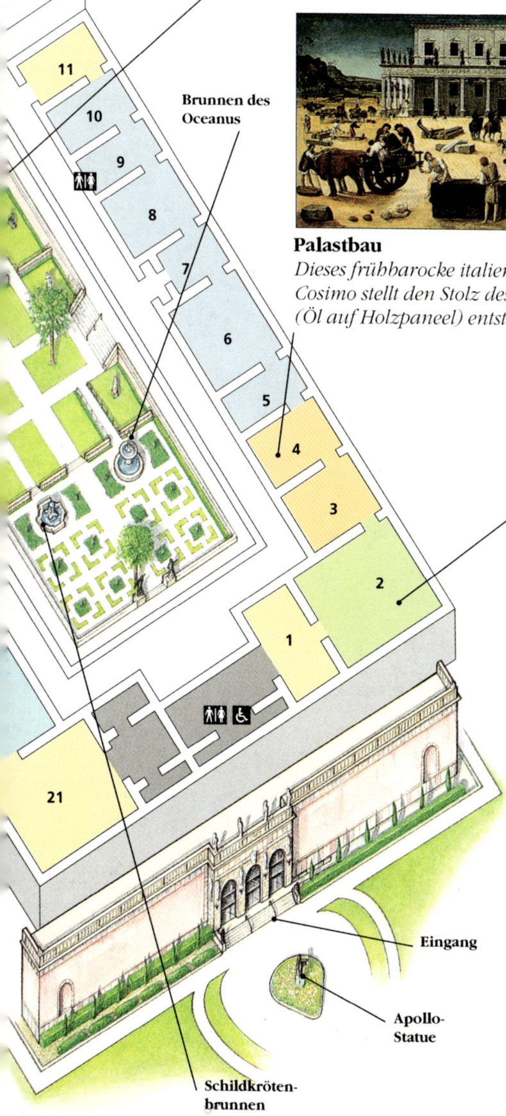

Palastbau

Dieses frühbarocke italienische Gemälde von Piero di Cosimo stellt den Stolz des Museums dar. Das Gemälde (Öl auf Holzpaneel) entstand um 1515.

★ Rubensgalerie

In der Rubensgalerie befinden sich die größten Schätze des Museums, z. B. Abraham und Melchisedek *von 1625.*

Legende zum Grundriss

- Niederlande 1600–1700
- Rubensgalerie
- Mittelalter und Renaissance
- Italien 1500–1700
- Frankreich und Spanien 1600–1700
- Europa und Amerika 1700–1800
- Astor Rooms
- Wechselausstellungen
- Keine Ausstellungsfläche

Ringling Museum: Ca' d'Zan

Die Winterresidenz der Ringlings wurde als erstes fertig und gab einen spektakulären Vorgeschmack auf das, was noch folgen sollte. An diesem Gebäude manifestierten die Ringlings ihre Liebe zu Italien, die auf ihren regelmäßigen Europareisen noch genährt wurde. Es trägt auch einen venezianischen Namen – Ca' d'Zan bedeutet »Johns Haus«. Das Anwesen über der Sarasota Bay ist einem venezianischen Palast nachempfunden, obwohl man auch Anklänge an die französische und italienische Renaissance, den Barock und jüngere Stile findet.

Die Ca' d'Zan mit ihrer Marmorterrasse und dem charakteristischen Turm wurde 1926 nach zwei Jahren Bauzeit fertiggestellt. Ballsaal, Küche, Schlaf- und Wohnräume geben einen guten Eindruck vom Leben der Superreichen dieser Zeit. Die Originalmöbel stehen größtenteils noch an ihrem Platz.

★ Terrakotta-Dekoration
Die Ca' d'Zan ist außen mit einigen der schönsten Terrakotta-Arbeiten des Landes geschmückt.

★ Ballsaal
Dominantes Element des Ballsaales ist das Deckengemälde. Der Tanz der Nationen *von Willy Pogany, einem Bühnen- und Kostümbildner aus den 30er Jahren, stellt Tanzkostüme verschiedener Nationen dar.*

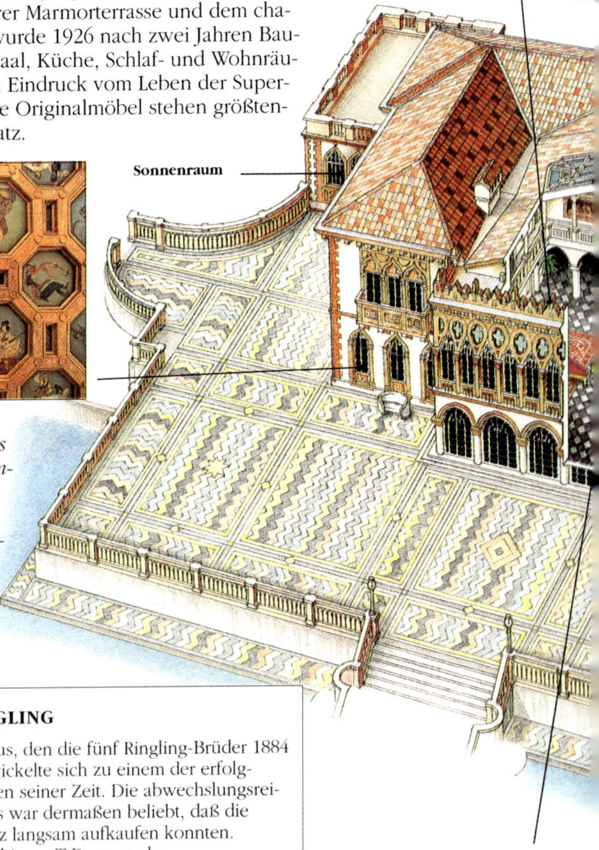

Der Innenhof mit Marmorboden und Onyxsäulen wurde als Wohnraum genutzt und ist das Herzstück des Hauses.

Der Zirkus Ringling

Der kleine Wanderzirkus, den die fünf Ringling-Brüder 1884 gegründet hatten, entwickelte sich zu einem der erfolgreichsten Zirkusimperien seiner Zeit. Die abwechslungsreiche Show der Ringlings war dermaßen beliebt, daß die Brüder ihre Konkurrenz langsam aufkaufen konnten.

1907 gewannen sie Phineas T Barnum als Partner, dessen Vorliebe für siamesische Zwillinge und exotische Tiere den Zirkus wieder zurück zu seinen Wurzeln führte.

Das 1948 eröffnete Zirkusmuseum war nicht Ringlings Idee, vermittelt aber mit seinen geschnitzten Zirkuswagen einen Einblick in die Zirkuswelt.

***Fünf Grazien*: Barnums Zirkuswagen (1878)**

Nicht versäumen

- **★ Ballsaal**
- **★ Terrakotta-Dekoration**

Bar
Ringling liebte es, Dinge von überall her zusammenzutragen. Die Theke in der Bar mit Gewölbe und Buntglasfenstern stammt beispielsweise aus Cicardi's Restaurant in St Louis (Missouri).

Brannte im Turm Licht, waren die Ringlings zu Hause.

Mable Ringlings Schlafzimmer, eine elegante Louis-XV-Suite der 20er. Die Polster nähte sie selbst.

John Ringlings Schlafzimmer
Die edle Mahagoni-Einrichtung von ca. 1880 verleiht diesem Raum ein düsteres Flair. An der Decke: Eos vertreibt die Dunkelheit *(1735, Jacob de Wit).*

Badezimmer
Ein Frisierstuhl nimmt den prominentesten Platz ein. An den Wänden Marmor aus Siena, die Wanne besteht aus einem einzigen Stein.

Frühstücksraum
Der einfach ausgestattete Raum wurde hauptsächlich von der Familie genutzt. Die Jalousien sind noch original.

Myakka River State Park: üppige Vegetation am Ufer

Myakka River State Park ⓰

Straßenkarte D3. Sarasota Co. 13207 SR 72, 9 Meilen (14 km) östl. von Sarasota. *Sarasota.* *(941) 361-6511.* *tägl.*

TROTZ DER NÄHE zu Sarasota vermittelt der Myakka River State Park einen lebendigen Eindruck davon, wie die ersten Siedler diese Region erlebten. Dichte Eichenwälder, Palmendickicht, Nadelwälder und trockene Prärie werden von Marschland, Sümpfen und Seen unterbrochen.

Das 11 300 Hektar große Gebiet erstreckt sich entlang des Myakka River und rund um den Upper Myakka Lake. In diesem Naturreservat wurden über 200 Vogelarten registriert, darunter Silber- und Blaureiher, Geier und Ibisse, aber auch einige Exemplare der seltenen Fischadler, Weißköpfigen Seeadler und wilden Truthähne. Alligatoren und Rotwild sieht man häufig, andere Bewohner des Parks wie Füchse lassen sich seltener blicken. Beobachtungsstationen stehen im gesamten Park verstreut.

Für ambitionierte Naturliebhaber stehen 63 Kilometer markierte Wanderwege und 24 Kilometer Reitwege zur Verfügung. Zwischen Dezember und Mai, der günstigsten Zeit für einen Besuch, gibt es aber auch Führungen mit einer kleinen Bahn. Geführte Bootsfahrten werden das ganze Jahr angeboten.

Venice ⓱

Straßenkarte D4. Sarasota Co. *19 000.* *257 Tamiami Trail N, (941) 488-2236.*

VENICE IST ein verschlafenes Städtchen am Meer, etwas abseits der Touristenrouten und in der Haupteinkaufsstraße, der Venice Avenue, voller Blumen und Palmen. Es gibt auch einige liebevoll restaurierte historische Gebäude, darunter zum Beispiel das Venice Little Theater aus dem Jahr 1927 an der Tampa Avenue.

Der palmengesäumte **Caspersen Beach** liegt am südlichen Ende des Harbor Drive. Hierher kommt man gerne zum Schwimmen oder Muschelsammeln, obwohl die Muschelstrände weiter südlich liegen *(siehe S. 264f)*. Das Gebiet ist berühmt für seine versteinerten Haizähne, die von der Flut angeschwemmt werden. Durch neuen Sand von entfernteren Sandbänken stehen die Chancen gut.

Caspersen Beach: Fossiliensuche

Gasparilla Island ⓲

Straßenkarte D4. Lee Co, Charlotte Co. *Venice.* *5800 Gasparilla Rd, Boca Grande, (941) 964-0568.*

GASPARILLA ISLAND entdeckten zuerst die Fischer für sich, später flohen die Reichen vor dem Winter im Norden auf die zwischen Sarasota und Fort Myers gelegene Insel.

Das Leben spielt sich um den Ort Boca Grande ab, der durch einen Damm mit dem Festland verbunden ist. Der restaurierte ehemalige Bahnhof, das San Marco Theater und das großartige Gasparilla Inn erinnern an vergangene Zeiten. Viele Holzgebäude blieben erhalten und verleihen dem Ort durch ihre bunten Farben ein tropisches Gepräge. Die Fischerei hat große Bedeutung – Boca Grande gilt als Tarpon-Zentrum. In zahlreichen Häfen werden Bootsfahrten angeboten, einige zu den Strandwallinseln in der Nähe *(siehe S. 264f)*. Man kann die Insel auch auf dem Radweg erkunden, der ent-

Leuchtfeuer auf Gasparilla Island

lang der alten Eisenbahnlinie über die gesamte Länge der Insel verläuft.

In der **Gasparilla Island State Recreation Area** an der Südspitze der Insel erwarten Sie ruhige Strände. Ein alter Leuchtturm aus dem 19. Jahrhundert steht auf dem Boca Grande Pass, doch seine Aufgabe hat das modernere Range Light übernommen.

Gasparilla Island SRA
880 Belcher Road. *(941) 964-5583.*
tägl.

Farbenfroh: Schlossberg-Camp Building in Arcadia

Arcadia ⑲

Straßenkarte E3. De Soto Co.
6 500. *16 S Volusia Ave, (941) 494-4033.*

Ein Spaziergang durch die alte Cowboy-Stadt ist ein Vergnügen. Die Cowboys von heute bewegen sich zwar üblicherweise mit mehreren Pferdestärken vorwärts, doch Pferde sind noch immer Teil des Lebens hier. Im März und Juli erreicht das Cowboyfieber einen Höhepunkt, wenn Teilnehmer und Fans aus ganz Amerika sich zum All-Florida Championship Rodeo einfinden, dem ältesten Floridas.

Die üppige und manchmal bunte Architektur Arcadias spiegelt den Reichtum und Optimismus der 20er Jahre wider. Bestes Beispiel dafür ist das Koch Arcade Building an der West Oak Street und das Schlossberg-Camp-Gebäude an der West Magnolia Street. Viele der älteren Häuser wurden bei einem Brand 1905 zerstört. Das J J Heard Opera House an der Oak Street wurde im Jahr darauf erbaut. Gebäude aus dem späten 19. Jahrhundert sind nur wenige erhalten. Wer sie besichtigen möchte, wendet sich an die Handelskammer.

Babcock Wilderness Adventures ⑳

Straßenkarte E4. Charlotte Co. SR 31, 6 Meilen (10 km) südl. von Babcock.
(800) 500-5583. *Punta Gorda.*
tägl. *25. Dez.*
obligatorisch.

Die riesige Ranch gehörte ursprünglich dem Holzbaron E V Babcock, der die Zypressenwälder in den 30er Jahren brutal abholzen ließ. Sie wird noch immer von den unermeßlich reichen Babcocks bewirtschaftet. Ein Teil des 36 420 Hektar großen Gebiets wird als Naturpark genutzt.

Geländegängig: Bus im Naturpark Babcock Wilderness Adventures

Eine Führung mit dem geschulten Personal dauert 90 Minuten, wobei die Besucher mit Bussen durch tiefe Wälder und Sümpfe kutschiert werden und Gelegenheit haben, Tiere aus der Nähe zu beobachten. Panther, die hier erfolgreich gezüchtet wurden, blinzeln aus ihrem Gehege, Alligatoren tauchen nicht weit entfernt auf. Die Bisonherde der Ranch sowie Pferde und Kühe sind zu sehen. Diese Touren sind sehr beliebt und müssen im voraus gebucht werden.

Rodeos in Florida

Ein Großteil des Landesinneren Floridas sind Viehweiden, besonders um Arcadia, Kissimmee *(siehe S. 177)* und Davie *(siehe S. 133)*, wo Rodeos zum Alltag gehören. Geschwindigkeit, Kraft und Mut sind dabei alles. Wenn Kälber mit Lassos eingefangen oder Bullen zu Boden gerungen werden müssen, siegt der Schnellste – die Zeiten liegen meist unter zehn Sekunden. Beim Rodeo muß sich der Cowboy mindestens acht Sekunden auf dem Rücken seines Tieres oder im Sattel halten können, doch hier werden auch Geschick und Technik bewertet. Während der Wettkämpfe informiert ein Kommentator über die Cowboys und die Titel, die sie erworben haben.

Geschwindigkeit ist alles beim Rodeo in Arcadia

Fort Myers ㉑

DER WEG nach Fort Myers über den Calloosahatchee River gibt bereits einen Vorgeschmack auf die schöne Stadt mit dem Flair vergangener Zeiten. Der palmengesäumte McGregor Boulevard folgt der Biegung des Flusses. Die ersten Königspalmen wurden um 1880 vom Erfinder Thomas Edison gepflanzt, durch den sich das kleine Fischerdorf zur Stadt mausern konnte.

Abgesehen von Edisons Haus und anderen Sehenswürdigkeiten ist das Viertel um die First Street mit seinen vielen Läden und Restaurants sehr sehenswert. Ein Busservice verbindet die wichtigsten Sehenswürdigkeiten des Zentrums. Wer von der Stadt genug hat, kann sich an den nahen Stränden ausruhen.

Originalgeräte aus Thomas Edisons Labor

Edison Winter Home

2350 McGregor Blvd. *(941) 334-3614.* *tägl.* *Thanksgiving, 25. Dez.*

Das Heim des berühmtesten Erfinders Amerikas an der Seeseite von Fort Myers ist die beliebteste Sehenswürdigkeit der Stadt. Thomas Edison (1847–1931) baute es im Jahr 1886. Haus, Labor und botanischer Garten blieben größtenteils unverändert.

Das zweistöckige Gebäude mit angrenzendem Gästehaus zählt zu den ersten Fertigbauhäusern der USA. Die einzelnen Teile wurden nach Edisons Vorgaben in Maine vorgefertigt und danach per Schiff nach Fort Myers gebracht. Aus diesem Grund weist das Haus keine architektonischen Spielereien auf, ist aber geräumig und bequem, mit Terrassen, die das Innere kühl halten. Ein Großteil der Möbel ist original.

Edison hatte über 1000 verschiedenste Patente inne: Er erfand die Glühbirne, aber auch den Phonographen, einen Vorläufer des Grammophons. In seinem Labor sieht man noch, womit der Erfinder später versuchte, synthetischen Gummi zu erzeugen. Der Raum wird noch immer von seinen Glühbirnen mit Kohlefaden erhellt, die seit seiner Zeit nicht gewechselt wurden. Das Museum nebenan erzählt Edisons Werdegang. Unter den Exponaten finden sich persönliche Gegenstände, Dutzende Phonographen und ein Ford-Modell, das Edison von Henry Ford geschenkt bekam.

Als begeisterter Hobbygärtner bepflanzte Thomas Edison die Gärten um Haus und Labor mit verschiedensten exotischen Pflanzen. Der riesige Banyanbaum, den Edison 1925 von dem Reifenmagnaten Harvey Firestone geschenkt bekam, hat einen Durchmesser von über 120 Metern.

Edison war in der Stadt sehr beliebt. Sein Haus wird mit Enthusiasmus und Engagement präsentiert, und das Personal hat viel zu erzählen.

Infobox

Straßenkarte E4. Lee Co. *46 000.* *7 Meilen (11 km) südöstl.* *2275 Cleveland Avenue, (800) 231-2222; auch Amtrak Thruway Bus, (800) 872-7245.* *2310 Edwards Drive, (941) 332-3624.* *Edison Festival of Lights (Feb).*

Ford Winter Home

2350 McGregor Blvd. *(941) 334-3614.* *tägl.* *Thanksgiving, 25. Dez.*

Neben Edisons Haus (mit dem gleichen Ticket zu besichtigen) steht das kleine Anwesen Mangoes, das Autohersteller Henry Ford 1916 kaufte. Die Fords waren mit den Edisons eng befreundet. Nach Edisons Tod im Jahr 1931 kehrten sie nie mehr hierher zurück.

Die Räume wurden mit stilgerechten Möbeln ausgestattet und strahlen noch immer die Gemütlichkeit aus, die Clara Ford so schätzte. In der Garage stehen frühe Ford-Modelle.

Burroughs Home

2505 First St. *(941) 332-6125.* *Di–Fr.* *Feiertage.*

Das erste Luxushaus der Stadt wurde 1901 für 15 000 Dollar errichtet. 1983 wurde es in Gedenken an Mr und Mrs Burroughs, die ursprünglichen Besitzer, der Stadt übergeben. Nelson Burroughs war Viehhändler und hatte unter Custer im Bürgerkrieg gekämpft. Er machte sein Vermögen gegen Ende des 19. Jahrhunderts, als Fort Myers wegen seiner Nähe zu Kuba zum wichtigen Rinderhafen im Spanisch-Amerikanischen Krieg wurde *(siehe S. 47)*.

Das elegante Burroughs Home erinnert an die Glanzzeit von Fort Myers

Junge Besucher auf dem Plankenweg im Calusa Nature Center

Das Haus ist bis ins kleinste Detail ausgestattet wie zu Beginn des Jahrhunderts – in den Schlafzimmern liegen Kleider für einen Ball bereit. »Mona« und »Jeddie« (kostümierte Frauen übernehmen den Part der Burroughs-Töchter) führen kurzweilige 45 Minuten lang durchs Haus.

Bei der Führung wird auch der Garten am Caloosahatchee River besichtigt, wo Wundklee, Hibiskus und Washingtonia-Palmen wachsen. Selbst der Tennisplatz existiert noch.

Fort Myers Historical Museum

2300 Peck St. *(941) 332-5955.*
Di–Sa.

Das Museum im alten Bahnhof erinnert an Fort Myers große Zeit als Rinderstadt und geht in der Geschichte bis zu den Calusa-Indianern und Spaniern zurück. Sehenswert sind ein Modell der Stadt um die Jahrhundertwende und ein Privatwaggon aus den 30er Jahren, mit dem Reiche vor dem Winter im Norden nach Florida flohen. Zu sehen ist auch ein P-39-Bomber, der in den 40er Jahren über der Estero Bay abstürzte.

Calusa Nature Center and Planetarium

3450 Ortiz Ave. *(941) 275-3435.*
tägl. (Planetarium nur Mi–So).
Thanksgiving, 25. Dez, 1. Jan.

Das 42 Hektar große Stück Wildnis gibt eine gute Einführung in die Flora und Fauna des Südwestens von Florida: mit einem großen Vogelhaus und Wegen mit Farnen und Mangroven, von denen Sie Reiher und ab und zu auch Ibisse beobachten können. Im Museum werden Vorträge über Schlangen und Alligatoren angeboten. Führungen durch die Natur und das Vogelhaus finden regelmäßig statt. Zu sehen ist auch ein nachgebautes Seminolen-Indianerdorf.

Im Planetarium laufen Stern- und Lasershows, für die extra Eintritt bezahlt werden muß.

UMGEBUNG: Die **Shell Factory**, eine Art Riesen-Souvenirladen, liegt sechs Kilometer nördlich von Fort Myers. Muschelornamente und Muschelschmuck mögen nicht nach jedermanns Geschmack sein, doch die angeblich weltgrößte Muschel- und Korallensammlung ist beeindruckend. Es gibt auch Schwämme, Gemälde, Poster, Bücher und zahlreiche andere Mitbringsel.

Muscheln aus der Shell Factory

The Shell Factory

2787 N Tamiami Trail. *(941) 995-2141.* *tägl.*

Koreshan State Historic Site ㉒

Straßenkarte E4. Lee Co. Estero, 14 Meilen (23 km) südl. von Fort Myers.
(941) 992-0311. *Fort Myers.*
tägl.

DAS EHEMALIGE Zentrum der Koresh-Sekte zieht nicht nur Leute an, die sich für obskure Religionen interessieren, sondern auch Naturliebhaber.

1894 hatte der Gründer der Sekte, Dr. Cyrus Teed, eine Vision, nach der er seinen Namen in Koresh (hebräisch für Cyrus) ändern und in den Südwesten Floridas ziehen sollte, um dort eine Stadt mit 122 Meter breiten Straßen zu gründen. Er wählte dafür ein schönes Gebiet am Estero River. Die Sekte lebte in einer Art Kommune, mit gleichen Rechten für Frauen und Männer und gemeinsamem Eigentum.

Auf zehn Millionen Mitglieder brachte es die Sekte nie, wie Teed gehofft hatte. Die Zahl überschritt nie die 250 und ging nach seinem Tod 1908 noch mehr zurück. Die letzten vier Mitglieder überließen 1961 das Gebiet dem Staat. Zwölf der 60 Gebäude und ihre Gärten blieben bestehen, darunter auch Cyrus Teeds Haus, das originalgetreu renoviert wurde.

Durch den Park führen Wanderwege, auf dem Fluß kann man Kanu fahren. Das Angebot umfaßt neben einem Campingplatz auch geführte Touren und die Möglichkeit zu fischen.

Koreshan State Historic Site: Haus von Sektengründer Cyrus Teed

Lee Island Coast ㉓

DIE LEE ISLAND COAST stellt eine unwiderstehliche Mischung aus Sandstrand (berühmt für die Muscheln), exotischen Tieren, üppiger Vegetation und herrlichen Sonnenuntergängen dar. Besonders beliebt sind Sanibel und die Captiva Islands mit ihren eleganten Ferienorten, Häfen und Golfplätzen. Ruhigere Inseln mit Strand und Natur pur sind leicht per Boot zu erreichen. Charterboote und Bootsfahrten gibt es an vielen Orten, es verkehren aber auch regelmäßig Linienboote, deren Routen in der untenstehenden Karte eingezeichnet sind.

INFOBOX

Straßenkarte D4, E4. Lee Co. *SW Florida International Airport, 15 Meilen (24 km) östl. 2275 Cleveland Ave, Fort Myers, (800) 231-2222. 1159 Causeway Rd, Sanibel, (941) 472-1080.* **Bootstouren:** *Tropic Star (941) 283-0015; Captiva Cruises (941) 472-7549; North Captiva Island Club Resort (941) 395-1001.*

Sanibel Island: Strandidylle mit Bungalows

Sanibel und Captiva Islands

Obwohl die Inseln am leichtesten erreichbar sind, herrscht dort doch eine karibisch-entspannte Atmosphäre. Wer gerne ausspannt und Muscheln mag, liegt hier genau richtig. Die meisten Besucher lassen sich bald vom Muschelfieber anstecken und laufen wie andere eifrige Muschelsucher auch gebückt über den Strand. Sanibel mit seinen gepflegten Gärten und aneinandergereihten Restaurants und Läden am Periwinkle Way mag nicht unbedingt jedermanns Bild einer Insel entsprechen, es gibt jedoch keine häßlichen Bungalows, dafür zwei Naturschutzgebiete. Die meisten öffentlichen Strände befinden sich am Gulf Drive, davon sind Turner und Bowman's Beach besonders empfehlenswert.

Captiva ist weniger erschlossen als Sanibel, es gibt aber Ferienanlagen, wie zum Beispiel das South Seas Plantation Resort *(siehe S. 308)* mit eigenem Hafen – von hier fahren Boote nach Cayo Costa.

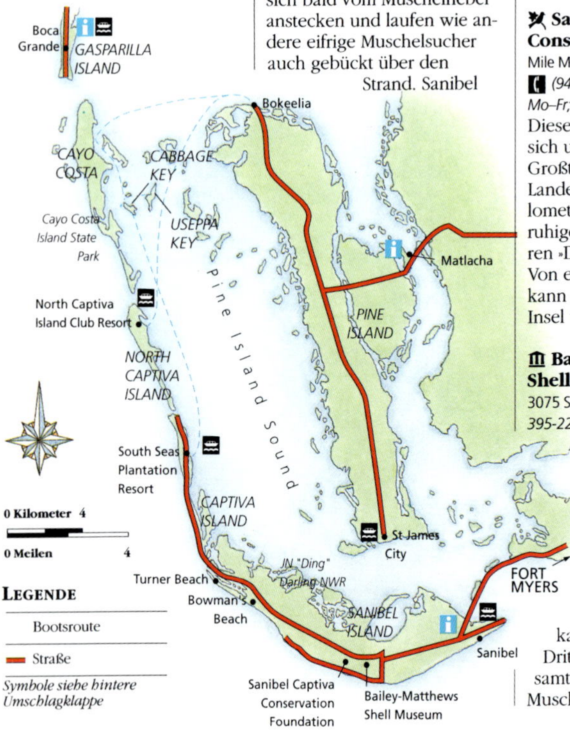

Sanibel Captiva Conservation Foundation

Mile Marker 1, Sanibel-Captiva Rd. *(941) 472-2329. Mai–Nov Mo–Fr; Dez–Apr Mo–Sa.*

Diese private Stiftung bemüht sich um den Schutz eines Großteils des Sumpflands im Landesinneren. Die sechs Kilometer Plankenweg sind viel ruhiger als jene des bekannteren »Ding« Darling Refuge. Von einem Beobachtungsturm kann man die Vogelwelt der Insel überschauen.

Bailey-Matthews Shell Museum

3075 Sanibel-Captiva Rd. *(941) 395-2233. Di–So.*

Auch wenn Sie für Muscheln nicht sonderlich viel übrig haben, ist das Muschelmuseum auf Sanibel einen Besuch wert. Im Herzstück des Museums sind die Muscheln nach Vorkommen geordnet. Hier kann man angeblich ein Drittel der weltweit insgesamt 10 000 vorkommenden Muschelarten bestaunen.

JN »Ding« Darling National Wildlife Refuge

1 Wildlife Drive. *(941) 472-1100.* *Sa–Di.* *Feiertage.*

Das Reservat nimmt zwei Drittel der Insel ein und stellt deren Hauptattraktion dar. Die hier lebenden Tiere wie Waschbären, Alligatoren, Rosalöffler und Weißköpfige Seeadler bekommt man überraschend oft zu Gesicht. Der acht Kilometer lange »Wildlife Drive« kann mit Rad oder Auto zurückgelegt werden. Es gibt auch eine kleine Bahn. Die Wanderwege und Kanurouten führen an Mangroven und Kohlpalmen vorbei. Kanus, Boote und Räder kann man im Reservat ausleihen.

Rosalöffler im JN »Ding« Darling National Wildlife Refuge

Cayo Costa Island State Park

Cayo Costa Island. *(941) 964-0375.* *tägl.*

Cayo Costa Island ist eine der ursprünglichsten Inseln Floridas. Weite Teile sind mit australischen Kiefern und brasilianischen Pfefferbäumen bedeckt. In den 50er Jahren importierte man für Schatten und Holz diese für die Insel untypischen Bäume. Heute werden die Wälder langsam ausgelichtet, um einheimischen Arten Platz zu machen.

Besucher können sich am 14 Kilometer langen Dünenstrand sonnen oder einige Mangroven-Sümpfe im östlichen Teil der Insel erforschen. Es gibt auch zahlreiche Vogelbeobachtungsposten.

Die Insel wird das ganze Jahr über von Booten angelaufen, am häufigsten fährt Tropic Star von Bokeelia auf Pine Island. Eine Bahn verbindet die Docks mit den Stränden zum Golf von Mexiko. Es gibt auch einen einfachen Campingplatz mit zwölf Bungalows.

Cabbage Key: Jacht vor Anker im friedlichen Hafen

Cabbage Key

Die Schriftstellerin Mary Roberts Rhinehart ließ sich 1938 hier nieder. In ihrem Haus im Schatten zweier 300 Jahre alter Lorbeerbäume befindet sich heute das Cabbage Key Inn. Berühmt ist das Restaurant mit etwa 30 000 signierten Ein-Dollarscheinen. Der erste Schein stammte von einem Fischer, der sicherstellen wollte, daß er sich auch beim nächsten Mal etwas zu trinken leisten konnte. Das nächste Mal reichte das Geld aber auch so, und deshalb ließ er den Schein dort. Andere Gäste übernahmen seine Idee.

Vom nahen Wasserturm (12 m) hat man einen schönen Blick über die Insel. Dort beginnt auch ein kurzer Wanderpfad. Tropic Star von Pine Island und Captiva Cruises von Captiva Island bieten regelmäßig Fahrten zur Insel an.

Pine Island

Die Insel wird eher von Mangroven als von Stränden umgeben und eignet sich als Zwischenstation zu anderen Inseln. Bootsfahrten aller Art bietet der Hafen von Bokeelia, wo es auch nette Fischerpiers zu sehen gibt.

MUSCHELN, MUSCHELN, MUSCHELN

Scaphella junonia

Die Strände von Sanibel und Captiva zählen zu den muschelreichsten der USA. Am Golf von Mexiko gibt es vor der Küste keine Riffe, an denen die Muscheln zerrieben werden. Das Wasser ist relativ seicht und warm, der Meeresboden recht flach – ideale Bedingungen für Muscheln. Das Plateau vor der Südküste von Sanibel wirkt zudem als Rampe. Lebende Muscheln zu sammeln ist auf Sanibel strafbar, halten Sie sich also an leere Muschelschalen.

Am besten steht man früh auf und sucht am Spülsaum direkt unter dem Sand. Vögel, die am Strand herumstaksen, sind ein Indikator für gute Ausbeute. Im Winter oder nach einem Sturm findet man die meisten Muscheln. Die Scaphella junonia und die Kammmuschel sind besonders begehrt.

Fechterschnecke

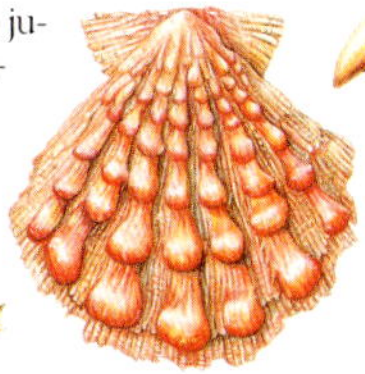

Kammmuschel

Feigenschnecke

Veilchenschnecke

Die Everglades und die Keys

Den Südwesten Floridas nehmen zu einem großen Teil die weltberühmten Everglades ein – tiefliegendes Sumpfland von größter ökologischer Bedeutung. Die Kette von Korallenriffen, die Keys, stellt das zweite Naturwunder dieser Region dar.

Bevor die Europäer kamen, besiedelten Stämme wie die Calusa und die Matecumbe *(siehe S. 38f)* den Süden Floridas. Seit etwa 1500 besuchten Siedler, Piraten und »Wreckers« *(siehe S. 289)* die Keys, doch das von Moskitos verseuchte Festland wurde erst Mitte des 19. Jahrhunderts im Gebiet um Naples besiedelt, einem florierenden Ferienort an der Küste.

Erschlossen wurde das Gebiet erstmals durch den 1928 gebauten Tamiami Trail zwischen Atlantik- und Golfküste. Entlang des Weges entstanden Siedlungen wie Everglades City und Chokoloskee, die sich seit der Jahrhundertwende kaum verändert haben. Sie kennzeichnen den westlichen Eingang zum Everglades National Park. Die von Bauminseln unterbrochenen riesigen Sägegrasflächen besitzen ihre eigene Schönheit und sind ein wahres Paradies für Tiere. Vom Ende der Halbinsel setzen sich die Keys nach Südwesten fort, eine Kette von Inseln im Schutz des einzigen Korallenriffs von Nordamerika.

Einst führte Henry Flaglers Overseas Railroad über die Inseln, die Eisenbahnlinie wurde jedoch durch den Overseas Highway abgelöst, eine der klassischen Routen Amerikas. Je weiter südlich man kommt, desto eher stimmt der Satz, daß die Keys mehr ein Gefühl als ein Ort sind. Am Ende des Wegs liegt Key West, wo es viel zu sehen und zu tun gibt und wo der unverkrampfte Zugang zu den Dingen am stärksten spürbar ist.

Ausdruck der karibischen Wurzeln der Bevölkerung: buntes Graffiti in Bahama Village (Key West)

◁ Mangrovensümpfe mit Bauminseln: Niemandsland zwischen Sumpf und Meer

Überblick: Die Everglades und die Keys

Naples und Marco Island im Nordwesten sind die beste Basis für die Strände am Golf mit ihren herrlichen Golfplätzen. Von hier ist es nicht weit in die wilden und weitläufigen Landschaften des Big Cypress Swamp oder des Everglades National Park, die einen Großteil der Region einnehmen. Die Florida Keys sind zu Recht für die Möglichkeiten berühmt, die das nahe Korallenriff bietet: Man kann hier gut fischen, tauchen und schnorcheln. Key Largo und Islamorada im Norden bieten eine große Auswahl an Unterkünften, während das turbulente Marathon oder das bunte Key West mit seinen malerischen Frühstückspensionen sich als Ausgangspunkt für den Besuch der Inseln im Süden eignen.

Der Overseas Highway verbindet die Keys

Sehenswürdigkeiten auf einen Blick:

Ah-Tha-Thi-Ki Museum ❸
Big Cypress Swamp ❷
Biscayne National Park ❻
Dolphin Research Center ⓭
Dry Tortugas National Park ⓲
Everglades National Park S. 272ff ❺
Indian und Lignumvitae Key ⓬
Islamorada ⓫
John Pennekamp Coral Reef State Park ❽
Key Largo ❼
Key West S. 284ff ⓱
Lower Keys ⓰
Marathon ⓮
Miccosukee Indian Village ❹
Naples ❶
Pigeon Key ⓯
Tavernier ❾
Theater of the Sea ❿

Siehe auch

• ***Übernachten*** S. 310f

• ***Restaurants*** S. 328f u. S. 331

Unberührte Wildnis im Big Cypress Swamp

Unterwegs

Es gibt in der Region zwar keine Züge, Key West, Marathon und Naples haben aber Flughäfen, und von Miami fahren Busse nach Key West und Naples. Der Tamiami Trail (US 41) und die I-75 verbinden Miami und Fort Lauderdale mit Naples. Der Overseas Highway (US 1) beginnt in Florida City, die Keys sind aber auch über die Card Sound Road (Route 997) mit weniger Verkehr und besserer Aussicht erreichbar. Nach der 7-Mile Bridge bietet der Overseas Highway die schönste Aussicht. Als Richtungen und Adressen nennt man auf den Keys oft die sogenannten Mile Markers (MM) – das sind die kleinen grün-weißen Zeichen an der Straße, die die Entfernung nach Key West angeben.

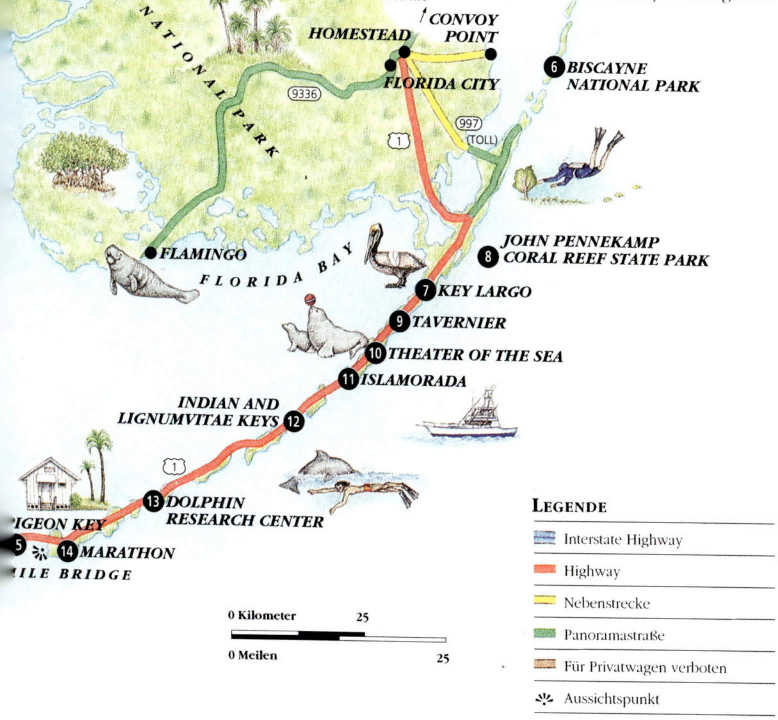

Naples ❶

Straßenkarte E4. Collier Co. 21 000. 895 5th Ave S, (941) 262-6141.

DIE KONSERVATIVE und wohlhabende Stadt am Meer ist stolz auf ihr makelloses Äußeres und auf die größte Anzahl an Golfplätzen in den USA: Insgesamt gibt es 55 Plätze.

Ein Großteil des »historischen« Stadtzentrums stammt aus der Jahrhundertwende. Dieses Viertel mit den pastellfarbenen Gebäuden lädt zum Bummeln ein. Viele der Häuser aus dem 19. Jahrhundert wurden 1960 vom Hurrikan Donna zerstört, darunter auch der Pier von 1887. 1961 wiederaufgebaut, sitzen hier heute wieder Angler und Pelikane – letztere auch gerne auf den Geländern.

Vor allem auf die Geschichte der Region konzentriert sich das informative **Collier County Museum** mit einem nachgebauten Seminolen-Dorf und Exponaten indianischer Herkunft, Hinterlassenschaften der Siedler und Zeugnissen vom Bau des Tamiami Trail (US 41), an dem das Museum steht.

An den 16 Kilometer langen weißen Sandstrand grenzen viele Privathäuser, es gibt aber auch öffentliche Zugänge zu sicheren Stränden, wo man im warmen Golf baden kann.

Der beliebte Strand am Pier von Naples

Collier County Museum

3301 Tamiami Trail E. (941) 774-8476. Mo–Fr. Feiertage.

UMGEBUNG: Seit den 60er Jahren touristisch erschlossen, ist **Marco Island** die nördlichste Insel der Ten Thousand Islands und ein guter Ausgangspunkt für den westlichen Rand der Everglades *(siehe S. 272)*. Hier wurden bedeutende archäologische Funde gemacht – einige sind über 3500 Jahre alt. Sie wurden an verschiedene Museen weitergegeben, doch auf der Insel findet man noch Hügel mit Muscheln und Knochen, die wichtige Hinweise auf Leben und Ernährung der Calusa-Indianer geben *(siehe S. 38f)*.

Plankenweg durch Fakahatchee Strand (Big Cypress Swamp)

Big Cypress Swamp ❷

Straßenkarte E4. Collier Co, Monroe Co.

DAS RIESIGE, seichte Sumpfbassin, in dem einige hundert Arten wie der vom Aussterben bedrohte Florida-Panther *(siehe S. 123)* leben, ist kein homogenes Sumpfgebiet, sondern eine Mischung verschiedenster Lebensräume, bestimmt von nur geringen Unterschieden im Niveau: sandige Nadelwäldchen, Feucht- und Trockenprärie und Waldinseln (Hammocks, *siehe S. 274)*. Ein Drittel des Sumpfs bedecken Zypressen, die langgestreckte Wälder bilden. Diese Zypressen gaben dem Gebiet seinen Namen.

Der Sumpf dient bei Regen als Wasserreservoir für die Everglades und als Puffer für den Everglades National Park *(siehe S. 272ff)*. Der 1928 fertiggestellte Tamiami Trail (U 41) durchschneidet das Sumpfgebiet und erschloß es. Die Straße führt an den Everglades vorbei und reicht von Tampa bis Miami – daher auch ihr Name. Heute erscheinen solche technischen Kraftakte ökologisch bedenklich, da sie den natürlichen Fluß des Wassers blockieren, einen unnatürlichen Einschnitt darstellen und damit die Balance des einzigartigen Ökosystems Südfloridas gefährden.

Die **Big Cypress National Preserve** ist das größte Natur-

Die Seminolen von Florida

Die Bezeichnung »Seminolen« (Wanderer, Ausreißer) kam um 1700 für verschiedene Creek-Stämme in Gebrauch, die vor den landgierigen Europäern in den Süden nach Florida und weiter in die Everglades *(siehe S. 45)* flohen. Heute gilt der Stamm gegenüber den Miccosukee als eigenständig, obwohl beide als Seminolen bezeichnet werden.

Landstreitereien veranlaßten die Regierung 1911, den Florida-Indianern Reservate zuzusprechen. Hier leben die Seminolen nach ihren Traditionen, verbinden sie jedoch mit modernen Elementen. So bauten sie Bingo-Hallen, um ihre finanzielle Lage zu verbessern *(siehe S. 133)*.

Europäisch beeinflußt: Seminolen im späten 18. Jahrhundert

Waldibisse in den Bäumen des Corkscrew Swamp Sanctuary

schutzgebiet im Sumpf, was es jedoch schwierig macht, es zu erkunden. Die meisten Besucher genießen den Blick von der US 41 und halten am Oasis Visitor Center, um sich dort zu informieren.

Im westlichen Teil des Big Cypress Swamp befindet sich die **Fakahatchee Strand State Preserve**, eines der wildesten Gebiete Floridas. Der riesige Entwässerungsgraben ist 32 Kilometer lang und zwischen fünf und acht Kilometer breit.

Die Holzwirtschaft wurde in den 50er Jahren aufgegeben, nachdem 99 Prozent der Zypressen zerstört worden waren. Die letzten, teilweise über 600 Jahre alten Exemplare stehen an der Big Cypress Bend, wo ein schmaler Pfad an Orchideen, nestartigen Epiphyten *(siehe S. 276)* sowie an der größten Gruppe von Königspalmen in den USA vorbeiführt.

Auf der Route 846 von Naples nach Nordosten gelangen Sie zum **Corkscrew Swamp Sanctuary**. Ein drei Kilometer langer Plankenweg führt an verschiedensten Lebensräumen vorbei, unter anderem auch an Floridas größter Gruppe alter Zypressen. Das Reservat ist berühmt für seinen Vogelreichtum. So besucht der vom Aussterben bedrohte Waldibis das Gebiet fast jeden Winter.

Big Cypress National Preserve
Oasis Visitor Center, US 41. *(941) 695-4111.* *tägl.* *25. Dez.*

Fakahatchee Strand State Preserve
Big Cypress Bend, US 41. *(941) 695-4593.* *tägl.*

Corkscrew Swamp Sanctuary
375 Sanctuary Rd, ab Route 846. *(941) 348-9151.* *tägl.*

Ah-Tha-Thi-Ki Museum ❸

Straßenkarte F4. Hendry Co. Snake Rd, 17 Meilen (27 km) ab Ausf. 14 v. I-75. *(941) 902-1113.* *Di–So 9–17 Uhr.* *Feiertage.*

Das Museum nimmt 26 Hektar des Big Cypress Seminole Reservats ein. Das Hauptgebäude und der Plankenweg wurden 1997 eröffnet, weitere Ausstellungsbereiche sind mittlerweile hinzugekommen.

Das Museum bemüht sich um die Vermittlung von Kultur und Geschichte der Seminolen. Ah-Tha-Thi-Ki bedeutet »Ort zum Lernen«. Geplant ist ein Film, der auf fünf Bildschirmen eine Rundumsicht von 180° bieten soll.

Miccosukee Indian Village ❹

Straßenkarte F5. Dade Co. US 41, 4 Meilen (6,5 km) östl. v. Forty Mile Bend. *(305) 223-8380.* *tägl.*

Viele Indianer des Miccosukee Stammes leben entlang der US 41. Das Miccosukee Indian Village in der Nähe des Shark Valley *(siehe S. 273)* ist als einziges öffentlich zugänglich. Hier kann man den Stamm näher kennenlernen.

Dem Besucher werden traditionelle *chickees (siehe S. 28)* vorgeführt und Handwerk wie Korbflechten, Puppenbinden oder Perlenarbeiten gezeigt. Es gibt auch ein Besucherzentrum. Mutige wagen sich in das Restaurant, wo »Sumpfspeisen« wie Froschschenkel, Maisbrot und Alligatorenschwänze serviert werden.

Palmetto-Puppen und Perlenschmuck im Miccosukee Indian Village

Everglades National Park ❺

Parkwache

TROTZ SEINER FLÄCHE von 556 580 Hektar nimmt der Park nur ein Fünftel der gesamten Everglades ein. Der Haupteingang im Osten befindet sich 16 Kilometer von Florida City entfernt. Die Plankenwege sind meist erhöht, etwa 0,8 Kilometer lang, gut markiert und teilweise radtauglich. Das Personal ist Ihnen bei der Planung Ihres Besuchs gerne behilflich und wird Sie bei der Auswahl der täglich angebotenen geführten Touren und Programme beraten. Boote und Kanus können ausgeliehen werden, es gibt auch Bootsfahrten. Übernachten kann man in Hotels oder auf Campingplätzen. Es gibt auch einfache Plätze, die meist nur per Kanu erreichbar sind. Dort kann man in *chickees (siehe S. 28)* schlafen. Für wildes Campieren wird eine Gebühr enthoben, buchen kann man nur 24 Stunden im voraus.

Chokoloskee
Die Ten Thousand Islands und die Westküste des Nationalparks sind von den Docks dieser winzigen Insel aus erreichbar.

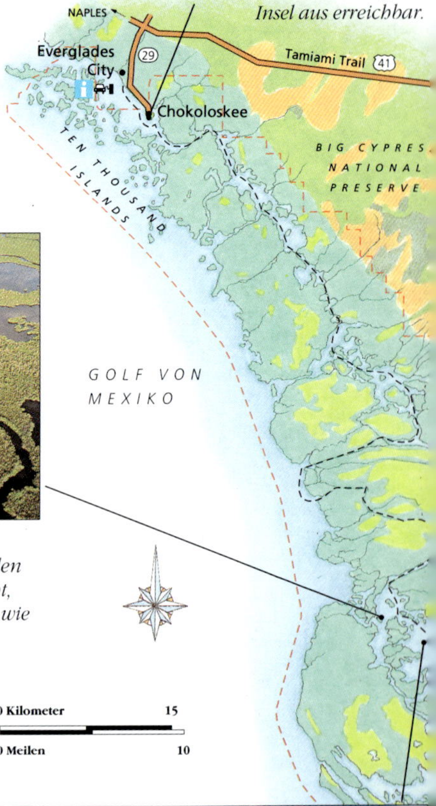

Whitewater Bay
Erst wenn das Sumpfwasser der Everglades den Golf von Mexiko und die Florida Bay erreicht, tritt es in Flüssen, Bächen oder flachen Seen wie in der Whitewater Bay zutage.

SICHERHEITSTIPS

Insektenschutzmittel sind notwendig, besonders im Sommer. Folgen Sie den Anweisungen der Hinweistafeln und des Personals, und seien Sie vorsichtig mit Tieren und Pflanzen. Alligatoren bewegen sich auch an Land rasch, bestimmte Bäume und Büsche sind giftig, auch manche Raupen und Schlangen. Wenn Sie von den Routen abweichen, geben Sie Bescheid. Vorsicht beim Fahren: Von der Straße aus sieht man viele Tiere – die näher kommen können.

Korallenotter

Kanufahrten in den Everglades
An der Westküste und um die Florida Bay gibt es Touren für jeden Geschmack: von kurzen Schnupperfahrten bis zur Abenteuerwoche am anspruchsvollen und abgelegenen Wilderness Waterway.

Shark Valley
Die 25-km-Strecke können Sie per Bahn oder Rad zurücklegen. Am Ende erwartet Sie ein 18 Meter hoher Turm mit herrlicher Aussicht.

Anhinga Trail
Die beliebte Route beginnt am Royal Palm Visitor Center. Den Schlangenhalsvogel (»Anhinga«) sieht man oft nach einem Fischzug sein Gefieder in der Sonne trocknen.

INFOBOX

Straßenkarte E4, E5, F5. Monroe Co, Dade Co, Collier Co. *tägl.* *alle Besucherzentren Dez–Mai tägl. 8–17 Uhr; übrige Zeiten vorab anrufen.*
Main Visitor Center *(305) 242-7700.* *ganzjährig.*
Gulf Coast Visitor Center *(in Everglades City) (941) 695-3311; Bootstouren und Kanuvermietung (941) 695-2591.*
Shark Valley Information Center *(305) 221-8776; Bahntickets und Fahrradverleih (305) 221-8455.*
Royal Palm Visitor Center *(305) 242-7700.*
Flamingo Visitor Center *(941) 695-3092; Kanu-, Boots- u. Fahrradverleih, Bootstouren, Jachthafen (941) 695-3101.*
auf den meisten Fußwegen (305) 242-7700.
(800) 365-2267 Reservierung.

LEGENDE

- Mangroven
- Salzwasser-Prärie
- Zypressen
- Süßwasser-Prärie
- Süßwassergraben
- Nadelwälder
- Hammock
- Wasserweg
- Parkgrenze
- Befestigte Straße
- Für Privatwagen verboten
- Informationszentrum
- Eingang
- Campingplatz
- Tankstelle

Flamingo hat das einzige Hotel und den größten Campingplatz. In der Nähe beginnen Wander- und Kanurouten.

Mahogany Hammock Boardwalk
Dieser Pfad windet sich durch einen großen, dichten tropischen Wald und ist bekannt für seine Baumschlangen (siehe S. 275) *und Epiphyten* (siehe S. 276). *Hier steht der größte Mahagonibaum Floridas.*

Fauna und Flora der Everglades

Die Everglades sind ein riesiges Feuchtgebiet, dessen höchstens neun Meter dicke Torfschicht auf wasserundurchlässigem Kalkgestein vom Lake Okeechobee *(siehe S. 124)* überschwemmt und in einen Sumpf verwandelt wird. Das Gebiet ist 80 Kilometer breit, 322 Kilometer lang und selten tiefer als ein Meter.

Tropische Luft- und Wasserströmungen bedingen in dieser gemäßigten Zone in Nordamerika einzigartige Ökosysteme. Spezielle Vegetationsformen wie Zypressenkuppeln *(siehe S. 23)* und Bauminseln mit verschiedenen Baumarten unterbrechen die Weite der Sägegrasprärie. Hier leben Hunderte von Tierarten, darunter allein 400 Vogelarten, für die die Everglades berühmt sind. Das einzigartige Ökosystem mit seiner reichen Vegetation und Tierwelt kann nur durch den Wechsel von Regen- (Sommer) und Trockenzeiten (Winter) bestehen.

Fischadler
Diese Adlerart sieht man über der Küste, den Buchten und Seen. Seine großen Horste sind leicht erkennbar.

Grüner Baumfrosch
Das Gequake dieser Amphibien ist überall in den Everglades zu hören.

Schmuckreiher
Erkennbar an prächtigem Gefieder, gelben Beinen und schwarzem Schnabel.

Die Würgefeige beginnt ihre Laufbahn als Samen in Vogelkot, der in eine Baumspalte fällt. Mit der Zeit umschlingt sie den ganzen Baum.

Bromelien ***(siehe S. 276)***

Bauminseln

Sogenannte Hammocks entstehen auf erhöhtem Grund in Süßwassersümpfen. Dort gedeiht eine enorme Vielfalt an Pflanzen und Tieren.

Alligatorloch
Alligatoren graben in der Trockenzeit Löcher und Vertiefungen, um an Wasser zu kommen. Diese Wasserlöcher beherbergen in den Wintermonaten eine Vielzahl von Tieren aller Art.

Mississippi-Alligatoren
Mit Schuppenpanzer und furchterregendem Gebiß die bekanntesten und gefürchtetsten Parkbewohner.

Kanadareiher
Der Stelzvogel mit einer Flügelspannweite von zwei Metern kommt in ganz Florida vor. Im Süden ist sein Gefieder manchmal völlig weiß.

Rosalöffler
Rosalöffler überwintern im Park. Mit ihren spatelförmigen Schnäbeln fischen sie nach Nahrung.

Der Mahagoni ist nur eine der westindischen Arten in den Hammocks mit ihren tropischen Hartholzgewächsen.

Der Gumbo Limbo heißt wegen der roten, sich schälenden Rinde »Touristenbaum«.

Rote Mangroven erkennt man an den typischen Wurzeln. Sie vertragen Salzwasser, schützen die Küste und bieten Meerestieren Unterschlupf.

Baumschnecken
Es gibt 58 Arten dieser farbenprächtigen Baumschnecken. Sie leben in Hammocks und kriechen nur bei Nässe herum.

Otter
Diesen Verwandten des Wiesels sieht man oft in Süßwasserteichen herumtoben.

Überblick: Everglades National Park

EIN GROSSTEIL der Touristen besucht den Nationalpark nur für einen Tag, der mit ein oder zwei Pfaden schnell vergeht. Beliebt ist auch die Route zur Florida Bay und weiter nach Flamingo – eine angenehme Strecke, auf der man die Plankenwege an der Main Park Road (Route 9336) erforscht. Versuchen Sie, zumindest einen der weniger besuchten Pfade und Teiche zwischen Mahogany Hammock und Flamingo zu besuchen. Jede Menge Informationstafeln helfen Ihnen, Tiere und Pflanzen zu bestimmen. Vergessen Sie nicht Insektenschutzmittel und Sonnencreme!

Schattige Pfade am Long Pine Key

Ranger bringen Besuchern die Natur näher

Rund um das Royal Palm Visitor Center

Das informative Besucherzentrum und zwei Pfade befinden sich auf dem Gebiet des ersten Nationalparks Floridas, der 1916 geschaffen wurde. Am beliebten **Anhinga Trail** über den Taylor Slough ist das Wasser etwas tiefer als in der Umgebung, so daß Tiere in den trockenen Wintermonaten hierher zum Trinken kommen. Auf den offenen Flächen kann man gut fotografieren, es gibt auch weniger Insekten, doch die Sonne kann gefährlich werden. Alligatoren versammeln sich am Alligatorloch *(siehe S. 274)* am Anfang des Trails. Es erwarten Sie zudem Rotwild, Waschbären und Schlangenhalsvögel.

Der schattige **Gumbo Limbo Trail** hingegen ist sogar im Winter ein Moskitoparadies. Die Tour ist jedoch nicht anspruchsvoll und bietet in der östlichen Hälfte des Parks die beste Gelegenheit, einen Hammock zu besuchen. Achten Sie auf Bromelien: Sie gehören zur Familie der Ananasgewächse und sind Epiphyten. Bromelien sind keine Parasiten: Sie wachsen zwar auf anderen Pflanzen, holen sich ihre Nahrung aber aus der Luft. Zu sehen sind auch verschiedenste Orchideen und natürlich der Gumbo-Limbo-Baum *(siehe S. 275)*.

Bromelien auf einem Mahagonibaum

Long Pine Key

Große Flächen mit im Süden Floridas einzigartigen Sumpfzypressen gaben dem Gebiet seinen Namen. Das insekten- und witterungsbeständige Holz war lange als Baumaterial beliebt. Zypressenwälder brauchen Feuer, um zu überleben, sie degenerieren sonst. Straßen und Kanäle wirken wie Feuerschneisen, und so legt man heute kontrollierte Brände, damit sich Zypressen und Sägepalmen regenerieren können.

Der Campingplatz liegt landschaftlich wunderschön und ist einer der Hauptgründe für einen Besuch in Long Pine Key. Vom Platz weg führen schattige Trails, und drei Kilometer westlich liegt eine 0,8 Kilometer lange Schlaufe des Pinelands Trail. Weichen Sie nicht vom Pfad ab. Das Kalkgestein hat oft recht tiefe Löcher, die vom Regen ausgeschwemmt wurden und schwer zu sehen sind.

TRAILS UM FLAMINGO

Allgemein gilt, daß man auf dem Wasser im Kanu vor den Insekten im Sommer sicher ist, während man Wanderungen zweifellos besser für die Wintermonate planen sollte.

LEGENDE

- Wanderpfad
- Kanuroute
- Befestigte Straße
- Unbefestigte Straße

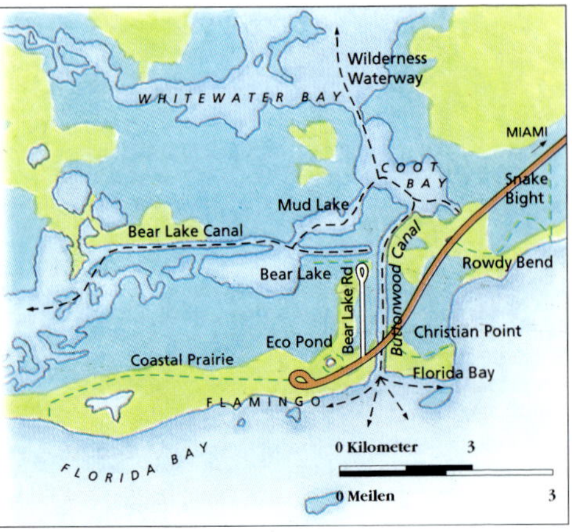

Von Pa-hay-okee nach Flamingo

Die offene Sägegrasprärie, auf die man vom **Pa-hay-okee-Overlook** einen schönen Blick hat, ist der Inbegriff der Everglades. Vom Aussichtsturm kann man gut beobachten, wie der Wind über das Meer von Gras streicht und sich dessen Farbe dabei in Wellen verändert. Zu sehen sind auch zahlreiche Stelzvögel, Falken und Schneckenweihen, deren einzige Nahrung, die Apfelschnecken, auf dem Sägegras lebt. In der Prärie wachsen auch Rohrkolben und andere Sumpfpflanzen.

Der **Mahogany Hammock Trail** *(siehe S. 273)* hingegen führt durch die größten Bauminseln (Hammocks) des Parks. Hier gedeiht eine vielfältige Flora und Fauna. Besonders beeindruckend: die Bromelien und die dichte, dschungelartige Vegetation in den feuchten Sommermonaten.

Die Pfade und Seen zwischen Mahogany Hammock und Flamingo ziehen weniger Besucher an, haben aber viel zu bieten – zum Beispiel Vögel. Erkunden Sie West Lake Trail oder Snake Bight Trail (endet an der Florida Bay).

Flamingo liegt 60 Kilometer vom Haupteingang des Parks entfernt. Vor 1900 war die Siedlung ein abgelegener Stützpunkt und zugleich Versteck für Jäger und Fischer. Heute leben nur wenige Parkangestellte ständig dort. Die Lage an der Florida Bay ist für verschiedenste Aktivitäten günstig: zum wandern, fischen, Boot fahren, Natur beobachten. Es empfiehlt sich, über Nacht zu bleiben, besonders für Vogelbeobachtungen, für die sich der frühe Morgen und späte Abend am besten eignen.

Sägegrasprärie vom Pa-hay-okee Overlook aus gesehen

In der Florida Bay leben auch Seekühe *(siehe S. 236)* und das vom Aussterben bedrohte Amerikanische Krokodil. Vom Alligator unterscheidet es sich durch die graugrüne Farbe und sein Gebiß: Bei geschlossenem Maul sieht man sowohl Zähne des Ober- als auch des Unterkiefers. Die Chance, ein Krokodil zu entdecken, ist jedoch gering.

Im Besucherzentrum von Flamingo gibt es Naturführer und Informationen über Programme mit Rangern, Diashows, Vorträge und »Slough-Slogs«: Touren durch den Sumpf für Unerschrockene.

Everglades in Gefahr

Das Gebiet des Everglades National Park selbst wird gut geschützt – doch Gefahren drohen von außerhalb. Seit der Gründung 1974 hat man mit Wasserproblemen zu kämpfen. Das Ökosystem der Everglades und die Interessen der Bevölkerung Floridas stehen einander dabei gegenüber: Bewässerungskanäle und Straßen unterbrechen den natürlichen Fluß des Wassers vom Lake Okeechobee *(siehe S. 124)*, auch die Trockenlegung zur Baulandgewinnung wirkte sich negativ auf die Natur aus. Die Landwirtschaft benötigt Unmengen an Wasser, und hohe Mengen chemischer Düngemittel bewirken ein unnatürliches Wachstum der Sumpfvegetation. Zudem weisen Fische hohe Konzentrationen an Quecksilber auf, das schließlich in die Nahrungskette gelangt.

Interessenkonflikt: Auch die Landwirtschaft braucht Wasser

Biscayne National Park ❻

Straßenkarte F5. Dade Co. 9700 SW 328th St, Convoy Point. 🚉 *Miami.* 🚌 *Homestead.* 📞 *(305) 230-7275.* ◯ *tägl.* ⬤ *25. Dez.* **Besucherzentrum** ◯ *8.30–16.30 Uhr.* **Bootstouren** 📞 *(305) 230-1100.* ♿ ⚠

Dichte Mangrovensümpfe schützen die Küste des Biscayne National Parks mit den nördlichsten Inseln der Florida Keys. Im seichten Wasser befindet sich die Hauptattraktion des Parks: das Korallenriff mit Myriaden von Formen und etwa 200 Arten tropischer Fische. Die Strandwallinseln hier sind unberührt, so daß die Korallen gesünder sind und das Wasser klarer ist als in den beliebten Unterwasserparks weiter im Süden um Key Largo.

Es gibt Glasbodenboote und verschiedenste Angebote für Tauch- und Schnorcheltrips, die alle vom Besucherzentrum abfahren. Es empfiehlt sich, im voraus zu buchen.

Korallen und Fische im Biscayne National Park

Key Largo ❼

Straßenkarte F5. Monroe Co. 16 000. MM 106, (305) 451-1414, (800) 822-1088. **African Queen** (305) 451-4655.

Key Largo, die erste bewohnte Key-Insel, wurde als größte der Kette von den Spaniern »Lange Insel« benannt. Wegen ihrer Nähe zu Miami gilt sie zudem auch als die lebhafteste der Keys – besonders an Wochenenden kann es hier relativ voll werden.

Hauptattraktion der Insel ist das Korallenriff direkt vor der Küste, wo man im John Pennekamp Coral Reef State Park und im National Marine Sanctuary gut tauchen und schnorcheln kann.

Berühmt ist auch die *African Queen*, das Schiff aus dem gleichnamigen Film von 1951. Auf dem Schiff kann man kurze Rundfahrten unternehmen (nur nach Reservierung). Es liegt bei MM 100 vor Anker, zusammen mit einem Kasino-Schiff, das die seltene Gelegenheit zum Glücksspiel bietet *(siehe S. 338)*.

Wertvolles Ornament (Maritime Museum)

Das **Maritime Museum of the Florida Keys** bringt dem Besucher mit zahlreichen Exponaten und audiovisuellen Präsentationen die Reichtümer des Meeres nahe, vom Korallenriff bis zu versunkenen Schätzen der Spanier. Piraten und ihre Beute werden vorgestellt: Münzen, Gold- und Silberbarren. Auch Funde von der spanischen Galeone *Concepción*, die im Jahr 1715 in einem Hurrikan sank, sind zu sehen.

Maritime Museum of the Florida Keys
MM 102. (305) 451-6444. tägl. 25. Dez.

John Pennekamp Coral Reef State Park ❽

Straßenkarte F5. Monroe Co. MM 102.5. Key Largo. (305) 451-1202. tägl.

Nur fünf Prozent des Naturparks liegen über Wasser: ein Besucherzentrum, ein kleines Museum zur Ökologie des Riffs, drei Schwimmareale und Waldpfade. Berühmt ist der Park für sein Unterwassergebiet, das sich fünf Kilometer von Key Largo nach Osten erstreckt und unvergeßliche Einblicke in die herrlichen Farben und außergewöhnlichen Formen eines Korallenriffs gewährt.

Im Park kann man Kanus, Schlauch- oder Motorboote mieten sowie Schnorchel- und Tauchausrüstung. Arrangiert werden können auch Schnorchel- und Tauchtrips. Es gibt zudem eine Tauchschule, bei der man Tauchscheine erwerben kann. Wer nicht gerne

Floridas Korallenriff

Das einzige lebende Korallenriff Nordamerikas erstreckt sich 320 Kilometer an den Keys entlang, von Miami bis Dry Tortugas. Das komplexe und äußerst sensible Ökosystem schützt die niedrigen Inseln vor Stürmen und hohen Wellen, die vom Atlantik kommen. Korallenriffe werden über Jahrtausende von Milliarden kleinster Organismen, den Polypen, gebildet. Das drei bis 18 Meter unter dem Meeresspiegel gelegene Riff stellt ein kompliziertes Gebilde aus zahllosen Spalten und Höhlen dar, wo verschiedenste Pflanzen und Tiere wohnen, darunter über 500 Fischarten.

Muränen wirken bedrohlich, sind aber für Menschen meist harmlos

Fächerkoralle: weiche Koralle ohne Skelett

Große Augen für die Dunkelheit, der Eichhörnchenfisch

Legende

1. Sternkoralle
2. Fächerkoralle
3. Blumenkoralle
4. Elliptische Sternkoralle
5. Peitschenkoralle
6. Baumkoralle
7. Koralle *Tubastrea*
8. Steinkorallenart
9. Hirnkoralle
10. Steinkorallenart
11. Große Blumenkoralle
12. Hornkoralle

Taucher und Hummer im John Pennekamp Coral Reef State Park

naß wird, nähert sich der Unterwasserwelt in einem Glasbodenboot. Die meisten Touren führen ins Gebiet des Florida Keys National Marine Sanctuary (auch: Key Largo National Marine Sanctuary), das sich weitere fünf Kilometer ins Meer erstreckt.

Einige Teile des Riffs eignen sich besonders gut zum Schnorcheln, wie zum Beispiel das seichte Wasser der White Bank Dry Rocks mit einer Vielfalt an Korallen und tropischen Fischen. Das Molasses Reef gleich daneben eignet sich für Taucher und Schnorchler, die dort auf Myriaden von Fischen stoßen werden. Das French Reef weiter im Norden wartet mit verschiedenen Höhlen auf, durch die man schwimmen kann. Der *Christ of the Deep*, eine Statue in sechs Metern Tiefe bei den Key Largo Dry Rocks, ist ein beliebtes Fotomotiv.

Tavernier ❾

Straßenkarte F5. Monroe Co. 2 500. *MM 92, (305) 451-1414.*

HENRY FLAGLERS Eisenbahn *(siehe S. 46 f)* erreichte diesen Teil der Keys um 1910. Heute findet man um MM 92 einige Häuser, die kurz danach in den 20er und 30er Jahren entstanden. Von den Gebäuden ist nur das Tavernier Hotel öffentlich zugänglich.

Die bemerkenswerteste Attraktion von Tavernier ist das **Florida Keys Wild Bird Rehabilitation Center**. Hier werden verwundete Vögel operiert und gepflegt. Die meisten Verletzungen stammen von Auto- und Angelunfällen. Die Vögel erholen sich in großen Käfigen in ruhiger Umgebung, die in krassem Gegensatz zur Hektik rundherum auf der Insel steht.

Florida Keys Wild Bird Rehabilitation Center
MM 93.6. *(305) 852-4486.*
tägl.

Steinkorallenpolypen *bilden ein Außenskelett aus Kalk, um ihren weichen Körper zu schützen. Die Korallenstöcke entstehen durch die Vermehrung der zahllosen Polypen. Mikroskopisch kleine Pflanzen im Gewebe bestimmen die Farbe.*

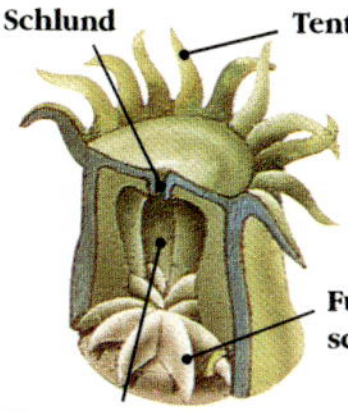

Der Kaiserfisch, einer der buntesten (und neugierigsten) Fische der Riffe

Mit seinem schnabelartigen Gebiß schabt der Papageienfisch Korallenpolypen ab

Theater of the Sea ⓾

Straßenkarte F5. Monroe Co. MM 84.5. *(305) 664-2431* *tägl.*

DAS THEATER of the Sea ist in Windley Key. Es wurde 1946 eröffnet und ist der zweitälteste Wasserpark Floridas. Der ehemalige Steinbruch stammt aus der Zeit von Flaglers Eisenbahnbau *(siehe S. 46f)* und ist berühmt für die Seelöwen- und Delphinshows. Es gibt Bootstouren, auf denen man das Leben in den nahen Lagunen kennenlernen kann, oder Programme wie »Trainer für einen Tag«.

Beim »Dolphin Adventure« wird Ihnen nicht nur eine Zwei-Stunden-Show geboten, sondern Sie können auch mit den Delphinen schwimmen. Buchen Sie lange im voraus!

Stolze Fischer in der Whale Harbor Marina (Islamorada)

Islamorada ⓫

Straßenkarte F5. Monroe Co. *8500.* *MM 82.5, (800) 322-5397.*

DIE »SPORTFISHING Capital of the World« wird Ei-la-more-i-da ausgesprochen, umfaßt sieben Inseln und ist als bedeutendes Zentrum für Sportfischerei allgemein bekannt.

In der Whale Harbor Marina in Islamorada-Stadt auf Upper Matecumbe Key gleißt eine beeindruckende Flotte an Charterschiffen für Hochseefischerei, auch für größere Gruppen mit unterschiedlicher Erfahrung. Selbst weniger passionierte Angler können so einige herrliche Stunden auf See verbringen. Bei MM 82 erinnert das Art Deco Hurricane Monument an die 500 Menschen, die 1935 *(siehe S. 24)* bei einem Hurrikan durch eine Flutwelle starben.

Indian und Lignumvitae Key ⓬

Straßenkarte F5. Monroe Co. *Islamorada.* *Lower Matecumbe Key.* *Islamorada, (800) 322-5397.*

DIESE UNBEWOHNTEN Inseln links und rechts vom Ocean Highway sind nur mit einem Boot zu erreichen.

Für seine Größe hat Indian Key erstaunlich viel Geschichte aufzuweisen. 1831 ließ sich hier »Wrecker« *(siehe S. 289)* Captain J Houseman nieder. Eine kleine Siedlung entstand unter seiner Herrschaft, wurde jedoch 1840 von Seminolen ausgerottet. Seitdem wurde die kleine Insel nicht wieder besiedelt, und nur noch Reste der Siedlung und ihre Zisternen sind zu sehen, inmitten von vielfältigster und sehr üppiger Vegetation. Ein Aussichtsturm bietet einen schönen Rundblick.

Lignumvitae Key ist etwas größer, botanisch noch interessanter und nur mit Ranger zugänglich. Unter den 133 Baumarten gab eine Art mit blauen Blüten, die 1000 Jahre alt werden kann, der Insel ihren Namen. Wissenschaftler schätzen die Vegetation auf über 10 000 Jahre. Man findet auch einige schöne Baumschnecken *(siehe S. 275)* und eindrucksvoll große Spinnen. Insektenschutzmittel ist besonders im Sommer ratsam.

Delphine in Sicherheit im Dolphin Research Center

Dolphin Research Center ⓭

Straßenkarte E5. Monroe Co. MM 59. *(305) 289-1121.* *tägl.* *Thanksgiving, 25. Dez, 1. Jan.*

DAS NICHT gewinnorientierte Unternehmen auf Grassy Key hat sich die Aufgabe gesetzt, das Verhalten von Delphinen zu erforschen. Das Center dient auch als Genesungsstation für kranke und verwundete Delphine. Hier können sich gestreßte Tiere von den Anstrengungen als Sehenswürdigkeiten der Wasserparks erholen.

Es finden regelmäßig Wanderungen zur Lagune und Sonderprogramme wie »Dolphin Encounter«, bei dem Sie mit den Tieren schwimmen können, statt. Sämtliche Programme erfreuen sich höchster Beliebtheit – buchen Sie unbedingt im voraus. Dies ist ab dem 1. des Monats ihres geplanten Besuchs möglich.

Aussichtsturm und die zerstörte Originalzisterne auf Indian Key

Fischen auf den Florida Keys

IM SÜDEN Floridas gibt es drei Gebiete zum Fischen, die alle ihren eigenen Reiz haben. In der Nähe des warmen Golfstroms tummeln sich große Sportfische wie Marline – ausgezeichnete Bedingungen zum Hochseefischen. Die Gewässer an der Atlantikküste bis einschließlich zum Korallenriff warten mit tropischen Arten wie Schnapper und Zackenbarsch auf. Nördlich der Keys im flachen Wasser des Golfs von Mexiko erwarten Sie Tarpone.

Köder

Fischerzentren sind Islamorada, Marathon und Key West. Im gesamten Gebiet stoßen Sie auf kleine Häfen mit Booten zum Mieten. Im Angebot findet sich etwas für jedes Können, jeden Geschmack und jeden Geldbeutel. Mehr Erfolg haben Sie vielleicht auf einer Gruppenfahrt oder mit einem erfahrenen Fischer. Das Angebot an Fischen hängt von Wetter und Jahreszeit ab, doch grundsätzlich können Sie um die Florida Keys das ganze Jahr über fischen.

OFFENE SEE ODER KÜSTE?

Hochseefischen als spannendste Variante überhaupt spricht Abenteurernaturen an. Ein eigenes Boot zu heuern kommt jedoch teuer. Kleine Boote fischen in den ruhigen Gewässern nahe der Küste. Hier sorgt man dafür, daß Sie nicht mit leeren Händen heimkommen.

An der Küste *werden die flachen Boote gestakt – Motoren würden sich im Seegras verfangen.*

Keine Chance *dem Fisch: Schiffe zum Hochseefischen sind bestens ausgerüstet.*

Anglerläden *gibt es am Overseas Highway und in den Häfen. Hier gibt es Genehmigungen* (siehe S. 341) *und Ausrüstung (auch zu leihen) und meist auch gute Tips über Begleiter und Touren in der Umgebung.*

Ein großer Fisch *ist die ultimative Trophäe. Ihre Beute können Sie in einem Restaurant zubereiten lassen. Für eine bleibende Erinnerung wenden Sie sich an einen Tierpräparator* (siehe S. 341).

Auf den beliebten Gruppenfahrten *kann man preiswert in der Nähe der Riffe fischen. Der Preis enthält üblicherweise die Genehmigung, Ausrüstung und Unterstützung der Crew.*

Marathons Hafen mit 7-Mile Bridge im Hintergrund

Marathon ⓮

Straßenkarte E5. Monroe Co. *13 000.* *MM 53.5, (305) 743-6555.*

DIE SPANIER nannten die Insel »Kuhinsel« (Vaca Key), wahrscheinlich wegen der damals zahlreichen Seekühe *(siehe S. 236)*. Sie wurde nach 1900 von den Männern umbenannt, die die zermürbende Aufgabe hatten, die Overseas Railroad zu verlegen *(siehe S. 267)*.

Als Zentrum der mittleren Keys (»Middle Keys«) ist die Insel sehr verbaut und erscheint auf den ersten Blick als wenig einladende Ansammlung von Geschäften und Tankstellen. Marathons größtes Plus sind seine reichen Fischgründe – besonders vielversprechend angeblich unter den Brücken, wo der Atlantik in den Golf von Mexiko übergeht.

Passionierte Fischer haben die Wahl zwischen verschiedenen Gebieten und Techniken *(siehe S. 281)*, darunter auch Harpunieren, das im Norden (in den »Upper Keys«) verboten, hier aber erlaubt ist. Oder Sie angeln vom längsten Pier der Welt, wie hier behauptet wird: einem drei Kilometer langen Teil der alten 7-Mile Bridge. Für Nicht-Fischer gibt es südlich vom Overseas Highway zahlreichen schöne Strände, die oft künstlich mit Sand aufgeschüttet wurden.

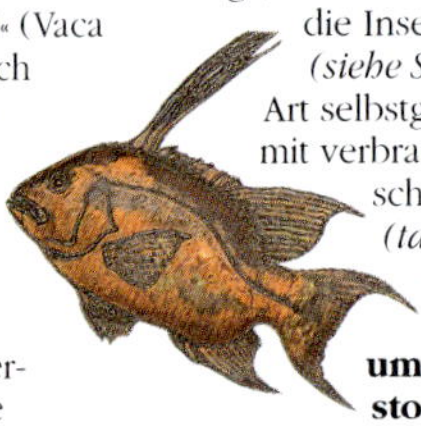

Türdetail (Crane Pont Hammock)

Auf jeden Fall sehenswert ist **Crane Point Hammock** mit 26 Hektar tropischem Wald mit Hartholzgewächsen und wilden Mangrovensümpfen. Es gibt einige Wanderwege, zu sehen ist auch ein für die Inseln typisches Haus *(siehe S. 287)* aus einer Art selbstgemischtem Beton mit verbrannten Muschelschalen und Korallen *(tabby)*. Den Naturpark betritt man durch das **Museum of Natural History of the Florida Keys**, das 1991 eröffnet wurde. Die interessante Sammlung erklärt Geschichte und Geologie der Inseln und wendet sich besonders an junge Besucher.

Museum of Natural History of the Florida Keys
MM 50.5. *(305) 743-9100.* *tägl.* *25. Dez.*

Pigeon Key ⓯

Straßenkarte E5. Monroe Co. MM 47.5, über die alte 7-Mile Bridge. *(305) 289-0025.* *tägl.*

DIESE WINZIGE Insel war einst die Basis für den Bau von Henry Flaglers 7-Mile Bridge, die man als das achte Weltwunder bezeichnete, als sie schließlich 1912 fertiggestellt war. Sieben Holzbauten – ursprünglich von Bau- und Erhaltungstrupps benutzt – gehören heute zur Marine Research and Educational Foundation und bilden eine der letzten intakten Eisenbahnsiedlungen aus dieser Zeit.

Im Brückenwärterhaus befindet sich ein historisches Museum, doch viele besuchen die Insel nur der Ruhe wegen. Die alte Brücke verläuft auf Betonpfeilern parallel zur neuen 7-Mile Bridge (1982). Sie ist die einzige Verbindung zur Insel und für Autos gesperrt, so daß Sie zu Fuß gehen oder mit dem Rad fahren müssen. Eine weitere Möglichkeit ist der Bus, der von der Foundation-Zentrale bei MM 48 abfährt.

Lower Keys ⓰

Straßenkarte E5. Monroe Co. *Key West.* *MM 31, (305) 872-2411.*

SÜDLICH der 7-Mile Bridge ändern die Keys ihr Gesicht. Das Land wirkt zerklüfteter und weniger bebaut als im Norden, man sieht mehr Wald mit vielfältiger

Negro Quarters: original erhaltene Siedlung in Pigeon Key

Bahia Hondas herrlicher Strand, einer der wenigen natürlichen Sandstrände auf den Keys

Flora und Fauna. Der auffälligste Unterschied besteht jedoch in der Art zu leben: Hier läuft alles viel gemächlicher ab. Und so erlebt man, was behauptet wird: Die Lower Keys sind eher ein Gefühl als ein Ort.

Nur 60 Kilometer von Key West befindet sich der **Bahia Honda State Park**, ein geschütztes Gebiet von 212 Hektar mit den schönsten Stränden der Keys – laut Umfrage den zweitbesten der USA: gleißend weiße Strände vor dichtem, tropischem Wald mit zahlreichen Wanderwegen, auf denen Sie an ungewöhnlichen Baumarten wie Silberpalmen oder Cladrastis lutea vorbeikommen. Es gibt auch Unmengen an Vögeln. Wer möchte, kann sich Boote leihen, doch dabei ist Vorsicht geboten: Die Strömung kann hier sehr stark sein.

Vom Park kann man auch in das **Looe Key National Marine Sanctuary** abtauchen. Schnorchler und Taucher sind sich einig, daß dieser acht Kilometer lange Abschnitt des Riffs ein herrlicher Platz mit einzigartigen Korallenformationen und Tieren ist.

Von Bahia Honda schwenkt der Highway nach Norden und gelangt zur nächsten Attraktion, der zweitgrößten Insel der Kette: **Big Pine Key**. Es ist die Wohninsel der Lower Keys und der beste Ort, die kleinen Key-Hirsche zu beobachten (am besten zur Dämmerung oder frühmorgens). Wenn Sie bei MM 30 der Abzweigung nach Key Deer Boulevard folgen, kommen Sie zum **Blue Hole**, einem gefluteten Steinbruch im Wald. Von der Aussichtsplattform sehen Sie die Hirsche und andere Tiere, die hierher zum Trinken kommen. Tafeln auf dem Rundweg des Jack Watson Nature Trail (1,6 km) helfen Ihnen, Bäume und Pflanzen zu bestimmen.

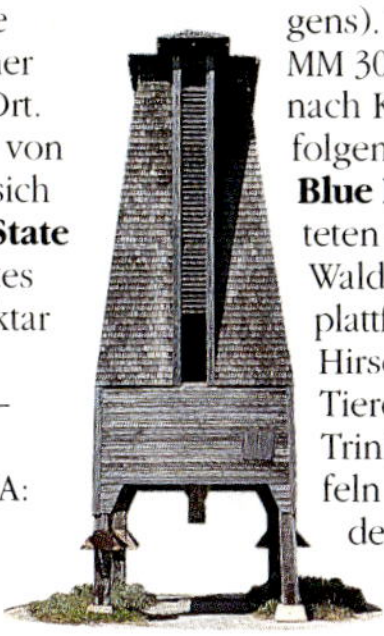

Perkys Fledermausturm

Wieder auf dem Overseas Highway sollten Sie den Himmel über Cudjoe Key nach **»Fat Albert«** absuchen. Das große Luftschiff ist in 427 Metern Höhe vertäut und beobachtet alles: angefangen von Hurrikans über Drogenschmuggler bis zur Lage in Kuba.

Sugarloaf Key gleich daneben war einst für Schwämme berühmt, heute für seinen **Bat Tower** (Fledermausturm), den Sie erreichen, wenn Sie nach MM 17 nach Norden abbiegen. Errichtet wurde er 1929 vom Grundstücksspekulanten Richter C Perky, der damit Fledermäuse anlocken wollte, die Sugarloaf Key von den lästigen Moskitos befreien sollten. Danach sollte hier ein Ferienparadies entstehen. Leider ließ sich keine einzige Fledermaus in seinem Turm nieder, der heute noch an Perkys geniale Idee erinnert.

Bahia Honda State Park
MM 37. *(305) 872-2353.*
tägl.

INSELHIRSCHE

Die vom Aussterben bedrohte, kleinwüchsige Hirschart kommt nur auf Big Pine Key und den umliegenden Inseln vor. Die Tiere schwimmen zwischen den Inseln hin und her, häufiger sieht man sie jedoch in den Wäldern. Trotz strenger Geschwindigkeitsbeschränkungen und eines Reservats auf Big Pine Key werden jährlich rund 50 Tiere durch Autos getötet. Die Zahl der Tiere hat sich bei etwa 300 eingependelt. Füttern ist strengstens verboten.

Nicht größer als ein Hund: Hirsche auf Big Pine Key

Im Detail: Key West ⓱

KEY WEST liegt am südlichsten Punkt der USA: Eine einzigartige Stadt, die wie ein Magnet auf alle wirkt, die Florida und Amerika ganz hinter sich lassen wollen. Hier können Sie sich unter die Einheimischen mischen und sich ganz dem gemütlichen, tropischen Lebensgefühl hingeben.

Erstmals 1513 erwähnt, zog die Insel Piraten und später »Wreckers« an *(siehe S. 289)*, die auf vorbeifahrende Frachtschiffe und deren kostbare Ladung lauerten. Key West entwickelte sich zur reichsten Stadt in Florida, und Einwanderer aus allen Teilen der Welt strömten hierher: aus Nord- und Südamerika, Europa und der Karibik. Architektur, Küche und Lebensgeist zeugen von diesem vielfältigen kulturellen Erbe. Homosexuelle, Schriftsteller und New-Age-Anhänger tragen heute zur einzigartigen Mischung von Key West bei.

The Curry Mansion
Üppige Einrichtung im Haus (19. Jh.) eines »Wreckers« (siehe S. 288).

Sloppy Joe's zählte zu Hemingways Lieblingsbars. Die Bar zog 1935 aus der Greene Street hierher.

Pier House Resort
Erlebnis Sonnenuntergang: Logenplätze auf der Terrasse des Hotels unweit des Mallory Square.

★ Mel Fisher Maritime Museum
Welche Schätze das Meer bietet und wie man sie findet, wird in diesem Museum gezeigt (siehe S. 288).

Audubon House, (um 1840) enthält Möbel dieser Zeit und Originalstiche des Vogelkundlers John James Audubon *(siehe S. 44)*.

The Wreckers' Museum ***(siehe S. 288)***

LEGENDE

– – – Routenempfehlung

Duval Street
bildet mit Souvenirläden und Altstadt-Sehenswürdigkeiten die Hauptachse der Stadt. Hier tummeln sich auch viele Touristen.

NICHT VERSÄUMEN

★ Mel Fisher Maritime Museum

★ Bahama Village

Fleming Street
Ein schönes Beispiel für die stillen, schattigen Straßen der Altstadt ist die Fleming Street mit eindrucksvollen Beispielen der für Key West typischen Architektur (siehe S. 287).

INFOBOX

Straßenkarte E5. Monroe Co. *27 000. 2 Meilen (3 km) östl. von Duval St. 615 Duval St, (305) 296-9072. Mallory Sq, (305) 292-8158. 402 Wall Street, (305) 294-2587. Walking tours (305) 293-9291.*
Audubon House *(305) 294-2116. tägl. Conch Republic Independence Celebration (April), Hemingway Days Festival (Juli), Fantasy Fest (Mitte Okt).*

St Paul's Episcopal Church
Die Kirche (1912) ist dem Patron der Schiffbrüchigen geweiht. Einige der 49 Glasfenster sind mit nautischen Symbolen versehen.

Margaritaville
Der floridianische Sänger Jimmy Buffet ist Besitzer dieses Cafés mit Shop, in dem es T-Shirts und Souvenirs gibt.

Das San Carlos Institute
wurde 1871 von Kubanern gegründet. Das kubanische Kulturinstitut befindet sich heute in einem neobarocken Gebäude von 1924.

★ Bahama Village
In diesem noch recht ursprünglichen alten Viertel von Key West findet man viele buntgestrichene Holzhäuser.

Überblick: Key West

Hemingways Boxhandschuh

Die meisten Sehenswürdigkeiten liegen höchstens drei Blocks von der Duval Street entfernt, Hauptachse der Altstadt und Verbindung zwischen dem Golf von Mexiko und dem Atlantik. Nirgends sonst in Florida gibt es so viele Holzhäuser aus dem 19. Jahrhundert wie hier zwischen Whitehead Street und White Street. Schlichte »Shotgun«-Häuser der kubanischen Zigarrenarbeiter kontrastieren mit schrullig-romantischen Gebäuden der Reichen. Mit dem Conch Train oder der Old Town Trolley Tour, dem Rad oder auf einem Spaziergang durch die Gassen gewinnen Sie einen guten Überblick. Im Süden der Insel finden Sie schöne Sandstrände.

Palmen überschatten einen Strand im Süden der Insel

Stadtspaziergang

Mallory Square im Norden der Altstadt ist berühmt für seine Sonnenuntergänge, wenn Straßenkünstler um die Gunst des Publikums wetteifern. Tagsüber wird das Flair der Stadt in der Duval Street und ihren Nebengassen am besten spürbar. Die netten Straßen mit tropischen Bäumen und Bougainvilleen werden von den typischen Key West-Häusern mit ihren reichen Verzierungen gesäumt.

Noch reizvoller ist **Bahama Village**, dem die ersten Siedler von Key West ihren Namen gaben. Das historische Viertel im Westen wird von Fort Street, Virginia Street, Petronia Street und Whitehead Street begrenzt. Das Leben spielt sich hier auf der Straße ab. Man spielt Domino, und die Hühner laufen frei herum – eine kleine karibische Enklave in Nordamerika. Viele typische »Shotgun«-Häuser blieben von der allgemeinen Renovierungswut verschont.

East Martello Museum and Gallery

3501 S Roosevelt Blvd. *(305) 296-3913.* *tägl.* *25. Dez.*

Der East Martello Tower im Osten der Insel wurde 1861 begonnen, um Fort Zachary *(siehe S. 288)* zusätzlich zu sichern, wurde aber nie fertiggestellt, weil er bald als überholt galt.

Heute beherbergt der Turm ein informatives Museum, in dem man einen guten Überblick über die bunte Vergangenheit von Key West gewinnt: von den vielen literarischen Spuren bis zur wirtschaftlichen Entwicklung der Insel. Zu sehen sind auch die abenteuerlichen Flöße, auf denen Kubaner vor Castros Regime flohen *(siehe S. 50f)*.

Vom Turm selbst hat man einen schönen Blick, er beherbergt auch Werke lokaler Künstler wie die naiven Bilder von Mario Sanchez.

Hemingway House

907 Whitehead St. *(305) 294-1575.* *tägl.*

Das Haus im spanischen Kolonialstil ist wahrscheinlich die am meisten gepriesene Attraktion der Stadt. Hemingway lebte hier 1931–40. Zu sehen ist auch der Raum, in dem der Autor mehrere Werke verfaßte. *Haben und Nichthaben* spielt als einziges in Key West. Gezeigt werden seine Bibliothek, Erinnerungsgegenstände und der Zigarrenarbeitersessel, in dem er beim Schreiben saß. In den Führungen werden Hemingways außerliterarische Leidenschaften beschrieben: Hochseefischen und Sloppy Joe's Bar *(siehe S. 284)*.

Angebliche Nachfahren seiner sechszehigen Katzen streichen noch heute durch den üppigen Garten und das Haus.

Lighthouse Museum

938 Whitehead St. *(305) 294-0012.* *tägl.* *25. Dez.*

Gegenüber dem Haus Hemingways steht der 1848 erbaute Leuchtturm der Stadt. Im Wärterhaus ist ein bescheidenes Museum mit historischen Exponaten, unter anderem aus dem Leuchtturm, untergebracht. Für viele ist der Leuchtturm selbst die größte Attraktion. Der 88-Stufen-Aufstieg wird mit einem herrlichen Rundblick belohnt. Man kann auch durch die alte Linse schauen, durch die das Licht 40 Kilometer über das Meer strahlte.

Original Leuchtturmflagge

***Boza's Comparsa* (1975): Duval Street von Sanchez (East Martello Museum)**

Key-West-Stil

Die Architektur von Key West zeichnet sich durch ihre Einfachheit aus, bedingt durch das heiße Klima und die Knappheit an Baumaterial. Holz wurde wiederverwendet oder importiert. Die frühen »Conch«-Häuser (vom Beginn des 19. Jh.) wurden oft von Schiffbauern errichtet, die Eindrücke von ihren Reisen einfließen ließen. Von den Bahamas stammen verschiedenste Vorrichtungen für Schatten und Belüftung gegen die Hitze.

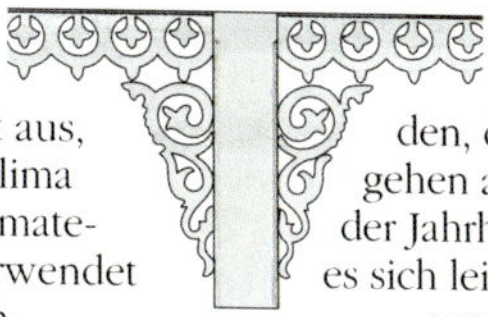

Reichverzierter Stützbalken

Neoklassizistische Elemente kamen aus dem Norden, die dekorativen Spielereien gehen auf den viktorianischen Stil der Jahrhundertwende zurück. Wer es sich leisten konnte, bevorzugte verspielte Details (»Gingerbread«-Stil), die man auch an ärmlicheren Gebäuden findet. Seit den 70er Jahren, als man die eigenständige Architektur der Stadt zu schätzen begann, wurden viele Häuser renoviert, vor allem innen, so daß ihr charakteristisches Flair gewahrt blieb.

Große Fenster sichern gute Ventilation.

Fensterläden schützen gegen Sonne und Stürme. Ursprünglich waren nicht alle Fenster verglast.

Großzügige Veranden spenden viel Schatten.

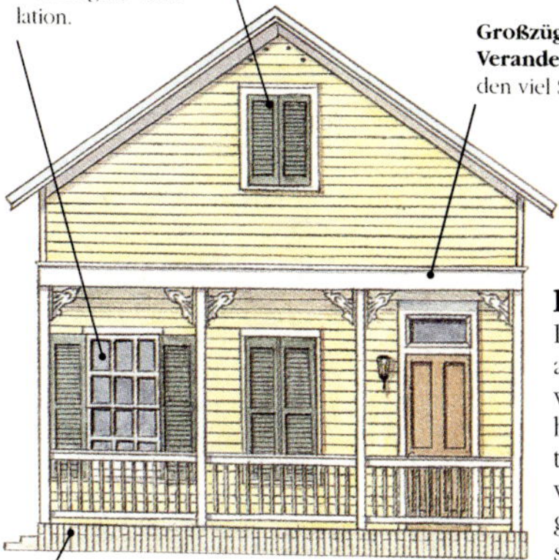

Das Haus steht erhöht auf Pflöcken, so daß unter dem Boden kühle Luft zirkulieren kann.

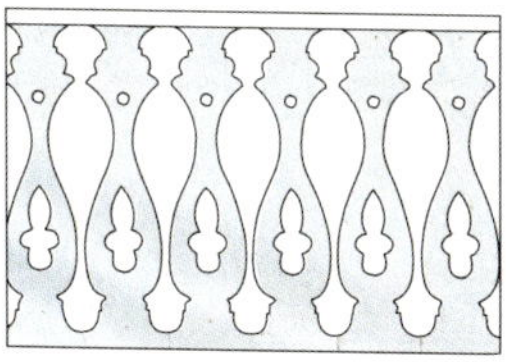

***Die Geländer** wirken häufig wie Lebkuchenverzierungen (»Gingerbread«-Stil). Keines gleicht dem anderen.*

Dreizahliges Haus

Der am weitesten verbreitete Häusertyp auf Key West unterscheidet sich nur unwesentlich von den »Shotgun«-Häusern, bei denen ein Schuß durch die Vordertür auch die Rückwand durchschlagen würde, weil es keine Zwischenwände gibt. Der zur Straße weisende Giebel sparte Platz.

An den Türen werden neoklassizistische Einflüsse am deutlichsten.

»Eyebrows« (Augenbrauen) verdecken die oberen Fenster.

Dachluken sorgen für zusätzliche Belüftung im Dachgeschoß. Dieses System findet sich auch auf Schiffen.

Bunte Anstriche sind heute beliebt, am häufigsten findet man jedoch die traditionelle weiße Farbe.

Fünfzahliges »Augenbrauenhaus«

Die für Key West klassische Symmetrie wird hier besonders deutlich. Typisch sind die »Augenbrauen«, die das Dach bildet, um das obere Stockwerk vor der Sonne zu schützen.

Beeindruckende Gewölbe im Fort Zachary Taylor

Fort Zachary Taylor State Historic Site

Ende Southard St. *(305) 292-6713.* *tägl.* *begrenzt.*

Das Fort wurde 1866 als Teil des nationalen Küstenverteidigungssystems fertiggestellt. Während des Bürgerkriegs waren hier Truppen der Nordstaaten stationiert, um die Loyalität der Insel zum Norden zu sichern. Ursprünglich hatte das Fort drei Stockwerke und Toiletten, die von den Gezeiten gespült wurden. Um 1890 wurde es umgebaut.

Heute beherbergen die Gemäuer ein Militärmuseum mit zahlreichen Exponaten aus dem Bürgerkrieg. Auch das Areal und eine Aussichtsplattform können besichtigt werden. In der Nähe befindet sich der schönste öffentliche Strand der Insel mit einem schattigen Picknickplatz.

Mel Fisher Maritime Museum

200 Greene St. *(305) 294-2633.* *tägl.*

Hinter dem schlichten Äußeren verbergen sich Schätze. Fisher machte 1985 Schlagzeilen, als er das Wrack der spanischen Galeonen *Nuestra Señora de Atocha* *(siehe S. 26)* und *Santa Margarita* etwa 64 Kilometer westlich von Key West entdeckte. Sie enthielten 47 Tonnen Gold- und Silberbarren und 32 Kilo Rohsmaragde, die 1622 mit den Schiffen untergegangen waren.

Nur ein Bruchteil dieser Schätze ist ausgestellt, vieles wurde verkauft. Zu sehen sind Schmuckstücke, Münzen und Kruzifixe. Auch die Geschichte der Bergung wird erzählt.

Wreckers' Museum

322 Duval St. *(305) 294-9502.* *tägl.* *begrenzt.*

Das 1829 errichtete Haus von »Wrecker« Francis B Watlington soll das älteste Gebäude von Key West sein. Maritime Einflüsse sind unverkennbar, wie zum Beispiel die von Schiffen entlehnte Dachluke für gute Belüftung. Das Haus ist vollgestopft mit nautischem Krimskrams, Schiffsmodellen und Gemälden sowie Dokumenten zum »Wrecking« – dem Gewerbe, mit dem Key West (und Captain Watlington) steinreich wurde. Die Anekdoten der freiwilligen »Besatzung« lassen die Geschichte des Hauses lebendig werden.

Vergessen Sie nicht das Küchenhaus im Hof, das älteste der wenigen Beispiele, die man in Key West noch antrifft. Durch die Trennung vom Hauptgebäude hielt man das Brandrisiko gering und vermied eine unnötige Erwärmung im Rest des Hauses.

Den Schiffen abgeschaut: Dachluke im Wreckers' Museum

Curry Mansion

511 Caroline St. *(305) 294-5349.* *tägl.*

Das herrschaftliche und detailreiche Gebäude wurde 1855 von »Wrecker« William Curry begonnen, dem ersten Millionär von Key West. Sein Sohn Milton vollendete den Bau 44 Jahre später.

Das Haus mit den geschwungenen Veranden ist zum Großteil noch original erhalten, auch die Holztäfelung in den Räumen oder die elektrischen Installationen. Die Ausstattung präsentiert sich als Mischung viktorianischer und jüngerer Gegenstände, angefangen von Tiffany-Glas bis zu einem Gewehr Hemingways, die alle vom derzeitigen Besitzer stammen. Angeblich erfand »Aunt Sally« hier die Key Lime Pie *(siehe S. 315)* mit Kondensmilch (ab 1895 erhältlich). Die Curry Mansion ist auch ein Hotel *(siehe S. 311)*.

Das malerische Robert-Frost-Cottage im Garten des Heritage House

Heritage House Museum

410 Caroline St. *(305) 296-3573.* *tägl.* *Thanksgiving, 25. Dez, 1. Jan.*

Das 1834 errichtete Haus eines britischen Captains zählt zu den ältesten Gebäuden von Key West. Es ist fast original erhalten und mit Kuriositäten der reichen Familie Porter ausgestattet. Im Garten steht ein Küchenhaus und das Robert-Frost-Cottage unter einem großen Banyanbaum. Das Häuschen wurde nach dem amerikanischen Dichter benannt, der hier während seiner zahlreichen Besuche in Key West wohnte. Aus dem Brunnen im Garten tranken angeblich schon die Indianer und ersten Seeleute.

Key West Cemetery

701 Passover Lane. (305) 292-8177. tägl.

Die Gräber des Friedhofs werden wegen des Kalkfelsens und der Nähe zum Wasser meist oberirdisch angelegt. Im rasterförmigen Friedhof liegen viele der ersten Bewohner von Key West begraben. Innerhalb der Anlage gibt es einen jüdischen und einen katholischen Friedhof, während viele der kubanischen Grüfte von einem Huhn gekrönt werden – eventuell ein Hinweis auf die Santería-Religion *(siehe S. 75)*. Es gibt sogar einen Tierfriedhof. Die Statue eines Matrosen erinnert an die 252 Matrosen, die zu Beginn des Spanisch-Amerikanischen Krieges 1898 im Hafen von Havanna mit dem Schlachtschiff *USS Maine* untergingen. Lesenswert sind die Inschriften, darunter: »Ich sagte doch, daß ich krank bin«. Von den meisten ersten Siedlern kannte man nur den Spitznamen, und diese in Key West übliche Vertraulichkeit folgte ihnen bis ins Grab: Auf dem Friedhof liegen Bunny, Shorty, Bean … Völlig unbeeindruckt von dieser Tradition soll Ernest Hemingway jedoch gesagt haben: »Lieber esse ich Affenaas, als in Key West zu sterben.«

Statue des einsamen Matrosen

»Wrecking«: Ein gutes Geschäft

Seit dem ausgehenden 18. Jahrhundert wurden die Gewässer um die Keys von britischstämmigen Bewohnern der Bahamas dominiert, die auch in der Nähe des Riffs patrouillierten, um auf Grund gelaufene Schiffe zu retten. Das Seerecht sah vor, daß Schiff und Ladung in einem solchen Fall dem Retter gehört, und so landeten Güter aus aller Welt auf den Keys: angefangen von Holz bis zu Luxusgütern wie Spitze, Wein und Silber. Diese Art der Warenbeschaffung nannte man »Wrecking«. Sie war dermaßen beliebt, daß sich der Kongreß 1825 genötigt sah, strengere Gesetze zu erlassen, und nur US-Bürgern erlaubte, sich als »Wrecker« zu betätigen. Key West florierte und wurde bald die reichste Stadt Floridas.

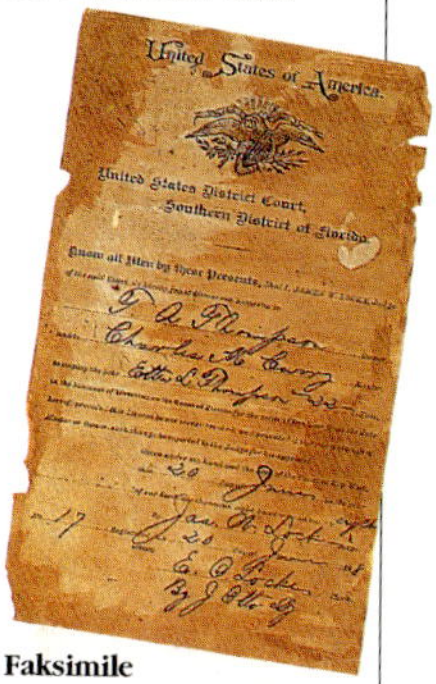

Faksimile einer »Wrecker«-Linzenz

Dry Tortugas National Park ⓲

Straßenkarte D5. Monroe Co.
Key West. 402 Wall St, (305) 294-2587.

Die Dry Tortugas bestehen aus sieben Koralleninseln 109 Kilometer westlich von Key West. Am häufigsten wird **Fort Jefferson** auf Garden Key besucht – es ist die größte steinerne Befestigung der USA. Ein 21 Meter breiter Graben und 15 Meter hohe, bis zu 2,5 Meter dicke Mauern umgeben die Anlage. Ursprünglich sollten hier 1500 Männer mit 450 Kanonen die Florida Straits kontrollieren. 1845 wurde mit dem Bau begonnen, der 30 Jahre in Anspruch nahm, doch das Fort wurde niemals fertiggestellt oder in einem Kampf genutzt. Nachdem die im Bürgerkrieg stationierten Truppen der Nordstaaten abgezogen waren, diente es lediglich als Gefängnis für Deserteure.

Die Insel ist nur per Boot oder Wasserflugzeug erreichbar. Die meisten Besucher kommen mit organisierten Touren von Key West, bei denen man auch im kristallklaren Wasser schnorcheln kann. Zwischen März und Oktober lassen sich hier Zugvögel nieder: Tölpel, Schwalben und der herrliche Fregattvogel mit einer Flügelspannweite von zwei Metern.

Garden Key im Dry Tortugas National Park mit dem imposanten Fort Jefferson (19. Jh.)

Zu Gast in Florida

ÜBERNACHTEN

Schild am Coombs House Inn *(siehe S. 306)*

In Florida hat man eine Riesenauswahl für jeden Geschmack und jede Brieftasche: von rustikalen Blockhütten bis zu Luxushotels, in denen Ihnen jeder Wunsch von den Augen abgelesen wird. Dazwischen liegen Mittelklassehotels, preisgünstige Familienunterkünfte, ansprechende Frühstückspensionen, praktische Motels oder komplett ausgestattete Apartments. Es gibt auch zahlreiche Campingplätze, wo Sie Ihr Zelt aufschlagen oder den Wohnbus oder Wohnwagen parken können. Im allgemeinen herrscht in Florida ein gutes Preis-Leistungs-Verhältnis, die Preise schwanken jedoch nach Ort und Saison. Die Liste von Seite 296–311 führt mehr als 200 Unterkünfte an, die als beste ihrer Art und Preisklasse ausgewählt wurden. Weitere Informationen erhalten Sie beim *Florida Department of Commerce, (siehe S. 295)* oder bei den lokalen Touristeninformationen.

Lobby des edlen Eden Roc Hotel in Miami *(siehe S. 297)*

Hotels und Anlagen

Abgesehen von den herrlichen Art-déco-Anlagen in Miami Beach präsentieren sich Floridas Hotels meist als große, moderne Bauwerke mit ausgezeichneter Ausstattung inklusive Swimmingpool, doch mit wenig Atmosphäre und oft unpersönlichem Service.

Hotelketten sind in den USA häufig und sehr beliebt. Sie haben den Vorteil, daß Sie wissen, was Sie erwartet – auch wenn die Preise je nach Ort schwanken. Das Angebot umfaßt die exklusiven Marriott- und Inter-Continental-Hotels, Holiday Inns und Howard Johnsons (HoJos) im Mittelklasse-Bereich bis hin zu den preiswerten Day Inns.

Hotelkomplexe (»Resorts«) mit oft großen, gepflegten Anlagen findet man vor allem am Meer. Die Preise sind hier sehr hoch, doch wird auch jede Art von Luxus geboten: mit Swimmingpools (manche mit olympischen Maßen), Läden und meist einer Auswahl von Restaurants. Viele verfügen über ein exzellentes Sportangebot mit Golf- und Tennisplätzen und eventuell auch Sportlehrern. Gesundheitsprogramme werden immer beliebter, mit täglich stattfindenden Fitneß-Stunden und speziellen Diät-Angeboten. Mit den gut ausgestatteten Spielräumen und Kinderprogrammen bieten sich diese Hotels auch für Familienurlaube an.

Marquesa Hotel in Key West: schattiger Garten und Pool *(siehe S. 311)*

Frühstückspensionen

Wenn Sie Gastfreundschaft im engeren Sinn suchen, so liegen Sie mit »Bed and Breakfast« (B & B) genau richtig. Bei solchen »homestays« sind Sie in Privathäusern bei den Eigentümern zu Gast. Das Frühstück ist meist ausgezeichnet und wird oft in familiärer Atmosphäre mit allen Gästen gemeinsam eingenommen. Ambiente und Atmosphäre wiegen die Abwesenheit traditionellen Hotelkomforts auf – obwohl manche B & B recht luxuriös sein können.

»Inns« fallen etwas größer und teurer als ein durchschnittliches B & B aus, haben eventuell sogar ein Restaurant und sind auf jeden Fall freundlicher als Hotelketten.

Auf dem Land und in alten, historischen Städten finden Sie die größte Auswahl an Bed and Breakfasts. In Key West oder St Augustine zum Beispiel gibt es herrliche alte Häuser mit antiken Möbeln.

Von Nachteil ist, daß Einschränkungen für Kinder bestehen können und Zimmer nur für eine Mindestanzahl von Nächten vergeben werden. B & B sind oft klein – buchen Sie im voraus.

Einige Agenturen haben sich auf B & B spezialisiert, zum Beispiel **Inn Route of Florida**, die hauptsächlich

Panhandle: Bed and Breakfast *(siehe S. 306)* in Cedar Key

historische Gebäude in Florida im Angebot hat. **Innkeepers Association** konzentriert sich auf die Gegend um Key West, **Bed & Breakfast Co – Tropical Florida** deckt ganz Florida ab. Von der **Tourist House Association of America** kann man auch Listen und Broschüren anfordern. Fragen Sie nach *Bed and Breakfast USA* (Ausgabe für den Südosten).

Reservierung

Um in der Hochsaison im Hotel Ihrer Wahl Zimmer zu bekommen – besonders in Miami oder Orlando – sollten Sie einige Monate vorher buchen. Außerhalb der Saison bekommen Sie meist auch kurzfristig etwas. Normalerweise ist immer etwas frei, wenn auch nicht in ihrem Traumhotel.

Mit Kreditkarte können Sie telefonisch reservieren (ggf. wird Kaution verlangt). Geben Sie Bescheid, wenn Sie später als 17 Uhr kommen, sonst verfällt die Reservierung.

Ausstattung

Die Konkurrenz in Florida ist so stark, daß die Ausstattung meist gut ist. Üblich sind TV, Bad und Klimaanlage (auch bei B & B), die meisten Zimmer haben Kühlschrank und Schreibtisch. Man findet auch Zimmer mit Küchenblocks *(siehe S. 294)*. In den Zimmern stehen meist zwei breite Betten.

Behinderte sind mit Hotels am besten bedient. Es gibt meist Rampen und Aufzüge, und nicht wenige Hotels bieten rollstuhlgerechte Zimmer an. Sollten Sie besondere Wünsche haben, so informieren Sie das Hotel, wenn Sie Ihr Zimmer reservieren.

Preise

Die Preise sind nach Saison sehr stark gestaffelt – in der Hochsaison können Sie 30 bis 50 Prozent mehr als in der Nebensaison zahlen. In Südflorida gilt der Zeitraum von Mitte November bis Ostern als Hochsaison, im Nordwesten (Panhandle) und Nordosten, wo es im Winter kühler ist, sind es die Sommermonate. Zu Weihnachten, Ostern und Thanksgiving sind übrigens überall Höchstpreise zu erwarten. Zimmer mit Meerblick können bis zu 25 Prozent teurer sein, erkundigen Sie sich nach dem gesamten Angebot.

Zimmer bis 70 Dollar bieten üblicherweise ähnliche Ausstattung und Komfort, erst ab 70 Dollar (ausgenommen auf dem Land) können Sie einen deutlichen Unterschied merken. Sie zahlen meist das Zimmer und nicht die Anzahl der Personen. Das bedeutet aber auch, daß ein Einzelzimmer nur unwesentlich billiger als ein Doppelzimmer ist.

Es lohnt sich immer, sich nach Spezialangeboten zu erkundigen. So zahlt man manchmal weniger für das Zimmer, wenn man im Hotel ißt (fragen Sie nach den Menüs), länger als eine Woche bleibt, mit Familie reist oder Rentner ist.

Miami: das moderne Delano Hotel in South Beach *(siehe S. 297)*

Versteckte Preisaufschläge

Zimmerpreise verstehen sich ohne Umsatzsteuer *(sales tax)* und Kurtaxe *(resort tax)*, die abhängig vom Ort zwei bis fünf Prozent des Zimmerpreises beträgt. Insgesamt können zum Preis also elf Prozent Steuer hinzukommen.

Telefonate vom Hotelzimmer sind sehr teuer. Manchmal sind Ortsgespräche gratis, doch das öffentliche Telefon in der Lobby ist immer günstiger. Manchmal werden Ihnen auch Faxe berechnet, die Sie erhalten.

Lassen Sie Ihr Auto vom Hotel parken, kann das pro Tag zwischen zwei und 17 Dollar (im Delano Hotel) kosten, nicht eingerechnet Trinkgeld für das Personal.

Angesichts der oft überhöhten Preise für Frühstück sind Sie mit einem Café meist besser bedient. Hotelfernsehen kann auch auf die Rechnung gesetzt werden: Informieren Sie sich, bevor Sie nach der Fernbedienung greifen.

Art déco im Brigham Gardens Guest House in Miami *(siehe S. 296)*

Ferienhütte am Meer in Bahia Honda auf den Keys *(siehe S. 283)*

Motels

Die meisten Urlauber ziehen Motels nur im Notfall in Betracht. In der Hochsaison stellen sie aber eine gute Möglichkeit bei kurzfristigen Terminen dar. Zu finden sind Motels klassischerweise am Stadtrand, doch in Florida findet man sie auch in den Ferienorten am Meer, wo sie besonders in der Hochsaison eine gute Alternative zu herkömmlichen Hotels darstellen.

Motels sind billiger als viele Hotels und auch bequemer. Sie parken Ihr Auto (gratis) in der Nähe Ihres Zimmers, laden die Taschen aus und können gleich an den Strand oder zum Sightseeing gehen. Die Räume sind meist einfach. Es empfiehlt sich, vorher einen Blick ins Zimmer zu werfen, denn nicht alle Motels sind sauber.

Leuchtreklame eines Motels in Orlando

Übernachten in Orlando

Wer einen Besuch in Walt Disney World plant, für den sollte bei der Wahl des Hotels die Nähe zum Themenpark im Vordergrund stehen: Je früher Sie zum Park kommen, desto weniger Zeit verlieren Sie im Stau und beim Schlangestehen. Außerdem haben Sie bei einem Hotel in der Nähe die Möglichkeit, sich tagsüber eine Pause zu gönnen oder Zeiten des schlimmsten Ansturms abzuwarten.

Zimmer im Park selbst sind teuer (pro Nacht oft mehr als 150 Dollar), doch es gibt zwei günstigere Hotels: das All-Star-Sports Resort und das All-Star-Music-Resort *(siehe S. 303)* für weniger als 100 Dollar inklusive Steuer. Es gibt auch gute Campingplätze, die etwa 40 Dollar pro Nacht kosten.

Disney-Hotels sind sehr gefragt und sollten im Idealfall schon sechs Monate vorher reserviert werden, für Termine zu Ostern oder Weihnachten ein Jahr vorher. Es gibt in Orlando jedoch genug Hotels, so daß Sie immer Zimmer finden. Bei der Wahl des Hotels sollten Sie feststellen, wie weit entfernt es von Disney World und den anderen Themenparks liegt, ob ein Busservice angeboten wird und, wenn ja, wie oft die Busse fahren.

Ferienwohnungen

Als beliebtes Urlaubsziel für Familien mit Kindern hat Florida auch ein entsprechendes Angebot an Ferienwohnungen. Einige Hotels und Motels bieten Zimmer mit Küchenblock (*efficiencies*). Sie kosten mehr als Standardzimmer, dafür spart man sich die teuren Mahlzeiten im Restaurant. Auf dem Land findet man Ferienhäuschen auch oft bei Campingplätzen.

Ferienhäuser (*condos*) mit Apartments findet man vor allem an der Küste. Sie scheinen auf den ersten Blick teuer (1200 Dollar pro Woche ist billig!), rentieren sich aber für große Familien. **Overseas Connection** und **Vacation Home Rentals Worldwide** sind nur zwei der vielen Agenturen, die Ferienhäuser, aber auch private Häuser und Apartments vermitteln. Fragen Sie auch bei einem Reisebüro zu Hause nach: Florida-Spezialisten haben manchmal entsprechende Angebote.

Gratis in einem Privathaus können Sie wohnen, wenn Sie einfach Häuser tauschen. Dafür müssen Sie Mitglied einer entsprechenden Organisation sein, zum Beispiel bei **HomeLink**.

Camping

Florida hat unzählige Campingplätze: von einfachen ohne fließendes Wasser bis zu Luxusanlagen mit Swimmingpools, Restaurants, Läden und Bootsvermietung. Zelte sieht

Natur pur: Camper im Torreya State Park *(siehe S. 255)*

man seltener, üblich sind Wohnwagen und Wohnmobile. Bei manchen Campingplätzen gibt es Wohnwagen oder Ferienhütten zu mieten. Staatliche Plätze verlangen 10–25 Dollar pro Stellplatz, private bis zu 40 Dollar pro Nacht. Sie können im voraus reservieren, doch staatliche Campingplätze lassen immer etwas frei, damit auch Neuankömmlinge untergebracht werden können.

Die **Florida Association of RV Parks and Campgrounds** (ARVC) gibt jedes Jahr eine Broschüre mit der Liste ihrer Mitglieder heraus, die direkt vom ARVC angefordert werden kann. Wenn Sie sich für Campingplätze in Nationalparks interessieren, so wenden Sie sich an das **Department of Environmental Protection, Parks and Recreation**. Empfehlenswert sind auch Campingplätze der **KOA Kampgrounds of Amerika** – sie betreiben etwa 30 sehr gute Plätze in Florida und geben ihre eigene Broschüre heraus.

Ruhiger Platz in einem Park auf dem Panhandle

Gepflegter Garten, schöner Pool: Jugendherberge in Kissimmee

Jugendherbergen

In Florida gibt es mehrere Jugendherbergen, unter anderem auch in South Beach, Orlando und Fort Lauderdale. **Hostelling International – American Youth Hostels** gibt eine Liste mit den Mitglieds-Herbergen heraus. Informationen erteilt auch das **Deutsche Jugendherbergswerk**.

Die Herbergen sind oft sehr gut ausgestattet – zum Beispiel mit Swimmingpool – und die Preise sehr niedrig: um 15 Dollar pro Nacht, für Nicht-Mitglieder etwas mehr. In der Hochsaison Platz reservieren!

Mit Kindern unterwegs

Die meisten Hotels haben eine Grundausstattung für Kinder parat (wie Kinderbetten), manchmal gibt es auch Babysitter. Einige Orte wie Orlando oder beliebte Badeorte bemühen sich um ihre jüngsten Gäste und sorgen für Kinderschwimmbecken und Spielplätze. Manchmal wird auch ein Kinderprogramm angeboten, mit organisierten Veranstaltungen und Tagesausflügen (die extra kosten können).

Die meisten Hotels lassen Kinder unter zwölf Jahren umsonst im Zimmer der Eltern schlafen, manchmal (in Disney World zum Beispiel) gilt das für Kinder unter 18. Wenn kein Schlafsofa im Zimmer vorhanden ist, stellt das Hotel für eine geringe Gebühr ein Zusatzbett auf.

Auf einen Blick

Bed and Breakfast

Bed & Breakfast Co – Tropical Florida
PO Box 262,
South Miami, FL 33243.
(305) 661-3270.

Innkeepers Association
3850 N Roosevelt Blvd,
Key West, FL 33040.
(305) 661-3270.

Inn Route of Florida
PO Box 6187, Palm Harbor, FL 34684-0787.
(800) 524-1880.

Tourist House Association of America
PO Box 12A, Greentown, PA 18426.
(717) 676-3222.

Ferienwohnungen

Overseas Connection
PO Box 1800,
Sag Harbour,
NY 11963.
(516) 725-9308.

HomeLink
PO Box 650,
Key West, FL 33041.
(800) 638-3841.

Vacation Home Rentals Worldwide
235 Kensington Ave,
Norwood, NJ 07648.
(201) 767-9393.

Camping

Department of Environmental Protection, Parks and Recreation
3900 Commonwealth Blvd,
Tallahassee, FL 32399.
(904) 488-9872.

Florida Association of RV Parks and Campgrounds
1340 Vickers Drive,
Tallahassee, FL 32303.
(904) 562-7151.

KOA Kampgrounds of America
PO Box 30558,
Billings, MT 59114.
(406) 248-7444.

Jugendherbergen

Hostelling International-American Youth Hostels
PO Box 37613,
Washington DC 20013-7613.
(202) 783-6161.

Deutsches Jugendherbergswerk
Hauptverband
32754 Detmold
05231-74010.

Hotelauswahl

Die hier aufgelisteten Hotels verschiedenster Preisklassen wurden nach Ausstattung, Lage und Preis-Leistungs-Verhältnis ausgewählt. Faktoren, die Ihnen bei der Wahl behilflich sein sollen, wurden hervorgehoben. Die Liste gliedert sich nach Regionen und beginnt mit Miami. Die Karte für Miami ist auf den Seiten 96–101, die Straßenkarte auf Seite 12/13.

Miami

	Kreditkarten	Kinderfreundlich	Swimmingpool	Gutes Restaurant	Kochgelegenheit
Miami Beach: *Clay Hotel and International Youth Hostel* $ 1438 Washington Ave, FL 33139. **Karte** 2 E3. *(305) 534-2988.* FAX *(305) 673-0346.* Für ihre Toplage unschlagbar günstige Jugendherberge im spanischen Revival-Stil. Unbedingt vorher reservieren! ***Betten:*** *220*	MC V				■
Miami Beach: *Kenmore* $$ 1050 Washington Ave, FL 33139. **Karte** 2 E3. *(305) 674-1930.* FAX *(305) 534-6591.* Wird gemeinsam mit dem Park Washington geführt, beliebtes Schwulen-Hotel. Unverkennbar Art déco, innen und außen. ***Zimmer:*** *60*	AE MC V		■		
Miami Beach: *Lido Spa* $$ 40 Island Ave, FL 33139. **Karte** 1 C1. *(305) 538-4621.* FAX *(305) 534-3680.* Bei Einheimischen beliebtes und preiswertes Kurhotel in der Nähe von South Beach (Belle Isle). P *Mai–Okt.* ***Zimmer:*** *120*	AE MC V		■		■
Miami Beach: *Park Washington* $$ 1020 Washington Ave, FL 33139. **Karte** 2 E3. *(305) 532-1930.* FAX *(305) 672-6706.* Bildet mit den Nachbarn Kenmore und Bel Air ein Art-déco-Trio. Zitronenfarbene Zimmer mit Originalmöbeln aus den 30ern. ***Zimmer:*** *50*	AE MC V		■		■
Miami Beach: *Brigham Gardens Guest House* $$$ 1411 Collins Ave, FL 33139. **Karte** 2 F3. *(305) 531-1331.* FAX *(305) 538-9898.* Zwei Gebäude aus den 30er Jahren inmitten eines herrlichen Gartens mit einer Singvögel-Voliere. Direkt im Zentrum von South Beach. Die Zimmer sind im Art-déco-Stil mit viel Kunst und Farbe eingerichtet. ***Zimmer:*** *20*	AE MC V				■
Miami Beach: *Dorchester* $$$ 1850 Collins Ave, FL 33139. **Karte** 2 F2. *(305) 531-5745.* FAX *(305) 673-1006.* Großer Pool, tropischer Garten und überdurchschnittlich guter Service sind die Pluspunkte dieses Hotels. ***Zimmer:*** *100*	AE DC MC V		■		■
Miami Beach: *The Governor* $$$ 435 21st St, FL 33139. **Karte** 2 F1. *(305) 532-2100.* FAX *(305) 532-9139.* Unentdecktes Art-déco-Juwel etwas abseits in einer Seitengasse, doch günstig gelegen. Komfortable Zimmer, unaufdringliches Dekor. ***Zimmer:*** *125*	AE DC MC V		■		
Miami Beach: *Indian Creek* $$$ 2727 Indian Creek Drive, FL 33139. *(305) 531-2727.* FAX *(305) 531-5651.* Kleines, freundliches Hotel im 30er-Jahre-Stil mit alten Photos, stilgerechten Möbeln und Original-Details. Mit einem herrlichen tropischen Garten und kleinem asiatisch-karibischen Restaurant. ***Zimmer:*** *61*	AE DC MC V		■		
Miami Beach: *Marseilles* $$$ 1741 Collins Ave, FL 33139. **Karte** 2 F2. *(305) 538-5711.* FAX *(305) 673-1006.* Standardklasse-Hotel in günstiger Lage in South Beach. Wegen des ungewöhnlichen Designs haben die Zimmer zwei Gesichter. ***Zimmer:*** *111*	AE DC MC V		■		
Miami Beach: *Mermaid Guest House* $$$ 909 Collins Ave, FL 33139. **Karte** 2 E4. *(305) 538-5324.* FAX *(305) 538-2822.* Versteckt hinter blühenden Bananenbäumen, beliebt bei Models und Schauspielern. Hier gleicht kein Zimmer dem andern. ***Zimmer:*** *10*	AE MC V				■
Miami Beach: *Avalon* $$$$ 700 Ocean Drive, FL 33139. **Karte** 2 F3. *(305) 538-0133.* FAX *(305) 534-0258.* Mitten im Geschehen sind Sie in diesem trendigen Hotel aus den 30er Jahren. Art-déco-Zimmer, gutbesuchtes Restaurant *(siehe S. 316).* P ***Zimmer:*** *106*	AE DC MC V			●	
Miami Beach: *Betsy Ross* $$$$ 1440 Ocean Drive, FL 33139. **Karte** 2 F3. *(305) 531-3934.* FAX *(305) 531-5282.* Mischung aus Art déco und Kolonialstil mit sehr komfortablen Zimmern und herrlicher Aussicht auf Strand und Meer. P ***Zimmer:*** *78*	AE DC MC V		■	●	■

Preiskategorien für eine Nacht im Doppelzimmer in der Hochsaison, inklusive Steuer und Service.

- $ unter $60
- $$ $60–$100
- $$$ $100–$150
- $$$$ $150–$200
- $$$$$ über $200

KINDERFREUNDLICH
Kinderfreundliches Hotel mit Kinderbetten, Hochstühlen und Serviceleistungen wie Babysitter oder Kinderprogramm.

SWIMMINGPOOL
Das Hotel hat einen Pool für seine Gäste.

GUTES RESTAURANT
Besonders gutes Restaurant, in dem auch Nicht-Gäste essen können.

KOCHGELEGENHEIT
Das Hotel hat Zimmer mit Kochgelegenheit oder Küchenblock *(»efficiencies«)*.

	KREDITKARTEN	KINDERFREUNDLICH	SWIMMINGPOOL	GUTES RESTAURANT	KOCHGELEGENHEIT
MIAMI BEACH: *Breakwater* $$$$ 940 Ocean Drive, FL 33139. **Karte** 2 F3. *(305) 532-1220.* FAX *(305) 532-4451.* Gäste werden in diesem Hotel am Strand herzlich empfangen. Die farbenprächtigen Räume spiegeln Art-déco-Charme wider. ***Zimmer:*** *59*	AE DC MC V				
MIAMI BEACH: *Pelican* $$$$ 826 Ocean Drive, FL 33139. **Karte** 2 F4. *(305) 673-3373.* FAX *(305) 673-3255.* Designer-Kitsch der Extreme: In diesem In-Hotel gibt es Themenräume wie das Rosa-Satin-Bordell oder ein Kirchenzimmer mit Kirchenkunst und -ausstattung. Für Details wurden keine Kosten gescheut. ***Zimmer:*** *26*	AE DC MC V				
MIAMI BEACH: *Ramada Resort Deauville* $$$$ 6701 Collins Ave, FL 33141. *(305) 865-8511.* FAX *(305) 865-0154.* Hotel am Strand zwischen South Beach und Bal Harbour, gut ausgestattet mit riesigem Pool, Tennisplätzen und Solarium. ***Zimmer:*** *554*	AE DC MC V		■		
MIAMI BEACH: *Shelborne Beach Resort* $$$$ 1801 Collins Ave, FL 33139. **Karte** 2 F2. *(305) 531-1271.* FAX *(305) 531-2206.* In South Beach direkt am Strand mit eindrucksvoller Marmor-Lobby und einem Fitneß-Center auf dem Dach. ***Zimmer:*** *225*	AE DC MC V		■		■
MIAMI BEACH: *Astor* $$$$$ 956 Washington Ave, FL 33139. **Karte** 2 E3. *(305) 531-8081.* FAX *(305) 531-3193.* Art-déco-Juwel mit Marmorbädern, Videogeräten im Zimmer und erlesener Klientel. ***Zimmer:*** *40*	AE MC V			●	
MIAMI BEACH: *Casa Grande* $$$$$ 834 Ocean Drive, FL 33139. **Karte** 2 F4. *(305) 672-7003.* FAX *(305) 673-3669.* Eines der besten Hotels in South Beach mit eleganter Einrichtung. Jedes Zimmer mit Videorecorder und CD-Player. ***Zimmer:*** *33*	AE DC MC V				■
MIAMI BEACH: *Delano* $$$$$ 1685 Collins Ave, FL 33139. **Karte** 2 F2. *(305) 672-2000.* FAX *(305) 532-0099.* Eleganz pur: Das Personal trägt nur Weiß, um den herrlichen (aber nüchternen) Räumen gerecht zu werden. 24 ***Zimmer:*** *238*	AE DC MC V	●	■	●	
MIAMI BEACH: *Eden Roc Resort and Spa* $$$$$ 4525 Collins Ave, FL 33140. *(305) 531-0000.* FAX *(305) 674-5555.* Das Hotel wurde in Form eines gestrandeten Schiffes gestaltet. Dieser Inbegriff von 50er-Jahre-Chic wurde überholt und bietet moderne Räume und alle erdenklichen Annehmlichkeiten. ***Zimmer:*** *350*	AE DC MC V	●	■		
MIAMI BEACH: *Fontainebleau Hilton Resort and Towers* $$$$$ 4441 Collins Ave, FL 33140. *(305) 538-2000.* FAX *(305) 673-5351.* Die prestigeträchtigste Anlage von Miami Beach *(siehe S. 67)* mit allem erdenklichen Komfort, angefangen von Kinderbetreuung bis zur berühmten Tropigala-Show *(siehe S. 95)*. 24 ***Zimmer:*** *1206*	AE DC MC V	●	■	●	
MIAMI BEACH: *Impala* $$$$$ 1228 Collins Ave, FL 33139. **Karte** 2 F3. *(305) 673-2021.* FAX *(305) 673-5984.* Vor diesem Art-déco-Hotel fahren viele Limousinen vor. Edle, sandfarbene Räume mit schönen Holz- und Schmiedeeisenmöbeln, königlichen Betten und Original-Kunstwerken. ***Zimmer:*** *17*	AE DC MC V				
MIAMI BEACH: *Raleigh* $$$$$ 1775 Collins Ave, FL 33139. **Karte** 2 F2. *(305) 534-6300.* FAX *(305) 538-8140.* Hotel mit gestyltem Pool, In-Restaurant und minimalistischen Zimmern mit Klasse, manche mit Meerblick. ***Zimmer:*** *107*	AE DC MC V	●	■		
MIAMI BEACH: *The Tides* $$$$$ 1220 Ocean Drive, FL 33139. **Karte** 2 F3. *(305) 604-5000.* FAX *(305) 672-6288.* Das höchste Gebäude am Ocean Drive ist gleichzeitig ein Meisterwerk der Art-déco. Alle Zimmer mit fantastischer Aussicht auf das Meer. ***Zimmer:*** *45*	AE DC MC V		■	●	

Zeichenerklärung auf der Rückklappe

Preiskategorien für eine Nacht im Doppelzimmer in der Hochsaison, inklusive Steuer und Service.

- $ unter $60
- $$ $60–$100
- $$$ $100–$150
- $$$$ $150–$200
- $$$$$ über $200

Kinderfreundlich
Kinderfreundliches Hotel mit Kinderbetten, Hochstühlen und Serviceleistungen wie Babysitter oder Kinderprogramm.

Swimmingpool
Das Hotel hat einen Pool für seine Gäste.

Gutes Restaurant
Besonders gutes Restaurant, in dem auch Nicht-Gäste essen können.

Kochgelegenheit
Das Hotel hat Zimmer mit Kochgelegenheit oder Küchenblock *(»efficiencies«)*.

Hotel	Kreditkarten	Kinderfreundlich	Swimmingpool	Gutes Restaurant	Kochgelegenheit
Miami Beach: *Westin Resort* $$$$$ 4833 Collins Ave, FL 33140. *(305) 532-3600.* FAX *(305) 534-7409.* Großes, doch relativ ruhiges Hotel in Nähe der exklusiven Shops von Bal Harbour. Umfangreiches Wassersportangebot und Programm für Kinder. 24 P ***Zimmer:*** *423*	AE DC MC V	●	■		
Downtown: *Hampton* $$ 2500 Brickell Ave, FL 33129. **Karte** 4 D4. *(305) 854-2070.* FAX *(305) 856-5055.* Günstig zu Zentrum, Coconut Grove und Coral Gables gelegen. Helle Zimmer, Frühstück inklusive. ***Zimmer:*** *69*	AE DC MC V		■		
Downtown: *Miami River Inn* $$$ 118 SW South River Drive, FL 33130. **Karte** 4 D1. *(305) 325-0045.* FAX *(305) 325-9227.* 1906 erbaut und liebevoll renoviert. Charmantes Hotel mit stilgerechtem Dekor und hellen Zimmern. ***Zimmer:*** *40*	AE DC MC V		■		■
Downtown: *Doubletree Grand* $$$ 1717 N Bayshore Drive, FL 33132. *(305) 372-0313.* FAX *(305) 372-9455.* Herrlicher Blick auf die Biscayne Bay, gute Ausstattung mit Jachthafen, Fitneß-Center und Bootsverleih. P ***Zimmer:*** *178*	AE DC MC V		■		■
Downtown: *Wyndham Hotel* $$$$ 1601 Biscayne Blvd, FL 33132. *(305) 374-0000.* FAX *(305) 374-0020.* Zentrales Hotel, hoch aufragend über dem Omni-Einkaufszentrum (125 Läden). Schöner Blick, Nähe Bayside. P ***Zimmer:*** *528*	AE DC MC V	●	■	●	
Downtown: *Doral Golf Resort and Spa* $$$$$ 4400 NW 87th Ave, FL 33178. *(305) 592-2000.* FAX *(305) 594-4682.* Hotel mit Weltklasse-Golfplatz in landschaftlich schöner Umgebung, ausgezeichnete Kuranlage. P ***Zimmer:*** *694*	AE DC MC V	●	■	●	
Downtown: *Inter-Continental Miami* $$$$$ 100 Chopin Plaza, FL 33131. **Karte** 4 F1. *(305) 577-1000.* FAX *(305) 577-0384.* Luxushotel unweit von Bayside Marketplace, mit schönem Blick auf die Stadt und einem Gourmet-Restaurant *(siehe S. 317).* 24 P ***Zimmer:*** *639*	AE DC MC V	●	■	●	
Coral Gables: *Riviera Court Motel* $$ 5100 Riviera Drive, FL 33146. **Karte** 6 F3. *(305) 665-3528.* Günstiges Hotel im 50er-Jahre-Stil am Dixie Highway, nahe den lokalen Sehenswürdigkeiten. Nette, gemütliche Zimmer. ***Zimmer:*** *31*	AE DC MC V		■		■
Coral Gables: *Omni Colonnade* $$$$ 180 Aragon Ave, FL 33134. **Karte** 6 D1. *(305) 441-2600.* FAX *(305) 445-3929.* Vornehmes Hotel unweit der Miracle Mile mit Kuppel von George Merrick (20er Jahre). Das Thema 20er Jahre zieht sich durch die gesamte Ausstattung, mit Mahagonimöbeln und Marmorböden. 24 P ***Zimmer:*** *157*	AE DC MC V	●	■		
Coral Gables: *Place St Michel* $$$$ 162 Alcazar Ave, FL 33134. **Karte** 5 C1. *(305) 444-1666.* FAX *(305) 529-0074.* Romantisches Hotel von 1926, unweit der Miracle Mile, mit Anleihen an Paris: dunkle Holztäfelung, französische Möbel aus den 30er Jahren, Art déco, sogar mit einem guten französischen Restaurant. ***Zimmer:*** *27*	AE DC MC V			●	
Coral Gables: *The Biltmore* $$$$$ 1200 Anastasia Ave, FL 33134. **Karte** 5 A2. *(305) 445-1926.* FAX *(305) 913-3159.* Unter Miamis Hotels die Grande Dame mit Vergangenheit: Al Capone pokerte hier in den 20er Jahren. Hervorragender Service, herrliche Suiten voller Antiquitäten. 24 P ***Zimmer:*** *279*	AE DC MC V	●	■	●	
Coconut Grove: *Hampton Inn* $$$ 2800 SW 28th Terrace, FL 33133. **Karte** 6 F3. *(305) 448-2800.* FAX *(305) 442-8655.* Weniger als 1,5 Kilometer von den Cafés und Bars des Coconut Grove entfernt. Einfaches Frühstück inklusive. ***Zimmer:*** *137*	AE DC MC V		■		

COCONUT GROVE: *Doubletree* $$$$
2649 S Bayshore Drive, FL 33133. **Karte** 6 F4. *(305) 858-2500.* FAX *(305) 858-5776.* Elegantes Hotel mit schönem Blick auf die Biscayne Bay und den Hafen, einen kurzen Spaziergang von den Cafés und Boutiquen entfernt, mit viel Marmor und moderner Kunst. ***Zimmer:** 192*
AE DC MC V | ● | ■ | – | –

COCONUT GROVE: *Grand Bay* $$$$$
2669 S Bayshore Drive, FL 33133. **Karte** 6 F4. *(305) 858-9600.* FAX *(305) 859-2026.* Eines des edelsten Hotels der Welt, mit Kristallüstern, Designermöbeln und Kunstwerken. Pavarottis Suite ist zu haben, so der Maestro sie nicht selbst in Anspruch nimmt. ***Zimmer:** 178*
AE DC MC V | ● | ■ | ● | –

COCONUT GROVE: *Mayfair House* $$$$$
3000 Florida Ave, FL 33133. **Karte** 6 E4. *(305) 441-0000.* FAX *(305) 447-9173.* Auf dem Dach eines Einkaufszentrums gelegen, bietet das Mayfair opulente Räumlichkeiten. In manchen Zimmern stehen sogar antike Klaviere. ***Zimmer:** 178*
AE DC MC V | – | ■ | – | –

ABSTECHER: *Paradise Inn Motel* $$
8520 Harding Ave, Surfside, FL 33141. *(305) 865-6216.* FAX *(305) 865-9028.* Günstiges, einfaches und sauberes Motel, nur einen Block vom Strand und dem riesigen North Shore Park entfernt. ***Zimmer:** 92*
AE MC V | ● | ■ | – | ■

ABSTECHER: *Suez Oceanfront Resort* $$
18215 Collins Ave, Sunny Isles, FL 33160. *(305) 932-0661.* FAX *(305) 937-0058.* Kinderfreundliches Hotel mit Kinderpool und Spielplatz, am Strand gelegen, gute Ausstattung. ***Zimmer:** 196*
AE DC MC V | ● | ■ | – | ■

ABSTECHER: *Riu Pan American Ocean Resort* $$$$
17875 Collins Ave, Sunny Isles, FL 33160. *(305) 932-1100.* FAX *(305) 935-2769.* Für ein so großes Hotel ungewöhnlich freundliches Personal, nachmittags wird Tee serviert. Gutes Sportangebot mit Golf, Tennis und Volleyball. ***Zimmer:** 146*
AE DC MC V | ● | ■ | – | –

ABSTECHER: *Newport Beachside Crowne Plaza Resort* $$$$
16701 Collins Ave, Sunny Isles, FL 33160. *(305) 949-1300.* FAX *(305) 947-5873.* Vor allem bekannt für sein Unterhaltungsprogramm: von Shows bis zu Revues à la Las Vegas. Riesige Zimmer, oft mit Balkon, eigener Fischerpier. ***Zimmer:** 355*
AE DC MC V | ● | ■ | – | –

ABSTECHER: *Sheraton Bal Harbour Resort* $$$$$
9701 Collins Ave, Bal Harbour, FL 33154. *(305) 865-7511.* FAX *(305) 864-2610.* Schöne Anlage für höchste Ansprüche: Inmitten eines vier Hektar großen tropischen Gartens, in der Nähe der Shops von Bal Harbour, Luxuszimmer mit Blick aufs Meer. ***Zimmer:** 668*
AE DC MC V | ● | ■ | ● | –

ABSTECHER: *Sonesta Beach* $$$$$
350 Ocean Drive, Key Biscayne, FL 33149. *(305) 361-2021.* FAX *(305) 361-3096.* Gestyltes, aber angenehmes Hotel mit Kinderprogramm, Tennisplätzen und Fitneß-Center. Markenzeichen sind die pastellfarbenen Zimmer, oft mit herrlichem Meerblick. ***Zimmer:** 292*
AE DC MC V | ● | ■ | ● | –

GOLD UND TREASURE COAST

BOCA RATON: *Ocean Lodge* $$
531 N Ocean Blvd, FL 33432. **Straßenkarte** F4. *(561) 395-7772.* FAX *(561) 395-0554.* Nur einen Muschelwurf vom Strand entfernt, Restaurants und Läden sind ebenfalls nicht weit. Mit schattigem Grillplatz. ***Zimmer:** 18*
AE MC V | – | ■ | – | ■

BOCA RATON: *Shore Edge Motel* $$
425 N Ocean Blvd, FL 33432. **Straßenkarte** F4. *(561) 395-4491.* FAX *(561) 347-8759.* Freundliches, gemütliches Motel, nur durch die Straße vom Strand getrennt, mit kleinen, aber sauberen Zimmern. Sehr freundliche Inhaber. ***Zimmer:** 16*
MC V | – | ■ | – | ■

BOCA RATON: *Boca Raton Resort and Club* $$$$$
501 E Camino Real, FL 33431. **Straßenkarte** F4. *(561) 395-3000.* FAX *(561) 391-3183.* Das eleganteste und anspruchsvollste Hotel der Stadt *(siehe S. 126)* in spanischem Stil; verschieden eingerichtete Zimmer: von dunklem Holz über Orientteppiche bis zu kühlem Marmor. ***Zimmer:** 963*
AE DC MC V | ● | ■ | – | ■

CLEWISTON: *Clewiston Inn* $$
108 Royal Palm Ave, FL 33440. **Straßenkarte** E4. *(941) 983-8151.* FAX *(941) 983-4602.* Traditionelles Hotel im Stil eines Herrenhauses, komfortable Zimmer und gute Südstaaten-Küche. ***Zimmer:** 53*
AE DC MC V | – | – | ● | ■

Preiskategorien für eine Nacht im Doppelzimmer in der Hochsaison, inklusive Steuer und Service.

($) unter $60
($)($) $60–$100
($)($)($) $100–$150
($)($)($)($) $150–$200
($)($)($)($)($) über $200

Kinderfreundlich
Kinderfreundliches Hotel mit Kinderbetten, Hochstühlen und Serviceleistungen wie Babysitter oder Kinderprogramm.

Swimmingpool
Das Hotel hat einen Pool für seine Gäste.

Gutes Restaurant
Besonders gutes Restaurant, in dem auch Nicht-Gäste essen können.

Kochgelegenheit
Das Hotel hat Zimmer mit Kochgelegenheit oder Küchenblock (»*efficiencies*«).

	Kreditkarten	Kinderfreundlich	Swimmingpool	Gutes Restaurant	Kochgelegenheit
Delray Beach: *Seagate Hotel and Beach Club* ($)($)($)($) 400 S Ocean Blvd, FL 33483. **Straßenkarte** F4. *(561) 276-2421.* FAX *(561) 243-4714.* Freundliches Hotel am Meer mit eigenem Strand, schöne Zimmer in Erdtönen, Süß- und Salzwasserpools. ***Zimmer:** 70*	AE DC MC V	●	■		■
Fort Lauderdale: *Venetian Court* ($)($) 71 Isle of Venice, FL 33301. **Straßenkarte** F4. *(954) 525-2223.* FAX *(954) 524-2520.* Versteckt neben einem Kanal gelegen, mit Blick auf Luxusjachten und Villen. Schön eingerichtete Zimmer. ***Zimmer:** 16*	DC MC V		■		■
Fort Lauderdale: *A Little Inn by the Sea* ($)($)($) 4546 El Mar Drive, FL 33308. **Straßenkarte** F4. *(954) 772-2450.* FAX *(954) 938-9354.* Von Schweizern geführtes und bei Europäern beliebtes Hotel am Meer im Norden des Zentrums. Familiäre Atmosphäre, sehr ansprechende Zimmer mit schönen Korbmöbeln und Himmelbetten. ***Zimmer:** 29*	AE DC MC V		■		■
Fort Lauderdale: *Holiday Inn Lauderdale-By-The-Sea* ($)($)($) 4116 N Ocean Drive, FL 33308. **Straßenkarte** F4. *(954) 776-1212.* FAX *(954) 776-1212 Apparat 600.* Ruhiges, nur durch eine Straße vom Strand getrenntes Hotel. Ideal für Familien. ***Zimmer:** 187*	AE DC MC V	●	■		■
Fort Lauderdale: *Riverside* ($)($)($)($) 620 E Las Olas Blvd, FL 33301. **Straßenkarte** F4. *(954) 467-0671.* FAX *(954) 462-2148.* 1936 erbaut, in einem derzeit beliebten Viertel mit Restaurants und Shops. Mit Deckenventilatoren, Terrakottaböden und geschmackvoller Mischung aus Rattan und Eiche. ***Zimmer:** 109*	AE DC MC V		■		
Fort Lauderdale: *Hyatt Regency Pier 66 Marina* ($)($)($)($)($) 2301 SE 17th St Causeway, FL 33316. **Straßenkarte** F4. *(954) 525-6666.* FAX *(954) 728-3541.* Hoch aufragendes Gebäude mit schönem Blick und elegantem Fitneß-Center und Thermalbad. ***Zimmer:** 388*	AE DC MC V		■	●	
Fort Pierce: *Dockside Harbor Light Inn* ($)($) 1160 Seaway Drive, FL 34949. **Straßenkarte** F3. *(561) 468-3555.* FAX *(561) 465-8009.* Am Intracoastal Waterway, zwei Privatpiers. Ideal zum Boot fahren und Fischen. Einrichtung entsprechend nautisch angehaucht. ***Zimmer:** 21*	AE DC MC V		■		■
Hollywood: *Holiday Inn Sunspree Resort* ($)($)($)($) 2711 S Ocean Drive, FL 33019. **Straßenkarte** F4. *(954) 923-8700.* FAX *(954) 923-7059.* Am Strand gelegen, familienfreundlich. Kinder essen gratis. ***Zimmer:** 201*	AE DC MC V	●	■		■
Hutchinson Island: *Indian River Plantation Marriott Resort* ($)($)($)($)($) 555 NE Ocean Blvd, FL 34996. **Straßenkarte** F3. *(561) 225-3700.* FAX *(561) 225-0003.* Familienfreundliches Hotel mit umfassendem Angebot: Kinderprogramm, Tennis, Golfunterricht, Wanderungen. ***Zimmer:** 298*	AE DC MC V	●	■	●	■
Jupiter: *Innisfail* ($)($) 134 Timber Lane, FL 33458. **Straßenkarte** F4. *(561) 744-5902.* FAX *(561) 744-3387.* Das Hotel wird von zwei Bildhauern geführt, die ihre Werke im kleinen, ranchartigen Bed and Breakfast ausstellen. ***Zimmer:** 2*			■		
Jupiter: *Jupiter Beach Resort* ($)($)($)($)($) 5 North A1A, FL 33477. **Straßenkarte** F4. *(561) 746-2511.* FAX *(561) 747-3304.* Edles, aber unprätentiöses Hotel mit relativ einfachen Zimmern mit Marmorbädern und farbenprächtigen Möbeln. Eigene Balkone mit herrlichem Blick auf Meer und Sonnenuntergang. ***Zimmer:** 154*	AE DC MC V	●	■		■
Palm Beach: *Beachcomber Apartment Motel* ($)($)($) 3024 S Ocean Blvd, FL 33480. **Straßenkarte** F4. *(561) 585-4646.* FAX *(561) 547-9438.* Einfaches, aber nettes Motel, nur wenige Schritte vom Motelstrand entfernt. ***Zimmer:** 48*	AE MC V		■		■

PALM BEACH: *Palm Beach Hawaiian Ocean Inn* $$$
3550 S Ocean Blvd, FL 33480. **Straßenkarte** F4. *(561) 582-5631.*
FAX *(561) 582-5631 Apparat 165.* Etwa elf Kilometer südlich vom Zentrum. Preiswert, mit großen, hellen Zimmern. ***Zimmer:*** *58*

PALM BEACH: *Heart of Palm Beach* $$$$
160 Royal Palm Way, FL 33480. **Straßenkarte** F4. *(561) 655-5600.*
FAX *(561) 832-1201.* Der größte Vorteil ist die ruhige Lage wenige Blocks von der Worth Avenue entfernt. Viele Suiten, kleine Zimmer. ***Zimmer:*** *84*

PALM BEACH: *Plaza Inn* $$$$
215 Brazilian Ave, FL 33480. **Straßenkarte** F4. *(561) 832-8666.*
FAX *(561) 835-8776.* Art-déco-Juwel mit Himmelbetten, gehäkelten Bettüberwürfen und herrlichem Frühstück. ***Zimmer:*** *50*

PALM BEACH: *The Breakers* $$$$$
1 South County Rd, FL 33480. **Straßenkarte** F4. *(561) 655-6611.*
FAX *(561) 655-3577.* Luxuriöses Hotel mit Klasse, das edelste Hotel von Palm Beach *(siehe S. 117).* Nicht unbedingt ein typisches Familienhotel, aber dennoch mit hervorragender Ausstattung für Kinder. ***Zimmer:*** *572*

PALM BEACH: *Four Seasons Palm Beach* $$$$$
2800 S Ocean Blvd, FL 33480. **Straßenkarte** F4. *(561) 582-2800.* FAX *(561) 547-1557.*
Nach der eleganten Lobby mit Antiquitäten und edlen Teppichen erwarten den Gast Zimmer mit herrlichen Möbeln und modernem Komfort. Balkone mit schönem Meerblick. ***Zimmer:*** *210*

PALM BEACH GARDENS: *Heron Cay* $$$
15106 Palmwood Rd, FL 33410. **Straßenkarte** F4. *(561) 744-6315.*
FAX *(561) 744-0943.* Gemütliches Bed and Breakfast am Intracoastal Waterway. ***Zimmer:*** *9*

PALM BEACH GARDENS: *PGA National Resort and Spa* $$$$$
400 Avenue of the Champions, FL 33418. **Straßenkarte** F4. *(561) 627-2000.*
FAX *(561) 622-0261.* Herrliches Kurhotel mit mineralreichem Wasser in den Pools; Tennis- und Golfunterricht. ***Zimmer:*** *339*

POMPANO BEACH: *Ronny Dee Motel* $$
717 S Ocean Blvd, FL 33062. **Straßenkarte** F4. *(954) 943-3020.* FAX *(954) 783-5112.*
Standardhotel, sauber und günstig zum Strand gelegen. Inklusive Frühstück (Kaffee und Doughnuts). ***Zimmer:*** *35*

STUART: *Harborfront Inn Bed & Breakfast* $$$
310 Atlanta Ave, FL 34994. **Straßenkarte** F3. *(561) 288-7289.* FAX *(561) 221-0474.*
Die blaugestrichenen Häuschen am Fluß liegen nicht weit vom Zentrum entfernt. Herrliches, selbstgemachtes Frühstück. ***Zimmer:*** *6*

VERO BEACH: *Islander Motel* $$
3101 Ocean Drive, FL 32963. **Straßenkarte** F3. FAX *(561) 231-4431.*
Nur 100 Meter vom Strand entfernt, in der Nähe der Restaurants und Shops. Sie können direkt am Pool Ihr eigenes Steak grillen. Jedes Zimmer ist anders eingerichtet. ***Zimmer:*** *16*

VERO BEACH: *Disney's Vero Beach Resort* $$$$$
9250 Island Grove Terrace, FL 32963. **Straßenkarte** F3. *(561) 234-2000.*
FAX *(561) 234-2030.* Originale Disney-Qualität überall: in den Luxuszimmern und den Feriencottages. Pool mit spanischer Galeone, umfangreiches Programm, darunter Musik am Lagerfeuer zum Mitsingen. ***Zimmer:*** *204*

WEST PALM BEACH: *Fairfield Inn* $$
5981 Okeechobee Blvd, FL 33417. **Straßenkarte** F4. *(561) 697-3388.*
FAX *(561) 697-2834.* Nettes, sauberes Hotel in der Nähe des Flughafens an Floridas Turnpike. Inklusive Frühstück. ***Zimmer:*** *114*

WEST PALM BEACH: *Hibiscus House* $$$
501 30th St, FL 33407. **Straßenkarte** F4. *(561) 863-5633.* FAX *wie Telefon.*
Historisches Gebäude von 1922, liebevoll renoviert. Viktorianisches Dekor, das Frühstück wird auf schönem Porzellan und Kristall eingenommen. Gratis Busservice ins Zentrum. ***Zimmer:*** *8*

WEST PALM BEACH: *Palm Beach Polo and Country Club* $$$$$
11199 Polo Club Rd, FL 33414. **Straßenkarte** F4. *(561) 798-7000.*
FAX *(561) 798-7330.* Exklusive Anlage mit Apartmenthäusern, Villen und Ferienwohnungen. Hauptattraktionen sind Tennis, Golf und Polo. ***Zimmer:*** *60*

Palm Beach Hawaiian Ocean Inn	AE DC MC V		■		■
Heart of Palm Beach	AE DC MC V	●	■		
Plaza Inn	AE MC V		■		
The Breakers	AE DC MC V	●	■	●	
Four Seasons Palm Beach	AE DC MC V	●	■	●	
Heron Cay	MC V		■		■
PGA National Resort and Spa	AE DC MC V	●	■		■
Ronny Dee Motel	AE MC V		■		■
Harborfront Inn Bed & Breakfast	AE MC V				■
Islander Motel	AE MC V		■		■
Disney's Vero Beach Resort	AE MC V	●	■		■
Fairfield Inn	AE DC MC V		■		
Hibiscus House	AE DC MC V		■		
Palm Beach Polo and Country Club	AE MC V	●	■		■

Preiskategorien für eine Nacht im Doppelzimmer in der Hochsaison, inklusive Steuer und Service.

- $ unter $60
- $$ $60–$100
- $$$ $100–$150
- $$$$ $150–$200
- $$$$$ über $200

Kinderfreundlich
Kinderfreundliches Hotel mit Kinderbetten, Hochstühlen und Serviceleistungen wie Babysitter oder Kinderprogramm.

Swimmingpool
Das Hotel hat einen Pool für seine Gäste.

Gutes Restaurant
Besonders gutes Restaurant, in dem auch Nicht-Gäste essen können.

Kochgelegenheit
Das Hotel hat Zimmer mit Kochgelegenheit oder Küchenblock (»efficiencies«).

Orlando und die Space Coast

Hotel	Kreditkarten	Kinderfreundlich	Swimmingpool	Gutes Restaurant	Kochgelegenheit
Cape Canaveral: *Radisson Resort at the Port* $$$ 8701 Astronaut Blvd, FL 32920. **Straßenkarte** F2. *(407) 784-0000.* FAX *(407) 784-3737.* Karibikflair mit Korbmöbeln und Deckenventilatoren. Mit dem Auto zehn Minuten zum Kennedy Space Center. ***Zimmer:** 200*	AE DC MC V	●	■		
Cocoa: *Econo Lodge* $$ 3220 N Cocoa Blvd, FL 32926. **Straßenkarte** E3. *(407) 632-4561.* FAX *(407) 631-3756.* Nichts Spektakuläres, doch sauber und nett und nur 13 Kilometer vom Kennedy Space Center entfernt. ***Zimmer:** 142*	AE DC MC V		■		
Cocoa Beach: *Comfort Inn* $$ 3901 N Atlantic Ave, FL 32931. **Straßenkarte** E3. *(407) 783-2221.* FAX *(407) 783-0461.* Hotel mit schöner Anlage mit Palmen, Pool und Grillplatz, nur einen Sprung vom Strand entfernt. ***Zimmer:** 144*	AE DC MC V		■		■
Cocoa Beach: *Inn at Cocoa Beach* $$$$ 4300 Ocean Beach Blvd, FL 32931. **Straßenkarte** E3. *(407) 799-3460.* FAX *(407) 784-8632.* Bed and Breakfast mit Terrassen und Balkonen für einen herrlichen Blick aufs Meer. Zimmer von modern bis traditionell. ***Zimmer:** 50*	AE MC V		■		
Cypress Gardens: *Best Western Admiral's Inn* $$ 5665 Cypress Gardens Blvd, FL 33884. **Straßenkarte** E3. *(941) 324-5950.* FAX *(941) 324-2376.* Nur wenige Schritte von den Cypress Gardens entfernt. Komfortable (doch eher biedere) Zimmer. ***Zimmer:** 156*	AE DC MC V		■		■
Orlando Stadt: *Harley* $$ 151 E Washington St, FL 32801. **Straßenkarte** E2. *(407) 841-3220.* FAX *(407) 849-1839.* In Gehdistanz zur Church Street Station, im Preis ist das Frühstücksbüffet inbegriffen. ***Zimmer:** 281*	AE DC MC V		■		
Orlando Stadt: *Courtyard at Lake Lucerne* $$$ 211 N Lucerne Circle E, FL 32801. **Straßenkarte** E2. *(407) 648-5188.* FAX *(407) 246-1368.* Gut geführtes Bed and Breakfast in einem ruhigen Garten am Lake Lucerne. In drei historischen Gebäuden, eines davon das älteste der Stadt. Verschiedenste Stile: von viktorianisch bis Art déco. ***Zimmer:** 24*	AE DC MC V				■
Orlando Stadt: *The Veranda Bed & Breakfast* $$$ 115 N Summerline Ave, FL 32801. **Straßenkarte** E2. *(407) 849-0321.* FAX *(407) 849-0321.* Zwei Holzhäuser aus den 20er Jahren in hübschem Garten in der Altstadt. Veranden, Holzböden und Deckenventilatoren vermitteln Key-West-Atmosphäre. Zimmer mit stilgerechten Möbeln. ***Zimmer:** 10*	AE DC MC V		■		■
International Drive: *La Quinta Inn* $$ 8300 Jamaican Ct, FL 32819. **Straßenkarte** E2. *(407) 351-1660.* FAX *(407) 351-9264.* Preiswertes Hotel 14 Kilometer von Disney World. Saubere Zimmer. Preis inklusive einfaches Frühstück. ***Zimmer:** 200*	AE DC MC V		■		■
International Drive: *Best Western Plaza International* $$ 8738 International Drive, FL 32819. **Straßenkarte** E2. *(407) 345-8195.* FAX *(407) 352-8196.* Nur zehn Autominuten zu Disney World, Sea World liegt noch näher. Familiensuiten sehr gut geeignet für Kinder. ***Zimmer:** 672*	AE DC MC V	●	■		■
International Drive: *Ramada Inn* $$ 4855 S Orange Blossom Trail, FL 32839. **Straßenkarte** E2. *(407) 851-3000.* FAX *(407) 859-8972.* Günstig zum Stadtzentrum von Orlando und »I Drive« gelegen, mit großen Suiten und tropischer Pool-Landschaft. ***Zimmer:** 132*	AE DC MC V		■		■
International Drive: *Country Hearth Inn* $$$ 9861 International Drive, FL 32819. **Straßenkarte** E2. *(407) 352-0008.* FAX *(407) 352-5449.* Hotel im Villen-Stil, mit schöner Lounge und ruhigen Zimmern mit Balkon. Inklusive Frühstück. ***Zimmer:** 150*	AE DC MC V	●	■		■

INTERNATIONAL DRIVE: *Holiday Inn Express* $$$ 6323 International Drive, FL 32819. **Straßenkarte** E2. *(407) 351-4430.* FAX *(407) 345-0742.* In der Nähe von Disney World, auf Kinder eingestellt. Kinder nächtigen und essen gratis und genießen die »Comedy Zone«. ***Zimmer:*** *218*	AE DC MC V	●	■		
INTERNATIONAL DRIVE: *Clarion Plaza Hotel* $$$$ 9700 International Drive, FL 32819. **Straßenkarte** E2. *(407) 352-9700.* FAX *(407) 352-9710.* Das effizient geführte Hotel mit hellen Zimmern begrüßt mit einer weiten Marmorlobby. P ***Zimmer:*** *810*	AE DC MC V	●	■		
INTERNATIONAL DRIVE: *Renaissance Orlando Resort* $$$$$ 6677 Sea Harbor Drive, FL 32821. **Straßenkarte** E2. *(407) 351-5555.* FAX *(407) 351-9991.* Unmittelbar gegenüber von Sea World mit hervorragendem Kinderprogramm. Marmorbäder und Golfanlage für die Erwachsenen. 24 P ***Zimmer:*** *780*		●	■		
LAKE WALES: *Chalet Suzanne* $$$$ 3800 Chalet Suzanne Drive, FL 33853. **Straßenkarte** E3. *(941) 676-6011.* FAX *(941) 676-1814.* Schönes Hotel inmitten von Orangenplantagen, eigenwillig dekorierte Zimmer. Auch das Restaurant des Hotels ist ausgezeichnet. Kaution für Haustiere. ***Zimmer:*** *30*	AE DC MC V		■	●	■
WALT DISNEY WORLD: *Comfort Inn Maingate* $ 7571 W Irlo Bronson Hwy, FL 34747. **Straßenkarte** E3. *(407) 396-7500.* FAX *(407) 396-7497.* Sauberes und komfortables Hotel, nur 1,5 Kilometer westlich von Disney World gelegen. ***Zimmer:*** *281*	AE DC MC V	●	■		
WALT DISNEY WORLD: *Disney's All-Star Music Resort* $$ 1801 W Buena Vista Drive, FL 32830. **Straßenkarte** E3. *(407) 939-6000.* FAX *(407) 939-7222.* Das Thema Musik zieht sich durch das Hotel: von den Bettüberwürfen bis zur begehbaren Musikbox. Schöne Zimmer. ***Zimmer:*** *1 920*	AE MC V	●	■		
WALT DISNEY WORLD: *Disney's All-Star Sports Resort* $$ 1701 W Buena Vista Drive, FL 32830. **Straßenkarte** E3. *(407) 939-5000.* FAX *(407) 939-7333.* Sport allerorten für Fans. Bereiche der Anlage, wie z. B. die riesigen Pools, werden gemeinsam mit dem Music Resort genutzt. ***Zimmer:*** *1 920*	AE MC V	●	■		
WALT DISNEY WORLD: *Perri House* $$ 10417 Centurion Court, FL 32836. **Straßenkarte** E3. *(407) 876-4830.* FAX *(407) 876-0241.* Ruhiges Hotel im Landhausstil, perfekt für Familien, in einem acht Hektar großen Naturreservat unmittelbar neben Disney World. Komfortable Zimmer mit Kirsch- und Eichenausstattung. ***Zimmer:*** *8*	AE DC MC V	●	■		
WALT DISNEY WORLD: *Days Inn, Days Suites* $$$ 5820 W Irlo Bronson Hwy, FL 34746. **Straßenkarte** E3. *(407) 396-7900.* FAX *(407) 396-1789.* Nur drei Kilometer von Walt Disney World entfernt, mit vier Pools, Kinderspielplatz und Picknickgelände. ***Zimmer:*** *604*	AE DC MC V	●	■		■
WALT DISNEY WORLD: *Disney's Caribbean Beach Resort* $$$ 900 Cayman Way, FL 32830. **Straßenkarte** E3. *(407) 934-3400.* FAX *(407) 934-3288.* Fünf fröhliche »Dörfer« mit schönen Zimmern, um einen See mit Wasservögeln gelegen. Pools und künstliche Strände mit weißem Sand vermitteln tropische Atmosphäre. ***Zimmer:*** *2 112*	AE MC V	●	■		
WALT DISNEY WORLD: *Grosvenor Resort* $$$ 1850 Hotel Plaza Blvd, FL 32830. **Straßenkarte** E3. *(407) 828-4444.* FAX *(407) 828-8192.* Elegantes Hotel im Kolonialstil mit angenehmen Zimmern und einem breiten Angebot. 24 P ***Zimmer:*** *626*	AE DC MC V	●	■	●	
WALT DISNEY WORLD: *Holiday Inn Hotel and Suites* $$$ 5678 W Irlo Bronson Hwy, FL 34746. **Straßenkarte** E3. *(407) 396-4488.* FAX *(407) 396-1296.* Kinder werden hier verwöhnt – es gibt eine eigene Kinder-Rezeption. Clowns säubern die Zimmer und betreuen die Kinder im Children's Camp. Nur fünf Kilometer von Disney World. ***Zimmer:*** *614*	AE DC MC V	●	■		■
WALT DISNEY WORLD: *Buena Vista Palace* $$$$ 1900 Buena Vista Drive, FL 32830. **Straßenkarte** E3. *(407) 827-2727.* FAX *(407) 827-6034.* Mit vielen Restaurants und allen Annehmlichkeiten. Die Zimmer sind in Erdfarben gehalten. 24 P ***Zimmer:*** *1 014*	AE DC MC V	●	■	●	
WALT DISNEY WORLD: *Disney's BoardWalk Villas* $$$$$ 2101 N Epcot Resorts Blvd, FL 32830. **Straßenkarte** E3. *(407) 939-5100.* FAX *(407) 939-5150.* 1996 eröffnet, mit »Strand«-Häuschen im New-England-Stil. Angenehm für Familien. P ***Zimmer:*** *532*	AE MC V	●	■		■

Zeichenerklärung auf der Rückklappe

Preiskategorien für eine Nacht im Doppelzimmer in der Hochsaison, inklusive Steuer und Service.

- $ unter $60
- $$ $60–$100
- $$$ $100–$150
- $$$$ $150–$200
- $$$$$ über $200

Kinderfreundlich
Kinderfreundliches Hotel mit Kinderbetten, Hochstühlen und Serviceleistungen wie Babysitter oder Kinderprogramm.

Swimmingpool
Das Hotel hat einen Pool für seine Gäste.

Gutes Restaurant
Besonders gutes Restaurant, in dem auch Nicht-Gäste essen können.

Kochgelegenheit
Das Hotel hat Zimmer mit Kochgelegenheit oder Küchenblock (*»efficiencies«*).

Hotel	Kreditkarten	Kinderfreundlich	Swimmingpool	Gutes Restaurant	Kochgelegenheit
Walt Disney World: *Disney's Wilderness Lodge* $$$$ 901 Timberline Drive, FL 32830. **Straßenkarte** E3. *(407) 824-3200.* FAX *(407) 824-3232.* Zum Entspannen: abgelegene, romantische »Berghütte« mit Holzboden und offenem Feuer. ***Zimmer:** 728*	AE MC V	●	■	●	
Walt Disney World: *Disney's Beach Club Resort* $$$$$ 1800 Epcot Resorts Blvd, FL 32830. **Straßenkarte** E3. *(407) 934-8000.* FAX *(407) 934-3850.* Mit Anleihen an die New-England-Grandhotels von 1870: exquisite Zimmer, großes Freizeitangebot und eines der besten Restaurants von Disney World. ***Zimmer:** 583*	AE MC V	●	■	●	
Walt Disney World: *Disney's BoardWalk Inn* $$$$$ 2101 N Epcot Resorts Blvd, FL 32830. **Straßenkarte** E3. *(407) 939-5100.* FAX *(407) 939-5150.* Elegantes Hotel mit Blumenmusterteppichen und Holzböden im Stil eines Bed and Breakfast der alten Welt. ***Zimmer:** 378*	AE MC V	●	■		
Walt Disney World: *Disney's Contemporary Resort* $$$$$ 4600 N World Drive, FL 32830. **Straßenkarte** E3. *(407) 824-1000.* FAX *(407) 824-3539.* Elegante, fröhliche Anlage mit Verbindung zu Epcot und dem Magic Kingdom. Zimmer im Art-déco-Stil. ***Zimmer:** 1 041*	AE MC V	●	■	●	
Walt Disney World: *Disney's Grand Floridian Resort* $$$$$ 4401 Grand Floridian Way, FL 32830. **Straßenkarte** E3. *(407) 824-3000.* FAX *(407) 824-3186.* Florida-Nostalgie mit Veranden, Eichenbetten und viktorianischer Üppigkeit. Gleich neben dem Magic Kingdom. Hier herrscht Genuß pur, mit einem breiten Freizeitangebot. ***Zimmer:** 900*	AE MC V	●	■	●	
Walt Disney World: *Disney's Vacation Club Resort* $$$$$ 1510 N Cove Rd, FL 32830. **Straßenkarte** E3. *(407) 827-7700.* FAX *(407) 827-7710.* Nostalgische Key-West-Atmosphäre mit Deckenventilatoren, Lattenzäunen und Palmen. Großes Freizeitangebot. ***Zimmer:** 709*	AE MC V	●	■	●	■
Walt Disney World: *Disney's Yacht Club Resort* $$$$$ 1700 Epcot Resorts Blvd, FL 32830. **Straßenkarte** E3. *(407) 934-7000.* FAX *(407) 934-3450.* Aufgeputzt wie ein protziger Cape-Cod-Jachtklub, mit viel Messing und Seekarten an den Wänden. Das luxuriöse Resort teilt sein breites Angebot mit dem benachbarten Beach Club. ***Zimmer:** 631*	AE MC V	●	■		
Walt Disney World: *Walt Disney World Dolphin* $$$$$ 1500 Epcot Resorts Blvd, FL 32830. **Straßenkarte** E3. *(407) 934-4000.* FAX *(407) 934-4099.* Architektonisch faszinierend, in der Nähe von Epcot. Sehr urbanes Hotel, für Business-Publikum. ***Zimmer:** 1 510*	AE DC MC V	●	■	●	
Walt Disney World: *Walt Disney World Swan* $$$$$ 1200 Epcot Resorts Blvd, FL 32830. **Straßenkarte** E3. *(407) 934-3000.* FAX *(407) 934-4499.* Von zwei Schwänen gekröntes, fünfstöckiges Gebäude. Das Thema »Schwan« setzt sich auch im Inneren fort. Farbenfrohe Zimmer und eines der besten Restaurants der Umgebung. ***Zimmer:** 758*	AE DC MC V	●	■	●	
Walt Disney World: *The Villas at the Disney Institute* $$$$$ 1960 Magnolia Way, FL 32830. **Straßenkarte** E3. *(407) 827-1100.* FAX *(407) 827-4100.* Ideal für Familien, campusartige Anlage *(siehe S. 161)* mit sehr gutem Sport- und Unterhaltungsprogramm. ***Zimmer:** 585*	AE MC V	●	■	●	■
Winter Park: *The Fortnightly Inn* $$ 377 E Fairbanks Ave, FL 32789. **Straßenkarte** E2. *(407) 645-4440.* Peinlich sauberes Bed and Breakfast von 1922, ausgestattet mit schönen Antiquitäten. Herrliches Frühstück mit frischem Obst und Kuchen. ***Zimmer:** 5*	MC V				
Winter Park: *Park Plaza* $$$ 307 Park Ave S, FL 32789. **Straßenkarte** E2. *(407) 647-1072.* FAX *(407) 647-4081.* Sehr schönes Hotel mit Holzböden und Orientteppichen. Die Zimmer sind mit antiken Betten und Korbmöbeln eingerichtet. ***Zimmer:** 27*	AE DC MC V			●	

DER NORDOSTEN

DAYTONA BEACH: *Coquina Inn Bed & Breakfast* $$ 544 S Palmetto Ave, FL 32114. **Straßenkarte** E2. *(904) 254-4969.* FAX *wie Telefon.* Altes Haus (1912) in einer ruhigen Straße mit Bäumen in historischem Viertel. Schön eingerichtete Zimmer mit Eichenböden und Deckenventilatoren. Höchst erfreuliches, üppiges Frühstück. ***Zimmer:*** *4*	AE MC V				
DAYTONA BEACH: *Inn on the Beach* $$ 1615 S Atlantic Ave, FL 32118. **Straßenkarte** E2. *(904) 255-0921.* FAX *(904) 255-3849.* Preiswertes Hotel am Meer mit großzügigem Küchenblock, Sonnenterrasse, Pool und Kinderpool. ***Zimmer:*** *195*	AE DC MC V	●	■		■
DAYTONA BEACH: *Bahama House* $$$ 2001 S Atlantic Ave, FL 32118. **Straßenkarte** E2. *(904) 248-2001.* FAX *(904) 248-0991.* Thema Bahamas: Freundliches Hotel, angeboten werden auch Einheiten mit Küchenblock. Täglich Kinderprogramm, manche Einheiten mit Whirlpool. ***Zimmer:*** *95*	AE DC MC V	●	■		■
DAYTONA BEACH: *Adam's Mark* $$$$ 100 N Atlantic Ave, FL 32118. **Straßenkarte** E2. *(904) 254-8200.* FAX *(904) 253-0275.* An der Strandpromenade gelegen und eindeutig das vornehmste Hotel von Daytona. Mit mehreren Restaurants, Fitneß-Center, Disko und Kinderspielplatz. ***Zimmer:*** *437*	AE DC MC V	●	■	●	
FERNANDINA BEACH: *The Bailey House* $$$ 28 S 7th St, FL 32034. **Straßenkarte** E1. *(904) 261-5390.* FAX *(904) 321-0103.* Viktorianisches Ambiente: bunte Glasfenster, antike Betten und Kamine. Das Gebäude (1895) ist von einer Veranda samt Hollywoodschaukeln und Schaukelstühlen umgeben. Fahrradverleih. ***Zimmer:*** *9*	AE MC V				
FERNANDINA BEACH: *The Amelia Island Williams House* $$$$ 103 S 9th St, FL 32034. **Straßenkarte** E1. *(904) 277-2328.* FAX *(904) 321-1325.* Eines der besten B & B des Südens: Schönes, altes Gebäude (1856) voll kostbarer Antiquitäten (japanische Drucke aus dem 16. Jh., ein Teppich Napoleons) mit exquisiten Zimmern und höchst edlen Bädern. ***Zimmer:*** *8*	MC V				
FERNANDINA BEACH: *Amelia Island Plantation* $$$$$ 3000 First Coast Hwy, FL 32034. **Straßenkarte** E1. *(904) 261-6161.* FAX *(904) 277-5159.* Hotel an der Südspitze von Amelia Island, umgeben von Immergrünen Eichen und hohen Dünen. Geräumige Zimmer, Apartmenthäuser und Villen. Umfassendes Freizeitangebot. ***Zimmer:*** *680*	AE DC MC V	●	■		■
GAINESVILLE: *Magnolia Plantation* $$ 309 SE 7th St, FL 32601. **Straßenkarte** D2. *(352) 375-6653.* FAX *(352) 338-0303.* Einladendes und charmantes Haus von ca. 1880 voller Antiquitäten, mit Veranden und zahlreichen Fenstern. Das phantasievolle Frühstück kann man auch draußen unter den Magnolien genießen. ***Zimmer:*** *6*	AE MC V				■
GAINESVILLE: *Residence Inn by Marriott* $$ 4001 SW 13th St, FL 32608. **Straßenkarte** D2. *(352) 371-2101.* FAX *(352) 371-2101.* Zentral gelegenes Hotel mit geräumigen Suiten samt gut ausgestatteten Küchen und Wohnbereich. Einige mit Whirlpool. ***Zimmer:*** *80*	AE DC MC V		■		■
JACKSONVILLE: *House on Cherry Street* $$ 1844 Cherry St, FL 32205. **Straßenkarte** E1. *(904) 384-1999.* FAX *(904) 384-5013.* Das Holzhaus (Jahrhundertwende) stellt eine gute und angenehme Alternative zu Hotels im Stadtzentrum dar (etwa 15 Min. mit dem Auto). Terrasse mit Blick auf den Krocket-Rasen und den Fluß. ***Zimmer:*** *4*	AE MC V				
JACKSONVILLE: *Omni Jacksonville Hotel* $$$ 245 Water St, FL 32202. **Straßenkarte** E1. *(904) 355-6664.* FAX *(904) 791-4812.* Vornehmes Hotel mit gutem, freundlichem Service und einem hervorragenden Restaurant, direkt im Zentrum gelegen. ***Zimmer:*** *354*	AE DC MC V	●	■	●	
JACKSONVILLE: *Radisson Riverwalk Hotel* $$$ 1515 Prudential Drive, FL 32207. **Straßenkarte** E1. *(904) 396-5100.* FAX *(904) 396-7154.* Aus den Zimmern hat man einen herrlichen Blick auf den St Johns River und die Skyline der Stadt. ***Zimmer:*** *321*	AE DC MC V	●	■		■
JACKSONVILLE BEACH: *Sea Turtle Inn* $$ 1 Ocean Blvd, FL 32233. **Straßenkarte** E1. *(904) 249-7402.* FAX *(904) 247-1517.* Hotel am Meer mit herrlichem Blick von privaten Balkonen. Sie werden mit Kaffee und Zeitung geweckt. ***Zimmer:*** *194*	AE MC V		■		

Zeichenerklärung auf der Rückklappe

Preiskategorien für eine Nacht im Doppelzimmer in der Hochsaison, inklusive Steuer und Service.

- ($) unter $60
- ($)($) $60–$100
- ($)($)($) $100–$150
- ($)($)($)($) $150–$200
- ($)($)($)($)($) über $200

KINDERFREUNDLICH
Kinderfreundliches Hotel mit Kinderbetten, Hochstühlen und Serviceleistungen wie Babysitter oder Kinderprogramm.

SWIMMINGPOOL
Das Hotel hat einen Pool für seine Gäste.

GUTES RESTAURANT
Besonders gutes Restaurant, in dem auch Nicht-Gäste essen können.

KOCHGELEGENHEIT
Das Hotel hat Zimmer mit Kochgelegenheit oder Küchenblock (*»efficiencies«*).

Hotel	Kreditkarten	Kinderfreundlich	Swimmingpool	Gutes Restaurant	Kochgelegenheit
MICANOPY: *The Herlong Mansion* ($)($) 402 NE Cholokka Blvd, FL 32667. **Straßenkarte** D2. *(352) 466-3322.* FAX *wie Telefon.* Schönes Haus (1845) mit imposanten Säulen, in herrlichem Garten gelegen. Frühstück inklusive. ***Zimmer:*** *12*	MC V				
MOUNT DORA: *Lakeside Inn* ($)($)($) 100 N Alexander St, FL 32757. **Straßenkarte** E2. *(352) 383-4101.* FAX *(352) 735-2642.* 1883 erbaut, nach hundert Jahren liebevoll renoviert: ruhiges Hotel, beliebt bei Fischern, Vogelliebhabern und Antiquitätensammlern. ***Zimmer:*** *89*	AE DC MC V		■	●	
OCALA: *Holiday Inn* ($)($) 3621 W Silver Springs Blvd, FL 34478. **Straßenkarte** D2. *(352) 629-0381.* FAX *(352) 629-0381.* Sauberes, komfortables und preiswertes Hotel mit geheiztem Pool, Tennisplätzen und Fitneß-Center. ***Zimmer:*** *273*	AE DC MC V		■		
ORMOND BEACH: *Comfort Inn Beachside* ($)($) 507 S Atlantic Ave, FL 32176. **Straßenkarte** E2. *(904) 677-8550.* FAX *(904) 673-6260.* Hotel am Strand, in der Nähe von Restaurants und Läden, mit hellen, geräumigen Zimmern (alle mit Meerblick). ***Zimmer:*** *50*	AE MC V		■		■
ST AUGUSTINE: *Howard Johnson Lodge* ($)($) 137 San Marco Ave, Fl 32084. **Straßenkarte** E1. *(904) 824-6181.* FAX *(904) 825-2774.* Günstig zur Altstadt gelegen, mit sehr geräumigen Einheiten, alle mit Küchenblock. Gratis-Bahn zu lokalen Sehenswürdigkeiten. ***Zimmer:*** *77*	AE DC MC V		■		■
ST AUGUSTINE: *Alexander Homestead* ($)($)($) 14 Sevilla St, FL 32084. **Straßenkarte** E1. *(904) 826-4147.* FAX *(904) 823-9503.* Bed & Breakfast (um 1880) mit Spitzenvorhängen und Holzböden. Die Gäste werden am Abend mit Likör verwöhnt. ***Zimmer:*** *4*	AE DC MC V				
ST AUGUSTINE: *Casablanca Inn Bed & Breakfast* ($)($)($) 24 Avenida Menendez, FL 32084. **Straßenkarte** E1. *(904) 829-0928.* FAX *(904) 824-2240.* Sehr elegantes Bed and Breakfast mit Klasse. Herrlicher Blick auf die Bucht von eigenen Balkonen, zwei mit Hängematte. Das Frühstück ist ein unvergeßliches Erlebnis. ***Zimmer:*** *12*	AE MC V				
ST AUGUSTINE: *Kenwood Inn Bed & Breakfast* ($)($)($) 38 Marine St, FL 32084. **Straßenkarte** E1. *(904) 824-2116.* FAX *(904) 824-1689.* Charmantes Hotel (um 1880) in der Altstadt mit eigenem Innenhof und individuell gestalteten Zimmern und stilgerechten Möbeln. Gutes, einfaches Frühstück wird drinnen oder draußen serviert. ***Zimmer:*** *12*	MC V		■		
ST AUGUSTINE: *Southern Wind East* ($)($)($) 18 Cordova St, FL 32084. **Straßenkarte** E1. *(904) 825-3623.* FAX *(904) 810-5212.* Stilvolles Hotel, Zimmer mit Antiquitäten aus der Zeit Flaglers ausgestattet. Kaffee trinken Sie aus schönem, altem Porzellan. ***Zimmer:*** *10*	AE MC V				

DER PANHANDLE

Hotel	Kreditkarten	Kinderfreundlich	Swimmingpool	Gutes Restaurant	Kochgelegenheit
APALACHICOLA: *Coombs House Inn* ($)($)($) 80 6th St, FL 32320. **Straßenkarte** B1. *(850) 653-9199.* FAX *(850) 653-2785.* Bed & Breakfast in altem Holzhaus (1905), stilecht mit traditioneller Veranda und Antiquitäten. Einige Zimmer mit Himmelbett. ***Zimmer:*** *17*	AE MC V				
CEDAR KEY: *Cedar Key Bed & Breakfast* ($)($) 810 3rd St, FL 32625. **Straßenkarte** D2. *(352) 543-9000.* FAX *(352) 543-8070.* Kunstvolle Schnitzereien schmücken das schöne Haus (1880) am Meer. Antiquitäten erfreuen das Auge, das herzhafte Frühstück den Bauch. ***Zimmer:*** *7*	MC V				
CEDAR KEY: *The Island Hotel* ($)($) 373 2nd St, FL 32625. **Straßenkarte** D2. *(352) 543-5111.* FAX *(352) 543-6949.* Hotel (1859) mit dicken Mauern, Holzböden und nautischen Malereien. Bei schönem Wetter sollten Sie auf der Veranda essen. ***Zimmer:*** *13*	MC V			●	

DESTIN: *Village Inn* $$
215 Hwy 98 E, FL 32541. **Straßenkarte** A1. ☎ *(850) 837-7413.* FAX *(850) 654-3394.* Familienfreundliches Hotel gegenüber dem Hafen von Destin und seinen Fischerbooten, geräumige Zimmer. Strände, Restaurants und Läden sind alle in 10 Minuten mit dem Auto zu erreichen. ***Zimmer:** 100*

DESTIN: *Holiday Inn* $$$$
1020 Hwy 98 E, FL 32541. **Straßenkarte** A1. ☎ *(850) 837-6181.* FAX *(850) 837-1523.* Kreisförmiges Hotel mit teilweise herrlichem Blick über den Golf. Freundliches Personal, Kinderprogramm. ***Zimmer:** 233*

DESTIN: *Henderson Park Inn Bed & Breakfast* $$$$$
2700 Hwy 98 E, FL 32541. **Straßenkarte** A1. ☎ *(850) 654-0400.* FAX *(850) 654-0405.* Für ein B & B recht teuer und groß. Schöne Zimmer im Neuengland-Stil, sehr gutes Frühstück. Von den Balkonen genießt man einen herrlichen Blick auf den Golf und die weitläufigen Strände. ***Zimmer:** 36*

FORT WALTON BEACH: *Howard Johnson Lodge* $$
314 Miracle Strip Parkway, FL 32548. **Straßenkarte** A1. ☎ *(850) 243-6162.* FAX *(850) 664-2735.* Freundliches Hotel mit stattlichen Eichen im Hof, 3 km vom Stadtzentrum und vom Strand entfernt. ***Zimmer:** 140*

FORT WALTON BEACH: *The Four Points Hotel* $$$
1325 Miracle Strip Parkway, FL 32548. **Straßenkarte** A1. ☎ *(850) 243-8116.* FAX *(850) 244-3064.* Hotel mit großen, freundlich eingerichteten Zimmern, viele mit Blick aufs Meer, einige zum Strand gelegen. ***Zimmer:** 217*

GULF BREEZE: *Holiday Inn Bay Beach* $$
51 Gulf Breeze Parkway, FL 32561. **Straßenkarte** A1. ☎ *(850) 932-2214.* FAX *(850) 932-0932.* An der Pensacola Bucht gelegen, mit geräumigen Zimmern und einem Strandcafé mit herrlichen Kuchen. ***Zimmer:** 168*

NAVARRE: *Comfort Inn* $$$
8680 Navarre Parkway, FL 32566. **Straßenkarte** A1. ☎ *(850) 939-1761.* FAX *(850) 939-2084.* Kleines, komfortables Bed and Breakfast, günstig über der Brücke zu den einsamen, weißen Stränden gelegen. ***Zimmer:** 63*

PANAMA CITY BEACH: *Best Western Del Coronado* $$
11815 Front Beach Rd, FL 32407. **Straßenkarte** B1. ☎ *(850) 234-1600.* FAX *(850) 235-1645.* Kleiner Komplex gleich am Golf, mit freundlichem Personal und gut ausgestatteten Zimmern. ***Zimmer:** 100*

PANAMA CITY BEACH: *Marriott's Bay Point Resort* $$$
4200 Marriott Drive, FL 32408. **Straßenkarte** B1. ☎ *(850) 234-3307.* FAX *(850) 233-1308.* Versteckt in einem ruhigen Naturschutzgebiet abseits vom Strand. Das Bay Point gilt als eines der besten Golf- und Tennishotels Floridas. Mit sehr eleganten Zimmern. ***Zimmer:** 355*

PANAMA CITY BEACH: *Edgewater Beach Resort* $$$$
11212 Front Beach Rd, FL 32407. **Straßenkarte** B1. ☎ *(850) 235-4044.* FAX *(850) 233-7529.* Luxuriöse Anlage mit tropischem Styling. Ferienhäuschen mit einem, zwei oder drei Schlafzimmern. Umfangreiches Sport- und Freizeitangebot. ***Zimmer:** 520*

PENSACOLA: *Bay Breeze Bed and Breakfast* $$
1326 E Jackson St, FL 32501. **Straßenkarte** A1. ☎ *(850) 470-0316.* FAX *(850) 470-0488.* In diesem makellosen B & B erwarten Sie ein weißer Lattenzaun und eine Korbschaukel. Ausstattung und Dekor der Zimmer verbreiten den heimeligen Charme der Jahrhundertwende. ***Zimmer:** 3*

PENSACOLA: *Residence Inn by Marriott* $$$
7230 Plantation Rd, FL 32504. **Straßenkarte** A1. ☎ *(850) 479-1000.* FAX *(850) 477-3399.* Angenehmes Hotel mit geräumigen Zimmern, ruhig gelegen, etwa elf Kilometer vom Stadtzentrum. Inklusive Frühstück. ***Zimmer:** 64*

PENSACOLA BEACH: *Five Flags Inn* $$
299 Fort Pickens Rd, FL 32561. **Straßenkarte** A1. ☎ *(850) 932-3586.* FAX *(850) 934-0257.* Direkt am Strand, alle Zimmer zum Meer. Freundliches Hotel, hübsch möblierte Zimmer. ***Zimmer:** 49*

PENSACOLA BEACH: *Best Western Pensacola Beach* $$$
16 Via de Luna, FL 32561. **Straßenkarte** A1. ☎ *(850) 934-3300.* FAX *(850) 934-9780.* Gemütliches Hotel am Golf mit hellen, geräumigen Zimmern, einige mit Meerblick. Inklusive einfaches Frühstück. ***Zimmer:** 122*

Hotel	Kreditkarten				
Destin: Village Inn	AE DC MC V		■		
Destin: Holiday Inn	AE DC MC V	●	■		
Destin: Henderson Park Inn Bed & Breakfast	AE MC V		■		■
Fort Walton Beach: Howard Johnson Lodge	AE MC V		■		
Fort Walton Beach: The Four Points Hotel	AE DC MC V		■		
Gulf Breeze: Holiday Inn Bay Beach	AE DC MC V		■	●	
Navarre: Comfort Inn	AE DC MC V		■		■
Panama City Beach: Best Western Del Coronado	AE DC MC V		■		■
Panama City Beach: Marriott's Bay Point Resort	AE DC MC V	●	■	●	■
Panama City Beach: Edgewater Beach Resort	AE MC V	●	■		■
Pensacola: Bay Breeze Bed and Breakfast	MC V				
Pensacola: Residence Inn by Marriott	AE DC MC V		■		■
Pensacola Beach: Five Flags Inn	AE MC V		■		
Pensacola Beach: Best Western Pensacola Beach	AE DC MC V	●	■		■

Zeichenerklärung auf der Rückklappe

Preiskategorien für eine Nacht im Doppelzimmer in der Hochsaison, inklusive Steuer und Service.

- $ unter $60
- $$ $60–$100
- $$$ $100–$150
- $$$$ $150–$200
- $$$$$ über $200

KINDERFREUNDLICH
Kinderfreundliches Hotel mit Kinderbetten, Hochstühlen und Serviceleistungen wie Babysitter oder Kinderprogramm.

SWIMMINGPOOL
Das Hotel hat einen Pool für seine Gäste.

GUTES RESTAURANT
Besonders gutes Restaurant, in dem auch Nicht-Gäste essen können.

KOCHGELEGENHEIT
Das Hotel hat Zimmer mit Kochgelegenheit oder Küchenblock (»*efficiencies*«).

	KREDITKARTEN	KINDERFREUNDLICH	SWIMMINGPOOL	GUTES RESTAURANT	KOCHGELEGENHEIT
SEASIDE: *Josephine's French Country Inn* $$$$ 101 Seaside Ave, FL 32459. **Straßenkarte** B1. *(850) 231-1940.* FAX *(850) 231-2446.* In Seaside sollten Sie in diesem Haus im Antebellum-Stil absteigen. Antiquitäten und Spitze harmonieren mit moderner Ausstattung. Das Restaurant ist sehr beliebt. ***Zimmer:** 9*	AE MC V			●	■
TALLAHASSEE: *Ramada Inn* $$ 2900 N Monroe St, FL 32303. **Straßenkarte** C1. *(850) 386-1027.* FAX *(850) 422-1025.* Effizient geführtes Hotel, nur eine kurze Autofahrt vom Zentrum entfernt. Großzügige Räume und freundlicher Service. ***Zimmer:** 200*	AE DC MC V		■		
TALLAHASSEE: *The Riedel House* $$ 1412 Fairway Drive, FL 32301. **Straßenkarte** C1. *(850) 222-8569.* Hotel von 1937, faszinierend nahe am Zentrum gelegen. Eine Wendeltreppe führt zur Gemäldegalerie und zu den edlen Zimmern. ***Zimmer:** 3*					
TALLAHASSEE: *Governors Inn* $$$ 209 S Adams St, FL 32301. **Straßenkarte** C1. *(850) 681-6855.* FAX *(850) 222-3105.* Balken eines früheren Stalls wurden in das moderne Hotel integriert. Einige Zimmer mit Kamin, alle mit Antiquitäten. ***Zimmer:** 40*	AE DC MC V				
DIE GOLFKÜSTE					
ANNA MARIA ISLAND: *Haley's Motel and Resort Complex* $$ 8102 Gulf Drive, FL 34217. **Straßenkarte** D3. *(941) 778-5405.* FAX *(941) 778-1991.* Hotel mit einfachen, komfortablen 1-Bett-Zimmern mit Kochgelegenheit oder 2-Bett-Apartments, wenige Schritte vom Strand. ***Zimmer:** 16*	AE DC MC V		■		■
CAPTIVA ISLAND: *South Seas Plantation Resort* $$$$$ 5400 Plantation Rd, FL 33924. **Straßenkarte** D4. *(941) 472-5111.* FAX *(941) 481-4947.* Luxuriöse 130-Hektar-Anlage auf ehemaliger Kokosplantage mit Villen, Cottages, Apartmenthäusern und Zimmern. Das Sportangebot ist sehr umfangreich. ***Zimmer:** 600*	AE DC MC V	●	■	●	■
CLEARWATER BEACH: *Howard Johnson Express Inn* $$ 656 Bayway Blvd, FL 33767. **Straßenkarte** D3. *(813) 442-6606.* FAX *(813) 461-0809.* Kleines Hotel etwas abseits vom Strand, mit Blick auf die Bucht. Mit Gelegenheit zum Fischen, einfachen Zimmern, Läden in der Nähe. ***Zimmer:** 40*	AE DC MC V		■		
CLEARWATER BEACH: *Clearwater Beach* $$$ 500 Mandalay Ave, FL 33767. **Straßenkarte** D3. *(813) 441-2425.* FAX *(813) 449-2083.* Elegantes Hotel am Golf mit gemütlicher, altmodischer Atmosphäre, wird seit 40 Jahren von der gleichen Familie geführt. ***Zimmer:** 210*	AE DC MC V	●	■		■
CLEARWATER BEACH: *Holiday Inn SunSpree Resort* $$$$ 715 S Gulfview Blvd, FL 33767. **Straßenkarte** D3. *(813) 447-9566.* FAX *(813) 446-4978.* In diesem modernen, familienfreundlichen Hotel essen Kinder unter zwölf gratis. Programm für Teenager. ***Zimmer:** 205*	AE DC MC V	●	■		
DUNEDIN: *Inn on the Bay* $$ 1420 Bayshore Blvd, FL 34698. **Straßenkarte** D3. *(813) 734-7689.* FAX *(813) 734-0972.* Sauber und komfortabel, mit herrlichem Blick auf die Bucht. Das Frühstück ist im Preis inbegriffen. ***Zimmer:** 43*	AE MC V		■		■
FORT MYERS: *Sheraton Harbor Place* $$$ 2500 Edwards Drive, FL 33901. **Straßenkarte** E4. *(941) 337-0300.* FAX *(941) 337-7528.* Schickes Hotel mit Blick auf Jachthafen und Fluß. Die Sehenswürdigkeiten im Zentrum sind nur wenige Schritte entfernt. ***Zimmer:** 419*	AE DC MC V		■		
LONGBOAT KEY: *The Resort at Longboat Key Club* $$$$$ 301 Gulf of Mexico Drive, FL 34228. **Straßenkarte** D3. *(941) 383-8821.* FAX *(941) 383-0359.* Luxuriöse Anlage, ideal für Golf und Tennis. Von den Balkonen der Suiten hat man einen schönen Blick auf den Golf. ***Zimmer:** 232*	AE DC MC V	●	■		■

St Petersburg: *Beach Park Motel* $$ 300 Beach Drive NE, FL 33701. **Straßenkarte** D3. *(813) 898-6325.* FAX *(813) 894-4226.* Im Zentrum gelegen, mit Blick auf den Pier. Ideal für Sightseeing. Die Zimmer haben kleine Balkone. ***Zimmer:** 26*	AE MC V				■
St Petersburg: *Bayboro House* $$$ 1719 Beach Drive SE, FL 33701. **Straßenkarte** D3. *(813) 823-4955.* FAX *(813) 823-4955.* 1907 im Queen-Anne-Stil erbaut, voller Spitzen und Antiquitäten. Nur drei Kilometer südlich vom Zentrum, mit schönem Rundblick auf die Tampa Bay von der Terrasse. ***Zimmer:** 4*	MC V		■		
St Petersburg: *Renaissance Vinoy Resort* $$$$$ 501 5th Ave NE, FL 33701. **Straßenkarte** D3. *(813) 894-1000.* FAX *(813) 894-2270.* Elegant restauriertes Hotel von 1925, mit schönem Blick auf die Bucht und phantasievoll ausgestatteten Zimmern. Die meisten Sehenswürdigkeiten sind zu Fuß erreichbar. ***Zimmer:** 360*	AE DC MC V	●	■	●	
St Pete Beach: *Colonial Gateway Inn* $$$ 6300 Gulf Blvd, FL 33706. **Straßenkarte** D3. *(813) 367-2711.* FAX *(813) 367-7068.* Familienfreundliches Hotel direkt am Strand, Zimmer mit Blumenmustertapeten, Kochgelegenheit. ***Zimmer:** 200*	AE DC MC V		■		■
St Pete Beach: *Dolphin Beach Resort* $$$ 4900 Gulf Blvd, FL 33706. **Straßenkarte** D3. *(813) 360-7011.* FAX *(813) 367-5909.* Am Meer gelegen, mit Segelbooten zum Mieten, Busfahrten, Abendunterhaltung und kostenlosen Parkplätzen. ***Zimmer:** 173*	AE DC MC V	●	■		■
St Pete Beach: *Don CeSar Resort and Spa* $$$$$ 3400 Gulf Blvd, FL 33706. **Straßenkarte** D3. *(813) 360-1881.* FAX *(813) 367-7597.* Im atemberaubenden »Pink Palace« (1928) tummelten sich einst Leute wie Scott Fitzgerald. Jedes Zimmer ist anders eingerichtet, die Kunstwerke an den Wänden sind Originale. ***Zimmer:** 277*	AE DC MC V	●	■	●	
Sanibel Island: *Island Inn* $$$$ 3111 W Gulf Drive, FL 33957. **Straßenkarte** E4. *(941) 472-1561.* FAX *(941) 472-0051.* Altes Hotel (um 1890) mit angenehmer Atmosphäre der alten Welt. Bequeme Räume mit Korbmöbeln und Blick auf den Golf. Die meisten Gäste kommen wieder – lange im voraus buchen! ***Zimmer:** 57*	AE MC V	●	■		■
Sanibel Island: *Sanibel Inn* $$$$$ 937 E Gulf Drive, FL 33957. **Straßenkarte** E4. *(941) 472-3181.* FAX *(941) 472-5234.* Vielfältiges Angebot: Apartmenthäuser und Zimmer gleich am Strand, mit umfangreichem Sportangebot. ***Zimmer:** 96*	AE DC MC V	●	■		■
Sanibel Island: *Sanibel's Seaside Inn* $$$$$ 541 E Gulf Drive, FL 33957. **Straßenkarte** E4. *(941) 472-1400.* FAX *(941) 472-6518.* Nostalgisches Hotel direkt am muschelübersäten Strand gelegen, große Auswahl an hellen Zimmern oder Ferienhäuschen. Man kann sich Fahrräder leihen, um die Insel zu erkunden. ***Zimmer:** 32*	AE DC MC V	●	■		
Sarasota: *Best Western Golden Host Resort* $$ 4675 N Tamiami Trail, FL 34234. **Straßenkarte** D3. *(941) 355-5141.* FAX *(941) 355-9286.* Inmitten tropischer Anlagen, in unmittelbarer Nähe zum Strand und den lokalen Sehenswürdigkeiten. Inklusive Frühstück. ***Zimmer:** 80*	AE DC MC V		■		
Sarasota: *Wellesley Inn* $$ 1803 N Tamiami Trail, FL 34234. **Straßenkarte** D3. *(941) 366-5128.* FAX *(941) 953-4322.* Freundliches Hotel im Norden des Zentrums mit Blick auf den Hafen. Fröhliche und helle Zimmer. ***Zimmer:** 106*	AE DC MC V		■		
Sarasota: *Hyatt Sarasota* $$$$ 1000 Blvd of the Arts, FL 34236. **Straßenkarte** D3. *(941) 953-1234.* FAX *(941) 952-1987.* An der Bucht günstig zum Zentrum von Sarasota gelegen. Die meisten Zimmer haben Balkone. ***Zimmer:** 297*	AE DC MC V		■		
Tampa: *Days Inn* $$ 2522 N Dale Mabry Hwy, FL 33607. **Straßenkarte** D3. *(813) 877-6181.* FAX *(813) 875-6171.* Zwischen Zentrum und Flughafen gelegen, mit komfortablen Zimmern. Frühstück ist inbegriffen. ***Zimmer:** 285*	AE DC MC V		■		
Tampa: *Gram's Place* $$ 3109 N Ola Ave, FL 33603. **Straßenkarte** D3. *(813) 221-0596.* FAX *wie Telefon.* Voller Musik und eher ein Pub mit Zimmern: »Künstler-Bed-and-Breakfast« für Schwule und Hetero-Bohemiens. ***Zimmer:** 7*	AE MC V		■		

Zeichenerklärung auf der Rückklappe

Preiskategorien für eine Nacht im Doppelzimmer in der Hochsaison, inklusive Steuer und Service.

- $ unter $60
- $$ $60–$100
- $$$ $100–$150
- $$$$ $150–$200
- $$$$$ über $200

KINDERFREUNDLICH
Kinderfreundliches Hotel mit Kinderbetten, Hochstühlen und Serviceleistungen wie Babysitter oder Kinderprogramm.

SWIMMINGPOOL
Das Hotel hat einen Pool für seine Gäste.

GUTES RESTAURANT
Besonders gutes Restaurant, in dem auch Nicht-Gäste essen können.

KOCHGELEGENHEIT
Das Hotel hat Zimmer mit Kochgelegenheit oder Küchenblock (*»efficiencies«*).

	Kreditkarten	Kinderfreundlich	Swimmingpool	Gutes Restaurant	Kochgelegenheit
TAMPA: *Holiday Inn Select Downtown* $$$ 111 W Fortune St, FL 33602. **Straßenkarte** D3. *(813) 223-1351.* FAX *(813) 221-2000.* Modernes Hotel mit großen Zimmern, am Hillsborough River im Zentrum, in Gehdistanz zu den meisten Sehenswürdigkeiten. ***Zimmer:*** *311*	AE DC MC V		■		
TAMPA: *Hyatt Regency Westshore* $$$$$ 6200 Courtney Campbell Causeway, FL 33607. **Straßenkarte** D3. *(813) 874-1234.* FAX *(813) 282-3459.* Elegantes Hotel, abgeschieden im Naturreservat an der Bucht gelegen. Freundliche Zimmer mit Meerblick. P ***Zimmer:*** *445*	AE DC MC V	●	■	●	
TAMPA: *Wyndham Harbour Island Hotel* $$$$$ 725 S Harbour Island Blvd, FL 33602. **Straßenkarte** D3. *(813) 229-5000.* FAX *(813) 229-5322.* Exklusives Hotel auf einer Insel an der Flußmündung, mit Tampa durch den »Peoplemover« verbunden *(siehe S. 244)*. Zimmer mit dunklem Holz und Blumenstoffen. 24 P ***Zimmer:*** *300*	AE DC MC V	●	■		
TARPON SPRINGS: *Spring Bayou Inn* $$ 32 W Tarpon Ave, FL 34689. **Straßenkarte** D3. FAX *(813) 938-9333.* 1905 errichtetes Bed and Breakfast mit Holzböden und einer erlesenen Mischung verschiedenster Möbel, darunter auch Antiquitäten. ***Zimmer:*** *5*					
VENICE: *The Banyan House* $$$ 519 S Harbor Drive, FL 34285. **Straßenkarte** D4. *(941) 484-1385.* FAX *(941) 484-8032.* Bed & Breakfast in einem eleganten Gebäude mit herrlichen Möbeln aus viktorianischer Zeit und hohen Decken mit Balken. ***Zimmer:*** *4*			■		■
VENICE: *Holiday Inn Venice* $$$ 455 US 41 Bypass N, FL 34292. **Straßenkarte** D4. *(941) 485-5411.* FAX ***(941) 484-6193.*** Holiday Inn-Hotel: mit Abendbüffet, Shows im Broadway-Stil und gemütlicher Atmosphäre, besser als der Durchschnitt. ***Zimmer:*** *160*	AE DC MC V		■		■
DIE EVERGLADES UND DIE KEYS					
BIG PINE KEY: *Barnacle Bed and Breakfast* $$$ 1557 Long Beach Drive, FL 33043. **Straßenkarte** E5. *(305) 872-3298.* FAX *(305) 872-3863.* Architektonisch reizvolles Haus inmitten üppigen Grüns, mit Dachterrasse. Ein Zimmer mit Blick auf den Privatstrand. ***Zimmer:*** *4*	MC V				■
ISLAMORADA: *Breezy Palms Resort* $$ MM 80, Overseas Hwy, FL 33036. **Straßenkarte** F5. *(305) 664-2361.* FAX *(305) 664-2572.* Anlage mit verstreut liegenden sonnigen Apartments und Zimmern, eigene Bootsanlegestelle. ***Zimmer:*** *40*	AE MC V		■		■
ISLAMORADA: *Cheeca Lodge* $$$$$ MM 82, Overseas Hwy, FL 33036. **Straßenkarte** F5. *(305) 664-4651.* FAX *(305) 664-2893.* Ruhige Anlage mit niedrigen Gebäuden, umfangreiches Wassersportangebot für Kinder und Erwachsene. Zimmer mit Bambusmöbeln und individuellem Touch, z.B. handbemalten Spiegelrahmen. P ***Zimmer:*** *203*	AE DC MC V	●	■		■
KEY LARGO: *Holiday Inn* $$$$ MM 100, Overseas Hwy, FL 33037. **Straßenkarte** F5. *(305) 451-2121.* FAX *(305) 451-5592.* Anlage mit modernen Zimmern, in der Nähe der Fischerboote, Strand- und Meerattraktionen gelegen. ***Zimmer:*** *132*	AE DC MC V	●	■		
KEY LARGO: *Westin Beach Resort Key Largo* $$$$ MM 97, Overseas Hwy, FL 33037. **Straßenkarte** F5. *(305) 852-5553.* FAX *(305) 852-8669.* Versteckt in einem Wäldchen mit Wanderpfaden gelegen. Zimmer mit eigenen Balkonen. 24 P ***Zimmer:*** *200*	AE DC MC V	●	■		
KEY WEST: *Key West International Youth Hostel* $ 718 South St, FL 33040. **Straßenkarte** E5. *(305) 296-5719.* FAX *(305) 296-0672.* Einfache, aber gepflegte Jugendherberge. Für das internationale Rucksack-Publikum stehen Billardtische und Fahrräder zur Verfügung. ***Betten:*** *80*	MC V				■

KEY WEST: *La Pensione* $$$ 809 Truman Ave, FL 33040. **Straßenkarte** E5. *(305) 292-9923.* FAX *(305) 296-6509.* Charmantes Haus, 1891 von einem Zigarrenfabrikanten erbaut, einfache Zimmer, feste Betten, ohne TV und Telefon – für manche ein Plus. ***Zimmer:*** *9*	AE DC MC V		■		
KEY WEST: *La Te Da (La Terraza)* $$$ 1125 Duval St, FL 33040. **Straßenkarte** E5. *(305) 296-6706.* FAX *(305) 296-0438.* Berühmt für seine Transvestitenshows und die sonntäglichen Tanztees. Zentral gelegen, besonders bei Homosexuellen beliebt. ***Zimmer:*** *16*	AE MC V		■	●	
KEY WEST: *Nancy's William Street Guesthouse* $$$$ 329 William St, FL 33040. **Straßenkarte** E5. *(305) 292-3334.* FAX *(305) 296-1740.* Schön renoviertes Haus mit Korbmöbeln und Antiquitäten. Die zwei Zimmer und vier Apartments haben von außen eigene Eingänge. Die Nachkommen von Hemingways Katzen streunen durch den Garten. ***Zimmer:*** *6*	AE DC MC V		■	●	■
KEY WEST: *Southernmost Motel* $$$$ 1319 Duval St, FL 33040. **Straßenkarte** E5. *(305) 296-6577.* FAX *(305) 294-8272.* Belebtes Hotel in Gehdistanz zur Altstadt. Schöne, tropisch anmutende Zimmer mit Balkonen. ***Zimmer:*** *127*	AE MC V		■		■
KEY WEST: *Wicker Guesthouse* $$$$ 913 Duval St, FL 33040. **Straßenkarte** E5. *(305) 296-4275.* FAX *(305) 294-7240.* Freundlicher Komplex mit neuen und restaurierten Häusern in der Altstadt, mit großer Auswahl an Zimmern und geräumigen Suiten. ***Zimmer:*** *19*	AE DC MC V		■		■
KEY WEST: *Curry Mansion Inn* $$$$$ 511 Caroline St, FL 33040. **Straßenkarte** E5. *(305) 294-5349.* FAX *(305) 294-4093.* Historisches Haus mit Museum *(siehe S. 284)* unweit der Duval Street. Die meisten Zimmer sind im schönen Anbau und sehr komfortabel. ***Zimmer:*** *28*	AE DC MC V		■		
KEY WEST: *Holiday Inn La Concha* $$$$$ 430 Duval St, FL 33040. **Straßenkarte** E5. *(305) 296-2991.* FAX *(305) 292-3213.* Ein Wahrzeichen der Stadt: 1925 erbaut und von Hemingway erwähnt, bot es schon Tennessee Williams Unterkunft. Zimmer mit Originalstücken, herrlicher Blick vom Dach. ***Zimmer:*** *160*	AE DC MC V		■		
KEY WEST: *Marriott's Casa Marina Resort* $$$$$ 1500 Reynolds St, FL 33040. **Straßenkarte** E5. *(305) 296-3535.* FAX *(305) 296-4633.* Das erste Grandhotel der Stadt: in den 20er Jahren von Henry Flagler erbaut, inmitten herrlichen Geländes. Gegen die allgemeine Opulenz wirken die Zimmer selbst einfach. Viele mit Balkon aufs Meer. ***Zimmer:*** *311*	AE DC MC V		■	●	
MARATHON: *Faro Blanco Marine Resort* $$$ MM 48.5, Overseas Hwy, FL 33050. **Straßenkarte** E5. *(305) 743-9018.* FAX *(305) 743-2918.* Anlage aus den 50er Jahren mit entspannter Atmosphäre, Gartenhäuschen, Hausbooten, Leuchtturm-Apartments und Apartmenthäusern. ***Zimmer:*** *144*	AE MC V	●	■	●	■
MARCO ISLAND: *Boat House Motel* $$$ 1180 Edington Place, FL 34145. **Straßenkarte** E4. *(941) 642-2400.* FAX *(941) 642-2435.* Komfortables Motel in der Altstadt neben dem Fluß, verschiedene Räume und ein Cottage mit zwei Schlafzimmern. Mit Picknick-Tischen und Grillgelegenheit. ***Zimmer:*** *20*	MC V		■		■
NAPLES: *Beachcomber Club* $$$ 290 5th Ave S, FL 34102. **Straßenkarte** E4. *(941) 262-8112.* FAX *(941) 263-2299.* Ruhiges Motel, nur einen Steinwurf von Altstadt und Strand entfernt. Apartments mit einem bzw. zwei Schlafzimmern. ***Zimmer:*** *69*	AE MC V		■		■
NAPLES: *Inn By The Sea* $$$$ 287 11th Ave S, FL 34102. **Straßenkarte** E4. *(941) 649-4124.* Holzhaus von 1937, nur zwei Blocks vom historischen Kern von Naples entfernt, mit Patchwork-Decken, Holzböden und Korbmöbeln. ***Zimmer:*** *5*	AE MC V				
NAPLES: *Vanderbilt Beach Motel* $$$ 9225 Gulfshore Drive N, FL 34108. **Straßenkarte** E4. *(941) 597-3144.* FAX *(941) 597-2199.* Kleines, freundliches Hotel am Strand mit Zimmern und Suiten. Frühstück ist im Preis nicht inbegriffen. ***Zimmer:*** *66*	AE MC V		■		■
NAPLES: *The Registry Resort* $$$$$ 475 Seagate Drive, FL 34103. **Straßenkarte** E4. *(941) 597-3232.* FAX *(941) 597-9151.* Luxusanlage, die sich auf Kinder spezialisiert hat. Hervorragendes Kinderprogramm und bester Sonntagsbrunch weit und breit. Der Strand befindet sich gleich hinter den Mangroven. 24 ***Zimmer:*** *474*	AE DC MC V	●	■	●	

Restaurants, Cafés und Bars

Fast food ist hier genauso beliebt wie überall in den USA, aber eine Gaumenfreude sind in Florida die vielen frischen Erzeugnisse, die exotischen und die Meeresfrüchte, die in den verschiedensten Restaurants angeboten werden. Da die Konkurrenz groß ist, wird oft exzellente Qualität zu angemessenen Preisen geboten. Speiselokale gibt es für jeden Geldbeutel, von den schicken Etablissements in Miami, die kulinarische Zeichen setzen, bis zu einfacheren Gasthäusern im Landesinneren, wo das Essen traditionell zubereitet wird. Die auf den Seiten 316 bis 329 aufgeführten Lokale sind wegen der hervorragenden Qualität der Speisen, dem guten Service und Preis-Leistungsverhältnis empfehlenswert. Cafés und Bars, in denen auch kleine Mahlzeiten serviert werden, sind auf den Seiten 330 bis 331 aufgelistet.

Schild des Green Turtle Inn *(siehe S. 328)*

Das Art-déco-Restaurant des Hotels Cardozo *(siehe S. 61)* in South Beach

Restauranttypen

In Floridas feinsten Restaurants, die meist in Großstädten oder an Urlaubshotels angegliedert zu finden sind, werden europäische (oft französische) oder raffiniert zubereitete regionale Gerichte serviert. Einige Küchenchefs kombinierten die Erzeugnisse Floridas mit den Gewürzen der karibischen Küche und kreierten so die »Floribbean«, die »floribische« Küche. Sie wird auch in kleineren, bistroähnlichen Lokalen aufgetischt, deren Speisekarte täglich wechselt.

Die Restaurants von Miami und der Städte der Gold und Gulf Coast genießen einen guten Ruf. Dasselbe gilt für die Lokale in Disney World.

In Miami finden Sie die meisten ausländischen Lokale und Cafés von ganz Florida. Essen Sie sich hier um die ganze Welt, von Asien über Europa bis in die Karibik. Insbesondere die hispanische Küche ist gut vertreten, sowohl in günstigen Gaststätten als auch in formellen Klubhäusern.

Restaurants aller Größen und Arten servieren Fisch und Meeresfrüchte. Die *raw bar* ist in Florida bereits eine Institution: Hier locken frische rohe Austern und Muscheln sowie gedünstete Garnelen.

Essenszeiten

Die Städter gehen gerne zum Essen, auch zum Frühstücken. Besonders populär ist diese Tradition am Sonntag, wenn viele Restaurants von 10 bis 14 Uhr ein üppiges Brunchbuffet anbieten.

Wochentags ist von 12 bis 14.30 Uhr Zeit für das Mittagessen, das Abendessen wird ab 18 Uhr serviert. Außerhalb der Urlaubsorte, wo viele Leute gegen 23 Uhr zu Abend essen, neigen die Bewohner Floridas dazu, das Nachtmahl zwischen 19 und 21 Uhr einzunehmen.

Reservierungen

Um Enttäuschungen zu vermeiden, empfiehlt es sich zu reservieren, insbesondere am Wochenende in den beliebteren Restaurants. In manchen Lokalen, wie z. B. Joe's Stone Crab in South Beach *(siehe S. 316)*, werden keine Reservierungen angenommen.

Weitere Hinweise

Essen gehen ist in Florida eine zwanglose Angelegenheit. Auf Jackett und Krawatte bestehen nur wenige Restaurants. »Zwanglos, aber ordentlich« lautet die Devise.

Alle Lokale sind in eine Raucher- und eine Nichtraucher-Zone eingeteilt. Wer reserviert, wird häufig gefragt, wo er lieber sitzt.

Trinkgeld wird in Höhe von 15 bis 20 Prozent gegeben. In eleganten Restaurants geben die Gäste oft einen höheren Betrag, wenn sie zufrieden waren. Die State Sales Tax in

Im gemütlichen Blue Desert Café in Cedar Key *(siehe S. 325)*

Höhe von sechs Prozent wird automatisch auf die Rechnung aufgeschlagen.

Reiseschecks und Kreditkarten werden in den meisten Lokalen akzeptiert, in kleinen Gasthäusern, Fast-food-Ketten, Cafés und Delikatessengeschäften muß dagegen häufig bar bezahlt werden.

Vegetarisches Essen

Vegetarier, die Fisch und Meeresfrüchte essen, kommen in Florida nicht zu kurz. Alle anderen dagegen werden vergeblich nach fleisch- und fischfreien Gerichten suchen. Solange sie keines der wenigen echten vegetarischen Restaurants ausfindig machen, müssen sie sich mit Salaten und Pizza zufriedengeben.

Günstig ist ein Picknick in einem der Staatsparks von Florida

Preiswert essen

Geld sparen kann man auf verschiedene Weise: In Amerika werden meist recht üppige Portionen serviert, bestellen Sie also weniger als sonst. Eine Vorspeise reicht oft schon als eine leichte Mahlzeit.

Buffets, von denen man zu einem Festpreis so viel essen kann, wie man will, sind genauso empfehlenswert wie Restaurants, in denen günstigere Gerichte auf einer Extra-Speisekarte angeboten werden. Außerdem gibt es »Early-bird«-Mahlzeiten zu reduzierten Preisen für alle, die früh zu Abend essen, nämlich zwischen 17 und 18 Uhr. Auf diese Art spart man bis zu 35 Prozent, weshalb diese Lokale vor allem von Familien gern besucht werden. Suchen Sie in der Liste

Im McGuire's Irish Pub in Pensacola gibt es Bier und Essen (*siehe S. 326*)

nach Restaurants mit diesem Angebot, aber erkundigen Sie sich vor einem Besuch telefonisch nach den genauen Zeiten.

In eleganten Lokalen ist das Mittagessen im allgemeinen günstiger als das Abendessen. Zum Frühstück tun Sie es am besten den Einheimischen gleich und begeben sich in ein nahe gelegenes Feinkostgeschäft mit Imbiß, wo mit Sicherheit mehr los und wahrscheinlich das Essen besser ist.

In Bars werden häufig Mahlzeiten zu angemessenen Preisen angeboten, und zur Happy Hour am frühen Abend gibt es Snacks, die bei nicht allzu großem Hunger als Abendessen ausreichen.

Manche Restaurants, vor allem in den Keys, bereiten auch Ihren mitgebrachten Fisch zu einem reduzierten Preis zu. Außerdem gibt es in vielen Staatsparks Barbecues, wo Sie Ihren Fang oder Ihr Mitgebrachtes selbst grillen können.

Speisekarten

Auf den Speisekarten in Florida erscheinen zunächst die *appetizers* (Vorspeisen), dann die *entrées* (Hauptgerichte) und schließlich die *desserts* (Nachspeisen). Die Beschreibung einiger Zutaten und Gerichte ist vielleicht selbst dem sonst im Englischen versierten Gast neu: *Aged beef* ist z.B. erstklassiges zartes Rindfleisch mit einem nussigen Geschmack, während *surf'n'turf* eine Kombination von Meeresfrüchten und Fleisch beschreibt, *Dolphin* ist ein mit *mahi-mahi*, einem Fisch mit weißem Fleisch, zubereitetes Gericht, für das kein Delphin sein Leben lassen mußte. Jeder Fisch, der *blackened* serviert wird, also »geschwärzt«, wurde mit Gewürzen eingerieben und anschließend in einer Pfanne gebraten. *Broiled* bedeutet gegrillt.

Essen mit Kindern

In den meisten Restaurants ist man auf kleine Gäste eingestellt. Manche Lokale bieten Kinderportionen an, andere haben Kinder-Speisekarten, auf denen all das aufgeführt wird, was Kinder lieben – z.B. Hot dogs und Pommes. Mancherorts stehen auch Hochstühle zur Verfügung.

Kinder haben in Bars keinen Zutritt, wenn jedoch auch Mahlzeiten in den Räumen serviert werden, dürfen sie in Begleitung Erwachsener abseits der Bar essen.

Hot-dog-Stand am Keaton Beach auf dem Panhandle

Was ißt man in Florida?

Scharfe Sauce

DAS ESSEN in Florida ist vielfältiger als in jedem anderen US-Staat – vor allem in Südflorida, wo der lateinamerikanische und der karibische Einfluß besonders deutlich zu Tage treten. Im Norden, wo die Verbindung zu den Südstaaten stark ist, wird häufig herzhafte Hausmannskost serviert, wie z. B. Maisbrot mit schwarzen Bohnen. Dank der langen Küste Floridas gibt es Fisch und Meeresfrüchte, wo immer Sie sich gerade aufhalten, und aufgrund des milden Klimas erscheinen frisches Obst und Gemüse das ganze Jahr über auf der Speisekarte.

Southern Breakfast
Zu einem klassischen Frühstück gehört grits, ein Maisbrei, serviert mit viel Butter und schwarzem Pfeffer.

Fritters
Von der Garnele bis zum Alligator wird alles fritiert und mit einer scharfen Sauce serviert.

Conch Chowder
Diese cremige Suppe wird aus Meeresschnecken oder Muscheln zubereitet, manchmal werden noch andere Meeresfrüchte hinzugefügt.

Stone Crab Claws
Die kalt, meist als Vorspeise servierten Scheren sind der einzige eßbare Teil des Steinkrebses. Sie werden von Oktober bis April gefangen.

U-Peel Shrimp
Dieses einfache Gericht besteht aus in einer scharfen Brühe gekochten Garnelen. Sie werden mit den Fingern gegessen, am besten bei einem kühlen Bier.

Ribs
Scharfe Spare ribs, *meist meist mit Pommes frites, schmecken am besten, wenn sie abgenagt werden.*

Palmenherzensalat

Hush Puppies
Die puppies *aus Maismehl werden vor allem auf dem Panhandle gegessen, traditionell mit Wels.*

Seared Tuna
Thunfisch mit Mangosauce und gegrilltem chayote, *einer Art Kürbis.*

Chicken Tropicana
Sautiertes Huhn mit einer Sauce aus tropischen Früchten, Kokos- und Cashewnüssen.

Jerk Pork
Gebeiztes Schweinefleisch mit gebratenem Maiskolben ist ein klassisches karibisches Gericht.

Key Lime Pie
Diese Sahnetorte mit dem Geschmack frischer Limonen ist die berühmteste Nachspeise des Staates.

Rice Pudding
Süß, sahnig und mit Muskat und Zitrone verfeinert, erfreut sich dieser Reispudding großer Beliebtheit.

Obst aus Florida

Tropische und Zitrusfrüchte werden überall in Florida angebaut. Sie finden sowohl in Süßspeisen als auch in herzhaften Gerichten Verwendung. Am besten schmecken sie in Obstsalaten oder mit Eis vermischt als Obstshakes.

Lateinamerikanisches Essen

Die Speisekarten aller Restaurants spiegeln den lateinamerikanischen Einfluß auf die Küche Floridas wider, vor allem in kubanischen Gerichten wie dem mit Käse und Schinken reich gefüllten kubanischen Sandwich oder *moros y cristianos* (»Mauren und Christen«), einem Gericht aus weißem Reis und schwarzen Bohnen. Unüblichere Speisen wie das Guaven-Käse-Dessert werden nur in typisch kubanischen Restaurants serviert.

Kubanisches Sandwich

Starker, süßer kubanischer Kaffee

***Moros y cristianos, vaca frita* (»gebratene Kuh«) und fritierte Bananen – eine klassisch kubanische Zusammenstellung**

Crème Caramel auf lateinamerikanische Art

Guavenpaste mit weißem Käse

Wahl des Restaurants

Die Restaurants in diesem Führer wurden aufgrund ihres Angebots und ihres hervorragenden Essens ausgewählt. In dieser Liste wird erwähnt, was Ihre Wahl beeinflussen könnte, z. B. die Zubereitungsart oder ob man auch im Freien essen kann. Innerhalb jeder Preiskategorie sind die Restaurants in alphabetischer Reihenfolge aufgeführt. Informationen über Cafés und Bars entnehmen Sie den Seiten 330f.

Miami

Restaurant	Kreditkarten	Kinderfreundlich	Early-Bird-Angebote	Regionale Küche	Bar
Miami Beach: *Charlotte's Chinese Kitchen* $ 1403 Washington Ave. **Karte** 2 E3. *(305) 672-8338.* Kleines Restaurant mit der besten chinesischen Küche dieser Gegend zu günstigen Preisen. Probieren Sie Sesamhuhn. *So mittags.*	AE MC V				
Miami Beach: *11th Street Diner* $ 1065 Washington Ave. **Karte** 2 E3. *(305) 534-6373.* Dieses rund um die Uhr geöffnete Lokal befindet sich in einem Speisewagen aus dem Jahre 1948. Serviert werden traditionelle und moderne Gerichte.	AE DC MC V	●	■		■
Miami Beach: *Normandy Fountain Café & Jazz Bar* $ 928 71st St.; Café *(305) 865-2636.* Bar *(305) 866-7606.* Im Grillroom des Cafés (*siehe S. 94*) gibt es traditionelle amerikanische Küche mit Burgern und Pommes Frites. V *mittags; Mo, Di; Feiertage.*	MC V				■
Miami Beach: *Puerta Sagua* $ 700 Collins Ave. **Karte** 2 E4. *(305) 673-1115.* Mit seinem Angebot an schwarzen Bohnen, Reis und Bananen ist dieses Lokal zwar nicht außergewöhnlich, verfügt aber über eine gute kubanische Küche.	AE DC MC V				
Miami Beach: *Woolfies* $ 2038 Collins Ave. **Karte** 2 E4. *(305) 538-6626.* Bekanntes, seit 1947 bestehendes Feinkostgeschäft, in dem 24 Stunden täglich große Portionen jüdischen Essens serviert werden.	DC MC V	●	■		
Miami Beach: *Stephan's Gourmet Market and Café* $$ 1430 Washington Ave. **Karte** 2 E3. *(305) 674-1760.* Im Delikatessengeschäft wird Köstliches zum Verzehr an Tischen auf dem Bürgersteig angeboten; im ersten Stock befindet sich ein kleines Restaurant.	AE DC MC V		■		
Miami Beach: *Tap Tap* $$ 819 5th St. **Karte** 2 E4. *(305) 672-2898.* Dieses haitianische Lokal zieht eine bunte, multikulturelle Menge an. Kosten Sie gegrillte Muscheln mit Maniok und Garnelen in Kokosnußsauce. Beeindruckende Wandmalereien und Skulpturen. *Aug–Sep.*	AE DC MC V				■
Miami Beach: *Astor Place Bar and Grill* $$$ 956 Washington Ave. **Karte** 2 E3. *(305) 672-7217.* Eines der In-Restaurants von South Beach mit modernen Speisen wie mit Mais überbackenen Gelbschwanzschnapper. P *So.*	AE DC MC V			●	■
Miami Beach: *Bang* $$$ 1516 Washington Ave. **Karte** 2 E2. *(305) 531-2361.* In diesem Bistro genießen trendbewußte, eher junge Leute bei Kerzenlicht Ethno-Gerichte. V	AE DC MC V			●	■
Miami Beach: *A Fish Called Avalon* $$$ Avalon Hotel, 700 Ocean Drive. **Karte** 2 E4. *(305) 532-1727.* Fischlokal im Herzen des Art-déco-Viertels, das für seine köstliche »floribische« Küche und lebendige Atmosphäre bekannt ist. P *mittags.*	AE DC MC V		■	●	■
Miami Beach: *The Forge* $$$ 432 Arthur Godfrey Rd. *(305) 538-8533.* In diesem Wahrzeichen von Miami tummeln sich die Berühmtheiten. Seine glitzernde Ausstattung steht dem reichhaltigen amerikanischen Essen in nichts nach. Göttliche Nachspeisen. P V *mittags.*	AE DC MC V			●	■
Miami Beach: *Joe's Stone Crab* $$$ 227 Biscayne St. **Karte** 2 E5. *(305) 673-0365.* Eine Institution in Miami. Hummer, Garnelen und Fisch sowie die berühmten Steinkrebsscheren. P V *So u. Mo mittags; Mitte Mai–Mitte Okt.*	AE DC MC V			●	■

Durchschnittspreise für ein dreigängiges Menü für eine Person, einschließlich einem Glas Hauswein, Service und Steuern.
- $ unter 20$
- $$ 20–30$
- $$$ 30–45$
- $$$$ 45–60$
- $$$$$ über 60$

KREDITKARTEN
Angabe der Kreditkarten, die akzeptiert werden: AE American Express, DC Diners Club, MC MasterCard, V Visa.

KINDERFREUNDLICH
Kinderportionen und Hochstühle sind vorhanden, evtl. gibt es sogar eine Kinder-Speisekarte.

EARLY-BIRD-ANGEBOTE
Mahlzeiten zu einem günstigeren Preis, wenn man früh zu Abend ißt, gewöhnlich vor 19 Uhr.

REGIONALE KÜCHE
Spezialitäten aus Florida wie Fischgerichte oder Speisen auf kubanische und karibische Art.

	KREDITKARTEN	KINDERFREUNDLICH	EARLY-BIRD-ANGEBOTE	REGIONALE KÜCHE	BAR
MIAMI BEACH: *Osteria del Teatro* $$$ 1443 Washington Ave. **Karte** 2 F3. *(305) 538-7850.* Versuchen Sie in diesem Ristorante die mit Krabben gefüllten Ravioli in Hummersauce. Reservierung empfehlenswert. P V *mittags.*	AE DC MC V			●	
MIAMI BEACH: *The Tiger Oak Room* $$$ Raleigh Hotel, 1775 Collins Ave. **Karte** 2 F2. *(305) 534-1775.* Wählen Sie aus dem vielfältigen Angebot: traditionelle amerikanische Gerichte oder Fleisch- und Fischgerichte auf japanische oder vietnamesische Art. Essen Sie im Speisesaal oder auf der Terrasse. P *Mo u. Di abends.*	AE DC MC V				■
MIAMI BEACH: *YUCA* $$$ 501 Lincoln Rd. **Karte** 2 E2. *(305) 532-9822.* YUCA, die Abkürzung für »young upwardly mobile Cuban Americans«, ist für seine neu-kubanische Küche ausgezeichnet worden. Traditionelle Gerichte mit Pfiff, wie z. B. süße, mit Rindfleisch gefüllte Bananen.	AE MC V			●	■
MIAMI BEACH: *Blue Door* $$$$ Delano Hotel, 1685 Collins Ave. **Karte** 2 F2. *(305) 674-6400.* Sehr elegantes und teures Restaurant, dessen Mitbesitzerin Madonna ist. Ober in cremefarbener Uniform servieren gewagte moderne Gerichte. P	AE DC MC V	●		●	■
MIAMI BEACH: *China Grill* $$$$ 404 Washington Ave. **Karte** 2 E4. *(305) 534-2211.* Zutaten und Rezepte aus aller Welt finden in diesem Lokal mit futuristischer Atmosphäre Verwendung. Sake- und Wodka-Bar. P *Sa u. So mittags.*	AE DC MC V			●	■
MIAMI BEACH: *Pacific Time* $$$$ 915 Lincoln Rd. **Karte** 2 E2. *(305) 534-5979.* In diesem angenehmen Restaurant wechselt die Speisekarte täglich. Die einzigartige Küche ist inspiriert von pazifischen und karibischen Gerichten. Ideal für Vegetarier. V *mittags.*	AE DC MC V		■	●	■
MIAMI BEACH: *Steak House at the Fontainebleau Hilton* $$$$ 4441 Collins Ave. *(305) 538-2000.* Für ein romantisches Abendessen geeignetes Steakhaus. Hervorragende Fisch- und Nudelgerichte, Kerzenlicht, angenehme Musik. P	AE DC MC V			●	■
DOWNTOWN: *S & S Restaurant* $ 1757 NE 2nd Ave. **Karte** 4 E1. *(305) 373-4291.* Schlichtes Lokal mit einer guten Auswahl an typisch amerikanischen Gerichten, z. B. Schmorfleisch und Fleischkäse. *So.*					
DOWNTOWN: *East Coast Fisheries* $$ 360 W Flagler St. **Karte** 4 D1. *(305) 372-1300.* Restaurant am Fluß mit vielfältigem Angebot an Fisch und Meeresfrüchten. Sehr gut besucht, reservieren Sie daher im voraus. P *Fr u. Sa.*	AE MC V	●			
DOWNTOWN: *Las Tapas* $$ Bayside Marketplace, 401 Biscayne Blvd. **Karte** 4 F1. *(305) 372-2737.* Großes spanisches Restaurant mit traditionellem Tapas-Angebot sowie reichhaltigeren Gerichten wie Paella und Schweinebraten mit schwarzen Bohnen. Schöne Innenausstattung, gemütliche Atmosphäre.	AE DC MC V	●			■
DOWNTOWN: *The Fish Market* $$$ Crowne Plaza Hotel, 1601 Biscayne Blvd. *(305) 374-0000.* Miamis bestgehüteter Geheimtip ist dieses mit Spiegeln und Marmor ausgestattete Fischlokal. P *mittags; So u. Mo.*	AE DC MC V			●	■
DOWNTOWN: *The Royal Palm Court* $$$ Inter-Continental Hotel, 100 Chopin Plaza. **Karte** 4 F2. *(305) 577-1000.* Insbesondere die Buffets sind ihr Geld wert, aber auch die sättigenden Nudelgerichte. Bei Einheimischen beliebt. P	AE DC MC V	●		●	■

Zeichenerklärung auf der Rückklappe

Durchschnittspreise für ein dreigängiges Menü für eine Person, einschließlich einem Glas Hauswein, Service und Steuern.
- $ unter 20$
- $$ 20–30$
- $$$ 30–45$
- $$$$ 45–60$
- $$$$$ über 60$

KREDITKARTEN
Angabe der Kreditkarten, die akzeptiert werden: AE American Express, DC Diners Club, MC MasterCard, V Visa.

KINDERFREUNDLICH
Kinderportionen und Hochstühle sind vorhanden, evtl. gibt es sogar eine Kinder-Speisekarte.

EARLY-BIRD-ANGEBOTE
Mahlzeiten zu einem günstigeren Preis, wenn man früh zu Abend ißt, gewöhnlich vor 19 Uhr.

REGIONALE KÜCHE
Spezialitäten aus Florida wie Fischgerichte oder Speisen auf kubanische und karibische Art.

	Kreditkarten	Kinderfreundlich	Early-bird-Angebote	Regionale Küche	Bar
LITTLE HAVANA: *La Carreta I* $ 3632 SW 8th St. *(305) 444-7501.* Dieses beliebte Familienrestaurant ist von der Speisekarte bis zu den Gästen durch und durch kubanisch. Am Wochenende ist hier abends viel los. Rund um die Uhr geöffnet.	AE DC MC V	●		●	■
LITTLE HAVANA: *Versailles* $ 3555 SW 8th St. *(305) 445-7614.* Little Havanas berühmtestes Restaurant ist so groß wie seine Speisekarte und seine Portionen. Hier finden Sie jede kubanische Spezialität. In der ungezwungenen Atmosphäre fühlen sich auch Nicht-Kubaner willkommen.	AE DC MC V	●			
LITTLE HAVANA: *Casa Juancho* $$ 2436 SW 8th St. *(305) 642-2452.* Verdientermaßen berühmt ist die erstklassige spanische Küche dieses sehr beliebten Lokals. Die Einrichtung erinnert an das ländliche Spanien, abends singen Troubadoure.	AE DC MC V	●			■
CORAL GABLES: *John Martin's* $ 253 Miracle Mile. **Karte** 6 C1. *(305) 445-3777.* Hübscher Gastraum, freundliche Bedienung und gutes Essen (auch ein paar irische Gerichte). *Di, Sa u. So.* *25. Dez.*	AE DC MC V	●			■
CORAL GABLES: *La Bussola Ristorante* $$$ 264 Giralda Ave. **Karte** 6 C1. *(305) 445-8783.* Elegantes Restaurant mit italienischer Küche, z. B. Gnocchi und Pasta. Sehr empfehlenswerte Nachspeisen. *Di–Sa.* *Sa u. So mittags; 25. Dez.*	AE DC MC V				■
CORAL GABLES: *Caffé Abbracci* $$$ 318 Aragon Ave. **Karte** 6 C1. *(305) 441-0700.* In diesem Café lockt der italienische Norden mit Nudelgerichten, gegrillter Gänseleber und Kalamari. *Sa u. So mittags.*	AE DC MC V	●			■
CORAL GABLES: *Christy's* $$$ 3101 Ponce de Leon Blvd. **Karte** 6 C2. *(305) 446-1400.* Steakhaus mit Klubatmosphäre, in dem Rindfleisch und Meeresfrüchte serviert werden sowie zu jeder Hauptmahlzeit ein Cäsar-Salat. *Sa u. So mittags.*	AE DC MC V				■
CORAL GABLES: *Restaurant St Michel* $$$ Hotel St Michel, 162 Alcazar Ave. **Karte** 6 C1. *(305) 446-6572.* Neue amerikanische Küche mit karibischem Touch in französischer Umgebung. Zu den Spezialitäten gehört auch Thunfisch mit Sesam.	AE DC MC V		■	●	■
CORAL GABLES: *Il Ristorante* $$$$ 1200 Anastasia Ave. **Karte** 6 A2. *(305) 445-1926.* In diesem Restaurant im Biltmore Hotel erwartet Sie ein vielfältiges Angebot. Sehr empfehlenswert für Brunch oder Dinner. *mittags.*	AE DC MC V			●	■
COCONUT GROVE: *Café Tu Tu Tango* $$ CocoWalk, 3015 Grand Ave. **Karte** 6 E4. *(305) 529-2222.* Gut besuchtes Café mit zwangloser Atmosphäre und Speisekarte im Tapas-Stil; bestellen Sie ein paar Snacks oder ein Hauptgericht.	AE DC MC V	●		●	■
COCONUT GROVE: *Cheesecake Factory* $$ CocoWalk, 3015 Grand Ave. **Karte** 6 E4. *(305) 447-9898.* Ein Hauch Kalifornien in Miami: große Karte von Hamburgern bis Pasta, 30 verschiedene Käsekuchen. Extra-Karte für den Sonntags-Brunch. *25. Dez.*	AE DC MC V	●			■
COCONUT GROVE: *Señor Frog's* $$ 3480 Main Highway. **Karte** 6 E4. *(305) 448-0999.* Traditionelle mexikanische Küche. Die Saucen werden täglich frisch zubereitet. Kosten Sie scharfe *fajitas*, gefüllte *enchiladas* oder eine der ungewöhnlich pikanten Schokoladennachspeisen namens *mole*. *Fr u. Sa.*	AE DC MC V				■

COCONUT GROVE: *The Grand Café* $$$$ Grand Bay Hotel, 2669 S Bayshore Drive. **Karte** 6 F4. (305) 858-9600. Dieses teure Restaurant mit seinem makellosen Service und Ambiente setzt neue Trends in der floribischen Küche. P	AE DC MC V			●	■
ABSTECHER: *Here Comes the Sun* $ 2188 NE 123rd St, North Miami Beach. (305) 893-5711. In diesem Bistro gibt es vor allem vegetarische, aber auch Fischgerichte. Das Gemüse ist aus Bio-Anbau, und es gibt eine Tageskarte. V *So.*	AE DC MC V	●	■		■
ABSTECHER: *Rusty Pelican* $$$ 3201 Rickenbacker Causeway, Key Biscayne. (305) 361-3818. Von diesem eleganten Bistro haben Sie eine tolle Aussicht auf die Skyline von Miami. Empfehlenswert sind vor allem die Fischgerichte. P *Mi–Sa.*	AE DC MC V	●	■	●	■
ABSTECHER: *Sunday's On The Bay* $$$ 5420 Crandon Blvd, Key Biscayne. (305) 361-6777. Gutes Familienrestaurant, das Meeresfrüchte und Meeresblicke zu bieten hat. Der Sonntags-Brunch ist umfang- und abwechslungsreich. *So.*	AE DC MC V			●	■
ABSTECHER: *Chef Allen's* $$$$ 19088 NE 29th Ave, North Miami Beach. (305) 935-2900. Schickes Wahrzeichen Miamis, das für seine erstklassige, gewagte New-Florida-Küche bekannt ist. Faszinierend ist es, die in der Küche herrschende Betriebsamkeit durch das riesige Panoramafenster zu verfolgen. P *mittags.*	AE DC MC V			●	■
GOLD UND TREASURE COAST					
BOCA RATON: *TooJay's* $ 5030 Champion Blvd. **Straßenkarte** F4. (561) 241-5903. Gewöhnlich muß man bereits vor diesem Feinkostgeschäft Schlange stehen, doch das Warten lohnt sich. Sandwiches mit Corned beef, Lachs-Bagels und riesige Portionen Käsekuchen. Nichts für Kalorienbewußte. *25. Dez.*	AE DC MC V			●	
BOCA RATON: *Max's Grille* $$ 404 Plaza Real, Mizner Park. **Straßenkarte** F4. (561) 368-0080. Sehen und gesehen werden ist die Devise in diesem Lokal im Mizner Park mit seiner hervorragenden regionalen Küche in klassischem Ambiente. P V	AE DC MC V			●	■
BOCA RATON: *La Vieille Maison* $$$$ 770 E Palmetto Park Rd. **Straßenkarte** F4. (561) 391-6701. Das von Addison Mizner *(siehe S. 116)* erbaute Haus beherbergt ein französisches Restaurant. Romantische Atmosphäre. P *Sa u. So mittags; 4 Juli.*	AE DC MC V			●	■
DANIA: *Martha's Supper Club* $$$ 6024 N Ocean Drive. **Straßenkarte** F4. (954) 923-5444. Bekannt für seine Meeresfrüchte, bietet Martha's auch eine schöne Sicht auf den Intracoastal Waterway. P	AE DC MC V	●	■	●	■
DAVIE: *Armadillo Café* $$$ 4630 SW 64th Ave. **Straßenkarte** F4. (954) 791-4866. Beste südwestamerikanische Küche mit Köstlichkeiten wie geräucherter Ente, serviert in zwangloser Atmophäre. *mittags; Feiertage.*	AE DC MC V	●		●	■
DEERFIELD: *Pal's Charley's Crab* $$ 1755 SE 3rd Court. **Straßenkarte** F4. (954) 427-4000. Dieses am Intracoastal Waterway gelegene Lokal reicht mittags und abends zwei verschiedene Speisekarten. Zwischen 16 und 17.30 Uhr wird ein spezielles Sonnenuntergangsmenü serviert. P	AE DC MC V	●	■	●	■
DEERFIELD BEACH: *Brooks* $$$ 500 S Federal Hwy. **Straßenkarte** F4. (954) 427-9302. Verlockende floribische Gerichte aus herrlich frischen Zutaten. Speisen zum Festpreis oder *à la carte.* P *mittags; 25. Dez.*	AE MC V	●		●	■
DELRAY BEACH: *Erny's* $$ 1010 E Atlantic Ave. **Straßenkarte** F4. (561) 276-9191. Der beliebteste Saloon von Delray bietet beste Drinks und bestes Essen. Frische Meeresfrüchte, Steaks und Nachspeisen. *So mittags; Feiertage.*	AE DC MC V	●		●	■
FORT LAUDERDALE: *Café Europa* $ 726 E Las Olas Blvd. **Straßenkarte** F4. (954) 763-6600. In diesem betriebsamen Selbstbedienungs-Café gibt es hervorragende Pizzas, Salate und Sandwiches sowie Cappuccino auf 52 verschiedene Arten.	MC V				

Zeichenerklärung auf der Rückklappe

Durchschnittspreise für ein dreigängiges Menü für eine Person, einschließlich einem Glas Hauswein, Service und Steuer.
- $ unter 20$
- $$ 20–30$
- $$$ 30–45$
- $$$$ 45–60$
- $$$$$ über 60$

KREDITKARTEN
Angabe der Kreditkarten, die akzeptiert werden: AE American Express, DC Diners Club, MC MasterCard, V Visa.

KINDERFREUNDLICH
Kinderportionen und Hochstühle sind vorhanden, evtl. gibt es sogar eine Kinder-Speisekarte.

EARLY-BIRD-ANGEBOTE
Mahlzeiten zu einem günstigeren Preis, wenn man früh zu Abend ißt, gewöhnlich vor 19 Uhr.

REGIONALE KÜCHE
Spezialitäten aus Florida wie Fischgerichte oder Speisen auf kubanische und karibische Art.

FORT LAUDERDALE: *The Floridian Restaurant* $
1410 E Las Olas Blvd. **Straßenkarte** F4. *(954) 463-4041.*
Vor allem Sonntag vormittag ist hier viel los, wenn die Stammgäste ihre Omeletts, Buttermilch-Pfannkuchen und Steaks verzehren. Das Mittag- und Abendessen ist ebenfalls gut.

FORT LAUDERDALE: *Bobby Rubino's* $$
4100 N Federal Hwy. **Straßenkarte** F4. *(954) 561-5305.*
Eines von Floridas besten *Spare-ribs*-Lokalen, unschlagbar sind das Zwiebelbrot und die Barbecue-Sauce. Köstliche Grillspezialitäten. P ● *Sa u. So mittags.*

FORT LAUDERDALE: *California Café* $$
2301 SE 17th St Causeway. **Straßenkarte** F4. *(954) 728-3500.*
Lachs mit Süßkartoffelkruste ist eines der Gerichte dieses Restaurants, das von den Küchen Floridas und Kaliforniens inspiriert ist. Auf der Speisekarte stehen aber auch Pizza und Pasta. P V *Do–Sa.*

FORT LAUDERDALE: *Mango's* $$
904 E Las Olas Blvd. **Straßenkarte** F4. *(954) 523-5001.*
Große Auswahl an Gerichten, von herzhaften Vorspeisen über Nudeln zu Spezialitäten wie dem Garnelen-Pfeffertopf. ● *Thanksgiving, 25. Dez.*

FORT LAUDERDALE: *Burt & Jacks* $$$
Berth 23, Port Everglades. **Straßenkarte** F4. *(954) 522-5225.*
Versteckt in Port Everglades, besticht dieses elegante Lokal durch seine Aussicht. Riesige Steak- und Fischportionen. Die Weinliste und der Service sind exzellent. P ● *mittags; 25. Dez.*

FORT PIERCE: *Mangrove Mattie's* $$
1640 Seaway Drive. **Straßenkarte** F3. *(561) 466-1044.*
Köstliche Meeresfrüchte, auch als Nudelsaucen, sind der Schwerpunkt dieses Restaurants. Auch Steaks und Spare ribs stehen auf der Karte. ● *25. Dez.*

HOLLYWOOD: *Bavarian Village* $$
1401 N Federal Hwy. **Straßenkarte** F4. *(954) 922-7321.*
Gemütliches Lokal für Gäste mit herzhaftem Appetit und Sehnsucht nach deutschem Essen. Traditionelle amerikanische Gerichte (Steak und Fisch) stehen auch auf der Karte. ● *Mo–Sa mittags.*

HUTCHINSON ISLAND: *Scalawags* $$
555 NE Ocean Blvd. **Straßenkarte** F3. *(561) 225-3700.*
Deckenventilatoren und Korbmöbel verleihen Scalawags ein tropisches Flair, das gut zu den Gerichten paßt. Meeresfrüchte-Buffet am Mittwoch.

JUPITER: *Charley's Crab* $$
1000 N US 1. **Straßenkarte** F4. *(561) 744-4710.*
Über dem Jupiter River rühmt sich dieses Lokal der Charley's-Crab-Kette der fachmännischen Zubereitung von floribischen Fischgerichten. P

PALM BEACH: *Chuck & Harold's* $$
207 Royal Poinciana Way. **Straßenkarte** F4. *(561) 659-1440.*
Vielleicht erblicken Sie die eine oder andere Berühmtheit, während Sie genußvoll Ihre Muschelsuppe oder ein Tagesgericht verzehren. P

PALM BEACH: *Bice Ristorante* $$$$
313½ Worth Ave. **Straßenkarte** F4. *(561) 835-1600.*
Wirklich gutes italienisches Essen wird hier serviert. Das Outfit der Gäste paßt zur eleganten Einrichtung. P ● *25. Dez, 1. Jan; mittags.*

PALM BEACH: *Florentine Dining Room* $$$$
Breakers Hotel, 1 South County Rd. **Straßenkarte** F4. *(561) 655-6611.*
Ein unvergeßliches Erlebnis ist der Besuch dieses schicken Lokals mit seiner üppigen New-Florida-Küche. P

Restaurant	Kreditkarten	Kinderfreundlich	Early-bird-Angebote	Regionale Küche	Bar
The Floridian Restaurant					
Bobby Rubino's	AE DC MC V	●			■
California Café	AE DC MC V	●		●	■
Mango's	AE MC V			●	■
Burt & Jacks	AE DC MC V			●	■
Mangrove Mattie's	AE DC MC V		■	●	■
Bavarian Village	AE DC MC V	●	■		■
Scalawags	AE DC MC V	●	■	●	■
Charley's Crab	AE DC MC V	●	■	●	■
Chuck & Harold's	AE DC MC V	●	■	●	■
Bice Ristorante	AE DC MC V				■
Florentine Dining Room	AE DC MC V	●		●	■

PALM BEACH: *Renato's* $$$$
87 Via Mizner. **Straßenkarte** F4. *(561) 655-9752.*
Versteckt in einer der Gassen, bietet Renato's sorgfältig zubereitete und perfekt angerichtete europäische Gerichte. *So mittags.*
AE DC MC V

POMPANO BEACH: *Flaming Pit* $
1150 N Federal Hwy. **Straßenkarte** F4. *(954) 943-3484.*
Die Einheimischen kommen wegen der hervorragenden Spare ribs und Steaks, des köstlichen Huhns und der Salatbar. Niedrige Preise und guter Service.
AE DC MC V

STUART: *The Ashley* $$
61 SW Osceola St. **Straßenkarte** F3. *(561) 221-9476.*
Vielfältige Frühstückskarte, später werden u.a. Kokos-Mango-Garnelen, Salate, frischer Fisch und Nudeln serviert. V *Mi–Sa.* *So u. Mo abends.*
AE MC V

VERO BEACH: *Ocean Grill* $$
1050 Sexton Plaza. **Straßenkarte** F3. *(561) 231-5409.*
Dieses mit Antiquitäten ausgestattete Restaurant am Strand hat sich auf Fisch- und Fleischgerichte wie Krabbenkuchen und Bratente spezialisiert. *Sa u. So mittags; Super Bowl So, erste 2 Wochen im Sep, Thanksgiving.*
AE DC MC V

WEST PALM BEACH: *Randy's Bageland* $
911 Village Blvd, Village Commons. **Straßenkarte** F4. *(561) 640-0203.*
Aus Randy's jüdischer Küche kommen köstliche *knishes* (gefüllte Knödel), *pierogies* (Kuchen) und natürlich Bagels, außerdem ein paar Fischgerichte. V
MC V

WEST PALM BEACH: *Aleyda's Tex Mex* $$
1890 S Military Trail. **Straßenkarte** F4. *(561) 642-2500.*
Greifen Sie zu in diesem altmodischen texanisch-mexikanischen Lokal. Hier gibt es *tacos, fajitas, tamales* und und und ... V *mittags.*
AE DC MC V

ORLANDO UND DIE SPACE COAST

COCOA BEACH: *The Mango Tree Restaurant* $$$
118 N Atlantic Ave. **Straßenkarte** F3. (407) 799-0513.
Das Gourmet-Restaurant bietet regionale Küche; Meeresfrüchte sind die besondere Spezialität des Hauses. Bezaubernde Lage direkt am Atlantik, daneben ein tropischer Garten mit Wasservögeln und Fischteichen. V *Mo.*
AE MC V

ORLANDO STADT: *Crackers Seafood Restaurant* $$
Church Street Station, 129 W Church St. **Straßenkarte** E2. (407) 422-2434.
Restaurant mit Saloncharakter, in dem kreolische Gerichte, vor allem Meeresfrüchte, auf der Karte stehen. Kosten Sie die Austern.
AE DC MC V

ORLANDO STADT: *Le Coq au Vin* $$
4800 S Orange Ave. **Straßenkarte** E2. *(407) 851-6980.*
Die gemütliche Atmosphäre und die ländliche französische *cuisine* machen dieses Lokal so beliebt. *Mo; Sa u. So mittags; an den meisten Feiertagen.*
AE DC MC V

ORLANDO STADT: *Lili Marlene's* $$$
Church Street Station, 129 W Church St. **Straßenkarte** E2. *(407) 422-2434.*
Messing, Bleiverglasungen und Antiquitäten aus aller Welt schaffen eine Umgebung, in der man entspannt genießen kann.
AE DC MC V

INTERNATIONAL DRIVE: *The Crabhouse* $$
8291 International Drive. **Straßenkarte** E2. *(407) 352-6140.*
Nicht weniger als neun Krabbengerichte zieren die Karte dieses Lokals. An der Meeresfrüchte-Salatbar locken frisch geöffnete Austern, Garnelen, eingelegte Muscheln und Tintenfische. Viele weitere Fischgerichte.
AE DC MC V

INTERNATIONAL DRIVE: *Damon's The Place For Ribs* $$
Mercado, 8445 International Drive. **Straßenkarte** E2. *(407) 352-5984.*
Lassen Sie sich von Ihrer Nase in eines der besten *Spare-ribs*-Lokale der Stadt führen, wo auch Meeresfrüchte und Sandwiches serviert werden. *25. Dez.*
AE DC MC V

INTERNATIONAL DRIVE: *Bergamo's Italian Restaurant* $$$
Mercado, 8445 International Drive. **Straßenkarte** E2. *(407) 352-3805.*
Diese Trattoria bietet überdurchschnittliches Essen. Versuchen Sie *Osso buco* oder eines der himmlischen Nudelgerichte. V *mittags; 25. Dez.*
AE DC MC V

INTERNATIONAL DRIVE: *The Butcher Shop Steakhouse* $$$
Mercado, 8445 International Drive. **Straßenkarte** E2. *(407) 363-9727.*
Hier gibt es die größten und besten Steaks am I Drive. Wer möchte, kann sich sogar selbst sein Steak grillen. *mittags; 25. Dez.*
AE DC MC V

Durchschnittspreise für ein dreigängiges Menü für eine Person, einschließlich einem Glas Hauswein, Service und Steuer.
$ unter 20$
$$ 20–30$
$$$ 30–45$
$$$$ 45–60$
$$$$$ über 60$

KREDITKARTEN
Angabe der Kreditkarten, die akzeptiert werden: AE American Express, DC Diners Club, MC MasterCard, V Visa.

KINDERFREUNDLICH
Kinderportionen und Hochstühle sind vorhanden, evtl. gibt es sogar eine Kinder-Speisekarte.

EARLY-BIRD-ANGEBOTE
Mahlzeiten zu einem günstigeren Preis, wenn man früh zu Abend ißt, gewöhnlich vor 19 Uhr.

REGIONALE KÜCHE
Spezialitäten aus Florida wie Fischgerichte oder Speisen auf kubanische und karibische Art.

Restaurant	Preis	Kreditkarten	Kinderfreundlich	Early-bird-Angebote	Regionale Küche	Bar
INTERNATIONAL DRIVE: *Hard Rock Café* 5800 Kirkman Rd, Universal Studios. **Straßenkarte** E2. *(407) 351-7625.* Dieser gitarrenförmige Bau ist geschmückt mit Wandmalereien zum Thema Popmusik. Die Musik ist ohrenbetäubend, aber die Hamburger, Sandwiches und Eisbecher sind eine Wonne. P	$$	AE DC MC V	●			■
INTERNATIONAL DRIVE: *Dux* Peabody Hotel, 9801 International Drive. **Straßenkarte** E2. *(407) 345-4550.* Dieses glanzvolle Restaurant bietet kreative Gourmet-Gerichte aus der ganzen Welt, jedoch mit deutlich amerikanischem Einschlag. P *mittags.*	$$$$	AE DC MC V				■
KISSIMMEE: *Pacino's Italian Ristorante* 5795 W Highway 192. **Straßenkarte** E3. *(407) 396-8022.* Grillgerichte sind der Schwerpunkt dieses familienfreundlichen Lokals. Wer möchte, kann sie sich kostenlos ins Hotel liefern lassen. *mittags.*	$$	AE DC MC V	●			■
WALT DISNEY WORLD: *California Grill* Disney's Contemporary Resort. **Straßenkarte** E3. *(407) 939-3463.* Restaurant mit schöner Aussicht und einer großen Küche, in der die typische Kost der Westküste zubereitet wird, z. B. Lachspizza und Polenta. P	$$	AE MC V	●			■
WALT DISNEY WORLD: *Cape May Café* Disney's Beach Club Resort. **Straßenkarte** E3. *(407) 939-3463.* Das Frühstücksbuffet wird von Admiral Goofy eröffnet. Zum Abendessen läutet eine Glocke, bevor das reichhaltige Buffet gestürmt wird. P *mittags.*	$$	AE MC V	●		●	
WALT DISNEY WORLD: *Chef Mickey's* Disney's Contemporary Resort. **Straßenkarte** E3. *(407) 939-3463.* Familienorientiertes Lokal mit Frühstücks- und Abendbuffet. Achten Sie beim Essen auf die antiken Figuren aus der Disney-Welt. P *mittags.*	$$	AE MC V	●			
WALT DISNEY WORLD: *Coral Café* Walt Disney World Dolphin Hotel. **Straßenkarte** E3. *(407) 934-4000.* Für die gesundheitsbewußte Familie: Auf der Speisekarte sind sogar die Kalorien und der Fettgehalt eines jeden Gerichtes angegeben. P V	$$	AE MC V	●		●	
WALT DISNEY WORLD: *Ohana* Disney's Polynesian Resort. **Straßenkarte** E3. *(407) 939-3463.* In einem großräumigen Speisesaal wird polynesische Küche serviert. Zu den Menüs zählen über offenem Feuer gebratenes Fleisch und Muscheltiere, die auf einen Meter langen Spießen serviert werden. P *mittags.*	$$	AE MC V	●			
WALT DISNEY WORLD: *Planet Hollywood* 1506 E Buena Vista Drive. **Straßenkarte** E3. *(407) 827-7827.* In diesem lila Neonglobus können Sie auf Bildschirmen Videos verfolgen, während Sie Ihre Hamburger oder Pizza kauen.	$$	AE MC V	●			■
WALT DISNEY WORLD: *Olivia's Café* Disney Old Key West. **Straßenkarte** E3. *(407) 939-3463.* In diesem Café kommt man sich vor wie im alten Key West. Kosten Sie Florida-Paëlla, Muschelsuppe oder Mojo-Huhn. P	$$	AE MC V	●		●	
WALT DISNEY WORLD: *Whispering Canyon Café* Disney Wilderness Lodge. **Straßenkarte** E3. *(407) 939-3463.* Stecken Sie Ihren Revolver ein, und begeben Sie sich ans Lagerfeuer-Buffet dieses Wildwest-Lokals. Geöffnet auch zum Frühstück im selben Stil. P V	$$	AE MC V	●			■
WALT DISNEY WORLD: *Yacht Club Galley* Disney Yacht Club Resort. **Straßenkarte** E3. *(407) 939-3463.* Den ganzen Tag über werden hier Fisch, Steak und Pasta in nautischer Umgebung serviert. Das Abendbuffet lockt mit tollen Nachspeisen. P	$$	AE MC V	●			■

WALT DISNEY WORLD: *Gulliver's Grill* $$$
Walt Disney World Swan Hotel. **Straßenkarte** E3. ☎ *(407) 934-3000.*
Lernen Sie hier die Küche von *Brobdingnag*, dem legendären Land der Riesen, kennen. Amerikanische Gerichte sowie vegetarische Speisen auf Anfrage. P V

WALT DISNEY WORLD: *Narcoossee's* $$$
Disney's Grand Floridian Resort. **Straßenkarte** E3. ☎ *(407) 824-1400.*
Dieses zwanglose Restaurant in einer achteckigen Villa direkt an der Seven-Seas-Lagune serviert Fleisch, Fisch und köstlich frisches Gemüse. P

WALT DISNEY WORLD: *The Outback* $$$
Buena Vista Palace, 1900 Buena Vista Drive. **Straßenkarte** E3. ☎ *(407) 827-3430.*
Ein Wasserfall schafft eine beruhigende Atmosphäre in diesem australischen Bistro. Genießen Sie gefüllte Garnelen oder ein Steak. P V ● *mittags.*

WALT DISNEY WORLD: *Season's Dining Room* $$$
The Disney Institute. **Straßenkarte** E3. ☎ *(407) 939-3463.*
Aufgrund seiner parkähnlichen Umgebung eignet sich Season's für eine ruhige Mahlzeit. Preiswerte Tagesmenüs wechseln täglich. P V

WALT DISNEY WORLD: *Arthur's 27* $$$$
Buena Vista Palace, 1900 Buena Vista Drive. **Straßenkarte** E3. ☎ *(407) 827-3450.*
Von diesem Lokal im 27. Stock hat man eine traumhafte Aussicht. Wahrscheinlich eines der besten floribischen Lokale in Orlando. P ● *mittags.*

WALT DISNEY WORLD: *Victoria & Albert's* $$$$$
Disney's Grand Floridian Resort. **Straßenkarte** E3. ☎ *(407) 939-3463.*
Reservierung ist in diesem Luxusrestaurant unbedingt notwendig. Das Sechs-Gänge-Menü zum Festpreis ist unübertrefflich. Der Tisch des Küchenchefs ist der exklusivste des Hauses. P V ● *mittags.*

WINTER PARK: *Café de France* $$$
526 Park Ave S. **Straßenkarte** E2. ☎ *(407) 647-1869.*
In diesem Bistro gibt es zur Mittagszeit Crêpes, abends sind der Lammbraten oder die Spezialitäten des Tages empfehlenswert. ● *So u. Mo; Feiertage.*

WINTER PARK: *Park Plaza Gardens* $$$
319 Park Ave S. **Straßenkarte** E2. ☎ *(407) 645-2475.*
Ein luftiger Innenhof voller Pflanzen dient diesem eleganten Lokal als Speisesaal. Köstliche und bereits preisgekrönte amerikanische Küche. *Fr u. Sa.* ● *25. Dez, 1. Jan.*

Gulliver's Grill	AE DC MC V	●	■	●	
Narcoossee's	AE MC V	●			
The Outback	AE DC MC V	●		●	■
Season's Dining Room	AE MC V	●		●	
Arthur's 27	AE DC MC V	●		●	■
Victoria & Albert's	AE MC V			●	
Café de France	AE DC MC V	●			
Park Plaza Gardens	AE DC MC V				■

DER NORDOSTEN

DAYTONA BEACH: *Hog Heaven* $
37 N Atlantic Ave. **Straßenkarte** E2. ☎ *(904) 257-1212.*
Der Duft von auf einem traditionellen Barbecue zubereitetem Fleisch zieht durch dieses zwanglose Lokal. Kommen Sie mit herzhaftem Appetit. ● *25. Dez.*

DAYTONA BEACH: *Aunt Catfish's* $$
4009 Halifax Drive. **Straßenkarte** E2. ☎ *(904) 767-4768.*
Dieses beliebte Restaurant am Intracoastal Waterway ist besonders für seinen gebratenen Wels bekannt sowie für die Krabbenkuchen und Muschelgerichte. Auch sonntags zum Brunch geöffnet. ● *25. Dez.*

DAYTONA BEACH: *Down the Hatch* $$
4894 Front St, Ponce Inlet. **Straßenkarte** E2. ☎ *(904) 761-4831.*
Familienorientiertes Restaurant direkt am Wasser, in dem herrlicher Fisch und wenige Fleischgerichte serviert werden. Am Abend können Sie den Fischern beim Abladen ihres Fangs zusehen. *Mi–So.* ● *Thanksgiving, 25. Dez.*

FERNANDINA BEACH: *Florida House Inn* $
20–22 S 3rd St. **Straßenkarte** E1. ☎ *(904) 261-3300.*
In diesem hübschen Hexenhäuschen (Floridas ältestem Hotel) sitzen die Gäste an auf Böcke gestellten Tischplatten und schwelgen in guter amerikanischer Hausmannskost. Herzlicher Service. ● *So u. Mo abends; 24. Dez abends.*

FERNANDINA BEACH: *Beech Street Grill* $$$
801 Beech St. **Straßenkarte** E1. ☎ *(904) 277-3662.*
Untergebracht in einem großartigen Bau aus dem Jahr 1889, bietet der Grill eine progressive Speise- und eine exzellente Weinkarte. Tagesspezialitäten sind häufig innovative Fischgerichte. *Do–Sa.*
● *mittags; 25. Dez, Super Bowl So.*

Hog Heaven	MC V	●			
Aunt Catfish's	AE MC V	●	■	●	■
Down the Hatch	AE MC V	●	■	●	■
Florida House Inn	AE MC V				■
Beech Street Grill	AE DC MC V	●		●	■

Zeichenerklärung auf der Rückklappe

Durchschnittspreise für ein dreigängiges Menü für eine Person, einschließlich einem Glas Hauswein, Service und Steuer.
$ unter 20$
$$ 20–30$
$$$ 30–45$
$$$$ 45–60$
$$$$$ über 60$

KREDITKARTEN
Angabe der Kreditkarten, die akzeptiert werden: AE American Express, DC Diners Club, MC MasterCard, V Visa.

KINDERFREUNDLICH
Kinderportionen und Hochstühle sind vorhanden, evtl. gibt es sogar eine Kinder-Speisekarte.

EARLY-BIRD-ANGEBOTE
Mahlzeiten zu einem günstigeren Preis, wenn man früh zu Abend ißt, gewöhnlich vor 19 Uhr.

REGIONALE KÜCHE
Spezialitäten aus Florida wie Fischgerichte oder Speisen auf kubanische und karibische Art.

Restaurant	Kreditkarten	Kinderfreundlich	Early-bird-Angebote	Regionale Küche	Bar
FERNANDINA BEACH: *The Grill* $$$$ 4750 Amelia Island Parkway. **Straßenkarte** E1. *(904) 277-1100.* Am günstigsten in diesem Luxusrestaurant ist ein Drei-Gänge-Tagesmenü mit Fisch und Fleisch, das täglich wechselt. *mittags.*	AE DC MC V	●		●	■
GAINESVILLE: *The Chuck Wagon* $ 3483 Williston Rd. **Straßenkarte** D2. *(352) 336-5677.* Dieses mit Schaukelstühlen ausgestattete ländliche Lokal bietet Gerichte wie Honigschinken und Welsfilets. Kein Alkohol. *Thanksgiving, 25. Dez.*	AE MC V	●			
JACKSONVILLE: *Café Carmon* $$ 1986 San Marco Blvd. **Straßenkarte** E1. *(904) 399-4488.* Verführerisch zubereitete Gerichte wie Nudeln mit Tomaten-Basilikum-Sauce und gegrillter Fisch.	AE DC MC V	●		●	■
JACKSONVILLE: *Juliette's, A Florida Bistro* $$ Omni Jacksonville Hotel, 245 Water St. **Straßenkarte** E1. *(904) 355-6664.* Die Speisekarte verspricht Delikatessen wie gegrillten Schwertfisch mit Bananen-Ingwer-Butter. Genießen Sie den hervorragenden Service, die Gourmet-Desserts und den üppigen Sonntags-Brunch.	AE DC MC V	●		●	■
JACKSONVILLE: *The Wine Cellar* $$$ 1314 Prudential Drive. **Straßenkarte** E1. *(904) 398-8989.* Eines von Jacksonvilles führenden Restaurants, dessen Weinkeller mit 200 Weinen aufwartet. *Sa mittags; So; Feiertage.*	AE DC MC V			●	■
JACKSONVILLE BEACH: *Dolphin Depot* $$ 704 N 1st St. **Straßenkarte** E1. *(904) 270-1424.* In dem einstigen Eisenbahnladen im Art-déco-Stil ist eines der besten Lokale des Nordostens untergebracht. Klein und ruhig, die Tagesgerichte wechseln täglich. Reservieren Sie im voraus. *mittags; Thanksgiving, 25. Dez.*	AE DC MC V	●		●	■
OCALA: *Arthur's* $$ Ocala/Silver Springs Hilton, 3600 SW 36th Ave. **Straßenkarte** E2. *(352) 854-1400.* Arthur's ist für seine Buffets am Wochenende bekannt: Freitagabend Fisch, Samstagabend Spare ribs und Sonntag Brunch.	AE DC MC V	●	■		■
ORMOND BEACH: *Barnacle's Restaurant & Lounge* $$ 869 S Atlantic Ave. **Straßenkarte** E2. *(904) 673-1070.* Dieses Strandlokal ist wegen seiner lockeren Atmosphäre, seiner Fischgerichte, Spare ribs und seiner schönen Aussicht immer voll. *mittags.*	AE DC MC V	●	■	●	■
ORMOND BEACH: *La Crepe en Haut Restaurant* $$$$ 142 E Granada Blvd. **Straßenkarte** E2. *(904) 673-1999.* Dieses elegante französische Restaurant mit blütenweißen Tischdecken, zartem Kristall und feiner Küche ist zwar weit vom Schuß, aber den Weg wert. *Sa u. So mittags; Mo; an den meisten Feiertagen.*	AE MC V	●		●	■
ST AUGUSTINE: *Salt Water Cowboy's* $ 299 Dondanville Rd. **Straßenkarte** E1. *(904) 471-2332.* Dieses Lokal in einem nachgebauten Fischerdorf serviert einheimische Gerichte wie Alligatorschwanz und Austern. *mittags; Super Bowl So; 24. u. 25. Dez.*	AE DC MC V	●		●	■
ST AUGUSTINE: *Santa Maria* $$ 135 Avenida Menendez. *(904) 829-6578.* **Straßenkarte** E1. Fischspezialitäten, aber auch Gerichte wie schwarze Bohnensuppe, Steaks und Spare ribs sind empfehlenswert. Gelegen an einem Pier im Hafen.	AE DC MC V	●			■
ST AUGUSTINE: *Raintree* $$ 102 San Marco Ave. **Straßenkarte** E1. *(904) 824-7211.* In einem der letzten historischen Gebäude der Straße ist Raintree berühmt für seine preisgekrönte Küche. Runden Sie Ihre Fisch- oder Fleischmahlzeit mit einem Crêpe an der Dessert-Bar ab. *mittags; 25. Dez.*	AE MC V	●	■	●	■

DER PANHANDLE

APALACHICOLA: *Seafood Grill & Steakhouse* 100 Market St. **Straßenkarte** B1. *(850) 653-9510.* Dieses freundliche Grillrestaurant bietet eine große Auswahl. Verzehren Sie das »größte Fischsandwich der Welt«, die berühmten Austern dieser Gegend oder eine der Spezialitäten des Küchenchefs. ● *So; Thanksgiving, 25. Dez.*	$$	AE MC V	●		●	■
CEDAR KEY: *Blue Desert Café* 12518 Hwy 24. **Straßenkarte** D2. *(352) 543-9111.* Hervorragendes Personal serviert hier eine Mischung aus texanisch-mexikanischer und asiatischer Küche. Die Einrichtung besteht aus westlichem Kitsch. Das einzige bis spät in die Nacht geöffnete Lokal. V ● *mittags; So u. Mo.*	$					■
DESTIN: *The Donut Hole* 635 Hwy 98. **Straßenkarte** A1. *(850) 837-8824.* Herzhafte Kost zu bescheidenen Preisen. Für jeden Tag der Woche gibt es eine andere Speisekarte. V ● *Nov–Dez.*	$					
DESTIN: *The Back Porch* 1740 Old Hwy 98. **Straßenkarte** A1. *(850) 837-2022.* Fisch- und Austernlokal, in dem gegrillter und gebratener Fisch sowie Muscheln aufgetischt werden. Die Aussicht ist sensationell. ● *Thanksgiving, 25. Dez.*	$$	AE DC MC V	●		●	■
DESTIN: *Marina Café* 404 E Highway 98. **Straßenkarte** A1. *(850) 837-7960.* Ein Juwel an der Emerald Coast ist dieses Lokal mit exzellentem Service, atemberaubender Lage und kreativer internationaler Küche. Frühe Gäste kommen in den Genuß der »Zwei-für-einen-Dinner«. ● *mittags; 25. Dez, Jan.*	$$$	AE DC MC V		■	●	■
FORT WALTON BEACH: *Harpoon Hanna's* 1450 Miracle Strip Parkway. **Straßenkarte** A1. *(850) 243-5500.* Direkt am Strand verzehrt man hier Hamburger, Meeresfrüchte und Fisch. Die Mittagsmenüs sind empfehlenswert. ● *Nov–Jan.*	$$	AE DC MC V	●		●	■
FORT WALTON BEACH: *Staff's Seafood Restaurant* 24 Miracle Strip Parkway. **Straßenkarte** A1. *(850) 243-3526.* Seit 1931 ist Staff's für seine guten Rezepte bekannt. Auf der Speisekarte stehen neben Fisch auch Fleischgerichte. ● *mittags; Thanksgiving, 25. Dez.*	$$	AE MC V	●		●	■
GRAYTON BEACH: *Criolla's* 170 E County Rd. 30 A. **Straßenkarte** A2. *(850) 267-1267.* Criolla's Besonderheit ist eine kühn zusammengestellte Speisekarte. Das kreolische Menü ist ungewöhnlich und preiswert. ● *mittags; Sep–Apr So u. Mo.*	$$$	MC V	●		●	■
GULF BREEZE: *Bon Appetit Waterfront Café* Holiday Inn, 51 Gulf Breeze Parkway. **Straßenkarte** A1. *(850) 932-2214.* Strandcafé mit floribischem Essen. Beschließen Sie Ihr Mahl mit einer der verlockenden Nachspeisen.	$$	AE DC MC V	●			
NAVARRE: *Sam's Oyster House III* 8487 Navarre Parkway. **Straßenkarte** A1. *(850) 939-2800.* Kinderfreundliche Brasserie mit günstigem Fischbuffet am Wochenende. ● *Thanksgiving, 25. Dez.*	$$	AE MC V	●	■	●	■
PANAMA CITY BEACH: *Bayview Restaurant* Marriott's Bay Point Resort, 4200 Marriott Drive. **Straßenkarte** B1. *(850) 234-3307.* Das einst elegante Lokal hat 1997 den Besitzer gewechselt und ist nun sehr familienfreundlich.	$$$	AE DC MC V	●		●	■
PANAMA CITY BEACH: *Capt. Anderson's* 5551 N Lagoon Drive. **Straßenkarte** B1. *(850) 234-2225.* Großartige Meeresfrüchte, aber auch Fleischgerichte und griechische Spezialitäten gibt es in diesem Hafenrestaurant. ● *mittags; Nov–Jan.*	$$$	AE DC MC V	●		●	■
PANAMA CITY BEACH: *The Treasure Ship* 3605 S Thomas Drive. **Straßenkarte** B1. *(850) 234-8881.* Untergebracht in der Nachbildung einer Galeone aus dem 16. Jahrhundert, bietet das Lokal Blick aufs Meer und frische Meeresfrüchte. ● *Nov–Jan.*	$$$	AE DC MC V	●	■	●	■
PENSACOLA: *Crockett's* 550 Scenic Hwy. **Straßenkarte** A1. *(850) 432-6766.* Familienrestaurant mit Gerichten aus dem Süden. Kosten Sie Wels, Maisbrot und gebratene Dillgurken. V ● *Sa u. Mo mittags; an den meisten Feiertagen.*	$	AE MC V	●			■

Zeichenerklärung auf der Rückklappe

Durchschnittspreise für ein dreigängiges Menü für eine Person, einschließlich einem Glas Hauswein, Service und Steuer.
- $ unter 20$
- $$ 20–30$
- $$$ 30–45$
- $$$$ 45–60$
- $$$$$ über 60$

KREDITKARTEN
Angabe der Kreditkarten, die akzeptiert werden: AE American Express, DC Diners Club, MC MasterCard, V Visa.

KINDERFREUNDLICH
Kinderportionen und Hochstühle sind vorhanden, evtl. gibt es sogar eine Kinder-Speisekarte.

EARLY-BIRD-ANGEBOTE
Mahlzeiten zu einem günstigeren Preis, wenn man früh zu Abend ißt, gewöhnlich vor 19 Uhr.

REGIONALE KÜCHE
Spezialitäten aus Florida wie Fischgerichte oder Speisen auf kubanische und karibische Art.

Restaurant	Preis	Kreditkarten	Kinderfreundlich	Early-bird-Angebote	Regionale Küche	Bar
PENSACOLA: *Landry's Seafood House* 905 E Gregory St. **Straßenkarte** A1. (850) 434-3600. Zu den hier zubereiteten Gerichten mit karibischem Einschlag gehören frische Meeresfrüchte mit verschiedenen Saucen. *25. Dez.*	$$	AE DC MC V	●		●	■
PENSACOLA: *McGuire's Irish Pub & Brewery* 600 E Gregory St. **Straßenkarte** A1. (850) 433-6789. Zu einem Besuch Pensacolas gehört ein Essen im McGuire's, wo riesige Steaks, Pizzas, Pastas und Kneipenkost gereicht werden. Genießen Sie Ihr Essen bei einem Bier aus der hauseigenen Brauerei. V *Thanksgiving, 25. Dez.*	$$	AE DC MC V	●		●	■
PENSACOLA: *Skopelos on the Bay* 670 Scenic Hwy. **Straßenkarte** A1. (850) 432-6565. Berühmt für sein bereits preisgekröntes Essen, seine Fisch- und Fleischgerichte auf europäische Art. Die griechischen Vorspeisen sind köstlich. *Di–Sa mittags; So, Mo; 25. Dez, 1. Jan.*	$$$	AE MC V	●		●	■
PENSACOLA BEACH: *Chan's Galfride* 2½ Via De Luna. **Straßenkarte** A1. (850) 932-3525. Einfallsreiche floribische Gerichte wie sautierter Kräuter-Drückerfisch in Tomatenpesto werden entweder oben in elegantem Ambiente gereicht oder unten in einem zwangloseren Lokal. *24. Dez.*	$$$	AE DC MC V	●	■	●	■
SEASIDE: *Bud & Alley's* County Rd 30 A. **Straßenkarte** B1. (850) 231-5900. Innovative Speisekarte mit regionalen Gerichten, die je nach Jahreszeit anders ausfällt. Von der Bar auf der Dachterrasse hat man eine wunderbare Aussicht. *Di; 1.–20. Nov.*	$$$	MC V	●		●	■
TALLAHASSEE: *Chez Pierre* 1215 Thomasville Rd. **Straßenkarte** C1. (850) 222-0936. Französisches Essen und exquisite Kuchen machen dieses Bistro bei Einheimischen so beliebt. *So; 25. Dez, 1. Jan.*	$$	AE DC MC V		■		■
TALLAHASSEE: *Andrew's 2nd Act* 228 South Adams St. **Straßenkarte** C1. (850) 222-3444. Gourmet-Restaurant mit erlesener Speisekarte, traditionelle Leibspeisen und Saisongerichte. Aufmerksamer Service. P *Sa mittags; So.*	$$$	AE MC V		■		■

DIE GULF COAST

Restaurant	Preis	Kreditkarten	Kinderfreundlich	Early-bird-Angebote	Regionale Küche	Bar
ANNA MARIA ISLAND: *Sign of the Mermaid* 9707 Gulf Drive. **Straßenkarte** D3. (941) 778-9399. Gut besucht sonntags zum Brunch, deshalb vorher reservieren. Das Meeresfrüchte-Gumbo ist empfehlenswert. Nicht lizensiert, bringen Sie also Ihre eigenen alkoholischen Getränke mit. *Mo mittags.*	$$			■	●	
CAPTIVA ISLAND: *The Bubble Room* 15001 Captiva Rd. **Straßenkarte** D4. (941) 472-5558. Gigantische Portionen Meeresfrüchte, riesige Steaks und göttliche Nachspeisen werden vom schwungvollen Personal serviert. Die lustige Einrichtung macht das Lokal auch bei Kindern beliebt. *25. Dez.*	$$	AE DC MC V	●		●	■
CAPTIVA ISLAND: *Chadwick's at South Seas Plantation* 5400 South Seas Plantation Rd. **Straßenkarte** D4. (941) 472-5111. Den ganzen Tag auf mehreren Ebenen geöffnet, extra Familienzonen. Hervorragender Sonntags-Brunch und Buffetmahlzeiten von Donnerstag bis Sonntag.	$$$	AE DC MC V	●		●	■
CAPTIVA ISLAND: *The Old Captiva House at 'Tween Waters Inn* 15951 Captiva Rd. **Straßenkarte** D4. (941) 472-5161. Regionale Küche im Stil des alten Floridas in zwangloser Atmosphäre. *Mai–Dez mittags.*	$$$	AE MC V	●		●	

CLEARWATER BEACH: *Alley Cat's Café* $$
2475 McMullen Booth Rd. **Straßenkarte** D3. *(813) 797-5555.*
Fisch wird hier entweder nach Art des Hauses zubereitet, z. B. Schwertfisch in Sardellen-Chili und Avocado-Sauce, oder einfach gebraten. *Ostern, Thanksgiving, 25. Dez.*

CLEARWATER BEACH: *Seafood & Sunsets at Julie's Café* $$
351 S Gulfview Blvd. **Straßenkarte** D3. *(813) 441-2548.*
Zwangloses Café gegenüber dem Strand, in dem man den Sonnenuntergang und gute Gerichte zu vernünftigen Preisen genießen kann. *Thanksgiving.*

DUNEDIN: *Bon Appetit* $$
148 Marina Plaza. **Straßenkarte** D3. *(813) 733-2151.*
Gutes Essen auf amerikanische Art bei einer großartigen Sicht auf den St Joseph's Sound.

FORT MYERS: *The Veranda* $$$
2122 2nd St. **Straßenkarte** E4. *(941) 332-2065.*
Zauberhaftes Restaurant in einem Bau von 1902 mit originellen kulinarischen Kreationen wie mit Krabben gefüllten Artischocken. Aufmerksamer Service. *Sa mittags; So; 4. Juli, 25. Dez u. 1. Jan.*

ST PETERSBURG: *Columbia Restaurant* $$
800 2nd Ave NE. **Straßenkarte** D3. *(813) 822-8000.*
Lokal der Columbia-Restaurant-Kette in Florida, die feine spanische Küche bietet. Herrliche Aussicht auf die Tampa Bay.

ST PETERSBURG: *Keystone Club* $$
320 4th St N. **Straßenkarte** D3. *(813) 822-6600.*
Bei Einheimischen beliebtes Lokal, in dem es das meilenweit beste Rippensteak gibt. *Sa u. So mittags; an manchen Feiertagen.*

ST PETERSBURG: *Merchand's Bar & Grill and Terrace Room* $$$
Renaissance Vinoy Resort, 501 5th Ave. **Straßenkarte** D3. *(813) 894-1000.*
Mittelmeerküche in einem schönen Hotel aus den 20er Jahren. Die Bouillabaisse ist zu empfehlen.

ST PETE BEACH: *Hurricane Seafood Restaurant* $
807 Gulf Way. **Straßenkarte** D3. *(813) 360-9558.*
Direkt am Strand gelegen, rühmt sich dieses Lokal seiner Krabbenkuchen und Barschgerichte. Das Cocktail-Deck ist besonders bei Sonnenuntergang stark bevölkert.

ST PETE BEACH: *Maritana Grille* $$$$
Don CeSar Beach Resort, 3400 Gulf Blvd. **Straßenkarte** D3. *(813) 360-1882.*
Bereits des öfteren ausgezeichnet wurde das Maritana Grille wegen seiner raffiniert zubereiteten Gerichte. Lockere Atmosphäre in tropischem Ambiente. *mittags.*

SANIBEL ISLAND: *Windows On The Water* $$$
Sundial Beach Resort, 1451 Middle Gulf Drive. **Straßenkarte** D4. *(941) 395-6014.*
In hübscher Lage über dem Golf von Mexiko schwelgt man in diesem eleganten Restaurant in köstlichen floribischen Gerichten.

SARASOTA: *Bistro Bistro* $$
1526 Main St. **Straßenkarte** D3. *(941) 953-3232.*
Café-Restaurant spezialisiert auf französische Küche. Am Wochenende auch zum Frühstück geöffnet. *So abends; Thanksgiving, 25. Dez, 1. Jan.*

SARASOTA: *Nick's On The Water* $$
230 Sarasota Quay. **Straßenkarte** D3. *(941) 954-3839.*
Traditionelles italienisches Essen oder erlesene Fischgerichte wie gefüllter Hummer, drinnen oder auf der Terrasse mit Blick über die Bucht. *Fr u. Sa.*

SARASOTA: *Michael's On East* $$$
1212 E Avenue S. **Straßenkarte** D3. *(941) 366-0007.*
Eines der führenden Lokale Sarasotas mit kreativer regionaler Küche und einer großen Auswahl an Mikro-Bieren. *Fr u. Sa.* *Sa u. So mittags.*

TAMPA: *Columbia Restaurant* $$
2117 E 7th Ave, Ybor City. **Straßenkarte** D3. *(813) 248-4961*
Das erste Restaurant der Columbia-Kette, in dem seit 1905 spanische und kubanische Gerichte serviert werden. Mehrere Speisesäle mit gefliesten Böden und Flamenco-Shows.

Clearwater Beach: Alley Cat's Café	AE MC V	●		●	■
Clearwater Beach: Seafood & Sunsets at Julie's Café	AE MC V	●		●	
Dunedin: Bon Appetit	AE DC MC V	●	■		■
Fort Myers: The Veranda	AE MC V			●	■
St Petersburg: Columbia Restaurant	AE DC MC V	●		●	■
St Petersburg: Keystone Club	AE DC MC V	●			■
St Petersburg: Merchand's Bar & Grill and Terrace Room	AE DC MC V	●	■	●	■
St Pete Beach: Hurricane Seafood Restaurant	MC V	●	■		■
St Pete Beach: Maritana Grille	AE DC MC V	●		●	■
Sanibel Island: Windows On The Water	AE DC MC V	●		●	■
Sarasota: Bistro Bistro	AE DC MC V				
Sarasota: Nick's On The Water	AE DC MC V	●		●	■
Sarasota: Michael's On East	AE DC MC V			●	■
Tampa: Columbia Restaurant	AE DC MC V	●		●	■

Zeichenerklärung auf der Rückklappe

Durchschnittspreise für ein dreigängiges Menü für eine Person, einschließlich einem Glas Hauswein, Service und Steuer.
- $ unter 20$
- $$ 20–30$
- $$$ 30–45$
- $$$$ 45–60$
- $$$$$ über 60$

KREDITKARTEN
Angabe der Kreditkarten, die akzeptiert werden: AE American Express, DC Diners Club, MC MasterCard, V Visa.

KINDERFREUNDLICH
Kinderportionen und Hochstühle sind vorhanden, evtl. gibt es sogar eine Kinder-Speisekarte.

EARLY-BIRD-ANGEBOTE
Mahlzeiten zu einem günstigeren Preis, wenn man früh zu Abend ißt, gewöhnlich vor 19 Uhr.

REGIONALE KÜCHE
Spezialitäten aus Florida wie Fischgerichte oder Speisen auf kubanische und karibische Art.

Restaurant	Kreditkarten	Kinderfreundlich	Early-bird-Angebote	Regionale Küche	Bar
TAMPA: *Lauro Ristorante Italiano* $$ 3915 Henderson Blvd. **Straßenkarte** D3. *(813) 281-2100.* Delikate traditionelle italienische Gerichte in schöner Umgebung und mit gutem Service, alles zu moderaten Preisen. *Sa mittags; So.*	AE DC MC V				■
TAMPA: *Mis en Place* $$ 442 W Kennedy Blvd. **Straßenkarte** D3. *(813) 254-5373.* Die kreative Speisekarte dieses Bistros wechselt zwar täglich, findet aber immer Anklang. Reservierung empfohlen. *Sa mittags; So; Mo abends.*	AE DC MC V			●	■
TAMPA: *Bern's Steak House* $$$ 1208 S Howard Ave. **Straßenkarte** D3. *(813) 251-2421.* Bern's hat die Steakzubereitung zur Kunst erhoben. Jede Bestellung wird nach den Wünschen der Gäste zubereitet, als Beilage gibt es Bio-Gemüse. Sehr beliebt, Reservierung unbedingt notwendig. P *mittags; 25. Dez.*	AE DC MC V				■
TAMPA: *Oystercatchers* $$$ 6200 Courtney Campbell Causeway. **Straßenkarte** D3. *(813) 281-9116.* Neben dem Hyatt Regency Westshore Hotel befindet sich dieses Fischlokal. Wählen Sie von der Karte oder aus den Becken aus. P *Sa mittags; 25. Dez.*	AE DC MC V	●		●	■
VENICE: *Sharky's on the Pier* $$ 1600 S. Harbor Drive. **Straßenkarte** D4. *(941) 488-1456.* Auf verschiedene Arten zubereiteter Fisch ist die Spezialität des Hauses: gekocht, gebraten oder gegrillt. *Thanksgiving, 25. Dez.*	AE MC V	●		●	■
DIE EVERGLADES UND DIE KEYS					
ISLAMORADA: *Manny and Isa's Kitchen* $ MM 81.6, Overseas Hwy. **Straßenkarte** F5. *(305) 664-5019.* Nichts Außergewöhnliches, aber dafür echt kubanische Gerichte und gebratener Hummer zu günstigen Preisen. *Di; Okt; Thanksgiving, 25. Dez u. 1. Jan.*	AE MC V	●		●	
ISLAMORADA: *Marker 88* $$ MM 88, Overseas Hwy. **Straßenkarte** F5. *(305) 852-9315.* Gourmet-Restaurant über der Florida Bay mit klassisch europäischer Küche. *mittags; Mo; Thanksgiving, 25. Dez.*	AE DC MC V	●		●	■
ISLAMORADA: *Green Turtle Inn* $$$ MM 81.5, Overseas Hwy. **Straßenkarte** F5. *(305) 664-9031.* Traditionelles Lokal seit 1947. Einheimische genießen hier Schildkrötensuppe und Alligator-Steak. Pianoklänge am Abend. *Mo.*	AE DC MC V	●		●	■
KEY LARGO: *The Italian Fisherman* $$ MM 104, Overseas Hwy. **Straßenkarte** F5. *(305) 451-4471.* Köstliche Nudeln, italienische Gerichte und Meeresfrüchte zieren hier die Speisekarte. Mitgebrachte Fische werden ebenfalls zubereitet. *25. Dez.*	AE MC V	●	■	●	■
KEY LARGO: *Mrs Mac's Kitchen* $$ MM 99.4, Overseas Hwy. **Straßenkarte** F5. *(305) 451-3722.* Eine Institution ist Mrs Mac's Kitchen, ein einfaches Lokal, in dem üppige Sandwiches und Spezialitäten serviert werden. *So; an den meisten Feiertagen.*		●			
KEY WEST: *Blue Heaven* $$ 729 Thomas St. **Straßenkarte** E5. *(305) 296-8666.* In einem wunderschönen alten Gebäude bietet dieses freundliche Restaurant Muscheldelikatessen in gemütlicher Atmosphäre. Einfache Sitzplätze an bemalten Holztischen. V *Thanksgiving, 25. Dez.*	MC V	●		●	■
KEY WEST: *Mangia Mangia Pasta Café* $$ 900 Southard St. **Straßenkarte** E5. *(305) 294-2469.* Herrliche hausgemachte Nudeln und wunderbare Saucen verhalfen diesem Café zu seinem guten Ruf. *mittags; an den meisten Feiertagen.*	AE V				■

KEY WEST: *Godfrey's Restaurant at the La-Te-Da Hotel* $$$
1125 Duval St. **Straßenkarte** E5. *(305) 296-6706.*
Von der kalifornischen, karibischen, mittelmeerländischen und nahöstlichen Küche inspiriert ist dieses unvergeßliche Lokal.

KEY WEST: *Mangoes* $$$
700 Duval St. **Straßenkarte** E5. *(305) 292-4606.*
Fabelhafte Salate (die meisten für Vegetarier geeignet) und kreative floribische Gerichte. Um beim Essen Leute beobachten zu können, läßt man sich am besten an den Tischen auf dem Gehweg nieder. V

KEY WEST: *Louie's Back Yard* $$$$
700 Waddell Ave. **Straßenkarte** E5. *(305) 294-1061.*
Die interessante Speisekarte dieses schön restaurierten Lokals umfaßt Gerichte mit kubanischem, karibischem und thailändischem Touch. Inmitten tropischer Vegetation. *Sep mittags; 25. Dez.*

KEY WEST: *Pier House Restaurant* $$$$
Pier House Resort, 1 Duval St. **Straßenkarte** E5. *(305) 296-4600.*
Exklusives Restaurant, eines der besten in den Keys, in dem z. B. Hummer mit marinierten Bananen serviert werden. Reservieren Sie einen Tisch im Freien zur Zeit des Sonnenuntergangs. (*siehe S. 284*). *Mo–Sa mittags.*

MARATHON: *Brian's in Paradise* $
MM 52, Overseas Hwy. **Straßenkarte** E5. *(305) 743-3183.*
Essen im Familienkreis bei großer Auswahl und vielen Angeboten unter 10 $. Hamburger, Fischgerichte und Hausmannskost. *Thanksgiving, 25. Dez.*

MARATHON: *Kelsey's Fine Dining* $$$
MM 48.5, Overseas Hwy. **Straßenkarte** E5. *(305) 743-9018.*
An den Docks des Faro Blanco Resort liegt Kelsey's, in dem Fisch und Steaks sowie Ihr eigener Fang für Sie zubereitet werden. *mittags; Mo.*

MARCO ISLAND: *Konrad's* $$
Mission San Marco. **Straßenkarte** E4. *(941) 642-3332.*
Schicke Einrichtung und eine der besten Salatbars auf der Insel. Die Early-bird-Angebote sowie die Scampi sind sehr beliebt. P *24. u. 25. Dez.*

MARCO ISLAND: *Snook Inn* $$
1215 Bald Eagle Drive. **Straßenkarte** E4. *(941) 394-3313.*
Meeresfrüchte sind die Spezialität dieses Lokals am Wasser. In der abgetrennten Bar kann man den Sonnenuntergang auf sich wirken lassen. *25. Dez.*

MARCO ISLAND: *Olde Marco Inn* $$$
100 Palm St. **Straßenkarte** E4. *(941) 394-3131.*
Dieses teure, in einem 1896 erbauten Häuschen untergebrachte Lokal präsentiert eine internationale Speisekarte. Auch deutsche Gerichte. *mittags.*

NAPLES: *First Watch* $
1400 Gulf Shore Blvd N. **Straßenkarte** E4. *(941) 434-0005.*
Das beste Frühstückslokal der Stadt gegenüber dem Lowdermilk Park. Hier ist immer was los. *abends; Thanksgiving, 25. Dez.*

NAPLES: *Chart House* $$
990 Broad Ave. **Straßenkarte** E4. *(941) 649-0033.*
Über der Bucht wird in diesem gemütlichen Restaurant hervorragendes Essen, u.a. auch Vegetarisches, serviert. P V *mittags.*

NAPLES: *The Dock at Crayton Cove* $$
12th Ave S, on Naples Bay. **Straßenkarte** E4. *(941) 263-9940.*
Fisch und Muscheln bilden den Schwerpunkt der Speisekarte. Kosten Sie die üppigen Sandwiches oder Meeresfrüchte von der »raw bar«. *25. Dez.*

NAPLES: *Bistro 821* $$$
821 5th Ave. **Straßenkarte** E4. *(941) 261-5821.*
Lassen Sie sich in diesem stilvollen Bistro mit floribischem Essen verwöhnen. Zu den Tagesspezialitäten zählt mit Muschel- und Hummermousse gefüllte Seezunge. *mittags; Thanksgiving, 25. Dez u. 1. Jan.*

NAPLES: *Savannah* $$$
5200 Tamiami Trail N, Suite 103. **Straßenkarte** E4. *(941) 261-2555.*
Der tiefe amerikanische Süden spiegelt sich sowohl in der Einrichtung als auch in der Küche dieses traditionellen Lokals wider. P *Juni–Okt; mittags.*

Godfrey's Restaurant at the La-Te-Da Hotel	AE DC MC V			●	■
Mangoes	AE DC MC V			●	■
Louie's Back Yard	AE DC MC V			●	■
Pier House Restaurant	AE DC MC V			●	■
Brian's in Paradise	AE DC MC V	●		●	
Kelsey's Fine Dining	AE MC V	●		●	■
Konrad's	AE DC MC V	●	■	●	■
Snook Inn	AE DC MC V	●		●	■
Olde Marco Inn	AE MC V				■
First Watch	AE MC V	●			
Chart House	AE DC MC V	●	■	●	■
The Dock at Crayton Cove	AE MC V	●		●	■
Bistro 821	AE DC MC V	●		●	
Savannah	AE DC MC V	●		●	■

Zeichenerklärung auf der Rückklappe

Bars und Cafés

Dank des unbeschwerten Lebensstils herrscht in Florida kein Mangel an Bars und Cafés. Die Bezeichnung »Café« meint häufig ein zwangloses Restaurant im Bistrostil, kann sich aber auch auf ein Kaffeehaus oder sogar eine Bar beziehen. In den Sportbars stehen meist mehrere Fernseher, auf denen unterschiedliche Programme laufen. In vielen Bars und Cafés sind zur Happy Hour (meist von 16 bis 19 Uhr) Drinks billiger, Snacks gibt's dann sogar oft umsonst. Die hier aufgeführten Adressen eignen sich sowohl für einen Drink als auch für eine Mahlzeit oder einen Kaffee mit Imbiß.

Miami

Miami Beach: *Abbey Brewing Company*
1115 16th St. **Karte** 2 D2.
(305) 538-8110.
Aufgrund der Holzvertäfelung und Holzbänke mutet diese Bar wie ein Pub an. Beliebt bei den Einheimischen, ist sie für alle ideal, die sich von der SoBe-Szene erholen wollen. Zu trinken gibt's Faß- und Flaschenbiere aus eigener Brauerei. Die Bar ist von 13 bis 5 Uhr geöffnet.

Miami Beach: *News Café*
800 Ocean Drive. **Karte** 2 F4.
(305) 538-6397.
Dieses rund um die Uhr geöffnete Café ist der Treffpunkt in South Beach. Hier treffen sich die Leute zum Trinken, Essen und um in die Szene am Ocean Drive einzutauchen. Die Speisekarte bietet riesige Nudelportionen sowie leichte und gesunde Mahlzeiten. Wählen Sie unter zwölf verschiedenen Arten der Kaffeezubereitung. *AE DC MC V*

Miami Beach: *Van Dyke Café*
846 Lincoln Rd. **Karte** 2 E2.
(305) 534-3600.
Dieses In-Lokal mit Sitzmöglichkeiten draußen und drinnen ist in einem schön restaurierten Gebäude untergebracht. Zu den Spezialitäten des Hauses gehören Brotpudding und Zabaglione mit frischen Beeren. Gute Auswahl an Kaffee und Kräutertees, abends spielt ein Jazztrio. *AE DC MC V*

Downtown: *Hard Rock Café*
401 Biscayne Blvd. **Karte** 4 F1.
(305) 377-3110.
Touristen und Einheimische gleichermaßen strömen ins Hard Rock Café, wo die Musik laut hämmert. Wer nur einen trinken und die Atmosphäre genießen möchte, geht in die Bar. Wenn Sie aber auch essen wollen, sollten Sie vorher einen Tisch reservieren. Serviert wird amerikanische Kost: saftige Hamburger und heißer Apfelkuchen. Die Portionen sind großzügig. *AE DC MC V*

Coral Gables: *Doc Dammers Saloon*
180 Aragon Ave. **Karte** 5 C1.
(305) 441-2600.
Frequentiert wird diese gut bestückte Mahagoni-Bar im Omni Colonnade Hotel von Intellektuellen über 30. Das Essen ist gut, empfehlenswert sind vor allem die lateinamerikanischen und karibischen Spezialitäten. *AE DC MC V*

Coconut Grove: *Legend's All Pro Café*
CocoWalk, 3015 Grand Ave.
Karte 6 E4. *(305) 567-0013.*
Diese Sportbar verfügt über drei Satellitenschüsseln, 51 Fernseher und drei Billardtische und ist voller Erinnerungsstücke: Es gibt Fotos von Sportgrößen der Vergangenheit und Gegenwart – Baseball-, Basketball- und Footballstars. Ausgeschenkt wird amerikanisches und importiertes Bier sowie Wein, auf der Speisekarte stehen leichte Mahlzeiten und Snacks.
AE DC MC V

Gold und Treasure Coast

Boca Raton: *Pete Rose's Ballpark Café*
8144 W Glades Rd. **Karte** F4.
(561) 488-7383.
Das Ballpark Café ist voller Andenken an die Cincinnati Reds. Neben den üblichen Videospielen und einem Billardtisch sorgen die Tischfernseher für Unterhaltung. Von 18 bis 20 Uhr, wenn das Café voller Leute auf dem Nachhauseweg ist, wird eine Live-Sportsendung im Radio übertragen. *AE DC MC V*

Fort Lauderdale: *Pier Top Lounge*
Pier 66, 2301 SE 17th St.
Karte F4.
(954) 525-6666.
In einer Stunde dreht sich das Restaurant auf dem Dach des Hyatt Regency Pier 66 Hotel einmal um 360 Grad. Währenddessen haben die Gäste eine atemberaubende Sicht auf Fort Lauderdales Skyline und seine Wasserwege – insbesondere bei Sonnenuntergang. Live-Musik und Tanz, Gedeck wird nicht berechnet. *AE DC MC V*

Fort Lauderdale: *Shooters*
3033 NE 32nd Ave. **Karte** F4.
(954) 566-2855.
Ein Paradies, um Leute zu beobachten: Als Bar und Restaurant ist das Shooters immer mit essenden, trinkenden und plaudernden Leuten überfüllt. Die Speisekarte ist umfangreich, die Preise sind angemessen. Knabbern Sie Krabbenkuchen, oder lassen Sie sich den Thunfischsalat schmecken. Schön ist der Anblick der auf dem Meer vorbeisegelnden Boote. *AE DC MC V*

Palm Beach: *The Leopard Lounge*
363 Coconut Row. **Karte** F4.
(561) 659-5800.
Die Leopard Lounge im Chesterfield Hotel zieren scharlachrote und schwarze Vorhänge. Das Leopardenmotiv taucht auf dem Plüschteppich und den Tischdecken auf. Am Wochenende ist das Lokal voller Einheimischer, die zur Live-Musik einer Big Band das Tanzbein schwingen. *AE DC MC V*

Orlando und die Space Coast

Orlando: *Blazing Pianos*
8445 International Drive.
Karte E2.
(407) 363-5104.
Eines von Orlandos beliebtesten Nachtlokalen ist diese große Piano-Bar, die jeden Abend mit musikalischer Unterhaltung Gäste unterschiedlichen Alters anzieht. Auf der Bühne stehen drei große Klaviere, und die Musiker spielen Wunschmelodien. Es wird Essen serviert, und an der Bar gibt es importiertes und einheimisches Bier. Die wahre Attraktion ist jedoch die Musik. *AE DC MC V*

Orlando: *Cheyenne Saloon and Opera House*
Church Street Station, 129 W Church St.
Karte E2.
(407) 422-2434.
Hier wird die beste Country-Musik in der ganzen Innenstadt von Orlando gespielt. Der Saloon verfügt über Balkonreihen aus restaurierten Kirchenbänken, von denen man auf die Bühne hinunterblickt. Das Unterhaltungsprogramm reicht von Country-Musik bis Holzschuhtanz. Zum Essen gibt's köstliche Vorspeisen sowie Spare ribs, Grillhähnchen und Steaks.
AE DC MC V

Der Nordosten

Jacksonville: *River City Brewing Company*
835 Museum Circle. **Karte** E1.
(904) 398-2299.
Bier aus eigener Brauerei sowie eine große Auswahl an Gerichten zu angemessenen Preisen machen dieses Lokal so beliebt. Freitag- und Samstagabend spielt eine Live-Band die neuesten Hits. Es wird kein Gedeck berechnet. *AE DC MC V*

St Augustine: *A1A Ale Works*
1 King St. **Karte** E1.
(904) 829-2977.
Am Fuß der Bridge of Lions verfügt diese freundliche Kneipe mit Restaurant über eine kleine Brauerei. Ale-Freunde kommen hier bei sieben Sorten auf ihre Kosten. Am Wochenende treten Live-Bands auf. *AE DC MC V*

St Augustine: *OC White's Seafood and Spirits*
118 Avenida Menendez. **Karte** E1.
(904) 824-0808.
In einem Gebäude aus dem 18. Jahrhundert auf der anderen Straßenseite von St Augustines Hafen bietet OC White's eine herrliche Aussicht und jeden Abend Live-Unterhaltung. Beim Verzehr von Meeresfrüchten, Steaks oder Hamburgern werden Sie von wächsernen Piraten beobachtet. *AE MC V*

Daytona Beach: *Oyster Pub*
555 Seabreeze Blvd. **Karte** E2.
(904) 255-6348.
Nur einen Häuserblock vom Strand lockt in dieser Kneipe eine Bar mit frischen Austern, Garnelen und anderen Meeresfrüchten. Während der Happy Hour sind die Preise sowohl für Drinks als auch für Meeresfrüchte niedriger. In 27 Fernsehern werden Sportsendungen gezeigt, außerdem gibt es ein Billardzimmer. *AE MC V*

Gainesville: *Purple Porpoise Oyster Pub*
1728 W University Ave. **Karte** D2.
(352) 376-1667.
Renommierte College-Bar der Studenten der University of Florida in Gainesville. Die Atmosphäre ist angenehm und das Personal sehr freundlich. Donnerstagabend spielt eine Band. *AE DC MC V*

Der Panhandle

Panama City Beach: *Shuckum's Oyster Pub*
15614 Front Beach Rd. **Karte** B1.
(850) 235-3214.
Die Bar dieser beliebten Kneipe ist mit unterschriebenen Dollarnoten tapeziert, die zufriedene Kunden hinterlassen haben. Bekannt ist Shuckum's für seine Austern, die roh, gebacken, gedämpft oder gebraten in einem Sandwich serviert werden. Auch andere Meeresfrüchte. *MC V*

Pensacola Beach: *Sidelines Sports Bar and Restaurant*
2 Via de Luna Drive. **Karte** A1.
(850) 934-3660.
Dieses zwanglose Lokal in Pensacola Beach bietet jeden Abend eine andere Spezialität: In der »Cajun Night« werden z. B. Cajun Bloody Marys serviert. Sportrequisiten und riesige Fernsehbildschirme zieren die Wände. *AE MC V*

Tallahassee: *The Mill Brewery, Eatery and Bakery*
2329 Apalachee Pkwy. **Karte** C1.
(850) 656-2867.
In The Mill werden mit die besten Kuchen der Stadt gebacken. Ebenfalls auf dem Gelände wird in kleinen Mengen sehr gutes Bier ohne Chemikalien und Konservierungsstoffe gebraut. Genießen Sie die hausgemachten Suppen und Pizzas. Montagabend gibt es Live-Unterhaltung. *AE DC MC V*

Die Golfküste

Lee Island Coast: *The Mucky Duck*
11546 Andy Rosse Lane, Captiva Island. **Karte** D4. *(941) 472-3434.*
Dieser britisch anmutende Pub ist in einem schönen Bau aus den 30er Jahren in der Stadt Captiva untergebracht. Sein erster Besitzer, ein ehemaliger britischer Polizist, gab ihm den Namen seiner Lieblingskneipe zu Hause. Hier können Sie Darts spielen oder bei einem Bierchen den Sonnenuntergang genießen. Auf der Speisekarte stehen englische Gerichte wie Fisch und Pommes sowie vegetarische Platten. *AE DC MC V*

Tampa: *Elmer's Sports Café*
2003 E 7th Ave, Ybor City.
Karte D3.
(813) 248-5855.
Ybor Citys erste Sportbar ist bekannt für ihre dicken Pizzas und ihr gutes Bier. In der ganzen Bar stehen riesige TV-Bildschirme herum sowie ein Billardtisch. Das hausgemachte Essen ist gut und die Atmosphäre angenehm. *AE MC V*

Tampa: *Ovo Café*
1901 E 7th Ave, Ybor City.
Karte D3.
(813) 248-6979.
Mit frischen Schnittblumen auf jedem Tisch, Kunst an den Wänden und Schmuck-Schaukästen ißt in diesem Bistro das Auge mit. Eine der Spezialitäten des Hauses sind mit Kartoffeln gefüllte Nudelmuscheln, empfehlenswert sind aber auch die Salate und Nachspeisen wie die belgischen Waffeln. Mit separater Bar. *AE MC V*

Die Everglades und die Keys

Naples: *HB's On The Gulf*
851 Gulf Shore Blvd N.
Karte E4.
(941) 261-9100.
Das 1946 eröffnete HB's On The Gulf befindet sich im Naples Beach Hotel am Naples Pier. Wer hier die Sonne untergehen sehen will, muß früh kommen, um einen Platz zu ergattern. Nach Sonnenuntergang ist die riesige Bar im Freien voll. Eine Live-Band sorgt für musikalische Unterhaltung. *AE DC MC V*

Key West: *Hog's Breath Saloon*
400 Front St. **Karte** E5.
(305) 292-2032.
Der ursprüngliche Hog's Breath Saloon wurde 1976 von einem Mann aus Alabama in Fort Walton Beach eröffnet, 1988 wurde er nach Key West verlegt. Heute ist der Saloon ein Lieblingslokal der Einheimischen, in dem rohe Meeresfrüchte, Fischgerichte und göttliche Desserts serviert werden. Täglich Live-Musik von 13 bis 2 Uhr nachts. *AE MC V*

Key West: *Jimmy Buffet's Margaritaville Café*
500 Duval St. **Karte** E5.
(305) 292-1435.
Sowohl als Dekor als auch zum Verkauf gibt es hier viele Jimmy-Buffet-Andenken (*siehe S. 285*), doch der hiesige Sänger und Liedautor läßt sich selten blicken. Geeiste Margaritas sind die Spezialität des Hauses, zum Essen gibt es leichte Mahlzeiten, Sandwiches, Hamburger und Meeresfrüchte. *AE MC V*

Key West: *Sloppy Joe's*
201 Duval St. **Karte** E5.
(305) 294-5717.
Die ehemalige Lieblingsbar von Ernest Hemingway *(siehe S. 284)* ist heute kommerzieller als zu Lebzeiten des Schriftstellers. Trotz der vielen Touristen hat sie ihren Key-West-Charakter beibehalten, und wenn eine Band spielt, ist kein Sitzplatz mehr frei. Die Speisekarte ziert typische Kneipenkost wie Pommes und der berühmte »Original-Sloppy-Joe«, ein Hamburger. *MC V*

Läden und Märkte

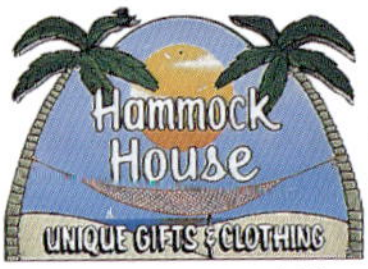

Hängemattengeschäft in Cedar Key

Einkaufen ist wahrscheinlich die beliebteste Freizeitbeschäftigung in Florida, und insbesondere Miami übt auf Einkäufer aus Übersee eine große Anziehungskraft aus. Bekannt ist Florida für seine Discount-Märkte, als Kontrastprogramm bietet es aber auch einige luxuriöse Geschäfte, die meist in schönen Einkaufsgebieten oder -zentren liegen. Wer das erste Mal die USA besucht, muß sich vielleicht erst noch an die herrschenden Einkaufsriten gewöhnen. Anstatt in der Innenstadt einzukaufen, zieht es die Bewohner Floridas eher in die riesigen Einkaufszentren außerhalb der Städte. Andenken und Geschenke ergattern Sie in aller Regel am besten in kleinen Spezialgeschäften.

Auf den Seiten 334f erhalten Sie einen Überblick über Floridas Souvenirs. Wer etwas Bestimmtes sucht, erhält in den Touristenbüros Listen mit den Läden ihres Gebietes. Die Geschäfte Miamis sind auf den Seiten 92f beschrieben.

Mizner Park in Boca Raton mit Geschäften in eleganter Architektur

Öffnungszeiten

Die meisten Läden haben Montag bis Samstag von 10 bis 18 Uhr geöffnet, manche auch an einem Abend länger. Die Geschäfte in den Einkaufszentren schließen häufig später. Manche Läden sind auch sonntags geöffnet, oft von 12 bis 18 Uhr, und vor allem in den Städten schließen einige nie.

Steuer

Florida erhebt auf alle Güter außer Kinderkleidung und Medikamente eine Verkaufssteuer *(sales tax)* von üblicherweise sechs Prozent. Die Steuer ist in den angegebenen Preisen noch nicht enthalten, wird aber automatisch auf die Rechnung aufgeschlagen.

Einkaufszentren

Shopping malls (Einkaufszentren) sind typisch für die USA. Neben Geschäften umfassen sie auch Kinos und Restaurants. Parkplätze sind reichlich vorhanden, und die Zentren außerhalb der Stadt sind meist mit öffentlichen Bussen zu erreichen.

Außer Kaufhäusern sind meist Ladenketten wie die Buchhandlungen Barnes & Noble oder die Kleidergeschäfte The Gap vertreten.

Miami ist für seine Malls im Stil der Bal Harbour Shops *(siehe S. 92)* bekannt, aber auch reiche Städte an der Gold Coast wie Boca Raton und Palm Beach bieten eine schöne Auswahl. Einkaufszentren sind aus Florida jedenfalls nicht wegzudenken.

Einkaufsgebiete

Wer beim Gedanken an Einkaufszentren erschauert, kann sich in einem der Einkaufsgebiete Floridas eines besseren belehren lassen. Die Einkaufsszene hat so manchem historischem Stadtteil neues Leben eingehaucht, z. B. dem St Armands Circle in Sarasota *(siehe S. 255)* und dem Hyde Park Village in Tampa *(siehe S. 248)*. Die Worth Avenue in Palm Beach *(siehe S. 114f)* ist seit den 20er Jahren eine der exklusivsten Einkaufsstraßen der Welt. Der Mizner Park in Boca Raton *(siehe S. 126)* dagegen ist neu, aber im alten Stil erbaut.

Die Geschäfte dieser Gebiete sind größtenteils teuer, zu erschwinglicheren Preisen kauft man in auf Touristen ausgerichteten Läden ein, wie dem Johns Pass Village nahe Madeira Beach an der Gulf Coast *(siehe S. 238)*.

Kaufhäuser

In den meisten Einkaufszentren gibt es mindestens ein Kaufhaus. Die Kaufhäuser

Elegante Modeboutique in Bal Harbour Shops in Miami

sind riesig und bieten eine unglaubliche Vielfalt an Waren und Dienstleistungen.

Der Großteil der Kaufhäuser ist im ganzen Land vertreten. Bloomingdale's ist beispielsweise für seine große Auswahl an neuester Mode sowie sein Gourmet-Essen bekannt. Manche Häuser verkaufen nur Kleidung, wie z. B. Saks Fifth Avenue, das für seine Designer-Mode berühmt ist. Die seit langem eingeführte Burdines-Kette aus Florida verfügt über Filialen im ganzen Staat sowie im Rest der USA.

Gegenstände des täglichen Gebrauchs wie Zahnpasta und Bleistifte erhalten Sie in Supermärkten wie Target, K-Mart und Wal-Mart, die es überall gibt. Sears und JC Penney gelten ebenfalls als Gemischtwarenmärkte.

Einer der vielen kuriosen Antiquitätenläden Micanopys

Schnäppchen

Manche Menschen haben es vor allem auf die reduzierten Waren in Floridas Geschäften abgesehen. Discount-Märkte führen alle möglichen Waren, ihr Schwerpunkt sind jedoch elektronische Geräte, Haushaltswaren und Billigkleidung. Manche Läden haben sich auf günstige Designer-Klamotten spezialisiert, z. B. Loehman's, TJ Maxx und Marshalls, die in allen größeren Städten vertreten sind.

Besonders beliebt bei Schnäppchenjägern sind die Werkverkäufe ab Fabrik, wo Waren mit leichten Fehlern oder auslaufende Produkte 50 bis 75 Prozent unter dem Einzelhandelspreis verkauft werden. Dort werden z. B. Marken-Haushaltswaren und Kleidung wie Levis-Jeans oder Benetton-Pullover angeboten.

Orlandos International Drive *(siehe S. 176)* säumen viele Discount-Märkte und Fabrikverkäufe. Hier findet man sogar reduzierte Disney-Souvenirs; bedenken Sie jedoch, daß die Qualität nicht dieselbe wie in Disney World selbst ist.

Die meist riesigen Flohmärkte finden am Wochenende statt. Wenn Sie auch keine Secondhand-Ware mögen, so interessieren Sie vielleicht doch das dort angebotene Kunsthandwerk und die Antiquitäten. Manche Märkte wie der Fort Lauderdale Swap Shop *(siehe S. 130)*, der größte Flohmarkt Floridas und die zweitwichtigste Attraktion nach Disney World, haben einfach einen hohen Unterhaltungswert.

Schwämme zu verkaufen in Key West

Geschenke und Souvenirs

Frische Orangen werden gerne von amerikanischen Besuchern gekauft. Die besten Orangen wachsen am Indian River an der Ostküste *(siehe S. 111)*, wo die Früchte in Läden und an Ständen säckeweise angeboten werden.

Von Meeresmuscheln fühlen sich noch mehr Menschen angezogen. Fragen Sie jedoch immer nach, woher sie stammen. Die Lee Island Coast ist bekannt für ihre Muscheln, und in der Shell Factory nahe Fort Myers *(siehe S. 263)* gibt es legal gesammelte Muscheln zu kaufen. Die am Straßenrand entlang der US 1 in den Keys feilgebotenen Muscheln und Korallen sind meist importiert. An diesen Ständen werden meist auch Naturschwämme verkauft, wofür jedoch Tarpon Springs *(siehe S. 237)* der klassische Ort ist.

Indianer verkaufen Kunsthandwerk im Miccosukee Indian Village *(siehe S. 271)* und in Hollywood *(siehe S. 132)*. Doch Florida ist nicht gerade berühmt für seine Handwerkskunst. Mehrere Städte sind für ihre Antiquitätengeschäfte bekannt, z. B. Micanopy *(siehe S. 208)* und Dania *(siehe S. 132)*.

In Disney World und den anderen Parks Orlandos ist Einkaufen eine der Attraktionen für Besucher. Museumsshops sind ebenfalls eine gute Quelle für Andenken.

Fabrikverkauf in Florida, die Preise verheißen Schnäppchen

Was kauft man in Florida?

Meeres-früchte

Baseballmütze der Miami Dolphins

Wahrscheinlich wird man Ihnen sagen, daß Sie in Florida alles kaufen können, was Ihr Herz begehrt – vom Designer-Bikini bis zum neuesten CD-Player oder sogar ein Haus. Und in der Tat reisen manche Besucher aus Europa nur zum Einkaufen nach Florida. Selbst wenn Sie nur bescheidene Geschenke suchen, haben Sie in den Vergnügungsparks und Touristenzentren an der Küste die Qual der Wahl. Wenn Sie keinen Kitsch mit nach Hause nehmen möchten, müssen Sie etwas länger suchen, doch vielleicht können Sie sich überwinden – denn Kitsch ist fester Bestandteil des amerikanischen Lebensgefühls.

Astronautenkost vom Kennedy Space Center

Oscar-Imitat der Universal Studios

Schlüssel-anhänger

Unverwechselbar Florida
In ganz Florida können Sie lustige (und geschmacklose) Souvenirs zu angemessenen Preisen erstehen, vom Handtuch bis zum Aschenbecher. Sie zieren meist der Schriftzug »Florida«, eine Palme, oder ein Alligator.

Fliese mit beliebtem Flamingo-Motiv

Alligator-Spardose

Parkerinnerungen
Alle Parks, von den Universal Studios bis zu Busch Gardens, bieten ihre eigene Andenken für alle Altersstufen an.

Kunsthandwerk der Seminolen
Handarbeiten der Seminolen werden nur an zwei Orten zum Kauf angeboten (siehe S. 333). *Puppen und Schmuck für wenige Dollar oder bunte Kleider, Taschen und Decken sind ein schönes Mitbringsel.*

Bücher
Bücher über Miamis Art-déco-Viertel sind eine bleibende Erinnerung an die Stadt. Oder Sie führen Ihre kulinarischen Streifzüge zu Hause mit Hilfe eines Kochbuches fort.

Handgerollte Zigarren
Die kubanische Tradition der handgerollten Zigarren ist in Ybor City in Tampa (siehe S. 246f) *und in Miamis Little Havana* (siehe S. 93) *noch lebendig, wenn auch viele heute maschinell hergestellt werden. Ein schönes Geschenk für Zigarrenfreunde.*

Lateinamerikanische Musik
Wer die Rhythmen der hispanischen Bevölkerung mag, hat eine große Auswahl an regional produzierten Kassetten und CDs.

Preisgünstige Waren

Wegen der niedrigeren Steuern sind in den USA einige Dinge günstiger als in Europa, z. B. Jeans, Sonnenbrillen, Turnschuhe, CDs, Fotoapparate, Bücher usw. Florida verfügt zudem über viele Discount-Märkte *(siehe S. 333)*, in denen alles noch billiger ist. Kleine Elektrogeräte sind oft günstig zu haben. Die Innenstadt von Miami ist bekannt für ihre Billigläden *(siehe S. 92f)*, in denen vor allem Goldschmuck und elektronische Geräte verkauft werden. Bedenken Sie, daß Sie für elektronische Geräte einen Transformator brauchen, wenn Sie für den Gebrauch in Europa bestimmt sind. In vielen Geschäften ist man auf ausländische Kunden eingestellt und sendet sperrige Einkäufe für Sie nach Hause.

T-Shirts
T-Shirts werden überall angeboten und sind oft recht günstig. Prüfen Sie jedoch die Qualität, bevor Sie sich zum Kauf entschließen.

Echte Cowboy-Stiefel

Ledergürtel

Western-Accessoires
Die Lederwaren, die in Läden wie JW Cooper angeboten werden, stammen nicht unbedingt aus Florida und können es, trotz guter Qualität, nicht mit texanischen aufnehmen.

Süsse Mitbringsel

Florida ist weltweit für seine Zitrusfrüchte bekannt, die Sie entweder frisch oder konserviert erstehen können – als bunte Süßigkeiten, Marmelade oder Gelee oder als köstliche Marinaden und Öle zum Kochen. Für Naschkatzen gibt es alles von klebrigen Kokos-Pastetchen bis zu gummiartigen »Salzwasser-Toffees«. In Florida hergestellte Schokolade ist nicht besonders gut, präsentiert sich aber oft in lustigen Formen.

Kokos-Pastetchen

Gelee-Zitrusfrüchte ein beliebtes eßbares Souvenir

Orangen aus Florida im Netz

Bunte, besonders bei Amerikanern beliebte Salzwasser-Toffees

Limonen-marmelade

Mandarinen-marmelade

Scharfes Jalapeño-Pfeffergelee

Mango-Marinade

Limonenöl zum Kochen

Unterhaltung in Florida

Ob Sie ein Broadway-Schauspiel, eine Varietéshow im Las-Vegas-Stil, eine Nacht in der Disko oder das Glücksspiel vorziehen, Florida bietet für jeden etwas. In Südflorida haben Sie die größte Auswahl, insbesondere entlang der Gold Coast und in Miami *(siehe S. 94f)*, aber auch Sarasota und Tampa haben einiges im Programm. Walt Disney World und Orlando sind die erste Adresse, wenn die ganze Familie unterhalten werden will. Im Nordosten und auf dem Panhandle ist es ruhiger, dort wird die beste Unterhaltung in Urlaubsorten wie Panama City Beach und in Universitätsstädten wie Gainesville und Tallahassee geboten.

Auftritt in der Dinnershow Wild Bill's

Im allgemeinen gilt, daß sich in Küstenorten das Nachtleben in erster Linie entlang der Uferpromenade abspielt – Fort Lauderdale ist hierfür das beste Beispiel. Die anspruchsvollsten Theateraufführungen finden zwischen Oktober und April statt, doch auch während des restlichen Jahres stehen immer wieder verschiedene Schauspiele auf dem Programm.

Das Raymond F Kravis Center for the Performing Arts, West Palm Beach

Informationsquellen

Die meisten regionalen Zeitungen in Florida verfügen über einen Wochenendteil, in dem alle Attraktionen und Veranstaltungen aufgelistet sind. Broschüren verteilen auch die Local Convention and Visitors' Bureaux sowie die Handelskammern.

Kartenvorverkauf

Am einfachsten erwerben Sie Konzert-, Theater- oder Fußballspielkarten, indem Sie an der zuständigen Vorverkaufsstelle anrufen und mit Kreditkarte bezahlen. Manche Veranstaltungen müssen jedoch über **Ticketmaster** gebucht werden. Über diese Gesellschaft, die auch in Musik- und Discount-Märkten vertreten ist, kann man auch am Telefon reservieren und bezahlen. Man bezahlt eine Vorverkaufsgebühr zwischen zwei und acht Dollar pro Karte.

Veranstaltungsorte

Die grössten Veranstaltungsorte Floridas, von denen einige als *performing arts centers* bekannt sind, werden für eine breite Palette an Veranstaltungen genutzt, von Opern bis zu Rockkonzerten sowie für Sportwettkämpfe. Hier treten die bedeutendsten amerikanischen Wanderbühnen und Künstler auf, aber auch lokale Produktionen werden manchmal dargeboten.

Im folgenden die wichtigsten Veranstaltungsorte in Florida: das **Raymond F Kravis Center for the Performing Arts** in West Palm Beach; Fort Lauderdales **Broward Center for the Performing Arts**; das riesige **Tampa Bay Performing Arts Center** in Tampa und die **Van Wezel Performing Arts Hall** in Sarasota. Weitere große Bühnen sind St Petersburgs **Tropicana Field**, Floridas einziges überdachtes Stadion, und die **Florida Citrus Bowl** in Orlando mit 70 000 Plätzen,wo Stars wie Paul McCartney und George Michael auftreten. Die riesige **Gator Bowl** in Jacksonville ist ebenfalls Schauplatz größerer Rockkonzerte.

Emblem des Saenger Theater, Pensacola

Theater

Grossartige Produktionen von Truppen auf Tournee, die meist am Broadway in New York ihren Ursprung haben, sind die anspruchsvollsten Darbietungen, die Sie zu sehen bekommen. Aber auch in Florida selbst gibt es eine Reihe guter Theatergesellschaften, die in kleineren, oft gemütlicheren Häusern auftreten, wie dem **Saenger Theater** in Pensacola oder in Key Wests **Red Barn Theater**. Das **Florida State University Center for the Performing Arts** ist das Zuhause der Asolo Theatre Company von Sarasota. Das Gebäude, einst ein schottisches Opernhaus, wurde in den 80er Jahren nach Sarasota gebracht. Die **Players of Sarasota** ist die am längsten bestehende Theatergruppe der Stadt, in der berühmte Schauspieler wie Montgomery Clift ihre Karriere begannen. Ihre Musical- und Schauspielaufführungen ernten meist viel Lob.

Klassische Musik, Oper und Ballett

Die meisten Großstädte warten mit ihrem eigenen Symphonie-Orchester auf. Das **Florida Philharmonic Orchestra**, das vor allem in Miami und in den Städten an der Gold Coast auftritt, ist das beste des Staates – wenn auch Miamis New World Symphony *(siehe S. 94)* international bekannter ist. Hörenswert sind die Konzerte der **Concert Association of Florida** (in Fort Lauderdale und Miami) und des Jacksonville Symphony Orchestra, das im **Times-Union Center for the Performing Arts** zu Hause ist.

Die größte Oper des Staates ist die **Florida Grand Opera**, die 1994 aus der Verschmelzung der Opern von Miami und Fort Lauderdale hervorgegangen ist. Sie zeigt jährlich fünf neue Produktionen in den Counties Broward und Dade. Die **Gold Coast Opera** bietet klassische Opern an vier Orten in Südostflorida dar. Besuchen Sie auch das kleine, aber feine **Monticello Opera House**, in dem von September bis Mai Opern aufgeführt werden.

Erstklassiges Ballett tanzt das Miami City Ballet *(siehe S. 94)*, dessen Choreograph Edward Villela ein Schüler von George Balanchine war.

Kino

Für anspruchsvolle Filme wäre eher New York oder Los Angeles das geeignete Pflaster, in Florida werden vor allem die neuesten Knüller gezeigt. Das berühmteste Kino des Staates ist das **Tampa Theatre** *(siehe S. 245)*, in dem eine Vielzahl von Livedarbietungen sowie eine Mischung aus Filmklassikern und ausländischen Filmen zu sehen sind.

Jedes Jahr finden in Sarasota im November und in Miami im Februar Filmfeste statt. Anläßlich des Miami International Film Festival werden im Gusman Center for the Performing Arts *(siehe S. 94)* Filme gezeigt.

Das prächtige Innere des Tampa Theatre, eines historischen Kinos

Dinnershows

Dinnershows sind eine beliebte Form der Familienunterhaltung, insbesondere in Orlando *(siehe S. 177)*. Hierbei sitzen die Gäste an großen Tischen, auf denen üppige Mahlzeiten serviert werden, die meist einen Bezug zur Show haben. Die Beteiligung der Zuschauer an der Show ist üblich.

Schild von Hog's Breath Café in Key West

Außerhalb Orlandos bieten die Dinnershows unterschiedlichste Unterhaltung vom Schauspiel bis zu Komödien und Musicals. Das **Mystery Dinner Theater** in Clearwater Beach lädt die Gäste ein, einen Mord aufzuklären. Das **Mai Kai** in Fort Lauderdale dagegen, eine Revue, die schon lange im Programm ist, unterhält die Gäste mit Tänzerinnen, Feuerschluckern und ähnlichem. Im **Alhambra Dinner Theater** in Jacksonville werden anspruchsvolle Musicals der *Oklahoma-* und *South-Pacific-Schule* inszeniert.

Sänger im spanischen Karneval in Miami *(siehe S. 32)*

Livemusik und Nachtklubs

Am meisten Spass macht das Tanzen in Klubs, wo Live-Musik gespielt wird. In den besten sorgen eine Big Band oder ein Orchester für die musikalische Unterhaltung. »Supper clubs« bieten sowohl Essen als auch Musik. Letztere ist oft abwechslungsreich: Der **Coliseum Ballroom**, ein orientalisch angehauchtes Lokal in St Petersburg, zieht sowohl Standard- als auch Country-Tänzer an. South Beach bietet die größte Auswahl an Diskotheken *(siehe S. 95)*, wobei gute Tanzklubs in allen Urlaubsorten zu finden sind. Das **Razzles** in Daytona Beach wartet mit hervorragender Musik auf, während der **Baja Beach Club** in Fort Lauderdale vor allem durch seine Größe beeindruckt. **T-Birds** in Jacksonville spielt Musik der 60er bis 80er Jahre. Häufig müssen Sie mit Ihrem Ausweis belegen, daß Sie über 18 bzw. sogar über 21 Jahre alt sind.

Auf Festivals wird ebenfalls häufig Livemusik gespielt, außerdem gibt es Lokale, in denen man auch nur zuhören kann. In Key West gibt es beispielsweise das Hog's Breath Café *(siehe S. 331)*, und in Ybor City ist der **Jazz Cellar** gut besucht. Für die beliebte Country-Musik ist das **Ocean Opry Theater** in Panama City Beach die erste Adresse. Manche der auf den Seiten 330f aufgeführten Bars bieten ebenfalls Liveunterhaltung.

Auf dem Mallory Square treten jeden Abend bei Sonnenuntergang Straßenkünstler auf

Kreuz- und Bootsfahrten

In Florida beginnen die meisten Kreuzfahrten in die Karibik, die Schiffe legen regelmäßig in Miami, Port Everglades und kleineren Häfen ab. Aber auch Mini-Kreuzfahrten, die einen Tag oder nur einen Abend dauern, sind ab 40 Dollar möglich.

Eine Schiffsfahrt am Abend umfaßt meist ein Abendessen und Tanz, doch für manchen ist sie nur ein Vorwand, um dem Glücksspiel zu frönen. Die Schiffe der **Europa SeaKruz**, die in Miami, Tampa und Fort Myers liegen, und die der **Discovery Cruise Line** in Miami und Port Everglades haben alle ein Kasino an Bord.

Die *Rivership Romance* auf dem St Johns River

Bescheidenere Vergnügungsfahrten werden in ganz Florida angeboten. Die *Jungle Queen* in Fort Lauderdale *(siehe S. 131)*, St Petersburgs **Starlite Princess** und die **Star of Palm Beach** *(siehe S. 123)* sind besonders beliebte Boote. Die **Rivership Romance** beginnt in Sanford *(siehe S. 206)* ihre Fahrten auf dem St Johns River.

Glücksspiel

Das Glücksspiel auf den Schiffen erfreut sich so großer Beliebtheit, weil normale Kasinos auf dem Festland illegal sind. Sobald das Schiff aber internationale Gewässer erreicht hat (etwa 5 km vor der Küste), ist das Gesetz nicht mehr wirksam. An Land können Sie eines der drei legalen **Seminole Indian Casinos** besuchen, in Hollywood *(siehe S. 133)*, in Immokalee bei Naples und in Tampa. Hier frönt man dem Pokerspiel und steht vor Spielautomaten, die meisten jedoch spielen Bingo. Poker wird übrigens auch bei Pferderennen gespielt.

Kinderunterhaltung

Für Kinder ist in ganz Florida gesorgt, nicht nur in Disney World. In den Museen gibt es für Kinder einiges zu erleben, und in vielen Zoos und manchen Parks sind Streichelgehege eingerichtet. Auch die in ganz Florida zu findenden Wasserparks *(siehe S. 341)* machen den Kleinen großen Spaß. Mit **Walt Disney World**, **Sea World** und anderen Attraktionen kommt in Orlando die Unterhaltung der ganzen Familie keinesfalls zu kurz. Achten Sie auf das Programm der **Orlando Arena**, wo von Eislaufshows bis zum Zirkus alles mögliche zu sehen ist.

Auch kostenlose Unterhaltung gibt es überall: Kinder lieben die Straßenkünstler, die etwa auf dem Mallory Square in Key West auftreten. Außerdem finden das ganze Jahr über Feste statt *(siehe S. 32ff)*.

Schwule & Lesben

South Beach in Miami ist für seine pulsierende Gay-Szene *(siehe S. 95)* bekannt, die immer mehr homosexuelle Besucher aus dem In- und Ausland anzieht. Key West war jahrelang ein Schwulen-Mekka, aber auch Fort Lauderdale, wo der Klub **The Copa** der beliebteste Homosexuellen-Treff ist. In Tampa ist weniger los, in Ybor City dagegen gibt es zahlreiche gut etablierte Schwulenlokale, z. B. den beliebten Klub **Mecca**.

Weitere Informationen entnehmen Sie den *Out Pages*, einem hervorragenden Buch, in dem Schwulenlokale und -geschäfte in Florida aufgeführt sind. Ansonsten stehen Adressen auch in der Ausgabe Süd der *Gay Yellow Pages* sowie in manchen von der **Damron Company** veröffentlichten Büchern.

Buntes Treiben auf dem Fest Gay Pride in Fort Lauderdale

Auf einen Blick

Kartenvorverkauf

Central Florida
☎ *(407) 839-3900.*

Fort Lauderdale
☎ *(954) 523-3309.*

Fort Myers
☎ *(941) 334-3309.*

Miami
☎ *(305) 358-5885.*

North Florida
☎ *(904) 353-3309.*

St Petersburg
☎ *(813) 898-2100.*

Tampa
☎ *(813) 287-8844.*

West Palm Beach
☎ *(561) 966-3309.*

Veranstaltungen

Broward Center for the Performing Arts
201 SW Fifth Ave, Fort Lauderdale.
☎ *(954) 462-0222.*

Florida Citrus Bowl
1610 W Church St, Downtown Orlando.
☎ *(407) 849-2020.*

Gator Bowl
1 Gator Bowl Blvd, Jacksonville.
☎ *(904) 630-3900.*

Raymond F Kravis Center for the Performing Arts
701 Okeechobee Blvd, West Palm Beach.
☎ *(561) 832-7469.*

Tropicana Field
1 Tropicana Drive, St Petersburg.
☎ *(813) 825-3120.*

Tampa Bay Performing Arts Center
1010 N MacInnes Place, Tampa.
☎ *(800) 955-1045.*

Van Wezel Performing Arts Hall
777 N Tamiami Trail, Sarasota.
☎ *(941) 953-3366.*

Theater

Florida State University Center for the Performing Arts
5555 N Tamiami Trail, Sarasota.
☎ *(941) 351-8000.*

Players of Sarasota
838 N Tamiami Trail, Sarasota.
☎ *(941) 365-2494.*

Red Barn Theater
319 Duval St, Key West.
☎ *(305) 296-9911.*

Saenger Theater
118 S Palafox St, Pensacola.
☎ *(904) 444-7686.*

Klassische Musik, Oper und Ballett

Times-Union Center for the Performing Arts
300 W Water St, Jacksonville.
☎ *(904) 633-6110.*

Concert Association of Florida
555 17th St, Miami Beach.
☎ *(305) 532-3491.*

Florida Grand Opera
1200 Coral Way, Miami.
☎ *(305) 854-7890.*

Florida Philharmonic Orchestra
3401 NW 9th Ave, Fort Lauderdale.
☎ *(954) 561-2997.*

Gold Coast Opera
1000 Coconut Creek Blvd, Pompano Beach.
☎ *(954) 973-2323.*

Monticello Opera House
West Washington St, Monticello.
☎ *(904) 997-4242.*

Kino

Tampa Theatre
711 N Franklin St, Tampa.
☎ *(813) 274-8981.*

Dinnershows

Alhambra Dinner Theater
12000 Beach Blvd, Jacksonville.
☎ *(904) 641-1212.*

Mai Kai
3599 N Federal Highway, Fort Lauderdale.
☎ *(954) 563-3272 oder (800) 262-4524.*

Mystery Dinner Theater
25 Belleview Blvd, Clearwater.
☎ *(813) 584-3490.*

Livemusik und Nachtklubs

Baja Beach Club
3200 N Federal Highway, Fort Lauderdale.
☎ *(954) 561-2432.*

Coliseum Ballroom
535 4th Ave North, St Petersburg.
☎ *(813) 892-5202.*

Jazz Cellar
1311 E 9th Ave, Ybor City, Tampa.
☎ *(813) 248-1862.*

Ocean Opry Theater
8400 Front Beach Rd, Panama City Beach.
☎ *(904) 234-5464.*

Razzles
611 Seabreeze Blvd, Daytona Beach.
☎ *(904) 257-6236.*

T-Birds
9039 Southside Blvd, Jacksonville.
☎ *(904) 363-3399.*

Kreuz- und Bootsfahrten

Discovery Cruise Line
1850 Eller Drive, Port Everglades, Fort Lauderdale
☎ *(954) 525-7800.*

Europa SeaKruz
Miami Beach Marina, 1280 5th St, Miami Beach.
☎ *(800) 688-7529 für alle Kreuzfahrten.*

Rivership Romance
433 N Palmetto Ave, Sanford.
☎ *(407) 321-5091.*

Starlite Princess Cruises
3400 Pasadena Ave South, St Petersburg.
☎ *(813) 229-1200.*

Star of Palm Beach
900 E Blue Heron Blvd, Singer Island.
☎ *(561) 848-7827.*

Glücksspiel

Seminole Indian Casino
5223 N Orient Rd, I-4 Exit 5, Tampa.
☎ *(800) 282-7016.*

Seminole Indian Casino
506 South 1st St, Immokalee.
☎ *(800) 218-0007.*

Kinder-Unterhaltung

Orlando Arena
600 W Amelia St, Orlando.
☎ *(407) 849-2020.*

Sea World
7007 Sea World Drive, Orlando.
☎ *(407) 363-2613.*

Walt Disney World
Guest Letters Dept, PO Box 10040, Lake Buena Vista, FL 32830-0040.
☎ *(407) 824-4321.*

Schwule & Lesben

The Copa
624 SE 28th St, Fort Lauderdale.
☎ *(954) 463-1507.*

Damron Company
PO Box 422458, San Francisco, CA 94142.
☎ *(415) 255-0404.*

Mecca
2004 N 16th St, Ybor City, Tampa.
☎ *(813) 248-3053.*

Sport und Freizeit

DANK DEM MILDEM KLIMA kann man in Florida das ganze Jahr über vielen Sportarten und Outdoor-Aktivitäten nachgehen, was den Staat zu einem beliebten Urlaubsort für alle Sportbegeisterten macht: von Golfern und Tennisspielern über Kanufahrer bis zu Tiefseetauchern. Für alle Arten von Wassersport herrschen an den Stränden sowohl der Atlantik- als auch der Golfküste ideale Bedingungen. Florida wartet außerdem mit etwa vier Millionen Hektar an Naturschutzgebieten auf, die auf Schusters Rappen, hoch zu Roß, mit dem Fahrrad oder Boot erkundet werden können. Wer lieber nur mit den Augen aktiv ist, kann sich einer der vielen Zuschauersportarten widmen, die auf den Seiten 30f beschrieben sind.

Der Golfplatz in Boca Raton an der Gold Coast

INFORMATIONSQUELLEN

DIE ZWEI BESTEN Informationsquellen sind die **Florida Sports Foundation** und das **Department of Environmental Protection (DEP)**. Im *Florida Vacation Guide*, der bei den Fremdenverkehrsämtern Floridas im Ausland *(siehe S. 347)* erhältlich ist, sind nützliche Adressen aufgelistet. In den Touristenbüros Floridas erteilt man Auskunft über die betreuten Gebiete. Weitere Quellen sind bei den jeweiligen Sportarten angegeben.

GOLF

FLORIDA ist ein Golfparadies: Mit über 1100 öffentlichen und privaten Plätzen ist es Amerikas wichtigstes Urlaubsziel für Golfer. Palm Beach hat sich mit seinen 150 Plätzen zur »Golf-Hauptstadt der Welt« ausgerufen, obwohl Naples die höchste Konzentration an Plätzen aufweist.

Die meisten Plätze in Florida sind flach, doch es wurden leichte Erhebungen geschaffen. Viele der interessantesten Anlagen gehören zu den Urlaubshotels an der Küste, doch auch im Landesinneren treffen Sie auf Golfplätze, z. B. in Walt Disney World *(siehe S. 162)*. Etwa zwei Drittel aller Plätze in Florida sind für die Öffentlichkeit zugänglich.

Golf kann das ganze Jahr über gespielt werden. Wer im Sommer spielt, sollte früh am Morgen anfangen, um Gewittern am Spätnachmittag aus dem Weg zu gehen. Die Gebühren variieren von unter 20 bis über 75 Dollar pro Person, im Winter sind sie am höchsten.

Im Golfführer *Fairways in the Sunshine* der Florida Sports Foundation sind alle Golfplätze aufgeführt.

TENNIS

TENNIS ERFREUT SICH in Florida großer Beliebtheit. Viele Hotels verfügen über Plätze, und manche Ferienanlagen bieten Tennisunterricht an. Auskunft über Unterricht, Klubs und Turniere erteilt die **United States Tennis Association (Florida Section)**. Die berühmteste Tennisschule ist die **Nick Bollettieri Tennis Academy** *(siehe S. 253)*, die Wochen-Trainingsprogramme und Intensiv-Unterricht anbietet.

TAUCHEN UND SCHNORCHELN

HERRLICH IST ES, in Florida zu tauchen und zu schnorcheln. Das einzige lebende Korallenriff der USA verläuft an der Südostküste des Staates entlang der Keys. Hier herrscht eine wunderbare Vielfalt an Korallen und Fischen *(siehe S. 278f)*. Das Riff liegt fünf bis acht Kilometer vor der Küste und ist leicht zugänglich.

Die etwa 4000 Tauchplätze in Florida sind dank des Programmes »Künstliche Riffe« noch mehr geworden. In ganz Florida, von Panama City Beach bis Fort Lauderdale, wurde alles, vom Brückenbogen bis zum Frachter, genutzt, um neuen Lebensraum für Korallen und bunte Fische zu schaffen. In den Gewässern vor Palm Beach liegt zu diesem Zweck sogar ein Rolls Royce auf dem Meeresgrund. Gesunkene spanische Galeonen faszinieren vor allem in Südflorida die Taucher.

Wer keinen Tauchschein vorweisen kann, muß einen Kurs buchen. Anerkannte Kurse, in denen Anfänger in nur vier Tagen für 300 bis 400 Dollar das Tauchen lernen, werden überall angeboten.

Weitere Informationen entnehmen Sie dem *Florida Boating and Diving Guide* der Florida Sports Foundation, oder Sie rufen die **Florida Association of Dive Operators** an.

Schwimmen in den Wakulla Springs am Panhandle

Farbenfroher Bootsverleih auf dem Panhandle

Wassersport

Das Schwimmen ist den Bewohnern Floridas so vertraut wie das Atmen. Viele Hotels haben zwar Swimmingpools, aber das Baden im Meer oder in einem der vielen Seen, Quellen und Flüsse ist noch etwas anderes.

Der Atlantik bringt die besten Wellen, so daß an seiner Küste die einzigen Surfstrände von Florida liegen, etwa der Cocoa Beach *(siehe S. 181)*. Die sanfte Dünung des Golfs von Mexiko eignet sich für Kinder. Diese Strände im Westen sind wunderschön, mit strahlend weißem Sand auf dem Panhandle. Aufgrund der Küstenerosion sind die Strände im Südosten oft recht schmal, die Keys haben nur wenige Sandstrände zu bieten.

Manchmal sind die Strände nicht zugänglich: Viele gehören zu Parks, für die Eintritt bezahlt werden muß. Manche Hotels vermitteln gern den Eindruck, daß ihr Strand nur für ihre Gäste ist, doch sie dürfen anderen den Zugang nicht verweigern.

Viele Parks im Landesinneren umfassen klare Quellen, wie z. B. der Blue Spring State Park *(siehe S. 206)*, in denen man baden kann. Familienspaß versprechen auch die Wasserparks, die es überall in Florida gibt, mit ihren Rutschen und verschiedenen Becken.

Alle Arten von Wassersport, vom Windsurfen bis zum Wasserskilaufen, werden in den Urlaubsorten Floridas angeboten. Wasserski ist am Meer sowie an Süßwasserseen und Binnenwasserwegen möglich.

Fischen

In Floridas zahlreichen Seen und Flüssen wimmelt es geradezu von Fischen. Das Angeln ist für die Bewohner Floridas kein Sport, sondern es gehört vielmehr zu ihrem Lebensstil. Unzählige Gelegenheiten zum Fischen bieten sich sowohl an der Küste als auch im Landesinneren.

An der Atlantik- und Golfküste liegen viele Lieblingsplätze der Fischer. Das Angeln direkt vor dem Pier ist in vielen Küstenorten beliebt, aber auch für Sportfischer gibt es verschiedene Angebote.

Emblem der Flotte von Destin

In vielen Urlaubsorten an der Küste kann man Hochseefischerboote chartern. Die größten Fischereiflotten befinden sich auf dem Panhandle, insbesondere um Fort Walton Beach und Destin, sowie in den Keys. Aufgrund des nahen Golfstroms tummelt sich in den Gewässern vor den Keys die größte Fischvielfalt *(siehe S. 281)*. Wer seinen Fisch mit nach Hause nehmen möchte, läßt ihn von einem Präparator konservieren. Umweltbewußtere Angler lassen sich jedoch ein Modell ihres Fanges anfertigen. In Angelgeschäften erhalten Sie die Adressen der Präparatoren, oder Sie wenden sich an die **Florida State Taxidermy Association**.

Süßwasserfische gehen Ihnen in den zahlreichen Seen, Flüssen und Kanälen an die Angel. An größeren Flüssen wie dem St Johns sowie in anderen beliebten Fischgebieten wie am Lake Okeechobee *(siehe S. 124)* stehen Bootsverleiher und Anglerführer zu Ihrer Verfügung. In ländlichen Gegenden bieten Camps einfache Unterkünfte, manche sind jedoch nur im Sommer geöffnet.

Einen Angelschein zum Preis von zwölf bis 30 Dollar benötigt man für das Angeln sowohl in Süß- als auch in Salzwasser. Das über die **Florida Game and Fresh Water Fish Commission** erhältliche *Fishing Handbook* informiert über Fischgewässer und die Vergabe von Angelscheinen. Weiterhin enthält es Detailinformationen über Floridas Angelturniere, von denen das Destin's Fishing Rodeo *(siehe S. 34)* eines der bekanntesten ist.

Weitere Informationen über das Angeln erhalten Sie beim Department of Environmental Protection, das eine Broschüre herausgibt, die vor allem für Salzwasser-Fischer gedachten *Fishing Lines*.

Pelikane beim Beobachten ihrer Konkurrenten auf Cedar Key

Der Intracoastal Waterway bei Boca Raton an der Gold Coast

Bootstouren

Auf Floridas Gewässern entdeckt man die unterschiedlichsten Wasserfahrzeuge, von der modernsten Jacht bis zum Holzkahn. Mit einer Küstenlinie von 12 870 Kilometern Länge und einer Binnenwasserfläche von 11 655 Quadratkilometern ist der Staat ein Paradies für Bootsfahrer. Für viele Einheimische ist ein Boot genauso selbstverständlich wie ein Auto. In Florida sind 700 000 Boote registriert, wozu noch die 300 000 kommen, die Urlauber jedes Jahr mitbringen.

Der Intracoastal Waterway, der sich über 800 Kilometer an der Ostküste bis zu den Keys *(siehe S. 20f)* erstreckt, erfreut sich größter Beliebtheit. Oft durch Inseln vor dem Atlantik geschützt, verbindet dieser Wasserweg Flüsse, Bäche und Kanäle. Obwohl die Westküste offen ist, interessiert das Gebiet die Bootsfahrer am meisten, wo sich der Intracoastal Waterway zwischen den Inseln der Lee Island Coast *(siehe S. 265f)* fortsetzt.

Auf dem 217 Kilometer langen Okeechobee Waterway, der quer durch Florida verläuft, ist im Sommer viel los. Er führt von Stuart den St Lucie Canal entlang über den Lake Okeechobee und dann weiter über den Caloosahatchee River zur Sanibel Island.

Diese Binnenwasserwege eignen sich – wie viele der 166 Flüsse Floridas – für kleine Schiffe oder Hausboote. Letztere entpuppen sich häufig als schwimmende Apartments mit Klimaanlage, Mikrowelle und Fernseher. Hausboote gibt es in verschiedenen Häfen zu mieten, z. B. in Sanford am St Johns River *(siehe S. 206)*, während kleinere Boote in vielen Fischer-Camps und Häfen aufzutreiben sind.

Florida hat unglaubliche 1250 Bootshäfen aufzuweisen. An der Küste verfügen sie normalerweise über hervorragende Anlagen sowie Unterkünfte und Bootsverleihe. Die Binnenhäfen sind meist einfacher. *Florida Boating and Diving* heißt die Broschüre der **Florida Sports Foundation**, in der die meisten Häfen mit ihren Anlagen aufgelistet sind.

Erkundung des Hinterlandes

Floridas Schutzgebiete umfassen belebte Strände sowie wildere Gegenden wie die Everglades. In den meisten Parks gibt es ein Besucherzentrum, wo Karten und Prospekte erhältlich sind. Wenn die sommerlichen Regenfälle und Moskitoepidemien vorüber sind, beginnt die richtige Zeit für eine Erkundung der Parks.

Über 110 Gebiete sind staatlich geschützt und in State Parks, State Recreation Areas und State Preserves eingeteilt. Für alle wird eine Eintrittsgebühr erhoben, die Öffnungszeiten sind meist täglich von 8 Uhr bis Sonnenuntergang. Das Department of Environmental Protection (DEP) gibt einen Führer mit dem Titel *Florida State Parks* heraus.

Informationen über die Nationalparks erhalten Sie beim **National Park Service** in Georgia. Viele andere Parks sind privat, auch die von der **Florida Audubon Society** verwalteten Schutzgebiete, in denen es vor allem Vögel zu entdecken gibt. Der Führer *Florida Trails* des Fremdenverkehrsamts *(siehe S. 347)* enthält eine Liste aller Privat-, Staats- und Nationalparks. Im Rahmen des Florida Rails-to-Trails Programms wurden alte Bahngleise in Wege umgestaltet, auf denen man herrlich wandern, radfahren und reiten kann. Zu den besten gehören der Tallahassee–St Marks Historic Railroad State Trail südlich von Tallahassee und der Gainesville–Hawthorne State Trail *(siehe S. 209)* im Nordosten. Informationen gibt es beim Office of Greenways and Trails des DEP.

Abenteuertouren werden von wenigen Reiseveranstaltern angeboten, z. B. von den **Florida Outback Safaris**, die Reisen durch den ganzen Staat, auch in die Everglades und die Keys, im Programm haben.

Schild des Florida State Park

Besucher im Everglades National Park

Radfahren

Ob auf Straßen oder Wegen – in Florida bieten sich viele Möglichkeiten zum Radfahren, was aufgrund der flachen Landschaft auch gar nicht anstrengend ist. Der leicht hügelige Panhandle ist die interessanteste Gegend, und auch der Nordosten weist beispielsweise in der Paynes Prairie *(siehe S. 209)* gute Wege auf.

Wer kein eigenes Rad mitbringt, kann meist vor Ort eines leihen. Allgemeine Informationen für Radfahrer erteilt das **State Bicycle Office** oder das Department of Environmental Protection.

Kanufahrt im Blackwater River State Park

Wandern

Florida ist auf den ersten Blick kein ideales Wandergebiet, aber die Vielfalt an Lebensräumen macht die flache Landschaft wieder wett.

Durch die meisten Staatsparks führen Wanderwege. Außerdem ist der National Scenic Trail geplant, ein Weg, der im Big Cypress National Preserve *(siehe S. 270)* in Südflorida beginnen und bei Pensacola enden soll. Bis jetzt sind bereits 880 der 2080 Kilometer langen Route fertiggestellt.

Die **Florida Trail Association** erteilt Auskunft über Wanderwege.

Kanu fahren

Zum Kanu fahren besteht ebenfalls vielerorts Gelegenheit. Das Florida Canoe Trail System umfaßt 36 Routen, die insgesamt 1520 Kilometer lang sind. Mehrere Parks sind für ihre Kanuwege bekannt, von denen der 160 Kilometer lange Wilderness Waterway im Everglades National Park *(siehe S. 272ff)* der berühmteste ist. Einige der besten Flüsse, wie der Blackwater River *(siehe S. 220)*, fließen durch den Norden, aber auch der Hillsborough River an der Gulf Coast *(siehe S. 249)* ist recht beliebt. Prüfen Sie immer den Wasserstand, bevor Sie losfahren. Sowohl ein niedriger als auch ein hoher Stand birgt Gefahren.

Auf Erkundungstour bei Ocala hoch zu Roß

Reiten

Der Ocala National Forest im Nordosten *(siehe S. 207)* bietet 160 Kilometer Wege, die alle zum Reiten geeignet sind. Weiterhin gibt es 15 State Parks mit Reitwegen, darunter den Myakka River *(siehe S. 260)*, den Jonathan Dickinson *(siehe S. 113)* und den Florida Caverns State Park *(siehe S. 225)*.

Informativ ist das *Florida Horse Trail Directory* des **Department of Agriculture and Consumer Services**, aber auch das Department of Environmental Protection erteilt Auskunft.

Auf einen Blick

Informationsquellen

Department of Environmental Protection (DEP)
3900 Commonwealth Blvd, Tallahassee, FL 32399.
(850) 488-3701.

Florida Sports Foundation
2964 Wellington Circle N, Tallahassee, FL 32308.
(850) 488-8347.

Tennis

Nick Bollettieri Tennis Academy
5500 34th St West, Bradenton, FL 34210.
(941) 755-1000.

United States Tennis Association (Florida Section)
1280 SW 36th Ave, Pompano Beach, FL 33069.
(954) 968-3434.

Tauchen und Schnorcheln

Florida Association of Dive Operators
PO Box 12393, Tallahassee, FL 32317.
(850) 552-1063.

Fischen

Florida Game and Fresh Water Fish Commission
620 S Meridian St, Tallahassee, FL 32399.
(850) 488-6411.

Florida State Taxidermy Association
Box 7995, Starke, FL 32091.
(904) 964-3337.

Erkundung des Hinterlandes

Florida Audubon Society
1331 Palmetto, Suite 110, Winter Park, FL 32789.
(407) 539-5700.

Florida Outback Safaris
17490 SW 58th St, Fort Lauderdale, FL 33331.
(954) 680-4009.

National Park Service (Southeast)
100 Alabama St SW, Atlanta, GA 30303.
(404) 562-3123.

Radfahren

State Bicycle Office
Dept of Transportation, 605 Suwannee St, Tallahassee, FL 32399.
(850) 487-1200.

Wandern

Florida Trail Association
PO Box 13708, Gainesville, FL 32604.
(352) 378-8823 oder (800) 343-1882.

Reiten

Department of Agriculture and Consumer Services
Room 416, Mayo Building, Tallahassee, FL 32399.
(850) 488-5100.

NO LIFE
GUARD
ON
DUTY

Grund-
Informationen

Praktische Hinweise

Mit mehr als 40 Millionen Besuchern im Jahr ist Florida hervorragend auf die Bedürfnisse von Touristen eingestellt. Der Staat ist ein ideales Familienurlaubsziel. Auf die Unterhaltung von Kindern wird großen Wert gelegt, und der ungezwungene Lebensstil der Einheimischen sowie die hervorragenden Einrichtungen machen eine Reise mit Kindern durch Florida zum reinsten Vergnügen. Aufgrund des warmen Klimas fahren viele im Winter nach Florida. Hochsaison ist von Dezember bis April, wenn die Flüge und Hotels am teuersten und die Strände und Attraktionen am überfülltesten sind. Wer Walt Disney World oder eine andere Sehenswürdigkeit besichtigen will, muß während der Ferien immer auf lange Wartezeiten gefaßt sein.

Staatssiegel von Florida

Touristeninformation in Kissimmee

Visa

Deutsche, österreichische und Schweizer Staatsbürger benötigen für einen Aufenthalt von bis zu 90 Tagen kein Visum. Bei der Einreise muß jedoch ihr Reisepaß noch mindestens sechs Monate gültig sein, außerdem müssen sie ein Rückflugticket vorweisen können.

Die US-Einwanderungsbeamten sind für ihre Strenge bekannt. Bei der Einreise in die USA ist es sehr wahrscheinlich, daß Sie beweisen müssen, ob Sie auch genügend Geldmittel haben, um Ihren Aufenthalt zu bestreiten.

Zoll

Besucher über 21 Jahre dürfen zollfrei in die USA einführen: 1 Liter Alkohol, Geschenke im Wert bis 100 Dollar und 200 Zigaretten, 100 Zigarren (soweit sie nicht in Kuba hergestellt sind) oder 1,4 Kilogramm Tabak. Die Einfuhr von Käse, frischem Obst, Fleischprodukten und – natürlich – illegalen Drogen ist verboten.

Touristeninformation

Die meisten Großstädte in Florida verfügen über ein Convention and Visitors' Bureau (CVB), wo Sie eine verblüffende Auswahl an kostenlosen Broschüren erwartet. In kleineren Städten suchen Sie am besten die Handelskammer (Chamber of Commerce) auf, obwohl die häufig nur begrenzt helfen kann, da sie hauptsächlich auf Geschäftsleute eingestellt ist.

Fordern Sie bei der Florida Tourism Corporation oder dem Fremdenverkehrsamt Florida in Frankfurt *(siehe S. 347)* Urlaubsinformationen an, bevor Sie die Reise antreten. Sie enthalten unter anderem eine Liste aller Touristenbüros in Florida, die Sie dann direkt kontaktieren können.

Eintrittspreise

Für die meisten Museen, Parks und anderen Sehenswürdigkeiten ist eine Eintrittsgebühr zu entrichten, die recht unterschiedlich ausfallen kann: Der Eintritt für ein kleines Museum liegt bei etwa 2 Dollar, während ein Tagespaß für Walt Disney World's Magic Kingdom 40 Dollar kostet.

Kinder, Studenten sowie Senioren erhalten häufig eine Ermäßigung, außerdem können alle die Gutscheine in den Broschüren der Touristenbüros benutzen. Sie werden auf den Eintritt angerechnet oder können in Restaurants eingelöst werden. Mit Gutscheinen des Informationszentrums am International Drive nahe Orlando *(siehe S. 176)* können Sie Hunderte von Dollar sparen.

Öffnungszeiten

Manche Sehenswürdigkeiten sind einen Tag pro Woche geschlossen, meist montags. Die Staatsparks sind gewöhnlich täglich von Sonnenauf- bis Sonnenuntergang geöffnet. Vergnügungsparks haben in der Hochsaison längere Öffnungszeiten. Die meisten Attraktionen haben an folgenden Feiertagen geschlossen: Neujahr, Thanksgiving und Weihnachten *(siehe S. 35)*.

Mit Kindern unterwegs

In den meisten Vergnügungsparks können Sie Buggys (*strollers* auf amerikanisch) ausleihen, Autovermietungen sind verpflichtet, Kindersitze zur Verfügung zu stellen, und

Eine Fahrt im Delphin in Sea World

viele Restaurants bieten Speisekarten für Kinder *(siehe S. 313)*. In Flugzeugen, Bussen und Zügen zahlen Kinder unter zwölf Jahren nur die Hälfte, und noch weniger, wenn sie noch ganz klein sind.

Ihre Hauptsorge sollte dem Sonnenschutz gelten. Schon nach kurzer Zeit in der Mittagssonne ist die Haut kleiner Kinder verbrannt. Tragen Sie Sunblocker auf, und setzen Sie ihnen Sonnenhüte auf.

Floridas Vergnügungsparks sind riesig, deshalb sollten Sie sich auf einen Treffpunkt einigen, für den Fall, daß jemand verlorengeht. In den meisten Parks gibt es sogar eine »lost kids area«, wo verlorengegange Kinder abgeholt werden können.

Informationen über Hoteleinrichtungen für Kinder erhalten Sie auf Seite 295, über Kinderunterhaltung lesen Sie auf Seite 338.

Senioren

Florida ist ein Paradies für Senioren. Alle über 65 Jahre (mancherorts sogar darunter) haben Anspruch auf alle möglichen Ermäßigungen – bei Sehenswürdigkeiten, in Hotels, Restaurants und auch in öffentlichen Verkehrsmitteln.

Umgangsformen

In Florida kleidet man sich lässig. Shorts und T-Shirt sind in den meisten Strandbars akzeptabel. Am Strand ist es Frauen nicht erlaubt, oben ohne zu gehen, mit Ausnahme weniger Plätze wie z. B. Miamis South Beach. Das Trinken von Alkohol am Strand oder an anderen öffentlichen Plätzen ist ebenfalls verboten.

In Bussen, Zügen, Taxis und den meisten öffentlichen Gebäuden darf nicht geraucht werden. In Restaurants und Cafés gibt es meist separate Zonen für Raucher.

In Restaurants sollten Sie ein Trinkgeld in Höhe von 15 bis 20 Prozent des Rechnungsbetrages geben. Taxifahrer erwarten ein ähnliches Trinkgeld. Träger in Hotels erhalten meist einen Dollar pro Gepäckstück.

Behinderte Reisende

Laut Gesetz müssen alle öffentlichen Gebäude für Menschen in Rollstühlen zugänglich sein. In diesem Führer ist angegeben, ob eine Sehenswürdigkeit für Rollstuhlfahrer zugänglich ist oder nicht. Dennoch empfiehlt es sich, sich vor einem Besuch noch telefonisch nach Einzelheiten zu erkundigen. In Naturreservaten kann es beispielsweise sein, daß manche Gebiete mit dem Rollstuhl erreichbar sind, während andere außer Reichweite bleiben.

Zugänglich für Rollstuhlfahrer

Einige Autovermietungen verfügen über behindertengerechte Wagen, und manche Busse können auch mit Rollstuhl bestiegen werden. Amtrak und Greyhound bieten Ermäßigungen für behinderte Reisende.

Mobility International erteilt Behinderten allgemeine Informationen. Die Florida Tourism Corporation gibt ein nützliches Servicebuch heraus, und sogar Walt Disney World verfügt über einen eigenen Führer.

Stromadapter

Um das amerikanische 110–120-Volt-Wechselstrom-System benutzen zu können, brauchen Sie einen Spannungsumformer und einen Adapter. Viele Hotels bieten jedoch Stecker, mit denen sowohl 110-Volt- als auch 120 Volt-Rasierapparate betrieben werden können.

Auf einen Blick

Konsulate

Deutschland
100 North Biscayne Blvd., Suite 2200, Miami, FL 33132.
(305) 358-0290.

Österreich
3524 International Court NW, Washington, DC 20008.
(202) 895-6700.

Schweiz
7319 SW 97th Avenue, Miami, FL 33173.
(305) 274-4210.

Touristen-Information

Deutschland
Fremdenverkehrsamt Florida (zuständig auch für Österreich und die Schweiz)
Schillerstraße 10
60313 Frankfurt/Main
069/131 07 31
Fax: *069/131 06 47*
Schriftliche Anfragen erbeten.

Florida
PO Box 1100,
Tallahassee, FL 32302-1100.
(904) 487-1462.

Andere Adressen

Mobility International
PO Box 10767,
Eugene, OR 97440.
(541) 343-1284.

Zwanglos gekleidete Gäste an der Bar des Columbia Restaurant in Tampa

Sicherheit und Notfälle

Die Berichterstattung über Angriffe auf Touristen Anfang der 90er Jahre wurde von den Behörden Floridas als übertrieben bezeichnet, und zwar aufgrund der im Verhältnis zu den vielen Besuchern kleinen Anzahl von Überfällen. Gleichwohl reagierte die Polizei schnell mit zusätzlichen Sicherheitsmaßnahmen für Besucher. Seitdem ist die Kriminalität Touristen gegenüber zurückgegangen. In städtischen Gebieten, vor allem in Miami und beim Autofahren, ist jedoch Vorsicht geboten.

Gesetzeshüter

Das Gesetz wird von drei Einheiten vollstreckt: der Stadtpolizei, den für die ländlichen Gebiete zuständigen Sheriffs sowie der Florida Highway Patrol, die Autounfälle und Delikte außerhalb der Städte bearbeitet. Größere Touristenzentren sind polizeilich gut überwacht, und Miami und Orlando haben erst kürzlich die Tourist Oriented Police (TOP) ins Leben gerufen.

In der Bemühung, Touristen sowohl anzuziehen als auch zu schützen, verhalten sich die Polizeibeamten Besuchern gegenüber sehr freundlich und hilfsbereit.

Sicherheitsrichtlinien

In den meisten Großstädten Floridas gibt es Viertel, die Sie nicht betreten sollten. Das Personal des Touristenbüros oder des Hotels wird Sie darüber aufklären. Beachten Sie, daß die Innenstädte in erster Linie als Geschäftsviertel dienen, die nachts wie ausgestorben und nicht immer sicher sind. Fahren Sie auf jeden Fall lieber mit dem Taxi, als daß Sie zu Fuß gehen.

Diebstähle in Hotels sind nicht selten. Lassen Sie Ihren wertvollsten Schmuck zu Hause, und verschließen Sie andere Wertsachen im Safe Ihres Zimmers oder geben Sie sie an der Rezeption ab.

Wenn Sie ausgehen, nehmen Sie so wenig Geld wie möglich mit, tragen Sie Ihren Reisepaß getrennt von Ihren Schecks und lassen Sie Ihren Zimmerschlüssel an der Rezeption. Wer wirklich überfallen wird, sollte keinen Widerstand leisten.

Sicher in Miami

Miami hat eine der höchsten Kriminalitätsraten in den USA, auch wenn Touristen selten Opfer sind. In manche Viertel sollten Sie keinesfalls Ihren Fuß setzen. Dazu gehören Liberty City und Overtown, die beide zwischen dem Flughafen und Downtown liegen. Weiter nördlich bieten sich Little Haiti und Opa-Locka zwar für einen Besuch an, sollten aber mit Vorsicht genossen werden *(siehe S. 87ff)*. Vermeiden Sie alle in der Nacht verlassenen Stadtgebiete wie z. B. Downtown. Belebte Vergnügungsviertel wie Coconut Grove und South Beach sind nach Einbruch der Dunkelheit am sichersten, aber selbst hier sollten Sie ruhige Nebenstraßen (südlich der 5th Street in South Beach) meiden. Nehmen Sie zu jeder Tageszeit einen guten Stadtplan mit.

Neben den regulären Polizeistreifen fährt die Tourist Oriented Police von Miami Extra-Patrouillen in der Gegend um den Flughafen, insbesondere um Autovermietungen, deren Personal den Autofahrern die sicherste Strecke in die Stadt weisen kann und sie außerdem mit einem Stadtplan versorgt. Auf Seite 358 finden Sie Sicherheitstips für Autofahrer.

Im Notfall wählen Sie die 911, oder Sie kontaktieren die **Metro-Dade Police Information**, falls Sie nicht sofortige Hilfe brauchen.

Polizisten auf Patrouille in St Augustine

Diebstahl

Auch wenn die Chance, gestohlenes Eigentum wiederzuerhalten, sehr gering ist, sollten Sie Anzeige erstatten. Bewahren Sie die Kopie der Anzeige sorgfältig auf, falls Sie den Fall Ihrer Versicherung melden wollen.

Ihrer Kreditkartengesellschaft können Sie den Verlust Ihrer Karte telefonisch melden. Dasselbe gilt für verlorene oder gestohlene Reiseschecks von Thomas Cook oder American Express. Wenn Sie Ihren Reisepaß verlieren, müssen Sie sofort die Botschaft oder das Konsulat Ihres Landes kontaktieren *(siehe S. 347)*.

Reiseversicherung

Eine Reiseversicherung mit einer Deckungssumme in Höhe von mindestens einer Million Dollar ist insbesondere wegen der teuren medizinischen Versorgung empfehlenswert, Die Preise sind abhängig von der Länge Ihres Aufenthaltes. Achten Sie darauf, daß auch bei Unfalltod, Reiserücktritt sowie Gepäck- und Reisepaßverlust gehaftet wird. Ihre Versicherung oder Ihr Reisebüro können Ihnen eine Versicherung empfehlen.

County-Sheriff in dunkler Uniform mit seinem Streifenwagen

Notarztwagen

Feuerwehrwagen

Medizinische Versorgung

In den Grossstädten und manchen Kleinstädten Floridas gibt es rund um die Uhr geöffnete Kliniken und Zahnkliniken. Mit einem weniger schlimmen Leiden können Sie in einer Apotheke Rat suchen, von denen viele ebenfalls lange oder sogar rund um die Uhr geöffnet haben.

Bei einem Unfall oder einer schweren Krankheit können Sie sich auf eine hervorragende Versorgung in einem Krankenhaus verlassen. Ihre Versicherungspapiere sollten Sie immer bei sich tragen. Umsonst gibt es nichts: Ein einfacher Arztbesuch kostet bereits um die 50 Dollar. In Krankenhäusern werden die meisten Kreditkarten akzeptiert, aber Ärzte und Zahnärzte werden lieber bar bezahlt. Wer nicht versichert ist, muß meist im voraus bezahlen.

Wer verschreibungspflichtige Medikamente einnehmen muß, sollte sich für alle Fälle zu Hause eindecken.

Naturgefahren

Hurrikane sind selten, aber zerstörerisch *(siehe S. 24 f)*. Falls es wirklich während Ihres Aufenthaltes dazu kommen sollte, befolgen Sie die Anweisungen im Fernsehen und Rundfunk. Das **National Hurricane Center** in Miami gibt über bevorstehende Hurrikane Auskunft, im Bedarfsfall wird auch eine Hurricane Hotline eingerichtet.

Gefährlich für Besucher ist in Florida die Sonne. Benutzen Sie Sonnencremes mit hohem Lichtschutzfaktor, und tragen Sie einen Hut; achten Sie vor allem auch auf Ihre Kinder. Die Hitze kann genauso problematisch sein wie die Sonne: Trinken Sie daher viel.

Florida ist zwar für seine von Menschenhand geschaffenen Attraktionen bekannt, aber es gibt Gegenden, in denen die Natur noch dominiert. Die Everglades bergen zwar die meisten Gefahren, aber Sie sollten auf all Ihren Wegen Vorsicht walten lassen. Alligatoren sind ein spannender Anblick, aber sie können töten und tun es auch – halten Sie also gebührenden Abstand. In Florida sind auch mehrere Giftschlangen beheimatet, unter anderem die Wassermokassin, deren Biß tödlich sein kann. Berühren Sie auch keine unbekannten Pflanzen. Im Spanischen Moos beispielsweise, das von vielen Bäumen herunterhängt, lebt die rote Milbe, die eine unangenehme Hautreizung auslösen kann.

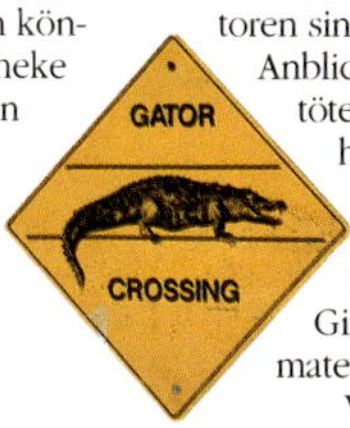

Straßenschild, das auf Alligatoren hinweist

Beißende und stechende Insekten, vor allem Moskitos, stellen zwischen Juni und November eine echte Plage dar, insbesondere in der Nähe von Süßwasser. Besuchen Sie keinen Park ohne Insektenschutzmittel.

Floridas Strände werden üblicherweise von Rettungsschwimmern überwacht, achten Sie aber trotzdem auf kleine Kinder.

Rettungsschwimmerin über einem Strand am Panhandle

Im Notfall

Polizei, Notarzt und Feuerwehr erreichen Sie unter der Nummer 911. Auf Schnellstraßen befinden sich in Abständen von etwa einem Kilometer Notrufsäulen. Wenn Sie auf der Straße ausgeraubt werden, gehen Sie direkt zur nächsten Polizeistation.

Wer schnell Bargeld benötigt, kann sich den gewünschten Betrag von zu Hause auf eine bestimmte Bank in Florida überweisen lassen. Oder Sie nehmen **Moneygram** in Anspruch, den touristenfreundlichen Service von American Express.

Auf einen Blick

Verlust von Kreditkarten und Reiseschecks

American Express
☎ *(800) 528-4800 (Karten).*
☎ *(800) 221-7282 (Schecks).*

Diners Club
☎ *(800) 234-6377.*

MasterCard
☎ *(800) 826-2181.*

Thomas Cook
☎ *(800) 223-7373 (Schecks).*

VISA
☎ *(800) 336-8472.*

Weitere Notrufnummern

Alle Notfälle
☎ *911 für Polizei, Feuerwehr und Notarzt.*

Metro-Dade Police Information
☎ *(305) 595-6263.*

Moneygram
☎ *(800) 926-9400.*

National Hurricane Center
☎ *(305) 229-4483 Einzelheiten über Hurrikane auf Band.*

Währung und Geldwechsel

In Anbetracht des Status des Dollars in der Welt verwundert es nicht, daß man in den USA beim Geldwechsel nicht sehr auf die Bedürfnisse ausländischer Besucher eingeht. Ausländische Währung kann man an wenigen Plätzen umtauschen, und die Kurse sind meist ungünstiger als zu Hause. Am besten macht man sich mit Dollar-Reiseschecks sowie einer oder zwei Kreditkarten auf die Reise.

Banken

Banken haben im allgemeinen wochentags von 9 bis 15 oder 16 Uhr geöffnet, manche etwas länger. Die **Barnett Bank**, eine der größten Banken Floridas, wechselt in allen Filialen jede ausländische Währung. Die weiteren Großbanken, Sun Bank, First Union National Bank und NationsBank of Florida, verfügen alle über Filialen im ganzen Staat.

Reiseschecks

Reiseschecks sind sowohl leicht zu handhaben als auch sicher, da verlorene oder gestohlene Schecks erstattet werden. In vielen Fällen können Sie sie wie Bargeld benutzen. Dollar-Reiseschecks werden in Läden, Restaurants und Hotels akzeptiert. Am verbreitetsten sind die Schecks von **American Express** und **Thomas Cook**. Das Wechselgeld erhalten Sie dann bar zurück. Vergewissern Sie sich, daß genug Wechselgeld in der Kasse ist, bevor Sie Ihren Scheck gegenzeichnen.

In Bargeld umtauschen können Sie Ihre Reiseschecks in einer Bank oder Wechselstube. Fragen Sie nach der Höhe der Gebühren, bevor Sie wechseln. Die niedrigsten Gebühren werden in großen Stadtbanken sowie privaten Wechselstuben berechnet. Letztere sind zwar selten, aber sowohl American Express als auch Thomas Cook haben eine Filiale in Miami und Orlando sowie in verschiedenen anderen Städten in Florida.

Reiseschecks in anderen Währungen werden in Geschäften nicht akzeptiert und nur in wenigen Banken und Hotels umgetauscht. Euroschecks werden in Florida nicht angenommen.

Bargeldautomaten

In den Vorhallen oder Außenmauern der meisten Banken Floridas befinden sich ATMs (Automatic Teller Machines). Diese Automaten ermöglichen es Ihnen, US-Währung – meist 20-Dollar-Scheine – von Ihrer Bank oder Ihrem Kreditkartenkonto zu Hause abzuheben.

Fragen Sie Ihre Bank, bevor Sie die Reise antreten, welche amerikanischen ATM-Systeme und Banken Ihre Bankkarte akzeptieren. Fragen Sie auch nach den Kosten jeder Transaktion, und rufen Sie sich Ihre Geheimnummer ins Gedächtnis. Die größten ATM-Systeme heißen **Plus** und **Cirrus**, die sowohl VISA und MasterCard als auch verschiedene US-Bankkarten akzeptieren.

Diese Bargeldautomaten machen es zwar möglich, rund um die Uhr an Bargeld heranzukommen, doch sollten Sie in verlassenen Gegenden wachsam sein. Zu Überfällen kommt es immer wieder.

Bargeldautomat

Eine der vielen Drive-in-Banken Floridas

Kreditkarten

Kreditkarten gehören so stark zum Alltagsleben in Florida wie in den restlichen USA, daß sich jeder, der keine hat, wie ein Außenseiter vorkommt. Die verbreitetsten Karten sind VISA, American Express, MasterCard, Diners Club und Japanese Credit Bureau.

Mit einer Kreditkarte vermeiden Sie das Herumtragen großer Bargeldsummen und können von Eintrittsgebühren bis Hotelrechnungen alles bezahlen. Autovermietungen dient Ihre Kreditkarte als Sicherheit, die einzige Alternative ist oft eine saftige Bargeldkaution. Manche Hotels machen es genauso: Für nur eine Nacht belasten sie Ihr Konto mit einer Summe von 200 bis 300 Dollar. Die sollte Ihnen sofort wieder gutgeschrieben werden, sobald Sie das Hotel verlassen. Manchmal ist es sinnvoll, daran zu erinnern; jede Verzögerung kann dazu führen, daß Sie weniger Kredit auf Ihrer Karte haben, als Sie annehmen.

Kreditkarten erweisen sich auch in Notfällen als nützlich: Krankenhäuser akzeptieren die meisten bekannten Karten. Mit MasterCard und VISA können Sie in manchen Banken sowie von ATMs auch Bargeld abheben.

Münzen

Amerikanische Münzen gibt es zu 1, 5, 10 und 25 Cent. Selten sind 50-Cent- und 1-Dollar-Münzen. Jede Münze trägt einen eigenen Namen: Die kupfernen 1-Cent-Münzen heißen pennies, *die 5-Cent-Stücke* nickels, *die 10-Cent-Münzen* dimes *und die 25-Cent-Stücke* quarters. Two bits *meint ebenfalls ein 25-Cent-Stück.*

25-Cent-Münze *(quarter)*

10-Cent-Münze *(dime)*

5-Cent-Münze *(nickel)*

1-Cent-Münze *(penny)*

Auf einen Blick

Barnett Bank
(800) 553-9026.

American Express
330 Biscayne Blvd, Miami.
(305) 358-7350.
SunTrust Center, 2 W Church St, Orlando.
(407) 843-0004.

Thomas Cook
80 N Biscayne Blvd, Miami.
(305) 381-9260.
55 W Church St, Orlando.
(407) 481-8238.

Cirrus
(800) 424-7787.

Plus
(800) 843-7587.

Banknoten

Ein Dollar, in der Umgangssprache ein buck, *besteht aus 100 Cent. Dollarscheine, sogenannte* bills, *gibt es zu 1, 2, 5, 10, 20, 50 und 100 Dollar; 2-Dollar-Scheine sind kaum in Umlauf. Es ist gut, immer ein paar kleine Scheine für Trinkgeld und Münzen für Telefon und Parkuhren bei sich zu haben. Auf den ersten Blick sehen sich die Geldscheine sehr ähnlich, schauen Sie deshalb genau hin.*

Der amerikanische Adler auf einem 1-Dollar-Schein

1-Dollar-Schein ($1)

5-Dollar-Schein ($5)

20-Dollar-Schein ($20)

50-Dollar-Schein ($50)

100-Dollar-Schein ($100)

Kommunikation

Briefmarke

Mit Menschen innerhalb und außerhalb Floridas zu kommunizieren, sei es postalisch oder telefonisch, ist nur selten ein Problem – wenn auch niemand behauptet, daß die amerikanische Post die schnellste der Welt sei. Im Bereich des Fernsprechdienstes herrscht ein starker Wettbewerb. Southern Bell beispielsweise betreibt die Mehrheit der öffentlichen Telefone, doch da es noch mehrere Anbieter gibt, lohnt es sich oft, sich nach den Preisen zu erkundigen. Geld spart man vor allem, wenn man nicht direkt vom Hotelzimmer aus telefoniert, denn die meisten Hotels berechnen horrende Gebühren für jede Einheit.

Benutzung eines Münztelefons

1 Heben Sie ab, und warten Sie auf den Wählton.

3 Wählen Sie.

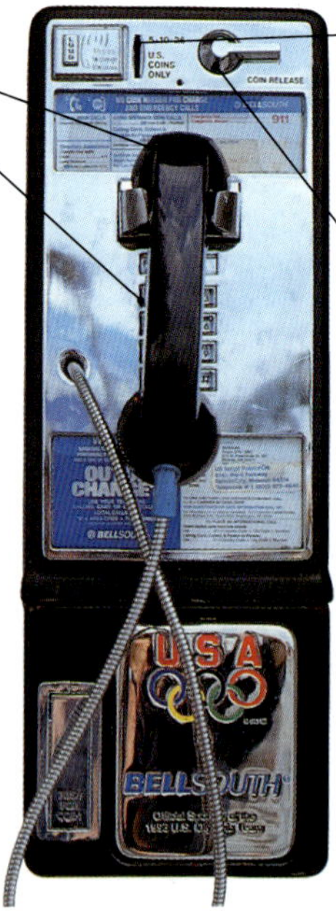

2 Werfen Sie die richtigen Münzen ein.

4 Wenn Sie doch nicht telefonieren wollen oder die Verbindung nicht zustande kommt, können Sie hier drücken, um Ihr Geld zurückzuerhalten.

5 Wenn die Verbindung hergestellt wurde und Sie länger sprechen, als die Münzen reichen, werden Sie vom Operator unterbrochen und aufgefordert, Münzen nachzuwerfen. Restgeld wird nicht gegeben.

Münzen
Diese Münzen werden akzeptiert.

5 Cents

10 Cents

25 Cents

Richtig wählen

- Direktruf in ein anderes Vorwahlgebiet: Wählen Sie die **1**, dann die Vorwahl und die 7stellige Nummer. Für manche »zone calls« (Gespräche innerhalb desselben Vorwahlgebietes) müssen Sie ebenfalls vorher eine **1** wählen.
- Internationaler Direktruf: Wählen Sie **011**, die Landesvorwahl (Deutschland **49**, Österreich **43**, Schweiz **41**), anschließend die Ortsvorwahl (ohne die erste **0**) und die Nummer.
- Operator für Auslandsgespräche: Wählen Sie **01**.
- Auslandsauskunft: Wählen Sie **00**.
- Operator für Inlandsgespräche: Wählen Sie **0**.
- Inlandsauskunft: Wählen Sie **411**.
- Auskunft über Ferngespräche: Wählen Sie **1**, dann die jeweilige Ortsvorwahl und schließlich **555-1212**.
- Die Nummern **800** oder **888** am Anfang einer Telefonnummer bedeuten, daß der Anruf gebührenfrei ist.
- Polizei, Feuerwehr und Notarzt erreichen Sie unter 911.

Öffentliche Telefone

In Städten gibt es überall öffentliche Telefone, andernorts finden Sie sie vor allem in Tankstellen und Geschäften.

Die meisten öffentlichen Telefone nehmen nur Münzen. Für ein Auslandsgespräch benötigen Sie 25-Cent-Münzen im Wert von etwa acht Dollar. Doch die Zahl der Kartentelefone nimmt zu. In diesem Fall müssen Sie eine gebührenfreie Nummer wählen, um die von Ihnen gewünschte Verbindung herstellen zu können. Ansonsten können Sie von jedem Telefon aus mit Ihrer Kreditkarte telefonieren: Wählen Sie 800 CALLATT, und geben Sie dann Ihre Kreditkartennummer ein. Jetzt müssen Sie nur noch warten, bis Sie verbunden werden. Belastet werden die normalen Gebühren.

Telefonkarten für bestimmte Kartentelefone

Telefongebühren

Gebührenfreie Nummern (die mit 800 oder 888 beginnen) gibt es in den USA häufig. Beachten Sie, daß manche Hotels eine Zugangsgebühr für diese Nummern berechnen. Wenn Sie die 800- oder 888-Nummern vom Ausland aus wählen, sind sie nicht gebührenfrei.

Ein Ortsgespräch in einer öffentlichen Telefonzelle kostet mindestens 25 Cent und dauert etwa drei Minuten. Der günstigste Tarif für Ferngespräche (60 Prozent weniger als der Normaltarif) wird wochentags in der Zeit von 23 bis 8 Uhr sowie am Wochenende (außer sonntags von 17 bis 23 Uhr) berechnet. Internationale Tarife hängen stark von dem Land ab, in das man telefoniert.

Die meisten Telefongespräche sind ohne die Hilfe eines Operators möglich, der eine Verbindung recht teuer macht. R-Gespräche können nur über einen Operator hergestellt werden und sind deshalb gleichfalls teuer.

Telegramme und Faxe

Zahlreiche Gesellschaften bieten einen Telegrammdienst, vor allem Western Union, deren Büros in den *Yellow Pages* zu finden sind. Sie können auch ein Telegramm senden, indem Sie ihre gebührenfreie Nummer (800) 325-6000 wählen und mit einer Kreditkarte dafür bezahlen.

Öffentliche Faxgeräte findet man in den größeren Flughäfen sowie in manchen Geschäften und öffentlichen Gebäuden. Viele Hotels akzeptieren Faxe für ihre Gäste, berechnen dafür aber oft hohe Gebühren.

Postdienst

Die Öffnungszeiten der Postämter sind meist wochentags von 9 bis 17 Uhr, manche haben auch Samstag vormittags geöffnet. Auch Drugstores und Hotels verkaufen Briefmarken, und auf Bahnhöfen kann man sie an Automaten erstehen. Beachten Sie, daß außerhalb der Postämter gekaufte Marken teurer sind.

Auf dem Landweg verschickte Post kommt erst nach Wochen in Europa an, Luftpost dagegen schon nach fünf bis zehn Arbeitstagen.

Inlandspost hat Vorrang und braucht einen bis fünf Tage, es sei denn, Sie haben die Postleitzahl vergessen. Für **Priority Mail**, die zwei bis drei Tage dauert, zahlen Sie extra, ebenso für **Express Mail**, die innerhalb der USA am nächsten Tag und in vielen anderen Ländern innerhalb von zwei bis drei Tagen ausgeliefert wird. Werfen Sie Ihre Post in den richtigen Briefkasten: Normale Kästen sind blau, die für Priority und Express Mail silbern und blau.

Standard-Briefkasten

In Reih und Glied: Zeitungskästen in Palm Beach

Viele Amerikaner nehmen für Inlands- und Auslandspost private Kurierdienste in Anspruch wie UPS und Federal Express. In den meisten Orten liefern sie am nächsten Tag aus.

Viele Geschäfte senden Ihre Einkäufe für Sie nach Hause. Wer selbst ein Paket aufgeben möchte, benötigt dazu das in Postämtern erhältliche Verpackungsmaterial.

Fernsehen und Radio

Das Fernsehen in Florida wird wie in den restlichen USA beherrscht von Quiz-Shows, Talk-Shows und Seifenopern. Die Kabelsender bieten mehr Abwechslung: ESPN berichtet z. B. über Sport, CNN bringt Nachrichten. Hotels verfügen meist über Kabelfernsehen, aber eventuell müssen Sie zahlen, um einen Film sehen zu können *(siehe S. 293)*.

Die meisten Radiosender schicken leichte Unterhaltungsmusik über den Äther, wer aber etwas herumsucht, trifft oft auf Lokalsender, in Südflorida auch in spanischer Sprache. Anspruchsvolleres bringen NBC, ABC und PBS, die eine Mischung aus Dokumentarsendungen, Talk-Shows und klassischer Musik bieten.

Zeitungen

Jede Großstadt gibt ihre eigene Tageszeitung heraus. Am verbreitetsten ist der *Miami Herald* mit einer Vielzahl an Inlands- und Auslandsnachrichten. Von ihm gibt es auch eine spanische Ausgabe: *El Heraldo*.

Nationale Zeitungen wie *USA Today* erhalten Sie normalerweise bei Verteilern auf der Straße. Andere US-Tageszeitungen wie die *New York Times* sowie ausländische Zeitungen bekommen Sie in der Regel in Buchläden und gut sortierten Zeitungskiosken.

Zwei der verbreitetsten Tageszeitungen Floridas

Zeit

Im größten Teil Floridas gilt die Eastern Standard Time (EST). Der Panhandle westlich des Apalachicola River dagegen unterliegt der Central Standard Time (CST), die dem Rest des Staates um eine Stunde hinterher ist.

Die Mitteleuropäische Zeit ist der EST um sechs, der CST um sieben Stunden voraus. Wer also nach Deutschland, Österreich oder in die Schweiz telefonieren will, muß sechs bzw. sieben Stunden hinzurechnen.

Reiseinformationen

Florida ist das beliebteste Urlaubsziel in den USA und wird daher von Fluggesellschaften aus der ganzen Welt angeflogen. Die wichtigsten Flughäfen sind in Miami, Orlando und Tampa, aber auch andere Flughäfen gewinnen an Bedeutung. Innerhalb Floridas empfiehlt sich oft ein Flug: Von Miami nach Key West fliegen Sie z. B. 40 Minuten, während Sie für dieselbe Strecke vier Stunden im Auto zubringen. Wer den ganzen Staat abklopfen möchte, ist auf der Straße besser aufgehoben, da die Interstates, Autobahnen und Landstraßen schnell in jeden Winkel führen. Züge und Busse sind eine Alternative für alle, die ihre Reise im voraus sorgfältig planen.

United Airlines bringt Gäste aus aller Welt nach Florida

Sauber und ordentlich präsentiert sich der Orlando International Airport

Mit dem Flugzeug

Von Deutschland fliegen **Lufthansa**, **American Airlines** sowie **Delta Airlines** (über einen US-Flughafen), **KLM** (über Amsterdam), **British Airlines** (über London) und **AirFrance** (über Paris) nach Florida.

Schweizer Urlauber fliegen mit **Swiss Air**, und Österreicher nehmen die **Lauda Air**.

Wer an einem kleineren Flughafen Floridas ankommen möchte, muß häufig von einem anderen US-Staat einen Inlandflug buchen, was angesichts des äußerst dichten inneramerikanischen Flugnetzes kein größeres Problem darstellt.

Zunehmend bieten Charterflüge direkten Zugang zu einigen kleineren Urlaubsorten Floridas wie Palm Beach und Fort Myers. In Deutschland ist **LTU** die Hauptanbieterin von Charterflügen. Die Zahl der Charterflüge nach Orlando ist in letzter Zeit stark gestiegen.

Flugpreise

Die günstigsten Hin- und Rückflüge sind sicher Economy- oder APEX-Tickets für einen Linienflug (der im voraus gebucht werden muß). Am besten holt man sowohl in Reisebüros als auch bei den zahlreichen Fluggesellschaften, die Florida anfliegen, Angebote ein. Achten Sie auf Sonderangebote sowie günstige Charterflüge von spezialisierten Reiseveranstaltern.

Außerhalb der Hochsaison können die Preise stark sinken, auch ein Flug in der Mitte der Woche ist oft günstiger. In Ferienzeiten dagegen schnellen die Preise oft um das Doppelte in die Höhe. Am teuersten sind die Tickets im Dezember, weil immer mehr Touristen dem kalten Wetter in Europa und dem Weihnachtsrummel entfliehen wollen.

Manche amerikanischen Fluggesellschaften bieten Ermäßigungen, wenn Sie ein Hin- und Rückflugticket erwerben.

Airport	Information	Entfernung von der Stadt	Taxi-Fahrpreis in die Stadt (ca.)	Bus-Fahrpreis in die Stadt (ca.)
Miami	☎ (305) 876-7000	16 Kilometer nach Miami Beach	20 $ nach Miami Beach	8–15 $ nach Miami Beach
Orlando	☎ (407) 825-2352	28 Kilometer nach Walt Disney World	40–45 $ nach Walt Disney World	15 $ nach Walt Disney World, 75 c mit dem Lynx-Bus
Sanford	☎ (407) 322-7771	64 Kilometer nach Walt Disney World	45–50 $ nach Walt Disney World	50 $ nach Walt Disney World
Tampa	☎ (813) 870-8700	9 Kilometer in die Innenstadt	12–15 $ in die Innenstadt	13 $ in die Innenstadt
Fort Lauderdale	☎ (954) 359-1200	13 Kilometer nach Fort Lauderdale, 48 Kilometer nach Miami	12–15 $ nach Fort Lauderdale, 45 $ nach Miami	6 $ nach Fort Lauderdale, 12 $ nach Miami

Shuttle-Bus am Flughafen von Miami

Pauschalangebote

Am günstigsten sind Pauschalreisen, in denen im Preis der Flug, ein Mietauto und/oder die Unterkunft inbegriffen sind. »Fly-drive«-Angebote versprechen oft einen »kostenlosen« oder sehr günstigen Mietwagen, doch seien Sie auf deftige Aufschläge gefaßt *(siehe S. 357)*.

Kombinierte Flug- und Hotelangebote sind üblich und oft sehr günstig. An Flexibilität büßen Sie vielleicht etwas ein, dafür müssen Sie sich um nichts Organisatorisches kümmern. Beliebt sind Kombinationen von zwei Urlaubsorten, z. B. eine Woche Orlando mit einer Woche in einer Ferienanlage an der Gulf Coast. Wenn Sie sowieso die meiste Zeit in Walt Disney World verbringen wollen, buchen Sie am besten eine Pauschalreise dorthin, die sowohl von Disney World als auch von anderen Reiseveranstaltern angeboten wird.

Floridas Flughäfen

Die internationalen Flughäfen Floridas sind gut ausgerüstet mit Informationsschaltern, Banken, Schaltern von Autovermietungen und anderen Einrichtungen. Ihren Mietwagen können Sie oft erst nach einer Busfahrt zu einem Abholplatz in Empfang nehmen. In die Stadt gelangen Sie ohne Mietauto am besten mit einem Shuttle-Bus (oder einer sogenannten »limo«), der Sie ans gewünschte Ziel bringt. Shuttle-Busse entsprechen Taxis, die sich mehrere Leute teilen, sind aber günstiger als normale Taxis. Größere Hotels bieten ihren Gästen einen Zubringerdienst.

Miami Airport

Der Miami International Airport ist einer der betriebsamsten Flughäfen der Welt, was lange Warteschlangen bei der Einreise und Abfertigung bedeuten kann. Auch die innerhalb des Flughafens zurückzulegenden Strecken sind lang.

Nachdem Sie den Zoll passiert haben, treffen Sie auf die Touristeninformationsschalter. Die Schalter der Autovermietungen, die Taxis und Shuttle-Busse finden Sie in der unteren Halle. Unternehmen wie **Super Shuttle** fahren rund um die Uhr die wichtigsten Viertel Miamis an. Stadtbusse verkehren zwar theoretisch am Flughafen, sind aber nicht sehr zuverlässig.

Orlando und Sanford Airport

Erst kürzlich wurde der Orlando International Airport wegen seiner allumfassenden Kundenfreundlichkeit zum besten Flughafen der USA erklärt. Laufbänder sowie das Einschienenbahnsystem erleichtern den Verkehr zwischen den zwei Terminals. Die Touristeninformationszentren, in denen man mehrerer Sprachen mächtig ist, haben von 7 bis 23 Uhr geöffnet.

Viele Hotels bieten einen Zubringer- und Abholservice, aber es verkehren auch Shuttle-Busse. Die **Mears Transportation Group** fährt die meisten Ziele der Umgebung an.

Günstiger kommen Sie zum International Drive oder in die Innenstadt von Orlando mit einem Lynx-Bus *(siehe S. 363)*. Er fährt jede halbe Stunde vor dem Terminal »A Side« ab, die Fahrt dauert in beiden Fällen etwa 50 Minuten.

Der erst kürzlich auf Vordermann gebrachte Flughafen von Sanford ist um einiges ruhiger als der von Orlando. Die Taxistände und Autovermietungen liegen hier günstigerweise direkt vor dem Terminal.

Auf einen Blick

Fluggesellschaften

Lauda Air
(305) 536-8929 (Miami).
660-6655 (A).

LTU
((305) 530-2208 (Miami).
069-921 09 50 (D).

Lufthansa
((305) 536-8936 (Miami).
0180-380 38 03 (D).

Swiss Air
800-55 55 40 (CH).
(D).

United Airlines
(800) 241-6522 (US).

Shuttle-Busse

Super Shuttle
(305) 871-2000.

Mears Transportation Group
(407) 423-5566.

Die Einschienenbahn People Mover am Orlando International Airport

Florida mit dem Auto

In Florida macht Autofahren richtig Spaß. Auf den meisten Autobahnen herrscht wenig Verkehr, und die Bewohner Floridas sind im allgemeinen umsichtige Autofahrer. Benzin *(gas)* ist billig, und Autos werden zu den günstigsten Preisen in den ganzen USA vermietet.

In Orlando *(siehe S. 363)* kommen Sie auch ohne Auto aus, aber anderswo ist mit einem Wagen alles einfacher. Der Straßenkriminalität begegnet man inzwischen mit zusätzlichen Sicherheitsmaßnahmen: Rastplätze auf den Interstates werden heute rund um die Uhr bewacht. Außerdem wurde Miami besser ausgeschildert *(siehe S. 358)*.

Mit dem Auto

Mehrere Strecken führen von den Nachbarstaaten Georgia und Alabama nach Florida. Nach Überquerung der Grenze werden Sie in einem *welcome centre* mit frischem Orangensaft und allgemeiner Auskunft willkommen geheißen. Diese Zentren liegen an der I-95, I-75, I-10 und US 231.

Floridas Strassen

Florida verfügt über ein ausgezeichnetes Straßennetz. Die schnellsten Routen sind die Interstate Highways (I-10, I-75 etc.). Sie sind sechsspurig und bieten etwa alle hundert Kilometer einen Rastplatz.

Die Interstates gehören zum Autobahnsystem, dessen Straßen manchmal auch als Freeways bezeichnet werden und zu denen man nur an bestimmten Ein- und Ausfahrten Zugang hat. Das Autobahnsystem umfaßt weiterhin gebührenpflichtige Turnpikes und Toll Roads. So führt beispielsweise der Bee Line Expressway von Orlando an die Space Coast, und der Florida Turnpike von der I-75 nordwestlich von Orlando nach Florida City südlich von Miami. Die zu zahlende Gebühr richtet sich natürlich nach der Anzahl an Kilometern: Wer die gesamten 530 Kilometer des Turnpike entlangfährt, zahlt z. B. um die 17 Dollar. Gezahlt wird an der Mautstelle beim Kassierer in einer Kabine oder an einem Automaten.

Seien Sie darauf gefaßt, daß die Einheimischen auf Autobahnen häufig die Fahrbahn wechseln. Bleiben Sie also lieber rechts, und seien Sie besonders aufmerksam in der Nähe von Ausfahrten, die zu beiden Seiten der Fahrbahn abgehen können. Die meisten Unfälle passieren, wenn jemand links abbiegt.

Weiterhin gibt es noch die US Highways, die normalerweise über mehrere Spuren verfügen. Sie sind von Motels und Tankstellen gesäumt, und der Verkehr zieht hier langsamer vorbei. Auf den schmäleren State Roads und County Roads läßt sich die Umgebung besser genießen. Nichtasphaltierte Straßen gibt es in ländlichen Gegenden Floridas. Manche Autovermietungen erlauben nicht, daß man sie befährt.

Mautstelle am Florida Turnpike bei Boca Raton

Interstate Highway 4

US Highway 1, Richtung Süden

Schilder über der Kreuzung von zwei Straßen

Beschränktes Parkverbot

Meilen-Schild in den Keys

Tempolimit (in M/h)

Rastplatz an einer Interstate

Strassenschilder

Die meisten Straßenschilder sprechen für sich selbst. Wer sie nicht beachtet, muß mit einer Geldstrafe rechnen.

Im allgemeinen sind auf den Schildern eher die Nummern oder Namen der Straßen als Orte angegeben. Verschiedene Straßenarten sind mit Schildern verschiedener Formen und Farben ausgewiesen. Wegweiser sind meist grün.

Landkarten

Eine gute Straßenkarte ist unerläßlich, wenn man Florida mit dem Auto erkunden will. Die *Florida Transportation Map*, die in den meisten

Convention and Visitors' Bureaux und Touristenbüros in Florida erhältlich ist, reicht im allgemeinen aus. Auf ihr sind die Rastplätze an den Interstates angegeben, außerdem umfaßt sie Pläne von den wichtigsten Städten. Wer aber etwas länger in einer Stadt bleiben will, sollte sich einen Stadtplan kaufen. Die in Touristenbüros verteilten Pläne reichen zum Autofahren oft nicht aus, sehen Sie sich deshalb in einem guten Buchladen um.

Ihren Weg durch Florida finden Sie relativ leicht. Ost-West-Routen haben gerade Nummern, Nord-Süd-Verbindungen ungerade. An den Schildern am Straßenrand erkennen Sie, auf welcher Straße Sie sich gerade befinden. Der Name über einer Kreuzung bezeichnet jedoch die Straße, die Sie überqueren. Manche Straßen tragen zwei Nummern, nämlich dann, wenn sie eine Zeitlang denselben Verlauf haben.

Tempolimits

Die Geschwindigkeitsbeschränkungen sind von Staat zu Staat unterschiedlich. In Florida gelten folgende Tempolimits:

- 55–70 M/h (90–105 km/h) auf Schnellstraßen,
- 20–30 M/h (32–48 km/h) im Ort,
- 15 M/h (24 km/h) in der Nähe von Schulen.

Auf einem Interstate müssen Sie mit einer Geldstrafe rechnen, wenn Sie langsamer als

Typische Straßenkreuzung in Tallahassee

40 M/h (64 km/h) fahren. Für die Einhaltung des Tempolimits sorgt die Florida Highway Patrol, deren Vertreter vor Ort kassieren. Eine Geschwindigkeitsüberschreitung kann Sie bis zu 150 Dollar kosten.

Mietwagen

In Florida kostet ein Mietwagen relativ wenig, Sie können aber zusätzlich sparen, wenn Sie bereits von zu Hause aus ein Auto buchen. Mit einem »Fly-drive«-Angebot lassen sich 50 Prozent einsparen, aber glauben Sie keinen Angeboten mit sogenanntem »kostenlosen« Mietwagen. Versteckte Extras sind in diesen Preisen nicht enthalten.

Wer erst nach der Ankunft ein Auto mieten möchte, tut dies am besten am Flughafen.

Um einen Wagen mieten zu können, brauchen Sie Ihren Führerschein, Reisepaß und eine Kreditkarte. Wer keine hat, muß eine Kaution in bar hinterlegen. Das Mindestalter beträgt 21 Jahre, und wer jünger als 25 ist, muß eventuell einen Aufpreis zahlen.

Zeichen der Highway Patrol

Stellen Sie sicher, daß in Ihrem Vertrag der Collision Damage Waiver (CDW) – auch bekannt als Loss Damage Waiver (LDW) – inbegriffen ist, ansonsten sind Sie für alle Schäden am Auto verantwortlich, auch für unverschuldete. Im Mietvertrag ist meist eine Haftpflichtversicherung enthalten, die jedoch selten angemessen ist. Es ist ratsam, eine zusätzliche Versicherung (»additional« oder »supplementary Liability Insurance«) abzuschließen. Diese Extras sowie Steuern machen oft schon allein 35–40 Dollar am Tag aus.

Manche Autovermietungen berechnen eine Gebühr, wenn Sie das Auto in einer anderen Stadt abliefern möchten. Wer das Auto mit einem niedrigeren Benzinstand als bei der Abfahrt zurückbringt, muß auf hohe Benzinkosten gefaßt sein.

Die internationalen Vermietungen *(siehe S. 359)* bieten eine gute Auswahl an Fahrzeugen, von günstigen Modellen bis zum Kabriolett. Alle haben Automatikschaltung, Servolenkung und Klimaanlage.

Hertz

Eine der vielen Autovermietungen

Hinweise für Autofahrer

- Gurtpflicht besteht sowohl für den Fahrer als auch für die Mitfahrer. Kinder unter drei Jahren benötigen einen Kindersitz.
- Sie dürfen bei Rot nach rechts abbiegen, soweit es kein Schild verbietet, aber Sie müssen zuerst anhalten.
- Ein gelbes Blinklicht an Kreuzungen bedeutet, daß Sie langsamer fahren, den entgegenkommenden Verkehr beachten und dann vorsichtig weiterfahren sollen.
- Auf mehrspurigen Straßen, auch auf Interstate Highways, darf auf beiden Seiten überholt werden.
- Es ist nicht erlaubt, die Spur über einen doppelten gelben oder doppelten weißen Strich zu wechseln.
- Wenn ein Schulbus auf einer zweispurigen Straße hält, muß der Verkehr in beiden Richtungen anhalten. Auf einer Schnellstraße mit mindestens vier Spuren muß nur der Verkehr in Fahrtrichtung des Schulbusses anhalten.
- Trinken Sie grundsätzlich nichts. Autofahren unter Alkoholeinfluß wird sehr streng mit Geldbußen von Hunderten von Dollar oder sogar Freiheitsentzug bestraft.

Tankstelle von Anno dazumal auf der Burt Reynolds' Ranch

Benzin

Die meisten Autos in den USA fahren mit bleifreiem Benzin. Verkauft wird Benzin in den Qualitäten *regular, super* und *premium.* Diesel ist normalerweise auch erhältlich.

Kraftstoffe sind im allgemeinen sehr günstig, obwohl die Preise stark vom Ort und vom Service abhängig sind. Tanken Sie, wo Selbstbedienung möglich ist, sonst zahlen Sie eine Extra-Gebühr (die pro Gallone berechnet wird), weil der Tankwart für Sie tankt, den Ölstand prüft und die Windschutzscheibe putzt. In den Benzinpreisen ist die Steuer für eine Gallone (etwa 3,8 Liter) bereits enthalten. An den meisten Tankstellen kann man bar, mit Kreditkarte oder Reiseschecks bezahlen, nur in ländlichen Gegenden wird manchmal nur Bargeld akzeptiert. Gelegentlich muß man schon vor dem Tanken bezahlen. Wer das Hinterland erkunden will, sollte volltanken und Öl und Wasser überprüft haben, da auf dem Weg nicht mit vielen Tankstellen zu rechnen ist.

Sicherheit auf den Strassen

Miami genießt hinsichtlich der Sicherheit beim Autofahren den schlechtesten Ruf. Um den Schutz ausländischer Besucher zu verbessern, schaffte man die speziellen Kennzeichen für Mietwagen ab, und Verkehrsschilder tragen nun ein orangefarbenes Sonnenbanner, das den Weg zum und vom Flughafen weist. Im folgenden weitere Sicherheitstips:

- Reservieren Sie für den nächsten Morgen einen Mietwagen, wenn Sie nachts am Flughafen ankommen. So können Sie Nachtfahrten vermeiden.
- Verstauen Sie Handtaschen und wertvolle Gegenstände im Kofferraum, wo sie keiner sehen kann.
- Fahren Sie mit verschlossenen Türen, vor allem in Städten.
- Ignorieren Sie Fußgänger und andere Verkehrsteilnehmer, die Sie zum Anhalten veranlassen wollen, indem sie Sie z. B. auf einen Schaden am Fahrzeug aufmerksam machen oder Sie einfach von hinten rammen. Gerne werden auch Pannen vorgetäuscht.
- Halten Sie nur in gut beleuchteten Straßen, um einen Blick in den Stadtplan zu werfen.
- Übernachten Sie nicht im Fahrzeug, es sei denn auf gekennzeichneten bewachten Parkplätzen.
- Bleiben Sie auf den Hauptstraßen, und nehmen Sie keine Abkürzungen.

Sonnenbanner für Besucher Miamis

Pannen

Wenn Sie eine Panne haben, fahren oder schieben Sie Ihr Fahrzeug an den Straßenrand, schalten Sie die Warnblinkanlage ein und warten Sie auf die Polizei. Auf Autobahnen können Sie die Notrufsäulen in Anspruch nehmen *(siehe S. 349).* Wer allein reist, mietet am besten ein Autotelefon.

Sind Sie mit einem Mietwagen unterwegs, dann rufen Sie zuerst die im Mietvertrag angegebene Nummer für Notfälle an. Der Pannendienst der **American Automobile Association** (AAA) hilft Mitgliedern. Da aber die wenigsten Europäer Mitglied sind, müssen Sie die State Police anrufen oder den Notdienst Ihres Kreditkartenunternehmens.

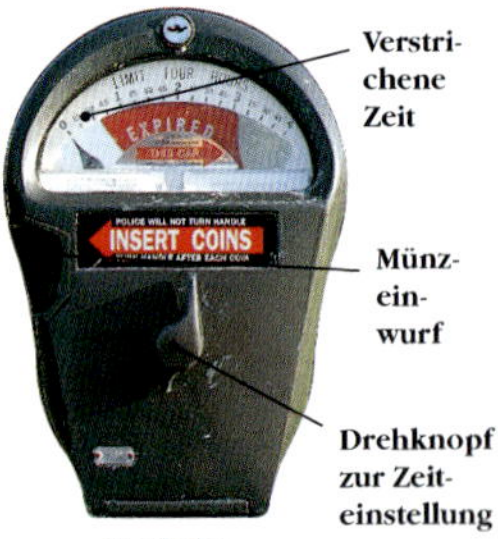

Parkuhr

Parken

In Vergnügungsparks, an Hauptattraktionen, in Einkaufszentren und den Innenstädten findet man meist problemlos einen Parkplatz. Schwierig wird es meist in der Nähe der Stadtstrände, etwa in Fort Lauderdale oder South Beach *(siehe S. 362).*

In Großstädten gibt es Parkhäuser, doch meist werden Sie um die Parkuhr nicht herumkommen. Wer (hoffentlich im Schatten) einen Parkplatz ergattert hat, sollte die Parkuhr großzügig füttern: Die Gebühr schwankt zwischen 25 Cent und einem Dollar pro Stunde. Wenn Sie überziehen, riskieren Sie eine saftige Geldstrafe, Parkriegel oder daß Ihr Wagen abgeschleppt wird. Beachten Sie die Parkgebote genau, die meist an Telefonpfosten, Straßenlaternen oder Wänden an-

Tandem- und Fahrradverleih im fahrradfreundlichen Palm Beach

gebracht sind. Geparkte Autos müssen zu Hydranten einen Abstand von drei Metern einhalten.

Auch an vielen Hotels und Restaurants können Sie parken, wenn Sie dafür bezahlen.

Radfahren

Radfahren gewinnt als Freizeit- und Fitneßsport immer mehr an Popularität *(siehe S. 343)*, als praktische Verkehrsmittel haben sich Fahrräder jedoch noch nicht durchgesetzt. In der Tat ist Radfahren in Stadtgebieten mitunter sogar gefährlich, weil die Autofahrer nicht daran gewöhnt sind, die Straße mit Radfahrern zu teilen.

Besser geeignet zum Radfahren sind Kleinstädte und Urlaubsorte wie South Beach, Key West, Palm Beach oder St Augustine. Hier sind die Straßen nicht stark befahren, und die Parksituation ist oft schwierig. Fahrräder werden hier für etwa 10–15 Dollar am Tag vermietet. Auch das Fahren mit Rollerskates, die es ebenfalls zu leihen gibt, ist in Urlaubsgebieten sehr beliebt.

Motorräder

Wer schon immer davon geträumt hat, mit einer Harley-Davidson davonzubrausen, möchte vielleicht **Iron Horse Rentals** in Fort Lauderdale, Orlando, Miami oder Tampa einen Besuch abstatten. Die Kosten betragen rund 135 Dollar für 24 Stunden, außerdem ist eine Kaution von 500 Dollar zu hinterlegen. Das Mindestalter beträgt 21 Jahre. **Rolling Thunder** in Coral Gables in Miami hat ein ähnliches Angebot.

Wohnmobile

Wohnmobile, sogenannte *recreational vehicles* (RVs), eignen sich hervorragend für Gruppen und Familien. Die Kosten für ein Wohnmobil liegen bei 300 Dollar und mehr pro Woche. Vermietungsfirmen, die Wohnmobile anbieten, gibt es überraschend wenige. Das größte amerikanische Unternehmen heißt **Cruise America**, aber auch **Sundance Motorhomes** vermietet Wohnmobile.

Die Autofähre über den St Johns River in Mayport *(siehe S. 195)*

Auf einen Blick

Autovermietungen

Alamo
(800) 327-9633 (USA).
0130-82 44 22 (D).

Avis
(800) 831-2847 (USA).
069-73 01 11 (D).

Budget
(800) 527-0700 (USA).
069-29 00 66 (D).

Dollar
(800) 800-4000.

Enterprise
(800) 325-8007 (USA).

Florida Auto Rental
(800) 339-1884.

Hertz
(800) 654-3131 (USA).
069-69 41 65 (D).

Holiday Autos
(800) 422-7737.

National
(800) 227-7368 (USA).

Thrifty
(800) 367-2277.

Pannenhilfe

American Automobile Association (AAA)
1000 AAA Drive,
Heathrow, FL 32746.
(407) 444-7000.

AAA General Breakdown Assistance
(800) 222-4357.

Motorrad-Vermietungen

Iron Horse Rentals
(954) 524-4222.

Rolling Thunder
(305) 441-0952.

Wohnmobil-Vermietungen

Cruise America
(800) 327-7799.

Sundance Motorhomes
(407) 299-1917.

Unterwegs in Florida

Wer sich in Florida auf öffentliche Verkehrsmittel verläßt, wird schnell feststellen, daß ihre Leistungsfähigkeit sehr begrenzt ist. Dies gilt vor allem für das Bahnnetz. Für Langstreckenverbindungen bleiben eigentlich nur die Greyhound-Busse, die die meisten größeren Städte miteinander verbinden. Außerhalb der Städte ist man ohne Auto oft hilflos. In Städten empfehlen sich die öffentlichen Verkehrsmittel schon eher. Doch auch hier wird eher an die Pendler als an Touristen gedacht. Die wichtigsten Touristenzentren bieten aber auf Besucher ausgerichtete Buslinien.

Der Tri-Rail-Bahnhof in West Palm Beach im spanischen Stil

Anreise per Zug

Der Bahnverkehr in den USA ist im Abnehmen begriffen, doch zwischen den Großstädten bestehen noch Verbindungen. Die nationale Eisenbahngesellschaft **Amtrak** bietet Verbindungen von der West- und der Ostküste nach Florida. Drei Züge fahren täglich von New York City nach Florida: Der Silver Meteor und der Silver Palm brauchen über Washington DC 25 Stunden bis nach Jacksonville und Miami. Der Silver Star fährt dieselbe Strecke bis nach Orlando und biegt dann Richtung Westen ab nach Tampa.

Der Sunset Limited mit Luxusabteilen und Filmvorführung legt von Los Angeles nach Sanford bei Orlando 4933 Kilometer zurück und hält unterwegs in Phoenix und New Orleans.

Wer mit dem Autozug reisen will, nimmt den Auto Train von Amtrak, der täglich in 18 Stunden von Lorton in Virginia nach Sanford fährt.

Ein günstiger Flug ist oft billiger als eine Zugreise. Manchmal lohnt sich ein Bahnpaß.

Mit dem Zug unterwegs

Amtrak-Züge verkehren nur zwischen wenigen Städten in Florida *(siehe Karte auf Seite 12f)*. Die Orte an der Gulf Coast erreichen – abgesehen von Tampa – nur Amtrak-Busse, die sogenannten »Thruway«-Busse. Sie fahren von Winter Haven bei Orlando über St Petersburg und Sarasota nach Fort Myers.

Die Bahnpreise können es nicht mit den Fahrpreisen von Greyhound aufnehmen, aber eine Zugreise ist meist entspannender als eine Busreise. Sind mehrere Zugreisen geplant, empfiehlt sich der Bahnpaß, mit dem man innerhalb eines gewissen Zeitraumes unbegrenzt mit dem Zug fahren kann. Er muß jedoch vor der Ankunft in den USA bei einer Amtrak-Agentur im Ausland gekauft worden sein, wo man auch Fahrpläne erhält.

Die zweite und letzte Bahnverbindung in Florida ist **Tri-Rail**, die an 15 Haltestellen zwischen dem Flughafen von Miami und West Palm Beach hält, unter anderem in Fort Lauderdale und Boca Raton. Ursprünglich war sie zwar für Pendler geplant, erweist sich heute aber auch für Touristen als sehr praktisch. Die Züge verkehren mehr oder weniger stündlich, am Wochenende seltener. Einfache Fahrten kosten 2–6 Dollar, je nachdem durch wie viele Zonen Sie fahren. Umsteigen in die Metrorail oder den Metromover von Miami *(siehe S. 362)* kostet nichts.

Tri-Rail hat auch Reisen mit Fremdenführer, z. B. nach South Beach und Worth Avenue, im Programm sowie Sonderfahrten zu wichtigen Spielen im Orange Bowl Stadium in Miami.

Langstreckenbusse

Am preisgünstigsten fahren Sie mit **Greyhound**-Bussen. »Express«-Busse halten nur selten auf einer Strecke, während andere mehrere Orte abklappern.

Auf wenigen Routen gibt es sogenannte *flag stops*, an denen der Busfahrer Reisende an Orten ohne Bushaltestelle ein- oder aussteigen läßt. Zahlen Sie direkt beim Fahrer, oder reservieren Sie im voraus beim nächsten Greyhound-Partner, den Sie meist in einem Laden oder im Postamt finden. Mit einem Paß ist unbeschränktes Reisen innerhalb eines be-

Greyhound-Bus mit Klimaanlage in den Keys

stimmten Zeitraumes (zwischen vier und sechzig Tagen) möglich, er lohnt sich jedoch nur, wenn Sie in dieser Zeit viel unterwegs sind. Günstiger sind die Pässe, wenn Sie vor Reiseantritt außerhalb der USA erworben werden.

Einen vollständigen Fahrplan für alle Busse gibt es nicht, aber es werden Kopien von bestimmten Verbindungen verschickt.

Regional- und Stadtbusse

Für kurze Strecken innerhalb eines County eignen sich manchmal Regionalbusse, die jedoch selten regelmäßig verkehren. In Südostflorida kann man mit Regionalbussen von einer Stadt zur nächsten gelangen, was jedoch mit Umsteigen und somit mit viel Zeit verbunden ist.

In Städten sind Busse sinnvoller, insbesondere Shuttle-Busse sind ideal, um von oder zu den Flughäfen in Orlando und Miami zu gelangen *(siehe S. 355)*. Bezahlt wird beim Einsteigen beim Fahrer, halten Sie daher immer genügend Kleingeld oder die bereits erworbene Fahrkarte bereit.

Taxis

An Flughäfen, Bahnhöfen und großen Hotels findet man leicht ein Taxi, ansonsten sind Taxistände selten. Da Taxis die Stadt nicht nach Kundschaft absuchen, bestellt man am besten eines per Telefon. Die Nummern der Taxiunternehmen sind in den *Yellow Pages* aufgelistet. Oder Sie bitten das Personal Ihres Hotels, eines für Sie zu rufen, wofür Sie jedoch etwas Trinkgeld ausgeben müssen.

Wenn Sie in einen entlegenen Teil einer Stadt wollen, sollten Sie Ihr Ziel auf einer Karte markiert haben. Nicht alle Fahrer kennen ihre Stadt. Taxipreise sollten nach der zurückgelegten Strecke berechnet werden. Manche Taxifahrer akzeptieren Kreditkarten, erkundigen Sie sich vor Antritt der Fahrt.

Rosa Taxi in Key West – amerikanischer als das übliche Gelb

Stadtbesichtigung in der Pferdekutsche in St Augustine

Wassertaxis

In Städten wie Miami, Jacksonville, Tampa und Fort Lauderdale gibt es auch Wassertaxis. Die von ihnen befahrenen Routen sind meist auf Touristen ausgerichtet und daher darauf beschränkt, Hotels, Restaurants und Läden miteinander zu verbinden. Eine Stadtbesichtigung auf diese Art macht Spaß.

Manche verkehren als regelmäßige Shuttle-Taxis, wie die Wassertaxis über den St Johns River in Jacksonville, während andere, z. B. in Miami und Tampa, nur telefonisch bestellt werden können. Die Fahrpreise betragen 5–10 Dollar.

Touristentransport

Die populärsten Touristenzentren bieten besondere Transportmittel für Besucher. In Tallahassee beispielsweise fahren die Touristen in einer nachgebauten Straßenbahn von einer Attraktion zur nächsten. In Daytona Beach und Fort Lauderdale verbinden solche Verkehrsmittel die Innenstadt mit dem Strand.

In Key West ist der Conch Train ein vertrauter Anblick, dessen auf der Seite offene Wagen von einem in eine alte Lokomotive verwandelten Jeep gezogen werden. Durch St Augustine fahren ein ähnlicher Zug sowie Pferdekutschen, die auch in der Innenstadt von Orlando bestiegen werden können.

Zum besseren Verständnis

Verwechseln Sie *downtown* nicht mit dem Herzen einer Stadt – ihre Freizeit verbringen die Menschen anderswo. Die meisten Großstädte, z. B. auch Miami *(siehe S. 363)*, haben einen gitterartigen Grundriß, dessen Straßen von der Kreuzung zweier Hauptachsen in Downtown ihren Ausgang nehmen.

Die Amerikaner gehen fast nie spazieren, als Tourist kommt man aber kaum darum herum. Achten Sie an Fußgängerübergängen auf die Signale.

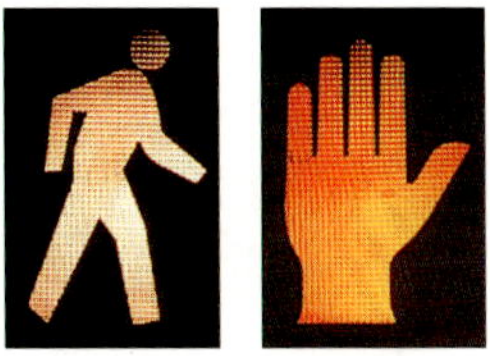

Die Signale »Gehen« und »Warten« an einem Fußgängerübergang

Auf einen Blick

Zugauskunft

Amtrak
(800) USA-RAIL oder (800) 872-7245 (USA).
0180-525 43 50 (D).

Tri-Rail
(800) TRI-RAIL, (800) 874-7245 oder (954) 728-8445 (USA).

Auskunft über Langstreckenbusse

Greyhound
(800) 231-2222 oder (402) 330-8552 oder 8584 (USA).
069-88 00 39 (D).

Unterwegs in Miami

Die Metro-Dade Transit Agency betreibt das öffentliche Verkehrsnetz von Miami, zu dem die Busse, die Metrorail-Züge und der moderne Metromover in Downtown gehören. In begrenztem Umfang stehen Ihnen auch Wassertaxis zur Verfügung, aber ohne ein Auto lernt man Miami nicht richtig kennen. Womit Sie auch immer unterwegs sind: Halten Sie sich an die auf den Seiten 348 und 358 beschriebenen Sicherheitsregeln.

Der Metromover auf seiner Strecke um Downtown Miami

Ankunft in Miami

Wie Sie vom Flughafen in die Stadt kommen, lesen Sie auf Seite 355. Wer am **Amtrak**-Bahnhof nördlich des Flughafens oder an einem **Greyhound**-Busbahnhof ankommt, findet zwar keine Autovermietungen vor, aber viele Taxis und einige Busse, die nach Downtown und Miami Beach fahren.

Die Anreise mit dem Auto ist relativ unkompliziert. Die I-95 führt direkt durch Downtown, bevor sie auf die US 1 trifft, die Richtung Süden um Coral Gables herum verläuft. Die Route A1A bringt Sie langsamer vom Norden in die Stadt, aber dafür direkt nach South Beach. Von Westen her führt die US 41 durch Little Havana bis an die Küste.

Amtrak Station
8303 NW 37th Ave.
(305) 835-1222.

Greyhound Stations
Airport, 4111 NW 27th St.
(305) 871-1810.
Bayside, 700 Biscayne Blvd.
(305) 374-6160.
North Miami, 16560 NE 6th Ave.
(305) 945-0801.

Metrorail und Metromover

Die 34 Kilometer lange Zuglinie Metrorail zwischen den Vorstädten Miamis ist für Besucher nicht sehr interessant. Sie bietet nur eine nützliche Verbindung zwischen Coral Gables oder Coconut Grove und der Innenstadt. Sie fährt täglich von 6 bis 0 Uhr alle zehn Minuten.

Von der Metrorail können Sie kostenlos in Hialeah in die Tri-Rail *(siehe S. 360)* umsteigen sowie an der Haltestelle Government Center in Bahnen des Metromover-Netzes.

Der Metromover verbindet auf zwei erhöhten Rundlinien das Zentrum von Downtown mit den Geschäftsvierteln Brickell und Omni. Die Bewohner Miamis lasten ihn bei weitem nicht aus, Touristen haben von der inneren Linie (»Inner Loop«) eine gute Aussicht auf Downtown *(siehe S. 70f)*. Auch der Metromover verkehrt zwischen 6 und 0 Uhr. Halten Sie Münzen für das Drehkreuz am Eingang der Haltestelle bereit.

Metro-Dade Transit Information
(305) 638-6700.

Metrobus

Miamis Metrobusse fahren alle sehenswerten Orte an, am Wochenende aber verkehren sie nicht sehr häufig. Viele Buslinien führen entlang der Flagler Street und am Government Center in Downtown vorbei.

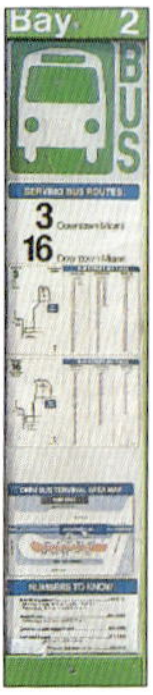

Metrobus-Haltestelle

Der Fahrpreis ist auf den sogenannten *express routes* doppelt so teuer wie sonst. Wer in einen anderen Bus umsteigen muß, fragt am besten beim Einsteigen nach einem kostenlosen Anschluß. Halten Sie beim Einsteigen das Geld für den Fahrschein bereit. Wer in die Metrorail oder den Metromover umsteigt, zahlt extra.

Taxis

Taxis sind in der Nacht oft eine gute Wahl, auch wenn Sie selbst ein Auto haben.

Taxis berechnen etwa zwei Dollar pro Meile. Die Fahrt von South Beach nach Coconut Grove kostet ungefähr 15 Dollar. Versuchen Sie erst gar nicht, ein Taxi herbeizuwinken *(siehe S. 361)*, sondern bestellen Sie eines telefonisch. **Metro Taxi** und **Central Cab** sind zwei verläßliche Unternehmen.

Metro Taxi
(305) 888-8888.

Central Cab
(305) 532-5555.

Metromover-Haltestelle mit dem Liniennetz am Eingang

Wassertaxis

Miamis zwei Wassertaxi-Linien legen vom Bayside Marketplace ab: Von 11 bis 1 Uhr fahren Wassertaxis bei Bedarf Richtung Osten nach South Beach und halten in der Lincoln Road und am Hafen an der 5th Street. Den Miami River flußaufwärts bis zum Orange Bowl Stadium bringt Sie eine Fahrt mit den günstigeren Shuttle-Wassertaxis, die von 10 bis 1 Uhr alle 30 Minuten verkehren.

Water Taxi
☎ *(954) 467-6677.*

Mit dem Auto

Autofahren in Miami ist nicht so schrecklich, wie Sie es sich vielleicht vorstellen. Wenn Sie auf den Hauptdurchfahrtsstraßen bleiben, kann nicht viel schiefgehen.

Parken ist einfach, nur in South Beach kann die Parkplatzsuche zum Alptraum werden. Am Wochenende hat man keine Chance, an Wochentagen sollten Sie zwischen 9 und 21 Uhr Münzen für Parkuhren parat haben. Das **Miami Parking System** und das **Miami Beach Parking Department** sagen Ihnen, wo große Parkplätze sind.

Miami Beach Parking Department
☎ *(305) 673-7505.*

Miami Parking System
☎ *(305) 373-6789.*

Strassenadressen

Miami wird von der Kreuzung der Miami Avenue mit der Flagler Street in Downtown in vier Teile geteilt. Ab hier werden die Avenues, die von Norden nach Süden verlaufen, sowie die Streets, die von Osten nach Westen verlaufen, durchnumeriert. Die Koordinaten NE (NO), SE (SO), NW und SW, die den Straßennamen vorangehen, geben an, auf welcher Seite der zwei Hauptachsen sich die Straßen befinden. Die Orientierung fällt dadurch leicht.

Unterwegs in Floridas anderen Städten

In den beliebtesten Touristenzentren wurden extra Bus- und Straßenbahnlinien für Touristen geschaffen, um ihnen eine angenehme Stadtbesichtigung zu ermöglichen *(siehe S. 361)*. In den größeren Städten Jacksonville und Tampa sowie in Orlando und Umgebung machen Sie sich am besten mit einigen anderen Verkehrsmitteln vertraut.

Orlando

Dank der exzellenten **Lynx-Busse**, die zwischen Flughafen, Downtown, International Drive und Walt Disney World hin- und herfahren, kommt man in Orlando recht gut ohne Auto aus. Wenn Sie umsteigen müssen, fragen Sie gleich beim Einsteigen nach der richtigen Haltestelle.

I-Ride-Minibusse verkehren auf dem International Drive zwischen Wet 'n Wild und Sea World. Die Busse fahren von 7 bis 0 Uhr alle zehn Minuten.

Ein Buspaß hat den Vorteil, daß Sie nicht immer Kleingeld zur Hand haben müssen. Pässe und Fahrpläne erhalten Sie an der Lynx-Bushaltestelle in Downtown sowie in den Walgreens-Läden am International Drive.

Logo der Lynx-Busse

Taxis gibt es viele, aber sie sind teuer. Private Shuttle-Busse kosten weniger, insbesondere auf der Fahrt vom International Drive nach Walt Disney World, doch muß im voraus gebucht werden.

Lynx Buses
☎ *(407) 841-8240.*

Jacksonville

In Jacksonville braucht man ein Auto, denn der neue **Automated Skyway Express** (ASE) ist eine Einbahnlinie, die nur in Downtown verkehrt. Doch man plant, die Linie in naher Zukunft auszubauen.

Jacksonville bietet auch einen **Wassertaxi-Service** vom Nord- zum Südufer des St Johns River und wieder zurück. Boote fahren zwischen 10 und 11 sowie zwischen 16 und 18 Uhr. Andere Ziele erreichen Sie mit den Bussen der **Jacksonville Transit Authority**, deren Endhaltestelle in der Innenstadt in der Kings Road liegt, etwa acht Häuserblocks nördlich von Jacksonville Landing.

Wassertaxi in Jacksonville vor der Überquerung des St Johns River

Automated Skyway Express
☎ *(904) 632-5531.*

SS Marine Taxi
☎ *(904) 733-7782.*

Jacksonville Transit Authority
☎ *(904) 630-3100.*

Tampa

Downtown Tampa ist recht kompakt. Aber ohne Auto bleibt Ihnen nur die Fahrt mit den städtischen HARTline-Bussen *(siehe S. 245)* zu den außerhalb der Stadt gelegenen Sehenswürdigkeiten wie Busch Gardens. Die Busse fahren an der Haltestelle in der Marion Street zwischen 5 und 20 Uhr ab. Nach Ybor City besteht auch eine Busverbindung.

Bei Bedarf fahren in Tampa auch Wassertaxis, sie halten an zahlreichen Attraktionen in Downtown *(siehe S. 244f)*.

Touristenbus in Tampa

Register

Gefettete Seitenzahlen beziehen sich auf den Haupteintrag.

A

B

C

D

E

F

L

M

O

P

Q

R

Danksagung/Bildnachweis

Der Verlag bedankt sich bei allen, die an der Herstellung dieses Buches mitgewirkt haben.

Die Autoren

Richard Cawthorne ist freiberuflicher Reisejournalist; sein Spezialgebiet sind die Vereinigten Staaten.

David Dick hat sich während seines Studiums am University College London auf US-amerikanische Geschichte spezialisiert.

Guy Mansell schreibt Reiseberichte für britische Zeitschriften und Zeitungen, z.B. für den *Sunday Telegraph*, sowie Reiseführer.

Fred Mawer arbeitet als Reisejournalist regelmäßig für den *Daily Telegraph* und die *Mail on Sunday*. Er hat mehrere Reiseführer verfaßt und auch zu verschiedenen Vis-à-Vis-Titeln Teile beigetragen.

Emma Stanford hat Florida ausgiebig bereist und ihre Erfahrungen in verschiedenen Büchern und Artikeln niedergeschrieben. Außerdem ist sie Autorin für Berlitz, AA und Fodor's.

Phyllis Steinberg lebt in Florida. Sie schreibt zu den Themen Food, Reise und Lifestyle in verschiedenen amerikanischen Zeitschriften und Tageszeitungen.

Weitere Autoren und Beratung

Frances und Fred Brown, Monique Damiano, Todd Jay Jonas, Marlena Spieler, David Stone.

Ergänzende Fotografie

Dave King, Clive Streeter, James Stevenson.

Ergänzende Illustrationen

Julian Baker, Joanna Cameron, Stephen Conlin, Gary Cross, Chris Forsey, Paul Guest, Stephen Gyapay, Ruth Lindsay, Maltings Partnership, Paul Weston.

Kartografie

Malcolm Porter, David Swain, Holly Syer und Neil Wilson bei EMS Ltd (Digital Cartography Dept), East Grinstead, UK.

Register

Hilary Bird

Redaktionsassistenz

Cathy Day, Emily Green, Kim Kemp, Desiree Kirke.

Assistenz

Rachel Bell, Busch Gardens; Louise Boulton; Alison Sanders, Cedar Key Area Chamber of Commerce; Marie Mayer, Collier County Historical Museum, Naples; Herrn und Frau Charlie Shubert, Coombs House Inn, Apalachicola; Nick Robbins, Crystal River State Archaeological Site; Emily Hickey, Dali Museum, St Petersburg; Gary B van Voorhuis, Daytona International Speedway; Harvey de Roemer; James Laray, Everglades National Park; Sandra Barghini, Flagler Museum, Palm Beach; Ed Lane, Florida Geological Survey, Florida Department of Environmental Protection, Tallahassee; Dr James Miller, Archaeological Research, Florida Department of State, Tallahassee; Florida Keys National Marine Sanctuary; Jody Norman, Florida State Archives; Damian O'Grady und Tanya Nigro, Florida Tourism Corporation, London; Larry Paarlberg, Goodwood Plantation, Tallahassee; Dawn Hugh, Historical Museum of Southern Florida; Ellen Donovan, Historical Society of Palm Beach County; Leanne Hogbin; Melissa Tomasso, Kennedy Space Center; Valerie Rivers, Marjorie Kinnan Rawlings State Historic Site, Cross Creek; Carmen Smythe, Micanopy County Historian; Bob McNeil und Philip Pollack, Museum of Florida History, Tallahassee; Frank Lepore und Ed Rappaport, National Hurricane Center, Miami; Colonel Denis J Kiely, National Museum of Naval Aviation, Pensacola; Richard Brosnaham und Tom Muir, Historic Pensacola Preservation Board; Ringling Museum of Art, Sarasota; Ardythe Bromley-Rousseau, Salvors Inc, Sebastian; Arvin Steinberg; Wit Tuttell, Universal Studios; Ingrid Vienings; Holly Blount, Vizcaya, Miami; Melinda Crowther, Margaret Melia und Joyce Taylor, Walt Disney Attractions, London; die Mitarbeiter in den Fremdenverkehrsbüros und Rathäusern in ganz Florida.

Genehmigung für Fotografien

Der Verlag bedankt sich bei folgenden Institutionen für die Hilfe und freundlich gewährte Erlaubnis zum Fotografieren: The Barnacle Historic Site; © 1996 FL Cypress Gardens, Inc; alle Rechte vorbehalten, reproduced by permission; © Disney Enterprises, Inc; Dreher Park Zoo: The Zoo of the Palm Beaches; Fish and Wildlife Service, Department of the Interior; Florida Park Service; Harry P Leu Gardens, Orlando, FL; Key West Art and Historical Society: Lighthouse Museum und East Martello

Museum; Metro-Dade Culture Center, Historical Museum of Southern Florida; Monkey Jungle Inc, Miami, FL; National Park Service, Department of Interior; Pinellas County Park Department; National Society of the Colonial Dames of America in the State of Florida; Suncoast Seabird Sanctuary Inc, Indian Shores, FL; allen anderen Kirchen, Museen, Hotels, Restaurants, Läden, Galerien und Sehenswürdigkeiten, deren Aufzählung den Rahmen dieses Abschnitts sprengen würde.

BILDNACHWEIS

o = oben; ol = oben links; olm = oben links Mitte; om = oben Mitte; orm = oben rechts Mitte; or = oben rechts; mlo = Mitte links oben; mo = Mitte oben; mro = Mitte rechts oben; ml = Mitte links; m = Mitte; mr = Mitte rechts; mlu = Mitte links unten; mu = Mitte unten; mru = Mitte rechts unten; ul = unten links; u = unten; um = unten Mitte; uml = unten Mitte links; ur = unten rechts; d = Detail.

Der Verlag dankt den folgenden Personen, Institutionen und Bildarchiven für die freundliche Genehmigung zur Reproduktion ihrer Fotografien:

AISA, Barcelona: 193u; Museo de America 42ml; © Disney Enterprises, Inc 146/47, 154/55; Vidler 109o, 122o; MUSEUM OF AFRICAN AMERICAN ART, Tampa: *Vendor with Flowers*, Ellis Wilson (1945) 245o; ALLSPORT, UK: Steve Swope 31u; Allsport, USA/Scott Halleran 94o; Shaquille O'Neal/Christian Laettner 31mr; APPLETON MUSEUM OF ART, Ocala: *Jeune Bergere (Junge Hirtin)*, William Adolphe Bouguereau (1825–1905), French. Oil on canvas 208o; ARCHIVE PHOTOS, New York: 47mlo, 50mlu; Bert & Richard Morgan 114u; MUSEUM OF ART, Fort Lauderdale: *Big Bird with Child*, Karel Appel (1972) © DACS 1997 128o; MUSEUM OF FINE ARTS, St Petersburg: *Poppy*, Georgia O'Keeffe (1927) © ARS, NY und DACS, London 1998 241o; TONY ARRUZA: 21mu, 24mul, 36, 124o, 136u, 276m, 283u, 337o; AVALON HOTEL, Miami: 59ol.

LARRY BENVENUTI: 279mr; BIBLIOTECA NACIONAL, Madrid: *Codice Osuna* 41mu; BRITISH MUSEUM: 39o, 43mr; THE BRIDGEMAN ART LIBRARY, London: *The Agony in the Garden (Christ in the Garden of Olives)*, 1889 by Gauguin, Paul (1848–1903), Norton Gallery, Palm Beach 123o;

BUSCH ENTERTAINMENT CORP: 2/3, 104u, 167m, 250u, 251o, 251uro, 251u.

JOHN CARTER: 19u, 354m; © Disney Enterprises, Inc 140/41, 142o, 148o; mit Genehmigung von THE CHARLESTON MUSEUM, Charleston, South Carolina: Osceola portrait 44mo; ROBERT CLAYTON: 52/53, 285o, 358u, 360u, 362or, 362u; PAT CLYNE: 110o; BRUCE COLEMAN, London: Atlantide SDF 280o; Erwin & Peggy Bauer 275ur; Raimund Cramm GDT 180mlo; Jeff Foott Productions 23ul; © John Shaw 23ml; George McCarthy 23o; LIBRARY OF CONGRESS, LC-USF33-30491-M3 49mr; CORBIS: 41o, 42/43m; CULVER PICTURES, INC, New York: 46ml, 49o, 53 (Einklinker).

SALVADOR DALI MUSEUM, St Petersburg: 242o; Alle Kunstwerke von Salvador Dali © DEMART PRO ARTE BV/DACS 1997, *Nature Morte Vivante* 242mo, *The Sick Child* 242mu, *Cadaques* 242u, *Don Quixote y Sancho Panza* 243o, *Discovery* 243mo, *Daddy Longlegs of the Evening–Hope* (1940) 243mu; Salvador Dali by Marc Lacroix 243u; © INTERNATIONAL SPEEDWAY CORPORATION, Daytona: 204o, 205m, 205u; Nascar 205mu; DAVID DYE, University of Memphis: South Florida Museum 38mr, 41mlo.

MARY EVANS PICTURE LIBRARY: 103 (Einklinker); C Sheppard 9 (Einklinker); ET ARCHIVE: Natural History Museum 43mlo.

MEL FISHER MARITIME HERITAGE SOCIETY, Key West, Fotografie von Dylan Kibler © 1993 40o; © HENRY MORRISON FLAGLER MUSEUM, Palm Beach: 47o, 120ol, 120m, 120u, 121o, 121mo, 121mu; Archives 120or, 121u.

PET GALLAGHER: 18u; GENESIS SPACE PHOTO LIBRARY: NASA 184ul, 184ur, 185ul, 185ur, 186mu, 186m, 186ol; GIRAUDON, Paris: Bridgeman Sir Francis Drake portrait, Olivier Isaac (1540–1596) 41mr; Laurus 37u; THE GRANGER COLLECTION, New York: 44mlu, 44mru, 44o, 47mru, 48ml, 48o; THE RONALD GRANT ARCHIVE: © King Feature Syndicated 168ul. ROBERT HARDING PICTURE LIBRARY: Liason 50/51m; © THE MIAMI HERALD: © Al Diaz 31ml, 122u; Chuck Fadely & Art Gallery 90u; © Guzy 51mlo; © Charlie Trainor 75mr; HENRY HIRD: 200u; DIVISION HISTORICAL RESOURCES, STATE DEPARTMENT, Tallahassee: 39mru, 110m; mit Genehmigung des HIBEL MUSEUM OF ART, Palm Beach, FL: *Brittany and Child*, oil, gesso, and gold leaf on silk,

Edna Hibel 24½" x 20½" (1994) 117m; HISTORICAL MUSEUM OF SOUTHERN FLORIDA, Miami: 48mu, 49mlu, 50m, 61or, 72o, 271o.

THE IMAGE BANK, London: 10u, 19m, V Chapman 48/49m; IMAGES COLOUR LIBRARY:15o, 49mro, 55uo, 272ur, 285u; INDEX STOCK PHOTOGRAPHY, INC, New York: 21u, 32m, 32o, 34o, 34u, 35m, 46o, 117u, 169u, 172m, 332m, 336m; © Bill Bachmann 22ml; © James Blank 15u, 268m; J. Christopher 25mr; © Henry Fichner 23mr; © Warren Flagler 51mro; Scott Kerrigan 281mr; Larry Lipsky 165ul, 277ur; Wendell Metzen 30o, 30u, 180mo, 274o; © M Timothy O'Keefe 290/91; Jim Schwabel 16, 167o, 257o, 269o, 270o; Scott Smith, 94m; Steve Starr 24uro, 246ul; M. Still 277o; Randy Taylor 32u; ARCHIVO DE INDIAS, Seville: 40mu; INDIAN TEMPLE MOUND: 38ml.

MIAMI WORLD JAI-ALAI: 31o; Michael Fineman 133u.

KENNEDY SPACE CENTER – VISITORS CENTER, Cape Canaveral: 182o, 183mo, 183mu, 187m; KEN LAFFAL: 21o, 54u, 105o, 113u, 336o; FRANK LANE PICTURE LIBRARY: © Dembinsky 22ulo, 279u; © David Hosking 17u, 22ur, 23ur, 180o, 274mr; Maslowski 112m; © Leonard Lee Rue 23mru; LIGHTNER MUSEUM, St Augustine, FL: 47ulo; LOWE ART MUSEUM: 81m.

BARRY MANSELL: 271m; MACMILLAN PUBLISHERS: Pan Books *Native Tongue* and *Tourist Season* Carl Hiassen 82u; MARVEL ENTERTAINMENT GROUP, NY: Spider-Man TM und © 1996, Marvel Characters, Inc. alle Rechte vorbehalten 126o; FRED MAWER, London: 73o, 77o, 132u, 137o, 178o, 182mu.

© NASA: 186or, 187o; MUSEO NAVAL, Spain: 26ml; PETER NEWARK'S PICTURES: American Pictures 43mlu; Historical Pictures 27mu; Military Pictures 45mu; THE NEW YORK PUBLIC LIBRARY: Print Collection, Miriam and Ira D Wallach Division of Art, Prints and Photographs, Astor, Lenox und Tilden Foundations 40/41m; JESSE NEWMAN ASSOCIATES: 115ur; GLENN VAN NIMWEGEN, Wyoming: 276mo, 277ul; Northampton Museums und Art Gallery: 42t. N.O.O.A.: National Hurricane Center, Miami 24/25, 25o.
ORONOZ, Madrid: 40mo.

THE PALM BEACH POST, FL: © Allen Eyestone 51mlu; © Thomas Hart Shelby 114ml; © Greg Lovett 33m; © Loren Hosack 115ul, 118u; © EA Kennedy III 20u; © Mark Mirko 35u; © Bob Shanley 184o; © Sherman Zent 33u; PICTURES COLOUR LIBRARY: 289u; PLANET EARTH PICTURES: 279o; Kurt Amsler 236o; Peter Gasson 23ulo; © Brian Kenney 22mr, 22ul, 23mlo, 180mro, 274ml, 272ul, 273mo, 275o, 275m, 275ul, David Maitland 22mro; Doug Perrine 278mr, 279o; Mike Potts 274u; Nancy Sefton 278ul.

QUADRANT PICTURE LIBRARY: © Anthony R Dalton 51mru.

MIKE RASTELLI, Ocala: 261u; REX FEATURES: © Sipa-Press 51o; Kevin Wisniewski 75o; THE JOHN AND MABLE RINGLING MUSEUM OF ART, Sarasota: 258u, 259o; Bequest of John Ringling, *The Building of a Palace*, Piero di Cosimo (1515–1520) 257m, *Abraham und Melchizedek*, Peter Paul Rubens (c.1625) 257u.

SEA WORLD: 5o, 114m, 164o, 164m, 165mro, 165ur; SMITHSONIAN INSTITUTION: Department of Anthropology catalogue no. 240915 38mlu; FLORIDA STATE ARCHIVE, Tallahassee: 43o, 45o, 45mo, 46u, 49mo, 116ur, 119o, 205mo, 217u, 247u, 249o: Museum of Florida History 49mru, 111u; TONY STONE IMAGES: Daniel McCulloch 50o; Stephen Krasemann 266; Randy Wells 272m; SUPERSTOCK 174o.

TAMPA THEATRE: 337u; FLORIDA DEPARTMENT OF COMMERCE, DIVISION OF TOURISM: R Overton 39mro.

© UNIVERSAL STUDIOS: 168m, 168ur, 169o, 171u, 172u.

PROF L GLENN WESTFALL, FL: 46/47; BILL WISSER, Miami: 65o; WOLFSONIAN FOUNDATION, Miami: Mitchell Wolfson, JR Collection 65u.

Vordere Umschlagsinnenseite: Spezialfotografien außer TONY STONE: Stephen Krasemann ur.

Titel: Spezialfotografien außer INDEX STOCK PHOTOGRAPHY, NY: hinten ur; PLANET EARTH PICTURES: Flip Schulke hinten ul; SEA WORLD: vorne mr.

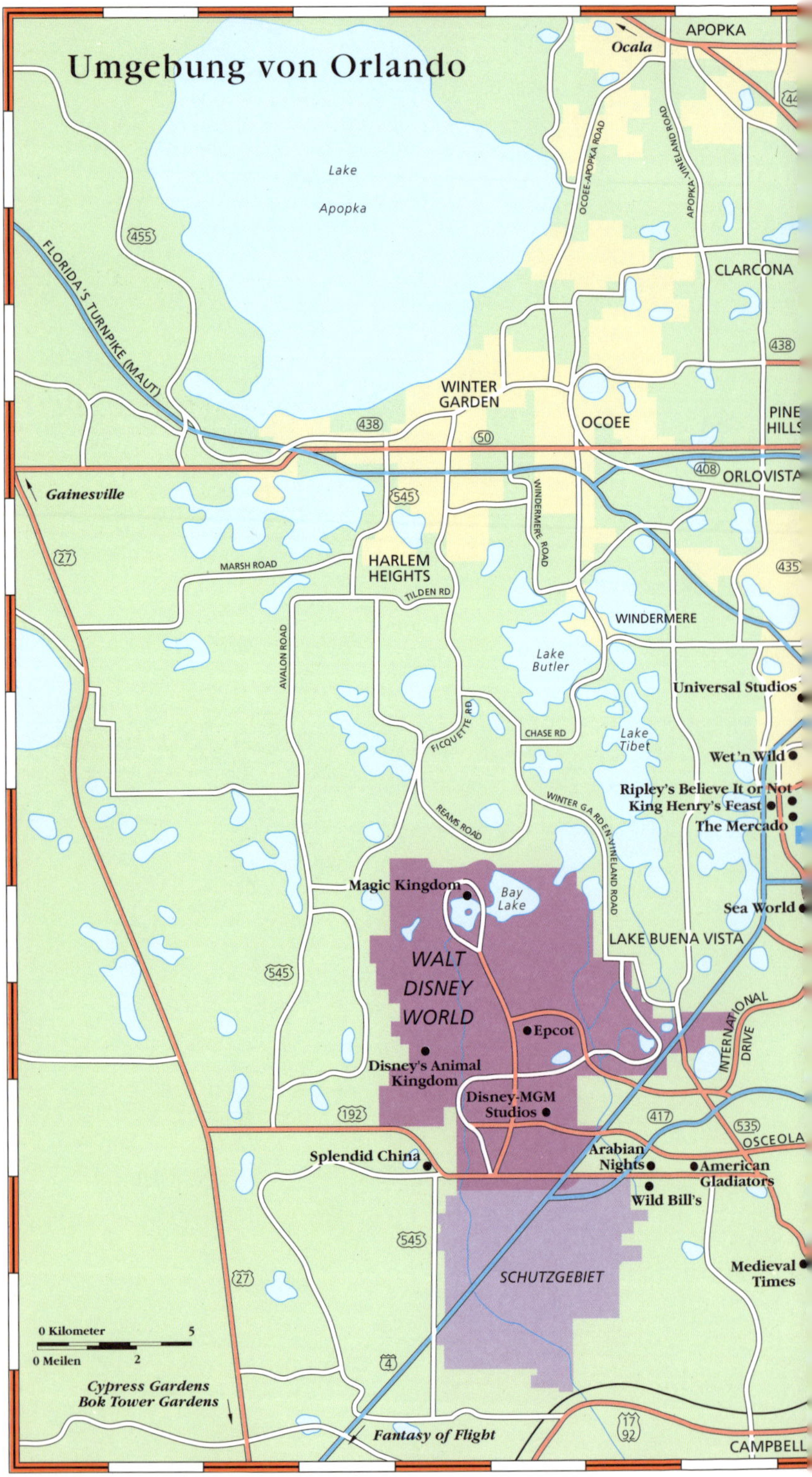

Umgebung von Orlando
Lake Apopka
Ocala
APOPKA
CLARCONA
WINTER GARDEN
OCOEE
PINE HILLS
ORLOVISTA
Gainesville
FLORIDA'S TURNPIKE (MAUT)
OCOEE-APOPKA ROAD
APOPKA-VINELAND ROAD
WINDERMERE ROAD
MARSH ROAD
HARLEM HEIGHTS
TILDEN RD
AVALON ROAD
WINDERMERE
Lake Butler
Universal Studios
Lake Tibet
CHASE RD
FICQUETTE RD
Wet 'n Wild
Ripley's Believe It or Not
King Henry's Feast
The Mercado
REAMS ROAD
WINTER GARDEN-VINELAND ROAD
Magic Kingdom
Bay Lake
Sea World
LAKE BUENA VISTA
WALT DISNEY WORLD
Epcot
INTERNATIONAL DRIVE
Disney's Animal Kingdom
Disney-MGM Studios
OSCEOLA
Splendid China
Arabian Nights
American Gladiators
Wild Bill's
SCHUTZGEBIET
Medieval Times
0 Kilometer 5
0 Meilen 2
Cypress Gardens
Bok Tower Gardens
Fantasy of Flight
CAMPBELL
455
438
50
408
545
27
435
192
417
535
4
17 92